江西交通年鉴

2022

江西省交通运输厅交通史志编审委员会　编

江西人民出版社
Jiangxi People's Publishing House
全国百佳出版社

图书在版编目（CIP）数据

江西交通年鉴. 2022 / 江西省交通运输厅交通史志编
审委员会编. —南昌：江西人民出版社，2023.5
ISBN 978-7-210-14537-0

Ⅰ.①江… Ⅱ.①江… Ⅲ.①交通运输业—江西—
2022—年鉴 Ⅳ.① F512.756-54

中国版本图书馆 CIP 数据核字（2023）第 020222 号

江西交通年鉴（2022）
JIANGXI JIAOTONG NIANJIAN（2022）　　江西省交通运输厅交通史志编审委员会　编

责 任 编 辑：蒲　浩
装 帧 设 计：同异设计事务

江西人民出版社　出版发行
Jiangxi People's Publishing House
全国百佳出版社

地　　　址：江西省南昌市三经路 47 号附 1 号（330006）
网　　　址：www.jxpph.com
电 子 信 箱：web@jxpph.com
编辑部电话：0791-86898965
发行部电话：0791-86898815
承 印 厂：北京虎彩文化传播有限公司
经　　　销：各地新华书店

开　　　本：889 毫米 ×1194 毫米　1/16
印　　　张：30　插 页：4
字　　　数：970 千字
版　　　次：2023 年 5 月第 1 版
印　　　次：2023 年 5 月第 1 次印刷
书　　　号：ISBN 978-7-210-14537-0
定　　　价：200.00 元
赣版权登字 -01-2023-195

1　1月6日，全省推进交通强省建设动员大会召开

2　1月20日，全省交通运输工作会议召开

3　2月24日，全省高速公路服务区提质升级动员部署会召开

4　8月26日，全省国省干线公路养护管理工作现场会召开

5　12月31日，全省推动"四好农村路"高质量发展现场会在萍乡市芦溪县召开

```
1
2   3
4   5
```

```
1  2
  3
  4
```

1 7月31日，抚州东外环高速公路王安石抚河特大桥正式建成通车

2 9月25日，萍乡至莲花高速公路通车仪式在萍乡举行

3 12月28日，遂川至大余高速公路新建项目、樟树至吉安高速公路改扩建项目动员会在赣州市崇义县召开

4 吉安泉南高速与大广高速交汇处

1	
2	
3	
4	

1　12 月 28 日，赣江井冈山航电枢纽工程建成全面投产运营工作会召开

2　9 月 2 日，九江港"穿巴航线"正式开行

3　12 月 28 日，赣江井冈山航电枢纽工程建成全面投产运营工作会召开

4　12 月 20 日，长江干线江西省范围内首个船舶 LNG 加注码头——九江港湖口港区船舶 LNG 加注码头顺利完工

1	2
3	4
5	

1 "上门"勘验大件运输

2 12月15日，省交通运输厅组织开展运输保障汇报演练观摩会

3 4 "私人订制"旅游直通车直达景区

5 会昌：公路通带动产业兴

1	2
3	4
5	6

1 2 江西省开展高速路政和地方交通运输执法机构联勤联动执法工作

3 4 鹰潭在全省率先推行全域"智慧治超"

5 6 执法人员对危化品船舶开展消防设施专项检查

1　2　3　全省交通运输系统各单位全力做好雪后道路水路运输安全保障工作

4　11月17日，省高航中心在赣江滕王阁附近水域举行"赣江应急—2021"综合应急演练

5　6　12月24日，省交通运输厅开展2021年江西省高速公路隧道交通事故应急处置联合演练

1	2
3	4
5	6

《江西交通年鉴（2022）》提供资料单位主笔

（以姓氏笔画为序）

万　鹏	王若羊	王　茜	王　俊	邓雁冰
田　慧	刘珍君	刘　强	杜嘉楠	李明鑫
李　康	何冬冬	邹　勇	辛　伟	张　辰
陈根玲	陈　菁	陈维民	陈景鹏	范志奇
罗乐平	胡文斌	胡　莎	胡　晓	胡　菁
钟德武	洪耀祖	聂玉洁	徐梦乔	徐　婷
高阳发	郭　俊	涂智琴	黄　云	龚仁平
韩晓艺	傅骥川	曾　进	蔡　虹	熊含威
熊贻辉	潘　婧			

1 2 3 4　7月1日，全省交通运输系统各级党组织同步收听收看庆祝中国共产党成立100周年大会

5 6　全省交通运输系统各党支部"红色走读＋学习调研"扎实开展党史学习教育

<table>
<tr><td>1</td><td>2</td></tr>
<tr><td>3</td><td>4</td></tr>
<tr><td>5</td><td>6</td></tr>
</table>

1　6月15日，省交通运输厅举行了庄重简朴的"光荣在党50年"纪念章颁发仪式

2　6月26日晚，江西省交通运输系统庆祝中国共产党成立100周年文艺演出在省港口集团南昌龙头岗综合码头盛大举行

3　4　全省交通运输系统各单位多形式开展志愿服务活动

5　6　江西省公路路政管理总队景德镇高速公路路政管理支队一大队党支部书记江梦德、江西大众交通运输有限公司红色车队荣获"2020年感动交通年度人物"称号

编 辑 说 明

一、《江西交通年鉴(2022)》是江西省交通运输厅交通史志编审委员会主持编修的第26卷省级交通年鉴。载录江西交通系统2021年1月1日至12月31日的资料。出版年鉴的宗旨是为江西交通发展改革服务,为社会提供江西交通各类信息。

二、本年鉴以马克思列宁主义、毛泽东思想、邓小平理论、"三个代表"重要思想、科学发展观、习近平新时代中国特色社会主义思想为指导,坚持实事求是的撰编原则。在充分反映成绩、总结经验的同时,对工作中存在的困难、问题和缺点也作了如实记述;同时注意时代特征、地方特色、行业特点,力求全面准确地展示江西交通系统广大干部职工在物质文明、政治文明、精神文明、社会文明和生态文明建设中的成果和风貌,满足多方面、多层次读者的需要。

三、本年鉴的体例采用分类条目法,以交通专业分工立目,内容由特载、专记、便览、大事记、交通基础设施、运输生产、科技教育卫生、交通管理、党群工作、市县交通、统计资料、人物及先进集体、文献文件、附录和索引组成,并附录相关图片。

四、本年鉴文稿由省交通运输厅机关各处室、厅直属各单位、各设区市及县交通运输局提供,并经有关人员审核。条目文后括号内的人名或单位名为撰稿者。

五、本年鉴选录的统计资料,主要依据江西省交通运输厅规划处编印的《2021年江西省交通运输行业发展统计公报》,部分由厅直属单位和设区市交通运输局提供,统计口径不一的以厅规划处统计数字为准。

六、本年鉴对获省、部级以上奖励的先进个人设简介;对厅级以上的先进集体、先进个人列表记述。

七、本年鉴的计算单位、数字用法、语言文字等均依照国家现行有关规定执行。

目　　录

交通基础设施建设

公路建设

港口建设

规划与勘察设计

站场（厂）房屋建设

运输生产

道路运输

交通运输附属产业（含服务区）

建设经营

交通管理

高速公路管理、收费

水路交通管理

交通建设管理

交通安全管理

科技、教育、卫生

科 技

信息化

交通教育

卫生、疫情防控

学会协会

党群工作

党建工作

纪检监察工作

精神文明创建

行风建设

工会工作

共青团工作

老龄工作

防汛救灾工作

乡村振兴工作

文史工作

市县交通运输

南昌市

景德镇市

萍乡市

九江市

新余市

交通统计资料

人物、先进集体

人物简介

2021 年度全省交通运输系统先进个人

2021 年度全省交通运输系统先进单位

文献文件

附 录

航空运输

铁　路

邮政快递

索　引

特 载

狠抓落实加快发展 对标一流奋勇争先 为全面建设社会主义现代化江西当好开路先锋

——在2022年全省交通运输工作会议上的讲话

王爱和

（2022年1月13日）

一、关于2021年主要工作

2021年是"十四五"规划的开局之年，是江西交通运输发展取得累累硕果的一年，更是江西交通运输发展载入史册的一年。这一年，全省交通运输系统坚持以习近平新时代中国特色社会主义思想为指导，在省委、省政府和交通运输部的正确领导下，紧紧围绕交通强省建设这条主线，以"三大攻坚行动、三大提升工程"和加快水运改革发展为抓手，全力以赴抓重点、补短板、强弱项、防风险，全年各项工作取得明显成效，"十四五"实现了良好开局。高速公路、普通国省道、农村公路高效便捷、衔接顺畅，公路路网水平进入全国先进行列；赣江、信江高等级航道网基本建成并运行，水运发展取得重大突破；运输服务水平显著提升，群众满意度名列全国前茅；"放管服"及管理体制改革落地见效，行业治理能力明显提高。省交通运输厅被省委、省政府记集体三等功。

（一）交通强省建设全面启动。

高规格召开动员部署会。省委、省政府以2021年第一个会议召开全省推进交通强省建设动员大会，省委书记、省长出席会议并讲话。11个设区市和100个县（市、区）设分会场，省、市、县三级党政主要领导悉数参加，明确要求要努力建设人民满意、保障有力、全国前列的交通强省。

高标准推进各项试点任务。"四好农村路"高质量发展等6项交通强国建设试点任务扎实推进，部分试点任务取得阶段性成果。交通强省建设试点工作全面启动，确定了一批试点任务及实施单位。交通强省发展基金、赣粤运河重大问题研究等一批重大政策及项目取得实质性进展。以省政府名义印发《关于深化高速公路、水运项目投融资改革的若干意见》。

高起点做好各项规划编制。加快构建"1+1+13"综合交通规划体系，《江西省"十四五"综合交通运输体系发展规划》经省政府常务会议审议通过并发布实施。《江西省公路水路交通运输"十四五"发展规划》及10个专项规划发布实施。成功争取101个项目列入国家"十四五"规划项目库。

（二）重大交通项目加速推进。

坚持"项目为王"理念，全年公路水路交通固定资产投资完成851亿元，超额完成年度目标任务。

高速公路方面。萍莲、抚州东外环王安石特大桥等项目建成通车，全省高速公路通车总里程达到6309公里。祁婺、宜遂、寻龙等在建项目加快推进。遂大、樟吉改扩建、抚州东临环城项目开工建设。

普通国省道方面。完成升级改造和养护大中修2100公里，国道105吉水县醪桥至青原区草坪桥段公路改建工程成功入选交通运输部第一批"平安百年品质工程"创建示范项目。

水运建设方面。赣江井冈山航电枢纽项目全面建成，6台机组并网发电投产运营。九江矾山公用、泰和沿溪、余江中童等3个码头项目全部完工。万安二线船闸、信江八字嘴航电枢纽等项目稳步推进。

客货运枢纽方面。鹰潭北综合客运枢纽主体工程基本完工。九江港彭泽港区红光作业区综合枢纽物流园一期主体工程基本完工。全年争取车购税资金90.3亿元，发行政府债券58亿元，用于保障公路水运项目建设。

（三）服务保障水平持续提升。

推动"四好农村路"高质量发展。完成新改建农村公路5248公里，危桥改造556座，安防工程2144公里。全省11个设区市、92个县（市、区）出台农村公路管理养护体制改革实施方案，超额完成年度目标任务。上饶市、南昌市获评首批省级示范市和全国市域示范创建突出单位。安义县、寻乌县、新干县、安福县、靖安县、玉山县成功创建全国示范县。评选第六批10个省级示范县，省级示范县达到50个。加快城乡交通运输一体化发展。德兴市顺利通过国家级示范县验收，丰城市、安远县入围第二批全国示范县创建名单。推进农村客货邮融合发展，建成7个客货邮融合站点、20条客货邮合作线路。安福县"交邮商农供融合发展"、安远县"智运快线＋数字平台"、泰和县"电子商务＋农村物流"入选国家第二批农村物流服务品牌。

推动"改渡便民工程"有序实施。以省政府名义印发《关于推进改渡便民工程助力乡村振兴的实施意见》，全省已撤销具备撤渡条件的渡口118道，超额完成年度目标任务。萍乡市、新余市成为全省首批无渡口城市。我省改渡便民做法被中央党史学习教育简报刊登，得到省委主要领导批示肯定。

推动"服务区提质升级三年行动"深入开展。完成49对中心、普通服务区改造提升，打造了万年西、永修等一批商业综合体服务区和文旅文体主题特色中心服务区，全省服务区整体面貌焕然一新。

推动"放管服"改革落地见效。全面规范事中事后监管，制定全省交通运输统一行政权力清单144项，"双随机、一公开"执法检查计划由106项精简为60项。积极对接"赣服通"应用，完成交通运输专区建设，实现了交通公众出行服务掌上查询和办理。推行政务服务"好差评"管理。简化大件许可审批流程。工程建设领域涉企事项实现行政审批"零跑腿"，交通建设招投标活动全部实现网上办理。积极推进机动车综合检测机构"三检合一"和信息联网，实现普货车辆异地年审等高频服务事项"跨省通办"，办结率位居全国第一方阵。12328服务监督月度考评持续稳居全国前列。新建10个"司机之家"。新增南昌、萍乡、宜春、吉安、抚州等5个设区市95128约车服务热线，便利老年人出行。全面实现二级及以上汽车客运站电子客票运用。

（四）行业治理能力稳步增强。

国省干线养护管理再创佳绩。"十三五"期间，我省国省干线养护管理评价综合评分排名全国第8名（不含直辖市），较"十二五"前进2名，创历史最好成绩，受到交通运输部通报表扬，并获评全国"十三五"干线公路养护管理工作先进单位，得到省委主要领导批示肯定。公路交通标志标线优化提升专项工作获交通运输部通报表扬。

科技创新再添硕果。30个信息化项目全部建成，以"一中心、三平台"为总体架构的智慧交通管理体系加速形成，建设思路和经验在全国交流推广。通过交通监控云联网平台，实现全省高速交通实时监测100%全覆盖。获部级科技奖励9项，省科技进步奖3项。获批组建"邮政行业技术研发中心"等2个省部级科技平台。获批2个省部级科普教育基地。制定发布14项地方标准和3项行业指南。大力推广科技治超新模式，不停车检测点基本建成，全省一张网同步推进的治理格局加速形成。加快推进"03专项"应用示范，推动物联网、人工智能等技术与交通运输深度融合，打造"智赣行"智慧交通品牌工程。信江智慧航道工程等4个项目列入交通运输部"十四五"新基建重点工程。

法治交通建设再获突破。立法工作取得重大成果，我省首部水路交通综合性地方性法规《江西省水路交通条例》即将实施，我省水路交通进入依法发展新阶段。开展柔性执法，建立全省交通运输首违轻微免罚事项清单41项。开展交通运输执法领域突出问题专项整治取得明显实效。连续5年荣获全面依法治省先进单位，获评省政府法治建设先进单位。

（五）转型升级步伐不断加快。

加快培育水运市场。加强航道管养工作，赣江中下游、鄱阳湖区主航道通航保证率达95%。编制赣江、信江船闸运行方案，推动船闸运行调度科学化、规范化。全省水路运输经营户达到220家，运输船舶2223艘，总运力423.27万载重吨。全年完成船舶货运量1.28亿吨、货物周转量354亿吨公里、港口吞吐量2.3亿吨、集装箱吞吐量78.2万标箱，水路货运量、货运周转量、船舶运力分别增长20%、33%、33.23%，其中货运量增速位列全国第2，中部第1。赣江南昌至吉安至赣州千吨级航线正式开通。发展江海联运，稳定开行九江至上海"天天班"、武汉至岳阳至九江加密航线，开通九江至南京、太仓、宜昌、泸州等始发直航。

加快绿色转型发展。推进船舶和港口污染防治，全面完成400总吨以下运输船舶生活污水储存装置改造任务。部署开展全省船舶防污染专项执法行动，严肃查处船舶防污染类违法违规行为。建成九江港湖口LNG加注站，推动九江港湖口水上化学品洗舱站正常运营。淘汰高污染高耗能老旧运输船舶。完成全省船舶岸电系统受电设施改造任务。推广应用桥涵装配化建造和"永临结合"，建设绿色低碳基础设施。大力发展多式联运，赣州港"一带一路"多式联运示范工程成功创建国家多式联运示范工程。持续推进新能源车应用，新增及更换公交车中新能源车占比超过95%。

加快完善体制机制。事业单位改革任务全面完成。厅属涉改事业单位由176个精简至12个，有效实现了政事分开、事企分开，工作效能不断提高。推动厅属院校内涵式发展。交职院深化教育教学改革，学院知名度和影响力稳步提升。交通高级技工学校积极策应交通强省战略，推动水运学科建设。

（六）平安交通大局始终稳定。

始终守牢安全生产红线。突出道路运输、水上交通、工程建设等重点领域，扎实推进安全生产专项整治三年行动集中攻坚，行业安全生产形势保持总体稳定，安全生产事故起数和死亡人数实现"双下降"。深化推进全省铁路沿线安全环境治理工作，推动路地双方建立实施"双段长"制，公铁并行路段防护设施基本完成移交。

始终稳定平安建设底线。聚焦道路运输、水路运输、工程建设、行业执法等重点领域常态化开展扫黑除恶专项整治，行业乱象得到有效遏制。制定《深入开展网络预约出租汽车合规化工作方案》，网约车合规化进程加快推进。建立道路货运行业高质量发展联席会议制度，保障货车司机合法权益。坚持不懈抓好网络安全，全系统网络安全呈优良状态。省交通运输厅荣获全省党政机关首届"赣政杯"网络安全大赛二等奖。全面落实信访工作目标责任制，群众合理诉求得到有效解决。

始终巩固应急保障防线。修订完善《江西省交通运输综合应急预案》等7项应急预案。组织开展高速公路隧道交通事故应急处置联合演练。严密组织交通战备训练演练，不断提高国防交通应急应战保障水平。提升水上安全监管和救助打捞能力，高效处置18起水上突发事件。

（七）全面从严治党成效明显。

党史学习教育走在前列。创造性开展"讲好党课学党史、百名书记走在前""百年党史江西路""学百年党史、办百件实事"等活动。深入推进交通民生"映山红"行动，相关做法 3 次被中央党史学教办在全国宣传推介，2 项办实事经验做法入选全国 261 件典型案例。开展庆祝中国共产党成立 100 周年文艺晚会等系列活动。

党风廉政建设坚实推进。强化与驻厅纪检监察组沟通会商，促进"两个责任"贯通协同、一体落实。认真贯彻执行中央八项规定精神，持续加强群众身边腐败和作风问题专项整治，积极回应群众关切。加大监督执纪问责力度，今年以来共处置问题线索 78 件，其中立案 17 件，党纪处分 12 人。做好巡察"后半篇"文章，厅巡察反馈问题整改率达到 100%。

基层党组织活力持续释放。健全基层党组织建设，推动基层党建"三化"建设全面达标。有序推进基层党组织按期换届选举，基层党组织凝聚力、战斗力持续增强。信江项目办党建引领品质工程做法被中组部在全国推广。

选人用人环境更加清朗。坚持正确选人用人导向，鲜明选用"忠诚、干净、担当"型干部。全年提拔或转任处级干部 92 名，引进高层次人才 335 人。持续加大年轻干部选拔培养力度。持续打造高素质专业化干部人才队伍。持续配强厅属单位领导班子。

行业软实力不断彰显。严格落实意识形态工作责任制，加强门户网站、"两微一端"新媒体等阵地建设和管理，"沿着高速看江西"专题宣传活动获中宣部肯定。加强典型选树和宣传，全系统 1 名个人和 1 家集体同获"2020 年感动交通年度人物"称号。厅机关及全行业 86 家单位获评第十五届省级文明单位。

一年来，交通运输各项工作齐头并进。内部审计、工青团妇、老干部、机要保密、档案、史志等工作稳步推进，有力地促进了全省交通运输事业平稳健康发展。

过去的一年，全省交通运输事业保持了良好的发展势头，成绩来之不易，值得倍加珍惜。这是省委、省政府和交通运输部坚强领导的结果，是地方各级党委政府、各有关部门大力支持和共同努力的结果，是全省交通运输系统广大干部职工团结奋斗和顽强拼搏的结果。在此，我代表省交通运输厅，向各级党委政府、各有关部门，向全省交通运输系统广大干部职工，表示衷心的感谢并致以崇高的敬意！

二、全省交通运输发展形势和任务

党的二十大将于今年召开，这是党和国家政治生活中的一件大事。谋划和做好今年各项工作，意义重大，必须准确分析形势，明确工作思路。当前，疫情仍然是影响经济发展的最大不确定因素，国内经济发展面临多年未见的需求收缩、供给冲击、预期转弱三重压力。全国交通运输行业也面临着供需局部失衡问题突出，呈现需求结构分化、供给受到冲击、运行成本高企、市场预期不稳等特点。

同时，我们还要清醒地认识到，我省交通运输与高质量发展的要求相比，还存在着不少差距和问题，主要表现在：基础设施网络不够完善，综合交通枢纽布局建设相对滞后，各种运输方式衔接不够顺畅；运输结构不够合理，公路运输占比过高、水路运输占比较低的突出问题尚未得到有效缓解；行业发展制约因素较多，生态红线、基本农田调整以及违法用地查处日趋严格；国家加大政府债务风险防控力度，交通筹融资渠道缩窄；道路运输、水路运输、工程建设领域风险隐患依然存在，风险分级管控和隐患排查治理有待加强；行业信息化应用程度不够；综合行政执法改革有待持续深化；行业治理体系和治理能力现代化有待进一步提升；等等。

面对这些困难和挑战，问题和差距，我们既要勇于面对，又要保持定力，在风险中寻找机遇，在挑战中奋勇争先。特别是中央经济工作会议作出"我国经济韧性强，长期向好的基本面不会改变"的重大判断。省委经济工作会议明确提出要牢牢把握"稳住、进好、调优"的原则要求。全国交通运输工作会议提出要确保实现有效保安全、保畅通、稳市场、稳投资、促转型、防风险等"六个有效"要求。我们要深刻认识到，我国经济韧性强，长期向好的基本面不会改变，交通运输经济运行总体平稳、长期向好的基本面也没有改变。全行业要坚定信心、抢抓机遇、奋发有为，加快推进行业高质量跨越式发展。

一要因势而谋，树立敢当开路先锋的坚定信心。2021 年 10 月 14 日，习近平总书记在第二届联合国全球可持续交通大会发表主旨讲话，赋予了交通作为现代化开路先锋的新使命新定位。省委、省政府对交通运输发展寄予厚望，共建"一带一路"、长江经济带、中部地区高质量发展等国家战略在我省深入实施，都要求交通运输当好先行、打好头阵。特别是省委、省政府明确提出要建设人民满意、保障有力、全国前列的交通强省。全省交通运输工作摆在了前所未有的战略高度。当前，我省交通运输正处于厚积薄发、爬坡过坎、转型升级的关键阶段。面对日趋激烈的区域竞争，日益增长的美好出行需求，全省交通运输系统要主动适应新形势、新任务、新要求，敢于担当作为，勇于攻坚克难，少谈"不行"的千般理由，多想"能行"的万种方法，大力发扬钉钉子精神，全力破解制约行业高质量发展的难题，把重大机遇转化为发展优势，把美好蓝图转变为美好现实，以实际行动和工作成效诠释交通运输部门的责任担当，努力当好全面建设社会主义现代化江西的开路先锋。

二要乘势而上，锚定争当开路先锋的目标定位。近年来，全省交通运输系统牢牢把握发展黄金期，开拓进取、担当实干，全省交通运输事业发展实现进位赶超，多项工作走在全国全省前列。特别是近两年，厅党委在全行业部署开展"三大攻坚行动、三大提升工程"和加快水运改革发展，取得了显著成效。与此同时，交通强省上升为省级战略；全省公路水路交通建设投资及债务风险防控工作获国务院督查激励、通报表扬；省交通运输厅获评全省首批"五型"政府建设先进集体；2021年交通运输工作先后7次获省主要领导批示表扬，省领导调研、推进交通运输工作力度之大、频率之高前所未有。全行业发展势头持续强劲。省第十五次党代会提出要实现"五个一流、六个江西"奋斗目标。省委要求各部门要打造让党放心、人民满意的模范机关，实现本部门在全国本系统中的工作及成效位势持续提升。江西交通能不能在大局中找准定位、明确方位，这就要求全省各级交通运输部门必须要以"作示范、勇争先"的目标要求，跳出"交通看交通"、跳出"江西看交通"，放大"坐标系"、找准"参照物"，以"跳起来摘桃子"的拼搏状态，坚持对标最高抓谋划、聚焦最好抓推进、锚定最优

抓落实，始终保持一流的状态、瞄准一流的目标、争创一流的业绩，加快各项工作在全国全省进位赶超，争创特色，推动江西交通运输重点工作通报表扬有名次、经验交流有座次、考核奖励有位次，实现江西交通在全国更有特色、更有地位、更有影响。

三要借势而进，谋划勇当开路先锋的方法路径。厅党委谋划今年在全省交通运输系统部署开展"管理提升年"活动，重点打造"三个一批"，即争创一批全国先进、打造一批江西品牌、建设一批模范机关。开展"管理提升年"活动，主要目的就是为了巩固前期取得的良好发展基础，通过标准化、规范化、专业化、精细化管理手段，进一步提高工作质效，推动全省交通运输更多工作走在全国前列、形成江西品牌。各级交通运输部门要主动作为，把落实"管理提升年"活动作为全年一项重大任务落实落细落具体，抓实抓细抓到位。要久久为功抓落实。以"功成不必在我"的胸襟和"建功必须有我"的情怀，既谋当前，更计长远，坚持一张蓝图绘到底、锚定一个目标干到底，一锤接着一锤敲、一事续着一事成，让全省交通运输发展的基础更坚实、质量更优质、后劲更充足。要注重方法抓落实。要坚持目标导向，紧盯节点、抓住难点、聚焦重点、做出亮点，推动各项工作如期高质量完成。要坚持上下一心、上下联动，建立会商机制，加强沟通对接，精准掌握进展，共同推动各项目标任务落地见效。要突出考核奖惩。发挥好督查考核"指挥棒"作用，开展奖优罚劣，大力营造"干与不干不一样、干多干少不一样、干好干坏不一样"的浓厚氛围。要带头示范抓落实。各级领导干部要树立抓好落实是本职、不抓落实是失职、抓不好落实是渎职的责任意识，带头打攻坚战、带头啃硬骨头，以"关键少数"带动"绝大多数"，推动各方面工作提速提质提效，凝聚起加快发展、跨越赶超的磅礴力量。

专　记

在省交通运输厅2022年度
全面从严治党工作会上的讲话（摘录）

蓝丽红

（2022年3月16日）

2021年，在省纪委省监委的坚强领导下，驻省交通运输厅纪检监察组坚持以习近平新时代中国特色社会主义思想为指导，认真贯彻落实省纪委省监委各项工作部署，聚焦“国之大者”跟进监督、精准监督、全程监督，充分发挥监督保障执行、促进完善发展作用。工作中坚持定好位、履好职、树好威，注重强化与驻在部门党委的沟通会商，推动主体责任与监督责任同频共振、同题共答，为全省交通运输高质量发展提供坚强纪律保障。

一、突出政治监督，推动“两个维护”见行见效

一是通过调研督导、政治谈话等方式，加强对全厅各级党组织和党员领导干部学习贯彻十九届五中全会精神、落实“三新一高”等决策部署情况的监督检查。二是通过建立监督台账、查阅资料、座谈交流等方式，推动中央巡视反馈意见、省纪委全会述责述廉反馈问题等整改工作落实落细。三是开展政治谈话50余人次，向厅直单位纪委发出工作提醒，监督推动各级党组织和“一把手”认真落实《关于加强对“一把手”和领导班子监督的意见》精神，以及省委、省纪委关于开展政治谈话工作的部署要求。

二、坚守人民立场，推动正风肃纪取得新成效

一是聚焦“四风”问题强化监督提醒，督促厅直单位组织学习典型案例通报，筑牢廉洁从政从业思想防线。加强对酒驾醉驾问题的监督提醒，及时处置省纪委省监委移送的公职人员酒驾醉驾问题线索。二是集中整治群众身边腐败和作风问题，通过约谈提醒、实地督导等方式，推动全省交通运输执法领域突出问题专项整治工作落地见效。

三、强化日常监督，推动派驻监督提质增效

一是跟进监督推动主体责任落实落细。会同厅党委组织召开全面从严治党工作专题会议2次。组织召开厅直单位党委、纪委主要负责人座谈会及厅机关处室处长座谈会。对266名党员领导干部开展任前集体廉政谈话。推动厅直各单位重新研判梳理廉政风险点268个，制定防控措施501条。二是以对口联系制度为抓手强化"近身监督"。通过列席党委会议等方式，加强对各级党组织落实全面从严治党主体责任、执行"三重一大"等制度的监督。认真把好党风廉政意见回复关，全年共回复党风廉政意见403人次，对3人提出暂缓提拔意见。

四、从严执纪问责，推动"三不"一体推进的综合效能更加凸显

一是以案示警发挥治本功能，推动以"黑龙江省某高速公路管理处原处长祝某某利用职务便利贪污公款"的严重违纪违法案件为鉴，召开警示教育大会。将我组查办的2起违反中央八项规定精神典型问题在全系统进行通报。二是持续保持惩治腐败高压态势。驻厅纪检监察组和全厅各级纪检部门全年共处置问题线索97件，立案19件，给予党纪处分14人，政务处分11人。把工程项目招投标作为监督重点，发现问题、严肃处理。三是统筹做好查办案件前后半篇文章。坚持以案促改、以案促治，针对查办案件中发现的问题，及时向有关单位发出纪律检查建议书3份，推动整改落实，健全完善制度漏洞。

过去的一年，厅党委认真落实中央、省委和省纪委关于全面从严治党的各项部署要求，持续压紧压实管党治党政治责任，与驻厅纪检监察组同频共振、同向发力，合力推动全面从严治党向纵深发展、向基层延伸，全厅政治生态更加风清气正、向上向好。但对照习近平总书记重要讲话和指示批示精神，对照党中央和省委的更高要求，还存在一些问题和薄弱环节，主要有：

一是部分厅直单位落实全面从严治党责任不够有力。日常监督发现，有的厅直单位党委在压实责任、传导压力方面做得不够，对基层单位全面从严治党和党风廉政建设工作的督促指导不够经常、

不够有力、不够有效，导致一些基层单位落实全面从严治党主体责任的意识比较弱，违纪违法问题时有发生。比如，去年以来，省纪委移送我组涉及交通厅党员干部职工的酒驾醉驾问题线索72起。其中，违纪违法时间发生在2021年的有12起，特别是某厅直单位下属单位主要负责人出现酒驾问题，造成不良影响。再比如，鹰潭高速路政支队某大队发生党员干部在擅自查处非法改装车辆时收取涉事司机财物等违纪问题。

二是少数党员领导干部对履行管党治党政治责任认识不够到位。监督发现，有的厅直单位"一把手"落实管党治党政治责任不够有力，没有认真履行第一责任人职责。特别是有的领导干部纪律规矩意识还不够强，带头严肃党内政治生活不够到位。比如，去年我组在列席厅直单位党委会时，发现有的单位存在"一把手"落实"末位表态"制度不够严格、个别重大项目未上会集体研究等"三重一大"方面问题10余个。再比如，有的单位对工程项目建设招投标领域暴露出的问题不够重视，纠治不够彻底，导致信访反映不断，一定程度上影响了整个单位的政治生态。我组去年全年接受的信访举报中，涉及某厅直单位的信访件数量同比增长217%。此外，有的单位分管领导对"一岗双责"理解不够深、抓得不够实，认为主体责任就是"一把手"的事，落实"一岗双责"存在应付了事的心态。

三是有的厅直单位纪检部门监督作用发挥不够。日常监督调研发现，有的厅直单位专职纪检干部较少，部分纪检干部的能力素质还不足，在发挥近距离监督作用、精准发现本单位存在的突出问题上做得不够，这也反映出有的党委书记对纪检工作的督促指导，以及对纪检干部的关心培养还不够；纪委书记作为分管纪检工作的直接领导，在谋划部署监督工作、协助党委推进全面从严治党和党风廉政建设工作、抓实纪检干部队伍自身建设等方面还有差距。

最后，就进一步推进全厅全面从严治党工作，我再提几点希望和要求。

一是深化思想认识，以滚石上山的韧劲持续推进全面从严治党。坚持党要管党、全面从严治党，是以习近平同志为核心的党中央治国理政的鲜明特征。习近平总书记在十九届中央纪委六次全会上发表的重要讲话，对坚持不懈把全面从严治党向纵深推进提出了很多新论断、新部署、新要求。新的

赶考路上，我们必须深入学习贯彻习近平总书记关于全面从严治党的重要讲话和指示批示精神，深刻理解和精准把握总书记在中央纪委六次全会上关于"六个必须"和"九个坚持"的重要要求，深刻认识全面从严治党的政治引领和政治保障作用，坚持把贯彻落实中央纪委和省纪委全会精神作为履行全面从严治党政治责任的重要遵循，清醒认识当前全面从严治党和党风廉政建设工作面临的新形势新任务，坚决克服已经严到位、严到底的情绪，切实增强全面从严治党永远在路上的思想自觉、政治自觉和行动自觉，在推进全面从严治党各项工作任务落实落地中体现捍卫"两个确立"、做到"两个维护"。

二是站稳人民立场，以较真碰硬的态度持续整治群众身边腐败和作风问题。不正之风和腐败问题互为表里、同根同源，不正之风是滋生腐败的温床，腐败往往是"四风"问题由量变转为质变的结果，两者都是侵蚀党的健康肌体的病毒。特别是群众身边的腐败和作风问题，更是直接损害群众的切身利益，影响群众的获得感、幸福感，破坏党群干群关系、消耗群众对党和政府的信任。我们要坚持把整治群众身边的腐败问题和不正之风，作为落实全面从严治党责任的重要内容，持之以恒纠"四风"树新风，坚决查处违反中央八项规定精神问题，持续加固中央八项规定的堤坝，坚持把纠治形式主义官僚主义摆在更加突出的位置，不断释放越往后执纪越严的强烈信号，推动形成求真务实、清正廉洁的良好风气。要始终坚持把以人民为中心的发展思想贯穿业务工作全过程，在超载超限治理、优化营商环境、"四好农村路"高质量发展等方面持续发力，坚持不懈把建设人民满意交通的目标和要求落到实处、见到实效。要认真落实"三个区分开来"，树牢担当实干的鲜明导向。

三是强化贯通协同，以常抓不懈的自觉持续推动"两个责任"落细落实。纵深推进全面从严治党，党委是主体责任，纪委是监督专责和协助职责，只有"两个责任"同题共答、同向发力，相互协作、贯通联动，才能推动全面从严治党各项工作任务更加高质量完成。全厅各级党组织要坚决扛起管党治党政治责任，切实履行党内监督的主体责任，突出加强对下级"一把手"和领导班子的监督，督促"关键少数"发挥好落实全面从严治党责任的关键作用。特别是各级"一把手"要认真履行全面从严

治党第一责任人职责，用好政治谈话、任职谈话、日常谈话等方式，重点加强对下级"一把手"的监督提醒，推动管党治党责任压力逐级传导、层层落实。各级纪检部门要切实履行全面从严治党监督责任和协助职责，更加聚焦"国之大者"推动政治监督具体化常态化，着力加强对贯彻落实"三新一高"等重大战略部署的监督检查，以有力有效的监督确保中央和省委各项重大决策部署在全省交通运输系统一贯到底。各级党组织和纪检部门要坚持把《党委（党组）落实全面从严治党主体责任规定》《关于加强对"一把手"和领导班子监督的意见》等文件精神和要求作为履责的重要抓手，各自种好"责任田"、齐心唱好"一台戏"，共同努力、协同推进"两个责任"落细落实。

四是增强系统观念，以统筹兼顾的理念持续深化"三不"一体推进。习近平总书记强调，要保持反腐败政治定力，不断实现不敢腐、不能腐、不想腐的战略目标。我们要认真落实习近平总书记的重要讲话精神，按照中央纪委和省纪委工作部署，坚持"三不"一体推进，努力取得更多制度性成果和更大治理成效。要持续强化"不敢腐"的震慑，紧盯政策支持力度大、投资密集、资源集中的领域，坚决查处项目审批、招标投标、建设管理等方面的突出问题，加强对年轻干部的从严教育管理监督，督促引导年轻干部扣好廉洁从政的"第一粒扣子"。要持续扎牢"不能腐"的笼子，聚焦发现的问题，查找制度机制上的短板和日常管理上的漏洞，坚持边查边改、边改边治，不断健全完善规章制度，强化廉政风险防控措施，特别是要认真落实纪检监察建议书有关要求，不让查办案件的成本和代价白付。要持续筑牢"不想腐"的堤坝，用好通报曝光的违纪违法典型案例，教育引导党员干部知敬畏、存戒惧、守底线。要认真贯彻《关于加强新时代廉洁文化建设的意见》，特别是各级领导干部要带头落实有关要求，突出抓好政治文化建设，严管亲属和身边工作人员，自觉培育良好家风，以良好政治文化涵养风清气正的政治生态。

五是加强自身建设，以从严从实的标准持续锻造政治过硬、本领高强的干部队伍。纪检监察机关是监督专责机关，要落实好全面从严治党监督责任和协助职责，就必须要有一支高素质专业化的干部队伍作保障。习近平总书记在中央纪委全会上对纪检监察机关和纪检监察干部提出了殷切希望和

具体要求，中央纪委全会和省纪委全会也都作出了明确的工作部署，全厅各级纪检部门要认真对标对表习近平总书记关于纪检监察干部队伍建设的重要讲话精神，以及上级纪委的有关部署要求，从严从实加强自身建设，按照政治过硬、本领高强的要求，持续推进纪检工作规范化正规化。各级党委要切实加强对纪检工作的领导和监督，重视、关心纪检干部队伍建设，选优配强各级纪委书记，培养年轻纪检干部，注重激发纪检干部的干事创业热情，支持纪检部门依规依纪依法履行职责、开展工作。各级纪检部门要主动接受监督，严肃查处执纪违纪、失职失责等问题，坚决防止"灯下黑"。

2022年全省交通运输安全生产工作报告（摘录）

江西省交通运输厅

（2022年1月13日）

一、2021年全省交通运输安全生产工作回顾

2021年，全省各级交通运输部门深入学习贯彻习近平总书记关于安全生产重要论述，以推进安全生产专项整治三年行动集中攻坚为抓手，着力压实责任、全力破解难题、努力防范事故，行业安全生产形势保持总体稳定，建党100周年大庆等重要敏感时段行业安全平稳有序。全行业共发生安全生产事故33起、死亡53人，同比分别下降3%和13%（同比2019年分别下降21%和26%）；全年未发生重大及以上安全生产事故。一年来，重点抓了以下工作：

（一）强化思想引领，安全发展意识更加深入人心。始终把学习宣贯习近平总书记关于安全生产重要论述作为抓好安全生产的"必修课"，持续抓紧抓实抓出成效。先后举办全省交通运输系统学习贯彻习近平总书记关于安全生产重要论述专题会、知识竞赛等活动，编印发放专题学习材料2500本，推动学习宣贯工作在行业各单位走深走实。对观看学习《生命重于泰山——习近平总书记关于安全生产重要论述》电视专题片作出专门部署，厅党委理论学习中心组带头组织观看，观看学习实现行业各单位全覆盖，有效帮助行业干部职工深刻领会总书记重要论述的丰富内涵和实践要求，统筹抓好发展和安全两件大事。

（二）推进集中攻坚，重大风险隐患得到有效管控。结合行业实际制定印发了《全省交通运输安全生产专项整治三年行动2021年集中攻坚工作方案》，明确了集中攻坚百项工作任务和"8项重点、5项难点"整治清单，并实行"月调度、季通报、年评估"，推动集中攻坚行动取得实效。制定印发了《关于深化防范化解安全生产重大风险工作的实施意见》，梳理了39项重大风险清单，组织各地、各单位深入摸排重点领域的重大安全风险，建立完善各级重大风险"五个清单"。2021年，全行业共辨识管控重大安全风险280项，排查整治各类安全隐患32978个，建立制度措施41项。

道路运输领域。深入开展危险化学品道路安全整治，全年查处危货违规经营案件127起，注销危货运输企业10家。常态化开展"打非治违"行动，大力开展联合执法，保持打击非法营运的高压态势。

水上交通领域。扎实开展载运危险化学品船舶、水上涉客运输安全治理，指导全省18家危化品企业及所属船舶安装视频监控系统并正常运行，严厉打击客（渡）运船舶超载、冒险航行和内河船舶非法从事海上运输等违法违规行为。推动"僵尸船"清理整顿转入常态化运行，2021年拆解处置217艘。积极推进船舶碰撞桥梁隐患治理，共排查桥梁336座，62座桥梁列入重点整治范围，查处桥区水域船舶违章行为93起。

公路水运工程建设领域。部署开展安全生产专项整治三年行动"出重拳、遏事故"集中攻坚活动，推进平安工地建设和网格化管理全覆盖，加大安全监管执法力度，对存在违规行为的50家施工企业、43家监理企业、23名监理人员给予信用评价扣分处理，对安全生产事故涉事单位和人员，采取市场准入限制等措施予以严"处理。

铁路沿线安全环境治理方面。报请省政府领导主持召开了厅际联席会议第一次全体会议，制定下发了2021年工作要点、"双段长"制实施方案和公铁并行路段护栏移交工作方案，路地双方信息沟通和应急处置机制有效建立运行，公铁并行路段护栏移交工作走在全国前列。

消防安全方面。组织行业各单位针对重点领

域开展消防安全隐患排查，结合行业职责抓好城镇燃气安全和经营性场所房屋安全排查整治工作。

（三）加强顶层设计，安全生产防控体系逐步完善。编制印发了《江西省交通运输安全应急"十四五"发展规划》，进一步明确了发展目标和主要任务。根据形势政策变化和机构改革情况，及时修订印发了《江西省交通运输厅安全生产约谈实施办法》《江西省交通运输厅安全生产挂牌督办办法》和《江西省交通运输生产安全事故隐患排查分级实施指南》，指导各地、各单位加大安全监管力度，提升隐患排查治理的针对性。组织编制《安规e码通——江西省公路水运工程施工现场安全标准化工具书》，以图文并茂的形式展现相关法规要求和技术标准，着力提升施工现场监管人员安全管理能力和施工现场安全防护标准化水平。

（四）夯实基础保障，行业本质安全水平不断提升。扎实开展公路水路承灾体普查工作，推进实施公路安全提升和危旧桥梁改造工程，持续开展公路独柱墩桥梁运行安全提升专项行动，强化高风险路段隐患排查治理，全年完成普通公路安全生命防护工程（含村道安防设施）3334公里，改造普通国省道危旧桥梁143座，改造农村公路危桥556座。联合省公安厅开展高速公路服务区警务室和交通执法服务室建设，对万年北等19对服务区实施"雪亮工程"，消除灯光死角。推进航运枢纽大坝除险治理，督促指导鱼山、凤岗枢纽运行管理单位制定应急措施方案并抓好落实。全力推进实施改渡便民工程，新开工建设桥梁12座，修建道路9条74公里，开通客运替渡班线5条，撤销渡口118道。

（五）注重改革创新，行业安全监管效能稳步提高。按照分级管理原则，组织对6个设区市、3个省直管县（市）交通运输局、7个厅直属单位、10个在建高速公路项目办开展安全生产综合督导调研，层层传导压力、层层压实责任。持续推进"科技兴安"，省交通运输安全生产监管监察系统、危险货物道路运输安全监管系统建成并投入使用，在行业企业试点推广运用"安责通"企业端，有力提升风险管控和隐患排查治理信息化水平。结合"我为群众办实事"活动，发动社会公众运用"全省道路交通安全隐患随手拍"微信小程序参与安全监督，累计核实处理群众反映的道路客运安全隐患43件。持续开展平安交通创新案例征集工作，报送13个创新案例参与交通运输部评选推荐。强化

新《安全生产法》的学习宣贯，组织开展"测测你的安全力"等特色宣教活动，加强事故警示教育，着力提升一线从业人员安全意识和操作技能。

（六）坚持科学应对，行业应急处突能力不断强化。修订完善了《江西省交通运输综合应急预案》等7项应急预案，先后组织开展高速公路隧道交通事故应急处置、抗冰保畅救援、水上突发事件处置等联合演练活动，以练备战提高应对处置突发事件的能力。联合省公安厅下发《关于做好雨雪冰冻等恶劣天气条件下交通运输保安全保畅通工作的紧急通知》，进一步细化明确防范应对雨雪冰冻恶劣天气的常态化措施。加强与气象、应急、水利等部门的沟通协调，组织行业各单位认真抓好雨雪冰冻、暴雨、台风等自然灾害防御应对工作，对于达不到安全通行或作业条件的，反复强调提醒严格执行"四个坚决"措施，有效保障特殊天气时段全省交通运输总体安全畅通。

二、当前全省交通运输安全生产面临的形势和问题

过去一年的成绩是行业全体干部职工共同努力的结果，来之不易，值得肯定。但安全生产工作的性质、特点和要求决定了成绩只能代表过去，安全生产工作永远在路上，永远是"零起点"。而且我们更要清醒地认识到，从去年的情况分析，虽然保持总体稳定，但稳中有忧、稳中有险，有的领域形势还异常严峻。主要体现在以下几个方面：一是安全发展理念还没有从思想深处真正树牢。一些单位的领导干部对安全生产重要性的认识还不足，统筹发展和安全两件大事还不够到位。二是安全生产基础还不够牢固。交通工程建设领域事故频发，事故起数和死亡人数与前两年相比翻倍增长；道路运输重大涉险事件不少，去年不仅发生4起涉营运车辆的较大事故，还发生了多起涉客车、公交车的重大涉险事件。这些事故事件的发生，反映出行业安全生产方面一些顽症痼疾没有彻底根除，行业安全生产基础还没有从长远上有效打牢。三是安全生产责任落实还不够到位。一些企业的主体责任缺失，风险分级管控和隐患排查治理落实不到位；全员安全生产责任制未有效建立和落实，一线从业人员安全意识不足，习惯性违章违规操作，极易引发安全事故；行业安全监管水平不够高，不会管、不敢管、不愿管的思想不同程度存在。此外，定制客运、网络货运等交通运输新业态、新模式不断涌现，运营

安全责任落实缺位和不到位问题日渐凸显，给行业安全监管带来诸多新挑战。

我们必须深刻认识新发展阶段对交通运输安全应急工作提出的新要求，人民群众对交通运输安全应急工作提出的新期待，交通强省建设对交通运输安全应急工作提出的新任务。始终坚持以人民为中心的发展思想，以问题为导向，系统梳理全省交通运输安全生产管理和事故事件中暴露出来的薄弱环节、突出问题，从依法治理、责任落实、风险防控、应急救援、安全文化等方面系统谋划，补短板、强弱项、固底板，积极构建企业负责、职工参与、部门监管、行业自律、社会监督的安全生产治理格局，全力推进行业安全生产治理体系和治理能力现代化。

三、2022年全省交通运输安全生产工作主要任务

今年是党的二十大召开之年，是加快建设交通强省和实施"十四五"规划的关键之年，做好交通运输安全生产工作意义重大。2022年全省交通运输安全生产工作的总体要求是：深入贯彻落实习近平总书记关于安全生产重要论述，认真落实省委、省政府和交通运输部各项部署要求，统筹发展和安全，扎实推进全省交通运输安全生产专项整治三年行动巩固提升，完善安全责任体系，筑牢双重预防机制，防范化解重大风险，排查整治重大隐患，坚决杜绝重特大事故，有效控制较大事故，切实减少一般事故，确保全省交通运输安全生产形势持续稳定，为党的二十大胜利召开营造安全稳定环境。

围绕上述要求，今年要突出抓好以下工作。

（一）持续深入学习宣贯习近平总书记关于安全生产重要论述，进一步树牢安全发展理念。要在学习宣贯习近平总书记关于安全生产重要论述上持续发力，推动学习宣贯工作入脑入心见行动。一是继续深化理论学习。督促各级领导班子通过中心组理论学习、安全教育培训等方式，及时跟进学习习近平总书记关于安全生产重要指示批示精神，结合工作实际加深理解领悟和转化运用。二是开展安全风险防范大讨论活动。以习近平总书记关于安全生产重要论述及安全生产法律法规等为教材，结合各地、各领域安全生产工作实际，聚焦"为何防、防什么、怎么防、谁来防"等四大问题，在全系统组织开展安全风险防范大讨论活动，推动行业干部职工树立风险分级管控意识。三是抓好《全省交通

运输安全应急"十四五"发展规划》落实。对照规划提出的目标任务，结合实际明确年度工作任务和责任部门，统筹抓好贯彻实施，切实发挥规划的引领作用。

（二）突出抓好安全生产专项整治三年行动巩固提升，进一步提高行业安全生产整体水平。一是持续深入整治。今年是安全生产专项整治三年行动巩固提升阶段，但并不代表整治行动止步于此。要继续聚焦百项攻坚任务和"8项重点、5项难点"整治清单，对照梳理分析存在问题和不足，进一步强化措施持续深入整治。要紧盯长途班线客运和省际包车、城乡公交、农村非法客运、常压液体危险货物罐车、公路运输"百吨王"、内河船舶非法从事海上运输、公路管理养护、公路水运工程建设、港口违规动火作业、危险化学品谎报瞒报、行业消防等重点领域和关键环节，开展整治攻坚提升，努力从根本上消除事故隐患。二是固化工作成果。注重总结提炼各地、各单位推进整治行动中的经验做法，及时在行业内予以推广，完善相关规章制度、标准规范，固化相关工作措施，形成江西方案、江西经验，构建常态长效治理机制。三是开展综合评估。按照上级部署要求，对交通运输行业专项整治三年行动适时组织开展总体成效评估，推动三年行动走深走实。

（三）继续健全完善行业安全生产责任体系，进一步压紧压实各方责任。一是压实企业主体责任。推动企业建立健全从法人代表、实际控制人到一线岗位员工的全员安全生产责任制，加强安全生产标准化建设。依托省交通运输安全监管监察系统，推广运用"安责通"APP企业端，指导帮助行业企业建立风险分级管控和隐患排查治理双重预防机制。二是压紧部门监管责任。继续按照分级管理原则对相关设区市交通运输局、厅直属单位开展安全生产综合督导调研，发现问题、传导压力、压紧责任。组织修订《江西省交通运输厅安全生产监督管理职责暂行规定》，自上而下逐级厘清安全监管工作职责，规范履责行为。三是落实全员岗位责任。督促企业负责人和员工以开展"五个一"活动、"十个一次"工作等为契机，严格落实岗位风险告知和安全作业确认制，强化一线作业人员岗前培训和警示教育，推动形成企业员工人人关心安全、人人参与安全的良好氛围。四是强化安全检查执法。逐级制定《2022年交通运输安全生产暗访

检查计划》，针对党的二十大、北京冬奥会、春运春节、全国两会、中秋国庆等重要时段，采取"四不两直"的方式加大暗访暗查力度，督促各地、各单位深化隐患排查治理，防范化解重大风险。发挥各级交通运输综合行政执法机构作用，推进安全生产行政检查与行政执法深度融合，严厉惩处不遵守安全操作规程、不执行安全生产指令、违章冒险作业的人和事。

（四）着力增强科技兴安和宣传教育实效，进一步破解行业安全监管难题。一是持之以恒推进科技兴安。用好用足4G视频动态监控和主动预警装置等科技化手段，加大抽查检查频次，及时发现和纠正车辆的不安全状态、驾驶员的不安全行为。推进农村客运车辆车机直连工作，实现农村客运车辆超员超载问题的自动识别。充分运用大数据等手段，加强与公安、文旅等部门的联勤联动，精准打击道路旅客运输非法违规行为。充分发挥不停车检测点作用，联合公安部门强化路面治超，大力推进科技治超，加强对超限超载车辆的追溯力度，推动公路治超由路面巡查执法向信息化数据采集处理转变。支持和鼓励工程建设单位加强安全技术改造，提高项目建设的机械化、自动化、信息化水平。二是创新手段提升宣教效果。创新开展"安全生产月""安康杯竞赛""消防安全日"等主题宣传活动，积极推进企业主要负责人与安全生产管理人员安全知识和管理能力考核，探索建立符合行业一线从业人员实际的岗前培训、班前教育的有效模式，

切实提升从业人员安全意识和操作技能。三是发动群众参与安全治理。加强与省内主流媒体的合作，加大"道路交通安全隐患随手拍"微信小程序推广力度，鼓励社会公众通过小程序举报反映道路客运领域违法违规行为。制定交通运输安全生产举报管理办法，强化举报线索运用，积极构筑安全生产人民防线。

（五）不断提升交通基础设施安全防护水平和应急救援能力，进一步夯实行业安全基础保障。一是不断优化公路通行条件。狠抓公路建设工程和养护管理，统筹推进公路危旧桥梁整治、公路交通标志标线优化提升、安全生命防护工程等专项行动，不断完善村道安全防护设施。组织公路运营管理单位会同公安交管部门常态化开展道路交通安全隐患排查治理，对道路交通事故多发路段深入分析原因，分门别类建立工作台账，因地制宜制定治理方案，及时整治消除各类安全隐患。二是扎实推进改渡便民工程。大力推进建桥通路项目提前实施，全年力争提前完成50%撤渡总目标，不断提升群众安全便利的出行条件。三是大力提升应急救援能力。加强省市县三级公路交通应急保障基地建设，加快国家区域性公路交通应急装备物资储备中心建设。完善安全与应急领域专家队伍建设，加强应急管理培训和应急演练，不断提高预案的实用性、针对性和可操作性，提高救援人员的安全意识、实操技能和应对突发事件的能力。

靖安塘埠大桥
（江西省综合交通运输事业发展中心供图）

大事记

2021 年

1 月

4 日   交通运输部召开部安委会第一次全体会议暨交通运输安全生产视频会议，总结工作、分析形势、研究部署下一步工作。江西省交通运输厅党委书记、厅长王爱和，厅党委委员、副厅长王昭春，厅直属有关单位、厅机关有关处室主要负责同志在江西分会场参加会议。厅直有关单位分管领导及安全监管部门负责人在各单位视频收看点参加会议。

6 日   全省推进交通强省建设动员大会召开。省交通运输厅党委书记、厅长王爱和参会并发言。

8 日   省交通运输厅党委书记、厅长王爱和主持召开厅领导班子务虚会。会议围绕省委、省政府和交通运输部有关部署，全面总结梳理行业存在的问题，务实谋划 2021 年工作思路和打算。厅直属各单位党政主要负责同志，厅机关各处室主要负责人参加会议。

是日   江西省交通青年科技工作者代表座谈会在南昌召开，省交通运输厅一级巡视员、厅直属机关党委书记胡钊芳出席会议并讲话。

12 日   江西省交通投资集团有限责任公司正式揭牌，"江西省交通投资集团有限责任公司"由"江西省高速公路投资集团有限责任公司"更名而来，省政府副省长吴浩，省交通运输厅党委书记、厅长王爱和共同揭牌，省政府副秘书长刘晓艺出席揭牌仪式，江西省交通投资集团有限责任公司党委书记、董事长王江军致辞，集团党委副书记、副董事长、总经理谢兼法主持揭牌仪式。省政府办公厅、省交通运输厅和省交通投资集团相关同志参加揭牌仪式。

是日   南昌市召开创建全国文明城市总结表彰大会暨常态长效工作部署会，对"创建全国文明城市工作先进单位""创建全国文明城市工作先进个人"和"文明市民"进行表彰。省交通运输厅获评南昌市创建全国文明城市工作先进单位。

是日　江西省交通投资集团承担的部科技示范工程"宁都至定南高速公路智慧运营与服务提升科技示范工程"项目通过交通运输部组织的验收。

13日　国务院联防联控机制春运工作专班正式启动运行。

14日　省交通运输厅召开2020年度全厅机关（基层）党组织书记抓党建述职评议会。厅一级巡视员、厅直属机关党委书记胡钊芳出席会议并讲话，厅直属各单位党委（支部）书记，驻厅纪检监察组、厅机关各处室党支部书记，厅后勤服务中心党总支书记参加会议。

15日　交通运输部副部长、春运工作专班办公室主任刘小明主持召开视频调度会，协同发力做好春运疫情防控和运输服务工作。

18日　省交通运输厅党委书记、厅长王爱和主持召开厅党委民主生活会学习研讨暨党委理论学习中心组专题学习，集中学习习近平总书记在中央政治局民主生活会和中央农村工作会议上的重要讲话、《中共中央关于加强党的政治建设的意见》《关于巩固深化"不忘初心、牢记使命"主题教育成果的意见》精神。在家厅领导及厅机关各处室主要负责同志参加会议。厅党委委员、副厅长王昭春、罗文江作交流发言。

19日　省交通运输厅召开冬春季疫情防控视频会，深入贯彻落实习近平总书记关于疫情防控的重要讲话和重要指示批示精神，按照全省新冠疫情防控工作部署，对全省交通运输系统冬春季疫情防控进行再动员、再部署、再推进。厅党委委员、副厅长丁光明出席会议并讲话。会议采取视频形式召开，厅机关各处室主要负责人在主会场参加会议，各地交通、公路、港航、运管、高速、港口、路政部门相关同志在各分会场参加会议。

20日　省交通运输厅召开平安建设工作推进会。厅一级巡视员、厅直属机关党委书记胡钊芳出席会议并讲话，厅机关各处室负责人、厅直平安建设责任单位分管领导和平安办负责人参加会议。

是日　省交通运输厅党委委员、副厅长刘震华到G45大广高速吉安至南康段改扩建工程项目办，调研项目建设工作情况。

21日　全省交通运输安全生产工作会召开，总结2020年及"十三五"全省交通运输安全生产工作，研究部署"十四五"安全发展总体思路和2021年重点任务。省交通运输厅党委书记、厅长王爱和出席会议并讲话。

28日　萍莲高速公路P2标K63+320—K63+765处左幅一段450米长的底基层摊铺完毕，萍莲高速公路主线总长62.21千米长的底基层，除预制梁厂占用的少量路基之外，其余都摊铺完毕，全面完成路面底基层摊铺目标任务。

29日　省政府副省长吴浩在南昌检查春运工作，向奋战在春运一线的干部职工致以亲切的慰问。

是日　江西省高速公路充电桩全网开通仪式在永修服务区举行。江西高速公路实现充电桩全网覆盖。

30日　赣江井冈山航电枢纽项目重要组成部分——坝顶交通桥工程完成了右区（15孔）泄水闸段1#孔最后一榀梁片架设，标志着该工程坝顶交通桥全线贯通。

31日　由省港口集团与九江心连心化肥有限公司、彭泽县政府合作建设的江西省首个港口资源整合新建项目——九江港彭泽港区矶山作业区矶山园区公用码头工程通过交工验收。

是月　人力资源和社会保障部、中国物流与采购联合会通报表彰全国物流行业先进集体、劳动模范和先进工作者，江西省道路运输行业5人获评全国物流行业劳动模范。

是月　井冈山厦坪至睦村（赣湘界）高速公路项目获评2020-2021年度（第一批）李春奖（公路交通优质工程奖）。这也是江西省公路建设项目首次获得该奖项。另外，多名工作者被授予"优秀项目建设者"荣誉称号。

是月　中国公路学会公布了2020年度标准（第二批）立项评审结果，省交通设计研究院有限责任公司主持编制的《公路工程设计信息模型（BIM）交付指南》通过了形式审查及立项评审。

是月　教育部办公厅公布了第二批全国高校"双带头人"教师党支部书记工作室建设名单，江西交通职业技术学院路桥教工党支部书记工作室成功入选。

是月　宜遂高速18座隧道全部进洞施工。

是月　国家邮政局下发《国家邮政局关于公布2020年度邮政行业技术研发中心认定结果的通知》，江西交通职业技术学院申报的"邮政安全管理技术研发中心"获批认定，成为全国首个申报国家邮政行业技术研发中心成功的高职院校。

是月 经国务院批准，2020年享受国务院政府特殊津贴人员名单正式公布。经申报、推荐、专家评审、组织考察等程序，省交通投资集团费伦林荣获国务院政府特殊津贴。

是月 省交通科学研究院"环保管家"服务的信江双港航运枢纽项目、万安枢纽二线船闸工程、九江港彭泽港区矶山作业区矶山园区公用码头工程等项目的生态环境管理工作顺利通过省港口集团2020年度绩效考评。

2月

4日 省交通运输厅召开全省自然灾害综合风险公路承灾体普查工作动员部署视频会。党委委员、副厅长王昭春出席会议并讲话，厅机关有关处室、省交通投资集团、厅直属有关单位负责同志在主会场参加会议，各设区市交通运输局、公路局，各省直管试点县（市）交通运输局，以及各高速公路运营管理单位相关负责同志在分会场参加会议。

是日 省交通运输厅召开2020年度厅机关公务员考核述职会，总结一年来机关各处室的工作成效，查找存在的问题，并对机关各处室负责人优秀等次人选进行民主推荐。厅党委委员、副厅长罗文江主持会议并讲话，厅机关在职公务员参加会议。

是日 信江航运枢纽项目办联合设计方、监理方，将信江八字嘴航电枢纽项目抬田工程顺利移交至当地乡镇手中。此项抬田工程是项目建设以来首次移交的附属工程。

5日 江西省交通运输厅党委书记、厅长王爱和做客交通运输部网站在线访谈栏目，与网友交流江西省交通运输发展的基本情况，并对《关于推进交通强省建设的意见》进行解读。

是日 省疫情防控应急指挥部春运工作专班第一次会议在省交通运输厅召开。春运工作专班副组长，省交通运输厅党委委员、副厅长丁光明主持会议并讲话，春运工作专班全体成员及联络员参加会议。

5日—7日 交通运输部召开部省综合运输春运疫情防控工作视频调度会议，调度了解各地落实

《2021年综合运输春运疫情防控总体工作方案》情况，对工作进行再安排、再部署。江西省交通运输厅党委书记、厅长王爱和汇报本省春运疫情防控工作情况。

6日 省交通运输厅党委召开2020年度民主生活会。省委常委、南昌市委书记吴晓军到会指导并作点评讲话，省委党建工作领导小组办公室专职副主任汤乐毅及省纪委省监委、省委组织部、省直机关工委有关部门负责同志到会指导。厅党委书记、厅长王爱和主持会议，并代表厅领导班子作对照检查发言。

7日 省交通运输厅党委书记、厅长王爱和走访慰问部分退休老干部、生活困难党员和困难职工，代表省厅向他们致以新春祝福。厅机关有关处室、厅直有关单位负责同志陪同走访。

是日 根据省委办公厅、省政府办公厅有关工作安排，省交通运输厅党委书记、厅长王爱和来到鹰潭市余江区，走访慰问困难群众、重点优抚对象、困难企业和敬老院，代表省委、省政府为他们送去党和政府的关怀与温暖，并致以新春祝福。鹰潭市副市长廖良生等参加。

11日—12日 省交通运输厅党委书记、厅长王爱和在厅应急指挥中心带班值守。厅党委委员、副厅长刘震华12日参加值班值守和有关会议。

13日 省交通运输厅党委委员、副厅长刘震华先后到大广高速公路扩容项目、赣江井冈山航电枢纽工程项目调研春节期间安全生产工作，看望慰问春节期间坚守岗位的一线参建人员，省交投集团、省港口集团、赣州市交通运输局、吉安市交通运输局、厅机关有关处室负责同志分别参加调研慰问。

20日 省交通运输厅开展领导干部任前集体谈话。厅党委书记、厅长王爱和出席并讲话，厅党委委员、副厅长罗文江主持，厅党委委员、驻厅纪检监察组组长蓝丽红作廉政谈话，厅机关有关处室负责同志和新提拔、交流、转任的干部参加。

23日 吉安市公路建设和养护中心正式挂牌成立，市政府副市长朱新堂出席揭牌仪式。

是日 铁路沿线安全环境治理部际联席会议第一次全体会议、治理推进电视电话会议先后在交通运输部召开。省交通运输厅党委委员、副厅长王昭春，省政府办公厅有关同志、铁路沿线安全环境治理部际联席会议成员单位对口的省级主管部门

负责同志、中铁南昌局集团公司主要负责同志在江西分会场参加铁路沿线安全环境治理推进电视电话会。

是日 省交通运输厅党委委员、副厅长丁光明到九江调研水运经济发展情况。厅港口与航道管理处、水路运输处，省港航管理局有关同志陪同调研。

24日 全省高速公路服务区提质升级动员部署会召开。省政府副省长吴浩出席会议并讲话，省政府副秘书长刘晓艺主持，省交通运输厅党委书记、厅长王爱和作工作部署，各设区市政府分管负责同志，省直有关部门负责同志，各高速公路经营管理单位、中石化江西分公司、中石油江西销售分公司、国家电网江西分公司主要负责同志参加会议。

25日 省交通运输厅召开2021年全面从严治党工作会，传达学习上级有关精神，总结2020年工作，研究部署2021年各项任务。厅党委书记、厅长王爱和作工作报告。厅党委委员、驻厅纪检监察组组长蓝丽红作落实全面从严治党监督责任工作报告。厅一级巡视员、厅直属机关党委书记胡钊芳主持会议并传达中纪委十九届五次全会和省纪委十四届六次全会精神。在家厅领导、省纪委第六监督检查室有关同志出席会议。

26日 厅党委书记、厅长王爱和主持召开厅党委理论学习中心组学习（扩大）会议，集中学习习近平总书记在省部级主要领导干部学习贯彻党的十九届五中全会精神专题研讨班开班式上的重要讲话、在中央政治局第二十七次集体学习时的重要讲话、在党史学习教育动员大会上的重要讲话精神和省委书记、省人大常委会主任刘奇在省十三届人大五次会议闭幕时的讲话精神。在家厅领导及厅机关各处室主要负责同志参加会议。厅领导蓝丽红、刘震华作交流发言。

是月 江西省强化道路运输驾驶员"黑名单"管理，向社会通报了2020年全省道路运输驾驶员"黑名单"列管情况，2823人被列入道路运输驾驶员"黑名单"。

3月

1日 省交通运输厅召开专题会议部署维护稳定工作。厅一级巡视员、厅直属机关党委书记胡钊芳出席会议并讲话，厅机关各处室负责人、厅直各综治责任单位平安建设分管领导和平安办负责人参加会议。

3日 省交通运输厅党委委员、副厅长刘震华出席萍莲高速公路项目建设第三阶段总结暨第四阶段动员会并讲话。

8日 省政府副省长吴浩到省交通运输厅调研科技治超工作。省政府副秘书长刘晓艺、省交通运输厅副厅长王昭春、厅直有关单位和厅机关有关处室负责同志陪同调研。

是日 全国妇联公布了全国城乡妇女岗位建功先进个人（集体）名单。经省交通运输厅推荐，宜春市公路管理局劳资科科长、袁州区飞剑潭乡塘源村第一书记兼工作队长花雪莲荣获全国巾帼建功标兵称号。这是江西省交通系统唯一获此殊荣的个人。

10日 省政府副省长吴浩到九江调研港口建设发展工作，并主持召开推进全省港口水运发展座谈会。省政府副秘书长刘晓艺，九江市委常委、副市长蒋文定，省交通运输厅党委委员、副厅长丁光明，省港口集团党委书记、董事长李国峰，厅机关有关处室、集团总部有关部门以及九江市港口航运管理局负责同志等参加调研。

10日—16日 全国道路与桥梁工程检测设备集中检校工作在江西南昌举办。来自上海、广东、西藏等16个省市70辆公路工程自动化检测车进行集中检定校准。

15日 全国人大代表，省交通运输厅党委书记、厅长王爱和主持召开厅党委理论学习中心组学习（扩大）会议，传达学习全国两会精神。在家厅领导及厅机关各处室主要负责同志参加会议。

是日 国务院联防联控机制春运工作专班召开会议，系统总结今年春运工作。交通运输部部长、春运工作专班组长李小鹏主持会议。江西省交通运输厅党委委员、副厅长丁光明，省发改委党组成员、省能源局局长温俊杰，省卫生健康委、省公安厅、省人社厅、民航江西监管局、中国铁路南昌局、省机场集团有关负责同志在江西分会场参加会议。

16日 省交通运输厅召开全厅领导干部会议，传达学习全国两会精神。全国人大代表，厅党委书记、厅长王爱和出席会议并讲话。厅一级巡视员、厅直属机关党委书记胡钊芳主持会议。在家厅领导罗文江、蓝丽红、刘震华、丁光明出席会议。

17日　省交通运输厅组织召开公路工程建设领域安全生产集中约谈会，厅党委委员、副厅长刘震华听取了被约谈单位整改落实和吸取生产安全事故教训情况，对各单位做好公路工程建设领域生产安全工作提出要求。省交通运输事业发展中心、省交通综合执法局、厅建管处、厅高速处、厅公路处有关负责同志参加。

18日　省交通运输厅召开全省船舶碰撞桥梁隐患治理三年行动视频调度会。厅党委委员、副厅长丁光明出席会议并讲话，厅机关有关处室、厅直属有关单位负责同志在主会场参加会议，各设区市交通运输局、公路局，各省直管试点县（市）交通运输局，以及省交通投资集团各路段管理中心、各片区航道事务中心分管领导和部门负责同志及联络员在分会场参加会议。

是日　中铁二十一局集团三公司承建的祁婺高速A1标段T梁场制梁大棚内，首件试验梁浇筑完成。这也是祁婺高速全线首件T梁试验梁。

24日　省交通运输厅党委委员、副厅长刘震华到省高等级航道事务中心调研水运规划和航道项目前期等工作，并主持召开座谈会。省高等级航道事务中心、省港口集团、厅规划处、港口与航道管理处、财务处负责同志参加座谈。

26日　省交通运输厅党委书记、厅长王爱和主持召开中央第五巡视组巡视反馈问题、2020年长江经济带生态环境警示片披露问题、省纪委全会述责述廉反馈意见整改工作专题调度会。厅领导蓝丽红、丁光明、胡钊芳出席会议并讲话。

30日　省交通运输厅召开全省公路水运工程安全生产专项整治三年行动集中攻坚工作电视电话部署会，深刻吸取近期江西省公路水运工程建设领域发生的事故教训，研究部署专项整治三年行动"出重拳、遏事故"集中攻坚工作。厅党委书记、厅长、厅安全生产委员会主任王爱和出席会议并讲话，厅党委委员、副厅长刘震华主持。

是日　省交通运输厅举办2021年第一期道德讲堂。

是日　省交通运输厅党委委员、副厅长兼省邮政管理局党组书记、局长魏遵红到省交通运输执法局调研指导工作。省交通运输执法局局长杜一峰、党委书记娄鸿雁分别作了汇报，在家局领导及有关处室负责同志参加了座谈会。

是日　"赣服通"交通运输部门专区正式上线运行。

31日　省交通运输厅党委书记、厅长王爱和到广发银行南昌分行、江西高速集团财务公司调研金融产业发展和交通强省发展基金设立工作。厅党委委员、副厅长刘震华，省交通投资集团党委书记、董事长王江军及厅机关有关处室、省交通投资集团有关部门负责同志随同调研。

是日　省交通运输厅召开网络安全保障工作部署会。厅一级巡视员、厅直属机关党委书记胡钊芳出席会议并讲话。厅直属各单位、厅机关各处室有关负责人参加会议。

是月　江西省交通投资集团与江西省建工集团举行座谈并签订战略合作协议。

是月　江西省文明办、江西省委教育工委、江西省教育厅联合公布2020年度"创建江西省文明校园先进学校"名单。江西交通职业技术学院获评2020年度"创建江西省文明校园先进学校"称号。

是月　江西省交通运输厅被评为全省全面依法治省优秀单位、全省法治政府建设优秀单位。

是月　3月16日、3月22日，江西省5个片区航道事务中心相继举行揭牌仪式。省交通运输厅党委委员、副厅长丁光明，省高等级航道事务中心以及省厅相关部门、有关地市政府、市有关部门负责同志出席了各地的揭牌仪式。

是月　江西省全面排查治理桥区水域水上交通安全风险隐患。此项工作将持续至2022年底，排查治理范围为2019年12月31日前建成投入运行的跨越全省五级及以上航道（不含长江干线）的铁路、高速公路、普通公路、城市桥梁等桥区水域。

4 月

1日　省交通运输厅对省交通投资集团领导班子成员开展政治谈话。厅党委书记、厅长王爱和主持并讲话，厅党委委员、驻厅纪检监察组组长蓝丽红出席会议。省交通投资集团党委书记、董事长王江军代表集团党委汇报有关工作情况。厅机关有关处室负责同志参加会议。

是日　交通运输部召开2021年部安委会第二次全体会议暨交通运输安全生产视频会议，总结一季度工作，研究部署下一阶段重点工作。部长、部安委会主任李小鹏出席会议。江西省交通运输厅党委书记、厅长王爱和，厅总工程师及厅安委会成员单位、厅机关有关处室主要负责人在江西分会场参加会议。

是日 省交通运输厅党委书记、厅长王爱和随即主持召开厅安委会全体成员会议，部署做好清明、"五一"节日期间安全防范工作和深入推进安全生产专项整治三年行动工作。会议以视频形式召开。厅总工程师及厅安委会成员单位、厅机关有关处室主要负责人在主会场参加会议。厅直属有关单位分管领导和相关部门、所属单位负责人在分会场参加会议。

2日 省交通运输厅党委书记、厅长王爱和到丰城市、南昌市调研水运发展工作。厅党委委员、副厅长丁光明，省高等级航道事务中心主任易宗发、党委书记陈鹏程，省港口集团党委书记、董事长李国峰，党委副书记、副董事长、总经理彭东领等参加调研。

5日 祁婺高速A3标段首片预制T梁架设完成，标志着该项目桥梁上部构造施工正式拉开序幕。

6日—10日 厅党委理论学习中心组举行了为期5天的党史学习教育专题读书班，通过专题辅导、集中学习、研讨交流等系列活动，进一步加强党史学习教育，充分发挥厅党委理论学习中心组学在前、走在前、干在前的示范引领作用，为全厅各级领导班子和广大党员干部开展好党史学习教育作出表率。

7日 省交通运输厅党委党史学习教育领导小组办公室召开全厅党史学习教育进展情况座谈会，听取和总结前一阶段全厅党史学习教育开展情况，部署下一阶段工作任务。

8日 省交通运输厅召开信息化项目调度推进会，进一步推进江西省交通运输信息化项目建设工作。厅党委委员、副厅长王昭春主持会议并讲话。厅机关相关处室、厅直属相关单位有关同志参加会议，并作交流发言。

是日 省交通运输厅组织开展规范监督执纪情况报告工作及案件备案工作培训。

11日 祁婺高速公路建设项目基于BIM的数字化综合应用项目获江西省第二届BIM大赛二等奖。

13日 大庆至广州高速公路（江西段）南康至龙南段扩容工程第二阶段总结表彰暨第三阶段施工动员大会召开。会议总结了大广扩容项目第二阶段建设情况，表彰了第二阶段综合评比优胜单位和个人，部署了第三阶段的重点任务和推进措施。

16日 省交通运输厅党委委员、副厅长刘震华到祁婺高速公路建设项目调研，并组织召开座谈会。省交通投资集团、省交通运输厅高速处负责同志陪同调研。

是日 省交通运输厅主办的"2021年交通强省科普讲解大赛"在江西交通职业技术学院举行。来自省综合交通运输事业发展中心、省交通运输综合行政执法局、省交通投资集团、省港口集团等7家厅直单位的11位科普工作者参加比赛。

22日 省交通运输厅召开"五型"政府建设推进会。厅一级巡视员、厅直属机关党委书记胡钊芳出席会议并讲话，厅机关各处室主要负责同志、厅直属各单位相关负责同志参加会议。

23日 省交通运输厅召开全省高速公路服务区提质升级调度会。厅党委委员、副厅长王昭春出席会议并讲话。厅直有关单位、各高速公路经营管理单位、中石化江西分公司、中石油江西销售分公司、国家电网江西分公司、厅机关有关处室负责同志参加会议。

是日 省交通运输厅党委赴南昌新四军军部旧址陈列馆开展"红色走读"学习活动。厅党委书记、厅长王爱和及党委理论学习中心组成员带领厅机关全体党员和部分离退休党员代表参加。

是日 省交通运输厅召开网络安全工作培训会暨现场会。省交通运输厅一级巡视员胡钊芳出席会议并讲话，厅直属各单位分管领导、部门负责人以及技术人员参加会议。

25日 省交通运输厅机关离退休干部党总支与办公室党支部联合开展"学党史、悟思想、办实事、开新局"主题党日活动。厅党委书记、厅长王爱和出席活动并讲授党课。厅机关离退休干部党总支、厅办公室党支部全体党员参加并重温入党誓词。

26日 省交通运输厅召开厅党史学习教育领导小组办公室会议暨厅机关党支部党史学习教育推进会。厅一级巡视员、厅直属机关党委书记、厅党史学习教育领导小组副组长兼办公室主任胡钊芳出席会议并讲话，厅党史学习教育领导小组有关同志、厅机关各处室党支部书记参加会议。

27日　《江西省绿色交通"十四五"发展规划》通过专家评审，省高等级航道事务中心、省交投集团、省港口集团等相关单位代表及特邀专家出席会议。

29日　全省庆祝"五一"国际劳动节暨全省五一劳动奖和工人先锋号表彰大会举行。省委副书记叶建春到会讲话，勉励全省各条战线劳动者以习近平新时代中国特色社会主义思想为指导，大力弘扬劳模精神、劳动精神、工匠精神，勇当改革创新发展先锋，积极推动高质量跨越式发展，奋力谱写全面建设社会主义现代化国家江西篇章。交通运输系统一批先进集体和个人获得表彰，其中1个集体获全国工人先锋号、3个集体获省五一劳动奖状、5人获省五一劳动奖章、3个集体获省工人先锋号。

30日　省交通运输厅召开"三大攻坚行动、三大提升工程"和水运改革发展工作调度视频会，总结"6+1"重点工作的推进落实成效，部署下一步工作。厅党委书记、厅长王爱和出席会议并作指示。在家厅领导蓝丽红、刘震华出席会议。

是日　省交通运输厅召开"五一"假期安全防范部署工作会议。厅党委委员、副厅长王昭春主持会议并讲话，厅安委会各成员单位分管安全负责人和安监部门负责人、厅机关有关处室负责同志参加会议。

是月　江西省文明办发布《关于2020年江西省文明单位、江西省文明校园年度复查情况的通报》，复查认定1708个江西省文明单位，江西省交通运输厅通过2020年度省级文明单位复查，连续三年保持省级文明单位荣誉称号。

是月　省交通运输厅出台新提任领导干部法律法规知识考试工作方案。

是月　赣州市人民政府办公室出台《赣州市深化农村公路管理养护体制改革"路长制"试点方案》，深化农村公路管养"路长制"试点。

是月　经江西省政府同意，建立江西省铁路沿线安全环境治理厅际联席会议制度，加强对全省铁路沿线安全环境治理工作的统筹协调。联席会议由省交通运输厅、省委政法委、省发展改革委、省公安厅、省自然资源厅、省生态环境厅、省住房和城乡建设厅、省水利厅、省农业农村厅、省应急厅、省林业局、省通信管理局、省能源局、上海铁路监督管理局、南昌铁路局等15个部门和单位组成。其中，省交通运输厅为牵头单位。

5月

1日　九江红光国际港3号泊位第一个内贸集装箱平稳地装载在拖车上，标志九江红光国际港至南京港集装箱内贸航线正式开通。

7日　交通运输部召开交通运输执法领域突出问题专项整治行动动员部署电视电话会，全面部署专项整治行动。部党组书记杨传堂、部长李小鹏出席会议。江西省交通运输厅党委书记、厅长王爱和，厅机关有关处室主要负责同志，省高航中心有关负责同志，省交通执法局领导班子在省厅分会场参会，其他有关单位负责同志在各分会场参会。

8日　宜遂高速全线首片预制梁架设成功。宜遂项目桥梁工程进入预制梁全面架设阶段。

9日—10日　交通运输部公路局副局长周荣峰一行赴江西省开展"十四五"公路养护管理工作调研。省交通运输厅党委委员、副厅长王昭春，省综合交通中心主任曾晓文出席座谈会。省交通运输厅、省综合交通中心、省交通投资集团、部分设区市交通和公路部门有关负责同志参加座谈。

11日　省交通运输厅党委书记、厅长王爱和到省综合交通中心、省高等级航道事务中心、省交通运输执法局调研信息化建设和机构改革工作。厅机关有关处室负责同志、"一局两中心"领导班子和相关处室负责同志、省交通监控指挥中心主要负责同志参加调研。

是日　省交通运输厅召开平安建设工作例会，传达上级有关文件精神，通报2020年度全厅平安建设工作考核情况，对当前全系统平安稳定形势进行了分析研判。厅直各单位平安办负责人，厅机关相关处室、厅后勤服务中心负责同志参加会议。

11日—13日　交通运输部职业资格中心工作组一行赴江西开展交通运输技术技能人才队伍建设工作和国际交流合作保障工作调研，并与江西省交通运输厅商洽合作推进交通强国建设试点工作，签署了《共同推进交通强国建设试点工作备忘录》。交通运输部职业资格中心党委书记、主任申少君，江西省交通运输厅党委书记、厅长王爱和，厅党委委员、副厅长王昭春，厅一级巡视员胡钊芳等参加有关活动。

12日 南昌市人民政府办公室正式印发《南昌市农村公路"路长制"工作实施方案》，进一步健全和完善全市农村公路管理体制机制，切实推动"四好农村路"高质量发展，全面提升农村公路建管养运服务水平。

14日 厅党委书记、厅长王爱和主持召开厅党委理论学习中心组学习（扩大）会议，开展党史学习教育第三专题学习，传达学习习近平总书记近期重要讲话重要指示和中央重要会议重要文件精神，研究省厅贯彻落实措施。

是日 《江西省水运"十四五"发展规划》通过评审。

15日 大广高速吉安至南康段改扩建工程施工安全风险评估通过专家评审。

16日 省交通运输厅一级巡视员、厅直属机关党委书记胡钊芳赴抚州东外环高速公路建设项目王安石抚河特大桥调研。省交通运输厅科教处及项目相关单位负责同志陪同。

21日 省政府副省长吴浩调研江西水运发展情况。省交通运输厅党委书记、厅长王爱和，副厅长丁光明，省高航中心党委书记陈鹏程等陪同调研。

是日 2021年桥梁建造新理念新技术学术论坛在抚州召开。中国工程院院士、全国工程勘察设计大师、中国交通建设集团首席科学家张喜刚作主旨演讲。抚州市委常委、常务副市长谭小平，省交通运输厅一级巡视员、厅直属机关党委书记胡钊芳，省公路学会理事长孙茂刚出席并讲话。

26日 省政府副省长吴浩主持召开全省铁路沿线安全环境治理厅际联席会议2021年第一次全体会议。省交通运输厅党委书记、厅长王爱和，副厅长王昭春，省委政法委、省发改委、省公安厅、省司法厅、省自然资源厅、省生态环境厅、省住房和城乡建设厅、省水利厅、省农业农村厅、省应急管理厅、省林业局、省通信管理局、省能源局、上海铁路监督管理局负责同志、中铁南昌局集团有限公司主要负责同志、分管负责同志参加会议。

28日 省交通运输厅党委书记、厅长王爱和同志主持召开专题会议，传达学习全省政务公开重点工作推进会议精神，听取2020年政务工作情况报告，研究部署2021年全厅政务工作重点任务。

28日—29日 中国交通产业经济联席会议2021年主席会议在江西南昌召开。江西省交通运输厅党委书记、厅长王爱和致辞，中国公路学会党委委员、副秘书长巨荣云出席并作秘书处工作报告，主席会议由轮值主席江西省交通投资集团党委书记、董事长王江军主持。18家联席主席单位主席及嘉宾等共计50余人出席大会。

29日 信江（鹰潭段）高等级航道建设工程——界牌枢纽船闸改建工程通过交工验收，投入试运营。

30日 抚州东外环高速公路王安石抚河特大桥主桥钢管拱管内混凝土泵送顶升灌注完成，标志着该项目进入最后冲刺阶段。

是月 省委组织部、省扶贫办联合下发文件，通报2020年度省派单位驻村干部和驻村工作队及2018—2020年度省派单位定点帮扶工作考核结果，省交通运输厅6个定点帮扶工作队2018—2020年度考核全部获"好"评。

是月 江西省高速公路联网管理中心参与的《高速公路货运车辆通行安全和畅通保障关键技术研究及应用》《构建高速海量视频智慧云联网平台》两项研究成果分别获得2020年度中国交通运输协会科学技术奖一等奖、二等奖。《智慧高速公路协同技术与主动管控关键装备研发及集成应用》获得2020年度中国公路学会科学技术奖二等奖。

是月 省交通运输厅在2021年江西省科普讲解大赛中获佳绩。江西交通职业技术学院教师童年荣获全省科普讲解大赛一等奖，并被授予"江西省十佳科普使者"荣誉称号。省交通运输厅荣获优秀组织单位奖。

是月 省交通运输厅安委会印发《关于开展2021年"安全生产月"活动的通知》，部署开展以"落实安全责任，推动安全发展"为主题的"安全生产月"活动。

是月 省交通运输厅承担和参与的《江南丘陵过湿区沥青路面服务功能提升关键技术》《高速公路货运车辆通行安全和畅通保障关键技术研究及应用》等9项科研成果荣获中国公路学会科学技术一等奖1项、二等奖2项、三等奖1项。

6月

1日 省交通投资集团与省港口集团在南昌签

署光伏项目战略合作协议。

3日 省交通运输厅党委书记、厅长王爱和到祁婺高速公路建设项目调研，上饶市副市长刘斌、省交通投资集团党委副书记、副董事长、总经理谢兼法及省交通投资集团有关单位、上饶市交通运输局、婺源县委县政府负责同志一同调研。

是日 由省委宣传部、省科协、省科技厅、省国防科工办联合开展的2021年江西省"最美科技工作者"评选结果揭晓，10名优秀科技工作者获评2021年江西省"最美科技工作者"。经省公路学会推荐，江西省交通工程集团建设有限公司教授级高级工程师彭爱红获评该荣誉。

3日—4日 省交通运输厅党委委员、副厅长丁光明到宜春调研道路运输重点营运车辆动态监控违法违规信息分类闭环处理试点工作、网络货运发展及道路货运执法情况。宜春市副市长龚法生，市交通运输局、市交通运输综合行政执法支队负责同志陪同调研。

4日 华东交通大学党委书记柳和生，党委副书记、副校长徐长节，校党委委员、副校长陈梦成一行到省交通运输厅走访交流。厅党委书记、厅长王爱和，厅党委委员、副厅长刘震华等出席座谈会。

4日—5日 省委副书记叶建春在吉安市遂川、万安、泰和三县调研，察看井冈山航电枢纽和万安二线船闸工程建设情况。

7日 省交通运输厅召开全厅党史学习教育工作推进会。厅一级巡视员、厅直属机关党委书记、厅党史学习教育领导小组副组长胡钊芳出席会议并讲话，厅直属各单位党史学习教育工作分管负责人、部门负责人、厅机关各处室党支部书记、厅党史学习教育领导小组办公室有关同志参加会议。

8日 省政府副省长、党组成员任珠峰深入省交通投资集团调研国有企业改革发展、党建工作。省政府副秘书长熊科平，省交通运输厅党委书记、厅长王爱和，省国资委党委委员、副主任杨国安，省交通投资集团党委书记、董事长王江军，党委副书记、副董事长、总经理谢兼法等陪同调研。

是日 全省交通运输执法领域突出问题专项整治行动第三督查组赴赣州高速路政支队，督查专项整治行动推进落实情况。

10日 全省高速公路服务区提质升级推进会在景德镇召开。省交通运输厅党委委员、副厅长王昭春出席会议并讲话，厅机关有关处室、厅直属有

关单位、各高速公路经营管理单位、中石油江西销售公司、中石化江西石油分公司主要负责同志及部分服务区代表参加会议。

是日 教育部在井冈山大学召开课程思政建设工作推进会。江西交通职业技术学院汽车工程系申报的"汽车营销"课程入选教育部课程思政示范项目，学院8位教师入选课程思政教学名师和教学团队。

是日 省交通运输厅党委委员、副厅长丁光明到省综合交通运输事业发展中心调研道路运输业务系统建设与应用情况。省综合交通中心主任曾晓文、厅运输处相关负责同志参加调研。

11日 厅党委书记、厅长王爱和主持召开厅党委理论学习中心组学习（扩大）会议，集中开展党史学习教育第四专题学习，传达学习习近平总书记近期重要讲话重要指示和中央重要会议重要文件精神，研究省厅贯彻落实措施。厅党委委员、一级巡视员、二级巡视员、总工程师，厅直有关单位、厅机关各处室主要负责同志参加会议。省交通运输执法局、厅科教处主要负责同志作交流发言。

15日 省交通运输厅举行庄重简朴的"光荣在党50年"纪念章颁发仪式。厅党委书记、厅长王爱和看望和慰问"光荣在党50年"党员代表并同他们合影留念，厅一级巡视员、厅直机关党委书记胡钊芳出席颁发仪式，代表厅直机关党委为14位老党员代表颁发佩戴"光荣在党50年"纪念章。

15日—17日 《南昌港总体规划（修订）环境影响报告书》通过生态环境部审查。

16日 交通运输部召开2021年部安委会第三次全体会议暨交通运输安全生产视频会议，部长、部安委会主任李小鹏出席会议，传达学习了习近平总书记6月13日对湖北十堰市燃气爆炸事故作出的重要指示、李克强总理等党中央国务院领导同志批示要求。江西省交通运输厅党委书记、厅长王爱和，厅安委会成员单位、厅机关有关处室主要负责人在江西分会场参加会议，各设区市、省直管试点县（市）交通运输局、厅直属有关单位设立了视频收看点。

是日 省交通运输厅党委书记、厅长王爱和主持召开全省交通运输安全生产视频会议，部署做好"七一"前后和第三季度安全生产工作。会议以视频形式召开。厅安委会成员单位、厅机关有关处室主要负责人在主会场参加会议。厅直属有关单

位、各设区市、省直管试点县（市）交通运输局及所属部门负责人在分会场参加会议。

是日　第三届江西年度经济大事、经济人物、功勋企业暨脱贫攻坚贡献企业、企业家发布会在南昌举行。交通运输发展成就连续6年入选江西经济十件大事。

22日　萍莲高速公路项目A3标两座T构桥实现双幅贯通。

26日　江西省交通运输系统庆祝中国共产党成立100周年文艺演出在省港口集团南昌龙头岗综合码头举行。

是日　省交通运输厅召开防汛工作部署会，传达落实省防汛调度会商视频会议精神，部署即将到来的集中强降雨防范应对工作。厅党委委员、副厅长王昭春主持会议并讲话，厅直属有关单位、厅机关相关处室负责人参加会议。

是月　《江西省交通运输执法领域突出问题专项整治行动方案》出台。江西推进"亮旗亮剑"行动，从"群众最不满意的""群众最需要的"入手，突出"六禁六送"，以治超和运政领域为突破点，完善水上执法领域建设，深化综合行政执法改革，全面推进"三化、七统一""四基四化"示范建设。

是月　省交通运输执法局开展"超限"船舶水上交通管控工作。

是月　交通运输部公布平安百年品质工程创建示范项目（第一批）清单，江西省4个在建项目入选：德州至上饶高速公路赣皖界至婺源段新建工程、宜春至遂川高速公路新建工程项目宜春至安福段、吉安市国道105北京至澳门公路吉水县醪桥至青原区草坪桥段改道工程、信江航运枢纽工程。

7月

5日　省长易炼红调研南昌港口码头和省港口集团，指出要发挥港口的独特优势和水运的重要作用，锚定目标、提速提质，坚决做好港口资源整合"后半篇文章"，加快推动港口建设和水运事业高质量跨越式发展，为把江西打造成为全国构建新发展格局的重要战略支点提供强有力支撑。

8日　省交通运输厅党委书记、厅长王爱和主持召开厅党委理论学习中心组学习（扩大）会议，

专题学习研讨习近平总书记"七一"重要讲话精神。省委党校党史党建教研部副主任、教授黄德锋同志作专题辅导报告。在家厅领导，省综合交通中心、省高等级航道事务中心、省交通运输执法局、省交通投资集团、省港口集团及厅机关各处室主要负责同志参加会议。

9日　南昌市"四好农村路"建设新闻发布会在南昌市交通运输局大会议室举行。

是日　《江西省交通运输科技"十四五"发展规划》通过评审。

11日—15日　国务院农民工工作督察组来赣开展实地督察。督察组组长、交通运输部党组成员、副部长汪洋一行先后深入南昌快递（电商）物流园调研农民工就业及权益保障情况，深入永修服务区司机之家调研农民工就近就地就业情况。交通运输部运输服务司副司长李华强，省交通运输厅厅长王爱和、副厅长丁光明，省人力资源和社会保障厅厅长钟志生、副厅长肖国军等随同。

12日　萍莲高速公路全线最长的隧道——莲花隧道双幅贯通。

13日　省交通运输厅对新任干部进行任前谈话。厅党委书记、厅长王爱和出席并讲话，厅党委委员、驻厅纪检监察组组长蓝丽红就党风廉政建设工作提出要求，省交通运输执法局党委书记、厅组织人事处处长娄鸿雁主持。厅机关有关处室负责同志和近期部分新提任、职级晋升、交流转任的干部参加。

是日　省交通运输厅召开全厅党史学习教育"我为群众办实事"实践活动专项工作推进会，学习贯彻习近平总书记在庆祝中国共产党成立100周年大会上的重要讲话和省委庆祝大会精神，厅党委书记、厅长、厅党史学习教育领导小组组长王爱和出席会议并讲话。厅一级巡视员、厅直属机关党委书记、厅党史学习教育领导小组副组长胡钊芳主持会议，省委学教办、省委第六巡回指导组相关同志到会指导。

是日　省交通运输厅召开党委（扩大）会议，传达学习省委常委、省纪委书记、省监委主任马森述12日调研座谈会上的讲话精神，结合全厅工作实际，研究贯彻落实意见。厅党委书记、厅长王爱和主持会议并讲话，厅党委委员、驻厅纪检监察组组长蓝丽红传达精神。

20日　全省交通运输年中工作会召开，总结

上半年工作，分析形势问题，研究部署下半年工作。厅党委书记、厅长王爱和主持会议并讲话，各位厅领导分别部署分管领域下半年重点工作。会议以视频形式召开。厅直属各单位、厅机关各处室主要负责同志在主会场参会。各设区市交通运输局，公路局（中心），赣江新区城乡建设和交通局，九江市港口航运管理局，省直管试点县（市）交通运输局党政主要负责同志，厅直属各单位班子成员、部门主要负责同志在分会场参会。

21日　鹰潭港建设发展推进会在鹰潭市召开。鹰潭市委副书记、市长张子建，省港口集团党委书记、董事长李国峰分别就进一步加快推进鹰潭港建设发展提出要求，鹰潭市副市长廖良生等参加。

是日　交通运输部综合规划司副司长范振宇到江西调研大数据管理体制机制与信息化建设有关情况，省交通运输厅党委委员、副厅长刘震华陪同，厅规划处、厅科教处和厅直属单位相关负责同志参加调研。

22日　省交通运输执法局联合省交通质监局、九江市交通运输执法支队成立督查组，对湖口县农村公路质量进行实地督查。

26日　交通运输部组织召开全国公路养护管理工作会暨公路桥梁安全耐久水平提升视频会议，全面总结"十三五"全国公路养护管理工作，研究部署"十四五"公路养护管理重点任务。副部长戴东昌出席会议。江西省交通运输厅党委书记、厅长王爱和及厅直有关单位、厅机关各处室负责同志在江西分会场参会。

28日　王安石特大桥做全桥荷载试验，接受全面的"B超""体检"，为通车把好质量关。

30日　省交通运输厅召开厅机关军转干部代表座谈会。厅一级巡视员、厅直属机关党委书记胡钊芳出席会议并讲话，厅机关军转干部代表参加座谈会。

是日　《江西省数字交通"十四五"发展规划》通过评审。

是日　信江高等级航道第一座现代化货运码头——鹰潭港余江港区中童综合码头一期工程通过交工验收。

31日　交通运输部召开全国交通运输2021年半年工作视频会，总结上半年工作，部署安排下半年重点工作。部长李小鹏出席会议。江西省交通运输厅党委书记、厅长王爱和，其他在家厅领导，厅

直各单位、厅机关各处室负责同志在江西分会场参会。

是日　"江西高速第一拱"——王安石特大桥建成通车。

是月　在中国共产党成立100周年之际，省交通运输厅领导走访慰问老党员、老干部，将组织的关怀和温暖及时送到老党员老干部心坎上。"七一"期间，厅直各单位及厅机关离退休干部党总支对本单位老党员老干部进行各种形式的走访慰问活动。

是月　中国青年报社开展了"活力团支部炼成记"2020—2021学年高校活力团支部遴选及展示活动，江西交通职业技术学院路桥团总支2018级大专公路（7）班团支部荣获"全国高校活力团支部"称号。

是月　根据江西省人民政府办公厅出台《关于推进改渡便民工程助力乡村振兴的实施意见》，到2025年底，江西计划通过新建公路桥梁、新/改（扩）建公路、开通客运班线等形式，力争撤销一批内河乡镇渡口。

8月

2日　省交通运输厅会同省司法厅召开《江西省水路交通条例（草案）》立法协商会议，省交通运输厅党委书记、厅长王爱和出席会议，省委编办、省政府办公秘书四处、省政务服务办、省司法厅、省水利厅、省农业农村厅、南昌水利投资发展有限公司及省交通运输厅相关处室负责同志参加会议。

3日　省交通运输厅会同中铁南昌局集团公司开展公铁并行路段护栏移交工作调研。

是日　江西省交通职业技术学院在第七届江西省"互联网+"大学生创新创业大赛金奖争夺赛获佳绩，获得3金、3银、4铜的好成绩。

6日　省交通运输厅办公室（党委办公室）党支部召开党史学习教育专题组织生活会。厅党委书记、厅长王爱和以普通党员身份参加，省直机关工委宣传部负责同志观摩指导并作点评讲话。

13日　《中国交通报》头版头条刊发《信江之畔党旗红　信江航运枢纽党建与品质工程同抓共促》，介绍了在党旗引领下，江西信江航运枢纽项目走出了一条以高质量党建引领打造高品质工程

的新路子。

17日—19日 省人大常委会副主任曾文明率队赴九江市开展《江西省水路交通条例》立法调研，省人大财经委副主任委员周山印、李青华和省交通运输厅党委委员、副厅长丁光明参加调研。

19日 省交通运输厅党委书记、厅长王爱和到省综合交通中心调研事业单位改革推进情况，并主持召开座谈会，协调推进当前和下一阶段重点难点工作。厅党委委员、副厅长王昭春随同调研。省综合交通中心主任曾晓文作工作汇报，中心党委书记熊华武，厅机关相关处室负责人，中心在家领导、省公路投资公司领导、中心机关各处室负责人参加座谈会。

是日 祁婺高速公路婺源隧道实现双幅贯通。

23日 省交通运输厅召开全面从严治党推进会，调度今年以来全厅全面从严治党工作情况。厅党委书记、厅长王爱和，厅党委委员、驻厅纪检监察组组长蓝丽红出席会议并讲话，厅一级巡视员、厅直属机关党委书记胡钊芳主持。省综合交通中心、省高航中心、省交通运输执法局、省交通投资集团、江西交通职业技术学院、省港口集团、省交通监控指挥中心、省交通高级技工学校党委书记汇报落实全面从严治党工作情况。厅直各单位、省交通投资集团、省港口集团党政主要负责同志和纪委书记或分管纪检工作领导，驻厅纪检监察组、厅机关各处室主要负责同志参会。

是日 《江西省内河航道与港口布局规划（2021—2050年）环境影响报告书》通过省生态环境厅审查。

24日 省交通运输厅党委书记、厅长王爱和到省交通运输执法局调研，并主持召开座谈会，协调推进当前和下一阶段重点难点工作。厅党委委员、副厅长王昭春随同调研。厅机关相关处室负责人、执法局全体班子成员、机关各处室和直属单位主要负责同志参加座谈会。

25日 省交通运输厅于全国低碳日举办碳达峰碳中和知识专题讲座。

26日 全省国省干线公路养护管理工作现场会在赣州召开，总结"十三五"全省公路养护管理的成绩与经验，表扬先进，研究和部署"十四五"全省公路养护管理工作。省交通运输厅党委书记、厅长王爱和出席会议并讲话，赣州市人民政府副市长张逸致辞，省交通运输厅党委委员、副厅长王昭春主持会议并传达交通运输部全国公路养护管理工作会议精神。

26日—27日 省交通运输厅党委书记、厅长王爱和到赣州高速路政支队、吉安高速路政支队三大队调研交通运输综合行政执法工作。吉安市副市长朱新堂、省交通运输执法局局长杜一峰、省路政总队，赣州市、吉安市交通运输局，于都、遂川县委县政府主要负责同志一同调研。

26日—27日 省交通运输厅党委书记、厅长王爱和调研寻乌至龙川高速公路项目、吉安至南康高速公路改扩建项目调研项目建设。吉安市副市长朱新堂，省交通投资集团党委副书记、副董事长、总经理谢兼法及省交通投资集团有关单位、赣州市交通运输局、寻乌县委县政府负责同志一同调研。

31日 省交通运输厅党委书记、厅长王爱和主持召开厅党委理论学习中心组学习（扩大）会议，传达学习习近平总书记近期重要讲话重要指示和中央、省委重要会议重要文件精神，研究江西省交通运输厅贯彻落实意见。厅党委委员、一级巡视员、二级巡视员、总工程师，厅机关各处室主要负责同志参加会议。厅规划处、安全监督处主要负责同志作交流发言。

是日 省交通运输厅党委书记、厅长王爱和主持召开厅党委会，传达学习习近平总书记重要讲话重要指示精神，会议集中学习了习近平总书记在河北考察时的重要讲话精神、在中央财经委员会第十次会议上的重要讲话精神以及在《求是》发表的重要文章——《总结党的历史经验，加强党的政治建设》，并研究江西省交通运输厅贯彻落实意见。

9月

1日 省长易炼红主持召开省政府第75次常务会议，会议听取了《江西省水路交通条例（草案）》的立法必要性、起草过程、主要内容及省司法厅、省交通运输厅汇报，讨论并原则通过了《江西省水路交通条例（草案）》，将以省政府名义提请省人大常委会审议。

3日 省交通运输厅党委书记、厅长王爱和到省高等级航道事务中心调研，并主持召开座谈会，协调推进当前和下一阶段重点难点工作。厅党委委员、副厅长丁光明随同调研。省高航中心主任易宗发、党委书记陈鹏程分别作了相关工作汇报，厅机关相关处室负责人，中心全体班子成员、机关各处室和直属单位主要负责同志参加了座谈会。

6日 全省"科技治超"暨道路交通安全现场推进会在鹰潭召开。省政府副省长、省公安厅厅长秦义主持会议并讲话，副省长张鸿星出席会议并讲话。省政府副秘书长刘晓艺、吴龙强，省交通运输厅党委书记、厅长王爱和，鹰潭市委书记黄喜忠、鹰潭市市长张子健出席会议或参加现场考察。省交通运输厅党委委员、副厅长王昭春作工作部署。各设区市政府、赣江新区管委会分管负责同志，各设区市交通运输、公安、治超办负责同志，相关省直单位和部分县（市、区）政府负责同志参会。

是日 省委书记刘奇到省交通运输厅等单位专题调研推进"我为群众办实事"实践活动。省交通运输厅党委书记、厅长王爱和及在家厅领导陪同调研。

7日 省人大常委会副主任马志武到江西交通职业技术学院走访慰问教师，看望教师代表。省人大教科文卫委副主任委员公艳萍，省交通运输厅一级巡视员胡钊芳，省教育厅副厅长刘小强等参加慰问。

是日 省港口集团与吉安市政府联合召开赣江水运物流供需主体见面会，对接吉安港口码头市场供需。

9日 省交通运输厅党委书记、厅长王爱和到江西交通职业技术学院和江西省交通高级技工学校，看望慰问教师代表，并通过他们向全校教师送上节日的祝福和亲切的问候。厅一级巡视员、厅直属机关党委书记胡钊芳，厅机关有关处室负责同志陪同走访。

9日—10日 省交通运输厅党委委员、副厅长刘震华先后调研吉安市普通公路建设、大广高速吉安至南康段改扩建项目、宜春港樟树港区河西作业区码头项目建设情况，吉安市政府副市长朱新堂及省交通投资集团、省港口集团有关负责同志参加调研。

10日 省高等级航道事务中心召开新《安全生产法》宣贯培训会。

12日 省交通运输厅在全省首届党政机关"赣政杯"网络安全大赛中获得全省第二名的优异成绩。

16日 江西省公路水运工程建设领域安全生产工作调度视频会召开。厅党委委员、副厅长刘震华出席会议并讲话。厅机关有关处室、厅直相关单位、各设区市交通运输局、公路局、交通建设单位、全省重点公路水运工程项目办、国省道项目办主要负责同志等参会。

16日—18日 全省交通运输安全应急工作座谈会暨安全应急培训班在井冈山举办。省交通运输厅党委委员、副厅长王昭春出席座谈会并辅导授课。各设区市、省直管试点县（市）交通运输局，厅直属有关单位、厅机关有关处室、各地方高速公路管理单位负责同志共计80余人参加。

17日 省交通运输厅举办"节日里的党史学习教育"主题道德讲堂活动。本次道德讲堂以"节日里的党史学习教育·品诗词 学党史 跟党走"为主题，分为品诗词、诵经典、学党史、唱歌曲四个环节。厅机关及中心干部职工共60余人参加活动。

18日 省交通运输厅党委书记、厅长王爱和主持召开厅党委理论学习中心组学习（扩大）会议，传达学习习近平总书记近期重要讲话精神，研究该厅贯彻落实意见。厅党委委员、一级巡视员、二级巡视员，厅机关各处室主要负责同志参加会议。厅港口与航道管理处、组织人事处主要负责同志围绕加快绿色水运建设、年轻干部队伍建设作了交流发言。

19日 全长75.294千米的萍莲高速公路路面工程施工画上圆满句号，标志着历时3年多时间的萍莲高速公路工程建设任务全部完成。

24日 省交通运输厅组织参与交通运输部第六期交通科技云论坛活动，厅直属各单位和厅机关各处室近40名相关技术、管理人员参加。

25日 萍乡至莲花高速公路通车仪式在萍乡举行。

26日 省政府副省长张鸿星到省交通运输厅调研。实地考察雷公坳文化体育主题服务区、省交通监控指挥中心，观看全省交通发展成果展板和宣传片，听取全省交通运输工作情况汇报。省政府副秘书长刘晓艺一同调研。省交通运输厅党委书记、厅长王爱和汇报全省交通运输工作情况，在家厅领导及厅直属各单位、厅机关各处室主要负责同志参加座谈会。

27日 省交通运输厅召开全厅驻村帮扶工作

座谈会，部署推动脱贫攻坚与乡村振兴有效衔接相关工作。厅党委书记、厅长王爱和出席会议并讲话。各派驻单位主要负责同志及部门负责同志，驻厅纪检监察组副组长、厅机关有关处室负责同志，各驻村工作队第一书记、选调生代表参加会议。

27日—28日 省交通运输厅在吉安市泰和县举办2021年度全省高速公路桥梁隧道养护管理与安全运营培训会。省交通投资集团及各地方高速公司所属各路段运营管理单位桥隧相关人员共计50余人参加培训。

28日 省政府副省长张鸿星到南昌、丰城等地调研全省水运改革发展工作。

29日 省交通运输厅联合省水利厅召开全省"五河一湖"砂石码头堆砂场卸砂点规范管理工作推进会。

是月 第20届全国青年文明号集体评选结果揭晓，江西省交通运输厅三个集体被授予全国"青年文明号"荣誉称号，他们分别是省交通投资集团吉安管理中心莲花收费所"龚全珍班组"、省交通监控指挥中心12328电话服务中心和省交通投资集团抚州管理中心南昌东收费所，其中12328电话服务中心已先后4次、南昌东收费所已先后3次获得该项荣誉。

是月 《江西省道路运输业"十四五"发展规划》通过评审。

是月 江西省全面实现了道路旅客运输、普通货物运输以及危险货物道路运输驾驶员从业资格证补发、换发、变更、注销及诚信考核等高频事项的"跨省通办"。

是月 大广高速安全培训体验中心被授予"全国公路科普教育基地（2021—2025年）"称号。

是月 江西交通职业技术学院获全国交通运输职业教育技能大赛两个团体一等奖，谌洁君和陈元勇荣获优秀指导教师奖。

10 月

1日 省委书记刘奇在省政府值班室通过视频系统连线检查指导全省国庆假期值班值守工作，与厅党委书记、厅长王爱和通话，了解国庆期间全省交通运输运行情况。厅机关有关处室、省交通监控

指挥中心主要负责同志陪同参加视频汇报。

11日 交通运输部召开专题视频调度会议，部署做好第二届联合国全球可持续交通大会筹备举办期间交通运输风险防控和安全生产工作。江西省交通运输厅党委委员、副厅长王昭春及厅直有关单位分管负责同志、厅机关有关处室负责同志在省厅分会场参加会议。

是日 省交通运输厅党委委员、副厅长丁光明调研九江港化学品洗舱站及LNG加注站项目建设情况。

12日 2021年"国家网络安全宣传周"活动于10月11日—17日开展。省交通运输厅党委书记、厅长王爱和就加强行业网络安全工作作出指示。同日，2021年省交通运输厅"国家网络安全宣传周"启动仪式在江西交通职业技术学院举行。厅一级巡视员胡钊芳出席启动仪式并讲话。厅科教处、交通职业技术学院主要负责同志，学院师生代表180余人参加启动仪式。

12日—13日 省交通运输厅党委委员、副厅长王昭春到玉山县调研"四好农村路"全国示范县创建工作。

14日 国家主席习近平以视频方式出席第二届联合国全球可持续交通大会开幕式并发表题为《与世界相交　与时代相通　在可持续发展道路上阔步前行》的主旨讲话。江西省交通运输厅党委书记、厅长王爱和日前在接受采访时表示，习近平主席的重要讲话，提出了推进全球可持续交通事业发展重要倡议，宣布了务实举措，分享了中国交通可持续发展的理念和实践，为国际社会落实2030年可持续发展议程提供了有益借鉴。聆听习近平主席的主旨讲话后，深感习近平主席的重要讲话立意高远、视野宏大，思想深邃、内涵丰富。

是日 江西交通职业技术学院学生获全国大学生金相技能大赛团体一等奖。

17日—18日 全省综合交通运输行业党史学习教育现场交流会在德兴市召开。省交通运输厅党委书记、厅长王爱和出席并讲话，厅一级巡视员、直属机关党委书记胡钊芳参加现场观摩活动。上饶市委常委、副市长提名人选饶清华致辞，省综合交通中心党委书记熊华武主持会议并讲话，德兴市委主要负责同志、上饶市委组织部负责同志出席会议。

18日 交通运输部党组召开会议（扩大）暨

理论学习中心组第十次集体学习，并随后召开全国交通运输系统电视电话会议，学习贯彻习近平主席在第二届联合国全球可持续交通大会开幕式上主旨讲话精神。部党组副书记、部长李小鹏主持会议。江西省交通运输厅党委书记、厅长王爱和等在家厅领导、厅机关各处室负责同志在江西分会场参加会议。

25日　省交通运输厅党委书记、厅长王爱和主持召开厅党委（扩大）会议，传达学习省委常委会（扩大）会议、省政府党组（扩大）会议精神，研究江西省交通运输厅贯彻落实意见。厅党委委员，一级巡视员、二级巡视员、总工程师，厅机关各处室主要负责同志参加会议。

是日　省交通运输厅党委书记、厅长王爱和主持召开厅党委（扩大）会议暨党委理论学习中心组学习（扩大）会议，传达学习习近平主席在第二届联合国全球可持续交通大会开幕式上的主旨讲话精神和习近平总书记在陕西榆林考察、在中央人才工作会议、在中央政治局第三十三次集体学习的重要讲话精神，以及交通运输部专题电视电话会议、省委常委会会议精神。

是月　2021年国庆假期期间，全省交通运输完成客运量698.24万人次。其中道路运输方面，完成客运量296.98万人次，日均42.43万人次，与2020年同期相比下降29.1%。全省高速公路出口交通总量为1049.46万辆次，日均149.92万辆次，日均交通量与2020年同比下降6.09%。铁路运输方面，完成客运量347.5万人次，日均49.64万人，与2020年同比增长7.02%。铁路客运高峰出现在10月1日和10月7日，两天全省铁路客流量达到69.1万人次和69.5万人次。航空运输方面，江西机场集团共运输起降2981架次，旅客32.92万人次。水路运输方面，共完成客运量20.84万人次，较2020年相比增长27.29%。

是月　江西省首批标准化航标工作艇交付使用。

11月

8日　省交通运输厅组织开展年度新提任领导干部法律法规知识考试。来自厅直属各单位的42名新提任处级领导干部参加了第一批考试。厅党委书记、厅长王爱和现场巡视检查考试情况。本次考试采取闭卷笔试的方式进行，重点考核习近平法治思想、中央全面依法治国新理念新思想新战略、《宪法》《民法典》《交通运输行政执法程序规定》等方面知识。

是日　省交通运输厅安委会召开安全生产工作调度部署会，厅党委委员、副厅长王昭春主持会议并讲话，厅安委会各成员单位分管领导、安全管理部门负责人，厅机关有关处室负责同志参加会议。

9日　省政府副省长罗小云到省交通科学研究院有限公司等单位，就深化省属科研院所体制机制改革、构建新型研发机构、创新驱动发展战略实施等工作开展调研。省交通运输厅一级巡视员、厅直属机关党委书记胡钊芳，省科技厅副厅长陈金桥，南昌市委常委、副市长肖云，省交通投资集团总经理谢兼法等一同调研。

12日　省交通运输厅组织开展以交通事故预防和现场救护为主题的应急救护培训。

15日　中共江西省交通运输厅直属机关代表大会召开，会议选举省交通运输厅出席中国共产党江西省第十五次代表大会代表。大会应到代表224人，实到代表185名，符合法定人数。与会党员严格按照选举相关要求和程序，认真履行职责，按照大会通过的选举办法，在监票人的监督下，以无记名投票、差额选举产生该厅出席省第十五次党代会代表。王江军、王爱和（按姓氏笔画为序）当选为江西省交通运输厅出席中国共产党江西省第十五次代表大会代表。

是日　省交通运输厅党委书记、厅长王爱和主持召开厅党委理论学习中心组学习（扩大）会议，专题传达学习党的十九届六中全会精神和11月12日全省领导干部会议精神，研究该厅学习宣传贯彻落实意见。厅党委委员，一级巡视员、二级巡视员、总工程师，厅直属有关单位、厅机关各处室主要负责同志参加会议。省港口集团党委书记、董事长李国峰作交流发言。

18日—19日　2021年江西交通科技创新大会暨新技术产品博览会、江西省公路学会学术年会在南昌召开。江西省交通运输厅党委书记、厅长王爱和，江西省科协副主席蔡震峰，江西省民政厅副厅长樊胜，中国公路学会副理事长兼秘书长刘文杰出席大会主论坛并致辞，江西省交通运输厅一级巡视员、直属机关党委书记胡钊芳主持大会主论坛。

19日 《江西省水路交通条例》经省十三届人大常委会第三十四次会议表决通过，将于2022年3月1日正式施行。《条例》的出台，是贯彻落实《航道法》《港口法》，推动江西省水路交通高质量发展的重要举措，填补了江西省水路交通综合性立法空白，对于破解江西省水路交通发展难题、适应江西省交通运输快速发展具有重要的意义。

26日 省交通运输厅组织参与第七期交通科技云论坛。

28日 赣江井冈山航电枢纽工程最后一台（6#）机组并网发电，枢纽成功实现了蓄水、通航、发电三大主要目标功能，标志着该枢纽主体全面建成。

29日 省交通运输厅党委书记、厅长王爱和主持召开厅党委（扩大）会议暨党委理论学习中心组学习（扩大）会议，专题学习省第十五次党代会精神，传达学习《中华人民共和国监察法实施条例》，研究该厅贯彻落实意见。厅党委委员，厅二级巡视员、总工程师，厅直属有关单位、厅机关各处室主要负责同志参加会议。会上，厅高速公路管理处、驻厅纪检监察组负责同志作交流发言。

是月 祁婺高速公路建设项目A1标段篁村大桥T梁架设全部完成，安全实现双幅贯通。

是月 交通运输执法局制定出台《江西省交通运输综合行政执法服装和标志管理规定（试行）》，进一步规范全省交通运输综合行政执法服装和标志管理，推进交通运输综合行政执法队伍的正规化建设，树立交通运输综合行政执法人员的良好形象。

是月 全省交通运输执法系统安全生产"打非治违"百日行动启动，严厉查处全省交通运输领域的非法违法经营、建设、运行等行为。

12月

2日 全省高速公路服务区提质升级推进会在赣州召开。省交通运输厅党委委员、副厅长王昭春出席会议并讲话，省江投路桥、赣州交控等各高速公路经营管理单位，中石油江西分公司、中石化江西销售分公司、国家电网江西分公司，厅直属有关单位、厅机关有关处室等单位负责同志及部分服务区代表参加会议。省投资集团党委副书记刘钢参加观摩交流。

3日 省交通运输厅召开领导班子务虚会，深入贯彻落实党的十九届六中全会和省第十五次党代会精神，总结2021年工作，谋划2022年工作。厅党委书记、厅长王爱和主持会议并讲话。厅直属各单位党政主要负责同志、厅机关各处室主要负责人参加会议。

6日 省交通运输厅党委书记、厅长王爱和深入万安枢纽二线船闸项目，宣讲党的十九届六中全会精神和省第十五次党代会精神。省港口集团党委书记、董事长李国峰，厅机关有关处室负责同志参加。

是日 江西交通职业技术学院柏露红色教育基地（思政课教师研修基地）奠基。

7日 江西省ETC车载装置选装业务上线运营。

8日 中共江西省交通运输厅直属机关第三次代表大会在南昌召开。厅党委书记、厅长王爱和，省直机关工委副书记肖良出席会议并讲话。大会应到代表257名，实到代表244名，符合有关规定。随后举行了中共江西省交通运输厅直属机关第三届委员会第一次全体会议、第三届纪律检查委员会第一次全体会议，分别选举产生了厅直属机关第三届委员会书记、专职副书记、副书记，第三届纪律检查委员会书记、专职副书记。

14日 全省在建重点公路水运工程建设领域安全生产管理工作约谈会召开。

是日 江西省教育厅公布了首批江西省职业院校校企合作"双师型"名师工作室（简称"省级名师工作室"）名单，江西交通职业技术学院陈晓明"双师型"名师工作室（面向领域:现代服务业）、江西交通职业技术学院黄浩"双师型"名师工作室（面向领域:现代服务业）、江西省交通运输学校罗红彬"双师型"名师工作室（面向领域:汽车维修）获批首批省级名师工作室。

15日 省交通运输厅、省交通战备办公室认真贯彻落实军民融合思想,在江西交通战备（西山）训练基地组织了"公路投送八大队四中队（客运中队）遂行支前运输保障任务汇报演练"观摩会。省交通运输厅党委书记、厅长、省交通战备办公室主任王爱和，省军区副司令员吴学军，省交通运输厅党委委员、副厅长刘震华，省综合交通事业发展中心、省发展改革委交通协调处、省财政厅经济建设处负责同志及各设区市交通运输局交通战备有关同志及业务骨干共80余人参加观摩会。

16日 省交通运输厅组织开展厅机关政务公开工作培训会。

19日 省交通运输厅对新任干部进行任职谈话。厅党委书记、厅长王爱和出席并讲话，厅党委委员、驻厅纪检监察组组长蓝丽红就党风廉政建设工作提出要求，厅机关有关处室负责同志和近期职级晋升、交流任职、新提拔的干部参加。会上，部分新任职干部进行了表态发言。新任职干部进行应知应会测试。

是日 省交通运输厅举行新任职领导干部宪法宣誓仪式。厅党委书记、厅长王爱和监督并讲话，厅党委任命的国家工作人员参加宣誓。

21日 省交通运输厅举行老年人体育协会成立30周年表彰会。厅党委书记、厅长王爱和看望与会代表并与大家合影留念，省老年体协常务副主席文红莲出席并致贺词，厅党委委员、副厅长王昭春出席并讲话，厅老年体协主席夏太胜作工作报告。厅老年体协班子成员、厅直各单位老干部工作部门负责人、厅各级老年体协主席及秘书长，以及先进集体、先进个人、健康老人代表参加会议。

21日 省交通运输厅召开道路运输从业资格高频服务事项"跨省通办"工作调度视频会，传达学习12月14日交通运输部视频调度道路运输从业资格高频服务"跨省通办"工作会议精神，通报部办公厅关于12328热线抽查道路货运从业资格证异地年审情况，部署下一步工作。厅党委书记、厅长王爱和出席会议。南昌市、九江市、宜春市、抚州市交通运输局负责同志分别围绕本地区"跨省通办"的推进情况、存在的问题和下一步打算作交流发言。

22日 全省精神文明建设表彰大会在南昌举行，江西交通职业技术学院获评第二届江西省文明校园。

24日 共青团江西省交通运输厅直属机关第七次代表大会在省交通高级技工学校召开。随后，共青团江西省交通运输厅直属机关第七届委员会举行第一次全体会议，选举产生了新一届团委书记。

是日 省交通运输厅开展2021年江西省高速公路隧道交通事故应急处置联合演练。厅党委委员、副厅长王昭春观摩演练并讲话。省应急管理厅、省消防救援总队、省公安厅交管局及省交通运输厅直属有关单位、厅机关有关处室负责同志在主会场远程观摩。

27日 省交通运输厅召开岁末年初安全应急工作调度会。厅党委委员、副厅长王昭春主持会议并讲话，厅安委会各成员单位分管领导、安全应急部门负责同志，厅机关有关处室负责同志参加会议。

28日 赣江井冈山航电枢纽工程建成全面投产运营工作会召开。省交通运输厅党委书记、厅长王爱和出席并宣布工程全面投产运营，厅党委委员、副厅长刘震华讲话，中国建筑股份有限公司助理总裁张翌、吉安市副市长胡海洋发言，省港口集团党委书记、董事长李国峰主持会议，省港口集团党委副书记、副董事长、总经理彭东领介绍项目概况。

是日 经省政府同意，遂川至大余高速公路新建项目、樟树至吉安高速公路改扩建项目动员会在赣州市崇义县召开。省交通运输厅党委书记、厅长王爱和出席动员会并下达项目开工令，厅党委委员、副厅长刘震华发言。省交通投资集团党委书记、董事长王江军主持会议，省交通投资集团党委副书记、副董事长、总经理谢兼法介绍项目概况。赣州市副市长陈阳山、吉安市副市长胡海洋及两项目参建单位代表分别作表态发言。省直有关单位和两项目沿线市、县（市、区）政府负责同志，项目参建单位代表参加动员会。

是日 省交通运输厅党委书记、厅长王爱和到厅定点帮扶村——上饶市广信区清水乡洪家村调研，并出席省农业科学院郑立平研究员乡村振兴服务站揭牌仪式。上饶市委常委、副市长饶清华等陪同调研。

31日 全省推动"四好农村路"高质量发展现场会在萍乡市芦溪县召开。省交通运输厅党委书记、厅长王爱和通报全省"四好农村路"建设情况并作工作部署，萍乡市市长刘烁致辞，省交通运输厅党委委员、副厅长王昭春主持并宣读《关于命名江西省第一批"四好农村路"示范市的通知》和《关于命名江西省第六批"四好农村路"示范县的通知》。省直有关单位负责同志，各设区市分管副市长、交通运输局局长，各县（市、区）分管副县长参会，各县（市、区）交通运输局局长列席。

31日 省交通运输厅召开疫情防控工作调度会，传达学习全省元旦、春节疫情防控工作电视电话会议精神。厅疫情防控指挥部各工作组、厅直各单位负责人参加会议。

是日 江西交通职业技术学院举行"华为ICT学院"揭牌仪式。

是月 中共江西省委、江西省人民政府印发《关于表彰第七届江西省文明城市、文明村镇和第十六届江西省文明单位的通报》，江西省交通运输厅获评第十六届江西省文明单位，全省交通运输行业86个单位同获表彰。

是月 江西省第三批标准化工作艇交付使用。

是月 江西省交通运输系统开展"宪法宣传周"主题活动。

是月 吉康高速改扩建项目首座隧道单幅贯通。

是月 江西省交通运输系统多项操作法获省总工会表彰。

泰井高速公路
（吉安市公路建设和养护中心泰和分中心供稿）

便　览

历　史

"一五"时期（1953—1957年）江西省公路运输的发展

第一个五年计划时期，是江西社会主义公路运输事业的初创期，开始了江西人民公路运输事业的创建和公路运输的恢复、发展工作。本时期江西公路运输部门认真贯彻执行党在过渡时期的总路线，公路运输形势发生较大的变化，在经营管理上，以加强生产第一线，提高车辆运用效率为目标，充分发挥现有运力的潜在力量，尽一切可能满足社会需要。到1957年，营运客货运输车辆发展到1086辆，比1950年增加了近8倍，客运量增加了33倍，货运量增加了28倍，1957年实现利润549.6万元，较1950年增长41倍，为工农业生产的发展、城乡物资的交流和人民生活的改善作出了应有的贡献。

一、省营公路运输机构的建立。1955年3月，江西省人民政府国营运输公司简称为江西省交通厅运输局，当年7月更名为运输处。其下属机构有南昌、赣州、吉安、上饶、抚州等5个运输处，九江营业所改称为九江中心站，同时根据业务需要增设浮梁中心站。九江中心站划归南昌运输处领导，浮梁中心站划归上饶运输处领导。同时将南昌、吉安、抚州3个保养场撤销，与当地运输处合并，浮梁保养场也与浮梁中心站合并，不再另设保养场。各地运输处的内部机构设置和人员配备，一律按省运输局下达的控制数自行调整和处理。1956年5月10日，省人民委员会下发第286号命令，撤销江西省交通厅，以原交通厅、公路局、运输局为基础，成立江西省公路运输厅，将行政、事业、企业三者分开的体制融为一体。随着上层机构的合并，下属各企、事业单位也随之合并。经省人民委员会批准，将南昌公路总段与南昌运输处合并成立南昌公路运输局。赣州、上饶、吉安、抚州公路总段也与当地运输处合并，分别成立冠以地区名称的公路运输局，九江公路总段与九江中心站合并，成立九江公路运输局。浮梁中心站保持原状，仍从属于上饶公路运输局领导。赣州、上饶两修理厂的工业部分划出，专职担负汽车大中修任务，南昌、赣州、上饶3个修理厂由省公路运输厅直接领导。同时省人委限定合并工作在6月10日前告一段落，省人民委员会迅速任命各级领导，并限期到任。1957年5月20日起，撤销江西省汽车运输公司及其所属分公司，不再另设机构，各地县运输站仍按隶属关系恢复。江西省公路运输厅仍按原省人委决定，担负全省公路交通行政事务、公路养护、桥涵修建以及客货运输业务的经营。

二、货物运输。1953年，江西省公路局交通运输公司货运量迅猛增加，当年完成货运量14.8万吨，超过了前三年货运量的总和，其中以南昌总站（宜春地区）较为突出，全年完成货运量4.45万吨，占全局总运量的33%。1954年4月1日开始执行新的货规，7月召开站务工作会议，将全省货物运输线路作了具体规定，南昌区货运线路是：昌—吉—赣线、昌—宁（都）—汀（长汀）线、昌—临（川）—黎（川）以及南昌地区（宜春地区）。赣州区：赣—曲（江）、沼—汀（长汀）、兴（国）—梅（县）以及赣南地区。上饶区：饶—延以及赣东地区。吉安区：吉—沼（州）、吉—兴（兴国）以及吉安地区。抚州区：临—宁（都）、临—东（乡）、金（溪）—鹰（潭）以及抚州地区。景德镇区：景—屯（溪）以及赣东北区。九江区：德—武—修、九—庐（山）以及九江地区。当年，江西发生特大洪水灾害，公路一度淹没，业务受阻，仍完成27.4万吨的货物运输任务，较上年增长85%，做到了大灾之年不减产，胜利完成了艰巨的运输任务。1956年开始，货物运输量激增，全年完成货运量91.5万吨，大大超过前三年货量的总和，创历史新水平。1957年完成111.6万吨的货物运输量，超额完成了第一个五年计划的货物运输任务，五年来，省营公路运输企业上缴国家利润高达2147万元。1953年到1957年，江西省营公路运输部门承担了重点物资运输任务，运输粮食102.3万吨，有效地保障了城乡社会主义建设和广大人民生活资料的需要。

三、客运班线。1953年8月1日，庐山登山公路修成，通车营业，从此结束了人们徒步上山旅游的历史，也为江西开展旅游事业创造了便利条件。在省内客运班次不断增加的情况下，与邻省间的业务联系，也在进一步加强。1953年11月经与福建省联系，增开了上饶至福州旅客联运班车，全程504千米，行程一天半。议定双方共配备客车16辆，由福建省南平分公司派车8辆，福州分公司派车4辆，上饶总站派车4辆。与此同时，赣州总站与福建省龙岩分公司签订长汀至瑞金客运合同，开行瑞金至长汀班车。1956年6月赣南公

路运输局与广东省韶关总站联合开办龙南至曲江、信丰至曲江、大余至曲江3条联运线。双方洽妥，单月由江西派车承运，双月由广东派车承运，运费按营收均分。至1956年年底，与闽、粤、湘、皖、浙5省的客运业务已全部沟通。省内客运网络基本形成。至1957年年底，全省客运班次共有162个班，其中南昌48个、赣州24个、上饶16个、吉安26个、抚州24个。客车营运里程5610千米，较1952年增加2106千米。当年完成客运量770.8万人和3.10亿万人千米，分别比1952年增长14.5倍和3.5倍。同时，在各主要城镇设立车站，具体办理发售车票、组织旅客乘车和发运货物等工作。车站分运输站、代办站和招呼站3种。

四、双班运输及拖挂运输。1956年10月，江西汽车运输局召开业务扩大会议，决定由浮梁运输站先行试点双班运输，选择景德镇至婺源线，全长86千米，调车20辆，组成双班运输车队，承运婺源至景德镇窑柴任务，经过两个月的试行，共运输窑柴5881吨，完成货物周转量28.8万吨千米。1957年制定《双班运输暂行办法》，规定：凡实行双班运输的车辆，原则上应与单班运输车划开，另行编队（编组），一般双班运输车队以30—50辆为宜。同时省运输局决定在全局货车中抽出30%的车辆组织双班运输，分别由南昌、赣州、吉安、上饶、抚州、九江6个公路运输局继续试行。双班运输的开展较好地解决了运力不足的矛盾，缓解了物资待运的被动局面。特别是1956年下半年开始，江西的三大工程建设项目开始，工地急需的建材待运，适逢赣江枯水季节，航运无力发挥作用，给汽车运输带来全面紧张的形势，省公路运输部门迎难而上，适时组织双班运输，日夜输送器材，保证了工程进度。1955年7月，交通部号召全国汽车运输企业推广应用汽车拖挂运输，江西根据自身的地理环境和公路路况的具体情况，采用北京市运输公司设计的1.5吨挂车图纸，安排上饶汽车修理厂制造挂车。年底，完成27辆试制任务，安排南昌、赣州、吉安、上饶、抚州5个运输分局试用。1956年，经机务会议决定再试制50辆，由上饶、赣州两修理厂承担，并要求赣州修理厂增加挂车制动装置的设计。1956年各地试带挂车的效果较为理想，全年挂车车吨年产达到1.25万吨千米，完成136.8万吨千米任务，相当于增加48辆4吨载货车。

五、车辆调度及运价。1953年1月，省营公

路运输企业颁发《车辆调度暂行办法》，实行车辆统一领导，集中指挥，对营客、货车辆，实行定线行驶与统一调度相结合的办法，在南昌、赣州、上饶、吉安、抚州、宁都、景德镇等地设立联合调度室，各地联合调度室受驻地总站业务科和省调度室双重领导。1954年6月省汽车运输局召开会议，对实行统一调度进行全面总结，并对调度办法进行修正，所属各总站自7月1日执行修正后的调度办法。1956年将调度办法再次进行修正，使之逐步趋于完善。1954年，根据交通部颁发的《客规》和《货规》制订《公路汽车运输业统一运价管理暂行办法江西省实施细则》，规定全省无论国营、私营，以及参加营业运输的军、公车辆，一律按全省制定的运价收费，不准抬价或压价，如有违反，由监理部门或交通管理站根据实施办法中条款进行处理。新的运价从1954年2月1日开始在全省范围内施行，对于省际联运运价，则仍按双方议定的运价处理，不受本省实施细则约束。通过不断的完善和修正，运价逐渐趋于合理，并随着运输效率的提高、经营管理的改善、成本的下降而调整运价。1957年，客运票价每人千米0.027元，货运运价每吨千米0.24元，分别较1952年下降46%和37.6%。

（江公史）

表1：　　　　　　1953—1957年省营公路运输旅客运输量完成情况表

年份	运量（万人次）	周转量（万人千米）	平均运距（千米）
1953	103.9	94444.1	90.9
1954	104.8	12124.2	115.6
1955	204	16760.9	82.2
1956	365.9	26600.2	72.7
1957	770.8	31041.1	40.3

表2：　　　　　　1953—1957年省营公路运输货物运输量完成情况表

年份	运量（万吨）	周转量（万吨/千米）	平均运距（千米）
1953	14.8	2140.2	144.6
1954	27.4	3644.6	133.00
1955	35.2	4497.9	127.7
1956	91.5	7101.2	77.6
1957	111.6	7404.5	66.3

地　理

【新余市】 江西省辖地级市，位于江西省中部偏西，浙赣铁路西段，地处北纬27°33′—28°05′，东经114°29′—115°24′。全境东西最长处101.9千米，南北最宽处65千米，东距省会南昌市150千米，东临樟树市、新干县，西接宜春市袁州区，南连吉安县、安福县、峡江县，北毗上高县、高安市。总面积3178平方千米，占江西省总面积的1.9%。现辖分宜县、渝水区、仙女湖风景名胜区、新余高新技术产业开发区；设10个乡、16个镇、10个办事处，有392个村民委员会、3739个村民小组。

新余市隶属于赣西中低山与丘陵区（大区）之"萍乡—高安侵蚀剥蚀丘陵盆地（亚区）和赣抚中游河谷阶地与丘陵区"（大区）中段，南北高，中间低平，袁河横贯其间，东部敞开。地貌基本形态有低山、高丘陵、低丘陵、岗地、阶地、平原6种类型。境内山地，大部分布在境界边缘，南部为武功山和九龙山，北部为蒙山，西南部为大岗山，海拔高度为500—1000米，成为与邻县的边界线或分水岭。境内第一高峰为地处分宜县西南部的大岗山主峰，海拔1091.8米；山脉由西向东延伸至百丈峰，形成与峡江、吉安、新干等县的山地边界。

新余市属亚热带湿润性气候，具有四季分明，气候温和，日照充足，雨量充沛，无霜期长，严冬较短的特征。新余市气候温和，年平均气温17.7℃。7月份是全年最热时期，月平均气温为

29.4℃，极端最高气温 40.0℃。1 月份是全年最冷时期，月平均气温 5.4℃，极端最低气温零下 7.2℃。年平均相对湿度 80%。

袁河是流经该市的主要河流，属赣江水系，横贯东西，境内河段长 116.9 千米。袁河发源于萍乡市武功山北麓，自西向东，经萍乡、宜春两市，在分宜县的洋江乡车田村进入新余市，从渝水区的新溪乡龙尾周村出境，于樟树市张家山的荷埠馆注入赣江。市内各小河溪水，大都以南北向注入袁河，整个水系呈叶脉状。袁河在新余境内有 17 条支流：塔前江、界水河、周宇江（即划江）、天水江、孔目江、雷陂江、安和江、白杨江、陈家江（即板桥江）、蒙河、姚家江、南安江、杨桥江、凤阳河、新祉河、苑坑河、陂源河。

新余市水资源总量达 59.5395 亿立方米，其中区域外流入 25.4368 亿立方米。地表水的来源主要是河川径流量，少许是山泉水，全市大部分地区径流量均在 750—900 毫米之间；以杨桥河水系为最高，普遍大于 850 毫米；以南安口水系为最低，在 780 毫米左右；其他地区在 800 毫米左右。全市地下水平均储量达 8.79 亿立方米，其中可供开发利用的有 3.44 亿立方米，主要分布于松散岩类地下水和岩溶型地下水。

新余市林地面积共 1.186 万公顷（其中分宜 5.67 万公顷），森林活立木总蓄积量为 311.55 万立方米，其中以杉木为优势的树种蓄积 146.64 万立方米，占总蓄积量的 56.81%；以马尾松为主的松木为 80.46 万立方米，占 31.18%；以阔叶树为优势的为 30.99 万立方米，占 12.01%。树种除杉松外，还有槠、樟、榆、榉、柏、梓、杨、槐、柞、桐、柳、枫、桑、乌桕、油桐、楠、椅等。树种组成可概括为"六杉三马一阔"。

新余市矿产资源较为丰富，尤以铁、煤为最。全市已发现的矿产资源种类有 32 个矿种，占全省已发现矿种的 23.5%，可划分为黑色金属矿产、有色金属矿产、贵金属矿产、非金属矿产和燃料矿产大类。2018 年，新余市石竹山—上高县樟木桥探明世界最大硅灰石矿。

新余市交通便利，浙赣铁路横贯该市东西，京九铁路傍市而过。2014 年 9 月 16 日，沪昆高铁开通运营，设新余北站；赣粤、沪瑞、武吉三条高速公路和四条省道在该市交汇。

新余山河湖泊众多、风景秀丽，是一座旅游文化城市，境内最为著名的旅游景点有仙女湖、抱石公园、孔目江湿地公园、毓秀山国家森林公园、蒙山等。

（于湆网）

人　口

按照国家统计局统一部署，2021 年江西省 5‰人口变动抽样调查以全省为总体，以 11 个设区市为子总体，采取分层、整群、概率比例的抽样方法，全省共抽取 2331 个村级单位为调查样本，调查人口 33 万余人。根据 5‰人口变动抽样调查数据推算的全省 2021 年常住人口：2021 年末，全省常住人口 4517.40 万人，比 2020 年第七次全国人口普查的 4518.86 万人减少 1.46 万人，下降 0.03%。

2021 年末全省常住人口中，城镇常住人口 2776.40 万人，比 2020 年第七次全国人口普查的 2731.06 万人增加 45.34 万人；乡村常住人口 1741.01 万人，比 2020 年的 1787.80 万人减少 46.79 万人，常住人口城镇化率（城镇常住人口占总人口的比重）61.46%，比 2020 年的 60.44% 提高 1.02 个百分点。0—15 岁人口 1021.09 万人，占总人口的 22.60%；16—59 岁人口 2727.24 万人，占 60.37%；60 岁及以上人口 769.07 万人，占 17.02%，其中 65 岁及以上人口 560.05 万人，占 12.40%。与 2020 年第七次全国人口普查相比，0—15 岁人口减少 40.29 万人，占比下降 0.89 个百分点；16—59 岁人口增加 32.24 万人，占比提高 0.73 个百分点；60 岁及以上人口、65 岁及以上人口分别增加 6.59 万人、22.95 万人，占比分别提高 0.15 个百分点、0.51 个百分点。男性人口 2335.21 万人，比 2020 年第七次全国人口普查的 2331.85 万人增加 3.36 万人，女性人口 2182.19 万人，比 2020 年的 2187.01 万人减少 4.82 万人，男性人口比女性人口多 153.02 万人；总人口性别比（女性 =100）为 107.01，比 2020 年的 106.62 上升 0.39。2021 年全省出生人口 37.70 万人，比 2020 年第七次全国人口普查的 42.74 万人减少 5.04 万人；死亡人口 30.30 万人，比 2020 年的 29.70 万人略增 0.60 万人。人口出生率 8.34‰，比 2020 年的 9.48‰ 下降 1.14 个千分点；人口死亡率 6.71‰，比 2020 年的 6.61‰ 上升 0.1

个千分点；人口自然增长率1.63‰，比2020年的2.87‰下降1.24个千分点。

（于滔网）

经济与发展

2021年，全省地区生产总值29619.7亿元，比上年增长8.8%，其中，第一产业增加值2334.3亿元，增长7.3%；第二产业增加值13183.2亿元，增长8.2%；第三产业增加值14102.2亿元，增长9.5%。三次产业结构为7.9∶44.5∶47.6，三次产业对GDP增长的贡献率分别为7.3%、40.4%和52.3%。人均国内生产总值65560元，增长8.8%，按年平均汇率计算，折合10162美元。

全年全省城镇新增就业48.0万人，新增转移农村劳动力60.4万人，失业人员再就业15.2万人，就业困难人员就业4.9万人。全年城镇调查失业率平均值控制在预期目标5.5%以内。年末城镇登记失业率为2.84%，比上年下降0.31个百分点。

全年全省居民消费价格比上年上涨0.9%，涨幅比上年回落1.7个百分点。分类别看，八大类商品和服务价格"四涨四降"，交通通信类价格上涨4.3%，教育文化娱乐类价格上涨3.0%，居住类价格上涨0.9%，生活用品及服务类价格上涨0.4%，医疗保健类价格下降0.1%，衣着类下降0.3%，食品烟酒类价格下降0.7%，其他用品及服务类价格下降1.3%。全年工业生产者出厂价格同比上涨10.5%，工业生产者购进价格同比上涨12.3%。农产品生产者价格同比下降3.9%。

全年全省居民人均可支配收入30610元，比上年增长9.3%，扣除价格因素，实际增长8.3%。按常住地分，城镇居民人均可支配收入41684元，增长8.1%，扣除价格因素，实际增长7.2%；农村居民人均可支配收入18684元，增长10.0%，扣除价格因素，实际增长9.3%。城乡居民人均可支配收入比值为2.23，比上年缩小0.04。

全年全省居民人均消费支出20290元，比上年增长13.0%。按常住地分，城镇居民人均消费支出24587元，增长11.1%；农村居民人均消费支出15663元，增长15.3%。全省居民恩格尔系数为32.1%，其中城镇为31.4%，农村为33.3%。

年末全省参加城镇职工基本养老保险人数1247.5万人，比上年末增加79.3万人。参加城乡居民基本养老保险人数2074.3万人，减少3.7万人。参加基本医疗保险人数4710.5万人，减少69.4万人。其中，参加城镇职工基本医疗保险人数608.2万人，增加9.2万人；参加城乡居民基本医疗保险人数4102.4万人。参加失业保险人数308.0万人，增加16.1万人。全省领取失业保险金人数4.7万人。参加工伤保险人数563.3万人，增加9.9万人。参加生育保险人数378.4万人，增加6.2万人。城市居民纳入政府最低生活保障人数31.1万人，城市低保标准765元/人·月，向城市低保户发放低保金19.8亿元，月人均补差490元；农村居民纳入政府最低生活保障人数142.7万人，农村低保标准515元/人·月，向农村低保户发放低保金63.7亿元，月人均补差355元。城市、农村特困供养标准分别为995元/人·月、670元/人·月。

全年全省义务教育阶段免除学杂费学生数612.2万人，义务教育阶段补助家庭经济困难寄宿生活费学生数20.5万人，普通高中国家助学金资助人数15.9万人，普通高中免学费补助人数8.0万人，资助考入大学家庭经济困难学生数3.0万人，中等职业教育国家助学金资助人数11.6万人，中等职业教育免学费补助人数43.2万人。全年全省研究生教育招生2.2万人，在校生5.9万人，毕业生1.4万人。普通高等教育招生42.3万人，在校生134.9万人，毕业生31.0万人。成人高等教育招生16.9万人，在校生40.1万人，毕业生7.0万人。中等职业教育招生20.5万人，在校生51.9万人，毕业生11.8万人。普通高中招生39.7万人，在校生115.8万人，毕业生34.2万人。初中学校招生70.4万人，在校生216.4万人，毕业生74.4万人。普通小学招生59.8万人，在校生395.8万人，毕业生70.5万人。民办学校8673所，在校学生184.4万人。特殊教育在校生4.1万人，幼儿园在园幼儿161.8万人。学前教育毛入园率90.4%，小学阶段毛入学率101.5%，初中阶段毛入学率107.9%，高中阶段毛入学率93.3%。普通高考录取率83.5%，高等教育毛入学率55.2%。

（于滔网）

交通概况

2021年，江西省完成公路水路固定资产投资851.3亿元，比上年下降17%。其中，公路建设投资753.8亿元，比上年下降21.2%；完成水运建设投资95.6亿元，比上年增长46.4%；完成公路水路支持系统及其他建设投资1.9亿元。

2021年全省国省干线公路总里程24923.62千米，较上年增加83.678千米。二级及以上公路里程13876.107千米，较上年增加290.291千米。其中高速公路里程为6292.787千米，占全省总里程的25.25%；一级公路里程为2798.236千米，占总里程的11.23%；二级公路里程为11077.871千米，占总里程的44.44%；三级公路里程为3125.13千米，占总里程的12.54%；四级公路里程为1530.32千米，占总里程的6.14%；等外公路里程为99.276千米，占总里程的0.4%。高速公路（不含专道里程，以下口径相同）里程6292.787千米（国道高速4320.207千米、省道高速1972.58千米），比上年增加74千米，里程变化原因为新建通车高速1条，主要有S89上莲高速萍莲段新通车高速里程74千米。普通国省道里程18630.833千米，较上年增加8.874千米，二级及以上里程占比74.48%，较上年增加1.52个百分点，普通国道里程7697.281千米，比上年减少0.389千米，二级及以上里程占比93.26%，较去年增加0.48个百分点；普通省道里程10933.552千米，比上年增加9.263千米，二级及以上里程占比61.26%，较去年增加2.27个百分点。里程变化主要原因为国省道升级改造，主要是国道353中源至白沙坪二级公路改建工程减少13千米、国道316金溪绕城公路改建工程增加5千米、国道532九德线星子横塘至共青段公路改建工程增加9千米、省道218因原重复国道353段改线增加9千米。

2021年，全省国省干线路面铺装率为99.95%，较去年增长0.03个百分点。其中国省干线沥青路面20466.616千米，水泥路面4257.39千米，简易铺装路面188.259千米，未铺装路面11.355千米；高速公路均为沥青路面，沥青路面6292.787千米。

2021年，全省国省干线公路桥梁累计为1176028.7延米/9951座，较去年增加14984.86延米/15座。其中高速公路桥梁累计为869274.53延米/4561座，较去年增加11127.24延米，减少了3座。普通国省道桥梁累计为306754.17延米/5390座，较去年增加3857.62延米/18座；一、二类桥梁5169座，占比95.9%；危桥68座，占比1.26%，其中40座为检测后新增危桥（部分桥梁建成年限久远，再加上近年来暴雨较多，且汽车超限超载等现象较为严重，二、三类桥梁逐渐变为四、五类危桥），28座为在建桥梁。

2021年，全省共有综合养护中心86个，道班739个，应急保障基地7个，公路驿站85个，服务区104个，停车区66个。

2021年，全省公路养护工程完成投资87.9亿元，其中日常养护完成投资20.7亿元，预防性养护完成投资4.2亿元，养护修复完成投资25.01亿元，专项养护完成投资36.1亿元，应急养护完成投资1.87亿元；其中高速公路完成投资13.25亿元，普通国省道完成投资29.69亿元，农村公路完成投资44.96亿元。

2021年，全省水运建设完成投资95.6亿元。水运结构不断优化，服务能力得到较大提升，18个水运重点项目加紧建设，信江枢纽界牌船闸和八字嘴枢纽东大河船闸主体工程已完工，双港枢纽船闸基本建成，信江具备三级通航条件。

2021年，全省拥有港口11个，港区58个；生产泊位465个，泊位长度28431米；非生产用泊位27个，泊位长度2024米；千吨级以上泊位185个，最大靠泊能力5000吨级。全省通航里程5716千米。其中：Ⅰ级航道156千米，Ⅱ级航道175千米，Ⅲ级航道540千米，Ⅳ级航道87千米，Ⅴ级航道89千米，Ⅵ级航道313千米，Ⅶ级航道1067千米，等外级航道3289千米。全省经核查的营运船舶共2223艘、423.27万载重吨、12960客位、6025箱位。

2021年，全省完成港口吞吐量2.29亿吨、集装箱78万TEU，同比增长22.1%、3.7%；完成客运量159.2万人、旅客周转量2407万人千米，同比增长40.6%、36.2%；完成货运量1.28亿吨、周转量354亿吨千米，同比增长20.1%、33%。

2021年，全省船闸过闸1350次、过闸船舶1779艘、过闸船舶总吨位170.005万吨、货物通过量98.75万吨，同比分别增长92.6%、98.9%、82.3%、286.3%，其中货运量增速位列全国第二、中部第一。

2021年，全省水路运输经营业户达到213家、运输船舶2302艘、船舶总运力533.9万载重吨、船舶平均载重吨2319吨，同比分别增长6.5%、3.6%、26.1%、21.8%，水运企业及船舶呈规模化、大型化发展趋势。

2021年，全年共接收船舶垃圾374.8吨、生活污水30894立方米、油污水757.5立方米，转运率、处置率均达80%以上。改造产生生活污水的运输船舶1904艘。淘汰老旧运输船舶92艘。推进岸电设施改造，391艘运输船舶完成受电设施改造安装。全省全年岸电设施使用27181艘次、32万小时、30.5万千瓦时，同比分别增长113%、167%、134%。

2021年，完成全省765座桥梁桥区水域航道安全风险隐患排查及治理工作。开展水路承载体普查工作，航运枢纽及通航建筑物等数据采集完成率达100%。全年航道通航、船闸运维、水运重点工程建设、港口装卸、水上客货运等领域均未发生责任事故和伤亡事故，行业安全形势稳中向好。

（厅规划处　省综合交通中心　省高航中心）

交通机构及领导人名录

［2021年江西省交通运输厅党组织领导成员］

中共江西省交通运输厅委员会

党委书记：王爱和

委员：王爱和、王昭春、罗文江（2021.04免）、蓝丽红、魏遵红（2021.07免）、刘震华、丁光明、周慧锋（2021.07任）

党委办公室主任：毛茂

党委办公室副主任：涂序龙、潘婧

中共江西省交通运输厅直属机关委员会

书记：胡钊芳

专职副书记：贺一军

副书记：席晓

中共江西省交通运输厅直属机关纪律检查委员会

书记：贺一军

副书记：席晓

省纪律检查委员会、省监察委员会驻省交通运输厅纪检监察组

组长：蓝丽红

副组长：王永程、陈秋玲（2021.05任）

［2021年江西省交通运输厅行政领导］

一、厅领导

厅　长：王爱和

副厅长：王昭春、罗文江（2021.04免）、魏遵红（2021.07免）、刘震华、丁光明、周慧锋（2021.07任）

一级巡视员：胡钊芳

二级巡视员：彭瑜、王继东、张春晓（2021.09任）

总工程师：朱晗

二、处室领导

办公室主任：毛茂

办公室副主任：涂序龙、潘婧

执法监督处（政策法规处）处长：梁波

执法监督处（政策法规处）副处长：赖春游（2021.06任）

规划处处长：彭辉勇

规划处副处长：陈明（2021.05免）、张建明、张志辉（2021.06任）

基本建设监管处处长：廖晓锋

基本建设监管处副处长：瞿强（2021.06任）

高速公路管理处处长：谈勇

高速公路管理处副处长：郭十亿（2021.06任）

公路管理处处长：徐华兴

公路管理处副处长：王硕（2021.05免）、肖振发（2021.07任）

港口与航道管理处处长：胡建强

港口与航道管理处副处长：杨辉

财务处处长：彭嵘

审计处处长：刘恒明

运输处处长：曾敏

运输处副处长：吴欣

水路运输处处长：邹爱华

水路运输处副处长：刘晔

安全监督处处长：崔建林

安全监督处副处长：肖慧莎（2021.06任）

组织人事处处长：娄鸿雁（2021.07免）、贺一

军（2021.07 任）

组织人事处副处长：杨曦

科技教育处处长：张春晓（2021.09 免）、廖辉（2021.11 任）

科技教育处副处长：刘华

省交通战备办公室副主任（正处）：张慧颖

离退休干部管理处处长：王亲勇

直属机关党委专职副书记、纪委书记：贺一军

厅直属机关党委副书记、纪委专职副书记：席骁

表3：2021 年江西省交通运输厅直属机构及党政领导班子成员

序号	单位名称	单位级别	党组织名称	党组织领导成员	行政领导成员
1	江西省综合交通运输事业发展中心	副厅	中共江西省综合交通运输事业发展中心委员会	党委书记：熊华武（2021.02 任） 委 员：范年福（2021.01 任）、傅友华（2021.01 任）、刘红生（2021.01 任）、王林水（2021.01 任）、邓小俭（2021.01 任） 纪委书记：王林水（2021.01 任）	局 长：曾晓文（2021.02 任） 副局长：范年福（2021.01 任）、傅友华（2021.01 任）、刘红生（2021.01 任）、王林水（2021.01 任）、邓小俭（2021.01 任）
2	江西省高等级航道事务中心	副厅	中共江西省高等级航道事务中心委员会	党委书记：陈鹏程（2021.02 任） 委 员：徐良（2021.01 任）、熊慎文（2021.01 任）、刘维文（2021.01 任）、张黎（2021.01 任） 纪委书记：张黎 2021.01 任）	局 长：易宗发（2021.02 任） 副局长：徐良（2021.01 任）、熊慎文（2021.01 任）、刘维文（2021.01 任）、张黎（2021.01 任）
3	江西省交通运输综合行政执法监督局	副厅	中共江西省交通运输综合行政执法监督局委员会	党委书记：娄鸿雁（2021.02 任） 党委委员：罗志明（2021.01 任）、黄强（2021.01 任）、龚文峰（2021.01 任）、朱国英（2021.01 任）、项军（2021.01 任）、唐晓鸣（2021.01 任） 纪委书记：龚文峰	局 长：杜一峰（2021.02 任） 副局长：罗志明（2021.01 任）、黄强（2021.01 任）、龚文峰（2021.01 任）、朱国英（2021.01 任）
4	江西交通职业技术学院	副厅	中共江西交通职业技术学院委员会	党委书记：吴克绍 党委副书记：黄明忠、洪芙蓉（2021.01 任） 委 员：江志强、刘勇、刘学斌、金明盛、王敏军、徐佩英、贺美兰（2021.05 任） 纪委书记：高东升	院 长：黄明忠 副院长：江志强、刘勇、刘学斌、金明盛
5	江西省港口集团有限公司	省管企业	中共江西省港口集团有限公司委员会	党委书记：李国峰 党委副书记：彭东领、赵卫楚 委 员：叶轩宇、姜志德、邱文东（2021.04 任）、刘振宇（2021.06 任） 纪委书记：刘振宇（2021.06 任）	总经理：彭东领 副总经理：叶轩宇、姜志德、邱文东（2021.04 任）、刘振宇（2021.06 任）、何金宝（2021.01 任） 财务总监：夏友南
6	江西省综合交通运输发展研究中心	正处	中共江西省综合交通运输发展研究中心委员会	党委书记：方向（2021.05 任） 委 员：艾志茂（2021.05 任）、陈强（2021.08 任）、余明华（2021.09 任）、练崇田（2021.05 任）	主 任：艾志茂（2021.03 任） 副主任：陈强（2021.08 任）、余明华（2021.09 任）、练崇田（2021.05 任）
7	江西省交通监控指挥中心	正处	中共江西省高速公路联网管理中心委员会	党委书记：雷毅（2021.04 任） 委 员：雷茂锦（2021.04 任）、莫宇蓉（2021.04 任）、郭昌（2021.04 任）、何耀忠（2021.04 任）、王玉（2021.04 任）	主 任：雷茂锦（2021.04 任） 副主任：莫宇蓉（2021.04 任）、郭昌（2021.04 任）、何耀忠（2021.04 任）、王玉（2021.04 任）
9	江西省智慧交通运输事务中心	正处	中共江西省交通厅规划办公室支部委员会	党委书记：范年福（2021.12 任） 委 员：周琦（2021.05 任）	主 任：周琦（2021.03 任）

续表

序号	单位名称	单位级别	党组织名称	党组织领导成员	行政领导成员
10	江西省交通高级技工学校	正处	中共江西省交通高级技工学校委员会	党委书记：王绍卿（2021.01 任） 党委副书记：秦昊 党委委员：欧阳娜、周绍芹（2021.05 任） 纪委书记：周绍芹（2021.05 任）	校长：欧阳娜 副校长：张文凯、廖胜文
11	江西省交通科学研究院有限公司	正处	中共江西省交通科学研究院有限公司委员会	党委书记：舒小平 委 员：罗强、李青峰（2021.08 免）、荣耀 纪委书记：李青峰（2021.08 免）	总经理：舒小平 副总经理：罗强、李青峰（2021.08 免）、荣耀

（涂智琴）

表 4： 　　　　　　　　　2021 年各设区市交通运输机构及党政领导班子成员

单位名称	党组织名称	党组织领导成员	行政领导成员
南昌市交通运输局	中共南昌市交通运输局党组	党组书记：熊保良 党组成员：俞剑平、阮亦彬、车小琴、余其江、严晓群、罗宁 市纪委市监委驻局纪检监察组组长：余其江（2021.12.14 免）	局长：熊保良 副局长、二级调研员：俞剑平、严晓群 副局长：车小琴、罗宁、阮亦彬（兼） 二级调研员：李东昇（2021.12.15 免） 四级调研员：肖洪辉
景德镇市交通运输局	中共景德镇市交通运输局党组	党组书记：陈振中 党组成员：陈景明、陈树生、袁孔斌、方景萍（2021.10 免）、徐忠良、汪卫民（2021.03 免）、宁足祥、吴群明、邹文俊 派驻纪检组组长：徐忠良	局长：陈振中 副局长：陈景明、陈树生、方景萍（2021.10 免）、袁孔斌 三级调研员：汪卫民（2021.03 任）、方景萍（2021.10 任） 四级调研员：黎庭敏
萍乡市交通运输局	中共萍乡市交通运输局委员会	党委书记：钟帮元 党委委员：陈芬、肖健、阳梅芳、丁洋（兼任萍乡市邮政管理局党组书记、局长）、刘红星、卢江宜 市纪委市监委驻市交通运输局纪检监察组组长：刘红星	局长：钟帮元 副局长：陈芬、肖健、卢江宜、丁洋 总工程师：阳梅芳 二级调研员：贺志勇、朱小东、曹砺白 四级调研员：杨虎萍
九江市交通运输局	中共九江市交通运输局委员会	党委书记：江彪（2021.12 免）、杨小明（2021.12 任） 党委委员：吴照新（2021.07 调出）、黄晓华（2021.07 任）、曹达会、邢诗勇（2021.08 调出）、孔祥云、周裔南、董坚（2021.08 任）	局长：江彪（2021.12 免）、杨小明（2021.12 任） 副局长：吴照新（2021.07 调出）、黄晓华（2021.07 任）、曹达会、孔祥云、董坚（2021.08 任） 一级调研员：江彪 二级调研员：喻小明、刘赛喜、朱汉练 四级调研员：周裔南、胡民礼、柳江 副县级干部：丁芳华、胡平根
新余市交通运输局	中共新余市交通运输局党组	党组书记：张有红 党组成员：黄昕、龚军保、温小容、朱孜戈	局长：张有红 副局长：黄昕、龚军保、温小容、朱孜戈 总工程师：王慎刚 二级调研员：潘会君、陈卓、樊国华、陈仕斌 四级调研员：王伟力
鹰潭市交通运输局	中共鹰潭市交通运输局委员会	党委书记：费尚恒 党委委员：洪晓明、张业辉、许智先、邱岸龙、林卫东 驻局纪检组组长：邱岸龙	局长：费尚恒 副局长：洪晓明、张业辉、许智先、林卫东 二级调研员：占志平 三级调研员：邱广萍（2021.12 任）

续表

单位名称	党组织名称	党组织领导成员	行政领导成员
赣州市交通运输局	中共赣州市交通运输局党组	党组书记：谢文才（2021.09 任）、朱洪波（2021.08 免） 党组成员：谢文才、彭炎明（2021.02 免）、何祖林（2021.12 免）、胡超星、李干荣、林朝阳（2021.08 免）、肖祥斌 驻局纪检监察组组长：刘荣林	局长：谢文才（2021.11 任）、朱洪波（2021.08 免） 副局长：彭炎明（2021.03 免）、何祖林（2022.01 免）、胡超星、李干荣（2021.10 任） 一级调研员：朱洪波（2021.08 任） 二级调研员：彭炎明（2021.03 任）、章广麟（2021.12 任）
吉安市交通运输局	中共吉安市交通运输局委员会	党委书记：谢海泉（2021.09 免）、刘治平（2021.09 任） 党委副书记：唐定华（2021.02 任） 党委委员：黄坚勇、张志刚、周云、江涛达、罗锡杰（2021.02 任）、罗兵（2021.04 兼） 驻局纪检监察组组长：周云	局　长：谢海泉（2021.09 免）、刘治平（2021.09 任） 副局长：黄坚勇、张志刚、江涛达、罗兵（2021.04 兼）
宜春市交通运输局	中共宜春市交通运输局党组	党组书记：陈虹（2021.09 免）曾文军（2021.09 任） 党组成员：曾义城、晏国繁、赵万里、林晶（2021.10 任）、梁荣斌（宜春市邮政管理局局长）、冯晖如、游犁 市纪委监委驻局纪检监察组组长：冯晖如	局长：陈　虹（2021.09 免） 局长：曾文军（2021.09 任） 市纪委二级调研员：刘少平 副局长：晏国繁、赵万里、林晶（2021.10 任） 市交通运输综合行政执法支队支队长：游犁 二级调研员：王玉洁 四级调研员：刘毅明
抚州市交通运输局	中共抚州市交通运输局党组	党组书记：丁国华 党组委员：丁国华、王国荣（2021.03 免）华河辉、罗维、陈峰、徐相生（2021.04 免）、刘其昌（2021.12 免）、汪云峰	局长：丁国华 副局长：罗维、陈峰、华河辉、刘其昌（2021.12 免）
上饶市交通运输局	中共上饶市交通运输局党组	党组书记：李荣良 党组成员：徐江华、赖勇、方扬、刘光锌、周厚军、冯学军 市纪委驻局纪检组组长：张波	局　长：李荣良 副局长：徐江华、赖勇、刘光锌、方扬、周厚军、冯学军 二级调研员：王少波、周东向 四级调研员：苏卫东、祝红星、王淑琴

（各设区市交通运输局）

G354 南兴线城郊段
（江西省综合交通运输事业发展中心供图）

交通基础设施建设

【概况】 2021 年，江西省完成公路水路固定资产投资 851.3 亿元，比上年下降 17%。其中，完成公路建设投资 753.8 亿元，比上年下降 21.2%；完成水运建设投资 95.6 亿元，比上年增长 46.4%；完成公路水路支持系统及其他建设投资 1.9 亿元。

公路基础设施：截至 2021 年底，全省公路总里程为 211101 千米，公路密度每百平方千米 126.5 千米。高速公路打通了 28 个出省大通道，是全国继河南、辽宁后第三个实现全省县县通高速的省份，全面实现了县县通高速、县城半小时上高速，"四纵六横八射十七联"高速公路规划网基本建成，形成了"纵贯南北、横跨东西、覆盖全省、连接周边"的高速公路网络。全省一级公路 3186 千米、二级公路 12612 千米、三级公路 18213 千米、四级公路 165335 千米。普通国道 7697 千米，二级及以上公路比例达 93.3%；普通省道 10934 千米，二级及以上公路比例达 61.3%。普通国省道覆盖了全省 86% 以上的乡镇。农村公路里程 186161 千米，其中县道 21225 千米，乡道 40758 千米，村道 124178 千米，县道三级及以上比例 57.2%，乡道四级及以上比例 97.0%，100% 的乡镇和 100% 的建制村通了水泥（柏油）路。

水运基础设施：全省以赣江及鄱阳湖航道为主，联通抚、信、饶、修等 101 条主要通航河流，全省航道通航总里程 5716 千米，其中一级航道 156 千米（长江江西段），二级航道 175 千米，三级航道 540 千米，四级航道 87 千米，五级航道 89 千米，六级航道 313 千米，七级航道 1067 千米，等外航道 3289 千米。2000 吨级船舶可从长江直达南昌港，全省高等级航道里程达 871 千米。沿江环湖有南昌、九江两个全国内河主要港口和一批区域性重要港口。截至 2021 年年底，全省有内河港口生产用码头泊位 481 个，千吨以上深水泊位 184 个，集装箱码头泊位 11 个；全省港口吞吐能力达到 1.68 亿吨、集装箱 128.9 万标箱。基本形成了大中小结合、内外沟通的港口群体。2021 年，全省完成港口吞吐量 2.29 亿吨，集装箱吞吐量 78.2 万标箱。其中，九江港完成货物吞吐量 15174.9 万吨，同比增长 26%，继续保持亿吨大港行列；完成集装箱吞吐量 64.9 万标箱，同比增长 6.3%。南昌港完成货物吞吐量 3700.6 万吨，同比下降 23.9%；完成集装箱吞吐量 13.2 万标箱，同比下降 5.5%。

（厅规划处）

【江西加快平安百年品质工程创建】 江西省入选交通强国建设试点省份，是党和人民赋予江西交通运输行业的新使命，也是促进江西交通运输事业发展的新机遇。打造平安百年品质工程是交通运输部批复的《交通强国建设江西省试点实施方案》的六项重点任务之一，也是江西省委、省政府《关于推进交通强省建设意见》的要求之一，江西省交通运输厅积极响应建设交通强国交通强省的重大决策部署，紧紧抓住高质量发展这个关键，通过健全机制、创新驱动加快推进全省公路水运平安百年品质工程创建工作。

一、着力建立健全机制，构筑平安百年江西方案

多年来，江西省交通基础设施建设稳步快速发展，截至 2020 年，公路总里程突破 20 万千米，其中高速公路通车总里程约 6233 千米，实现县县通高速，打通了 28 个出省通道。全省航道通航里程 5716 千米，三级及以上高等级航道 800 千米，赣江具备了三级航道通航条件。交通基础设施的快速发展，为推动江西经济发展提供了重要支撑作用。作为江西经济社会发展的"先行官"，江西交通坚持新发展理念，以交通强国建设试点为契机，全面推进交通运输高质量发展。

（一）建立长效机制，促进工程品质提升。一是强化组织重保障，为切实推动平安百年品质工程创建工作，省厅成立了领导小组，各地各单位也成立了相应的工作领导小组，全面落实工作责任，合力共抓平安百年品质创建。二是谋篇布局定方案。江西省精心编制了《打造"平安百年品质工程"试点实施方案》，明确了创建理念、定位、措施，全力打造优质耐久、经济舒适、生态环保、人民满意的平安百年品质工程。三是强化合同约束，所有重点项目均在招标前期制定项目品质工程创建实施方案，明确创建目标、要求、措施和奖惩机制，纳入招标文件，为创建夯实了坚实的合同基础。四是严格考评重奖惩。各主管部门将平安百年品质工程创建作为对项目建设单位考核的重要内容，"以考促进"，营造了"比学赶超"的浓厚氛围。

（二）健全制度体系，筑牢平安百年品质基石。2017 年，江西省发布《江西省交通建设工程质量和安全生产监督管理条例》，有效完善了质量安全监管法规体系。2018 年、2019 年相继出台《普通国省干线公路施工标准化指南》《小型农村公路质量安全监督管理办法》《普通公路工程质量安全督查办法》《公路水运工程商品混凝土质量管理办法》，有效规范了公路水运工程建设管理。2019 年印发《公路水运工程淘汰或限制使用的施工工艺、设备和材料目录清单》，明确了 57 项予以淘汰的落后工艺、设备、材料，促进了先进、成熟工艺、设备、材料的应用。2020 年印发《关于进一步深化公路水运品质工程创建的通知》，持续深入推进全省平安百年品质工程创建。

（三）强化试点推进，坚持示范引领。江西省每年召开 1—2 次全省平安百年品质工程现场推进会，通过质量提升攻关试点和典型工程示范，推动平安百年品质工程创建持续深入开展。2018 年，萍莲项目被交通运输部确定为桥梁预制构件质量提升攻关行动试点项目，通过工艺、材料、装备攻关，实现了桥梁预制构件内在和外观质量的明显提升，全线预制梁钢筋保护层厚度合格率提升至 98.6% 以上，混凝土外观质量分级评定 A 级以上达 98.3%，预制梁表面平整、色泽均匀，达到镜面效果。做到了品质构件"内实外美"。

二、践行现代工程理念，打造品质工程江西样板

（一）以管理创新着力打造精品工程。一是成功探索了项目特色管理模式。在昌九高速改扩建、抚州东外环、宁安、都九二桥、祁婺、宜遂开展了"施工+养护（3 年）总承包""设计施工总承包""代建+监理一体化""自管""建管养一体化"5 种建设管理方式的改革试点，试点项目建设水平处于同期项目上游水平。二是深入开展项目网格化管理。江西省重点工程项目全面推行网格化管理，落实"一岗双责"。针对施工区域划定施工网格图，明确责任人，建立网格化管理责任，并通过巡检 APP 及时掌握作业班组人员动态，督促施工班组严格按方案组织施工等。三是全面推行项目施工标准化。为全面推行施工标准化，江西省以一线班组标准化、工点标准化和首件 N+ 制为抓手，抓好每一个分项工程的品质创建。

（二）以技术创新着力打造样板工程。一是桥涵工业化建造技术广为应用。通过建设大型构件智造中心，采用标准化设计施工和信息化、智能化管控，构件品质明显提升，降低了涉路施工安全风险，装配式桥涵快速施工优势在改扩建工程中得到了充分体现。目前钢结构桥梁在江西省涉铁及跨江、湖大跨径桥广为应用。二是绿色发展理念有效践行。统筹平衡生态环保和工程建设，推行绿色设计理念，鼓励环保美学、交旅融合设计；施工中，采取污染防治、优化工艺、环境监测等措施，降低能源消耗和污染排放。三是智慧赋能数字建管养。推动 BIM 正向设计、数字化模型构建、数字化平台开发等方面整合应用，打造智慧工地，实现规划设计、施工管理、运维养护等全寿命周期关键信息的互联共享。四是科技创新成果全面推广。聚焦工程建设需求，深化创新驱动，开展科技攻关和微创新，形成了一批可复制可推广的技术成果。自 2017 年以来，全省交通建设领域围绕品质工程创建共出台行业标准 6 部、地方标准 20 余部，发明专利 40 余项，"微创新"成果 137 项，促进了工程建设质量和效益的双提升。

（三）以监管创新着力打造平安工程。一是打出应急协调联动"组合拳"。江西省每年组织一次全省公路水运工程应急演练，各项目也针对性开展了应急演练，达到了应急练兵备战目的。二是打造数字安全控制"智慧脑"。信江八字嘴航电枢纽项目打造的数字控制中心通过搭建真实震撼的虚拟场景，整合项目的质量安全数据，集成物联网系统，为安全生产管理提供数据支撑。三是添戴 AI 视频监控"千里眼"。探索形成了 AI 视频监控系统实现 24 小时对未戴安全帽、未佩戴口罩、物料乱堆放等情况进行场景检测、智能识别、事件自动预警，

要求责任人限期整改。四是推行安全教育积分"驾照本"。江西省通过安全教育软件分工种进行安全教育，达到一定分数以上才可上岗，并对平时发现安全违章进行扣分，6 分以下必须重新回炉学习培训，切实提升现场人员的安全意识和水平。

三、凝聚行业力量，提供高质量发展江西智慧

按照交通运输部统一部署，为研究建立与公路工程高质量发展相适应的指标体系，引领我国公路工程高质量发展，江西省以"高质量发展指标体系调研""公路工程发展现状及趋势分析""高质量发展指标体系框架设计研究""高质量发展指标选择及其标准研究""高质量发展配套支撑政策体系建议"为主要内容，推进公路工程高质量指标体系研究工作。通过系统调研梳理行业内外既有高质量发展评价指标体系成果，广泛调研国内外公路工程建设发展经验，结合我国公路工程发展现状，江西省拟定聚焦工程耐久性和先进性两个重点方向的多级指标体系构建思路，经过充分调查论证和收集专家意见，初步构建了"平安百年品质工程"公路工程高质量评价指标体系。该体系分为实体指标、管理指标、服务指标三个维度，由 9 个一级指标和相应的 16 个二级指标组成。

（省交通质监局　郭捷菲）

公路建设

高速公路建设

【概况】 2021 年，全省高速公路建设完成投资 361.8 亿元，高速公路项目建设任务 12 个，共 1249 千米。抚州东外环王安石特大桥、萍莲项目如期建成通车；大广高速南龙段扩容项目路基、桥隧及路面基层基本完成；祁婺、宜遂、寻龙项目路基、桥梁下部构造基本完成，桥隧施工总体完成过

半；大广高速吉康段改扩建项目新建幅路基基本完成，桥梁桩基及隧道掘进完成过半。遂大、樟吉改扩建及沪昆高速梨东段改扩建项目施工辅道开工建设；昌樟改扩建二期、沪昆高速昌金改扩建项目前期有序推进，通城至铜鼓等 8 个拟建项目前期工作加快推进。

（省交通投资集团）

【省交通投资集团召开 2021 年重大项目建设推进会】 4 月 12 日，省交通投资集团召开 2021 年重大项目建设推进会。集团党委书记、董事长王江军

出席并讲话，在家的集团领导李建红、吴克海、邝宏柱、李柏殿出席，集团党委委员、副总经理俞文生主持。

会上，集团规划建设部汇报了各高速公路建设项目进展情况、存在问题以及下一步目标任务，萍莲、大广南龙扩容、遂大项目办和赣粤股份公司、交通设计院、项目建设管理公司等单位汇报了有关项目建设推进情况。

在认真听取各单位发言后，王江军对集团项目建设所取得的成绩给予了充分肯定。他说，去年以来，集团上下克服疫情、雨水等不利因素影响，主动作为，攻坚克难，全力推进高速公路项目建设迈出有力步伐，项目建设服务大局精准有力、项目推进总体有序、建设管理积极有为、党建引领扎实有效，成绩来之不易。

王江军指出，项目建设是推动经济社会发展的"生命线"和"强引擎"。集团上下要进一步提高政治站位，充分认识到抓项目是"交通强省、交投先行"的重要要求，是服务"六稳""六保"的重要举措，是构建新发展格局的重要支撑，不断提高政治判断力、政治领悟力、政治执行力，切实增强抓项目、干项目、成项目的思想自觉和行动自觉，通过推进实施好高速公路重大项目，真正在推进交通强省建设中当好主力军。

王江军强调，今年集团承担的高速公路投资建设任务艰巨繁重，集团上下要以非常之心、非常之举、非常之力扛起非常之责，全力推进项目建设提速提质提效。一是要只争朝夕，全力以赴保任务。紧扣各项时间节点，压茬推进、全力冲刺，全力攻坚萍莲等通车项目，加快推进遂大等拟建项目前期工作，高效推进大广南龙扩容等续建项目，确保年度投资任务全面完成。各扫尾项目要加快验收，如期完成竣工验收工作。二是要打造精品，全力以赴保质量。按照交通强省和平安百年品质工程建设要求，进一步完善工程质量保障体系，坚守工程质量底线，严格管理、严格工艺、严格落实，全力打造一批经得起历史检验的"百年平安品质工程"，努力打造一批"国内前列、省内一流、人民满意"的典范项目。三是要守牢底线，全力以赴保安全。抓实抓细安全生产工作，进一步深化认识、提高站位、压实责任、重拳整治，强化安全风险管控和隐患排查治理，坚决守住项目建设"零死亡"目标。全力以赴做好各项防汛准备工作，防范地质灾害，

确保项目安全度汛。始终绷紧疫情防控这根弦，结合工地实际完善防控措施，牢牢守住不发生因工作感染的底线。四是要以人为本，全力以赴保稳定。进一步健全农民工工资支付保障机制，全面掌握、妥善解决项目建设中涉及群众切身利益的问题，切实维护好和谐稳定。五是要绿色发展，全力以赴保生态。自觉把生态优先、绿色发展等理念贯彻到高速公路建设全过程，切实落实好各项生态环保工作要求，在建设中做到减少破坏、尽量保护、全力恢复，慎始慎终落实好各项水保环保措施，确保不发生重大环境污染和生态破坏事件。六是要标本兼治，全力以赴保廉洁。坚决扛起党风廉政建设"两个责任"，不断加强项目廉洁风险防控相关课题研究成果转化运用，进一步形成纪律监督、审计监督和业务监管的强大合力，不断健全完善制度机制，持续加强监督管理，进一步扎紧制度的笼子，推动权力在阳光下运行。

王江军强调，高速公路项目建设工作环节多、涉及面广、建设周期长，要通过优化管理、强化协调、夯实保障，不断提升建设管理效能。一是要进一步完善管理体系。理清并明确集团项目管理部门、项目管理单位和项目办在项目管理中的具体职责边界。进一步完善项目管理各项规定、优化项目管理流程，健全项目建设标准化体系，通过规范化管理提升项目管理效率。二是要进一步强化协调推动。切实强化责任担当，加强对有关政策精神的精准学习把握，做到敢于协调、善于协调，及时解决当前项目建设中的难题。三是要进一步强化系统思维。坚持全集团一盘棋，强化内部协作和资源共享，促进"建产协同""建管协同"，大力开展供应链业务。

王江军要求，在项目建设工作中，要切实加强党的领导和党的建设。项目办党委要充分发挥把方向、管大局、保落实作用，在推动贯彻党的路线方针政策和上级决策部署、加强党员教育管理、干部配备和保证监督等方面切实担负起责任。要通过深化"党建＋工建""党员带群众"等活动，充分发挥基层党组织战斗堡垒作用和党员先锋模范作用。要扎实开展好党史学习教育工作，紧密结合项目建设特点和实际，找准载体，务求实效，组织党员干部全面系统学习党的百年奋斗史，开展好"我为群众办实事"实践活动，力所能及地为沿线群众、参建单位、干部职工和广大一线建设者办实事、办好事。

俞文生在主持时强调，要坚持系统观念，强化大局意识，在抓好项目建设的同时，努力实现工程建设的全产业链协同发展和转型升级，构建项目建设"大格局"；要坚持目标导向，紧扣目标不动摇，锚定功能品质，建立目标责任体系，确保目标责任"大落实"；要坚持改革创新，突出创新引领，突出改革赋能，突出服务为上，营造高效服务"大环境"。

（省交通投资集团）

【东昌高速樟树东出口至盐化基地道路新建工程建成通车】 5月1日，东昌高速樟树东出口至盐化基地道路新建工程建成通车。该项目分三段组成，第一段樟树东互通连接线段：工程起于樟树东互通连接支线，止于樟树东收费站，全长553.771米；第二段樟树东互通连接支线段：工程起于樟树东互通连接线，止于外环路，全长438.267米；第三段外环路段：工程起于樟店公路，止于盐化大道，全长4403.915米，项目总投资为4.22亿元。项目的建成，大大缓解了阁山镇的交通压力。

（宜春市交通运输局　熊璐）

【抚州市东临环城高速公路项目开工】 6月7日上午，抚州市委、市政府在东临新区举行市东临环城高速公路项目开工仪式。抚州市东临环城高速公路项目于2019年列入省高速公路网规划，为2021年省市重点工程项目。项目路线始于东乡区小璜镇，设小璜枢纽互通与沪昆高速公路相交，经东乡区孝岗镇、黎圩镇、虎圩乡，经东临新区岗上积镇，经金溪县陈坊积乡、琉璃乡，经东临新区七里岗乡、湖南乡，终于抚州东外环高速公路的抚州东互通，全长约41千米，概算总投资约57.4亿元。

（省交通投资集团）

【德州至上饶高速公路赣皖界至婺源段新建工程、宜春至遂川高速公路新建工程项目宜春至安福段入选首批"平安百年品质工程创建示范项目"】 6月11日，交通运输部发布平安百年品质工程创建示范项目（第一批）清单，德州至上饶高速公路赣皖界至婺源段新建工程、宜春至遂川高速公路新建工程项目宜春至安福段成功入选。

德州至上饶高速公路赣皖界至婺源段新建工程作为国家高速公路网中G0321的重要组成部分，

是江西省"十三五"期间重点建设高速公路项目和重点打通的出省通道之一。项目采用代建+监理一体化模式建设，路线总长度约40.747千米，概算投资68.3亿元。

宜春至遂川高速公路是《江西省高速公路网规划修编（2018—2035年）》"10纵10横21联"路网中第9纵的重要组成部分，路线全长194.5千米，是江西省目前在建线路最长、一次性投资最大的高速公路项目。此次入选的宜春至安福段采用EPC模式建设，全长73.92千米，桥隧比高达42.2%。

（省交通投资集团）

【萍莲高速最长隧道实现双幅安全贯通】 7月12日，萍莲高速公路最长隧道——莲花隧道实现双幅贯通，为全线如期建成通车打下坚实基础。

隧道为分离式隧道，左线长3210米，右线长3220米，穿越10条断裂带，水文地质条件复杂，透水性极大，隧址区内裂隙密集易涌水，地质环境属国内罕见。该隧道自2018年10月施工以来，经常遇到富水软弱围岩、溶洞、不明巷道、断裂带和浅埋偏压等不良地质段，多次出现掌子面坍塌、涌水、围岩大变形等情况。2020年9月，该隧道左线掘进到1772米处出现大量涌水，涌水量约70万立方米，给隧道掘进施工带来巨大困难。为克服隧道施工过程中遇到的问题，项目采用人车分离系统、微台阶开挖法、"五线法"等工艺工法施工，并及时引进轮式水沟电缆槽台车、大净空不锈钢衬砌台车、防护板自动铺挂台车、多臂凿岩台车等成套机械化装备，用机械代替人工。对不良地质采取预注浆堵水、强化隧道结构支护等辅助设计方案，软弱围岩地段打设洞内超前管棚，采用跟管工艺，精准定位，通过一系列措施，确保了隧道施工稳步推进、顺利贯通。

（省交通投资集团）

【萍乡至莲花高速公路建成通车】 9月25日，萍乡至莲花高速公路通车仪式在萍乡举行。省政府副秘书长王前虎、省交通运输厅厅长王爱和，萍乡市委书记陈敏，市委副书记、代市长刘烁，市人大常委会主任周敏，市政协主席吴运波，省发改委副主任李志刚，省交通运输厅副厅长刘震华，省交通投资集团党委书记、董事长王江军，省交通投资集团党委副书记、副董事长、总经理谢兼法，省交通投资集团党委委员、副总经理俞文生，萍乡市领导李明生、欧阳清新、叶舟、熊小青出席。

萍莲高速公路是江西省高速公路网规划的地方加密线，贯穿萍乡南北地区，起点位于萍乡经济技术开发区，与萍洪高速公路相连，终点位于莲花互通枢纽，与泉南高速公路连接。路线途径萍乡经济技术开发区、安源区、湘东区、莲花县等4个县（区）、9个乡（镇）；全长75.3千米，主线采用双向四车道高速公路标准，设计速度为80千米/小时，项目概算为93.3亿元；全线共有59座桥梁、5座隧道，有4处互通立交、4个收费站、1处服务区；桥隧比高达43.2%，是江西省高速公路史上单位里程造价最高、地质条件最复杂、施工难度最大的高速公路。作为"省市共建"项目，项目建设者克服项目"建设标准高、桥隧比高、环保要求高、地形地貌复杂、地质条件复杂、矿产资源复杂"的困难，解决了"地材紧缺、隧道施工难度大、涉铁施工缓慢"等系列难题，提前三个月完成建设任务。

萍莲高速公路对畅通江西省西部地区经济循环、带动沿线地方发展具有十分重要的意义。萍莲高速的建成，是加快老区建设的重要成果。项目的建成通车，实现了与昌栗高速、沪昆高速、泉南高速的连接，同时也对接了湖南省长沙至浏阳高速公路，成为江西省西部地区的快速通道，对于完善江西省高速路网结构，改善地方交通条件，优化区域资源配置，带动沿线经济社会快速发展等意义重大。其中，项目通车后，莲花县到萍乡市区的路程可由原本的90分钟缩短至40分钟。萍莲高速的建成，是落实绿色环保的生动实践。萍莲高速公路穿越两个国家森林公园，沿线水源和水产保护区众多，施工难度极大、环保要求非常高。项目认真践行"绿色公路"建设理念，积极追求公路与自然的和谐统一、经济效益与生态效益的有机融合，从桥梁设计到科技创新，从替换燃料到低温搅拌，从智能照明到节约土地，众多节能降碳理念，铸就了这条"绿色长廊"，有效节约了资源、保护了环境、提升了形象。萍莲高速的建成，是创建品质工程的典型示范。作为交通运输部"2018—2020年品质工程桥梁预制构件质量提升攻关行动"江西唯一试点项目，全省公路水运品质工程省级示范创建项目，项目将打造"平安百年品质工程"作为目标追求，始终坚持以匠心打造优质项目、以精心铸就品质工程，积极探索"54321"工地党建新模式引领项目建设，推广标准化场区建设，应用50余项"四新技术"和"微创新"成果，进一步提升了工程质量和建设水平，基本实现了"零返工、零沉降、零缺陷、零事故、零投诉"的"五零"目标，打造了"平安百年品质工程"江西样板，引领全省公路品质工程建设高水平推进。

（省交通投资集团）

【**宜遂项目永泰隧道顺利贯通**】 12月5日，宜遂高速永泰隧道顺利贯通，为该项目实现二阶段目标任务打下了坚实基础。

永泰隧道位于江西省吉安市永新县境内，设计为一座分离式隧道，全长1720米，为该项目关键性工程之一。该隧道处于丘陵地区，地势起伏较大，地质结构复杂，受断层和破碎层的影响，其组成的围岩洞室稳定性差，隧道洞身地质情况复杂，隧址区内包含有多个裂隙带，Ⅳ、Ⅴ级围岩占比超过94%，施工难度大，安全风险高。

永泰隧道自2020年9月开工以来，参建人员遵循"早预报、管超前、预注浆、短进尺、弱爆破、强支护、快封闭、勤量测、早成环"的隧道施工原则，通过采用地质雷达、红外探水等综合超前地质预报手段，提前探明掌子面前方地质条件；同时加强施工监控量测，实时性地对隧道地表、围岩沉降收敛和支护结构的工作状态进行监控，及时提供围岩和支护结构稳定性信息，作为调整支护参数、复合式衬砌施作标准的依据，有效减少了对围岩的扰动，避免了施工突发地质灾害。

（省交通投资集团）

【**多个高速公路建设项目顺利通过竣工验收**】 12月9日—17日，省交通运输厅组织成立竣工验收委员会，陆续召开多个项目竣工验收会。经现场审查资料、听取项目建设、设计、施工、监理、接管养护、质量监督等相关单位的工作情况汇报后，委员会对项目的竣工验收进行了综合评议。最终，修水至平江（赣湘界）高速公路项目、萍乡至洪口界高速公路项目、上饶至万年高速公路项目、宁都至安远高速公路项目顺利通过竣工验收。

（省交通投资集团）

【**大广高速公路吉安至南康段改扩建工程全线首座隧道单幅贯通**】 12月15日，吉康改扩建首座隧道（C4 标麻双隧道右内线）成功贯通。

麻双隧道位于赣州市南康区横市镇境内，隧道右内线长 805 米，设计净高 5 米、净宽 10.75 米，最大埋深 81.9 米，为项目主要控制性工程之一。隧道进洞口位于地方原弃渣场，施工安全风险高、难度大。为保障工程施工安全和质量，该标坚持党建引领，组建了党员技术攻关小组，联合现场管理处、设计代表、监理组相关技术力量，根据地勘资料、设计图纸和现场地形情况，对隧道施工中的安全风险、技术难点进行了全面的技术分析和过程推演，对施工方案进行了多次优化，组织了施工安全技术交底。施工期间，全体人员坚守岗位，时刻盯紧施工现场动态，及时研究解决难点，严格按设计要求进行支护，运用隧道施工安全管控平台，克服了围岩不稳定、安全风险大等困难，提前完成了隧道施工任务。

（省交通投资集团）

【遂大新建、樟吉改扩建项目开工建设】 12 月 28 日，经省政府同意，遂川至大余高速公路新建项目、樟树至吉安高速公路改扩建项目动员会在赣州市崇义县召开。省交通运输厅党委书记、厅长王爱和出席动员会并下达项目开工令，厅党委委员、副厅长刘震华发言。省交通投资集团党委书记、董事长王江军主持会议，省交通投资集团党委副书记、副董事长、总经理谢兼法介绍项目概况。赣州市副市长陈阳山、吉安市副市长胡海洋及两项目参建单位代表分别作表态发言。省交通投资集团党委委员、副总经理李柏殿，省直有关单位和两项目沿线市、县（市、区）政府负责同志，项目参建单位代表参加动员会。

遂川至大余高速公路是江西省"10 纵 10 横 21 联"高速路网中第 9 纵的最南段，起点位于吉安市遂川县，与在建的宜遂高速相接，一路向南途经赣州市上犹县、崇义县，终点位于赣州市大余县，与南韶高速康大段相连，线路总长约 127 千米，建设工期 48 个月，项目概算投资约 244.5 亿元，全线采用双向四车道标准建设，共设桥梁 103 座、隧道 18 座、互通立交 8 处、服务区 3 处、收费站 6 处。项目桥隧比高达 56%，穿越 10 个环境敏感区，均创全省高速公路建设史上之最。

樟树至吉安高速公路是江西省高速公路"十字型"主骨架纵向主干道中的一段。本次改扩建起于沪昆高速、东昌高速、樟吉高速交叉的樟树枢纽，与八车道的 G60 沪昆高速昌樟段相接，与在建的 G45 大广高速吉康改扩建项目相接，路线全长约 105 千米，投资概算约 124.2 亿元，全线按双向八车道标准进行扩建，改建和新建枢纽互通 7 处、服务区 2 处、桥梁 85 座。

两个项目建成后，为北接长江中游城市群、南进粤港澳大湾区打通了一条开放新通道，大幅提升北上南下的通行能力和服务水平，助推江西更好融入"一带一路"、长江经济带和粤港澳大湾区发展，为赣南等原中央苏区振兴和乡村振兴战略的实施、促进沿线经济社会发展提供强有力的交通保障。

（省交通投资集团）

国省干线公路建设

【概况】 2021 年，江西省普通国省干线公路建设项目完成投资 161.03 亿元，建成通车 602.4 千米。2021 年底，全省普通国省干线公路里程 18630.8 千米，二级以上里程占比 74.48%。

（胡晓）

【"十四五"全省普通公路建设工作座谈会召开】 4 月 8 日，省综合交通中心召开"十四五"全省普通公路建设工作座谈会，中心副主任刘红生出席会议并讲话。座谈会上，省综合交通中心发展处、农路处分别介绍"十四五"全省普通国省道和农村公路工作重点方向、内容和资金规模等情况。部分地市（县区）交通公路部门分别针对"十四五"公路规划目标、重点任务、资金需求及资金筹措等方面进行了汇报交流。省综合交通中心财审处和省公路投资有限公司分别介绍了"十四五"普通公路筹融资工作思路、普通公路投融资运作模式工作思路。会议指出，当前普通公路还存在建设用地指标解决难、融资压力大等问题。"十四五"期间，人民群众对交通发展有了新期盼，提出了新诉求。全省交通公路部门要准确把握《交通强国建设纲要》和交通强省的目标任务和要求，科学开展编制"十四五"普通公路发展规划，进一步在普通公路上加大项目谋划；加强相关工作沟通，积极争取支持，合力解决项目开工难的问题；全力做好普通公路建设项目前期工作，加大项目储备力度；要因势而谋、应势而动、顺势而为，共同破解"十四五"筹融资难题，让公路建设成为经济发展的强力支撑，成为群众便捷出行的坚强支持。

（省综合交通中心）

【国道 105 吉水县醪桥至青原区草坪桥段公路改建工程入选交通运输部"平安百年品质工程"创建示范项目】 6 月 8 日，国道 105 吉水县醪桥至青原区草坪桥段公路改建工程作为江西省唯一普通国省干线公路建设项目入选交通运输部第一批"平安百年品质工程"创建示范项目。省综合交通中心指导项目建设单位编制完成《国道 105 吉水县醪桥至青原区草坪桥段改建工程打造"平安百年品质工程"示范项目总体实施方案》和《国道 105 吉水县醪桥至青原区草坪桥段改建工程打造"平安百年品质工程"示范项目技术方案》，并通过省交通运输厅评审。

（杨轩）

【新余市环城路举行通车仪式】 1 月 23 日，新余市环城路通车仪式在经开大道与环城路交叉处举行。市委书记蒋斌，市委副书记、市长犹瑾出席通车仪式。

环城路于 2017 年 9 月开工，按一级公路标准建设，路基宽 25.5 米，双向四车道，设计时速 60 千米 / 小时，沿途经过 7 个乡镇，1 个办事处。环城路的建成将给新余市带来显著变化。一是解决了货物运输车辆穿城而过带来的道路破坏、扬尘和噪声污染严重、城区交通压力增大等问题。二是通过公路升级改建，提升全市城区道路服务水平，优化城市功能布局，提升市容市貌，降低企业物流成本，提高物流运输效率。三是缩短了新余市三条国省道管养里程，三条国省道新余市内现有养护里程为 163.294 千米，绕城改线后养护里程为 157.814 千米，且道路等级得到提升，车辆通行能力明显改善。四是带动途径的乡镇和建制村经济发展，对新余市城乡一体化建设具有积极作用。五是可以依托环城路使全市路网呈"环形 + 放射"型布局模式，放射线直接连接分宜县、渝水区、上高县、新干县、峡江县、樟树市，基本形成"1+4"区域发展模式，有利于新宜吉合作示范区经济社会联动发展。

（新余市交通运输局）

【萍乡市杨宣公路正式通车】 3 月 17 日上午，连通杨岐山 AAAA 级旅游风景区和武功山 AAAAA 级旅游风景区、连接赤山和芦溪两个工业园，与 319 和 320 国道形成大循环的杨宣公路正式通车。杨宣公路起于上栗县杨岐乡关下村，接 319 国道，止于芦溪县宣风镇丽湾村，全长 48.846 千米，途径上栗、安源、芦溪 3 个县区、7 个乡镇、29 个建制村，直接惠及人群达 30 余万人。项目于 2017 年 3 月动工，采用二级公路标准建设，设计速度 60 千米 / 小时，路基宽度 10 米，路面宽度 9 米，采取沥青混凝土路面，沿线设公路驿站 5 个、生态停车带 6 个。

（省综合交通中心）

【国道 105 泰和县文田至上田立交桥段公路改建工程开工建设】 3 月，国道 105 泰和县文田至上田立交桥段公路改建工程开工建设，该项目起于泰和县城北南江村国道 105 上，终于国道 105 与国道 319 交叉的上田互通立交终点。主线路线长 10.711 千米，文田连线线长 0.5 千米，上田互通立交范围内国道 319 支线长 1.05 千米（桩号范围 K658+378—K659+428），路线总长 12.261 千米，均为路基宽度 25.5 米的双向四车道一级公路。方案共设置大桥 145 米 /1 座、中桥 65 米 /1 座、互通式立体交叉 1 处（其中跨线桥 128 米 /1 座）。总投资约 48769 万元，计划工期 24 个月。

（吉安市交通运输局）

【乐平市两条一级公路改建项目主体工程同日完工】 5 月 15 日，乐平市两条一级公路湘官公路白改黑工程和省道 303 乐源坂至临港段公路改建工程主体工程同日完工。湘官公路白改黑工程全长 10 千米，起于浮梁县寿安镇，止于乐平市涌山镇镇区，总投资 6000 多万元，为双向四车道的一级公路。为保障在景德镇市召开的全省旅发大会交通顺畅，自两个工程开工以来，施工方采取"5+2""白加黑"的模式，抢时间抓进度。进入 4 月后，施工队伍两班倒，机器不停歇，实行 24 小时施工，想方设法赶在雨季前保质保量完成计划。这两条一级公路的贯通，极大地改善了浮梁县到乐平和德兴两市的交通条件，并将乐平市樱花大道、洪岩仙境、历居山等景区串联在一起，为当地旅游业发展提供了交通助力。

（省综合交通中心）

【上饶市广信区灵山隧道顺利贯通】 5月，省道203郑五线灵山隧道顺利贯通，标志着影响郑五线全线贯通的控制性节点、"卡脖子"工程顺利打通，为后续加快全线顺利通车奠定扎实基础。省道203郑五线交通项目路线总长17.416千米，其中灵山隧道全长980米。省道203郑五线建成将大大改善广信区北边数十万乡村居民的居住环境和交通条件。

（省综合交通中心）

【靖安国道353高湖至罗湾段公路建成通车】 6月4日，靖安国道353高湖至罗湾段公路改建工程项目建成通车。国道353靖安县高湖山口至罗湾乌石墩段二级公路改建工程是江西省"十纵十横"国省干线公路网赣西北地区重要的东西方向通道之一，是连接靖安县通往修水县、武宁县的主要通道。项目起于高湖镇山口村，终于罗湾乡乌石墩，按山岭重丘区二级公路设计，全长12.566千米，设计速度40千米/小时。该项目于2017年3月启动，建设中坚持科学调度、合力攻坚和精益求精，特别是攻克了两个关键性工程：江西省最长的国省道公路隧道铁门堑隧道和全省省公路建设史上水深最深的深水大桥塘埠大桥。

项目的顺利建成通车在助推乡村振兴、助推全域旅游和当地经济发展方面意义重大。项目所在地罗湾乡是靖安典型的贫困乡镇，项目建成后，打破了靖安县罗湾、中原等偏远乡镇的交通瓶颈制约，罗湾到县城的行程缩短了约20千米，单程节约时间30分钟左右，给当地的农产品销售、休闲度假业、旅游业等发展带来了极大的促进，是一条实实在在的"民心路""致富路"。同时，靖安县生态环境优美，旅游资源丰富，项目的建成极大改善了靖安县内的路网结构，将县内各旅游景点进行了有效串连，为当地乡村自驾游、田园休闲游、房车游等提供了便利的交通条件，还密切了靖安县与修水县、武宁县之间的交通联系，有利于赣西北地区经济交流，促进了县域经济平衡发展。

（省综合交通中心）

【定南县国道238历市至老城公路项目竣工通车】 6月29日，在定南历市镇下庄村举行定南县国道238历市至老城公路项目竣工通车仪式，这标志着连接定南县南北大动脉的又一条重要交通基础设施竣工通车，同时也为庆祝建党100周年献礼。定南县国道238历市至老城公路项目总投资7.86亿元，路线全长17.8千米，采用一级公路设计标准，双向四车道，设计时速为60千米/小时，采用沥青砼路面。其中定南历市下庄至泮贤段约7.8千米为城市道路（东莞大道），路基红线宽度为35米；泮贤至老城段10千米，设计路基宽度21.5米。

（赣州市交通运输局）

【省道302寺白公路浮梁县段公路改建工程竣工通车】 9月7日，省道302寺白公路浮梁县段公路改建工程已全线竣工通车。作为旅游公路，该路段的竣工通车将有效提升婺源至瑶里两个旅游风景区的通行能力，对构建当地旅游经济圈有着至关重要的作用。

省道302寺白公路浮梁县段，起点位于浮梁县与婺源县的交界点处，终点位于省道205瑶里镇政府与省道302寺前村交叉口。该项目于2020年1月开工建设，设计等级为三级公路，改造后全线为沥青路面，道路合理加宽，加宽后的路面宽度6.5米—10.5米，路线全长12.792千米，项目总投资约8000万元。据悉，改建前该路段整体为水泥混凝土路面，局部为沥青路面，道路灾毁严重，上下边坡坍塌较多，路面出现破损，部分路段出现积水，严重影响公路的畅通及行车安全。

该工程自开工以来，得到了景德镇市公路事业发展中心和浮梁县委县政府的大力支持。施工单位也努力克服山区坡陡弯急、频繁水毁、新冠疫情影响等诸多困难，在确保工程质量的前提下，严管理、抢进度、保安全，打造出一条质量与安全双达标的精品旅游公路工程。该工程的竣工通车对完善浮梁县路网结构，提高公路通行能力，促进县域经济社会发展具有重要意义。

（省综合交通中心）

【萍乡市中环东路项目安源隧道正式开工建设】 9月9日上午，中环东路公路EPC项目安源隧道开工仪式在安源隧道出口举行，标志着萍乡市中环路唯一的公路隧道正式动工。安源隧道位于安源煤矿附近，全长146米，属于连拱式隧道，是中环东路公路建设项目为避让历史文物及保护环境设置的公路短隧道。该隧道地质复杂，需穿越安源煤矿采空区，设计及建设施工难度极大。技术人员针对隧道围岩地质、地下水系复杂的特点，设计出"轻开挖、短进尺、强支护"的施工方案,施工中将采用"新材料、新方法、新技术、新工艺",充分凸显环保、安全、经济合理、技术先进、快速施工的设计理念。中环东路项目是该市干线路网骨架重要的一环,项目起点位于萍乡卫校以西,终点位于船形湾与中环南路对接,全线长 9.44 千米,采用一级公路双向 6 车道标准,路基宽度 26 米,设计速度 60 千米/小时。设置有 3 处互通立交、1 座短隧道、11 座桥梁,概算总投资约 15.52 亿,其中建安费约 8.24 亿元。截至 8 月底,项目建设完成产值约 16300 万元,占工程总体施工产值约 20%。

（萍乡市交通运输局）

【省道 224 桐木至水口山段公路改建工程建成通车】
9 月 20 日,省道 224 桐木至水口山段公路改建工程马岭坳至昌栗高速桐木出口段完成沥青路面铺设,已基本具备全线通车条件。该工程起于昌栗高速桐木出口,与省道 308 平交,经桐木、荆家岭、张家山、在韩家冲处下穿昌栗高速,过店内、马岭坳、姚家、横下,穿岭背,到湖塘,终点位于湖南浏阳澄潭江镇水口山交界处,全长 8.95 千米,采用二级公路标准建设,路面宽 9 米,沥青混凝土路面。省道 224 桐木至水口山段公路的建成通车,不仅让沿线数万广大群众出行更加方便快捷,而且将进一步带动乡村特色生态农业、商贸服务业等发展,推动桐木深度融入赣湘边区域合作。同时,2021 年桐木镇党代会明确提出,"十四五"时期将实施湖塘至金山工业园公路建设,在方便群众在园区就业的同时加速产业转型升级,加快建设"实力、活力、魅力"新桐木。

（省综合交通中心）

【省道 452 兴国船溪至鹅公塘段公路改建工程主体路面顺利完工】 10 月 7 日,省道 452 兴国船溪至鹅公塘公路改建工程主体路面顺利完工。该项目全长 9.95 千米,为二级路,路基宽 10 米,路面宽 8.5 米,工程总投资 1.4 亿元。省道 452 兴国船溪至鹅公塘段公路改建工程自 2020 年 5 月 15 日正式开工建设。

（省综合交通中心）

【国道 320 沙田至分界改建工程全速推进】 10 月 13 日,宜春市政府新闻办、宜春市公路管理局联

合召开国道 320 袁州沙田至分界段一级公路改建工程完工通车新闻发布会。该项目的建成,标志着国道 320 袁州区境内路段全部升级为一级公路,大大缓解了宜春中心城区的交通压力,提升了车辆通行效率,为中心城区与其他地区政治、经济、文化等方面的沟通交流提供了便利交通保障,也将为沿线企业运输、产业发展、旅游发展、乡村振兴、村民致富起到重要的助推作用。国道 320 袁州区沙田至分界段公路改建工程起于袁州区西村镇沙田村 K1017+255 处,终于袁州区西村镇沙田村分界村分界埠组 K1026+276 处,全长 9.023 千米。

（省综合交通中心）

【国道 353 靖安中源至白沙坪段二级公路改建工程项目主体工程建设完成】 10 月,国道 353 宁福线靖安中源至白沙坪段二级公路改建工程项目主体工程建设完成,从而一举打通九岭山脉的阻隔,使赣西北区域国省干线公路路网进一步优化串联,宜春、九江两市之间的公路通行能力大大提升。该项目起于宜春市靖安县中源乡邱家街,沿河绕开中心城镇范围,终于中源乡白沙坪寒婆坟,并顺接九江市修水县境内现有国道 353。项目全长 12.1 千米,于 2020 年 3 月启动建设。

该项目的建设完成,大幅消除了原道路面窄、弯急、坡陡的现象,绕集镇公路的修建极大减少了国道交通对城镇内部的干扰,改善了通行条件。同时,该项目的建成进一步拉近了宜春市靖安、奉新两县至九江市修水县的距离,加强了赣西北地区旅游资源的串联,形成黄金旅游路线,对于拉动靖安山上片经济社会发展和区域旅游经济的振兴都具有重大意义。

（省综合交通中心）

【省道 226 南康十八塘至唐江段公路改建工程进行竣工预验收】 11 月,省道 226 南康十八塘至唐江段公路改建工程迎来竣工预验收。经质监大队、检测公司验收,该项目各项指标均符合质量规范要求。该工程起于南康区十八塘乡沙溪桥北侧,终于唐江镇伍塘村厦蓉高速唐江互通连接线与国道 357 线交叉口,按照双向四车道一级公路设计,全长 13.988 千米。该公路的建成改善了省道 226 南康境内的交通能力,有效缓解了南康区北六乡沟通难、出城难等问题。在竣工预验收期间,多位村民表示

该公路为过往的老百姓营造了安全舒适的出行环境，切切实实为群众办实事，解决民生问题。

（省综合交通中心）

【省道207蛟潭至浮梁县段公路改建工程竣工通车】

11月，省道207蛟潭至浮梁县段公路改建工程已竣工通车。目前，该项目主体工程已全部实施完成，道路标志、标牌和标线完善，2021年11月由第三方交工检测已完成。省道207蛟潭至浮梁县段公路改建工程全长23.439千米，于2018年11月开工建设，设计等级为二级公路，改造后全线为沥青混凝土路面，设计时速60—80千米/小时，汽车荷载为公路-I级，道路合理加宽，加宽后的路面宽度为8.5米—13米，项目总投资约2.131亿元。该项目的竣工通车成为连接昌江西岸路沿线、国道206沿线、浯溪口环线旅游公路的重要纽带，对完善景德镇市及浮梁县区域交通路网有着重要意义。

（省综合交通中心）

【上高首个省道智慧公路示范工程完工】11月，上高首个省道智慧公路示范工程——宜春市省道309抚长线（上高县境内）科技示范路工程完工。省道309示范路工程（桩号K197+000—K211+000）全长14千米，途经上高蒙山镇小下村、清湖村、南港镇大庙村、邹家村、南港镇应家村等村镇，以构建"畅、安、舒、美"的公路交通环境为中心，推进决策科学化、技术进步和管理规范化，提高公路通行能力、路况水平、安全水平、出行服务水平和公路文明水平。主要实施内容包括搭接平交路口硬化，沿线及过村路段排水设施改造，绿化工程、交通安全设施完善以及公路沿线监控设施建设。

该工程的打造本着以人为本、因地制宜的原则，围绕"安全提升、效率提升、服务提升"目标，通过互联网、路网监测系统、智慧情报板等技术的应用，建设公路事件监测监控系统，实现了路网管控、养护策略的科学制定和路网事件的快速处置，构建了"智能感知、智能管控、智能服务"技术应用体系，保障基础设施安全，使公路与沿线周边乡村风貌、田园风光、农业园区充分融合，将进一步优化路域环境，提升公众出行的体验感和获得感，发挥公路在服务乡村振兴中的先导和支撑作用。

（省综合交通中心）

【遂川至大余高速公路开工建设】12月28日上午，遂川至大余高速公路新建工程暨樟吉改扩建项目建设动员会在赣州市崇义县召开。省交通运输厅党委书记、厅长王爱和出席并宣布项目开工建设。遂川至大余高速公路项目为江西省高速公路规划网"10纵10横21联"中第9纵的重要一段，该项目起点位于上犹县双溪乡牛轭洞尾附近，终于康大高速主线收费站管理所处，设枢纽与康大高速T型交叉，途经遂川县、上犹县、崇义县、大余县，工程内容为双向4车道，设计时速100千米，路线全长127.037千米，项目总概算244.5亿元。其中赣州段路线全长98.4千米，项目概算投资198亿元。项目主体工程计划于2025年12月份建成通车，建设工期48个月。项目建成后，对打通赣西南高速公路大通道、实现革命老区高质量发展、乡村振兴、旅游资源开发、融入"一带一路"、对接粤港澳大湾区等具有重要意义。

（赣州市交通运输局）

农村公路建设

【概况】2021年，江西省农村公路建设完成投资190.5亿元，完成新改建农村公路5132千米，其中：县道升级改造936千米，窄路面拓宽改造1479千米，乡道双车道改造1575千米，旅游路、资源路、产业路、公益事业路、路网联通路建设完成944千米，县乡道路面改造197.7千米，危桥改造完成556座，安全生命防护工程完成2144千米。2021年年底，全省农村公路里程186161.4千米，等级公路里程占比97.42%。

（胡　晓　张子越）

【江西省推动"四好农村路"高质量发展现场会在萍乡芦溪召开】12月31日，江西省推动"四好农村路"高质量发展现场会在萍乡市芦溪县召开。省交通运输厅党委书记、厅长王爱和通报全省"四好农村路"建设情况并作工作部署，萍乡市市长刘烁致辞，省交通运输厅党委委员、副厅长王昭春主持并宣读《关于命名江西省第一批"四好农村路"示范市的通知》和《关于命名江西省第六批"四好农村路"示范县的通知》。省直有关单位负责同志，各设区市分管副市长、交通运输局局长，各县（市、区）分管副县长参会，各县（市、区）交通运输局局长列席。

王爱和介绍了江西省推动全省"四好农村路"高质量发展情况。他表示，一要在建设上攻坚克难，着力完善农村公路基础设施网络。进一步构建和完善便捷高效的农村公路骨干网络、普惠公平的基础网络。二要在管理上加强创新，不断增强农村公路发展内生动力。形成"党委领导、政府主导、行业指导、部门联动、齐抓共管"的农村公路管理体系，逐步建立权责清晰、齐抓共管的农村公路管理养护体制机制，形成财政投入职责明确、社会力量积极参与的格局。三要在养护上久久为功，切实巩固农村公路建设发展成果。提升养护科学化决策水平，培育养护专业化市场，提升养护专业化水平，提高农民群众参与深度。四要在运营上提升水平，着力提升农村公路运输服务能力。鼓励农村客运实施公交化改造，提升农村客运安全保障能力，强化农村客运安全风险摸排辨识，加快农村物流体系建设，促进城乡物流网络均衡发展，深化"农村公路＋"多元融合发展。

会上，大家观看了全省"四好农村路"宣传片和萍乡市"四好农村路"宣传片。萍乡市、南昌市、芦溪县、安福县、余江区、安远县、芦溪县紫溪村相关同志分别作了经验交流发言。会议对2021年获评的省级"四好农村路"示范市、示范县进行授牌。

会后，与会代表分两组来到上埠镇山口岩村、银河镇紫溪村、芦溪乡村振兴学院、芦溪交通综合服务中心，实地考察了城乡融合发展、村级公路养护站、"客货邮"融合发展服务站、智慧出行平台、"县、乡、村三级物流体系"等"四好农村路"建设成果。

（省综合交通中心　张子越）

【上饶市被命名为全省第一批"四好农村路"示范市】 7月，江西省交通运输厅、省财政厅、省农业农村厅、省乡村振兴局联合发布关于命名江西省第一批"四好农村路"省级示范市的通知，决定命名上饶市、南昌市为全省第一批"四好农村路"示范市。上饶市总计投入约143.6亿元用于"四好农村路"建设，其中市、县两级财政投入创建资金72.87亿元，利用政策性贷款资金35.53亿元，争取上级补助32.4亿元，自筹及社会募捐2.8亿元。截至2020年12月底，全市共成功创建"四好农村路"全国示范县3个（婺源县、横峰县、德兴市），占全省比例42.9%（全省7个），位居全省首位；省级示范县10个（婺源县、横峰县、德兴市、弋阳县、广丰区、余干县、鄱阳县、玉山县、铅山县、广信区），占全省比例25%（全省40个），位居全省第一。目前，全市农村公路总里程达23758千米，其中县道2986千米，乡道5273千米，村道15499千米，农村公路发展处于历史最佳水平。

（上饶市交通运输局）

【萍乡市实现"四好农村路"示范县全覆盖】 11月23日，萍乡市安源区、芦溪县喜获"四好农村路"省级示范县荣誉称号。今年，自萍乡市安源区和芦溪县同时获得这一称号后，萍乡市有全国示范县1个，省级示范县5个，实现了"四好农村路"示范县全覆盖。近年来，萍乡市认真践行习近平总书记关于把农村公路"建好、管好、护好、运营好"的重要指示批示精神，把"四好农村路"建设作为推进农业现代化、提高农民经济收入、全面建成小康社会的重要举措来抓，加快了农村公路建设。"十三五"以来，全市共完成县乡道升级改造689千米，完成25户以上自然村通水泥路1328.8千米，完成"组组通"公路893.2千米，完成窄路面拓宽改造720.1千米，完成县乡道路面改造62.3千米，完成安全生命防护工程隐患处治里程2225千米，完成危桥改造项目296座。目前，该市县道三级及以上比例提升至67%，建制村通双车道比例提升至72%，居全省前列。结合全域旅游总体和产业规划等相关规划，探索出了"交通＋产业发展""交通＋乡村旅游"等各种模式，打造美丽生态文明农村路320.5千米，完成旅游路、产业路、资源路、公益路、路网联通路40千米。农村公路养护体制改革全面到位，该市农村公路养护覆盖率100%，美丽乡村间农村公路互通互联，"畅、安、舒、美、绿"的农村公路景色令人心旷神怡，以前只能游景点，现在移步处处是风景。一条条畅通、美丽、安全的农村路正成为广大农民群众的致富路、幸福路。坚持"城乡统筹、以城带乡、城乡一体、客货并举、运邮结合"总体思路，芦溪县、莲花县成功申报省级"镇村公交"试点，依托线上出行平台，初步建立客运班线和镇村公交为主的农村客运通行网络。目前，该市有客运班线 157 条、班线车辆 470 余辆、公交车 882 辆。从前的"晴天一身灰、雨天一身泥"的情况已不复存在，"出门硬化路，抬脚就上车"的目标已实现。截至目前，全市公路总里程达 9404.37 千米，其中农村公路 8601.86 千米。全市乡镇 100% 通三级及三级以上公路、自然村组 100% 通硬化路，一个以干线公路为骨架，乡村公路为支脉，干支相连，四通八达的交通网络基本形成。

（萍乡市交通运输局）

【赣州市交通运输局农村公路建设稳步推进】 截至 2021 年年底，赣州市农村公路建设完成 2271 千米，完成投资 45.68 亿元，其中升级改造完成 875 千米，美丽生态示范路完成 466 千米，旅游路、资源路、产业路、公益事业路、路网联通路完成 140 千米。全市"四好农村路"建设累计完成 7111.4 千米。全市农村公路（县道、乡道、村道）总里程达 40131.776 千米，其中县道 4747.396 千米，乡道 7008.862 千米，村道 28375.518 千米，县道三级及以上公路比例为 48.9%，通三级公路及以上乡镇比例为 96.8%，通双车道建制村比例为 51.4%。

（赣州市交通运输局）

【宜春市大力推进农村公路建设】 2021 年，宜春市县乡公路建设完成省厅目标任务总投资 20.2 亿元，全市新改建农村公路里程 556 千米。全力推进民生实事项目建设，完成县道升级改造和旅游等五路改建 322.2 千米，乡道双力道改造和建制村优通达路线窄路面拓宽改造 300 千米，改造农村公路危桥 61 座，完成农村公路安全防护工程 417 千米。靖安县成功创建 2021 年第一批"四好农村路"全国示范县，高安市成功创建 2021 年第六批"四好农村路"省级示范县。全市 9 个县（市、区）完成深化全市农村公路管理养护体制改革任务。组织开展完成 2020 年全市美丽生态文明农村路建设市级复评工作及 2021 年上半年及年终全市农村公路管理养护成效评估工作，顺利完成全市农村公路自然灾害综合风险承灾体普查数据采集填报工作。

（吴文辉）

【广昌县公路工程 PPP 项目顺利实施】 5 月 26 日，广昌县公路工程 PPP 项目动工建设，项目总投资

5.37 亿元，改造总里程 116.3 千米的广昌县公路工程 PPP 项目，是广昌有史以来投资规模最大、改造里程最长的一个农村公路改造项目，也是全市唯一一个采取政府与社会资本合作的 PPP（ROT）模式运作的交通建设项目。该项目包括 12 个公路改造升级子项目，其中国道 206 驿前段 4.5 千米一级公路改造项目一个，路基宽 24.5 米，路面宽 15 米；县道升级改造项目 11 个，总长 111.8 千米，按三级沥青公路设计，路面宽 6.5 米。至 2021 年年底，已完成长桥至尖峰县道升级改造，长桥至双港等县道的升级改造动工，国道 206 驿前段和赤水青潭至杨溪段公路升级改造正在加快推进，计划 2022 年 5 月全面竣工。该项目由黑龙江亚泰路桥工程有限公司（联合体牵头人）和上海明凯市政工程有限责任公司中标投资承建，江西省公路工程监理公司监理。

（抚州市交通运输局　胡　刚）

【共青城市土牛至共青（寺下湖至大桥村）县道升级改造工程顺利竣工】 6 月 13 日，共青城市土牛至共青（寺下湖至大桥村）县道升级改造工程顺利竣工通车。共青城市土牛至共青（寺下湖至大桥村）县道是苏家垱乡通往共青城市区的重要公路，全长 7.4 千米。后期结合圩堤防汛工作，将寺下湖圩堤段由原 3.5 米至 5 米路面拓宽至 6.5 米三级公路，并在道路左侧安装太阳能路灯。该项目的建成完善了共青城市公路交通网络，改善了沿线交通条件，群众出行的满意度得到了极大提升。

（九江市交通运输局）

【上高县高坎至食品大道产业路项目竣工】 9 月，上高县高坎至食品大道产业路项目竣工通车。该项目于 2020 年 3 月开工建设，位于上高县野市乡，路线编号为 CB95360923，起点桩号为 K0+000，终点桩号为 K2+333，全长 2.333 千米。路线起于高坎接沙基路，终点高速公路上高东连接线。该项目公路等级采用二级公路技术标准，计算行车速度 60 千米 / 小时。桥涵设计荷载：公路 - Ⅰ 级，小桥涵设计洪水频率 1/50，路基宽度 17.5 米，路面宽度 16 米，总投资约 2449.32 万元。施工单位为江西宝宏建设工程有限公司，设计单位为宜春交通规划勘察设计院，监理单位为江西省宜春市建设监理有限公司上高分公司。

（宜春市交通运输局　吴琴霜）

【青原区马塘至马塘农业基地公路项目竣工通车】
11月底，青原区马塘至马塘农业基地公路项目竣工通车。该项目为青原区新圩镇的一条产业路，2021年列入了农村公路建设计划，路线全长2.7千米，按四级公路标准建设。路基宽6.5米，路面宽6米，路面结构形式为：面层为20厘米厚水泥混凝土，基层为15厘米厚水泥稳定碎石（水泥含量为5%），底基层为15厘米厚碎石垫层。路面设计弯拉强度为4.5（兆帕）。项目建设单位为马塘村民委员会，施工单位为江西顺运建设工程有限公司吉安市青原区分公司。该项目于2021年4月开工建设，总投资约460万元。

（吉安市交通运输局）

【宜丰县高坪至水口县道升级改造项目竣工通车】
12月13日，高坪至水口县道升级改造项目竣工通车。该项目位于澄塘镇，路线编码为X822360924，全长10.336千米，路线起点为高坪村（与石境至镇岗公路相交），途经上坪、港背、九章、书屋等地，终点为水口村（与上棠线相交），按照三级公路技术标准施工，路面宽6.5米，路基宽7.5米，沥青面层，该项目总投资2910万元，工期10个月，由宜丰县交通运输局为业主，设计单位为宜春交通规划勘察设计院，施工单位为江西海东建设工程有限公司，监理单位为江西恒实建设管理股份有限公司第九分公司。

（章丹）

【安远县农村公路县道226凤山至梅屋段荣获江西省"最美十大农村公路"称号】 2021年，安远县农村公路县道226凤山至梅屋段荣获2020年度全省"最美十大农村公路"称号，充分展示了赣州农村公路发展成就以及公路发展给当地百姓生活带来的变化，是赣州市"四好农村路"建设发展良好形象、助推乡村振兴战略实施的缩影。赣州市交通运输局将继续聚焦美丽农村公路"品质高、网络畅、服务优、路域美"的发展目标，持续打造"四好农村路"高质量发展样板路，发挥品质工程的示范带动效应。安远县农村公路县道226凤山至梅屋段全长17千米，是三百山景区旅游快速通道的重要组成部分，它依山傍水、随弯就坡，状如巨龙穿四季、形似玉带绕山间。道路通、百业兴，得益于农村公路，镇岗乡樟溪村打起了生态牌，采摘园、农家乐、脐橙园等特色乡村旅游项目拔地而起。

（赣州市交通运输局）

桥梁建设

【概况】 截至2021年年底，江西省公路桥梁累计为1806893.28延米/27857座。其中，高速公路桥梁累计为869274.53延米/4561座，较去年增加11127.24延米，减少了3座。普通国省道桥梁累计为306754.17延米/5390座，较去年增加3857.62延米/18座；一、二类桥梁5169座，占比95.9%。农村公路桥梁累计为630864.58延米/17906座。

从桥梁跨径看，全省高速公路特大桥146267.49延米/62座、大桥585555.64延米/2023座、中桥127399.51延米/2013座、小桥10051.89延米/463座。普通国省道特大桥28718.14延米/17座、大桥131542.56延米/555座、中桥91136.55延米/1698座、小桥55356.92延米/3120座。农村公路特大桥9020.22延米/7座，大桥202932.56延米/1078座，中桥225447.16延米/4450座，小桥193464.64延米/12371座。

从桥梁技术状况看，高速公路无危桥。普通国省道危桥68座，其中40座为检测后新增危桥（部分桥梁建成年限久远，再加上近年来暴雨较多，且汽车超限超载等现象较为严重，二、三类桥梁逐渐变为四、五类危桥），28座为在建桥梁。农村公路危桥888座，比上年减少了275座。

（裴麟成　张子越）

【南昌新建区为百姓架起"放心桥"】 2021年，南昌市新建区把危桥改造工程列为"我为群众办实事"重点民生项目，投入专项资金，拆除危桥进行重建，保障老百姓出入安全。2021年新建区投入资金2592万元，对全区18座危旧桥进行拆除重建，确保农村公路的安全畅通。截至目前，已有17座桥梁完成建设并交付使用。

为保质保量完成危桥改造工作，新建区交通运输部门一方面督促建设单位抓紧施工，努力协调建设中的问题；另一方面，强化工程管理，从图纸设计到施工时质量安全检测，逐项检查把关，不定期抽检，确保每项工程质量合格，将一座座危桥建成群众的连心桥、平安桥。农村危桥的改造，有效消除了附近居民出行安全隐患，给村民生产生活提供了极大便利。一座座安全、便捷的桥，连接成一张畅通的农村公路运输网，也赋予了农村经济勃勃生机。

（省综合交通中心）

【**萍乡公路升级打造平安桥**】 2021 年，莲花公路部门对坊楼桥实施了桥梁安全防护提升改造工程。根据相关标准规范要求，拆除原有栏杆及人行道，设置防撞式钢筋混凝土护栏，两侧各设置 41.4 米的护栏。更新的护栏大幅降低了车辆因交通事故冲出桥梁而造成二次伤害的可能性，进一步提升了公路桥梁安全防护能力，有效保护人民群众的生命和财产安全。

（省综合交通中心）

【**新余普通国省道公路桥梁专属"身份证"正式上线**】 2021 年，新余市公路局对辖区内的普通国省道公路桥梁信息公示牌进行更新升级，每座桥梁专属二维码"身份证"正式上线，标志着全市普通国省道公路桥梁管理在互联网络信息时代中迈上新台阶。此次更新的公示牌严格按照《公路桥梁信息公示牌设置要求》规定，将桥名、路线名称、路线编号、桥型、中心桩号、管理单位、养护单位、交通运输综合行政执法单位、监管单位、联系电话、桥梁信息二维码等主要信息向社会进行公开。养护工作人员通过扫描二维码即可高效完成巡检、报修、维修等系列作业，提升养护智能化和桥梁实时共享。非养护人员用手机"扫一扫"也能迅速、快捷地参与桥梁管理工作和互动，有效提升了智慧化和便民化养护服务水平。

（省综合交通中心）

【**省道 219 袁河大桥架梁完工**】 1 月 21 日，由樟树公路分局代建的省道 219 樟树临江至牌楼二级公路改建工程袁河大桥顺利完成架梁施工，为项目早日建成通车打下坚实基础。袁河大桥位于樟树临江镇吊桥村与洲上乡熊家村附近，长 609 米，宽 12 米，双向 2 车道，其中主桥段 200 米为预应力砼连续钢构箱梁，采用挂篮施工技术，引桥段为预应力砼连续 T 梁。袁河大桥作为连接临江镇与洲上乡的重要枢纽，建成后将有效缓解两个乡镇交通拥堵问题，为周围乡镇群众的出行提供交通便利。

（省综合交通中心）

【**王安石抚河特大桥正式合龙**】 4 月 19 日，由江西交投集团交工建设公司承建的王安石抚河特大桥顺利合龙，标志着该桥主体工程基本完成，为江西抚州东外环高速公路全线贯通奠定了坚实基础。

王安石抚河特大桥位于抚州市湖南乡摆上郑家附近，为抚州东外环高速公路东互通 A 匝道连接线上为跨抚河而修建的一座大型桥梁，全长 1417 米，主桥宽 36.5 米、引桥宽 31.5 米，为双向 6 车道，设计时速 80 千米 / 小时，洪水频率按百年一遇设计，主桥采用 60 米 +168 米 +60 米自平衡飞燕式中承钢管混凝土系杆拱桥，主孔跨径大、逻辑工序多，技术难度高，承台、拱座、拱肋设计均为大体积混凝土，通过混凝土预应力与系杆吊杆张拉形成自锚体系，引桥采用先简支后连续 40 米后张法预应力钢筋混凝土 T 梁结构。该桥是抚州市中心城区至沪昆高铁杭南长客运专线抚州东站（东乡）之间的快速通道，项目建成后将有利于进一步完善抚州市交通路网，构筑环城快速通道，改善区域交通条件，促进昌抚一体化经济建设，带动沿线经济社会发展。

（省交通投资集团）

【**抚州临川红旗大桥重建工程完成并提前通车**】 5 月 3 日，抚州临川温泉镇省道 212 前德线红旗大桥危桥重建工程顺利完工并提前通车。原红旗桥老桥始建于 1978 年，于 2018 年被评定为四类危桥。2020 年 8 月，该桥拆除新建，设计全长 307 米，桥面宽度 12 米，桥梁结构为 30 米 ×10 先简支后连续箱梁，原计划于今年 12 月完工。该项目施工单位抚州市恒通路桥工程有限公司，在确保项目工程质量和安全的前提下，抓住有利天气，加班加点。在地方政府及相关部门的协助下，通过建设、施工、设计、监理单位的共同努力，该工程施工顺利。该桥的建成通车，进一步完善了区域公路路网，促进了区域经济社会发展，为沿线百姓提供了安全、畅通的出行环境。

（省综合交通中心）

【**王安石抚河特大桥建成通车**】 7 月 31 日上午，抚州东外环高速公路王安石抚河特大桥正式建成通车。王安石抚河特大桥，位于抚州市湖南乡摆上郑家附近，是抚州东外环高速公路连接线控制性工程，全长 1417 米，设双向 6 车道，设计时速 80 千米 / 小时。该桥是江西省高速公路项目建设史上第一座飞燕式钢混组合梁系杆拱桥，被誉为"江西高速第一拱"，作为高速公路及市政道路共用桥梁，开辟了高速公路项目省市共建模式的新领域。在建设过程中，大力开展科研攻关，克服了主孔跨径大、体系转换和分次张拉要求精度高、水中施工钢板桩围堰稳定性差等困难及疫情不利影响，解决了大体积混凝土温度裂缝、吊装组织安全风险大等技术难题，确保了王安石抚河特大桥成功实现通车。该桥建成通车，极大增强了抚州地区东西向运输通道功能，对完善区域高速公路网络结构，加速赣东地区经济社会发展意义重大。

（省交通投资集团）

【吉安大桥全桥吊杆更换工程完工】 8 月，吉安大桥全桥吊杆更换工程完成了交工验收，大桥恢复正常通行。吉安大桥为吉安中心城区交通要道，于 2005 年 8 月建成通车，全桥总长 1744.9 米。由于多年超负荷运行，加上风吹雨淋，桥梁吊杆钢丝绳锈蚀、断丝等病害严重，承载能力和性能指标下降明显。为了维护大桥的安全畅通，吉安市中心城区大桥养护中心于 2020 年 9 月开始对大桥进行全桥吊杆更换工程，主要包含全桥 240 根吊杆更换、钢丝绳防护、挡水板及防水罩制安等工作。

为减少吊杆更换对市民出行的影响，此次全桥吊杆更换工作在不中断交通情况下进行。项目组每天早上 7 点左右开始施工，中午不休息，充分利用白天的时间进行作业，保证施工进度。同时，为保障施工作业安全，采取错峰作业模式，每天上下班高峰期禁止高空、材料运输等危险性大、占地广的施工作业。项目组还组织技术攻关，将拱顶脚手架平台优化为吊挂平台和拱肋全包安全网的形式，降低施工安全隐患，保证项目安全顺利进行。

（省综合交通中心）

【寻龙高速龙图河大桥顺利实现全幅贯通】 11 月 16 日上午，寻龙高速龙图河大桥顺利完成最后一片梁板架设工作，标志着该桥梁工程在工期内实现全幅架通目标。

龙图河大桥起止桩号为 K12+993—K13+571，

为跨越寻乌水支流龙图河所设，全长 578 米，全桥工程总量有：桩基 96 根，承台 4 个，系梁 68 根，桥梁墩柱及台身 80 个，盖梁及台帽 40 个，共需架设梁片 234 片。

在积极推进梁板架设工作过程中，寻龙高速 SSA 标一分部克服天气多变、环保要求高等困难，不断优化施工各个环节、合理调度机械设备进场、科学安排技术人员管理，全力完成该桥梁梁板架设工作，龙图河大桥的顺利全幅贯通为后续施工争取工期、按期完成主体工程提供有利条件。

（省交通投资集团）

【寻龙高速寻乌水特大桥实现全幅贯通】 11 月 21 日上午，寻乌水特大桥实现全幅贯通。寻龙高速寻乌水特大桥位于赣州市寻乌县麟石背附近，为跨越寻乌水和山间沟谷地而设，全长 1089 米，单幅净宽 11.7 米，中心桩号为 K3+484，设计 27 跨 × 40 米梁板，全桥工程量有：圆柱墩 60 根，薄壁墩 16 模，盖梁台帽 56 个，梁板 324 片。寻乌水特大桥在施工过程中克服了该桥梁山体地形起伏大、季节天气变化多、环保水保要求高等困难，做到合理安排施工周期、机械设备进场、技术人员管理，确保寻乌水特大桥控制性工程在施工节点内保质保量完成。

（省交通投资集团）

【樟树市观上镇清丰桥建成通车】 11 月底，樟树市观上镇清丰桥建成通车，清丰桥老桥为县道 X816360982S（樟树—丽村）公路上的一座三类中桥，桥宽 9.5 米，桥长 95 米，桥面铺装为水泥砼铺装，老桥保存现只通行小型机动车。新建桥梁位置为老桥下游 17 米处，新建桥梁上部结构采用 6×20 米装配式预应力砼小箱梁，下部桥墩采用桩柱式桥墩，桩基础、桥台采用桩柱式桥台，桥梁全长 126 米。大桥抗震设防类别为 B 类，抗震设防措施等级为 7 级，设计荷载为公路—Ⅰ级，设计洪水频率 1/50，设计使用年限为 100 年。

（李志华）

【寻龙高速建设项目七宝树下高架桥、留车高架桥顺利完成全幅架通施工任务】 12 月 4 日，寻龙高速建设项目七宝树下高架桥、留车高架桥顺利完成全幅架通施工任务。

七宝树下高架桥坐落于中心桩号 K10+511，全长 428 米，全桥工程总量有：桩基 60 根，系梁 54 根，桥梁墩柱及台身 52 个，盖梁及台帽 30 个，梁片 168 片；留车高架桥中心桩号位于 K14+637 上，全长 360 米，全桥工程量有：桩基 54 根，承台 2 个，系梁 34 根，墩柱及台身 48 个，盖梁台帽 26 个，梁片 144 片。

在后续工作中，寻龙高速将继续克服各项施工困难和冬季低温天气带来的影响，推动项目建设有序向前，做到量质并进，向全线全幅架通施工任务冲刺。

（省交通投资集团）

【**省道 219 樟树临牌线改建工程上跨沪昆铁路桥架梁全部完成**】 12 月 16 日，省道 219 樟树临江至牌楼二级公路改建工程上跨沪昆铁路桥梁顺利完成架梁施工，为该项目早日建成通车打下坚实基础。上跨沪昆铁路桥梁由北京交大建筑勘察设计院有限公司设计，受地方政府委托由宜春市公路管理局樟树分局管理，江西地方铁路开发有限公司代建，中铁二十二局负责施工。该项目位于沪昆铁路张家山站至临江站之间，上跨沪昆线、国道 533，采用 3×40 米 +3×40 米预应力砼小箱梁桥，桥梁设计总长为 249 米，桥宽为 12.6 米。上跨沪昆铁路桥梁作为连接临江镇与洲上乡的重要枢纽，建成后将有效缓解两个乡镇交通拥堵问题，为周围乡镇群众的出行提供交通便利。

（省综合交通中心）

【**德安公路分中心加紧进行桥梁维护修复保安全**】 德安公路分中心在日常安全排查中发现，省道 304 甘邹线胜利桥（K6+747）的两头锥坡长期受降雨冲刷及洪水浸泡，锥坡局部出现不同程度的开裂、沉陷和坍塌，影响桥梁安全运行。

12 月 17 日，该分中心及时采取措施、落实方案，抓紧当前枯水期有利时机，组织专业施工队伍和机械设备进场，实施整改修复作业。在相关技术人员指导安排下，设置好安全警示标志标牌，穿好安全服、砍除桥旁杂草、新开临时下桥施工便道、清宽整平桥底作业面，运进砂石料材料，按技术规范要求，在标好基础、拉好锥坡线后进行浆砌作业，作业现场由该分中心技术人员跟班指导、安全管理和质量把关。据了解，该分中心随后将对甘邹线上的石鼓殿桥进行河床改道、汪家桥桥台护坡修复及

对石鼓殿桥、汪家桥、杨坊桥等三桥防撞墙的刷漆描新作业。通过整改修复到位，能够消除潜在的桥涵安全隐患，有效提高桥梁安全保障系数，确保桥梁安全运行。

（省综合交通中心）

【**国道 354 奉新境内 11 座桥梁护栏升级改造工程全部竣工**】 12 月 30 日，奉新公路分中心管养的国道 354 南兴线 11 座桥梁防护提升工程全面完工。国道 354 南兴线奉新境内 11 座桥梁因安防设施安全防护等级低，存在一定安全隐患，奉新公路分中心决定将原有老式栏杆及底座全部拆除，按照《公路工程技术标准》《公路交通安全设施设计规范》等最新标准和要求，重建 SA 级混凝土护栏或 SB 级金属梁柱式护栏，项目总投资 135.1 万元，于今年 10 月开始实施，现已全部竣工。新护栏安装到位，有效提升桥梁的安全防护能力，减少安全事故发生，为人员车辆出行提供更强的安全保障。

（省综合交通中心）

【**上高 10 座危桥改造桥梁交工通车**】 2021 年，上高县交通运输局质监站会同宜春市交通工程质量检测有限公司、各项目建设从业单位对全县农村公路 10 座已完工的桥梁工程进行交工检测。完成交工检测的桥梁工程项目有：新界埠镇甘潘桥危桥改造工程、泗溪镇谢家桥危桥改造工程、芦洲乡土陂二桥危桥改造工程、徐家渡镇狮子桥危桥改造工程、泗溪镇永济桥危桥改造工程、锦江镇瑶上桥危桥改造工程、锦江镇新华桥危桥改造工程、锦江镇埠上桥危桥改造工程、墨山综合服务站一桥工程、墨山综合服务站二桥工程。检测项目分别为实体检测、外观检查和内业资料审查等方面。危桥改造完成后，将进一步畅通各村镇，为当地群众提供便利的交通条件。

（唐洪建）

【**金溪合市龚家桥重建竣工**】 金溪县合市镇龚家桥为危桥改建项目，位于合市镇，是在老桥原址上重建，上部构造为单跨标准跨径 13 米的预应力钢筋砼简支空心板梁，下部构造采用重力式 U 型桥台配扩大基础。桥面纵坡为 0.37%，桥面横坡为双向 2.0%，并采用桥面铺装调坡。重建后桥梁总宽度 8.0 米，全长 22 米。总投资 90.7 万元，投资方

式为上级补助资金和地方财政配套资金。2021 年 3 月开工，2021 年 7 月竣工。

（余小虎）

【南城新丰大桥重建工程竣工通车】 南城县新丰大桥重建工程位于老桥上游约 600 米处，西起昌厦公路（系 206 国道）路东客运站附近处，向东跨越盱江，沿老新丰中学南围墙，终于县道桃（上）宜（黄）线（编码：X802361021）新丰街镇敬老院段处平交。线路全长 1382 米，其中：桥梁长 469 米，桥宽 15 米，引道长 913 米，路基宽 16 米。桥面及西引道采用沥青砼路面结构，东引道采用水泥砼路面结构。桥梁上部构造采用变截面鱼腹式单箱多室截面柱，共设 4 联 15 跨，下部结构采用桩基接实体式 V 形飞雁形墩、重力台式桥台。设计汽车荷载等级为公路 - Ⅰ 级，设计速度为 60 千米 / 小时，通航等级 Ⅵ -（2）级，设计洪水频率 1/100，抗震系数为 0.05g，是座城市主干道兼公路功能的桥梁。项目建设单位南城县交通投资有限责任公司，代理业主单位为南城公路分局。该桥于 2020 年 5 月进行公开招标，2020 年 6 月开工建设，2021 年 12 月建成通车。

（王素红）

【黎川县樟溪乡王沙潭桥（危桥）重建竣工】 黎川县樟溪乡王沙潭桥位于该县村道 C106361022（王沙潭—里岭下）（危桥库中的桥梁编码为 C106361022L0010）。老桥建于 1976 年，桥面宽 5 米，桥梁全长 12 米，新桥建于老桥附近，桥全长 27.02 米，梁中心桩号 K0+013.51。采用四级公路标准设计，桥面宽度为 7 米，汽车荷载等级为公路 Ⅱ 级。设计洪水频率为 25 年一遇。桥址处基本地震动峰值加速度小于 0.05g，桥梁抗震设计只作简易设防。其余技术指标按交通运输部颁的《公路工程技术标准》（JTG B01—2014）执行。桥梁结构：桥梁上部构造采用 2 孔 10 米现浇钢筋混凝土简支实心板梁，实心板梁梁高为 0.55 米，桥面铺装采用 10 厘米—14.5 厘米厚村道 40 防水混凝土。下部结构桥台采用重力式台，基础采用扩大基础，基础厚 2 米。项目工程总投资 118 万元。2021 年 5 月动工，2021 年 12 月竣工。

（徐高宗 蔡 彬）

公路养护及绿化

【概况】 2021 年，全省高速公路日常养护完成投资 35436.2494 万元，预防性养护完成投资 15713.1905 万元（其中路面工程完成投资 12377.5988 万元，完成里程 642.446 千米），养护修复完成投资 61329.8739 万元（其中路面工程完成投资 41935.9034 万元，完成里程 596.982 千米；桥梁工程完成投资 11495.0964 万元，完成长度 153327.772 延米；隧道工程完成投资 7637.5173 万元，完成长度 130712 延米），专项养护完成投资 17988.8809 万元，应急养护完成投资 2038.3153 万元，绿化投入资金 1552.7695 万元。

普通国省道日常养护完成投资 102703.7888 万元，预防性养护完成投资 26308.6366 万元（其中路面工程完成投资 26308.6366 万元，完成车道里程 491.012 千米），养护修复完成投资 95614.1767 万元（其中路面工程完成投资 81740.0146 万元，完成车道里程 1228.48 千米；桥梁工程完成投资 13874.1621 万元，完成长度 4956.13 延米），专项养护完成投资 67379 万元，应急养护完成投资 4850.9221 万元，绿化投入资金 1631.6932 万元，公路废旧沥青路面材料循环利用率 98.48%。

农村公路日常养护完成投资 68947.4869 万元，完成里程 186235.713 千米；修复养护完成投资 93181.554 万元，完成里程 1091.997 千米；专项养护完成投资 275672.2616 万元，完成里程 6790.111 千米；应急养护完成投资 11847.23 万元，完成里程 997.06 千米；绿化投入资金 19690.2 万元。

（裴麟成 张子越）

养护管理

【江西省国省干线公路管养考核进入全国前列】
在"十三五"全国干线公路养护管理评价中，江西省综合排名全国第 8 名（不含直辖市），较"十二五"前进 2 名，创历史最好成绩，江西省交通运输厅获评"十三五"全国干线公路养护管理工作先进单位。

（裴麟成）

【全省国省干线公路养护管理工作现场会在赣州召开】 8 月 26 日，全省国省干线公路养护管理工作现场会在赣州召开，总结"十三五"全省公路养护管理的成绩与经验，表扬先进，研究和部署"十四五"全省公路养护管理工作。省交通运输厅党委书记、厅长王爱和出席会议并讲话，赣州市人民政府副市长张逸致辞，省交通运输厅党委委员、副厅长王昭春主持会议并传达交通运输部全国公路养护管理工作会议精神。会上，全体人员观看了"十三五"全省国省干线公路养护管理工作纪实片，宣读了全省"十三五"公路养护管理工作先进单位、先进集体、先进个人表扬决定并授牌。赣州市公路发展中心、吉安市公路建设和养护中心泰和分中心、宜春市公路管理局、省交通投资集团赣州管理中心、省交通投资集团吉安管理中心、赣州交控集团进行典型经验交流发言。

（赣州市交通运输局）

【省综合交通中心开展国道 320 沿线养护管理"三看"活动】 8 月 13 日，省综合交通中心在二楼可视化中心开展国道 320 沿线"三看"（看点、看线、看面）活动。萍乡、宜春、南昌、抚州、鹰潭、上饶市公路（中心）分别运用了无人机、移动监测车等信息化手段实时直播展现了国道 320 沿线的路容路貌、边坡、水沟、安防设施、服务区以及机械化养护作业等现场情况。

会议要求，一要准确把握普通公路养护管理工作面临的新形势，准确把握普通公路养护管理工作面临的机遇，积极满足群众对普通公路出行的便捷性、舒适性、安全性等期望，不断提高普通公路通行能力、保障服务水平；要积极应对面临的现实困难和严峻的挑战，补齐发展短板，科学降低养护决策模式中的主观性、随意性。二要加快转变普通公路养护管理工作理念。要推行管理精细化、技术现代化、决算科学化的养护管理模式，加强养护全寿命周期管理；要树立绿色养护理念，推广绿色低碳技术，提高资源节约利用效率，实现公路养护与环境保护共同发展；要优化养护管理市场环境，建立健全养护信用评价和资质管理机制，加快培育养护市场主体；要强化养护资金保障，积极创新普通国省干线公路投融资机制，加强养护资金绩效管理，不断提高资金使用效率。三要不断强化信息技术应用力度。要有信息化的意识。全系统各级领导干部要主动带头使用信息化手段开展工作，充分发挥信息技术在日常养护巡查、桥梁道路检测、应急处置等工作中的作用。要鼓励业务技术人员在使用中发现问题，并及时研究解决。要有信息化的能力。一方面要有信息化支撑能力。要加大培训力度，提升各类信息化平台和信息化设备操作人员的业务能力，确保数据录入精准、平台运行顺畅、设备操作熟练。另一方面要有数据分析能力。要着重培养一支既懂信息技术又懂公路养护的人才队伍，学会从大量的公路信息数据中分析总结提炼，做到让数据"说话"。要有信息化的态度。在养护管理决策中，要坚持科学的工作态度，充分尊重并认真参考客观的数据分析结果，逐步建立并完善以科学决策为主的养护管理决策模式，有效克服人工决策导致的计划安排随意性大、主观性强的问题。

（省综合交通中心）

【宜春市加快推进农村公路养护体制改革】 2021 年，宜春市各县（市、区）扎实推进农村公路管理养护体制改革工作，建立了符合实际的农村公路养护管理体制和运行机制，9 个县（市、区）都出台了深化农村公路管理养护机制改革实施方案，建立了覆盖县、乡、村道的"路长制"。日常养护资金全部按照新的标准纳入财政预算并落实到位，农村公路管理养护水平进一步提高，管理养护工作逐步走向正常化和规范化。靖安县通过建立智能养护管理平台，加强对公路养护信息化监管，实现实时性、动态化的新型养护管理模式，为创建全国示范县提供强有力的信息化保障。丰城市通过与第三方平台公司合作，创新使用路长制＋信息化管理模式，通过"智慧路长"信息化管理平台，实现对农村公路信息化管理县乡村三级全覆盖，各级路长及专管员通过智慧路长APP实时闭环管理，促进农村公路监管网络化、常态化、信息化。

（吴文辉）

【宜春市交通运输综合行政执法支队获全省"十三五"国省干线公路养护管理工作先进单位】

8月26日，在赣州市召开的"全省国省干线公路养护管理工作现场会"上，宜春市交通运输综合行政执法支队被评为全省"十三五"国省干线公路养护管理工作先进单位，5名同志荣获全省"十三五"国省干线公路养护管理工作先进个人。同时，樟树市交通运输综合行政执法大队被评为全省"十三五"国省干线公路养护管理工作先进集体。

"十三五"期间，宜春市交通运输综合行政执法支队科学部署，精密组织，一方面严格按照《"十三五"普通国省道养护管理治理能力评价标准及责任清单》，收集整理"源头治超、信用治超和一超四罚"等相关资料；一方面积极参与路面联合治超执法，加大了对货车非法改装和违法超限超载行为的整治力度，强化源头管控，为人民群众出行创造了良好的交通环境。

（黄自成）

【上饶市全面推行"路长制"做好管养工作】 2021年，上饶市以市政府办名义印发《上饶市农村公路"路长制"工作实施方案》，各县（市、区）按照"县道县管、乡道乡管、村道村养"要求，全面推行了"路长制"，压实了管养责任，健全县有路政员、乡有协管员、村有护路员的路政队伍。上饶市积极学习借鉴福建"智慧路长"和四川成都"智慧交通综合平台"等做法，大力推进农村公路信息化。全市12个县（市、区）总计投入约1580万元用于"智慧路长"信息平台建设，信州区、横峰县、德兴市、婺源县、万年县、鄱阳县等6县（市、区）已初步建成智慧交通综合平台，广信区、广丰区、玉山县、铅山县、弋阳县、余干县等6县（区）陆续建成"智慧路长"信息系统，预计年底将有11个县（市、区）率先推行农村公路管理养护手机APP，力争2022年实现"全覆盖"。

（上饶市交通运输局）

【南城农村公路"建管养"一体化助力物流业壮大】
"十四五"以来，南城县农村公路"建管养"一体化不断向前迈进，助力全县物流业持续发展壮大。

农村公路建设持续推进。2021年，南城县完成农村公路项目投资约1.1亿元，其中新丰大桥重建工程已完成建设投资1900万元，麻姑山旅游公路工程完成14.5千米路基改造及垫层建设，提前实施的建制村双车道改造工程完成4个项目5千米，洪门中学至洪门大坝路面改造工程完成2.1千米路基改造，提前实施的建制村拓宽、公路养护及其他水毁修复工程完成投资700万元。同时，认真做好了县道升级8.1千米、建制村通达路线窄路面拓宽改造11千米、撤并建制村公路硬化9.3千米、通建制村公路双车道改造12.7千米、"五路"（资源路、旅游路、产业路、公益事业路、路网联通）23千米、危桥改造和生命安全防护80千米等项目申报工作。

农村公路管养持续加强。大力开展"四好公路"建设，加强农村公路养护日常巡查和管理，做好农村公路安全排查与整治。共完成洪门中学至洪门大坝养护大中修工程2.1千米，完成游家巷至贺家、县城至天井源及貌陂至姑余等农村公路维修30千米。同时，加强雨季公路养护，开展边沟疏通、路肩除草专项工作，及时进行清理塌方等公路抢修工作，做好农村公路路面保洁等日常养护工作，农村公路养护质量得到进一步提高，全县农村公路好路率达92.6%。

农村公路"建管养"一体化，路况好了，可以一脚油门踩到底，物流运输业就越做越强。南城县坚持把壮大汽车运输业作为交通重点工作来抓，在农村公路实现"建管养"一体化的基础上，大力宣传和落实县委、县政府扶持物流运输业发展的各项优惠政策措施，致力创建快捷高效的交通服务环境，促进了物流运输业的持续做优做大。2021年，全县新增物流运输企业28家，新增营运货车754台、9985吨。南城县拥有物流运输企业324家，货车11637辆、183901吨，进一步夯实了抚州现代物流中心的基石。

（陈根玲）

【奉新县实施"专门设备＋专项资金＋专人"促进农村公路管护】 2021年，奉新投入资金购置专门护路设备，按公路里程和实际路况核定，3—4千米为 1 个养护路段，每个路段拨给一部割草机，按照县政府文件要求，县财政拨款乡道每年每千米 1500 元，乡镇配套 500 元，村道每年每千米 500 元，乡镇配套 300 元的标准管养费，主要用于护路员工资、割草机加油及维修保养，购买除草剂及劳保用品等。由乡镇雇请专门的护路工，按每个养护路段雇请一名护路员，制定护路员工作职责，由乡镇实施，县交通运输局负责监管。遇水灾等自然灾害造成水土流失塌方严重时，乡镇组织群众投工投劳，尽快及早恢复公路畅通。对护路养护质量好的单位和个人，按照原先制订的评奖考评方案，分别给予一、二、三等奖的精神和物质鼓励，对管养混乱、养护质量低劣的单位和个人，给予全县通报批评，限期整改。

（叶飞球）

【上高县农村公路养护提质增效】 2021 年，上高县交通运输局多措并举，深化农村公路养护机制改革，提升道路管养成效。一是加强道路安全隐患排查，针对境内全部农村公路开展安全隐患专项整治，处置隐患 30 处，依据排查结果规划"十四五"农村公路村道安防项目 421.2 千米，涵盖隐患路段 1316 处。二是落实资金保障，拨付 2020 年全县农村公路日常养护资金 201.41 万元。三是加强道路日常养护，局养护股开展日常养护检查 105 人次，开展道路养护工作 8000 余人次，出动各类养护机械设备 400 余台次，清运垃圾、杂物 3 万立方米，整修路肩 623.5 千米，清理边沟 534.2 千米，路域环境持续改善。

（邹华平）

养护工程

【国道 220 东深线万载凤凰山至周家市路段预防性养护工程启动】 10 月 24 日，万载公路分局正式启动国道 220 东深线预防性养护工程。国道 220 东深线是万载县境内主干交通要道，随着近年来交通量增大，部分路段出现车辙、网裂、坑槽等路面病害。针对这一情况，该局先行启动国道 220 东深线（K1661+431—K1668+080）万载凤凰山至周家市路段预防性养护工程，对原有沥青路面进行挖补修

复。同时，对万载迎宾大道东与国道 220 相交的红绿灯位置，采用大粒径基层施工新工艺进行修复，极大改善红绿灯位置路面车辙病害。

（省综合交通中心）

【省道 312 黎欧线新干线交界处至高速路口段大中修工程完工】 11 月，新余市省道 312 黎欧线新干线交界处至高速路口段大中修工程（K251+188—K257+588）顺利完工。该工程为 2021 年大中修工程，项目起点位于省道 312 上 K251+188 处，途经易家村、熊家村、周聂家村、荆兰村，终点位于南安乡高速互通路口省道 312 上 K257+588 处，全线长 6.37 千米。建设标准为一级公路，设计行车速度 60 千米 / 小时，项目总概算投资为 3030.6 万元。

项目建设时应用了"四新技术"，左幅采用精表处进行施工，右幅采用厂拌泡沫沥青冷再生技术进行施工；两项技术在新余公路建设、养护中的有效应用，使得旧沥青路面材料循环利用率高，极大缩减碳排放量。

（省综合交通中心）

【安福县全面加强公路养护工程建设】 农村公路养护工程 11 个，分别是国道 322 上跨分文铁路伸缩缝临时处置工程，武功山林厂至山塘沥青路面改造工程，寮塘乡株木江村村道建设工程，洋门乡洋门村村道硬化工程，山庄乡远家村枫塘 3 组村道硬化工程，寮塘乡口塘村西下至下坊公路建设工程，金里线安全隐患处置工程，章横线横龙至东谷段路面维修工程，枫田至瓜畲 K2+500 至 K3+500 路基土方工程，寮塘乡坛背至园背联通路工程，宜严线至社上公路附属工程，共投入资金约 431 万元。

（吉安市交通运输局）

【奉新县乡道安防工程五个标段同步推进】 2020 年开始到 2021 年年底奉新完成县、乡道路安防工程总计 187.6 千米，总计建安费 1200 万元。为如期保质保量完成有关安全防护工程建设，该县交通运输部门决定将安防工程分为五个标段同步实施。一标段：干洲—南岗等 8 条道路总计 100 万元；五标段：寺棠线等 8 条道路总计建安费约 200 万元；共计 300 万元，由华通路桥集团有限公司负责实施。二标段：黄沙港大桥至诚渡等 15 条道路总计建安费 200 万元，由江西卓东建设有限公司负责实施。

三标段：赤田至桃树等 17 条道路总计建安费约 250 万元，由江西东兴建设工程有限公司负责实施。

四标段：夏泽至高岗等 29 道路总建安费 390 万元，由江西庆隆建设有限公司负责实施。监理由宜春市建设监理有限公司负责，监理费按财审价计算。

（温之泗　魏振宇）

公路绿化

【柴桑区投入资金 220 万元实施公路绿化】 2021 年，柴桑区投入资金 220 万元开展公路绿化，整治高速铁路沿线安全隐患和农村公路路域环境，完成沿线房屋波顶加固 40186 平方米。

（九江市交通运输局）

【奉新县全力推进农村公路绿化美化】 2021 年，为把改善农村公路环境，助力美丽乡村建设落实落细，奉新县成立县农村公路绿化领导小组，以提升绿化养护水平为中心，着重落实公路绿化养护工作，建立健全绿化档案，努力唱响奉新公路绿化美化品牌，助力秀美乡村建设。一是以生态环保理念统领工作全局。把环评、水保、植保贯穿于交通规划、设计、建设、配套的各个环节，严禁乱挖滥采，

防止大面积地破坏水土植被，做到乔、灌、花、草美化绿化，真正实现车在路上走，人在画中行。二是突出工作重点全力推进。结合昌铜高速风光带建设，正确处理好生态与风光、保护与建设、可视与内涵的关系，打造一批"生态路、景观路、环保路"，推动全县公路绿化美化的进一步提升。三是深化公路绿化制度创新。在保证路产路权前提下，采取"谁投资，谁管理，谁受益"的原则，积极争取各方面的资金和力量来搞好农村公路绿化，努力释放社会资金的活力。

（温之泗　魏振宇）

【万载农村公路绿化助乡村振兴】 2021 年，为助力乡村振兴，走乡村绿色发展之路，万载县交通运输局对在建农村公路绿化建设高度重视，高质量助推秀美乡村生态宜居新农村建设。该县部分乡村公路为提升路域环境，及时分别种植乔木、灌木等，进行公路绿化，绿化里程达 12 千米，投资计 8 万元。横贯中北部红色苏区的三兴淳源至仙源界岭县道升级改造项目因路基土方施工时弃方较多，出现多处较大弃土点，为防止水土流失，美化环境，县交通运输局即督促施工单位对弃土点及时进行绿化，分别种植松树苗和绿植等，绿化面积约 1.7 公顷。

（辛鹏远）

航道建设

【概况】 2021 年，江西省水运建设完成投资 101.2744 亿元。水运结构不断优化，服务能力得到较大提升，18 个水运重点项目加紧建设，信江枢纽界牌船闸和八字嘴枢纽东大河船闸主体工程已完工，双港枢纽船闸基本建成，信江具备三级通航条件。

（胡文斌）

【界牌枢纽船闸改建工程交工验收通过，投入试运营】 5 月 29 日，信江（鹰潭段）高等级航道建设

工程——界牌枢纽船闸改建工程顺利通过交工验收，投入试运营。改建后的船闸有效尺度为长 180 米、宽 23 米、门槛水深 4.5 米。新建电站的装机总容量为 4 兆瓦，新建鱼道总长 570 米、宽 3 米，池室长度为 4 米。改建后的船闸设计水平年单向通过能力为 1519 万吨。

作为信江航运工程的第一个梯级，界牌船闸改建工程是信江航道等级提升的重要基础设施，对于畅通信江全线水运、提升信江航道服务能力、带动信江沿线地区经济发展、助推赣东北发展战略、

助力江西建成"两横一纵"高等级航道网络、建设畅通高效平安绿色的现代水运体系均具有重要意义。

（港航发展研究处）

【信江八字嘴航电枢纽试运行】 8月22日，信江航运枢纽工程项目东大河虎山嘴船闸试运行，标志着虎山嘴船闸将正式运行，对信江航运经济复苏具有积极的推动作用，与此同时将为企业减负。

据了解，信江八字嘴航电枢纽是江西省水运重点建设项目，对信江流域经济发展起着"催化剂"的作用。虎山嘴船闸试运行，初步实现了信江水运"大动脉"贯通。通航条件的大幅提升，带来直接的效益就是水运物流成本的降低。船闸试运行后，通航等级由之前Ⅶ级航道提升至Ⅲ级航道，年设计运输能力由2016年的2150万吨提升至3420万吨，船舶过闸时间最快仅需40分钟，对推动信江航运经济高质量发展和助力江西航运建设将具有重大意义。

（港航发展研究处）

【新干航电枢纽库区航道宋家滩疏浚工程顺利完成交工验收】 8月31日，江西省航道工程局承接的新干航电枢纽库区航道宋家滩疏浚工程顺利完成交工验收。

新干航电枢纽库区航道宋家滩疏浚工程位于峡江枢纽下游约5千米的位置，距新干航电枢纽坝址约49千米，疏浚长度约2千米。航道建设标准为：航宽60米，水深2.2米，弯曲半径480米，通航保证率95%，设计最低通航水位为32.15米（黄海高程），设计河底高程29.95米。

宋家滩疏浚工程的顺利完工，极大改善了赣江通航条件，提高了船舶通航能力，为保障赣州—南昌三级通航要求打下了坚实的基础。

（港航发展研究处）

【新建赣州至深圳铁路章水特大桥、上犹江特大桥、桃江水库大桥航标工程通过效能验收】 8月31日，昌九城际铁路公司在赣州市组织召开了新建赣州至深圳铁路章水特大桥、上犹江特大桥、桃江水库大桥航标工程效能验收会，会前成立了效能验收委员会。

与会人员首先查看了各工程现场，之后听取了航标工程施工单位、设计单位的工作汇报，认真审查了航标工程竣工资料。经讨论研究，效能验收委员会认为工程施工规范、资料齐全，符合有关规范及设计要求，具备效能验收条件，同时强调了航标维护保养的重要性，要求大桥管理部门认真落实好航标日常维护工作，确保航标处于良好的技术状态，有效发挥航标助航效能，为桥区航段过往船舶提供安全保障。

（林晨怡）

【信江八字嘴航电枢纽工程BW1、BW3、BW4、BW7、BW8标通过交工验收】 10月14日，信江八字嘴航电枢纽工程BW1、BW3、BW4、BW7、BW8标交工验收会召开。此次验收会议成立验收委员会，特邀五位专家组成验收专家组。验收委员会成员和专家组实地查看了工程现场，查阅了相关资料，听取了有关情况汇报。经充分讨论后，大家认为，信江八字嘴航电枢纽工程BW1、BW3、BW4、BW7、BW8标交工验收范围内的工程，外观质量良好，内业资料齐全，工程质量合格，具备交工验收条件，一致同意通过验收。据介绍，八字嘴航电枢纽工程交工验收是信江航运枢纽工程的重要项目节点，此次验收为信江实现全线三级通航打下坚实基础。下一步，信江航运枢纽项目办将以八字嘴5个标段交工验收为新的契机，不断优化服务、强化保障，探索总结经验，持续推进项目建设，为信江实现全线三级通航再创佳绩、再立新功。

（港航发展研究处）

【九江城西港区铁路专用线全线顺利开通】 11月30日，九江城西港区铁路专用线全线顺利贯通，成功按下城西港区由"公水联运"向"铁水联运"降本增效的"快进键"。

九江城西港区铁路专用线是长江沿线8省（市）12条铁路专用线建设项目之一，是国家发改委督办的重点工程。工程内容主要为全长11.344千米的铁路专用线，包括路基、桥涵、站场、通信电力、房屋、给排水、大临工程及附属工程等。

该项目自2019年8月31日开工建设，2021年11月30日全线贯通，将充分发挥"铁水联运"优势，实现九江港与京九线等国铁干线的无缝衔接，打通港口集疏运"最后一公里"；充分发挥铁路运输量大、能耗低、污染小等优势，构建江西综合立体物流交通走廊，对促进江西省在中部地区率先崛起、推动长江经济带绿色发展具有重要意义。

（九江市港口航运管理局）

【赣江井冈山航电枢纽工程全面投产运营】 12月28日，赣江井冈山航电枢纽工程宣布建成全面投产运营，标志着赣江六个枢纽梯级建设全面完成。赣江井冈山航电枢纽位于吉安市万安县境内，是"十三五"期间交通运输部、江西省重点工程项目，是一座以航运为主，兼顾发电等综合利用的航电枢纽工程，是赣江航道六个规划梯级中最后一个开工建设的梯级。枢纽正常蓄水位为67.5米，库容为2.928亿立方米，渠化航道36千米。该项目总投资45.56亿元，包括枢纽主体工程、库区工程、下游航道工程和辅助工程四个部分，设计安装6台灯泡贯流式水轮发电机组，年设计发电量超5亿度，同比火电每年节约标准煤约18万吨，烟尘排放量减少3万余吨。

（黄金 吕一琦）

【信江双港航运枢纽工程顺利通过交工验收】 12月29日，信江双港航运枢纽工程交工验收会召开。信江双港航运枢纽工程为Ⅱ等工程，主要建筑物包括泄水闸、船闸、二线船闸、鱼道、左、右岸接头土石坝段等，是全省首个采用三角门船闸的航运枢纽工程。正常蓄水位为12米，通航标准按内河三级航道标准建设，船闸级别为Ⅱ级，船闸有效尺度为230米×23米×4.5米（长×宽×门槛水深），设计船型为2000吨级，投资概算20.11亿元。

（黄建宇）

港口建设

【概况】 2021年，省港口集团全年在建项目19个，建成项目7个，新开工项目6个，完成项目投资87.8亿元，同比增长50%。在建项目数和投资规模均创历史新高。井冈山航电枢纽建成投产，赣江六个枢纽梯级建设全面完成。双港航运枢纽船闸、信江界牌船闸改建、八字嘴航电枢纽东大河完成交工验收，信江八字嘴东大河枢纽顺利投运。万安枢纽二线船闸、信江八字嘴西大河主体工程、信江高等级航道整治工程扎实推进。九江矶山公用码头、泰和沿溪码头、余江中童码头、红光综合物流园建成。都昌宏升码头土建工程基本完成，贵溪九牛滩码头一期完成桩基工程，九江九宏码头和赣州五云码头一期水工建筑物基本完成，樟树河西码头陆域形成完成95%，桩基完成100%。丰城尚庄码头完成桩基和引桥工程，5#、6#泊位基本完工。袁河、昌江航道提升工程，赣江五云至万安枢纽库尾、赣江新干枢纽至南昌航道整治工程前期工作积极推进。袁河航道提升笏洲试验段航道整治工程开工建设。安信物流公用码头、银砂湾作业区综合码头、星子沙山综合码头、吉州砂石码头、龙头岗综合码头二期工程、赛诚综合码头等6个项目前期工作完成。

（顾嘉丽）

【易炼红在南昌调研港口资源整合工作及水运发展情况】 7月5日，省长易炼红深入南昌港口码头和省港口集团，调研港口资源整合工作和水运发展情况，强调要深入学习贯彻习近平总书记视察江西重要讲话精神，立足新发展阶段、贯彻新发展理念、构建新发展格局，准确把握和充分发挥港口的独特优势和水运的重要作用，锚定目标、提速提质，坚决做好港口资源整合"后半篇文章"，加快推动港口建设和水运事业高质量跨越式发展，为把江西打造成为全国构建新发展格局的重要战略支点提供强有力支撑。

（省港口集团）

【江西首个港口资源整合新建项目建成投运】 3月30日，九江港彭泽港区矶山作业区矶山园区公用码头工程（以下简称"九江矶山公用码头"）建成投运。该码头由省港口集团（省港投集团）与九江心连心化肥有限公司、彭泽县城发集团合作建设，是江西省港口资源整合首个共建示范项目。

九江矶山公用码头项目位于长江中下游东北直水道与马当南水道交接的彭浪矶下游处，概算投资 11.557 亿元，规划建设 4 个 5000 吨级散杂通用泊位及配套设施，其中上游为 2 个 5000 吨级散货泊位，下游为 2 个 5000 吨级件杂货泊位，设计停靠船型 5000 吨级（兼顾 10000 吨级）。码头设计年吞吐量 612 万吨，其中散货 500 万吨 / 年，件杂货 112 万吨 / 年。项目占用岸线 523 米，陆域占地面积约 23.33 万平方米，分为散货料场区、件杂货堆存区、生产辅助区和生活辅助区。

（黄金　冯书杰　刘道玮）

【樟树港区河西作业区综合码头工程首件桩基施工】 7 月 30 日，宜春港樟树港区河西作业区综合码头工程项目首件桩基正式开钻，标志着该码头项目主体工程建设进入实质性施工阶段。樟树港区河西作业区综合码头工程建设规模为 15 个 1000 吨级泊位，占地面积 0.778 平方千米，设计年吞吐量为 1540 万吨、15 万 TEU，概算投资 26.97 亿元。该码头工程是赣江下游规模最大的综合性港口项目，也是省打造"赣江千吨级黄金水道"的重大项目，项目建成后，可辐射至全省及相邻其他省份范围的物资运输服务，为加快推进樟树市"一江两岸"的进程增添新的活力。

（李劲然）

【泰和沿溪综合货运码头通过竣工验收】 9 月 30 日，由省港口集团投资建设的泰和沿溪综合货运码头通过竣工验收，标志着泰和沿溪货运综合码头即将建成投运。泰和沿溪综合货运码头是泰和县首个千吨级货运码头，于 2020 年 6 月 21 日开工建设，总投资 2.23 亿元，建设 2 个 1000 吨级泊位，岸线总长 200 米，设计年吞吐量 125 万吨。

（罗乐平）

【鹰潭港余江港区中童作业区综合码头一期工程通过竣工验收】 10 月 28 日，鹰潭港余江港区中童作业区综合码头一期工程通过竣工验收，为码头开港运营和鹰潭港建设奠定了坚实基础。该码头位于信江左岸鹰潭市余江区中童镇，是信江高等级航道第一座现代化货运码头，也是鹰潭市首座现代化货运码头。码头建设 2 个 1000 吨级泊位，分别为 1 个件杂货和 1 个多用途泊位，岸线长 200 米，设计年吞吐量 70 万吨，含件杂货 40 万吨、集装箱 3 万 TEU（30 万吨）。

（罗乐平）

【九江港城西港区安信物流公用码头项目开工】 12 月 28 日，九江港城西港区安信物流公用码头项目开工动员会召开。安信物流公用码头工程为省重点项目，位于九江市经济技术开发区港城西港区官湖作业区内，下距九江长江二桥（福银高速长江公路桥）约 3.2 千米，占用岸线 300 米，码头设计吞吐量为 600 万吨，设计年通过能力 635 万吨，建设内容包括 2 个 5000 吨级通用泊位以及相应的配套设施。

（冯书杰）

规划与勘察设计

【《江西省"十四五"综合交通运输体系发展规划》编制】 省交通运输厅会同省发改委编制了《江西省"十四五"综合交通运输体系发展规划》，并以省政府办公厅名义印发实施。这是 2019 年省政府将综合交通规划编制职能划转省交通运输厅后编制的第一个综合交通五年规划，对"十四五"时期全省各种运输方式规划和建设具有重要指导意义。该规划 2021 年 11 月通过厅务会审议，2022 年 1 月厅印发执行。

（厅规划处）

【《江西省高速公路"十四五"发展规划》通过专家评审 】 由省交通科学研究院有限公司编制的《江西省高速公路"十四五"发展规划》，通过省交通运输厅组织的专家评审。《规划》主要内容包括总体思想、发展目标、主要任务和保障措施等。《规划》基础资料翔实，规划目标明确，内容全面丰富，规划重点突出，主要内容合理，保障措施可行，可作为"十四五"期间江西省高速公路行业相关工作的指导性文件。

（省交通科学研究院有限公司　龚仁平）

【《江西省道路运输业"十四五"发展规划》通过专家评审 】 由省交通科学研究院有限公司编制的《江西省道路运输业"十四五"发展规划》，通过省交通运输厅组织的专家评审。《规划》主要内容包括发展基础、发展目标、主要任务和保障措施等。"十四五"期间，将着力提升客货运输服务水平，完善道路运输行业治理体系，提高行业安全监管和应急保障能力，促进行业绿色低碳发展，为江西省的经济社会发展和加快交通强省建设提供坚实基础和有力保障。《规划》内容全面，结构完整，总体思路和发展目标明确，主要任务基本合理，保障措施可行，可作为"十四五"期间江西省道路运输业相关工作的指导性文件。

（省交通科学研究院有限公司　龚仁平）

【《江西省绿色交通"十四五"发展规划》通过专家评审 】 4月27日，由省交通科学研究院有限公司编制的《江西省绿色交通"十四五"发展规划》，通过省交通运输厅组织的专家评审。《规划》主要内容包括提升交通运输综合能效、建设绿色交通基础设施、推进污染防治深度治理、保障绿色交通科技支撑、推动绿色交通有序发展等。《规划》紧扣国家、行业及江西省重大发展战略，紧密结合江西省交通运输发展实际，对江西省绿色交通发展具有一定的指导意义。

（省交通科学研究院有限公司　龚仁平）

【宜春市"十四五"综合交通运输发展规划》通过专家评审 】 5月20日，由省交通科学研究院有限公司编制的《宜春市"十四五"综合交通运输发展规划》，通过宜春市交通运输局组织的专家评审。《规划》主要内容包括构建现代化立体交通网络、完善现代化综合运输服务体系、提升可持续发展能力、保障措施等。《规划》对宜春市全方位推动交通运输高质量发展，建设互联互通、快速高效、便捷舒适、智慧安全、生态绿色、服务优质的现代化综合交通运输体系具有重要意义。

（省交通科学研究院有限公司　龚仁平）

【《抚州市"十四五"综合交通规划》通过专家评审 】 由省交通科学研究院有限公司编制的《抚州市"十四五"综合交通规划》，通过抚州市交通运输局组织的专家评审。《规划》主要内容包括建设高质量综合立体交通网、提升综合运输服务水平、提升智慧绿色平安发展能力、加快现代化治理体系建设等。《规划》对于加快新旧动能转换，全方位推动交通运输高质量发展，建设互联互通、快速高效、便捷舒适、智慧安全、生态绿色、服务优质的现代化综合交通运输体系具有重要意义。

（省交通科学研究院有限公司　龚仁平）

【刘震华调研江西水运规划和航道项目前期工作 】 3月24日，省交通运输厅党委委员、副厅长刘震华一行来到省高航中心调研水运规划和航道项目前期等工作，并主持召开了推进水运规划及前期工作座谈会。

刘震华强调，一是认识要再提高。双循环新发展格局的构建，中部省份将迎来新的历史发展机遇，要发挥水运的比较优势，吸引和承接更多沿海产业转移，引领产业布局，提升水运服务水平，充分发挥好水运大通道作用。二是规划要更前瞻，针对江西省正在编制的水运系列规划，要高起点谋划，更要超前谋划水运大通道作为国家综合交通的战略意义。三是研究要更深入，围绕"十四五"规划建设项目，提前部署规划项目的重大问题研究，识别项目建设的限制条件和制约因素，提出相应解决对策或建议，服务项目决策。四是推进要更有力，省厅已明确航道建设项目的责任单位和建设主体，省高航中心要加强指导和调度，做好服务，积极参与省、市共建合作谈判，省港口集团要担负好主体责任，压茬推进前期工作，两家单位要密切配合、齐心协力，对标对表完成省政府工作任务要求。

（省高航中心）

【《江西省内河航道与港口布局规划（2021—2050年）环境影响报告书》通过省生态环境厅审查】
8月23日，江西省生态环境厅在南昌主持召开了《江西省内河航道与港口布局规划（2021—2050年）环境影响报告书》（以下简称《报告书》）专家审查会。经认真讨论与评议，审查组一致认为《报告书》评价内容较全面，采用的评价方法较合理，提出的优化建议和预防或减缓环境影响的对策与措施可行，环境影响评价结论总体可信，进一步修改完善后可上报主管部门审查。

此次召开的江西省内河航道与港口布局规划环评审查会为规划的批复工作奠定了基础，下阶段省交通运输厅将根据审查意见组织对《报告书》进行优化调整，进一步加快规划报批工作，推动打造江西省"两横一纵十支"内河高等级航道网及"两主五重"现代化港口集群，全面建成人民满意、安全可靠、绿色智慧、畅通高效的现代化内河水运运输体系。

（邹斌）

【《南昌港总体规划（修订）环境影响报告书》获生态环境部批复】
9月27日，《南昌港总体规划（修订）环境影响报告书》获生态环境部批复。南昌港是我国内河主要港口，地处鄱阳湖西南岸、赣江下游。为适应发展需要，南昌市组织编制了《南昌港总体规划（修订）》（以下简称《规划》），基础年为2019年，范围为南昌市辖区内港口岸线及相应的水陆域，主要为南昌市赣江河段岸线（包括赣江西支、中支、东支），以及抚河等其他支流及湖区。

《南昌港总体规划（修订）环境影响报告书》在生态环境现状调查与回顾性评价的基础上，识别了《规划》涉及的生态环境敏感目标，分析了《规划》与相关政策、规划的协调性，预测评价了《规划》实施可能对生态、水环境、大气环境及生态环境敏感目标等产生的影响，进行了环境风险评价，论证了《规划》环境合理性，开展了公众参与等工作，提出了《规划》优化调整建议以及预防或者减轻不良环境影响的对策措施。从环境影响角度分析，在《环境影响报告书》的基础上，优化调整后的《规划》总体可行。

（黎植强）

【吉安港总体规划（修订）获批】
2021年，江西省人民政府批复《吉安港总体规划（修订）》，将吉安港分为新干、峡江、吉水、中心城区、吉安县、泰和、万安7个港区，规划港口岸线38.195千米，标志着吉安港迎来发展新机遇。

吉安港是江西省地区性重要港口，是区域综合交通运输体系的重要组成部分，是展示城市形象、助力交通强市建设的重要载体。吉安港以发展能源、原材料、产成品、矿建材等大宗散、件杂货运输为主，积极发展集装箱运输和旅游客运，逐渐形成布局合理、功能完善、绿色安全、高效便捷的综合性港口。

《吉安港总体规划（修订）》的获批，将有效指导吉安港口资源保护开发和利用，充分发挥高等级航道优势，进一步推进现代化港口体系建设，为吉安市一批储备港口项目建设提供重要依据，为推动吉安经济社会高质量发展、提升城市功能与品质贡献水运力量，为加快实现全省水运大繁荣提供有力支撑。

（省高航中心）

【《关于南昌国际航空物流枢纽交通基础设施的调研报告》编制】
根据省政府主要领导关于开展打造名副其实的国际航空物流枢纽助力省内陆开放型经济试验区建设，构建新发展格局重要支点的工作指示要求，围绕南昌昌北机场的内外基础设施有哪些不足，如何进一步提升昌北机场的集疏运体系，实现客运"零换乘"、货运"无缝对接"，做好南昌市空港规划与全省综合交通规划对接等方面进行研究，形成《关于南昌国际航空物流枢纽交通基础设施的调研报告》。

（厅规划办）

【《关于"构建现代交通体系，打造绿色便捷交通强市"专项调研报告》编制】
按照省委主要领导2021年11月在南昌调研时提出的"南昌市要在引领城市功能品质提升上尽显英雄城风采""拿出整体性、战略性、长远性的南昌城市高质量发展建设方案"要求，围绕南昌市综合交通体系和立体交通网络进行专项调研，形成《关于"构建现代交通体系，打造绿色便捷交通强市"专项调研报告》。

（厅规划办）

【《赣州市"十四五"综合交通运输体系规划》通过专家组评审】 8月30日,《赣州市"十四五"综合交通运输体系规划》(以下简称《规划》)评审会在赣州召开,《规划》顺利通过专家组评审。中国民航局对口支援挂职干部,省交通运输厅、市发改委、市交通运输局、市自然资源局、市住建局、市商务局、市文广新旅局、市大数据发展管理局、市铁路建设发展中心、市公路发展中心及《规划》编制单位的代表和邀请专家参加了会议。会议听取了编制单位同济大学建筑设计研究院、江西省赣南公路勘察设计院对《规划》的详细汇报,专家组进行了深入讨论,并广泛听取了各部门代表发言,形成了专家组评审意见。专家组认为,该《规划》结合赣州社会经济发展,对综合交通运输各方面开展了广泛的调研分析,提出的问题具有较强的针对性。根据近远期赣州对综合交通的发展需求,《规划》提出了具有前瞻性的发展理念,并统筹协调了综合交通运输体系各类目标的相互衔接。《规划》提出的一系列具体规划方案和重点建设项目,针对性较强,具备可实施性,可支持赣州今后经济社会全面发展的要求。《规划》总体上内容完整,技术路线正确,分析结论可信,达到了规划编制要求,专家组原则同意通过评审。

(赣州市交通运输局)

站场(厂)房屋建设

【概况】 2021年,江西省累计完成道路客货运输场站基础设施建设投资14.29亿元,占全年计划的285%。完工崇仁县汽车站1个,在建鹰潭北客运综合枢纽站、峡江县高铁新区汽运站和九江港彭泽港区红光作业区综合枢纽物流园一期工程等3个综合客货枢纽及吉水、泰和、武功山金顶、芦溪、上栗、德兴市南门、永新等7个县级客运站。国家级多式联运示范工程建设赣州港"一带一路"项目顺利通过交通运输部验收,中新物流公铁联运示范工程等5家省级多式联运示范项目稳步推进。

(杨轩 马洁忞)

【萍乡市积极推进客运站场建设】 2021年,萍乡市投入1.92亿元,全力推进芦溪县城市客运站、武功山风景名胜区金顶汽车站、上栗县汽车客运中心站建设。芦溪县城市客运站占地2.67万平方米,计划总投资9500万元,设计日发能力3000人次;武功山风景名胜区金顶汽车站占地2万平方米,计划总投资3000万元,设计日发送能力3000人次;上栗县汽车客运中心站占地4.24万平方米,计划投资4600.97万元(不含征地拆迁费用),设计日发送能力9800人次。2021年完成投资6183万元,累计完成投资16920万元,投资完成率88.59%。截至2021年年底,芦溪县城市客运站已完工,并作为全省推进"四好农村路"高质量发展现场会观摩点接受观摩,武功山风景名胜区金顶汽车站、上栗县汽车客运中心站已完成主体和部分装饰装修工程。

(萍乡市交通运输局)

【上饶市首个智能换电站正式启用】 7月10日,上饶市首个智能换电站启动仪式在上饶公交城东枢纽立体停车场隆重举行。上饶公交携手蔚来汽车公司,将在全力打造汽车后服务标杆、科技创新应用、推动绿色出行等方面形成战略协同,共筑品牌。换电驿站占地60平方米,具有自动停泊、自动换电、便捷高效等特点。换电站采用蔚来自主研发的二代换电站技术,拥有1200项专利,13块电池储量可单日为312辆车提供换电服务,单次换电时间仅需4分30秒。此次换电站的正式启用,标志着上饶公交集团汽车后服务产业一站式闭环服务体系形成,更是践行国有企业改革创新三年行动的具体举措。

(上饶市交通运输局)

【南城县上唐客运中心项目主体工程建设完成】
南城县上唐客运中心工程位于南城县上唐镇高速出口西侧，用地面积9754.36平方米，建筑面积1023.49平方米，用于客运站和新能源充电站，总投资约155.9492万元。于2020年11月30日开工，2021年年底，该项目主体工程客运站中心、维修检测中心、快递站全部竣工。建设单位：南城县交通运输局；勘察单位：江西省勘察设计研究院；设计单位：重庆渝宏建筑规划设计有限公司；施工单位：南城县建筑工程公司；监理单位：成都交大工程建设集团有限公司。

（王素红）

【资溪县综合客运枢纽站建设竣工投入使用】
资溪县综合客运枢纽站位于资溪县鹤城镇沙苑村，占地面积74177.6平方米，建筑面积17010.6平方米，总投资9800万元。2017年启动，2021年建成投入运营。

（吴绍文）

【泰和县客运站】
泰和县客运站项目位于泰和县老城区的祥和大道与上田大道交汇处，用地西临上田大道，北侧为祥和大道，南侧为玉华大道，按一级客运站要求建设。总用地面积约3.67万平方米。项目建设总面积15300平方米，其中主站房建筑面积8650平方米，地下室5450平方米，维修间1200平方米。项目估算投资约9000万元。建设内容：主站房、公交调度中心、维修车间、门卫室、停车场（地上停车位为115个，充电桩初步设计配置107个）、地下室工程（地下停车位145个和设备用房，面积5426.6平方米）等功能区及站外交通广场等。项目于2020年9月份开工建设，2021年12月份完工。

（吉安市交通运输局）

【永新县仰山车站项目】
永新县仰山车站项目位于墩永公路和仰山大道交汇处，按二级客运站要求建设，总用地面积约1.33万平方米，项目建设总面积2.27万平方米，其中主站房建设面积为2.01万平方米，地下室面积为2615.60平方米，项目估计投资约9000万元。建设内容为主站房、商住房、公交调度中心、维修车间、门卫室、停车场、地下室工程等功能区及站外广场。项目于2021年3月开工，估计2023年12月完工。

（吉安市交通运输局）

【樟树市乡镇候车亭建设项目顺利完成】
樟树市乡镇候车亭建设项目于2021年9月27日开始动工，11月27日全部完工，项目总投资68.586万元，在樟树市14个乡镇选址新建了23个公交候车亭。

（周欣）

【彭泽县建设新能源站场】
为保障47辆新能源纯电动公交车运行，彭泽县于2021年建设了一座新能源纯电动公交车辆充电桩站场服务区。站场服务区占地8000平方米，1250千伏安的变压器1台，建成60千瓦的充电桩15台并投入使用。

（九江市交通运输局）

【长江干线江西省首个船舶LNG加注码头工程完工并顺利通过交工验收】
12月20日，九江港湖口港区船舶LNG加注工程顺利通过交工验收，标志着长江干线江西省范围内首个船舶LNG加注码头顺利完工，将为过往船舶提供清洁能源、岸电、供水、环保接收、船舶维修、便利购物、医疗保健、交通驿站等多项服务，把九江港湖口港区打造成为"长江水上绿色综合服务区"，填补了江西省在该领域的空白。

据悉，该工程采用了LNG加注站与水上加油站"油气合一"集约化共建的方式在长江岸线180米的范围内建设5000吨级LNG加注码头1个（兼顾柴油加注），设计年通过能力1.91万吨（其中LNG加注能力为1.1万吨，柴油加注能力为0.81万吨）。工程完工后将对提升江西省基础设施水平，进一步推进江西省水运行业节能减排、转型升级等重大政策落地具有重大意义；同时可以为把九江地区打造成江西省大开放的门户、区域率先发展的战略高地，以及建设成"江海直达、服务全省、辐射周边"的区域航运中心作出新的贡献。

（九江日报）

运输生产

道路运输

【概况】 2021年，全省公路运输完成营业性客运量1.5亿人次，旅客周转量97.7亿人千米，比上年分别下降55.5%和46%；完成货运量18.1亿吨，货运周转量3960.1亿吨千米，比上年分别增长27.6%和22%。城市公交完成客运量94061.4万人，比上年减少0.13%，日均运送乘客257.7万人；营运线路2312条，增长6.5%。营运线路总长度51781.2千米，增长6.2%。全省巡游出租汽车完成客运量41094.5万人次，比上年增长89.6%，日均运送乘客112.6万人次；营运里程达138394.3万千米，增长1.7%。其中载客里程达87433.4万千米，增长5.23%，里程利用率达78.8%，增长17.8个百分点。南昌轨道交通共开通了4条运营线路，开通运营里程128.5千米，比上年增加39.65千米；完成客运量25602万人次（含4号线），增长88.3%，

日均运送乘客70.1万人次，增长33万人次；旅客周转量165268.3万人千米，增长77.6%，运营车千米6552.6万车千米，增长69.65%。

道路客运方面。健全完善《城市公共交通管理部门与城市公交企业名录》调整机制，按季严格备案长途接驳客车资质。依托江西省道路运政管理信息系统等监控平台，对客运企业落实安全生产主体责任保持监管高压态势。推广应用全省包车客运系统。萍乡、鹰潭市成为江西省第三批"公交城市"创建示范城市。全省全年发放交通一卡通211万张，用卡范围覆盖全国314个地级市、全省42个县级以上城市。推动出城公交车卫星定位数据纳入政府监管平台。新增及更新新能源公交车802辆。南昌轨道交通4号线顺利开通。95128电召平台在5地市城区实现服务全覆盖。79个有集中售票业务的

二级以上汽车站推广应用电子客票，二级以上汽车站累计建设充电桩53个。开通定制班线74条，投入蓝牌商务车581台。全年累计向89家网约车平台发放网约车公司经营许可证198张。启动约车合规化整治行动，提升网约车订单双合规化率，降低网约车车辆及驾驶员准入条件，推动巡游出租汽车和网络预约出租汽车新老业态有序融合发展。

货运物流方面。全省填报电子运单的危货运输企业407家，企业运单填报率达97.14%，统计危险货物运输量1940万吨，危货运输电子运单覆盖率进入全国前列。规范危险废物跨省转移工作流程。加强道路运输应急运力储备。常态化监测87家网络货运企业，累计监测运单52.7万单，整合社会车辆36929台、驾驶员36458人，监测货运总量882.8万吨、货运周转量18.8亿吨千米。赣州国际陆港多式联运示范工程通过国家验收，九江彭泽港区红光综合枢纽、中新物流公铁联运等5个省级多式联运示范工程项目建设加快推进。建成"司机之家"18个。

机动车服务方面。道路运输车辆"三检合一"全面落实，实现车辆"一次上线、一次检测、一次收费"。强化车辆检测联网部省互联互通，8.2万台普货车辆实现异地检测。开展道路运输达标车型核查工作，共核查5.95万台营运车辆。加强汽车排放检验与维修信息管理，累计上传维修记录1068.2万条、维修车辆299万台，二类以上整车维修企业系统覆盖率达98%。加强驾培机构学时监测和通报，全省共有74名教练员和75辆教练车列入"黑名单"和停训，有效维护驾培市场公平有序经营。开展"新时代学员心中的好教练"宣传推介活动，共有85名教练获选。普货驾驶员从业资格考试改革全面落地，共有29家从业资格培训驾校供学员自由选择，累计2.9万名普货司机享受改革红利。升级改造江西省驾培监管服务平台。道路运输驾驶员高频事项实现"跨省通办"，全省网上累计受理和办理高频服务事项4048件，办结率为99.13%，位居全国第一方阵。

（胡　晓）

道路运输企业

【概况】　截至2021年年底，江西省共有道路旅客运输经营业户（不含公交和出租）422户，同比减少3.4%。其中，企业396户，同比减少1.2%；个体户26户，同比减少27.8%。道路旅客运输经营业户中企业占93.8%。道路货物运输经营业户8.15万户，比上年末增加13.2%。其中，企业19710户，增加62.77%；个体户6.18万户，同比增加3.1%。机动车维修经营业户9276户，比上年末减少5.3%。从结构看，一类汽车维修456户，同比增加58户，占4.9%；二类汽车维修2014户，同比增加330户，占21.7%；三类汽车维修6183户，同比减少42户，占66.7%。机动车驾驶员培训业户共有829户，同比增长5.6%；拥有教学车辆25722辆，同比增长0.87%；全年培训人次85.5万人次，同比增加6.3%。

道路运输行业共有从业人员59万人，比上年末增加1.4%，其中持证上岗从业人员51.4万人，同比增加1.78%。其中，道路旅客运输从业人员4.06万人、道路货物运输从业人员43.98万人、站（场）经营从业人员0.98万人，同比增加3%、0.87%、0%；机动车维修经营从业人员6.09万人、汽车综合性能检测站从业人员2943人，同比增加6.8%、21.86%，机动车驾驶员培训从业人员3.42万人，同比减少4.47%。

（朱　玲）

表5：　　　　　　　　　　　　　2021年全省道路运输经营业户数（一）

单位名称	道路旅客运输经营业户数合计	班车客运	旅游包车客运	道路货物运输经营业户数合计	普通货运	货物专用运输	大型物件运输	危险货物运输
	户	户	户	户	户	户	户	户
全省合计	422	343	99	81537	80611	621	709	405
南昌市	15	3	14	4052	3801	214	21	18

续表

单位名称	道路旅客运输经营业户数合计	班车客运	旅游包车客运	道路货物运输经营业户数合计	普通货运	货物专用运输	大型物件运输	危险货物运输
	户	户	户	户	户	户	户	户
景德镇市	17	13	4	1834	1782	20	13	24
萍乡市	13	10	5	1433	1412	0	17	25
九江市	46	36	18	4164	4150	1	62	46
新余市	21	19	2	3271	3251	20	17	19
鹰潭市	14	11	3	9924	9902	168	113	14
赣州市	104	87	20	15585	15530	5	56	53
吉安市	41	35	6	6251	6195	178	127	27
宜春市	10	3	7	22884	22625	0	165	94
抚州市	36	33	3	4305	4266	5	11	33
上饶市	105	93	17	7834	7697	10	107	52

（省综合交通中心）

表6：　　　　　　　　　　　　2021年全省道路运输经营业户数（二）　　　　　　　　　　计量单位：户

单位名称	道路运输相关业务经营业户	站场	客运站	货运站（场）	机动车维修	汽车综合性能检测	机动车驾驶员培训	汽车租赁
全省合计	11263	714	657	57	9276	260	829	122
南昌市	872	58	58	0	652	19	87	74
景德镇市	169	17	17	0	143	7	16	4
萍乡市	337	57	57	0	259	10	21	0
九江市	1213	197	197	0	960	29	85	4
新余市	256	8	8	0	204	11	23	0
鹰潭市	132	6	6	0	95	2	45	3
赣州市	3167	140	96	44	2733	45	189	19
吉安市	1413	64	61	3	1234	32	81	8
宜春市	1094	42	32	10	873	46	128	0
抚州市	629	43	43	0	439	24	43	4
上饶市	1981	82	82	0	1684	35	111	6

（省综合交通中心）

表7：

2021年全省道路运输从业人员数

计量单位：人

单位名称	从业人员数合计	道路旅客运输	客运驾驶员	乘务员	道路货物运输	道路货物运输驾驶员	危险货物运输驾驶员	危险货物运输押运员	危险货物运输装卸管理员	站（场）经营	客运站经营	货运站场经营	机动车维修经营	技术负责人	质量检验员	汽车综合性能检测站	机动车驾驶员培训	汽车租赁	其他相关业务经营
全省合计	590018	40575	29214	5765	345680	25965	25746	1081	439788	9800	9122	678	60851	7625	5620	2943	34174	167	1720
南昌市	97658	6482	4342	0	26502	1545	1930	48	65483	2160	2160	0	15038	629	496	458	7973	0	64
景德镇市	22501	1121	586	0	16321	593	547	0	16868	312	312	0	3120	117	161	65	994	21	0
萍乡市	20557	1196	575	311	12744	2483	1653	357	15454	336	336	0	2527	109	286	169	875	0	0
九江市	43792	5047	3771	572	27422	1025	892	33	29138	862	862	0	5225	865	595	320	3189	11	0
新余市	16929	767	243	0	10615	786	864	0	13496	172	172	0	1253	300	132	52	1189	0	0
鹰潭市	19050	4390	4111	279	12468	2152	319	319	13106	178	90	88	313	78	70	0	1063	0	0
赣州市	66404	8350	5990	2360	38947	964	725	97	39769	1245	1026	219	8328	1328	1040	397	7251	68	996
吉安市	63490	4584	3139	762	46816	2515	1998	79	49669	992	736	256	5423	965	563	387	2299	6	130
宜春市	119576	1648	1648	0	80535	9721	13130	36	103422	1984	1869	115	9072	1532	1223	396	2792	0	262
抚州市	60527	1909	1493	408	44017	2833	2630	32	51341	592	592	0	3471	470	424	236	2698	22	258
上饶市	59534	5081	3316	1073	29293	1348	1058	80	42042	967	967	0	7081	1232	630	463	3851	39	10

（省综合交通中心）

【南昌市14家汽车维修企业喜获"2019—2020年全国诚信维修企业"荣誉称号】 "全国汽车维修行业诚信企业创建及表彰活动"是经全国评比达标表彰工作协调小组核准,并保留到"全国评比达标保留项目目录"的重要行业活动,是创建全国汽车维修行业信用体系的重要工作之一。南昌市汽车维修与检测行业协会以此项活动开展为契机,积极响应、深入开展了汽车维修诚信企业创建推荐工作。在2021年4月至11月中国汽车维修行业协会2021年"全国汽车维修行业诚信企业创建及表彰活动"中,南昌市13家汽车维修企业和1家机动车检测企业喜获"2019—2020年全国诚信维修企业"荣誉称号。南昌市汽车维修与检测行业协会对评选出的企业进行了表彰。

(南昌市交通运输局)

【萍乡市道路运输企业概况】 2021年,萍乡市共有道路货运企业406家,其中危货企业25家,货运车辆12053辆,其中危货车辆1780辆;拥有50辆以上的货运企业参加了年度诚信考核的48家,其中危货24家;货运车辆10273辆,从业人员数量约14674人。2021年,萍乡市共有公交企业12家,巡游出租汽车企业6家,网络预约出租汽车企业7家。

(萍乡市交通运输局)

【赣州市道路运输企业概况】 2021年,赣州市共有道路客运企业88家,客运车辆2433辆;共有道路货运企业378家,其中危货企业54家;货运车辆25271辆,其中危货车辆436辆;共有城市公交企业34家,巡游出租汽车企业28家,网络预约出租汽车企业27家。

(赣州市交通运输局)

【抚州市道路运输企业概况】 2021年,全市道路客运经营业户36户,客运车辆556辆,客位18050个;客运线路274条,其中一类客运班线59条,二类客运班线57条,三类客运班线26条,四类客运班线132条。全市客运线路平均日发班次1915.5班次。拥有等级客运站18个,其中一级站1个,二级站10个,三级站7个。年完成客运量1221万人,旅客周转量63237万人千米。道路货物运输业户4305户,货运车辆36066辆,605531吨位,年完成货运量15682万人,货物周转量4600759万人千米。拥有机动车维修业户439户,汽车综合性能检测站24个,机动车驾驶员培训业户43户,其中一级2户,二级18户,三级23户,道路运输驾驶员从业资格培训2户。拥有农村客运站1056个,等级站0个,农村客运班线95条,共有在营农村客车124辆,座位,通班车建制村1793个。年完成农村客运量1544万人,旅客周转量54040万人千米。

(抚州市交通运输局)

【宜丰汽运分公司规范企业经营管理】 一是在硬件上投入12万余元完善车站、公交、出租各项基础设施、设备,如设立专门的母婴室、重点旅客候车室、吸烟区等场所。二是在车辆的管理方面,对所属营运客车按照行业部门要求足额投保了承运人责任险,最大限度地降低企业风险。营运客车自觉接受客运站日常的安全"三品"检查。严格落实"旅客安全告知"和"五不两确保"安全承诺制度。三是定期对所有运行车辆进行安全排查,对排查出来的隐患及时进行整改。不定期开展"防御性驾驶、应急情况处置"的驾驶员安全专题教育,进一步提高驾驶员安全意识和应急处置能力。四是加强GPS监控,严格执行"车在运行人在岗"的监控制度。严格控制车辆运行速度,严禁超速行驶。遇雨、雪、雾等恶劣天气及时下发调速指令;做好GPS、SD卡有效性确认工作,GPS、SD卡无效不出车,途中出现异常的,回厂后修复。五是严格执行"84220"的停车休息制度,防止疲劳驾驶。凌晨2点至5点,禁止运行。安装4G实时监控视频,实时关注驾驶员运行过程中的不良行为,及时提醒驾驶员在运行过程中的不良行为,防止因此而导致的安全风险,降低事故频率,确保运输安全。密切关注天气,掌握天气路况变化情况。每日利用黑板报公布当天的天气、路况情况、注意事项和简要操作规程。发车前向驾驶员告知当天的天气、路况情况;恶劣天气造成车辆不能运行的,做好应急准备、启动应急预案。通过一系列举措,规范了企业经营管理,提升了服务质量,公司多次被宜春汽车运输股份公司评为"管理发展先进单位"。

(邹丽军)

【抚州长运积极拓展客运市场实现企业持续发展】
2021年，抚州长运有限公司在现有公交资源的基础上，创新经营方式，延伸产业服务，开拓农村物流、包车、通勤车、直通车市场。先后开通了金溪至东乡城际公交、金溪至南城城际公交、宜黄至南城城际公交；更新了黎川至南城城际公交车辆；新增了抚州、崇仁至执勤中队通勤车、广昌县至职业技术学校定制公交；全面落地实施完成了东乡至昌北机场定制客运、崇仁至南昌定制客运。逐步分期推进黎川至抚州、抚州至资溪城际公交化改造工作，不断拓展更广的业务新领域，探寻企业转型的新路子。

　　抚州长运依托资源优势，创新打造"交邮融合，发展农村物流"新模式，充分利用公交车剩余运能开拓农村物流业务。2021年4月8日，与中国邮政抚州分公司签订战略合作协议后，抚州长运宜黄、广昌、黎川、乐安、南城、崇仁6家公司基本完成与邮政对接的城乡物流合作，一举破解了农村包裹运输难题，变"输血"为"造血"。

　　抚州长运以树立服务品牌、拓展县际公交、定制客运等系列差异化、多元化的运输模式为发展重点，通过提升质量服务、创新服务项目，满足不同旅客多样化的出行需求。同时继续发展城市、城际、县际、城乡公交项目，拓展城际物流、农村物流等，利用公交优势开发企业经营领域。2021年，公司一举扭亏为盈，客运量、客运周转量、售票收入均比上年有较大幅度的上升。

（抚州长运公司）

【宜汽樟树一公司圆满完成第五届华东地区基层中医药发展大会运输任务】 10月18日第五届华东地区基层中医药发展大会在"中国药都"江西樟树市举行。根据樟树市交通运输局的安排，宜汽樟树一公司承担此次大会的交通运输保障工作任务。为了给与会嘉宾提供尊贵、安全、舒适、一流的服务，公司迅速成立运输保障组织机构，制定切实可行的应急工作预案和严密有效的安全防范措施。一是合理地安排运力，调派一批车况好、安全系数高的车辆保证大会用车需要，公司领导、班线负责人带头进驻相关宾馆、会场驻点办公，以便及时掌握大会各类活动的相关信息，做到无缝对接。二是严格按卫健委防控要求，落实运输车辆每趟消杀、通风、驾驶员、乘车人员全程佩戴口罩等规定。三是设立专职例检员对参运车辆进行每天的安全检查，保证参运车辆随时处于良好的技术状态。四是要求驾驶员提高安全和服务意识，对车辆内外进行全面清理，保持车容车貌清洁卫生，坚决不开超速、超员车，不疲劳驾驶，严格遵守交通法规，文明驾驶，为大会的圆满召开助力添彩。据悉，此次大会分公司共投入11辆豪华旅游大巴车，共安全运送代表965人次，圆满完成了大会及活动的运输保障任务。

（王志勇）

【袁州区交通运输局办理新增公司物流经营许可】
2021年，按《道路货物运输及站场管理规定》第八条、第九条、第十二条的条件，对新增宜春悦众达物流有限公司、宜春佳信物流有限公司、江西泰康运输有限公司进行了现场勘查，完成对申请人申报的书面材料与实际情况的审查、核实，依规办理了经营许可，为袁州物流产业注入新生力量，积极推动物流产业的发展。

（吴明浩　郭员畅）

表8：　　　　　　　　　2021年宜春市公路客运企业情况

企业总数（个）	经济性质				经济性质				国有（个）	车辆保有量				运输收入（万元）	税收（万元）	利润（万元）
	国有（个）	集体（个）	民营（个）	中外合资（个）	一级（个）	二级（个）	三级（个）	四级（个）		总数（辆/座）	座位					
											高（辆/座）	中（辆/座）	普（辆/座）			
10	5	/	5	/	4	3	3	/	1648	707/23285	342/14785	187/3735	178/4765	/	/	/

（伍可）

表9：   **2021 年宜春市公路货运业户情况**

业户总数	经济性质			经营资质			危货企业（户）	从业人数（人）	运输收入（万元）	税收（万元）
	国有（户）	集体（户）	民营（户）	一级	二级	三级				
22884	/	/	22884	/	/	/	94	103422	/	/

（傅怡情）

表10：   **2021 年宜春市出租车企业情况**

企业总数（个）	经济性质				经营资质			从业人数（人）	出租车数（辆）	营业收入（万元）	税收（万元）	利润（万元）	驾驶员（人）
	国有（户）	集体（户）	民营（户）	中外合资（户）	一级	二级	三级						
17	4	0	13				1789	1430		30.1	-15.17	1975

（杜昕）

道路运输线路

【**概况**】 截至 2021 年年底，全省共开通客运班线 5276 条，同比增加 10.8%。线路平均日发班次 22316.8 班次/日，同比下降 19.7%。全省共有一类客运班线 575 条，二类客运班线 941 条，三类客运班线 481 条，四类客运班线 3279 条。一类客运班线、二类客运班线、三类客运班线和四类客运班线的平均日发班次分别为 804.6 班次/日、2104.2 班次/日、2568 班次/日和 16840 班次/日。

（朱　玲）

表11：   **2021 年全省道路客运线路班次**

单位名称	道路客运线路班次合计		定制客运班线	一类客运班线		二类客运班线		三类客运班线		四类客运班线	
	条	平均日发班次	条	条	平均日发班次	条	平均日发班次	条	平均日发班次	条	平均日发班次
全省合计	5276	22317	101	575	805	941	2104	481	2568	3279	16840
南昌市	204	256	17	63	45	133	196	5	7	3	9
景德镇市	152	495	0	49	50	51	71	10	20	42	354
萍乡市	105	1031	3	28	32	12	24	55	767	10	208
九江市	541	1907	16	49	59	79	129	80	274	333	1446
新余市	50	62	3	10	10	39	46	0	0	1	6
鹰潭市	209	959	4	6	5	35	37	2	2	166	916
赣州市	1790	5347	32	68	116	315	537	145	357	1262	4337
吉安市	714	3585	3	129	260	45	116	65	192	475	3017
宜春市	418	1552	12	34	63	78	336	21	298	285	855
抚州市	274	1916	3	59	82	57	266	26	182	132	1386

续表

单位名称	道路客运线路班次合计		定制客运班线	一类客运班线		二类客运班线		三类客运班线		四类客运班线	
	条	平均日发班次	条	条	平均日发班次	条	平均日发班次	条	平均日发班次	条	平均日发班次
上饶市	819	5209	8	80	85	97	348	72	470	570	4306

（省综合交通中心）

表 12：　2021 年全省客运班车通达情况

单位名称	客运站平均日发班次	一级站	二级站
	班次	班次	班次
全省合计	25968	4019	11650
南昌市	392	271	97
景德镇市	921	197	0
萍乡市	3231	61	46
九江市	3435	723	961
新余市	393	53	340

续表

单位名称	客运站平均日发班次	一级站	二级站
	班次	班次	班次
鹰潭市	510	0	64
赣州市	4561	240	3132
吉安市	3442	391	2680
宜春市	2891	915	1625
抚州市	1316	315	991
上饶市	4877	853	1714

（省综合交通中心）

表 13：　2021 年萍乡市县际县内班线

序号	线路名称	起始地点	终点地名称	经营区域	班线类型	线路走向	公里数	日发班次
001	安源（北站）—柳源	安源（北站）	柳源	县际	二类	秋收广场、北桥、金山角、硖石桥、山田煤矿、上柳源、下柳源、大城、青山、水口	24	10
002	安源（北站）—泉江	安源（北站）	泉江	县际	二类	金山角、白源、新路口、福田、	18	6
003	安源（北站）—莲花（琴亭）	安源（北站）	莲花（琴亭）	县际	二类	安源、五陂下、源并、白竺、六市、罗市、坊楼、南岭	81	3
004	安源（南站）—六市乡	安源（北站）	六市乡	县际	二类	丹江、五陂下、王坑、沙园、大岭、南坑、28公桩、长丰、磨头	46	3
005	安源（北站）—武功山	安源（北站）	武功山	县际	二类	芦溪、东阳、瑞泉、仁里、三勤、万龙山、桂花、三星	61	4
006	安源（北站）—赤山	安源（北站）	赤山	县际	二类	三田、彭高、华源、韶陂	15	6
007	安源（北站）—马岭	安源（北站）	马岭	县际	二类	三田、彭高、沾塘、坛华、神岭、江岭	18	6
008	安源（北站）—民主	安源（北站）	民主	县际	二类	峡石、田中、莲陂、福田、边塘、水东坡、清溪、马棚、东源、小枧	27	4
009	安源（北站）—石岭	安源（北站）	石岭	县际	二类	峡石、田中、莲陂、福田、边塘、水东坡、清溪、马棚、东源、小枧	28	4
010	安源（北站）—石溪	安源（北站）	石溪	县际	二类	硖石、田中、莲陂、福田、凹口、长平、杉木、淡塘	25	4
011	安源（北站）—石源	安源（北站）	石源	县际	二类	峡石、田中、莲陂、福田、边塘、水东坡、清溪、马棚、东源、小枧	26	4

续表

序号	线路名称	起始地点	终点地称	经营区域	班线类型	线路走向	公里数	日发班次
012	安源（北站）—天井	安源（北站）	天井	县际	二类	峡石、田中、莲陂、福田、边塘、水东坡、清溪、马棚、东源、小枧、石源	30	4
013	安源（北站）—田心	安源（北站）	田心	县际	二类	峡石、田中、莲陂、福田、边塘、水东坡、清溪、马棚、东源、小枧	28	4
014	安源（北站）—小枧	安源（北站）	小枧	县际	二类	硖石、田中、莲陂、福田、边塘、水东坡、清溪、马棚、东源	24	4
015	安源（北站）—星亮水库	安源（北站）	星亮水库	县际	二类	硖石、福田、长平、狮形村	24	2
016	安源（北站）—上栗（龙合）	安源（北站）	上栗（龙合）	县际	二类	硖石、田中、莲陂、福田、长平、流江、庙岭、永红	38	3
017	安源（东站）—安子全社区	安源（东站）	安子全社区	县际	二类	彭高、沾塘、石背台、摩龙洞洞口、中棚	19	2
018	安源（东站）—宫江	安源（东站）	宫江	县际	二类	赤山、桥头、沙塘、上埠	25	3
019	安源（东站）—江北	安源（东站）	江北	县际	二类	赤山、桥头、沙口塘、羊子	25	4
020	安源（东站）—镜山	安源（东站）	镜山	县际	二类	横板、赤山、耿塘、桥头、摇栏窝、沙口塘、坛头	24	4
021	安源（东站）—楼下	安源（东站）	楼下	县际	二类	赤山、桥头、沙口塘	24	4
022	安源（东站）—上栗（龙合）	安源（东站）	上栗（龙合）	县际	二类	彭高、青溪、石背台、义龙口、沙子陂、文岐、关下、杨岐、斑竹桥（2018.12调整线路增加高铁萍乡北站途经点，里程由33千米变更为37千米）	37	3
023	安源（东站）—上栗（龙合）	安源（东站）	上栗（龙合）	县际	二类	萍乡汽车北站（高铁）、彭高、青溪、石背台、义龙口、沙子陂、文岐、关下、杨岐、斑竹桥（2018.12调整线路增加高铁萍乡北站途经点，里程由33千米变更为37千米）	37	3
024	安源（公交西站）—温盘	安源（公交西站）	温盘	县际	二类	水口、青山大城、柳源、杨梅岭、高枧、温盘、双源、福田、三田、峡石、萍乡北站	34	7
025	安源（公交西站）—二里	安源（公交西站）	二里	县际	二类	水口、青山、大城、五里亭、新村、峡山口、阳干、泉塘、陈家塘、下埠、里塘	32	4
026	安源（公交西站）—二里	安源（公交西站）	二里	县际	二类	水口、青山、大城、五里亭、新村、峡山口、阳干、泉塘、陈家塘、下埠、里塘	32	4
027	安源（南站）—东江	安源（南站）	东江	县际	二类	五里亭、十里铺、茶亭里、高坑、路行、新田、沙湾、聂家店、新泉	55	2
028	安源（南站）—锅底潭	安源（南站）	锅底潭	县际	二类	丹江、五陂下、王坑、沙园、大岭、南坑、28公桩、长丰	41	3
029	安源（南站）—河口	安源（南站）	河口	县际	二类	丹江、五陂下、王坑、沙园、大岭	23	6
030	安源（南站）—横岭村	安源（南站）	横岭村	县际	二类	高坑、沙湾、珠亭山、宣风、横岭村	46	2
031	安源（南站）—林家坊	安源（南站）	林家坊	县际	二类	五里牌、十里铺、茶亭里、高坑、路行、新田、沙湾、芦溪、快活岭	30	5
032	安源（南站）—芦溪（温埠）	安源（南站）	芦溪（温埠）	县际	二类	五里牌、十里铺、茶亭里、高坑、路行、新田、沙湾、田心阁	24	6
033	安源（南站）—马塘村	安源（南站）	马塘村	县际	二类	高坑、沙湾、宣风、盘田村、京口村、里山村	44	1
034	安源（南站）—南坑镇	安源（南站）	南坑镇	县际	二类	丹江、五陂下、王坑、沙园、太岭村	20	6

续表

序号	线路名称	起始地点	终点地称	经营区域	班线类型	线路走向	公里数	日发班次
035	安源（南站）—南岭村	安源（南站）	南岭村	县际	二类	高坑、沙湾、宣风、万龙山、长岭村	64	1
036	安源（南站）—坪村	安源（南站）	坪村	县际	二类	丹江、五陂下、王坑、沙园、大岭村、南坑、窑下、株村下	31	4
037	安源（南站）—青龙山	安源（南站）	青龙山	县际	二类	五里牌、十里铺、茶亭里、高坑、路行、新田、沙湾、聂家店、新泉、华云、黄江	64	2
038	安源（南站）—三星村	安源（南站）	三星村	县际	二类	高坑、沙湾、宣风、万龙山、陇上村	59	1
039	安源（南站）—上埠镇	安源（南站）	上埠镇	县际	二类	五里亭、十里铺、茶亭里、高坑、路行、新田、沙湾、聂家店、上埠转盘、阪埠桥	32	4
040	安源（南站）—石灰岭	安源（南站）	石灰岭	县际	二类	丹江、五陂下、王坑、大岭、南坑	22	2
041	安源（南站）—吐下村	安源（南站）	吐下村	县际	二类	高坑、沙湾、田心阁、珠亭山、宣风	41	1
042	安源（南站）—武功山	安源（南站）	武功山	县际	二类	五里牌、十里铺、茶亭里、高坑、路行、新田、沙湾、聂家店、山口岩、坑口、新泉、麻田、大江边	59	2
043	安源（南站）—武功山	安源（南站）	武功山	县际	二类	五里牌、十里铺、茶亭里、高坑、路行、新田、沙湾、聂家店、山口岩、坑口、新泉、麻田、大江边	59	3
044	安源（南站）—宣风镇	安源（南站）	宣风镇	县际	二类	五里牌、十里铺、茶亭里、高坑、路行、新田、沙湾、田心阁、江机、珠亭山	36	4
045	安源（南站）—源南乡	安源（南站）	源南乡	县际	二类	五里牌、十里铺、茶亭里、高坑、路行、新田、沙湾、石北	27	4
046	安源（南站）—张家坊	安源（南站）	张家坊	县际	二类	五里牌、十里铺、茶亭里、高坑、路行、新田、沙湾、聂家店、坑口、三江口	44	3
047	安源（南站）—白竺乡	安源（南站）	白竺乡	县际	二类	桐田、三山、源并、壁湖、红星、山口	37	4
048	安源（南站）—长坑	安源（南站）	长坑	县际	二类	三山、源并、白竺	42	1
049	安源（南站）—崇源	安源（南站）	崇源	县际	二类	三山、源并	26	2
050	安源（南站）—横岗	安源（南站）	横岗	县际	二类	井冲、善洲桥、桐田、麻山、景新、株木桥、下横岗、上横岗	16	8
051	安源（南站）—黄堂	安源（南站）	黄堂	县际	二类	井冲、善洲桥、桐田、诗源、上洲	16	6
052	安源（南站）—江口	安源（南站）	江口	县际	二类	桐田、麻山、津源	16	6
053	安源（南站）—腊市镇	安源（南站）	腊市镇	县际	二类	井冲、善洲桥、桐田、麻山、庙岭、黄土坳	19	6
054	安源（南站）—浏市	安源（南站）	浏市	县际	二类	水口、青山、大城、五里亭、峡山口、大江边、浏市、金万、麻山、桐田	37	7
055	安源（南站）—龙台	安源（南站）	龙台	县际	二类	井冲、桐田、麻山、船形、塘口	31	3
056	安源（南站）—麻山镇	安源（南站）	麻山镇	县际	二类	井冲、小桥、桐田	10	10
057	安源（南站）—水洋	安源（南站）	水洋	县际	二类	井冲、桐田、麻山、船形、塘口	31	6
058	安源（南站）—桃源	安源（南站）	桃源	县际	二类	井冲、善洲桥、桐田、幸福村、汶泉、斜塘	17	6
059	安源（南站）—乌岗	安源（南站）	乌岗	县际	二类	井冲、桐田、麻山	20	6
060	安源（南站）—峡山口	安源（南站）	峡山口	县际	二类	桐田	21	3
061	安源（南站）—新湄	安源（南站）	新湄	县际	二类	桐田、黄堂	22	6
062	安源（南站）—新塘	安源（南站）	新塘	县际	二类	桐田、日马	12	10
063	安源（南站）—柘村	安源（南站）	柘村	县际	二类	桐田、三山、源并、大古坳、红星、白竺	44	3

续表

序号	线路名称	起始地点	终点地称	经营区域	班线类型	线路走向	公里数	日发班次
064	安源（南站）—中村	安源（南站）	中村	县际	二类	桐田、三山、平台源、源并、壁湖、菜坑、红星、白竺路口、山口、白竺乡政府、黄岗	47	3
065	安源（南站）—竺园	安源（南站）	竺园	县际	二类	井冲、桐田、麻山、救塘、竺园	18	6
066	安源（西站）—陂头	安源（西站）	陂头	县际	二类	水口、青山、大城、湘东、河洲、火烧桥、前进、仁村	29	4
067	安源（西站）—登官	安源（西站）	登官	县际	二类	水口、青山、大城、沙里塘、河洲、黄花、长春埠、灯芯桥、油塘埠、渡口	33	4
068	安源（西站）—东桥镇	安源（西站）	东桥镇	县际	二类	水口、青山、大城、峡山口、陈家塘、大路里、排上	48	3
069	安源（西站）—凫田	安源（西站）	凫田	县际	二类	青山、大城、峡山口、凤凰、大路里、排上、上珠、沸水	48	2
070	安源（西站）—福寿	安源（西站）	福寿	县际	二类	萍乡西站、青山、大城、五里亭、湘东、河州、美建、火烧桥、荷尧、青云	33	2
071	安源（西站）—官陂	安源（西站）	官陂	县际	二类	青山、峡山口、陈家塘、凤凰、大路里、排上、东桥	56	2
072	安源（西站）—官桥	安源（西站）	官桥	县际	二类	青山、泉湖垅、峡山口、陈家塘、虎山、东洲、凤凰、大路里、排上、毛园	45	2
073	安源（西站）—官溪	安源（西站）	官溪	县际	二类	水口、青山、大城、泉湖垅、峡山口、陈家塘、虎口、凤凰、大路里、排上、东桥	56	2
074	安源（公交西站）—横溪	安源（西站）	横溪	县际	二类	水口、大城、峡山口、下埠、光华、马已坳、江萍瓷厂、横溪	28	4
075	安源（西站）—厚田	安源（西站）	厚田	县际	二类	水口、青山、大城、泉湖垅、峡山口、陈家塘、虎口、凤凰、大路里、排上、东桥	56	2
076	安源（西站）—黄土岗	安源（西站）	黄土岗	县际	二类	青山、大城、峡山口、陈家塘、凤凰、大路里、排上、东桥、官陂	62	2
077	安源（西站）—江边	安源（西站）	江边	县际	二类	青山、大城、峡山口、陈家塘、凤凰、大路里、排上、东桥、沿塘	56	2
078	安源（西站）—郊溪	安源（西站）	郊溪	县际	二类	青山、大城、峡山口、凤凰、大路里、排上、东桥、塘溪	59	2
079	安源（西站）—界头	安源（西站）	界头	县际	二类	青山、大城、峡山口、凤凰、大路里、排上、东桥、边山	56	2
080	安源（西站）—金鱼石	安源（西站）	金鱼石	县际	二类	水口、青山、大城、湘东、河洲、美建、火烧桥、大义口	26	4
081	安源（西站）—巨源	安源（西站）	巨源	县际	二类	水口、青山、大城、五里亭、新村、峡山口、泉塘	22	6
082	安源（西站）—老关镇	安源（西站）	老关镇	县际	二类	水口、青山、大城、沙里塘、河洲、黄花、长春埠、灯芯桥、油塘埠	29	4
083	安源（西站）—老关镇	安源（西站）	老关镇	县际	二类	水口、青山、大城、沙里塘、河洲、黄花、长春埠、灯芯桥、油塘埠	29	4
084	安源（西站）—梅林	安源（西站）	梅林	县际	二类	青山、大城、泉湖垅、峡山口、陈家塘、虎山、凤凰、大路里、排上、毛园	45	2
085	安源（西站）—桥头	安源（西站）	桥头	县际	二类	水口、青山、大城、泉湖垅、峡山口、陈家塘、虎口、凤凰、大路里、排上	45	3

续表

序号	线路名称	起始地点	终点地称	经营区域	班线类型	线路走向	公里数	日发班次
086	安源（西站）—泉陂	安源（西站）	泉陂	县际	二类	水口、青山、大城、湘东、河洲、美建、火烧桥、荷尧、青云	33	5
087	安源（西站）—泉陂	安源（西站）	泉陂	县际	二类	水口、青山、大城、湘东、河洲、美建、火烧桥、荷尧、青云	33	4
088	安源（西站）—上云	安源（西站）	上云	县际	二类	水口、青山、大城、沙里塘、湘东、裕升、福溪、横江、马冲	25	4
089	安源（西站）—檀梓	安源（西站）	檀梓	县际	二类	水口、青山、大城、五里亭、湘东、河洲、黄花、长春埠	25	2
090	安源（公交西站）—铁冲	安源（西站）	铁冲	县际	二类	峡山口、泉塘、陈家塘、大陂、杨家田、杞木	31	4
091	安源（西站）—五峰	安源（西站）	五峰	县际	二类	青山、大城、峡山口、陈家塘、凤凰、大路里、排上、东桥、鸭路	62	2
092	安源（西站）—小坑	安源（西站）	小坑	县际	二类	青山、大城、峡山口、陈家塘、凤凰、大路里、排上、东桥、鸭路	59	2
093	安源（西站）—新华	安源（西站）	新华	县际	二类	水口、青山、大城、沙里塘、河洲、火烧桥、前进、仁村、红星	31	4
094	安源（西站）—沿塘	安源（西站）	沿塘	县际	二类	水口、青山、大城、泉湖垅、峡山口、陈家塘、虎山、凤凰、大路里、排上、东桥	56	2
095	莲花（琴亭）—安源（北站）	莲花（琴亭）	安源（北站）	县际	二类	南岭、坊楼、罗市、六市、白竺、源并、五陂下、安源	81	3
096	上栗（龙合）—峡山口	上栗（龙合）	峡山口	县际	二类	长平、芭蕉塘、福寿、青云、萍株、荷尧、火烧桥、河洲	43	2
097	安源（公交西站）—下埠工业园	下埠工业园	安源（公交西站）	县际	二类	龙发实业 镇水泥厂 碳酸钙厂 火星村 峡山口	26	5
098	峡山口—白源镇	峡山口	白源镇	县际	二类	峡石、大城、河洲、湘东	26	6
099	安源（南站）—凤凰	安源（南站）	凤凰	县际	二类	井冲、桐田、麻山、腊市	23	6
100	安源（南站）—万龙山西海温泉	安源（南站）	万龙山西海温泉	县际	二类	五里牌、十里铺、茶亭里、高坑、路行、新田、芦溪、东阳、瑞泉、仁里、三勤、万龙山	46	4
101	安源（南站）—银河镇	安源（南站）	银河镇	县际	二类	五里牌、十里铺、茶亭里、高坑、路行、新田、沙湾、江机、珠亭山、226队	36	4
102	安源（公交西站）—下埠工业园	安源（公交西站）	下埠工业园	县际	二类	水口、青山、大城、五里亭、泉湖垅、湘东中学、区政府综合大楼、河州、黄花、下埠工业园（长春埠）、正大陶瓷、铁冲	25	10
103	安源（西站）—下埠工业园	安源（西站）	下埠工业园	县际	二类	水口、青山、大城、五里亭、泉湖垅、湘东中学、区政府综合大楼、河州、黄花、下埠工业园（长春埠）、正大陶瓷、铁冲	25	10
104	莲花—高铁萍乡北站	莲花	高铁萍乡北站	县际	三类	坊楼、六市、萍乡市人民医院	83	4
105	萍乡市—水山村	萍乡市	水山村	县际	二类	芦溪县、田心阁、更田村、高楼村	37	2-4
106	萍乡市—吐霞村	萍乡市	吐霞村	县际	二类	宣风镇、盘田村、马塘村、里山村、吐霞村、竹恒村、宣风镇	40	2-5

续表

序号	线路名称	起始地点	终点地称	经营区域	班线类型	线路走向	公里数	日发班次
107	萍乡市—芦溪县	萍乡市	芦溪县	县际	二类	安源汽车站、市医院、白源、卫校、泉江路口、路行、新田、沙湾、田心阁	26	5
108	萍乡市—杨家湾	萍乡市	杨家湾	县际	二类	芦溪、九州、坑口、新泉、麻田、武功山、河坑、乔岭	72	2
109	萍乡市—陈家坊	萍乡市	陈家坊	县际	二类	芦溪、九州、坑口、新泉、麻田、武功山、檀树下、东安里	69	2
110	萍乡市—东江	萍乡市	东江	县际	二类	芦溪、九州、坑口、新泉、麻田、武功山、蔡下	65	2
111	萍乡市—万龙山	萍乡市	万龙山	县际	二类	五里牌、茶亭里、新田、珠亭山、宣风、桥头、沂源、黄州	61	2
112	萍乡市—长竹	萍乡市	长竹	县际	二类	五里牌、十里铺、茶亭里、高坑、路行、新田、沙湾、田心阁、江机、珠亭山、宣风、河下、陇田、天柱岗、邓家田	45	2
113	萍乡市—横塘	萍乡市	横塘	县际	二类	市中医院、娅洲宾馆、水口、青山、大城、樟里村、泉湖珑、峡山口、阳干村、泉塘村、大陂村、下埠村、西源村	29	2
114	萍乡市—善山	萍乡市	善山	县际	二类	市中医院、娅洲宾馆、水口、青山、大城、五里亭、沙里塘、泉湖珑、香帝谢景、云程中学、河州、美健、火烧桥	25	2
115	萍乡市—乾村	萍乡市	乾村	县际	二类	丹江、五陡下、王坑、沙园、大岭村、南坑、塘口	25	3
116	东桥镇—高仓	东桥镇	高仓	县内	四类	预约响应		
117	上栗汽车站—赤山镇	上栗汽车站	赤山	县内	四类	卯田、桃文、清溪村、彭高、华源、韶陂	33	3
118	上栗县—宫江	上栗汽车站	宫江	县内	四类	杨岐、清溪、东源	39	2
119	田心—上栗汽车站	田心	上栗汽车站	县内	四类	小枧、东源、清溪、文岐	37	3
120	上栗汽车站—塘上村	上栗汽车站	塘上	县内	四类	夭埠村、永红村、万石村、妙岭村、流江村、佛溪村	20	4
121	汽车站—杨岐寺	上栗汽车站	杨岐寺	县内	四类	斑竹桥、火石桥、关下、关下路口、青草坡、黄泥坳、杨岐寺	17	6
122	桐木镇—枣木村	桐木镇	杨岐寺	县内	四类	雅溪村、周田村、杨坊村、枣木村	8	3
123	莲花—安泉	莲花县	安泉村	县内	四类	望山村、垒里冲、长曲湾村、双岭村、楼下村、庙下村、寒山村、安泉村、白竹村	25	2
124	莲花—文塘	莲花县	文塘村	县内	四类	望山村、垒里冲、长曲湾村、双岭村、楼下村、庙下村、文塘村	28	2
125	莲花—小水	莲花县	小水村	县内	四类	北门村、西边村、六模村、金家村、汤渡村、斜天村、湾溪村、田心村、下坊村、白渡村、清塘村、富民村、岐下村、黄源村、泉水村、良坊村、井一村、井二村、下布村、新田村、布口村、山下村、小水村	25	2
126	莲花—曾家	莲花县	曾家村	县内	四类	北门村、西边村、六模村、金家村、汤渡村、斜天村、湾溪村、田心村、下坊村、白渡村、清塘村、富民村、岐下村、黄源村、泉水村、良坊村、井一村、井二村、下布村、新田村、布口村、南村村、曾家村	22	2

续表

序号	线路名称	起始地点	终点地称	经营区域	班线类型	线路走向	公里数	日发班次
127	莲花—同坑	莲花县	同坑村	县内	四类	北门村、西边村、六模村、金家村、汤渡村、斜天村、湾溪村、田心村、下坊村、白渡村、清塘村、富民村、岐下村、黄源村、泉水村、良坊村、井一村、井二村、下布村、新田村、布口村、路口村、庙背村、湖塘村、阳春村、汤坊村、同坑村	31	2
128	莲花—邑田	莲花县	邑田村	县内	四类	北门村、西边村、六模村、金家村、汤渡村、斜天村、湾溪村、田心村、下坊村、白渡村、清塘村、富民村、岐下村、黄源村、泉水村、良坊村、井一村、井二村、下布村、高丘村、邑田村	19	2
129	莲花—白沙	莲花县	白沙村	县内	四类	北门村、西边村、六模村、金家村、汤渡村、斜天村、湾溪村、田心村、下坊村、白渡村、清塘村、富民村、岐下村、黄源村、泉水村、良坊村、井一村、井二村、白沙村	18	2
130	莲花—棋盘山	莲花县	棋盘山村	县内	四类	南门村、花塘村、莲花村、升坊村、浯二村、浯一村、桃岭村、棋盘山黎族村	22	2

（萍乡市交通运输局）

表 14：　　　　　　　　　2021 年宜春市道路旅客运输班线情况（一）

合计		按区域分								按类别分			
		跨省		跨设区市		设区市内		县内		一类	二类	三类	四类
条	千米	条	千米	条	千米	条	千米	条	千米	条	条	条	条
231		32	9664	38	5852	68	5780	93	2345	32	38	68	93

（伍可）

表 15：　　　　　　　　　2021 年宜春市道路旅客运输班线情况（二）

日发班次									
线路		跨省线路		跨设区市线路		设区市内线路		县内线路	
条	年平均日发班次	条	年平均日发班次	条	年平均日发班次	条	年平均日发班次	条	年平均日发班次
231	1533	32	51	38	329	68	298	93	855

（伍可）

【南昌市轨道交通 4 号线开通运营】 12 月 26 日，南昌市轨道交通 4 号线一期工程正式开通，线路制式为地铁，采用双线单向右侧行车。全线长 39.60 千米。至此，南昌轨道交通线网长度达到 128.45 千米。四号线共设有车站 29 座，含 4 座高架站、25 座地下站，其中换乘车站 5 座，实现与 1、2、3 号线换乘。

（李　成）

【南昌公交集团做优家校专线】 为解决疫情防控时期学生平安、健康上下学问题，2021 年南昌公交集团结合党史学习教育，以"一切为了孩子更好出行"为工作出发点和落脚点，不断提升家校专线运营质量，量身定制各大中小学专属出行方案。2021 年开学季，全市新增 20 余条家校专线；结合家校专线运营情况，从优推出单趟（往返）月票、单趟（往返）学期票、周票等多种乘车优惠政策。南昌公交集团力求以多样化、特色化的服务方式有效满足各类群体的出行需求，真正做到百姓有需求、公交有回应。在学生扫码验票上车后，掌上公交 APP 会推送即时短信告知家长。同时，学生家长也可登录掌上公交 APP，查看专线运行轨迹，获取学生出行位置信息，较大提升学生家长安全感和便捷感。

（李　成）

【赣州市道路运输线路概况】 2021年，赣州市客运班线通达6个省市，拥有班线1299条。新开通了寻乌至梅州等4条定制客运班线，新投放了85辆定制客运运力，截至2021年年底，全市共开通定制客运班线32条，投放7—9座定制客车245辆，定制客运开通班线数和投放车辆数均居全省第一。市中心城区新增优化公交线路42条，开设社区专线18条、拥军专线3条、其他专线2条，推出网上预约定制公交，打造多元化公交服务模式，逐步构建方便快捷的"快（干）、普、支、微"四级公共交通体系。

（赣州市交通运输局）

【樟树开通直达昌北机场班线】 为更好地服务、方便樟树市的旅客往返昌北机场，7月14日，樟树市京九汽车站开通樟树至昌北机场直达班线。据了解，该班线全程高速，班线里程111千米，班线单程运行时间约1.5小时，每日开行4个往返班，樟树至昌北机场发班时间：07∶40、12∶20、14∶40、17∶30；昌北机场至樟树发班时间：09∶10、11∶20、14∶20、16∶40。直达班线开通后，樟树的旅客去昌北机场更加方便了，省去了到南昌市转车的烦恼，极大地方便了广大人民群众出行。

（甘郁玲）

【余干县客运替渡班线正式开通运营】 9月16日上午8时许，两辆小型客车准时从江埠老街出发分别缓缓驶向枫港、洪贤方向，标志着余干县客运替渡班线正式开通运营。此次撤渡通车的坝口、大港、阮家等3道渡口位于信江河畔，主要解决该县江埠乡、枫港乡两岸群众的出行。在未通桥之前，大港、阮家渡口还是江埠乡中洲院内上万名群众出行的唯一途径。为认真贯彻落实省政府办公厅《关于推进改渡便民工程助力乡村振兴的实施意见》（赣府厅发〔2021〕11号）精神，上饶市交通运输局统筹谋划，高位推动，在余干县委、县政府的大力支持下，余干县交通运输局认真履职，积极作为，切实将改渡便民工程作为党史学习教育的具体实践内容，把改渡便民事项纳入"我为群众办实事"任务清单，为全县客运替渡班线顺利开通提供了坚强保障。省道208谢岗线至九龙公路的建成通车，极大方便了该地群众出行，改变了长期依靠渡运的历史。

（上饶市交通运输局）

【吉安市开通吉安高铁机场和井冈山机场至井冈山景区的旅游专线】 10月22日上午，吉安高铁西站和井冈山机场至井冈山景区红色旅游巴士直通专线开通仪式在市民广场举行。

吉安高铁西站至井冈山茨坪景区专线投入14辆48座新能源豪华客车，井冈山机场至井冈山茨坪景区专线投入6辆19座内燃机中型客车。服务方面，按照新车、新人、新线、新标、新形象的要求，向社会公开招聘驾驶员、导乘员各30名，并强化对司乘人员安全、服务、职业道德的培训教育，着力打造一支江西一流的旅游巴士直通专线司乘优秀队伍。班次方面，按照无缝对接、按需供给的要求，科学安排，对应供给，兜底保障，确保乘客到港到站后半小时内搭乘上车，切实提升旅客满意度。其中，吉安高铁西站至井冈山茨坪景区专线从7∶30—18∶00，每间隔30分钟一班；井冈山机场至井冈山茨坪景区从9∶30—18∶30，每间隔40分钟一班。特殊时间、节假日及旺季，还按需机动保障。

开通吉安高铁西站和井冈山机场至井冈山景区红色旅游巴士直通专线，是实施"全景吉安，全域旅游"战略、推进山上山下旅游一体化发展的重要举措，必将为高质量承办2021中国红色旅游博览会、2022年全省旅游产业发展大会，为吉安旅游做大规模、做旺人气、做优服务提供强有力的交通支撑。

（吉安市交通运输局）

【井冈山开通井冈山景区至井冈山机场公交】 2021年10月26日，经市人民政府批准，808路"井冈山景区至井冈山机场"公交线路正式投入运行。线路的开通进一步健全该市文旅融合发展机制，对于推动全市经济旅游发展具有长远战略意义。首末班发车时间为：9∶30—18∶30，班次间隔40分钟，全程实行一票制25元／人。

（吉安市交通运输局）

【九江长运开通庐山机场班车专线】 10月31日，江西长运九江客运中心分公司推出了庐山机场班车专线。该专线分为两种车型，一种是30人的大巴，另一种是8人的商务车。大巴车每天两个班次，发车时间分别是9：10和15：00，途经火车站、华东市场、市民服务中心，票价10元。商务车早上9：00发车，途经庐山索道、庐山南门，最终到达庐山机场，票价15元。两种车型行程均为1小时左右。旅客们可以通过"赣悦行"微信公众号快速查询班次、购买车票。九江长运此举满足了广大群众出行的需求，提供了安全、便捷的出行条件。

（省综合交通中心）

【南城县开通第3条城际公交线路——南城至宜黄】 2021年年底，南城长运公共交通有限公司在2019年、2020年开通了南城至抚州、南城至金溪两条城际公交线路的基础上，又开通了第3条城际公交线路——南城至宜黄。新增的南城至宜黄城际公交线路起点为南城汽车站，途经共大、徐兰、枫林、圳口、棠阴等站点，终点站为宜黄汽车站。两地日发共2个班次，南城车站发班时间为上午8：10宜黄车站发班时间为下午13：00。全程票价15元/人，其中，南城至共大以内6元/人，南城至共大与圳口之间10元/人，南城至圳口以外15元/人；宜黄至圳口以内6元/人，宜黄至圳口与共大之间10元/人，宜黄至共大以外15元/人。南城至抚州城际公交线路起点为南城汽车站，途经腾桥、东馆等站点，终点为抚州客运总站，采取两头对发的运营模式。线路运行时间为5：40—17：30，发班间隔20—30分钟一班，日发班次（往返）52个。全程票价定为10元/人，实行分段计价，以腾桥为中界点，南城至腾桥以内票价5元/人，南城至腾桥以外10元/人；抚州至腾桥以内票价5元/人，抚州至腾桥以外10元/人。南城至金溪城际公交线路起点为南城汽车站，途经徐家、临坊、黄狮、左坊等站点，终点站为金溪客运枢纽站。两地每天各发8个单边，共16个班次。全程票价10元/人，实行分段计价，以黄狮为中界点，南城至黄狮以内票价5元/人，南城至黄狮以外票价10元/人；金溪至黄狮以内票价5元/人，金溪至黄狮以外票价10元/人。南城至抚州、南城至金溪、南城至宜黄的城际公交线路车辆配置均为（33+1）座新能源电动车。

（王素红）

【袁州区交通运输局办理农村公路客运班线助产业发展】 2021年，袁州区交通运输局公路运输管理所依据《江西省道路运输管理条例》和《道路旅客运输及客运站场管理规定》相关规定，经对申请人申报的书面材料与实际情况进行审查、核实，依规办理了宜春市袁州区慈化公交有限公司申请慈化至楠木、慈化至丰顶山两条客运班线的经营许可。新增两条慈化班线，极大方便了慈化、楠木、丰顶山的群众，十分有利于道路运输产业的发展。

（吴明浩　郭员畅）

道路运输站点

【概况】 截至2021年年底，全省共有三级及以上客运站176个，同比减少20.7%。其中，一级客运站22个，二级客运站69个，三级客运站85个。客运站全年平均日发班次2.6万班次/日，同比减少1.25%，其中一级站0.4万班次/日，二级站1.16万班次/日，同比分别增加2.56%、减少5.7%。

（朱　玲）

表16：　　　　　　　　　　　　2021年全省道路客货运站　　　　　　　　　　　　计量单位：个

单位名称	三级及以上客运站数量合计						其他客运站数量合计		货运站数量合计
	客运站数量合计	配备危险品安全检测仪	一级站	二级站	三级站	配备危险品安全检测仪	便捷车站	招呼站	
全省合计	176	117	22	69	85	29	1300	13747	57
南昌市	6	6	3	3	0	0	52	971	0

续表

单位名称	三级及以上客运站数量合计						其他客运站数量合计		货运站数量合计
	客运站数量合计	配备危险品安全检测仪	一级站	二级站	三级站	配备危险品安全检测仪	便捷车站	招呼站	
景德镇市	4	2	2	0	2	0	65	248	0
萍乡市	7	2	1	1	5	0	50	616	0
九江市	16	16	2	4	10	10	181	1170	0
新余市	3	2	1	1	1	0	5	385	0
鹰潭市	2	2	1	1	0	0	550	40	0
赣州市	51	25	2	19	30	4	46	2621	44
吉安市	19	15	3	11	5	1	203	1966	3
宜春市	24	24	2	10	12	12	29	2367	10
抚州市	18	12	1	10	7	1	40	1016	0
上饶市	26	11	4	9	13	0	79	2347	0

（省综合交通中心）

表17：2021年宜春市汽车站及客运班车通车情况

客运站						客运站服务人员（人）	年平均日发班次（班/次）	年平均日旅客发运量（人/次）	建制村通班情况（个）
合计（个）	一级（个）	二级（个）	三级（个）	四级（个）	乡镇站（个）				
24	2	10	12	无	无	435	1533	/	2198

（伍可）

【南昌市升级改造瑶湖西客运驿站】 4月，南昌市交通运输部门推动江西都市城际公交公司完成了南昌市瑶湖西客运驿站升级改造。随着南昌市城区的迅速发展及瑶湖大学园区的落成，广大旅客、学生的出行需求也急剧增长。为满足旅客及广大学生就近乘车的快捷出行需求，提高出行效率，减少途中迂回，南昌市于2019年12月建成了瑶湖西简易客运停靠站。该停靠站的设立得到了广大旅客一致好评，但在服务品质上离一线城市的驿站环境还有些差距。2021年，南昌市交通运输局通过优化路网、出行、场站环境，实施交通运输服务品质提升行动。江西都市城际公交公司投入近40万元将瑶湖西停靠站升级改造为60平米的客运驿站，增设了乘客候车休息区，并配备了自助售取票机、自助售货机、免费手机充电、行包安检仪、洗手台等服务设施设备。为提升旅客的乘车体验，公司对站务系统进行了升级改造，通过增加智能化售票，实现线上线下购票、检票一码通。此外，驿站增加了免费充电，提供免费的冷、热水，志愿者等服务举措，极大地提升广大旅客的出行舒适度和体验感。

瑶湖西客运驿站位于南昌市紫阳大道瑶湖大桥公交站，地铁一号线瑶湖西站出口旁，候车环境舒适温馨，交通换乘便捷，实现客运、地铁、公交三位一体无缝衔接零换乘。驿站所有班车座位与始发站共享，市民可直接在驿站乘车前往进贤、景德镇、上饶等地。瑶湖西客运驿站自开通以来，客运运营线路涉及三个地市、17条线路，车辆班次及客运量稳步增长。自2019年日发50余班次发展到目前日发100余班次，日均客运量也由起初的200余人次增长到目前的平日400余人次，节假日1000余人次。

（省综合交通中心）

【崇仁县客运中心正式开业运营启动仪式举行】 5月7日，崇仁县客运中心开业运营仪式在崇仁客运中心站前广场举行，标志着该县道路运输场站建设事业迈上了一个新的台阶。崇仁客运中心是集客运、公交和商贸、办公、维修、检测、充电桩、车辆停放等配套设施于一体的标准二级汽车客运站，坐落于抚八线礼陂宜黄路口处，交通便利，地理优越。该中心规划建设工作于 2017 年全面启动，占地 3.14 万平方米，建筑总面积 5024.83 平方米，旅客日发能力为 5000 人次，共计 150 个停车位，17 个发车位，日均发班 2000 余人次。主要经营：省市县际道路旅客班线运输、旅游运输、包车运输、汽车修理、客运站场经营。现开通有至深圳、珠海、上海、路桥 4 条跨省客运班线，至南昌、景德镇、鹰潭、丰城 4 条跨市班线，至东乡县际班线，共计 9 条班线，另外有崇仁至抚州城际公交及崇仁至孙坊、白露、张坊 3 条城际公交班线。

（陈根玲）

【南昌大学第一附属医院客运驿站投入试运行】
12 月 24 日上午，南昌大学第一附属医院（以下简称南大一附院）客运驿站投入试运行。该驿站让客运班线定制化走进医院园区，方便医病患者以及探病人员的出行。试运行当日，简洁明亮、环境优美的客运驿站呈现在南大一附院急诊创伤抢救中心大楼对面，工作人员正忙碌着为首发的南昌至修水、余干、崇仁、景德镇等定制客运班线进行发班。下一步，前来就诊、出院和探望的人员可享受预约挂号、"门到门"上下乘车等一站式全方位服务。

（袁　科）

道路运输工具

【概况】　截至 2021 年年底，全省营运车辆拥有量达到 370823 辆，同比增长 14.2%，其中载客客车 11745 辆、363320 座位，同比减少 3.47%、3.71%。拥有载货货车 359078 辆、4583888 吨位，同比增长 14.87% 和 7.8%。

（朱　玲）

表 18：　　　　　　　　　　2021 年全省营运载客汽车（合计）

单位名称	合计		汽油车	柴油车	其中：卧铺车		小计		大型		班车客运客车 中型		小型		旅游客车		包车客车	
	辆	客位	辆	辆	辆	客位	辆	客位	辆	客位	辆	客位	辆	客位	辆	客位	辆	客位
全省合计	11745	363320	185	10958	14	558	8435	229954	2864	120322	4540	99748	1031	9884	3310	133366		
南昌市	1187	45727		1,187	6	231	426	13,301	237	10,415	92	2,153	97	733	761	32,426		
景德镇市	433	13723	4	426			306	8,700	101	4,564	193	4,026	12	110	127	5,023		
萍乡市	471	14513	1	445			311	8,351	84	3,783	193	4,299	34	269	160	6,162		
九江市	2073	55541	119	1,920	8	327	1,377	33,086	264	11,301	922	19,947	191	1,838	696	22,455		
新余市	185	7040		178			67	1,996	21	960	36	937	10	99	118	5,044		
鹰潭市	279	7538	5	271			210	4,921	36	1,407	153	3,315	21	199	69	2,617		
赣州市	2530	80526	24	2,371			2,121	62,502	970	41,142	757	17,442	394	3,918	409	18,024		
吉安市	1297	43249	21	1,249			906	26,151	306	13,229	483	11,639	117	1,283	391	17,098		
宜春市	707	23285	4	544			517	14,892	277	10,898	130	3,017	110	977	190	8,393		
抚州市	556	18050	2	544			445	13,672	219	9,270	208	4,204	18	198	111	4,378		
上饶市	2027	54128	5	1,823			1,749	42,382	349	13,353	1,373	28,769	27	260	278	11,746		

（省综合交通中心）

表 19：　　　　　　　　　　2021 年全省营运载货汽车（合计）

单位名称	营运载货汽车		汽油车	柴油车	牵引车	挂车	
	辆	吨位	辆	辆	辆	辆	吨位
全省合计	359078	4583888	256	162688	87811	108022	2768928

续表

单位名称	营运载货汽车		汽油车	柴油车	牵引车	挂车	
	辆	吨位	辆	辆	辆	辆	吨位
南昌市	22016	271782		14406	7144	466	13984
景德镇市	12922	152395	98	5682	2672	4470	85654
萍乡市	11226	190672	5	2867	3500	4854	155848
九江市	23115	281890		13512	4485	5118	136520
新余市	24633	431725		9370	4796	10467	317437
鹰潭市	17529	328442	7	5609	2678	8950	261297
赣州市	26051	344220	1	16361	4485	5190	165085
吉安市	37700	570741	144	14617	10749	12188	392476
宜春市	124495	1099387		55863	33302	35330	591709
抚州市	36056	605412	1	11976	9813	14266	459797
上饶市	23335	307223		12425	4187	6723	189121

（省综合交通中心）

表20： 2021年宜春市客运车辆情况

汽车合计（辆）	按等级分			按座位分			
	高（辆）	中（辆）	普（辆）	大（辆）	中（辆）	小（辆）	座位（辆）
707	342	187	178	440	157	110	/

（伍可）

表21： 2021年全市农村通客运车辆情况

县（市、区名称）	乡镇（个）			建制村（个）			通农村客车辆数	客车班线（条）	客车班次	千米公路票价	客车完成客运量（万人）	客运完成旅客财转量（万人/千米）
	总数	通客车	比例%	总数	通客车	比例%				农村客车（元）		
袁州区	22	22	100	291	291	100	175	79	277858	2.67	295.20	
樟树市	14	14	100	242	242	100	99	13	263900	0.015	606	166797
丰城市	33	33	100	468	468	100	195	46	440798	0.02	984.93	537.68
靖安县	11	11	100	74	74	100	39	18	78840		90.4	
奉新县	18	18	100	146	146	100	21	11	38998	2.35	41.4	3.96
高安市	23	23	100	299	299	100	142	39	205130	0.1	620	
上高县	12	12	100	186	186	100	69	18	123000	0.13	118.7	
宜丰县	16	16	100	217	217	100	35	9	111068	0.163	149.27	51013.02
铜鼓县	9	9	100	90	87	97	25	56	55928		84.9	181.91
万载县	17	17	100	181	181	100	114	52	210970	0.3	228.75	

（伍可）

表22：　　　　　　　　　　　　　　　　　　2021 年宜春市货运车辆情况

车辆总数（辆）	总吨位数（吨）	按车辆吨位分类							
		大型		中型		小型		重型	
		车辆（辆）	吨位（吨）	车辆（辆）	吨位（吨）	车辆（辆）	吨位（吨）	车辆（辆）	吨位（吨）
124495	1099387	87003	1090403	1598	5976	2592	3008	63131	932780

（傅怡情）

【南昌公交更换百辆新能源公交车】 南昌公交运输集团在 2021 年上半年，共计投资近 8800 万元，用于购置 117 辆新能源公交车。这批新购车辆主要用于更换 146 路、240 路、240 路长班、853 路、214 路区间、245 路、826 路、208 路以及 226 路共计 9 条公交线路，使用 8 年以上的传统燃料公交车。本批采购的车辆，结合线路的实际运营情况，分为 8 米和 10 米两种车型。

近年来，南昌公交为进一步提升公交服务水平和质量，多渠道筹措资金，不断加快新能源车辆的更换速度。自 2012 年以来，先后自筹资金 20.56 亿元，购置高品质空调公交车 4194 辆，基本将全市所有公交车全部更新一遍，不仅实现了南昌市空调公交车的全覆盖，还进一步优化了车辆能源结构。目前，新能源公交车占比 44%，天然气公交车占比 13.7%，柴油公交车占比 42.3%，平均车龄为 5 年。

（省综合交通中心）

【南昌开展出租车"大体检"】 5 月 14 日起，南昌市城市客运管理处结合"转作风优环境"活动年具体要求，对全市 5453 辆巡游出租汽车开展"大体检"，努力把南昌"城市名片"擦得更亮，让市民乘坐出租汽车更加安全、更加舒适，不断提升广大市民的出行体验。此次车辆现场检验包括营运车辆外观标识、营运车辆内部服务设施、车辆标语等内容，对检验合格的车辆发放《2021 年第二季度出租汽车客运许可证》。自 2021 年 5 月 29 日起，对未办理《2021 年第二季度出租汽车客运许可证》的巡游车经营者或驾驶员，南昌市城市客运管理处将依据《南昌市城市出租汽车管理条例》实施行政处罚；对不符合《南昌市出租汽车车容车貌规范标准》的营运车辆一律按照规定对车辆所属企业及其当事司机进行处罚和考核扣分。

（省综合交通中心）

【樟树市 14 辆新能源公交车投入运营】 2021 年，樟树市再添 14 辆纯电动新能源公交车，完成上牌投入运营，分别投入 9 路、10 路、107 路和 108 路公交线路，用于替换老旧车型，获得市民一致好评。此次新增的新能源公交车，全部为宇通牌新能源纯电动空调公交车，车身长 8.145 米，具有操作便捷、起步平稳、运行噪声小、零排放、无污染，行驶安全性、稳定性高，运营成本低的特点，同时还加装了驾驶员区域防护隔离设施，升级了电池容量，进一步提升了车辆运行安全水平和乘客乘车舒适度。

（省综合交通中心）

【万安城区共有 26 辆公交车运营】 2021 年，万安为民公交服务有限公司共有 26 辆新能源纯电动公交车线路运营，共有城市公交线路 11 条，城市公交新能源纯电动公交车 26 辆，新能源公交车占比达 100%。目前，城市公交实行 65 岁以上老人免费乘车和园区务工人员免费乘车优惠政策。

（吉安市交通运输局）

【万载县网约车营运方便快捷】 2021 年，在万载备案的网约车公司有 2 家：江南出行运输服务有限公司万载分公司和万顺叫车云信息技术有限公司宜春分公司。江南出行公司万载分公司拥有车 10 辆，万顺公司宜春分公司拥有车 9 辆，共计 19 辆，全年两公司道路营运良好。网约车一对一，点对点，零距离接送，接送到家门口，大大方便了群众出行，且安全快捷，很受旅客欢迎。

（王松州）

道路运价

【萍乡市道路运价】 萍乡 2020 年客运运价。县际班线票价计算方式：千米 ×0.204+ 燃油附加费（31

千米以下 1 元，31 千米以上 1.5 元）；出租车票价计算方式：起租价 6 元 /2 千米，车千米单价为 1.80 元 / 千米，红灯等候和其他等候（等候每 10 分钟加收该车型 1 千米租价）调整为低速等候费，即当时速低于 12 千米每累计 5 分钟加收 1 千米租价；载客行驶 8 千米以外部分，每千米租价加收 50% 空驶费调整为载客行驶 6 千米以外部分，每千米租价加收 50% 空驶费；夜间 23 时至次日 5 时，每千米租价加收 20% 驾驶费维持现行标准。

（萍乡市交通运输局）

公路旅客运输

【概况】　截至 2021 年年底，全省完成公路客运量 1.49 亿人次，旅客周转量 97.7 亿人千米，同比分别减少 55.48% 和 45.98%。

（朱　玲）

表 23：　2021 年全省公路客运量完成情况

单位名称	旅客运输量	
	客运量（万人）	旅客周转量（万人千米）
全省合计	14977	977066
南昌市	842	104643
景德镇市	505	34809
萍乡市	1774	38319
九江市	2475	161292
新余市	350	23163
鹰潭市	550	25455
赣州市	2469	208241
吉安市	1332	111706
宜春市	1168	91950
抚州市	1221	63236
上饶市	2289	114243

（省综合交通中心）

表 24：　2021 年全省农村道路客运

单位名称	乡镇总数	通客运车辆的乡镇数	建制村总数	通客运车辆的建制村数	农村客运站数量	三级及以上客运站	农村客运线路	平均日发班次	农村客运车辆
	个	个	个	个	个	个	条	班次 / 日	辆
全省合计	1400	1400	16935	16935	8931	95	2728	19122	7267
南昌市	80	80	1163	1163	1026	0	0	0	0
景德镇市	40	40	473	473	287	0	75	586	116
萍乡市	47	47	640	640	671	5	130	3343	653
九江市	179	179	1742	1742	24	7	333	1446	919
新余市	26	26	414	414	4	1	69	513	291
鹰潭市	34	34	342	342	522	0	52	28	312
赣州市	285	285	3461	3461	2716	50	649	3173	1263
吉安市	209	209	2518	2518	35	19	433	2642	926
宜春市	160	160	2198	2198	2365	0	73	1214	729
抚州市	153	153	1793	1793	1056	0	365	2115	662
上饶市	187	187	2191	2191	225	13	549	4062	1396

（省综合交通中心）

【江西道路春运运送旅客 1377 万人次】　2021 年春运期间，江西省道路旅客运输 1377 万人次，与 2019 年同期比，下降 61.26%，累计投入营运车辆计 434360 辆次，客运班车 385313 辆次，客运包车 49047 趟次。开通点对点定制客运 1671 趟次，发送旅客 13493 人次。组织开展农民工返乡返岗"点对点"包车 275 趟，运送农民工 11320 人次。79 个客运站开通电子客票，使用电子客票乘车 609263 人次。全省道路客运行业加强疫情防控力度，全面落实客运场站和运输工具通风、消毒、测温、查验健康码、设置留观区和实名制售票等防控措施。

（袁科）

【国庆期间江西道路运送旅客 297 万人次】 10 月 1 日至 10 月 7 日，全省道路运输完成客运量 297 万人次，日均 42.43 万人次；投入客运车辆 77541 辆，日日均投入 11077 辆。在跨省旅行、城际出游等多源客流叠加，景区游玩、文艺观演、购物聚会等活动增多的情况下，各级交通运输部门全力做好居民游客安全出行保障工作，道路运行总体情况良好。

（袁 科）

【江西长运"赣悦行"上线运营】 3 月 31 日，江西长运"赣悦行"上线运营，为乘客打造便捷出行。"赣悦行"是江西长运唯一官方指定购票平台，乘客关注服务号后，可购买汽车票、定制机场巴士、预约包车等服务，无须到售票点咨询及排队买票，一部手机即可轻松搞定。目前购买汽车票的范围覆盖江西长运下属所有车站，包括马鞍山长客、黄山长运下属车站的车票，定制机场巴士班线已开通九江至昌北机场、吉安至井冈山机场、东乡至昌北机场 3 条班线。

江西长运于 4 月 1 日开始在省内 18 个一级车站、31 个二级车站开展为期 40 天的"赣悦行"线下首期推广营销活动。活动期间，现场扫车站推广码关注微信公众号并注册成为"赣悦行"会员，将赠送精美小礼品并有机会获得汽车票优惠券。优惠券可购买汽车票，领取后七天内有效。

（省综合交通中心）

【南昌市春运工作平稳安全有序】 2021 年，道路春运从 1 月 28 日开始至 3 月 8 日结束，共计 40 天。据统计，今年全市道路春运日均投入运力 1302 辆，共发送旅客人数 21.59 万人次，比去年同期下降 46.90%，未发生安全生产责任事故，未发生旅客滞留现象，未发生重大服务质量投诉事件，圆满地完成了今年的春运工作任务。

（南昌市交通运输局）

【宜春市春运工作圆满完成】 2021 年春运，宜春市按照全国、全省 2021 年春运工作电视电话会议的部署要求，全面开展春运有关工作，做好春运期间疫情防控工作，全市春运工作平稳有序，实现了"安全、畅通、有序、温馨"的总体目标。春运期间，全市铁路、机场、公路客运、城市公交等部门和运输企业合理制定运输方案，优化运力投放，全力做好运力组织保障。道路客运企业共运送旅客 298 万人，同比下降 152 万人，降幅为 33%。其中班线 256 万人，包车 42 万人；铁路部门完成旅客发送 25.5 万人，同比增长 6.9 万人，增幅 37.3%；明月山机场起降航班 756 架次，同比增长 23.53%。旅客吞吐量 48973 人次，同比增长 18.94%；货邮吞吐量 7.7 吨，同比下降 55.1%；市公交集团投入各型参运公交车 546 辆，部署机动运力 43 辆，共发出 11 万余班次，运送乘客 377 万余人次，同比增长 139 万人次，增幅 58.4%。春运道路交通安全形势总体平稳，未发生重特大道路交通安全事故，未出现疫情防控突发事件和旅客大面积滞留现象。

（冯海燕）

【萍乡市公路旅客运输】 2021 年，萍乡市公路运输完成客运量 1774 万人，旅客周转量 38319 万人千米。2021 年萍乡市春运总体态势良好，疫情防控、道路运输安全形势平稳，公路客运共投入客车 22260 辆次，完成客运量 116.1546 万人次，同比 2019 年下降 60.75%，同比 2020 年增加 110%。

（萍乡市交通运输局）

【九江市公路旅客运输】 2021 年，九江市完成客运量 7591 万人次、客运周转量 403199 万人千米，同比减少 6.83%、6.40%。

（九江市交通运输局）

【吉安市公路旅客运输】 2021 年，吉安市公路旅客运输量完成 1332 万人，同比下降 55.47%，旅客运输周转量完成 111706 万人千米，同比下降 45.98%。

（吉安市交通运输局）

【江西长运各子公司开展爱心送考活动】 6 月 5 日，景德镇长运出租公司一年一度的"爱心送考"活动正式启动，并在西客站站前广场举行了简短的启动仪式。今年是该公司开展爱心送考活动的第八个年头，投入送考车辆近 30 台，并遴选优秀驾驶员参加送考。高考前夕，该司对参加送考的车辆做了一次全方位的"美容"，保证车容车貌整洁卫生，安全设施齐全有效，为做好这项服务莘莘学子的爱心活动奠定了良好基础。

抚州客运总站组织开展了"心系学子 助力高考"志愿活动，在抚州一中考点旁设置"助力考生加油驿站"，精心准备了数百份价值一万二千元的高考补给：矿泉水、爱心贺卡、文具用品以及防暑物品等，让考生们在炎炎夏日中感受到抚州客运总站带来的清凉与关爱。

九江长运共青公司联合市交通运输局开展"爱心送考"活动。为了使考生安全、快捷、准时抵达考场，该司积极对接学校，主动作为，制定一系列管理措施，在原有 30 辆正常运行车辆的基础上，新增加 2 辆"爱心送考"专线车辆免费接送考生，并安排 2 辆专车接送高考监考老师，同时在高考期间，对所有持有高考"准考证"的考生及考生家长、老师提供免费乘坐城市公交车服务。

鹰潭余江长运在高考前主动上门联系各校，为余江高考学子提供上门定点接送服务。6 月 7 日上午，余江长运高考车队准时来到余江区双语学校、桃李学校及指定集中上车点接送考生。据悉，余江长运爱心公交车队，在余江城区公交 1 路、2 路、5 路线启动高考免费乘车活动，每辆参与活动的公交车均在车头醒目处放置了"爱心助考"标识，考生可凭准考证在城区免费乘坐公交车。

上饶汽运余干公司"兰精灵"服务班组结合日常工作积极践行为民服务精神，6 月 7 日至 6 月 9 日高考期间，开展"情暖六月 爱心助考"社会公益活动。高考期间 7：30—8：30、13：30—14：30 两个时间段，"兰精灵"班组成员在考生乘车点为考生助力，为考生系好安全带，发放考试笔、橡皮擦、矿泉水、风油精等物品。

（省综合交通中心）

【**景德镇长运旅游发展公司圆满完成瓷博会大型运输任务**】 10 月 18 日至 24 日，"2021 中国景德镇国际陶瓷博览会"隆重举办。景德镇长运旅游发展公司作为本届"瓷博会"运输保障重要成员单位，会同景德镇公交公司、景德镇长运客运分公司等单位，再次以优质的服务圆满完成了各项运输保障任务，受到组委会和各界嘉宾的广泛好评。

在运输任务开展之前，旅游发展公司对投入运营的所有车辆设施设备进行了升级，有针对性地组织驾驶员集中进行了安全和服务教育培训，同时加大对车辆安全技术状况、制动、车容车貌等方面的安全检查力度，并针对新冠疫情做好联防联控工作，确保万无一失。"瓷博会"期间，旅游发展公司与景德镇公交公司、景德镇客运分公司共抽调 18 台"高颜值"豪华巴士和 6 辆小车投入运输，安全运送各界嘉宾千余人次。

（省综合交通中心）

【**樟树市交通运输局为第 52 届全国药材药品交易会提供交通保障**】 为做好 2021 年第 52 届樟树药交会交通运输保障工作，樟树市交通运输局按照市委、市政府总体部署和要求，提前谋划，周密部署：一是迅速成立运输保障组织机构，制定切实可行的应急工作预案和严密有效的防疫、安全防范措施，明确各接送点负责人和跟车员，确保准时发车；二是科学合理地安排运力，在确保客运班线正常运转的前提下，抽调车况最好、技术最佳的驾驶员参与运输保障服务，保证大会用车需要；三是督促运输企业加强对参运车辆的安全检查，并对所有工作人员进行集中培训，进一步提高工作人员的安全意识和服务意识。大会期间共调配客车 45 辆、考斯特 11 辆、应急小车 6 辆、卡点免费接驳公交 13 辆、群众免费参会公交 10 辆，实现代表零滞留、零投诉、安全零事故，受到各方药商代表的好评，有力保障了大会顺利举办。

（甘郁玲）

【**樟树市交通运输局全力做好高考期间学生运输工作**】 为确保高考期间公共交通运输安全、便利、畅通、有序进行，樟树市交通运输局精心组织、周密安排，全力做好 2021 年高考期间道路运输和安全保障工作。一是精心组织运力。根据考生出行需求，主动与公安交警、教育部门沟通协作，积极指导公交公司优化运力，科学制定了运输方案和应急预案。抽调了 20 台车辆技术状况良好的客运班线车辆投入 2021 年高考考生运输工作。二是强化服务水平。根据学生人数准备充足运力，车辆按座位数配载运送学生，车辆做到点对点服务，途中不装载学生之外的其他旅客，直接送至学校门口。三是严格安全监管。严把参与运输考生车辆技术关，确保车辆技术状况良好；严把驾驶员资质关，确保驾驶员驾驶技术优良，心理素质过硬，服务态度良好；严禁超速、超载、疲劳驾驶等违法违规行为，确保运输安全。四是做实疫情防控。落实专人督促参与考生运输的道路运输企业严格执行疫情防控各项规定，严格落实体温检测、交通运输工具消毒（通风）、司乘人员口罩防护"三个100%"要求。

（杨波）

道路货物运输

【概况】 截至2021年年底，江西省完成货运量18.1亿吨，货运周转量3960.1亿吨千米，同比分别增长27.57%和21.96%。

（朱　玲）

表25：　2021年全省公路货运量完成情况

单位名称	货物运输量	
	货运量（万吨）	货物周转量（万吨千米）
全省合计	181023	39601133
南昌市	16784	3062294
景德镇市	2161	564242
萍乡市	5601	1205524
九江市	13053	2998477
新余市	15430	2713923
鹰潭市	7440	1180136
赣州市	22955	1602452
吉安市	11794	3406989
宜春市	51481	14234500
抚州市	15786	4611108
上饶市	18536	4021527

（省综合交通中心）

表26：　2021年全省道路危险货物运输

单位名称	道路危险货物运输车辆						道路危险货物运输业户数	
			载货汽车		挂车		营业性	非营业性
	辆	吨位	辆	吨位	辆	吨位	户	户
全省合计	14449	264386	8414	76412	6035	187975	405	25
南昌市	485	11554	191	2930	294	8624	18	12
景德镇市	695	11612	410	2270	285	9342	24	0
萍乡市	1099	23549	472	2517	627	21032	25	0
九江市	649	11299	355	4268	294	7032	46	2
新余市	372	6570	192	1031	180	5539	19	1
鹰潭市	202	4167	75	452	127	3715	14	0
赣州市	487	11077	221	2597	266	8480	53	0
吉安市	1513	19507	1153	8024	360	11483	27	0
宜春市	6689	122862	4162	39418	2527	83444	94	0
抚州市	1177	24041	614	6706	563	17335	33	0
上饶市	1081	18149	569	6200	512	11950	52	10

（省综合交通中心）

【省综合交通中心组织召开全省道路货运安全管理工作视频会】 12月24日，省综合交通中心组织召开全省道路货运安全管理工作视频会，省交通运输厅运输处处长曾敏、厅安监处二级调研员张建新出席，省综合交通中心党委委员、副主任傅友华出席，中心相关处室负责人，省、市、县三级道路货运行业管理部门、所有危货运输企业及规模以上普货运输企业的3000余人参会。

会上，厅运输处处长曾敏通报了今年以来货运行业领域10起较大行车事故，并提出做好运输安全工作的具体要求。傅友华围绕道路运输安全主题，分析了全国道路交通事故形势，详细评点了数个国内外交通领域安全应急处理案例，强调要树立隐患就是事故的理念，高度重视从业人员应急处置培训。此外，全体参会人员观看了重大事故安全警示视频，部分分会场代表交流基层行管及企业安全管理经验。

此次会议紧扣"安全"主题，以提升道路货运行业管理水平、夯实道路货运安全基础为目标，共设省级主会场1个，市级分会场11个，县级分会场92个，这是全省道路运输行业首次尝试召开覆盖省、市、县三级的视频会议，参会人员总数、分会场个数均达历史之最。

2021年以来，江西省道路货运安全形势保持总体稳定，但仍然发生了多起亡人事故。本次会议的召开恰逢其时，为全省道路货运行业统一思想、严防事故、举一反三、吸取教训、确保安全生产形势持续稳定向好作出了有效努力，会议达到了预期效果。

（省综合交通中心）

【萍乡市道路货物运输】 2021年，萍乡市公路运输完成货物量5601万吨，货物周转量1205524万吨千米。

（萍乡市交通运输厅）

【九江市道路货物运输】 2021年，九江市完成货运量14939万吨，货运周转量3047918万吨千米，同比增长8.12%、8.10%。

（九江市交通运输局）

【赣州市道路货物运输】 2021年，赣州市公路运输完成公路货物运输量22955万吨，公路货运周转量1602452万吨千米。

（赣州市交通运输局）

【吉安市道路货物运输】 2021年，吉安市公路货物运输量完成11794万吨，同比增长27.57%，货运周转量完成3406989万吨千米，同比增长21.96%

（吉安市交通运输局）

【抚州市道路货物运输】 2021年，抚州市道路货物运输业户4305户，货运车辆36066辆，605531吨位，年完成货运量15682万吨，货物周转量4600759万吨千米。

（抚州市交通运输局）

【网络平台道路货物运输新业态有效发展】 截至2021年年底，江西省获得网络货运经营许可并正式接入江西省网络货运信息监测系统的企业87家，监测完成的运单规模为527663单，已整合社会车辆规模36929辆，整合驾驶员规模36458人，货运总量8828662.7吨，货运周转量187841.71万吨千米，运输费用总额11.83亿元。

（马洁焱）

【靖安县推进物流产业快速发展】 靖安县通过支持、引导传统运输企业调整经营形式、结构和经营规模，向现代物流企业转型，拓展功能和服务网络，扩大市场份额，加快传统运输业向专业化、规模化、集约化方向发展，普货运输以平安、运通、亿康等为重点，危货运输以宇力、银豪、环宇等为龙头，加上优而信电商驱动，有力地推动了该县物流产业迅速发展。截至2021年年底，靖安县共有普货企业55家，普货运输车辆525辆23647吨；危货企业7家，车辆423辆3100余吨；全年共完成货运量348.6万吨，货运周转量68773.5万吨千米；全县各乡镇、社区已设立农村物流服务站23个，村级物流点41个，基本形成了县、乡、村三级物流服务体系。

（程凌）

【南丰县扶持物流企业发展】 2021年，南丰县政府保持对物流企业发展支持政策，将其缴纳的增值税按纳税额的45%予以扶持，其他税收扶持比例不变。截至2021年年底，南丰县共有货运车辆2606辆，其中25吨以上货运车辆685辆，10吨以下货运车辆671辆，10吨以上21吨以下货运车辆663辆，牵引货运车辆587辆；年总货运量865万吨。全县实现物流税收总额5220余万元。

（焦玲飞）

城市公共交通

【概况】 截至2021年年底，全省城市公交完成客运量94061.4万人，同比减少0.13%，日均运送乘客257.7万人次；营运城市公交车辆15604辆，同比增加1.3%；营运线路2312条，同比增长6.5%；

营运线路总长度 51781.2 千米，同比增长 6.2%。

江西省巡游出租汽车完成客运量 41094.5 万人次，同比增加 0.2%，日均运送乘客 112.6 万人次；共有营运出租汽车 17482 辆，同比增加 0.2%，营运里程达 138394.3 万千米，同比增加 1.7%。其中载客里程达 87433.4 万千米，同比增加 5.23%，里程利用率达 78.8%，同比增加 17.8 个百分点。

南昌轨道交通线网共开通 4 条运营线路，开通运营里程 128.5 千米，同比去年同期增加 39.65 千米；轨道交通线网共计配属车辆 136 列，同比去年同期增加 31 列；共完成客运量 25602 万人次（含 4 号线），同比增加 88%，日均运送乘客 70.14 万人次，同比去年同期增加 33 万人次；旅客周转量 165268.3 万人千米，同比增加 77.6%，运营车千米 6552.6 万车千米，同比增加 69.65%。

（朱玲）

表 27：　　　　　　　　　2021 年全省城市（县城）公共汽电车

地区名称	运营车数（辆）						标准运营车数（标台）	运营线路条数（条）	运营线路总长度（千米）	客运量（万人次）	运营里程（万千米）
	合计	汽油车	柴油车	天然气车	纯电动车	混合动力车					
全省合计	15604	12	3346	1119	9638	1489	17177.9	2312	51781.2	94061.4	71565.4
南昌市	4322	0	1692	490	1649	491	4990.0	542	12644.1	23294.0	19107.7
景德镇市	517	0	88	73	282	74	573.7	65	1242.0	3263.0	2159.7
萍乡市	927	0	49	50	746	82	1003.8	128	2173.8	8678.9	3933.6
九江市	1205	0	168	109	812	116	1346.9	162	2809.2	9187.1	5603.4
新余市	518	0	25	107	338	48	590.3	88	1509.2	2601.7	2237.9
鹰潭市	252	0	7	0	215	30	271.2	37	428.8	1825.0	1033.0
赣州市	1975	0	582	170	1033	190	2127.7	330	7784.3	8552.8	7935.4
吉安市	1334	0	108	0	1166	60	1409.0	212	5122.2	8247.9	7430.2
宜春市	1820	0	389	60	1266	105	1950.2	282	8705.6	8333.4	9355.6
抚州市	1560	12	112	0	1315	121	1632.8	325	7432.6	13926.2	8346.7
上饶市	1174	0	126	60	816	172	1282.3	141	1929.4	6151.4	4422.2

（省综合交通中心）

表 28：　　　　　　　　　2021 年全省城市（县城）巡游出租汽车

地区名称	运营车数（辆）				客运量	运营里程	载客里程
	合计	汽油车	天然气车	双燃料车	纯电动车辆	万人次	万千米	万千米
全省合计	17482	13300	110	3054	385	41094.47	138394.3	87433.4
南昌市	5649	5549	0	0	100	11266.00	41493.5	26682.0
景德镇市	892	197	0	695	0	2755.20	8416.3	4521.0
萍乡市	726	0	4	706	16	2643.30	8417.8	4421.0
九江市	2696	2601	0	0	95	7920.14	22298.0	14895.0
新余市	582	0	0	569	13	1783.07	5330.9	3058.5
鹰潭市	450	374	76	0	0	833.00	3003.0	2128.0
赣州市	1807	1239	0	496	28	3961.10	14000.5	8268.9
吉安市	958	865	30	0	63	1472.00	6280.0	3964.4
宜春市	1340	1056	0	77	27	3198.00	8958.4	7061.0
抚州市	978	537	0	0	32	2346.96	7281.5	4587.3
上饶市	1404	882	0	511	11	2915.70	12914.4	7846.3

（省综合交通中心）

【江西省交通一卡通加快推广】 江西省 11 个设区市中心城区以及全国 303 个地级以上城市实现交通一卡通互联互通，极大地方便群众乘公交车出行。全省累计发放交通一卡通 549 万张，其中 2021 年发放 211 万张，覆盖全省 883 条公交线路、9725 辆公交车。交通一卡通服务覆盖全省 42 个县级以上城市，赣州实现 18 个县（市）全覆盖，吉安市在 16 条客运班线上实现一卡通刷卡支付。7 个城市实现异地卡同城优惠，4 个城市实现一卡通手机充值，赣州、吉安、九江、萍乡实现社保卡乘坐公交车。

（李成）

【江西省 95128 电话召车热线建设加快推进】 江西省交通运输厅下发《江西省 2021 年便利老年人打车出行工作实施方案》，进一步方便老年人打车出行，并列入民生实事重点推进。江西省南昌、萍乡、宜春、吉安、抚州、赣州 6 个城市已开通 95128 电召服务热线，新余已开通本地电召服务热线并已投入运营。出租汽车电召服务的开通不仅可以提升为老年人打车的服务水平，还可以充分发挥出租汽车电召特点，弥补巡游出租汽车"人在路边找车、车在路上找人"的弊端，提高出租汽车的整体接单率，提升经营者整体收入。

（李成）

【江西省网约车行业合规化发展迅速】 2021 年，江西省 89 家网约车平台取得网约车公司经营许可证 198 张，共有合规网约车 21058 辆、合规司机 79659 人。全省合规驾驶员完成订单率 84.8%，全国省份排名第 6 位；合规车辆完成订单率 46.1%，全国省份排名第 22 位；人车双合规完成订单率 39.23%，全国省份排名第 17 位。

（李成）

【南昌开通社区定制公交】 2021 年，南昌公交推出社区定制公交，开通由新建区万科金域传奇至卫东地铁站的社区定制公交 4 线。居民可提前通过掌上公交 APP 预约、支付订票，以公交的价格享受定制服务。南昌公交经过前期多次对社区居民进行走访调研后，以居民的出行规律为依据，制定了早晚高峰时段的社区定制公交，一天往返 4 班，不仅有效满足乘客高峰时期出行需求，同时也杜绝了无效班次的产生。此外，南昌公交还为市民个人、在校师生和企业团体提供多元化出行服务，包括常规定制、企业专线、家校专线和旅游包车等个性化服务。

（省综合交通中心）

【中秋期间南昌公交安全运送乘客 285 万人次】 中秋期间，南昌公交集团共安全运送乘客 285 万人次。其中，常规线路发放营运班次 5.8 万班，安全运送乘客 265 万人次；至凤凰沟等各类定制专线开通 58 条，安全运送乘客 20 万人次。

节日期间，南昌公交集团干部员工坚守岗位、各司其职。各级领导深入一线，靠前指挥；管理人员严堵"三品"，站台疏导维序；驾驶员坚持文明服务，未发生一起有责投诉。同时，针对交通枢纽接驳客流、高校学生客流、市区游玩购物客流、近郊游玩客流，科学调配运力并适当增开了大站快车、区间车、定制车。在各主要客流集中点，还加派管理人员分别对人、车进行疏导，确保乘客有序上车，营运车辆安全运行，努力营造一个"安全、温馨、便捷"的出行环境。

（省综合交通中心）

【南昌市撤渡口通公交保障百姓出行】 多年来由于地势原因，南昌市进贤县三里乡爱国村百姓到仅一江之隔的余干县瑞洪镇长期依靠渡船出行，存在较大安全隐患。为了保障当地村民出行同时消除安全隐患，南昌市道路运输服务中心在省、市交通主管部门正确领导下，积极协调两地责任部门，落实撤除渡口开通便民城际公交线路相关事宜。11 月 30 日，江西都市城际公交有限公司进贤县三里镇爱国村至瑞洪客运线路正式开通，上午 8 点 30 分，首班撤渡便民客运车辆准时开行，今后每月逢农历三、六、九发班，每天 2 个班次，逢清明、国庆等节假日高峰期根据客流情况适时加密班次，实行全程无人售票，3 元一票制。该线路的开通将彻底改观当地居民出行条件，为百姓提供安全、便捷的运输保障。首发班车上，老乡们由衷地感叹，这条线路的开通，我们真真切切感受到了党的好政策，交通部门实实在在为老百姓办了实事、办了好事。

（南昌市交通运输局）

【国庆黄金周期间景德镇市公交安全运送乘客42万人次】　国庆黄金周，景德镇公共交通有限公司科学调度运力，合理安排班次，共投入公交车8200台次，发放班次7900趟，运送乘客近42万人次，未发生因"三品"上车引发的安全事故，未发生重大以上道路交通事故和安全生产事故，未发生社会投诉和乘客滞留，为广大群众欢度黄金周提供了满意的公交服务。

假日期间，该公司按照《重大节日公交运力保障应急预案》，落实责任，落实人员，每天高峰时段组织人员上线护站，维护站台秩序，把牢安全关，严防乘客携带"三品"上车，消除安全隐患。每天对收发班的车辆进行查验，确保车况良好，严禁车辆"带病"营运。对国庆当天局部路段出现的一时交通拥堵，科学应对，通过对一些主干线增加车辆、调整班次等措施，保证了乘客的顺利出行。

针对景德镇北站高峰期乘客增多的情况，该公司及时在原有6条高铁公交线的基础上，增开了2条临时线路，保证了乘客进得去、出得来。着重对开往重点景区的线路进行管控，严防超速和疲劳驾驶行为发生。加强公交为民服务热线的值班值守，对需要帮助的乘客及时予以协助。广大驾驶人员自觉维护自身职业操守，做到热情服务、礼貌待客，不少驾驶员在车上拾到手机等财物，及时联系上失主，树立了瓷都公交的良好形象。

（巢喜生）

【景德镇市公交42条线300辆公交车"爱心送考"】　为助力高考，践行"我为群众办实事"，景德镇公共交通有限公司开展"2021爱心送考再出发"活动。高考期间，该公司所属42条线300辆公交车，免费为考生提供服务。考生只需持准考证，便可免费乘车。今年是该公司连续11年开展"爱心送考"活动。此外，该公司所属出租车分公司20辆出租车，也加入"爱心送考"行列。

为确保高考期间车辆安全运送，该公司提前对所有公交车进行"体检"，对驾驶人员进行了安全驾驶技能培训。高考期间，尤其是开考前1小时和开考30分钟后，该公司根据考场周边人流量大小，通过视频监控和智能调度系统，对公交车辆进行适时调度，避免出现乘客滞留，满足考生对公交出行的需求。

（巢喜生）

【萍乡市公交简况】　2021年市公交集团有限公司企业营运收入完成4037.19万元；客运量完成7232万人次；运营行驶里程完成2357.62万千米；安全事故间隔里程达到124.08万千米；油气电材消耗总值1042.41万元。

（萍乡市交通运输局）

表29：　　2021年萍乡城市公交企业一览

序号	县（区）	业户名称
1	市辖区	萍乡市公共交通集团有限公司
2		萍乡昌荣公交有限公司
3		萍乡市众安汽车运输有限公司
4	湘东区	萍乡市湘东区国湘运公共交通有限公司
5	芦溪县	芦溪县公共交通有限公司
6	上栗县	上栗县城市公共交通有限公司
7		上栗县安平客运有限公司
8		上栗县栗安客运有限公司
9	莲花县	莲花县公共交通汽车运输有限公司
10		莲花县恒达汽车运输有限公司
11		莲花县联顺客运有限公司
12		莲花县长兴汽车运输有限公司
合计	12家	

（萍乡市交通运输局）

表30：　　2021年萍乡城市出租企业一览

序号	业户名称	车辆数
1	萍乡市运发汽车出租有限公司	169
2	萍乡市大众出租汽车服务有限公司	100
3	萍乡市优客出租汽车服务有限公司	125
4	萍乡市绿城出租汽车服务有限公司	146
5	萍乡市交通出租汽车有限公司	160
6	莲花县公共交通汽车运输有限公司	28
合计	6家	728

（萍乡市交通运输局）

【吉安公交为大专院校量身定制公交服务】　4月19日，9辆定制公交车井然有序地停靠在吉安职业技术学院门口，近500名师生在工作人员的引导下，根据车前指示牌乘坐相应的公交车，直达各自的实习地点。自去年开始，吉安公交通过进院校、进社区等方式，调查了解市民的出行特点，根据市民多样化的出行需求，利用公交的线网优势、市场优势和价格优势，推出定制公交服务，线路定制、快速直达、价格实惠。吉安公交与青原区城北学校签订了长期合作协议，为该校学生量身定制了出行路线，广受好评。

（省综合交通中心）

【宜春温汤"定制公交"开进校园】 3月22日下午4时50分，一辆"定制公交"准时开进了温汤中心小学，接送延时放学的小学生们回家。"定制公交"开进温汤中心小学的消息传遍了整个温汤镇，获得广泛好评。

长期以来，很多小学放学时间都在下午3点半到4点，如何接孩子回家一直是不少上班家长头疼的问题。虽然教育部门采取了延时放学等举措，以对应家长下班的时间，但还是有不少家长不能赶着"下班点"去接孩子回家。如何进一步为家长和孩子们提供回家便利，成为宜春公交集团营运服务的一项重要课题。

为切实解决这一难题，让学生回家更省心、家长更放心、学校更安心，宜春公交集团营运二分公司重点关注辖区内各学校出行需求，采取上门调研、现场访谈家长、分析学校周边公交线路数据等方法，综合实际情况，决定采取将"定制公交"开进校园，并加密校外常规公交运行时间的办法，以有效解决家长接送孩子回家不方便的难题。

据悉，"定制公交"投入试运行以来，校内直接上车每天约30人次，预计每学期增加客运量约1500人次。校外常规线路经过10分钟的加密调整，学生人次由以前每日100人次增加至140人次，预计每学期增加客运量约3600人次。

（省综合交通中心）

【宜春周末"定制公交"开进院校】 宜春公交集团营运二分公司根据宜春幼儿师范高等专科学校学生参加自学考试和长江理工学院、宜春学院学生周末景区游玩等需求，特推出"考试专车""景区定制"等服务，精心调配车辆，组织人员开展"定制公交"上门服务。为做好此次定制出行保障工作，营运二分公司调配公交车辆20辆、管理人员5名，满足3所学校学生出行。其中，运送宜春幼儿师范高等专科学校800余名师生前往宜春职业技术学院、宜春实验中学参加考试；运送长江理工学院720名学生前往明月千古情景区，运送宜春学院36名学生前往温汤景区；总共往返接送学生72趟，服务学生5560人次。

（省综合交通中心）

【上饶公交集团开通清明节临时扫墓专线】 为方便市民清明祭扫，上饶公交集团2021年4月3日至5日3天于信州区、铅山县增开两条临时扫墓专线，共投放运力7辆，全力保障市民往返公共陵园开展祭扫活动出行需求。

（上饶市交通运输局）

【上饶公交安排"定制公交"保障第六届老运会】 上饶市第六届老年人健身体育运动会于5月21日在体育中心进行开幕式。5月21日上午，上饶公交安排了12辆"定制公交"分别在维多利亚皇家大酒店门口、中心广场站台、铁路医院站台、老年大学站台、劳动路口站台、万达西站台、吾悦广场站台、幼专站台等8处专门负责人员接送。上饶公交已连续5年为上饶市老年人健身体育运动会免费提供车辆保障服务。

（上饶市交通运输局）

【都市城际公交打造旅游景区直通车班线】 3月15日起，江西都市城际公交有限公司旅游客运分公司将旅游车辆、旅客、旅行社、景区相结合，利用"客运＋旅游"的融合模式，大力发展旅游客运，倾力打造了多条旅游景区直通车班线。旅游直通车班线分别以南昌长运停车场、各车站为中心，辐射周边AAAA级以上知名景区，如滕王阁、八一起义纪念馆、万寿宫历史文化街区、八大山人纪念馆、凤凰沟、安义古村、怪石岭、海昏侯国遗址公园等。

景区直通车的突出特点包括安全舒适、点点对接、价格实惠。旅游景区直通车的启动通行，为前往旅游点和其他景区的全国各地及市内的游客提供了方便快捷的出行方式。旅游客运分公司将密切关注和分析游客不同的出游需求，根据旅游市场运行情况逐步推行其他线路，实现旅游班线化运营、标准化服务、规范化管理的目标。

（袁科）

【金溪县打通公交化出行体系最后"一公里"】 2021年1月，金溪县交通运输部门正式启动对金溪至东乡、金溪至南城客运班线的公交改造，于4月1日正式开通。截至2021年12月，除金溪至资溪受道路通行条件制约，公交线路无法开通外，实现城市公交、城乡公交、城际公交（金溪至周边县区抚州、鹰潭、东乡、南城）全线开通覆盖，并形成以县客运枢纽站为中心、出行无缝衔接、旅客"零距离"公交一体化的高效安全便捷出行方式。

（余小虎）

【乐平公交首趟城乡客运公交一体化公交车正式开通】 3月17日6时30分，乐平长运公共交通有限公司首趟乐平—石明、乐平—胡冲的2条新开的城乡公交班线的公交车，从乐平汽车站的准点发车，标志着乐平市已正式步入全面实施城乡客运公交一体化建设阶段，乐平长运公交公司已开始全面进军乐平市城乡客运公交一体化市场。今后，乐平公交在投入城乡客运公交一体化运营时，将严格落实"五定四统一"（定线路、定班次、定时间、定站点、定票价；统一排班、统一调度、统一管理、统一结算）要求，并结合各城乡班线实际情况，合理调整和确定各条公交班线的首、末班发车和间隔时间要求，并按市政府的规定将各线路的票价，在原有农村班线基础上下降30%左右让利给普通村民群众，实现最大限度地满足乐平市农村居民出行需求，实现乐平市城乡交通基本服务均等化。

据了解，乐平公交开通的城乡客运公交线，将会全部投入新能源电动公交车。当天新开通的乐平至石明、胡冲2条公交线，运行时间间隔大约为每50－60分钟一班。由于张家村路段的公路对车辆实行限宽限行等原因，目前乐平至石明的城乡客运公交线，乐平公交先期会安排9座商务车进行营运，以保障村民出行需求。

（省综合交通中心）

【峡江打造"零换乘"公交网络，实现"半小时经济圈"目标】 2021年，峡江县有峡江县公共交通有限公司（以下简称公交公司）和峡江县长运公共交通有限公司（以下简称长运公司）两家公交运营企业，公交公司运营城区公交线路12条，月送乘车14.2万人次；长运公司运营4条镇村公交和2条园区直通线路，月运送乘客36.6万人次，基本形成了覆盖全县的"零换乘"公交网络，实现"半小时经济圈"目标。近年来，峡江县交通运输部门认真贯彻落实"城乡公交一体化"原则，通过大力实施镇村公交试点，推行65岁以上老年人、现役

军人和残疾退役军人免费乘坐城区公交车政策，推广智慧交通、绿化交通，人民群众出行满意率和获得感不断提升。

（吉安市交通运输厅）

【樟树优化发展城区公共交通】 樟树市现有城市公交线路14条，日发班次632次，日均客运量4000余人，公交车67辆，均为新能源电动车。公交站台总计98个。公交站场2个：一是公交总站，现为公交停车场，场内有充电桩18个，约80%的公交车停靠于此；二是京九汽车站，主要停靠长途班车，场内有充电桩5个，202路城市公交及观上、永泰、店下等河东地区的城乡公交停靠于此。

（甘郁玲）

【浮梁长运全面开展老年公交卡年审换证工作】 浮梁长运力争通过3个月时间，对全县所有老年人免费乘车卡、爱心卡等全部予以年审、更换。为把此项利民、便民工作落到实处，该司提前与各公交班线沿线乡镇、村委会等取得联系，采取在沿线及车上张贴告示以及通过微信朋友圈、微信群发送信息等方式大力宣传。为防止中暑和拥挤，给老年人提供一个安全舒适的环境，该司特在浮梁车站候车厅设立办证专区，同时工作人员根据现场的人流情况，灵活采用叫号等方式避免拥挤扎堆；针对不方便出行的老年人，该司改变原来必须本人现场亲自到场办理的方式，只要通过出具有效的凭证便可委托办理。

（省综合交通中心）

【宜黄开通红色公交专线】 宜黄县长运公共交通有限公司开通"红色之旅"公交专线，在专线公交车厢外添加庆祝建党百年的标识、红色标语、党徽等"红色"元素，车厢内循环播放《建党伟业》《建国大业》等红色电影，同时选派讲解员在旅途中为乘客讲述红色革命故事，让"红色公交专线"变身流动的"党史课堂"，颇受群众好评。除了开设公交专线，该县长运公共交通有限公司还打造了"流动学习角"，充分利用汽车站候车大厅电子屏幕，滚动播放党史宣传标语，并精心制作党史知识宣传展板、发放宣传单，吸引了不少旅客驻足学习观看，营造了全民学党史的浓厚氛围。

（省综合交通中心）

道路环保节能

【江西省加快应用新能源公交车】 2021年，江西省新增与更换公交车838辆，其中新增与更换新能源公交车802辆，占比95.7%。开展绿色出行宣传月和公交出行宣传周活动，围绕主题和活动内容进行全方位、多角度宣传，广泛发动群众参与绿色出行活动，进一步引导广大市民树立绿色出行理念，增强公交出行意识。通过与互联网金融企业开展深入合作，使"微信""支付宝""云闪付"等非现金支付方式在公交客运、轨道交通和出租汽车服务中得到了广泛使用。

（李成）

【江西省严格把好营运车辆节能减排技术关】 2021年，江西省积极开展道路运输达标车型核查工作，全省共核查5万余辆营运车辆，不符合达标车型标准或达不到道路运输车辆技术状况的车辆，不得准许进入道路运输市场，从源头上把好道路运输车辆的节能减排技术关口。同时，加强汽车排放检验与维修制度的贯彻落实，督促符合资质的维修企业对排放超标车辆维护修理后，通过汽车维修电子健康档案系统上传汽车排放维护修理信息，并签发出厂合格证，切实强化道路运输污染防治。

（陈庆九）

【九江市开展柴油货车污染治理专项行动】 为保护交通运输领域生态环境，九江市开展柴油货车污染治理专项行动。2021年，淘汰老旧车辆574台（客运老旧车辆76台，货运老旧车辆322台，公交老旧车辆23，出租老旧车辆153台）。配合中央环保督导检查瑞昌、德安等县（市），认真整改省委巡视涉及交通环保相关问题，切实将生态环境问题整改到位，全年处理6起交通领域生态环境信访件。

（九江市交通运输局）

【宜春加快新能源汽车在网约车领域推广使用】
为加强绿色低碳交通运输体系建设，推广新能源车辆运用，4月28日，市交通运输执法支队城市客运大队组织召开合众新能源汽车在网约车领域推介会。来自合众新能源汽车企业代表及万顺叫车、江南出行、旅程约车、滴滴出行四家网约车公司代表参加会议。会上，合众汽车企业代表就该公司新上市哪吒V、哪吒U两款新能源车辆参数配置进行了详细介绍，网约车公司各负责人分别就车辆充电安全、耗电量、续航里程、性能等方面进行咨询，合众方面逐一进行了解答。会后，参会人员现场对两款车型进行了试乘试驾体验，对其超高续航、超低能耗、超悦智能等产品品质给予一致好评。市交通运输执法支队高度重视新能源汽车在网约车领域的发展，根据《宜春市网络预约出租汽车经营服务管理实施细则》规定，2020年4月1日起新增和更新网约车新能源纯电动车比例不低于85%，且逐年提高5个百分点。2023年4月1日起，新增和更新网约车全面实现新能源化；继续加大新能源汽车推广应用政策宣传力度，加快推进新能源汽车在交通运输行业的推广运用。

（李钢　谢桂斌）

【樟树市交通运输局严格货运车辆车型油耗达标办理】 一是大力推广使用国六排放标准柴油货车，不满足排放标准限值要求的柴油货车禁止办理注册／转入登记，2021年新增转入营运货车1116辆（含挂车）全部符合国家燃油排放标准。二是对达到强制报废标准、连续三个检验周期未检验，以及经维修或采用污染控制技术仍无法达标排放的车辆，依法实施强制报废，共淘汰注销老旧货运车辆144辆。

（郭勇）

【宜丰县首批新能源充电站投入使用】 12月，宜丰县首批3个新能源充电站投入使用，分别为：县政府东侧停车场、县公安局停车场、县厚德大酒店停车场等三个充电站。充电站的上线运营是该县落实国家"碳达峰，碳中和"3060目标的重要抓手。此次上线运营的充电站共安装6台直流快充设备（配12根快充枪）和5台交流慢充设备，可同时提供17辆电动汽车充电服务，新能源车主可下载"宜城充"APP进行充电。充电站的建成运营，将提升充电基础设施规模和质量，增强电动汽车充换电能力，对推动解决老百姓身边的"急难愁盼"问题具有良好的社会效益和经济效益。

（漆志勇）

【靖安县交通运输局组织开展公交绿色出行宣传周活动】 为认真做好碳达峰、碳中和工作并加强文明交通绿色出行系列工作，全力争创全省文明城市，靖安县交通运输局于2021年9月20日至26日组织开展公交出行宣传周活动。市局结合疫情防控形势，因地制宜组织开展公交出行宣传周启动活动，邀请相关部门领导带头乘坐公交出行；邀请人大代表、政协委员、媒体记者、学生及群众代表等社会公众走进公交，感受公交营运服务工作，提升宣传活动的影响力和覆盖面。

（程凌）

【黎川县交通运输局大力推进绿色交通建设】 一是加快淘汰国三及以下排放标准的柴油货车，加强部门联动督促经营业户按规定及时报废更新车辆，共计注销老旧车营运证163件；二是鼓励公交、出租等城市客运车辆更新为新能源车辆，提高新能源车辆运营比例；三是推进机动车排放定期检验新标准落实，建立I/M制度，1家车辆检测站加入I站，8家一类、二类、三类维修企业加入M站，建立交通运输与生态环境部门排放检测和维修治理信息共享机制，两部门共同形成车辆尾气超标治理闭环管理；四是做好行业节能减排工作，全面完成公共机构节能目标年度任务；五是开展防治船舶和港口水污染工作，配合抚州市水运执法支队开展防治船舶污染和港口污染专项执法活动。

（徐高宗）

【万安县推进绿色智慧交通建设】 江西万安长运有限公司在万安长运客运站和万安为民公交总站建设两个集公交作业与车辆充电于一体的公交枢纽站，共有充电桩11座；并在高岭景区建设充电桩8座，全县共有充电桩19座。在推进清洁能源车辆的应用方面，截至目前，全县新能源纯电动公交车43辆，其中城市公交26辆，镇村公交17辆。

（吉安市交通运输局）

水路运输

【概况】 水路顶层设计基本完成。编制完成了《江西省内河航道与港口布局规划（2021—2050年）》《江西省水运"十四五"发展规划》《江西省内河航运发展规划（2021—2035年）》等，明确了水路交通运输"十四五"乃至中长期的发展思路和建设目标。《吉安港总体规划（修订）》已获批，《南昌港总体规划》通过规划环评，《新余港总体规划》通过审查，全省各港口总体规划编制（修订）工作基本完成。

交通强国试点压茬推进。扎实推进赣都黄金水道智能航运发展试点，完成了赣江湖口至市汊、峡江枢纽至石虎塘枢纽281千米高等级航道电子航道图测绘，以及信江全流域231千米高等级航道电子航道图初测。全省智慧航道运行管理系统建成试运行，信江界牌、虎山嘴、双港三座船闸智慧建设试点项目基本完成，鄱阳湖、赣江航道249座遥测遥控航标投入运行，航道水位及涉航建筑净高实时测报系统完成开发。

赣粤运河前期研究有序开展。统筹推进赣粤运河涉及全省4个专题研究工作，完成水资源专题、生态专题、勘测调查专题和京九铁路改建专题初稿。

水运改革发展任务全面完成。对标对表，强化调度，全面完成《加快水运改革发展实施意见（2020—2021）》涉及该中心职责的44项工作任务，为江西省"十四五"水运复兴、主港崛起奠定了坚实基础。

水运重大法规加快制定。配合省厅推进《江西省水路交通条例》通过省人大常委会审议，该条例将于3月1日正式施行。

航道管养模式初步形成。编制完成了《江西省航道养护管理办法》《江西省航道养护管理考核办法》《江西省航道养护标准和定额》《江西省高等级航道船闸运行管理办法》，从制度层面进一步规范了全省航道管养工作。提出了落实航道管养"五化"（基础设施数字化、养护专业化、运行高效化、服务优质化、管理精细化）要求，打造"四好"（建好、管好、养好、运好）航道的发展目标，内河航道管养江西模式雏形基本形成。

赣江实现三级通航。中心全力调度赣江三级通航保障工作，航道工程局集中力量，赣江沿线各航道中心积极配合，完成了赣江磨盘滩、瓦窑滩、宋家滩等 18 个疏浚项目，疏浚方量达 115 万立方米；强化对接协调，峡江、万安枢纽非汛期水位已满足三级通航条件；推进船闸统一管理调度，与省港口集团签订了《船闸运行管理事务移交框架协议》，为有序推进全省船闸移交工作奠定了基础。赣江航道基本达到三级航道标准，赣江南昌至吉安至赣州千吨级航线正式开通。

航道管养工作成效明显。配合省厅编制印发《江西省航道管养用房建设标准指南》《江西省内河航道工作用艇船型标准化建设指南》《江西省内河航标技术标准化指南》，全面规范全省航道管养用房、工作船艇和航标建设。8 艘标准化航道工作船艇交付使用。完成赣江全线航标配布图制作，加快赣江航标配备标准化。完成赣江下游航标大型化改造，确保标位准确、颜色鲜艳、灯质可靠、灯光明亮、大小合理，为船舶航行提供良好的导航保障。实现赣江航道水情信息每日一报，及时为船舶航行提供信息参考，对于服务社会、服务船民具有重要意义。2021 年，全省船闸过闸 1350 次，过闸船舶 1779 艘，过闸船舶总吨位 170.005 万吨，货物通过量 98.75 万吨，同比分别增长 92.6%、98.9%、82.3%、286.3%。

水运主体大幅增长。加快培育水运市场，全省水路运输经营业户达到 213 家，运输船舶 2302 艘，船舶总运力 533.9 万载重吨，船舶平均载重吨 2319 吨，同比分别增长 6.5%、3.6%、26.1%、21.8%，水运企业及船舶呈规模化、大型化发展趋势。

多式联运稳步发展。大力发展江海联运，稳定开行九江至上海"天天班"，加密武汉至岳阳至九江航线，开通九江至南京、太仓、宜昌、泸州等始发直航。全年"天天班"累计承运 21.3 万 TEU、集装箱铁水联运量 4.0 万标箱，同比分别增长 40.7%、79.2%。

水路运量增长加速。全年全省完成水路货运量 1.28 亿吨、货物周转量 354 亿吨千米、港口吞吐量 2.29 亿吨、集装箱吞吐量 78 万标箱、客运量 159.2 万人、客运周转量 2407 万人千米，同比分别增长 20.1%、33%、22.1%、3.7%、40.6%、36.2%，其中货运量增速位列全国第 2、中部第 1。

行业治理能力稳步提升。一是"放管服"改革进一步深化。协助省厅履行行政职能，全年完成 10 项新增客船、危险品船运力审批、74 项省际危险品船舶营业运输证转报、17 项无船承运业务备案。出具 50 项通航技术审查意见、15 项港口安全审核意见、15 项港口岸线技术咨询意见。二是水路运输监管不断加强。指导全省 18 家危化品企业 173 艘船舶安装了视频监控系统。深入开展打击内河船舶非法从事海上运输行为，督促相关地市港航部门对 11 家内河涉海运输企业 40 艘船舶实施了行政处罚，有效规范了内河水运市场经营秩序。三是非法码头整治全面收官。列入整治清单的 141 座非法码头，101 座取缔类码头全部拆除、复绿，40 座规范提升类码头全部整改提升到位。通过近三年的努力，全省非法码头工作顺利收官，港口建设与运营市场环境得到了根本性改善。

水路污染治理扎实推进。开展了全省航道污染源摸排工作，建立了污染源清单和工作台账。推动全省 21 个船舶污染物接收站和 99 家港口企业所属码头全面加强污染物接收，相关数据全部纳入系统管理，实现污染物"来源可溯、去向可循"。全年共接收船舶垃圾 374.8 吨、生活污水 30894 立方米、油污水 757.5 立方米，转运率、处置率均达 80% 以上。改造产生生活污水的运输船舶 1904 艘。淘汰老旧运输船舶 92 艘。推进岸电设施改造，391 艘运输船舶完成受电设施改造安装。全省全年岸电设施使用 27181 艘次、32 万小时、30.5 万千瓦时，同比分别增长 113%、167%、134%。建成九江港湖口 LNG 加注站。推动九江港湖口水上化学品洗舱站正常运营。

（省高航中心）

水路运输企业

【概况】 全省共有水路运输经营户 220，其中水运企业 200 家，个体经营户 20 家。运输辅助业企业 40 家，其中，省际危险品水路企业 18 家（南昌 1

家，赣州1家，宜春4家，丰城2家，九江4家，抚州5家，上饶1家)，省际普货水运企业126家(内河企业112家，沿海企业14家)，省内普货水运企业37家，省内旅客运输企业19家。

（省高航中心）

【南昌运输企业概况】　南昌共有水路运输企业29家，其中普通货运企业27家，客运企业1家，液货危险品运输企业1家。

（南昌市交通运输局）

【赣西航道事务中心积极为水运企业服务】　党史学习教育开展以来，赣西航道事务中心以"我为群众办实事"作为检验学习教育成效的重要载体，解决了一批群众"急难愁盼"问题；以实效暖民心，不断提升水运企业、港航企业、船民的获得感。

丰城尚庄码头于2021年3月开工建设，樟树河西码头于2021年9月开工建设。由于这两个码头都紧邻跨赣江大桥，随着工程的渐渐推进，水流不断集中，使得施工水域形成复杂的通航环境，给船舶航行带来一定的困难。再加上码头施工需要工程船舶定位，施工期间需要占用航道，为确保码头施工顺利进行，保障船舶过桥安全，赣西航道事务中心主动介入，上门服务，积极服务地方经济建设，为工程施工、过往船舶保驾护航。

该中心一是成立丰城尚庄码头、樟树河西码头建设通航领导小组，下设通航办。通航办在认真审定施工单位递交的施工组织设计的基础上，根据码头不同的施工阶段、施工水域，制定了详细的通航保障方案和应急预案。二是设置施工水域专用警戒标志，同时在桥区水域加设过桥引航标，标明上行和下行的航道界线，因地制宜解决该水域施工与通航的矛盾。三是派航巡艇在施工水域维护通航秩序，负责现场监测，并协助施工作业船准确定位。同时，通航办对外公布引航电话，对过往船舶发布航行通告，提醒过往船舶在通过施工水域、桥区水域时加强瞭望，注意避让，确保航行安全。

据悉，今年以来，该中心推出的为辖区涉水工程6个办实事项目已全部完成，3个涉水工程通航警示标志已全部落实，5座跨辖区赣江桥梁桥柱灯、桥涵标全部更新，龙头山枢纽以下航段航标全部提升为4000型大型航标。

（刘立平）

【南昌市港航企业安全形势平稳有序】　南昌市交通运输局加强对港航企业的安全隐患排查治理工作，制定《安全生产专项整治三年行动实施方案》，加强夏季高温危险化学品运输安全生产监管、强化水运工程建设项目监管、加强重点时段、重大节日期间安全生产保障工作、积极开展新《安全生产法》宣传等活动；组织港口企业开展消防、防污、防台风等应急演练共计13场；开展"安全生产大排查大治理"工作，已完成检查范围内的企业28家，共排查安全隐患62个，下达隐患整改告知单13份。截至目前，已全部完成整改，整改率达100%。

（南昌市交通运输局）

【江西省港航供应链管理有限公司航线供应商持续增加】　2021年8月，省港航供应链公司与湖南煜江、中集东瀚签订运输协议。2021年12月，省港航供应链公司启动和浙江海港四港联盟公司航线合作，完善了公司在长江上中下游、浙江、江苏、福建等地航线运输服务，实现了长江上下游航线贯通。

（省港航供应链公司）

【江西省港航供应链管理有限公司产业链物流不断丰富】　2021年12月底，省港航供应链公司初步打造完成"江西港口特色"的港、航、供应链一体化业务，整合信息流、物流、商流互联服务平台，立足赣江、信江内河支流，布局长江流域，构建江西港口特色产业物流链。省港航供应链公司深入各工业园区了解企业需求，帮助园区企业降低物流成本、制定一对一的服务方案，配合政府职能部门参与行业调研，了解企业目前运输方式、价格、实效、困难、需求。积极拓展业务体系，做活做强供应链上下游产业，实行大客户专人对接、跟踪服务，全面助力省港口集团港、航、货协同发展。

（省港航供应链公司）

表31：　　2021年宜春市港航企业情况　　　单位：户

合计	水运（服务）企业				港口企业（含个体砂场）			
	小计	国有	集体	股份制	小计	国有	集体	股份制
21	21		1	20	5			5

（袁丰）

水路运输线路

【九江长江港口集团开通九江—南京航线及"穿巴航线"】 2021年5月1日，九江长江港口集团正式开通九江红光国际港—南京港集装箱内贸航线（之前是南昌至南京直航），截至年底，完成33181标箱。9月2日，正式开通九江城西集装箱码头—九江红光国际港"穿巴航线"，截至年底，"穿巴航线"共运营81个航次，累计完成集装箱吞吐量4910标箱。

（九江长江港口集团）

水路运价

【概况】 江西省水路运输价格，经有关部门测算：普通货物0.021元/吨千米，危险品0.104元/吨千米，集装箱运价南昌至南京以上580元/标箱，南京以下680元/标箱。与公路、铁路、航空等运输工具相比，水路运输价格明显偏低。

（省高航中心）

港口码头

【省港口集团权属码头2021年吞吐量】 2021年，省港口集团权属码头完成集装箱吞吐量17.8万标箱，同比增长25%；件杂货吞吐量304万吨，同比增长17%；散货吞吐量1327万吨，同比增长154%。

（省港口集团）

【省港口集团权属航运企业2021年运输量】 2021年，省港口集团权属航运企业完成集装箱运输量8.3万标箱；完成散杂货运输量68万吨，同比增长1120%。权属供应链公司完成集装箱揽货量1.03万标箱，同比增长47%。

（省港口集团）

【南昌龙行港口集团2021年码头吞吐量】 南昌龙行港口集团已接管经营码头9个（龙头岗码头、国际集装箱码头、昌北防汛码头、吉安石溪头码头、新干河西码头、新干城北码头、泰和沿溪码头、鹰潭中童码头、鄱阳人民路码头）。2021年，该集团共完成集装箱吞吐量13.23万标箱，件杂货吞吐量286.01万吨，同比增长9.3%；散货吞吐量276.28万吨。

（南昌龙行港口集团）

【九江长江港口集团2021年码头吞吐量】 九江长江港口集团共管理7个码头，2021年，共完成集装箱吞吐量45274标箱，完成件杂货吞吐量18.2万吨，完成散货吞吐量1050.13万吨。

（九江长江港口集团）

【南昌龙头岗综合码头成功救援触礁货船】 2月19日，一艘装有豆粕货物的赣州货0532船舶在吴城水域发生触礁事故，随时存在沉船货损的危险，需要紧急救援。海事工作人员现场勘查后，与南昌龙头岗综合码头取得联系。龙头岗综合码头接到消息后，迅速制定了救援方案，安排了专用救援泊位，使紧急救援船舶抵港后能第一时间停靠。同时，为防止事故船舶发生沉船货损的情况，码头利用两台门座轨道起重机，将货物从事故船舶转移到另一艘船只上，并采取减少载重、增加运输次数的运输方式，确保货物不散乱。最终半小时内货物成功转移，救援圆满成功。

（南昌龙行港口集团）

【南昌龙行港口集团权属码头坚持国庆期间生产不停歇】 国庆假日期间，南昌龙行港口集团所属南昌龙头岗综合码头公司、吉安港口物流公司等加大日常生产作业调度，针对近期进出港船舶增减的情况，提前做好生产计划和应急预案。据不完全统计，国庆期间南昌龙行港口集团码头累计完成散杂货吞吐量33.5万余吨，集装箱吞吐量1416标箱，同比业务量均有较大提升。

（南昌龙行港口集团）

【红光码头一类口岸验收取得重大进展】 2021年，九江长江港口集团多次与九江、南昌海关及彭泽县政府沟通协调，推动红光码头一类口岸验收工作。经过不懈努力，彭泽县与九江海关签订战略协议，红光码头海关监管场所经费问题得到妥善解决，并于 2021 年年底通过海关监管场所验收，具备开展外贸集装箱业务资质，红光码头一类口岸验收工作取得重大进展。

（九江长江港口集团）

表 32：　　　2021 年宜春市港口情况

港区个数	泊位（个）		吞吐量	
	泊位总数	集装箱泊位	货物（万吨）	旅客人数（万人次）
6	25	0	733.46	17.59

（袁丰）

水路运输船舶

【概况】　2021 年，全省水路运输经营业户达到 213 家，运输船舶 2302 艘，船舶总运力 533.9 万载重吨，船舶平均载重吨 2319 吨，同比分别增长 6.5%、3.6%、26.1%、21.8%，水运企业及船舶呈规模化、大型化发展趋势。

（省高航中心）

【南昌市水路运输船舶情况】　营运船舶共 125 艘，353908.5 载重吨，215814 总吨。其中普通货船 82 艘、175171.5 载重吨、143094 总吨；客船 2 艘、398 客位；危险品船舶 10 艘、9577 载重吨、6119 总吨；多用途船共 31 艘、65832 总吨、4150 标箱。

（南昌市交通运输局）

【吉安市水路运输船舶情况】　2021 年吉安市省际普货船的平均载重吨由 2020 年的 1984 吨上升至 2257 吨，万吨级货船 3 艘，多用途船 6 艘、408 标箱。经 2021 年核查，吉安共有沿海、省际营运船舶 247 艘、572791 万载重吨，比上年增长近 11%。同时有 1 家普货企业扩大经营范围，船舶直达长江上游 J 级航区。

（吉安市交通运输局）

【抚州市水路运输船舶情况】　2021 年抚州市营运船舶共 83 艘、246711 载重吨、148618 总吨（其中普通货船 52 艘、155285 载重吨、89690 总吨；危险品船舶 31 艘、91426 载重吨、58928 总吨）。

（抚州市交通运输局）

表 33：　　　　　　　　　　　　　　2021 年宜春市水路运输工具拥有量

合计					一、机动船					二、驳船	
艘数（艘）			载货吨（吨位）	艘数（艘）	载货吨（吨位）	载客量（客位）	标准（箱）	功率（千瓦）		艘数（艘）	载货吨（吨）
小计	国有	集体	民营								
501			501	1331653	501		468	0	284296	0	0

（袁丰）

【江西省第三批标准化航标工作艇正式交付】
2021 年，第三批标准化航标工作用船正式交付赣东、赣北、赣中航道事务中心使用。

迄今，信江高等级航道整治工程已陆续交付 13.8 米航道巡查艇、34 米航道巡查艇和 27 米航标工作船三种类型的航道工作用船。此次交付的 4 艘航标工作船有 300 千瓦和 220 千瓦两种不同功率，根据不同地形和水文条件，进行按需调配使用。

鉴于目前省内现有的航标工作船船型杂乱且船型较小、起吊能力差，随着航道等级的提升，许多航标艇已不适合高等级航道航标维护工作。经广泛征求航道管养部门意见、实地调研，今年以来，省高航中心结合江西省内河航道建设标准的实际情况，开展省内航道工作艇标准化、系列化研究并依托信江高等级航道整治工程进行母型船的建造，完成编制《江西省内河航道工作用艇船型标准化建设指南》。

新材料的应用和船型的优化，使得此次交付的航道工作用船的航速、稳定性得到有效提升，单位能耗明显降低。航道工作船搭载最新型船舶智能机务管理系统，可通过现代通信技术（4G/5G、AIS 数据推送）实时查询航道工作船基本信息、航行状况、停泊位置、航行轨迹及燃油消耗等情况，使用视频监控实时察看航道工作船内部及周边环境,通过各类传感器,对船舶机舱设备运行状况和参数进行实时监测。运用船端系统、船岸通信系统、岸端系统三大系统,组成智能监管系统,逐步实现航道工作艇的信息化和智能化管理。

(廖慧清　赵文戬)

【樟树水路 11 艘新起锚艇正式投入使用】 2021 年 2 月底,11 艘新建起锚艇全部顺利开工建造。2021 年 6 月底,在支队水运执法科船检人员的严格检验下,11 艘新建起锚艇完成各项试验,顺利完工下水。2021 年 7 月底,所有"无证"的起锚艇在樟树市水路执法大队、水利、交通(港航)、市采砂办、市发投集团等单位部门的共同监督下完成拆解切割验收。2021 年 8 月初,11 艘船的证书完成打印,11 艘新起锚艇正式投入使用。

(简志军)

水路旅客运输

【概况】 2021 年,完成客运量 159.2 万人,旅客周转量 2407 万人千米,同比增长 40.6%、36.2%。

(省高航中心)

【春节期间全省水路旅客运输平稳有序】 2021 年春节期间,全省水路旅客运输投入客船 144 艘、8788 客位,与去年同期相比分别下降了 3.4% 和 1.3%;累计完成客运量 27301 人次,与去年同期相比下降了 55.5%。受雨雪降温天气影响,全省水路客运企业严格落实恶劣天气禁航规定,除赣州地区以外,其他地市 1 月 28 日至 1 月 31 日陆续停航,导致客运量较去年同期相比降幅较大。春节期间,随着气温回升,部分地区水路客运量逐渐增加,其中宜春地区较去年同期相比增长了 1402%,南昌地区较去年同期相比增长了 5.6%。

春节期间,全省各地市港航管理部门认真督促指导辖区内水路客运企业密切关注天气变化,细化防范措施,加强值班值守,及时启动应急预案,切实做好恶劣天气运输服务保障工作,确保全省水路旅客运输安全形势持续平稳有序。

(刘瑞华)

水路货物运输

【概况】 2021 年江西省完成水路货运量 1.28 亿吨、货物周转量 354 亿吨千米、港口吞吐量 2.29 亿吨、集装箱吞吐量 78 万标箱、客运量 159.2 万人、客运周转量 2407 万人千米,同比分别增长 20.1%、33%、22.1%、3.7%、40.6%、36.2%,其中货运量增速位列全国第 2,中部第 1。

(省高航中心)

【南昌水路货物运输概况】 2021 年完成水路货运量 1474.9 万吨,同比上涨 17.97%;完成水路货运周转量 556938 万吨千米,同比上涨 17.97%。

(南昌市交通运输局)

【吉安市水路货物运输稳中向好】 2021 年,全市内河水路货物运输量完成 2631.1 万吨,同比增长 17.98%,货物周转量完成 597293 万吨千米,同比增长 17.98%;沿海货物运输完成 103.7 万吨,同比增长 56.17%,货物周转量 125869 万吨千米,同比增长 45.61%。

(吉安市交通运输局)

【九江港货物吞吐量突破亿吨关口】 截至 2021 年 8 月底,九江港已累计完成港口货物吞吐量 1.08 亿吨,提前完成进度目标。

九江港拥有长江岸线 152 千米,是全国内河 28 个主要港口之一,是江西省唯一的通江达海的外贸口岸,2015 年九江港首次跨入国家内河亿吨港口行列,此后保持均衡增长态势。近年来,九江市高度重视发挥九江水运优势,高位推进,着力建设九江区域性航运中心,扩大九江港口经济辐射范围,港口货物集聚效应明显增强,港口运输结构得以优化,多层次多式联运格局正在形成,港口经济增速明显加快。目前,九江港沿江形成"一港五区"发展格局,集装箱、散杂货、液体危货等港区主功能定位明确,港口货物吞吐量在全省占比 80% 以上。

进入"十四五"时期以来,九江市落实交通强国、交通强省战略,发挥港口优势,增强核心竞争力,在区域性航运中心总体布局中,加大港口基础建设，完善港口功能布局，构建综合立体交通新格局。目前，新建的 4 个现代化集装箱泊位的红光国际港已投入运营，开通了集装箱水路穿梭巴士，实现港区联动。设计吞吐能力 600 万吨的城西砂石集散中心即将投入运营。新增的城西港区铁路专用线将以政府引导、市场操作、港铁港企合作的全新模式投入运营。江西—哈萨克斯坦中亚班列也于日前顺利开通。预计到今年年底，九江港全年港口货物吞吐总量将突破 1.7 亿吨，创造吞吐量历史新高。

（黄雄）

【抚州积极探索促进水路货运量发展新途径】
2021 年，抚州交通运输部门积极探索水路货运量发展新途径，促进水路货运业健康成长。一是结合内陆开放型经济实验区建设工作，加快推进全市"无船承运"发展和多种经营发展。市交通运输部门帮助该市江西水马航运科技有限公司自主研发"航运网络货运平台"，专注提升科技现代化发展模式，扩大公司经营模式。平台除专注为航运行业提供个性化、创新性的信息化服务以外，将传统航运与互联网相结合，为船东和货主提供一站式的航运服务，并以此为契机，开展水运网络互通发展模式，为外地的企业制作和建立水路联运承运平台，建立平台和联运数据。公司通过打造公平、诚信、安全、便捷、高效的第三方水上运输交易综合平台，建设企业自己的网站及发展手机 APP 及网上 PC 端，为船东和货主提供一站式的航运服务。二是利用先进的互联网优势，加大与各港口、货主、货代、船东、船厂、加油站及船舶其他物资供应与船舶保险、金融、商贸的合作，把与船运相关的信息整合到平台，重点抓住信息的收集、整理、审核、发布四个环节，借助互联网+，实现网上找船、网上找货、网上下单、网上交易，无船承运企业依靠航运及网络平台实现盈利和发展。公司平台现有船舶登记量达 2000 艘以上，2021 年该公司完成纳税额 600 多万元。

（饶国文）

水路节能环保

【概况】 2021 年以来，江西省全面完成船舶污染处置设施加装改造。在完成全省 1929 艘 100 总吨以上船舶生活污水处置设施加装改造的基础上，江西省完成 100 总吨以下产生生活污水的 50 艘船舶生活污水处置设施加装改造，改造进度位居全国前列。推进老旧船舶淘汰工作，全省共拆解高污染高耗能老旧运输船舶 31 艘。

基本实现船舶污染物"应收尽收"。全省 10 个设区市编制出台接收站运营方案，《九江市船舶污染物接收转运处置管理办法（试行）》完成初稿。上半年全省船舶垃圾共计接收 216 吨，转运 194 吨；船舶生活污水共计接收 18487 吨，转运 9530 吨；船舶含油污水共计接收 526 吨，转运 384 吨。全省基本实现船舶生活垃圾、生活污水和含油污水"应收尽收"。

LNG 码头和危化品洗舱建设持续推进。九江港 LNG 水上加注站码头完成固定引桥、回车平台等建设，加注船船坞完成合龙，预计 9 月建成。九江港湖口水上化学品洗舱站码头后方陆域配套污水处理厂基本建成。

岸电使用率显著提高。完成九江港 102 座码头泊位岸电设施标准化改造，九江港岸电设施标准化率达 100%。推进江西省货运船舶岸电系统受电设施改造工作，全省 391 艘运输船舶岸电系统受电设施改造申请获批，申请补助资金 2673.3 万元。上半年全省岸电设施使用次数累计 12090 次，接电时间累计 167270 小时，用电量累计 128530 千瓦时，同比分别增长 177%、375%、367%。

（省高航中心）

【交通运输部水运局副局长郑清秀一行到九江调研湖口港区绿色航运工作】 10 月 25 日，交通运输部水运局副局长郑清秀一行深入九江港湖口港区开展绿色航运工作调研。郑清秀一行直奔九江港湖口港区银砂湾作业区现场，并就 LNG 加注站项目建设、湖口洗舱站项目竣工验收及运营、船舶污染物接收站运营等工作开展情况进行了现场调研指导。

郑清秀充分肯定九江港航部门在推动港航绿色发展以及打好长江船舶港口污染防治攻坚战工作中所作的努力。他指出，九江港是长江上游与中下游结合的重要水域，过往船舶数量较大，九江港化学品洗舱站及 LNG 加注站项目的建成对落实国家长江经济带发展，推进能源结构调整，具有重要的战略意义。

郑清秀强调，九江港化学品洗舱站竣工验收后要尽早投入运营，尽快实现洗舱水规范化管理，在满足九江港船舶洗舱需求的同时，辐射周边港区，为过往船舶提供洗舱服务；各级相关部门要为LNG加注站项目手续报批、劳务用工等方面提供支持，要加大推进力度，确保按时间节点完成项目建设目标，为推动九江港航事业高质量绿色发展贡献应有的力量。

（黄文涛）

【省交通运输执法局扎实推进船舶污染防治攻坚行动】 2021年，全省交通运输执法机构认真贯彻落实习近平生态文明思想，牢固树立"长江大保护、不搞大开发"理念，全面策应长江经济带建设，扎实推进船舶污染防治攻坚行动，全年共查处船舶污染防治违法违章行为185起，形成有效震慑，到港船舶注册使用船E行达99.5%以上，居全国前列，船舶污染物接收、转运、处置率不断提高，船员船舶污染防治意识不断提升，船舶防污染工作基础得到进一步夯实。先后印发了《关于进一步加强船舶污染防治监督检查工作的通知》《关于开展船舶污染防治专项执法行动的通知》《关于持续深入推进全省船舶污染防治专项执法活动方案》等文件，在全省开展多层次和多轮次的船舶污染防治执法集中整治行动，重点查处船舶生活污水、油污水收集处理装置等防污染设施设备未配备使用、未按规定在船舶防污文书记载污染物接收信息、未按规定通过船E行交纳船舶污染物及偷排直排等违法行为。实行"月调度、月通报"制度，每月对全省各地船舶污染防治工作进行调度通报（共发通报6期），针对性地提出存在的问题和整改要求，全面压实船舶防污染工作责任，并层层传导到基层执法部门和航运企业，促使船舶污染防治工作落地见效。同时举一反三，督促相关地市抓好2020年警示片、2021年中央环保督察交通厅环境问题信访件、生态警示片拍摄组等披露和反映的船舶污染防治问题整改，强化执法，全力保障水运行业绿色发展。

（省交通运输执法局 林正源）

【江西省391艘船舶完成岸电受电设施改造检验发证】 2021年是江西省运输船舶岸电系统受电设施改造工作的开局之年，全省首批391艘受电设施改造船舶检验及签注发证工作的完成，对于省水运绿色发展意义深远，为省航运绿色发展作出积极贡献。江西省岸电改造检验工作完成情况综合排名全国第三。

在改造检验工作任务重、起步晚的情况下，省交通运输执法局第一时间组织各地船检部门召开全省船舶岸电受电设施改造检验工作推进会，并邀请相关造船厂、设计公司和设备厂商共同参会研讨，落实检验任务，下达检验计划，规范检验流程，并为各地船舶岸电改造检验质量提供技术支持。

为确保改造检验工作顺利推进，省交通运输执法局在全省船检机构推行"一日一调度，一周一汇报"的工作模式，要求各地船检部门抽调专业验船人员，集中力量优先安排船舶岸电受电设施改造检验工作，在严把船舶检验质量关的同时，做到优先审图、优先检验、检验合格后优先发证。各地船检部门在保证日常船舶法定检验工作正常开展的基础上，抽调骨干验船师充分利用周末及法定节假日，加班加点为企业上门服务，圆满完成了今年改造检验任务。

（省交通运输执法局 林正源）

【省高航中心督查湖口港区港口污染防治工作】 10月12日，省高航中心派督查组对九江港湖口港区港口污染防治工作以及九江港化学品洗舱站运行情况开展工作督查。

督查组先后走访了国华神华九江发电有限责任公司、中石油湖口油库、九江港化学品洗舱站等港口码头，详细检查了各港口企业的船舶污染物接收设施是否配置并正常运行、船E行软件是否注册并正常使用、安全隐患排查台账及危货作业申报单是否填写规范等港口安全、防污方面工作。

督查组充分肯定了九江港航部门在安全监管和港口污染防治工作中所作的努力，同时也对日常工作中存在的问题和不足进行了分析，提出了改进完善意见，并要求港航部门进一步压实企业主体责任，推动九江市港口航运事业绿色稳定发展。

（黄文涛）

【南昌市2021年度船舶岸电系统受电设施改造工作顺利完成】 船舶岸电系统受电设施改造工作是贯彻落实《大气污染防治法》《长江保护法》和国家发展和改革委员会、交通运输部等国家部委关于长江船舶港口污染防治要求，服务长江经济带绿色发展的重大举措，该项工作在南昌市交通运输局水运中心的积极推动下于 11 月底圆满完成船舶岸电受电设施改造安装及签注。2021 年南昌计划完成改造船舶 40 艘、申请补助资金 252 余万元，涉及企业 14 家，为确保工作顺利推进，市水运中心领导要求经办科室明确工作责任，指导市水运企业制定船舶岸电受电设备改造计划，把改造任务量化至每个月，专人负责跟踪企业船舶岸电情况并制定跟进台账，将船舶岸电改造安装中遇到的困难和问题及时予以协调解决，为推进南昌水运绿色发展作出贡献，确保为全市"节能低碳，绿色发展"专项工作交出了一份满意答卷，进一步助力碳达峰碳中和目标的实现。

（南昌市交通运输局）

【南昌龙头岗综合码头和国际集装箱码头提供免费接收船舶污染物服务和免费使用岸电服务】 2021年，南昌龙头岗综合码头和国际集装箱码头建设船舶污染物接收装置，免费为停靠泊船舶提供船舶污染物接收服务，并根据地方主管部门要求，积极组织岸电使用免费服务宣传，推动作业船舶免费使用岸电服务，确保绿色港口、绿色经济落到实处，有力促进地方经济更好、高效发展。

（南昌龙行港口集团）

【九江长江港口集团完善船舶污染物接收等设施】 2021 年，九江长江港口集团积极配合行业监管部门落实完善船舶污染物接收等设施，组织宣传学习《长江保护法》，落实"长江大保护"战略；各单位按规范要求，配备船舶污染物接收设施；与第三方有资质公司签订转运协议；配备、改造、提升岸电设施和雨水收集处理设施；加强靠泊船舶管理，按照监管单位要求，实施岸电使用和船舶污染物接收转运规范运作，全面运行"船 E 行"，接受监管单位和中央督察组的多次检查督查。对前沿 2 号、4 号泊位各增设一套船舶智能污水接收设备，对前沿 3 号泊位增设一套流量监测设备。要求以上设备必须具备远端数据采集功能、实时监管功能、智能计量；在前沿作业区域增设一组船舶智能垃圾分类设备，要求必须实现四分类投放、分类智能称重、远端数据采集及实时监管功能（与"船 E 行"联网），实现船舶、码头、污染物接收公司三方数据的准确

同步，逐一建立污染物接收管理图表清单制度，全面提升船舶和港口污染防治能力，规范运营，有效闭环，逐渐形成船舶和港口污染防治的长效机制，共同推进绿色港航建设，实现区域经济高质量跨越式发展。

（九江长江港口集团）

【上饶市深入推进船舶污染防治工作】 上饶市交通运输局以河湖长制工作为抓手，深入推进船舶污染防治工作，真正做到了"让航行更安全，让湖水更清洁"。

加强政策宣传，提升环保意识。通过召开宣传会议以及走访航运企业、港口码头和涉水工程，向企业宣传船舶防污染相关政策和要求，督促落实防污染主体责任，完善防污染规章制度，配备防污染设施设备。据统计，今年共发放防污染宣传册1200 余份。

把好船舶登记检验关，严格入行标准。水路运输窗口对未按规定安装防污染设备的船舶一律不予办理登记检验；窗口工作人员手把手教会船员如何注册使用"船 E 行"，指导船员规范填写防污染文书。

深入开展现场检查，严防船舶污染物直排入河。通过船舶防污染专项整治和"僵尸船"专项清理整顿工作，加强对辖区水域的巡航力度，有效打击污染类违法行为，督促船舶污染物到污染物接收站上岸处理，严禁排入河中，保护水域清洁。据统计，今年共出动执法船艇 362 艘次，执法人员2101 人次，检查船舶 2044 艘次，实施防污染类行政处罚 23 起。

（张巍　黄茂旺）

【吉安市交通运输局多措并举抓好赣江生态环境保护】 为深入贯彻习近平生态文明思想以及推动高质量发展的重大制度安排，切实落实中央生态环境保护督察江西省动员会会议精神，吉安市交通运输部门结合工作实际，采取有力措施抓好赣江生态环境保护工作。

一是及时传达部署。4 月 7 日下午，在全市配合做好中央生态环境保护督察工作动员视频会召开后，市局主要领导当即召集市综合交通中心以及市综合执法支队主要负责同志、局分管领导、各相关业务科室负责人召开了会议，及时传达了省、市

动员会议精神，就全市船舶污染物接收、港口污染防治等相关工作作了部署。4月8日上午，市局主要领导主持召开局长办公会，再次传达学习动员会议精神，要求高度重视此次中央生态环境保护督察工作，全局上下要明确工作任务、严格工作措施、加强工作调度，切实做好贯彻落实。同时，局主要领导与赣江沿线万安、泰和、峡江、新干县政府主要领导进行了电话沟通，请当地政府大力配合做好污染物接收站运营管理等工作，峡江县政府主要领导还及时主持召开了专题会议研究部署，确保工作有效推进并取得实效。

二是及时调度落实。市局于3月26日召开了全市船舶港口防污染整治工作专项检查情况通报会，4月2日召开了港口船舶污染治理工作推进会部署会，就做好全市船舶港口防污染工作作了安排部署，提出了具体要求。

三是及时督导检查。为切实做好迎检工作，确保船舶污染物接收及转运工作全方位不漏死角，切实保护母亲河赣江生态环境。局主要领导多次深入一线督导，检查港口码头污染防治工作推进情况。同时，市局于4月12日至16日，由副局长江涛达和市交通运输综合执法支队支队长罗锡杰分别带队，就船舶污染物接收及运行情况深入新干、峡江、吉水、万安等地进行专项检查，及时发现问题，并要求做好整改落实。

（吉安市交通运输局）

【樟树港区船舶污染物接收站顺利通过验收】
2021年5月10日，樟树河东港区船舶污染物接收站顺利通过专家组验收。该接收站总投资约1814万元，是江西省第一家建设完成并通过验收的船舶污染物接收站，主要由污染物接收码头泊位、油污水收集池和"诚通1号"污染物接收船等设施组成。该接收站投入使用后，每天最多可接收转运固体垃圾10吨、船舶生活污水5吨、油污水5吨，对有效保护赣江母亲河生态和饮水安全，促进长江经济带生态绿色发展有着十分重要的意义。

（李劲然）

交通运输附属产业（含服务区）

【概况】 截至2021年年底，江西省共有机动车维修经营业户9276户，比上年末减少5.3%。从结构看，一类汽车维修456户，同比增加58户，占4.9%；二类汽车维修2014户，同比增加330户，占21.7%；三类汽车维修6183户，同比减少42户，占66.7%。全年完成维修量487.5万辆（台）次，比上年增长19.5%。从业务类型看，完成整车修理394693辆次，比上年增长284217辆次；总成修理753401台次，比上年增长479715辆次；二级维护1442603辆次，同比增长15%；专项修理2337973辆次，同比增长6.2%；维修救援83548辆次，同比增长19.4%。

全省共有汽车综合性能检测站260个，比去年增加59个。全年完成检测总量54.4万辆次，同比增长18%。

全省机动车驾驶员培训业户共有829户，同比增长5.6%；拥有教学车辆25722辆，同比增长0.87%；全年培训人次85.5万人次，同比增加6.3%。

全省共有综合养护中心86个，道班739个，应急保障基地7个，公路驿站85个，服务区104个，停车区66个。省综合交通中心创新开展普通国省干线公路服务设施星级评定工作，武宁澧溪等23个服务区被评为星级服务设施。

（朱玲　裴麟成）

表34：　　　　　　　　　　　　　　　　　2021 年全省机动车维修业

单位名称	机动车维修业户						完成主要工作量					
	合计	一类汽车维修	危险货物运输车辆维修	二类汽车维修	三类汽车维修	摩托车维修	合计	整车修理	总成修理	二级维护	专项修理	维修救援
	户	户	户	户	户	户	辆（台）次	辆次	台次	辆次	辆次	辆次
全省合计	9276	456	53	2014	6183	555	4875056	394693	753401	1442603	2337973	83548
南昌市	652	73	1	238	341	0	1431955	260852	481769	467543	406081	9613
景德镇市	143	37	0	57	49	7	69821	15232	15662	14421	13722	121
萍乡市	259	47	6	56	156	0	304482	4002	19612	31768	241200	7900
九江市	960	35	5	317	608	0	260472	16495	35559	27272	168454	12692
新余市	204	14	2	60	129	5	162346	1645	6443	66107	60942	5509
鹰潭市	95	8	0	87	0	0	71767	2014	8142	25562	28186	7863
赣州市	2733	67	3	356	1960	350	666272	4690	12940	130002	514921	3719
吉安市	1234	30	2	219	874	58	608760	7038	18217	248783	302043	16891
宜春市	873	68	17	189	594	17	613068	69765	36583	228241	262722	7644
抚州市	439	18	5	97	280	95	203422	3463	13772	94283	91696	3322
上饶市	1684	59	12	338	1192	23	482691	9497	104702	108621	248006	8274

（省综合交通中心）

表35：　　　　　　　　　　　　　　　　　2021 年全省汽车综合性能检测站

单位名称	汽车综合性能检测站						
	数量合计	完成检测量合计	维修竣工检测	等级评定检测	维修质量监督检测	其他检测	质量仲裁检测
	个	辆次	辆次	辆次	辆次	辆次	辆次
全省合计	260	543753	156305	276418	12467	40115	178
南昌市	19	161537	53859	34940	4173	8732	19
景德镇市	7	22981	15221	6721	0	0	0
萍乡市	10	7942	0	7942	0	0	0
九江市	29	25266	0	24861	0	405	0
新余市	11	8854	0	7854	0	0	0
鹰潭市	2	13004	73	12468	0	463	0
赣州市	45	78458	42491	29233	2090	4560	84
吉安市	32	59790	26176	34216	1873	1611	0
宜春市	46	83862	0	60732	2478	20652	0
抚州市	24	30961	0	28707	0	2254	0
上饶市	35	51098	18485	28744	1853	1438	75

（省综合交通中心）

表36：　　　　　　　　　　　2021 年全省机动车驾驶员培训

单位名称	机动车驾驶员培训业户					教练员人数合计	管理人员人数合计	培训人次合计	教学车辆合计	机动车驾驶模拟器	教学场地（含租赁场地）面积
	总计	其中：普通机动车驾驶员培训									
		合计	一级	二级	三级						
	户	户	户	户	户	人	人	人次	辆	台	平方米
全省合计	829	777	43	191	543	23916	4667	855242	25722	5490	17093088
南昌市	87	87	10	37	40	2606	513	192967	4387	897	2743697
景德镇市	16	16	1	9	6	876	118	28416	911	170	687466
萍乡市	21	21	1	3	17	745	130	47872	670	145	514709
九江市	85	85	3	16	66	2621	596	70624	2429	580	1921935
新余市	23	23	1	2	20	688	176	35229	816	284	543703
鹰潭市	45	22	0	6	16	872	191	39368	888	119	588379
赣州市	189	164	5	47	112	6089	1162	183749	4965	1249	2865996
吉安市	81	77	2	10	65	1737	279	70234	2021	548	1640382
宜春市	128	128	6	14	108	2296	496	23002	3867	132	2699863
抚州市	43	43	2	18	23	2427	278	57561	1713	329	901671
上饶市	111	111	12	29	70	2959	728	106220	3055	1037	1985288

（省综合交通中心）

【江西省实行道路运输车辆"三检合一"】 江西省落实机动车检测机构公告制度和车辆"三检合一"新国标，273 家检测机构获得"三检合一"资质，并实现车辆"一次上线、一次检测、一次收费"。江西省强化车辆检测联网部省互联互通，全年累计上传 28.35 万辆车次的检测数据，信息检测实现网上传输、闭环管理、实时查阅，其中全省 8.19 万辆普货车辆在外省进行了检测，降低了货运经营者时间成本和经营负担。

（张　玮）

【铜鼓县交通运输局开展全县汽修行业环保问题专项整治】 为进一步加强铜鼓县汽修喷漆烤漆行业 VOCs 整治、危险废物规范化处置，降低涂料、油漆等对人体健康的危害及臭氧污染，杜绝危险废物非法处置，持续改善环境空气质量，保障土壤安全，铜鼓县交通运输局开展全县汽修行业环保问题专项整治。一是根据《关于开展机动车维修保养行业专项整治的通知》，县交通运输局联合铜鼓生态环境局对全县所有从事喷漆烤漆的机动车维修企业进行了全面排查，排查发现全县共有从事喷漆烤漆的机动车维修企业 14 家，其中 6 家已经安装了 UV 光氧催化废气处理设备，8 家还未安装设备。

对于未安装废气处理设备的企业，责令其立即整改到位，逾期未整改到位的一律关停。截至 12 月份，8 家未安装的企业 7 家已经完成 UV 光解 + 活性炭吸附的废气处理设施的安装工作，1 家烤漆房已关闭。二是铜鼓生态环境局、县公安局、县交通运输局联合下发了《关于严厉打击非法处置废铅电池废机油违法犯罪的通告》，生态环境局、县交通运输局执法人员多次深入全县各机动车维修企业开展宣传活动，督促指导机动车维修企业守法经营，不得将废电池、废机油等危险废物出售给无资质的机构和个人，全县现有 10 家一二类以上机动车维修企业均与有资质的危险废物回收机构签订了回收合同。通过专项整治行动，全县汽车维修行业环境污染现象得到改善，汽修从业人员环保意识得到提升。

（李江）

【吉安市正式启用驾校模拟器计时培训新模式】为进一步深化驾校计时培训内容，丰富培训方式，倡导安全、便捷、高效、绿化培训，吉安市交通运输部门从 4 月 1 日开始，在全市驾校正式启用汽车驾驶培训模拟器计时培训。

模拟器配置了一体化计时终端，具备人脸识

别、数据防篡改等功能，能够实时采集、储存、传输培训图像或视频信息，实时接入江西省驾驶培训监管服务平台，确保学员在模拟器实操训练时间真实有效。根据相关规定，吉安市在科目三模拟器实操训练计时可抵扣 2 个学时和实车操作 20 千米。

全市驾校模拟器计时培训的正式启用，是实现传统培训方式的有效补充，是促进理论教学到实操教学的有效衔接，是推动驾培服务模式的创新举措，可有效弥补实车训练在时间、空间、环境等方面的局限，以期达到不断提高驾培效率和质量、增强学员交通安全意识、促使学员综合素质进一步提升的目的。

（吉安市交通运输局）

【奉新整治"黑驾校"见成效】 为规范机动车驾驶员培训市场秩序，保障驾驶员培训机构和学员的合法权益，2021 年 8 月中旬，奉新县交通运输局组织人员在全县范围内开展为期 10 多天的打击"黑驾校"专项治理活动。在整治过程中，执法人员对未取得道路运输经营许可擅自从事机动车驾驶员培训业务的驾校、无教练资质的教练员、未在许可驾校登记办理有关手续的教练车等非法从事汽车驾驶员培训活动的行为进行严厉查处，共查处非法驾驶培训点 3 处，扣留非法教练车 8 辆。通过整治行动，有力地震慑了驾培市场违法经营行为，有效遏制了驾培市场黑驾校抬头的趋势。

（周鹏）

【樟树市交通运输局加强维修行业监管】 一是加强备案。实施汽车维修市场备案管理，持续做好汽车整车维修企业质量信誉考核、道路运输车辆综合技术性能检测及技术等级评定审核工作，督促"两客一危"企业、幼儿园校车车辆定期开展二级维护和技术性能检测。二是加强把关。严把柴油货车上户、审验和市场准入关，大力推广使用国六排放标准柴油货车，依法强制报废无法达标排放的车辆，2021 年，已淘汰注销老旧货运车辆 129 辆。三是加强治理。开展汽车维修喷烤漆企业治理，会同樟树市生态环境、市场监管等部门大力开展汽车维修行业 VOCs 排放相关治理工作，对 14 家未进行整改或不符合经营要求的企业喷烤漆房采取封停措施，关闭喷烤漆作业项目。

（甘郁玲）

【南城县驾驶员培训市场稳步发展】 2021 年，南城县新增 1 户三级驾校：南城盱江驾驶员培训有限公司。至当年年末，南城县共有驾校 6 户。其中，二级驾校 1 户：南城县汽车运销集团有限公司驾驶技能培训学校；三级驾校 5 户：江西月亮驾驶员培训有限公司、江西君兰驾驶员培训有限公司、南城逸轩驾驶员培训有限公司、南城县友谊机动车驾驶员培训有限公司、南城盱江驾驶员培训有限公司。全县共有培训场地 94872 平方米，教练车 149 辆，教练员 177 人。当年新增学员 6354 人，完成培训4718 人次。

（抚州市交通运输局）

【江西省高速公路服务区提质升级动员部署会召开】 2 月 24 日，全省高速公路服务区提质升级动员部署会召开。省政府副省长吴浩出席会议并讲话，省政府副秘书长刘晓艺主持，省交通运输厅党委书记、厅长王爱和作工作部署，各设区市政府分管负责同志，省直有关部门负责同志，各高速公路经营管理单位、中石化江西分公司、中石油江西销售分公司、国家电网江西分公司主要负责同志参加会议。

吴浩说，近年来，在省委、省政府的坚强领导下，江西省以高速公路为重点的交通基础设施建设全面加快，路网现代化水平不断提高，相配套的服务区建设也取得重大进展，高速服务区的服务能力以及服务水平有了显著提升。开展全省高速公路服务区提质升级行动是省委、省政府赋予的重要使命，是构建新发展格局的重要支点，是展示江西形象的重要窗口。

吴浩指出，全省高速服务区提质升级涉及 4 对复合功能型服务区和 27 对中心服务区的设计打造，以及 64 对普通服务区的改造升级，总的目标是要利用三年时间，按照"服务优先、扩展功能、规范管理、适度超前、有序推进"的原则，将全省高速服务区打造成服务群众美好出行的新驿站、展示江西特色文化的新窗口、承载高速路域经济发展的新走廊，形成江西特色品牌，进入全国第一方阵，引领中国高速公路服务区发展。各地、各有关部门一定要提高政治站位，全力以赴推动高速公路服务区高质量发展。要强化系统观念，紧盯目标、统筹推进，重点抓好三个方面工作，全力打好高速公路服务区提质升级三年攻坚战。一要把握"三个步骤"，按照"一年打基础、两年上台阶、三年创一流"的工作部署，稳扎稳打、分步推进各项工作。二要聚焦"城市的延伸、旅途的驿站、文明的窗口、温馨的家园"推动服务区转型，实现硬件设施、服务水平、商业模式"三个升级"。三要做到"三个融入"。融入人民期盼，顺应人民群众的需要。融入江西元素，把高速公路服务区打造为介绍江西、推介江西、唱响江西的新阵地。融入地方发展，进一步提升路域经济对全省消费经济增长的拉动作用，成为江西省扩大内需战略新动力。

吴浩强调，各地、各有关部门要进一步强化大局意识，加大支持力度，合力攻坚突破，形成推动高速公路服务区提质升级的强大合力。要强化责任落实，进一步细化《三年行动方案》，明确时间表、任务书和路线图。要强化要素保障，对服务区提质升级给予政策支持。要强化监督管理，建立健全督导推进机制，建立联动执法机制，建立第三方评价体系，加强舆论引导，营造良好社会氛围。

会上，王爱和介绍了全省高速公路服务区提质升级工作情况。就做好下一步工作，他表示，省交通运输厅将在省委、省政府的坚强领导下，根据《江西省高速公路服务区提质升级三年行动方案》的总体安排，主动与各地政府、省直相关部门沟通对接，加强调度，强化督查，推动服务区提质升级各项任务落实。一是实施基础大提升。加大资金投入，加快完善基础设施和公共服务设施，坚决消除"两水一厕"短板，做到硬件设施完备、环境卫生整洁、服务功能齐全。二是实施建设大提升。结合全省高速公路建设规划，对服务区建设改造统筹布局，确保新建服务区高起点规划、高标准建设、高质量实施。三是实施管理大提升。健全服务区监管机制，创新管理模式，完善智能信息系统，提升服务区管理水平，实现服务区管理精细化、数字化、智能化。四是实施服务大提升。打造高速主干线、中心城市、名胜景区周边服务区，建成集交通、旅游、消费、生态等功能相辅相成的服务区，满足人民群众多样化的出行服务需求，带动沿线经济发展。

省交通投资集团党委书记、董事长王江军参加会议，党委副书记、副董事长、总经理谢兼法代表集团作表态发言，党委委员、副总经理段卫党、俞文生参加会议。会前，与会代表实地参观了永修服务区；会上，观看了服务区专题片。

（省交通投资集团）

【江西省积极推进"司机之家"建设】 2021年，江西省新增建设 10 个"司机之家"，能够满足停车、餐饮、休息、洗浴、如厕等基本功能。"司机之家"项目按照因地制宜的建设原则，重点打造司机短暂休息区的服务功能，服务区型"司机之家"项目配备了太空舱睡眠床；加油站型"司机之家"项目设置了相对独立、安静的休息区，免费提供电视、电脑、书籍等。"司机之家"建设是交通运输部门改善货车司机工作条件，提升货车司机生活品质的重要民生工作，可以高质量低成本地解决货车司机吃饭难、如厕难、洗漱难、休息难等问题。

（陈琦）

【进贤、景德镇服务区开业运营暨七里岗等 6 对服务区改造升级开工】 5 月 18 日，省交通投资集团举行进贤、景德镇服务区开业运营暨七里岗等 6 对服务区改造升级开工仪式。开业的进贤、景德镇服务区，在原有泉岭、月亮湖服务区基础上，按照"一区一主题""一区一特色"的思路，在规划建设中融入人民期盼、融入江西元素、融入地方发展，通过结合地域文化特色、重视人文关怀等方式，经过改扩建，给旅客呈现出"形象优美、效益优良、服务优质"的全新服务区面貌。改造后的进贤服务区融合当地田园山水文化，引入文港毛笔、国宝李渡酒等地方特产，景德镇服务区传承瓷都中华文化，让广大司乘人员在服务区便能感受到陶瓷文化气息。

（省交通投资集团）

【畅行公司引入新业态加快打造雷公坳文化体育主题服务区】 畅行公司积极贯彻落实服务区提升行动实施意见和提质升级三年行动方案要求，在稳步建设雷公坳服务区过程中，坚持"项目为王"的理念，推进服务区与文体产业深度融合，引入江西省首个万种啤酒体验馆"啤酒阿姨"，以及江西省首个文化体育主体酒店、首个专业室内马术俱乐部，建设了马术场、卡丁车赛道、运动主体密室等系列娱乐项目，进一步丰富了服务区经营业态，将服务区打造为全国范围内服务区转型升级文化体育主题服务区的典范，以及市民游客休闲的网红打卡地。

（省交通投资集团）

【**江西省高速公路启动服务区红十字救护站建设项目，首个救护站落户进贤服务区**】 为服务好人民美好出行，全面打造"驿路真情"服务品牌，推动"我为群众办实事"走深走实，6月24日，省交通投资集团与省红十字会启动共建红十字救护站，将江西省高速公路首个红十字救护站落户进贤服务区。

进贤服务区是目前福银高速江西段内最大的高速公路中心服务区，随着服务区提质升级，该服务区基础配套设施进一步完善，急救绿色通道建立完成，预防和处置突发事件能力得到提升。

集团将加快建成进贤服务区首个救护站，同步开展服务区工作人员救护培训，尽早为过往司乘提供救护服务。并且，将充分发挥服务区的平台效应，根据复合功能型、中心服务区以及普通服务区实际情况，分类别制定建设标准，全省范围内逐步推广建立；持续完善备灾救灾、卫生救护、医疗知识普及、疾病预防等公益服务体系，于6月底对所辖96对服务区（停车区）全部配置交通医疗急救箱、轮椅等救助设备，切实守护好司乘出行安全，进一步提高司乘出行满意度。

（省交通投资集团）

【**省委书记刘奇在上饶婺源、南昌调研**】 9月28日，省委书记刘奇在上饶婺源、南昌调研常态化疫情防控和安全服务保障工作。省委常委、省委秘书长吴浩一同调研。刘奇强调，要始终坚持以人民为中心的发展思想，层层压紧责任，从严从实抓好各项工作，精准落实常态化疫情防控要求，精心提供优质服务，精细做好安全管理，精美呈现"江西风景独好"魅力，努力让人民群众过一个欢乐祥和安全的国庆佳节。

在婺源北高速口交通管理服务站，交通运输、卫生健康等部门工作人员正在值勤。刘奇来到一个个岗位查看责任落实、物资储备情况。他指出，窗口单位一言一行都关乎形象，服务要周到热情，更要专业细致、常态长效，让南来北往的客人宾至如归。刘奇向大家问好，代表省委、省政府向全省节日期间坚守岗位的一线人员致以敬意和问候，他说，你们舍小家为大家、奋战一线、甘于奉献，担负了职责使命、挥洒了辛勤汗水、付出了辛勤劳动。

向你们致敬，向你们的家属致敬。希望大家以对党和人民高度负责的精神，认真落实好值班值勤各项要求，坚守岗位，履职尽责，用心用情用力守护好全省社会大局稳定、人民群众幸福安宁。

随后，刘奇书记还到了婺源县思口镇思溪延村、婺女洲徽艺文旅特色小镇项目，以及高铁南昌西站、南昌长途汽车西站调研。

（省交通投资集团）

【**省交通投资集团发力交通运输新基建　加快智慧服务区建设**】 省交通投资集团依托信息化建设"163"工程，着力开展智慧服务区建设。目前，已投资8700余万元，完成了77对服务区进出口车流量监测系统等项目，试点建设了庐山、南城等2对智慧服务区，上线了交互式数据中台，通过"行吧"APP实现服务区实时数据转播，智慧服务区建设取得了初步成效。

在线上服务方面，依托"行吧"平台，为司乘人员提供一键清障救援、服务区导航、ETC办理、服务区消费等服务功能。截至目前，"行吧"APP及小程序使用人数突破109万人次，日均活跃量达1.2万人次，共交易414万笔，交易总额达1.7亿元。

在充电服务方面，充电桩引入"小桔"支付结算平台，为司乘提供充电支付结算便利。今年10月，永修等47对服务区充电桩累计完成支付订单1.1万笔，订单总额达29.4万元，同比增长57.69%。

在停车管理方面，通过自动抓拍摄像头、智能广播和提示屏，引导车辆规范停放，在服务司乘人员的同时大幅提升服务区管理水平。如永修服务区上线"两客一危"车辆监测系统以来，700余辆危化品车辆停放得到了及时有效的监管与提醒，服务区停车更加安全有序。

据统计，在国庆期间，省交通投资集团所属单位畅行公司在营服务区日均营业额达474.5万元，是平时3倍左右，其中，永修、鄱阳、鄱阳湖等服务区，运用智慧服务区建设升级成果，充分挖掘节假日出行旅客消费潜力，经营效益进入服务区前10。

（省交通投资集团）

建设经营

【省交通投资集团统筹推进疫情防控和改革发展】
省交通投资集团坚决贯彻习近平总书记关于疫情防控的重要指示精神，全面落实党中央、国务院和省委、省政府部署要求，始终绷紧疫情防控之弦，把疫情防控工作作为当前的重中之重来抓，全力保障高速公路运营管理和企业生产经营不受大的冲击，牢牢守住职工不因工作原因感染的底线，奋力夺取疫情防控和改革发展双胜利，为服务全省经济社会发展大局贡献更大力量。

一是落实落细各项疫情防控工作措施。加强服务区和收费站等窗口一线防控工作，严格落实"四早"要求，压实属地管理责任，发挥领导班子成员示范带头作用、基层党组织战斗堡垒作用和党员先锋模范作用，组织认真学习宣贯疫情防控工作指南，实行人员、物品、环境"三同防"。加强职工教育管理，开展中高风险地区旅居史人员排查，紧密配合所在地及社区联防联控，严格人员外出和省外、国外项目职工管理，落实勤洗手、戴口罩、常通风、常消毒以及测温、验码、保持社交距离等防疫措施，积极推进加强免疫接种工作，确保"应接尽接"。加强对一线干部职工的人文关怀，及时帮助解决集中管理职工的"急难愁盼"问题。强化应急值守和疫情防控物资储备，进一步完善突发事件应急预案，保障应急处置高效有序。

二是努力完成全年各项目标任务。全力推进项目建设，加强统筹调度，强化监管考核，加大施工投入，加快前期工作，确保完成年度项目投资任务。全力推进服务区提质升级，开展攻坚活动，增配技术力量，提高审批效率，加快推进服务区升级改造，努力探索"有效益、可持续、可复制、可推广"的服务区运营管理新模式。全力实现年度经营目标，强化考核、压实责任，推动各业务板块提质增效。全力推进企业改革创新，加强对企业改革创新三年行动任务调度督办，有序推进集团"十四五"高速公路区域管理规划优化调整工作。全力维护和谐稳定大局，做实做细职工思想政治工作，加强安全隐患排查整治，坚决守住不发生重大风险底线。全面加强党的领导和党的建设，扎实开展党史学习教育和"我为群众办实事"实践活动，更好引领保障企业高质量发展。

（省交通投资集团）

【省交通投资集团2021年重点指标再创新高】
2021年全年实现营收426亿元、同比增长35.7%，创历史新高；净利润29亿元，同比增长148%；实现融资1076亿元，融资规模居全省第一，融资成本为全国同行业最低企业之一。总资产3493亿元，稳居省属企业第一，净资产1375亿元，资产负债率60.6%，显著低于同行业平均水平。持续优化产业结构，深耕交通基础设施投资建设运营、工程建设、金融投资、路域资源开发四大产业板块，实施"十四五"高速公路区域管理优化，构建交投咨询集团业务一体化，完成交工集团改革，成立私募基金公司、供应链公司，推进项目建设与产业协同，产业链条不断延伸，产业生态日臻完善。实现通行费收入175.4亿元、同比增长31.7%，工程建设板块实现营收179.5亿元，金融投资板块实现营收4.3亿元，路域资源开发板块实现营收69.2亿元，非收费类营收占比达59%，基本形成依托主业、多元化发展的新格局。

（省交通投资集团）

【省高速集团更名】 1月1日，经江西省人民政府批准同意，"江西省高速公路投资集团有限责任公司"更名为"江西省交通投资集团有限责任公司"。原江西省高速集团，是经省政府批准成立的大型省属重点国有企业，于2009年11月挂牌成立，注册资本为95.05亿元，资产规模位居省属国企第一名；直接管理11个全资及控股子公司，包括1家上市公司、8个直属路段管理中心、13个参股子公司，企业信用评级为 AAA；经营管理超 5200 千米高速公路，约占全省通车高速公路里程的 86%。经营业务除高速公路投资建设、运营管理外，还涉足工程建设、金融投资、路域资源开发等领域。

（省交通投资集团）

【省交通投资集团与江西建工集团签订战略合作协议】 3 月 4 日，江西省交通投资集团与江西省建工集团举行座谈并签订战略合作协议。双方将根据各自的优势和特点，以公路交通领域、建筑施工领域、建筑材料、机械设备租赁、房地产开发等项目建设为切入点开展合作，同时发挥各自的资源优势和管理优势，不断扩展和深化双方多领域、多层面的合作，推动资源共享、优势互补、互利共赢、共同发展。

（省交通投资集团）

【省交通投资集团与华为公司签订战略合作协议】 3 月 26 日，省交通投资集团与华为技术有限公司在深圳举行座谈并签订战略合作协议，标志着双方合作进入实质性阶段。省交通投资集团党委书记、董事长王江军，党委委员、副总经理李柏殿，华为技术有限公司 BG 常务副总裁马悦，华为中国区交通业务部总经理路海空等出席，双方有关部门、单位负责同志参加。

双方将在信息化建设、设计咨询以及"智慧交通"等多领域进行合作，以泛在感知、云网融合、大数据分析、智慧服务区、资产管理等方面为切入点，以交通行业"建管养运服务"数字化转型为目标，推动"互联网＋交通运输"的深度融合，助推江西智慧交通建设，努力打造数字经济和实体经济融合发展的新样板。

（省交通投资集团）

【省交通投资集团成功发行全国首单碳中和短期公司债】 5 月 21 日，省交通投资集团在上海证券交易所成功发行 2021 年第一期碳中和短期公司债 1 亿元，利率 2.95%。该债券作为绿色公司债的子品种，实现四项创新，即创下全国首单碳中和短期公司债、全国首单高速公路碳中债（全品种类）、全省首单碳中和公司债、全省首单公募短期公司债，用实际行动践行"绿水青山就是金山银山"的新发展理念，为交通强省建设提供绿色助力。

（省交通投资集团）

【省交通投资集团与省港口集团签署战略合作协议】 6 月 1 日，省交通投资集团与省港口集团签署光伏项目战略合作协议。根据协议，双方将本着优势互补、互利共赢的原则，通过拓展绿色光伏产业链、盘活光伏项目存量资源等方式，共同打造绿色港口，全力塑造行业标杆。双方将共同出资成立合资公司，对港口集团所有已建、在建及规划建设且适宜开发光伏发电项目的屋顶、滩涂、空地等场所新建光伏项目，全力将光伏产业做大做强。

（省交通投资集团）

【省交通投资集团成功发行上交所首单（全国首批）乡村振兴专项公司债】 为贯彻落实党中央、国务院和省委、省政府关于乡村振兴战略的决策部署，省交通投资集团积极发挥投融资平台作用，于 6 月 25 日成功发行上海证券交易所首单（全国首批）乡村振兴专项公司债券 5 亿元，期限 3 年，票面利率 3.42%，创江西省有史以来同期限公司债最低利率、今年以来全国交通运输行业同期限公司债最低利率。此次专项债募集资金，主要用于昌宁高速新建工程岗上至宁都段项目建设，有利于进一步完善区域路网，改善区域生产生活运输条件，发挥交通对沿线经济辐射带动作用，推动沿线区域资源优势变为经济优势，为巩固拓展脱贫攻坚成果同乡村振兴有效衔接提供有力支撑。

（省交通投资集团）

【江西高速财务公司获银保监会监管评级 AAA 级】 经银保监会评定，江西高速财务公司 2020 年监管评级为 AAA，维持 2019 年评级结果，于今年 4 月获得固定收益类有价证券投资业务资质、6 月获得同业拆借业务资质。财务公司积极对标监管评级标准，对公司进行了全面优化。在公司治理方面：董事会、监事会有序推进生产经营各项工作，较好地发挥了各自职能，促使生产经营各项工作有序推进。在内部控制与风险管理方面：坚持制度引领，梳理各项制度共计 120 余项；加强监督检查，对各部门业务流程进行抽查审计，对出现的问题制定整改措施；依托线上提效，上线投资业务、监管分析系统，实现线上登记审批和风控管理。在服务实体经济功能发挥与集团支持方面：着力提升资金归集和结算服务能力，推进成员单位资金池管理系统建设工作；强化信贷支持力度，为信用评级低、外部融资难的成员单位提供更大的授信支持，免除成员单位结算费、担保费等融资费用，大幅度降低成员单位财务费用、减少资金占用。

（省交通投资集团）

【江西交投咨询集团揭牌】 为深入贯彻落实国企改革创新三年行动部署要求，进一步理顺企业管理架构，做强做优全过程工程咨询，省交通投资集团所属交通咨询公司对组织结构进行优化，组建江西交投咨询集团有限公司，并于8月18日揭牌。

交投咨询集团将按照省交投集团的决策部署，深入学习贯彻习近平总书记重要讲话精神，始终保持企业发展正确方向，推动党中央决策部署在企业落实落地；深入推进企业改革创新，积极融入交通强省发展战略和"十四五"发展规划，围绕"打造国内一流、行业领先的综合性高水平全过程工程咨询技术服务企业"战略目标，进一步整合资源、创新机制、拓展市场，健全现代化企业治理体系，稳步推进子公司并购、混改、上市，加大科技创新成果转化应用，推动企业不断发展壮大。

（省交通投资集团）

【省交通投资集团发行江西省首单革命老区及乡村振兴双标签债】 为大力支持革命老区振兴发展，进一步提升金融服务实体经济能力，中国银行间市场交易商协会推出了革命老区振兴发展债务融资工具。省交通投资集团抢抓这一契机，于8月26日成功发行江西省首单革命老区及乡村振兴双标签债，发行金额10亿元，年利率3.34%，创最近一年全国地方国有企业同期限品种利率最低，江西地区同期限品种利率历史最低。

该期债券资金主要用于昌宁高速、宁安高速的项目建设，助力沿线乐安、宁都、于都、安远等地巩固拓展脱贫攻坚成果、全面推进乡村振兴。

（省交通投资集团）

【江西省交投私募基金管理有限公司正式成立】 10月18日，江西省交投私募基金管理有限公司取得江西省市场监督管理局颁发的营业执照，标志着省交通投资集团在私募股权投资领域迈开了坚实的一步。公司注册资本3000万元，由省交通投资集团全额出资，主要经营私募股权投资基金管理和创业投资基金管理。

基金管理公司的设立，不仅能策应江西省设立和管理交通强省基金的需要，对省交通投资集团产业及市场化业务发展也将发挥重要作用。

（省交通投资集团）

【江西省交工金属构件有限公司正式揭牌】 12月18日上午，由江西交工矿业开发有限公司与南昌恒安金属表面防腐处理有限公司合资成立的江西省交工金属构件有限公司在进贤县温家圳举行揭牌仪式。省交通投资集团党委委员、副总经理吴克海，进贤县人民政府县长熊辉出席仪式并揭牌，省交通工程集团党委书记、董事长徐志华出席仪式，党委副书记、副董事长、总经理杨文致辞，交工矿业公司筹备工作小组组长胡小洪主持揭牌仪式。省交通投资集团、省交通工程集团相关部门负责同志，进贤县人民政府办公室相关负责同志，交工矿业公司、交工金属构件公司干部职工代表参加。

（省交通投资集团）

【江西省交投人才科技有限责任公司揭牌】 12月29日上午，由江西省交通投资集团有限责任公司与江西省人力经济技术合作集团有限公司（以下简称"江西人力集团"）共同出资成立的江西省交投人才科技有限责任公司（以下简称"公司"）揭牌。江西省人力资源和社会保障厅二级巡视员李金华，江西省交通投资集团党委委员、副总经理刘朝东出席并共同揭牌。江西人力集团相关负责同志及公司董监高成员、全体员工参加。

江西省交投人才科技有限责任公司于2021年10月20日正式成立。公司定位以人力资源服务为核心主业，以建立优质交通人才培养基地为目标，共享、盘活合作双方产业资源，通过贯彻人才强省战略，集合江西交通投资集团和江西人力集团之力，着力打造高效招才引智平台、专业职业培训基地、权威人才评价中心以及优质咨询服务机构四位一体的综合性人力资源服务供应商，共同推动江西省人力资源经济产业高质量发展。公司自成立以来，档案审核、人才测评、人力资源服务和人才培训四大板块业务已陆续开展，本年度业务额突破百万元。

（省交通投资集团）

【江西交投中油能源有限公司正式成立】 资产经营公司稳步推进能源产业做大做强，深化与中国石油天然气公司合作，共同出资组建江西交投中油能源有限公司，并取得营业执照及危险化学品经营许可证，实现了资产经营公司与能源行业龙头企业在品牌、资源方面的强强联合。该公司注册资本 4800 万元，资产经营公司占股 55%，中石油占股 45%，主营业务为成品油批发贸易和加油站建设、租赁、经营等。

（省交通投资集团）

【**江西省公路投资有限公司与中铁广州工程局集团有限公司签署战略合作协议**】2021 年 1 月 7 日，省公路投资有限公司与中铁广州工程局集团有限公司战略合作协议签约仪式在公路科技大楼举行，省公路局局长曾晓文，省公投、中铁广州工程局集团有限公司相关领导出席签约仪式，江西省公路投资有限公司党委副书记、总经理龙华春，中铁广州

工程局副总经理田家勇代表双方签署合作协议。

（黄诏南）

【**省港口集团码头集约开发和规范提升成效显著**】2021 年，省港口集团统筹抓好新码头集约开发和老码头规范提升，合作建设、运营成果显著。签订港口码头合作建设协议 22 个，落地合作项目 15 个，泊位共 58 个，年设计通过能力近 1.1 亿吨，投资总额达 109 亿元，其中与国有平台合作项目 10 个，与社会资本合作项目 5 个。积极推动万年交通战备码头、新干城北码头划转工作。落实鄱阳人民路码头生态环境披露问题整改销号工作。划转码头增设岸电、船舶污染物接收设施等规范提升工作全面完成，港容港貌、运营管理和作业效率明显提升。

（省港口集团）

国道 G238 线车头至葛坳路段与 S41 宁定高速公路并驾齐驱
（赣州市交通运输综合行政执法支队国省道路政执法五大队供图）

交通管理

法治交通建设

【概况】 2021年，江西省交通运输厅被评为全国交通运输法治政府部门建设优秀集体、全国交通运输系统"七五"普法成绩突出先进集体、2016—2020年全省普法工作先进单位；全面依法治省建设优秀单位、全省法治政府建设优秀单位；治理超限超载模式得到省委书记的批示点赞；江西提升"信用交通"建设的经验被交通运输部在全国推广，并荣获全省社会信用体系建设优秀单位。

（厅法规处）

【深入学习贯彻习近平法治思想】 省交通运输系统在全省率先开展所有新提任副处以上领导干部（144人）法律法规知识考试，组织开展全省法治交通建设和综合行政执法骨干培训（3083人），将习近平法治思想、宪法、民法典列为重点内容。开展"践行习近平法治思想 法治交通利民 e 路行"主题实践活动，发挥好"交通先行官"作用，做好法治利民十大实事，努力让人民群众享受更高质量、更加公平、更有效率的交通运输服务。

（厅法规处）

【立法工作取得重大突破】 历经十年的《江西省水路交通条例》立法工作取得突破，于2021年11月19日经省十三届人大常委会第三十四次会议全票表决通过，于2022年3月1日正式施行。作为江西省第一部水上交通综合性地方性法规，该条例填补了江西省水路交通立法空白，对补齐全省水运发展短板、重振赣鄱千年黄金水道、实现江西水运改革和高质量发展具有重要意义。

（厅法规处）

【**江西省交通综合执法改革取得重大进展**】"三化、七统一"全面实施取得实效。江西省 76 个涉改县级已全部组建综合执法机构，统一全系统行政执法主体、行政执法专用章、执法证件、执法服装、执法标志，编制《江西省交通运输综合行政执法事项指导目录》，彻底改变以往多头执法的局面。从群众最不满意和最需要的方面入手，组织开展执法领域专项整治行动，同步推出"亮旗亮剑""六禁六送"等特色举措，排查整改 429 项问题并在全国范围内率先清零。建立首违轻微免罚清单 41 项，受到交通运输部高度肯定。在全省启用江西省交通运输综合行政执法信息管理系统，逐步改变纸质办案旧面貌，执法办案、执法监督、队伍建设、证件管理进入信息化。大力推进全省"科技治超"，已建成 429 个不停车检测点，审计发现治超 101 项问题全部整改到位，健全完善各类规章制度 84 项，追责问责 129 人。全省高速公路超限超载率大幅下降，由 6.8% 下降到 0.001% 以内，并列全国第一；普通国省道超限率由 7.9% 大幅下降到 2.78%，降幅达到 60%，治超工作得到省委书记易炼红同志批示点赞、充分肯定。法治相关提案建议工作力度空前，推动"关于提高货运车辆超限超载违法成本的建议"作为江西代表团建议提请全国人大，得到栗战书委员长关注，列入全国人大重点办理建议。全国人大常委会法工委专题来赣调研"治超入刑"建议。

（厅法规处）

【**"放管服"改革深入推进**】　梳理全省交通运输系统统一权力清单 144 项并颗粒细化，赋予国家级开发区、赣江新区 5 项行政权力，对 14 项证明事项实行告知承诺制改革。2021 年实施双随机抽查事项减少 43%，省级不再重复开展港口类检查，对工程类检查减低抽查比例。推动新一轮"证照分离"改革，通过取消审批备案、告知承诺、优化准入服务等将优化简化 25 项事项办理。

（厅法规处）

【**信用交通建设取得新提升**】　首次将信用交通建设内容纳入全省设区市政府评估指标。不断完善四大体系建设，全省上下合力推动"信用交通省"建设工作，推进行业信用体系建设向纵深发展。推动交通运输重点领域的信用制度建设，将信用管理要求渗透到交通运输地方性法规、规范性文件当中。加大信用信息共享与公开力度，提升信用信息共享数量与质量，信用系统累计归集信息共 717 万条，与部、省平台数据交换共享各类信息 1317 万条。推进跨区域、跨部门、跨业务的信用评价信息系统融合，实现信用系统与道路运政系统协同联动、与"双随机、一公开"监管相结合的机制，提升行业监管和服务水平。

（厅法规处）

【**普法工作成绩突出**】　认真落实中央要求推进党政主要负责人履行法治建设第一责任人职责，列入目标考核和经营业绩考核，打造"法治交通领导干部、执法骨干、专业精品课程"三项计划。在高速公路服务区、江西交职院、交通技校，试点建设交通运输特色普法点。在全省建立 100 个"一县一室"交通综合执法警示教育（为民服务）室，配套执法记录、视频教育、信用承诺三项措施，探索《行政处罚法》处罚与教育相结合实体建设。举办法治交通暨信用交通建设培训班和综合行政执法专题培训班。指导各地区、厅属有关单位开展 22 期执法人员培训共计 3083 人次。在上饶市广信区西龙岗村、德安县车桥镇义门村等定点帮扶村，实施农村"法律明白人"培养工程，助推乡村振兴。

（厅法规处）

【**《江西省水路交通条例》通过表决**】《江西省水路交通条例》于 2021 年 11 月 19 日经省十三届人大常委会第三十四次会议表决通过，于 2022 年 3 月 1 日正式施行。

《条例》的出台，是贯彻落实《航道法》《港口法》，推动江西省水路交通高质量发展的重要举措，填补了江西省水路交通综合性立法空白，对于破解该省水路交通发展难题、适应全省交通运输快速发展具有重要的意义。

《江西省水路交通条例》分为八章六十四条，对江西省航道和港口的规划、建设、养护、保护，港口与水路运输经营，发展与保障，水上交通安全及其监督管理等方面作了具体的规定。《条例》以贯彻新发展理念、解决实际问题和维护法治统一为原则，具有较强的针对性和可操作性，将为江西省水路交通运输高质量发展提供强有力的法治支撑。

（聂小萍　梁波）

【《江西省公路路政执法监督管理办法》出台】
2021 年 12 月 20 日，江西省交通运输执法局制定出台了《江西省公路路政执法监督管理办法》（以下简称《办法》），要求各级交通运输综合行政执法机构根据法律、法规、规章及有关规范性文件的相关规定，遵照《办法》实施公路路政执法监督管理。

《办法》分为总则、路政管理职责、监督内容、监督方式、责任追究、附则等六个部分。《办法》规定，公路路政执法监督管理坚持有法必依、执法必严、违法必究、公开公正、教育与惩处相结合的原则，有错必纠，确保交通运输综合行政执法机构及其执法人员正确履行国家有关公路管理法律、法规、规章等规定的职责。

《办法》明确，公路路政执法监督内容包括：对违反公路路政管理的十一种违法行为查处情况，对日常执法检查和巡查中发现的货运车辆超限超载违法行为查处情况，对实施行政处罚、行政强制过程中不遵守法定程序、滥用职权等情况，对不按规定运用省交通运输综合行政执法信息管理系统办理行政处罚、行政强制案件的行为，对违反规定列入或解除失信联合惩戒名单的行为，对涉及行政许可事项的事中、事后监管情况，对行驶公路的大件运输（三类）许可行为等实施监督检查；对公路路政日常巡查工作中不履行相关职责的应当追究责任。

《办法》的出台，有利于加强对公路路政执法工作的监督和管理，防止和纠正违法或者不当的行政执法行为，维护公民、法人和其他组织的合法权益，促进严格、规范、公正、文明执法。

（省交通运输执法局　于文广）

【《江西省治理公路货运车辆超限超载非现场执法工作指导意见（试行）》出台】 2021 年 11 月 21 日，江西省治理车辆超限超载工作办公室出台《江西省治理公路货运车辆超限超载非现场执法工作指导意见（试行）》，该指导意见明确了不停车检测点的设置要求，规范了非现场执法流程，完善了治超非现场执法运行机制，进一步推动了全省非现场执法工作。

（省交通运输执法局　刘方栋）

【《江西省货运车辆超限超载卸载及保管办法（试行）》出台】 2021 年 12 月 16 日，江西省交通运输厅治理车辆超限超载工作领导小组办公室出台《江西省货运车辆超限超载卸载及保管办法（试行）》，该办法明确了超限超载货车货物装卸管理、租赁场地管理及监督措施，进一步规范了全省超限超载检测站点卸载货物的管理。

（省交通运输执法局　刘方栋）

【《江西省治理货运车辆超限超载高质量发展考核办法（试行）》出台】 2021 年 12 月 23 日，江西省交通运输厅治理车辆超限超载工作领导小组办公室制定出台《江西省治理货运车辆超限超载高质量发展考核办法（试行）》，该办法明确了江西省年度治理货运车辆超限超载高质量发展考核内容、方式、计分办法等，为规范开展江西省年度治理货运车辆超限超载高质量发展考核工作提供了制度支持。

（省交通运输执法局　刘方栋）

【江西交通运输综合执法呈现新特色】 2021 年，江西省 11 个高速路政支队与地方交通执法部门全部签订联合执法协议，制定联勤联动执法方案，把治超、运政执法列入联合执法重要范畴，开展联合治超执法行动。高等级航道执法破浪启航。全面开展航道执法工作调研，摸清通航设施、涉航设施情况。积极筹建航道执法机构，对接航道管养单位，主动开展跟学试行、联勤协作、联合巡查等执法实践。质监建立联合监督新方式。联合市、县两级市场监督管理局，对特种设备使用管理开展了联合督查执法。联合省交投集团项目公司、江西交工集团，刀刃向内，以"传帮带"方式，对江西交工集团承建的高速项目开展全方位的安全专项督导帮扶，为安全监管提供新经验。科技治超持续推进。全省普通公路超限率下降至 2.76%；高速公路超限率持续归零，均位居全国前列。非法营运整治效果明显，农村客运市场不断规范，网约车乱象得到有效遏制。

经过一年的运转，全省交通执法已构建跨专业联动、跨区域联动、跨部门协作的执法体制机制，交通执法已由单一执法、独立执法、传统执法转为综合执法、联合执法、科技执法，树立了江西交通综合执法新形象。

（省交通运输执法局　刘燕萍）

【江西公路路政执法规范化建设持续推进】 2021

年，省交通运输综合行政执法监督管理局重点推进路政执法规范化建设，制定出台《江西省公路路政执法监督管理办法》《江西省公路不停车超限检测系统建设技术指南》《江西省治理公路货运车辆超限超载非现场执法工作指导意见（试行）》《江西省货运车辆超限超载卸载及保管办法（试行）》《江西省治理货运车辆超限超载高质量发展考核办法（试行）》等规范性文件，进一步完善制度，加强对公路路政执法工作的监督和管理，防止和纠正违法或者不当的行政执法行为，维护公民、法人和其他组织的合法权益，促进严格、规范、公正、文明执法。

（省交通运输执法局　于文广）

【省路政总队编印"以案释法"典型案例】 2021年1月，省路政总队将历年来的"以案释法"典型案例统一整理，编印了《高速路政行政执法典型案例"以案释法"》。该书着眼于法律法规对行政执法工作的新要求，从身边人身边事的视角出发，既结合近年来执法实践经验，又体现高速路政部门工作成果，内容涵盖超限治理、教育服务、路面管控、路权保护、逃费查处、证据收集及执法程序等7方面54篇常见执法案例，共计8万余字。该书通过对"以案释法"典型案例的整合，使广大路政执法人员便捷学懂路政业务，更全面地理解法律法规，更准确地掌握工作技能，更高效地破解执法难题，为不断推动法治路政建设奠定坚实基础。

（省路政总队　吴敏杰）

【首例江西高速路政治超非现场执法非诉案件执行完毕】 2021年4月14日，江西高速路政部门开展治超非现场执法以来，首例行驶高速公路货运车辆违法超限非现场执法强制执行案件，在金溪县人民法院执行完毕。此案的成功办结，是人民法院与高速路政部门"法路共建"成果的具体体现，有力助推了江西高速路政部门行政执法再上新台阶。

（省路政总队　吴敏杰）

【江西省交通运输厅组织开展首批新提任领导干部法律法规知识考试】 为深入学习贯彻习近平法治思想，发挥好领导干部的"头雁"示范效应，带头营造交通运输系统良好法治环境，今年4月起，省交通运输厅党委通过在全厅新提任领导干部中开展法律法规知识考试、印发具体工作方案等抓手，

推动领导干部"关键少数"带头作表率，常态化学法。厅党委重视法治建设，厅党委书记、厅长王爱和切实履行法治建设第一责任人职责，坚持抓好领导干部这个重点，大力推动领导干部带头尊法学法守法用法，着力提升领导干部运用法治思维和法治方式深化改革、推动发展、化解矛盾、维护稳定和应对风险的能力，为交通强省建设提供坚实的法治保障。

11月8日，省交通运输厅率先组织开展年度新提任领导干部法律法规知识考试。来自厅属各单位的42名新提任处级领导干部参加了第一批考试。厅党委书记、厅长王爱和巡视检查考试情况。

本次考试采取闭卷笔试的方式进行，重点考核习近平法治思想、中央全面依法治国新理念新思想新战略、《宪法》《民法典》《交通运输行政执法程序规定》等方面知识，达到了普及法律法规、提升领导干部法治素养和依法行政能力的良好效果。

参考人员表示，通过考试，提升了学法用法水平，达到了以考促学、以学促用的效果，今后将继续加强法律法规学习，提升法治素养，树立法治意识，厉行法治理念，不断提高依法行政水平。

第二批、第三批考试按安排后续陆续展开，并将指导监督各设区市、县交通运输局、公路局（中心）开展领导干部法律法规知识考试，实现全系统新提任领导干部考试全覆盖。

（赖春游　钟德武）

【赣州市法治交通建设】 2021年对交通运输领域涉及行政处罚的法律、行政法规、部门规章和部规范性文件进行梳理，梳理了1条拟取消、4条拟修改的不合理行政处罚规定并向上级部门提出建议。生产经营类事业单位改革全面完成，承担行政职能事业单位改革如期完成，综合行政执法改革在全省率先完成且多项工作走在全省前列，逐步形成优化、协同、高效的交通运输机构运行体系，全年未发生因执法不当引起的行政诉讼或行政复议败诉案件。对标大湾区推进"减证便民"行动，推行证明事项告知承诺制，推动13项服务事项网上办理，实现道路运输从业资格"跨省通办"落地落实，办理跨省业务125件，赋予国家级开发区市级权限14项，切实让群众少跑腿。交通运输服务监督电话12328热线受理各类投诉、咨询、建议2.89万起，

及时答复满意率达 98.56%，获得全省年度考评第一名。道路运输市场更加规范有序。常态化开展扫黑除恶斗争，行业治理成效显著。广泛宣传拒乘"黑车"，充分运用 12328 平台实施有奖举报，重点加强部门联合执法，严厉查处非法营运、超员超载等违法违规行为。建立跨部门、跨区域联勤联动执法协作机制，在探索利用大数据锁定轨迹精准查处和实施源头打击方面取得积极成效。全市出动交通执法人员 7.7 万人次，出动执法车辆 1.88 万辆次，组织开展联合执法 5784 次，查处非法营运"黑车"1240辆次，查处其他道路运输违法违规行为 1023 起，查处案件数量全省第一。联合公安部门开展打击机动车驾驶培训学时造假专项行动，查获造假设备 3套，刑事拘留 5 人，进一步规范了驾培市场秩序。有序推动网约车等道路运输新业态规范化发展，全年市中心城区取得网约车经营许可平台 24 家，办理网约车运输证车辆 1328 辆，考取网约车驾驶员证 1.4 万余人。

（赣州市交通运输局）

【九江市建立旅游客运联合监管机制和区域交叉执

法机制】 2021 年九江市交通运输执法支队对执法队伍实行统一调配、统一部署，统一行动，组织了联合执法 400 余次，办理非法营运案件 251 件，有力打击了"黑车"发展势头；做到了与高速路政、高速交警、地方公安三部门主动联合，采取非现场执法模式，全天候 24 小时打击"黑车"。

（九江市交通运输局）

【上饶市推动开展区域内高速路政和地方交通综合执法队伍联勤联动执法活动试点工作】 为探索建立跨部门跨区域执法联动联合协作机制，提升综合执法效能，形成执法监管合力，省交通运输执法局决定在上饶市开展高速路政和地方交通运输执法机构联勤联动执法活动试点工作。此次试点工作坚持以问题为导向，统筹执法力量，集中查处高速公路范围内的"非法营运""非法改装""非法维修"等违规经营行为，切断"黄牛"组客链条，消除运政执法行业监管盲区；加大高速公路路域环境整治力度，聚焦"八个无"的目标，持续保持"畅安舒美"的高速公路通行环境。

（上饶市交通运输局）

行政管理

【扎实做好综合服务工作】 服务好发展。加强厅机关日常行政保障工作，科学合理安排机关预算经费，提高资金使用效益；严格规范机关办公用品采购、保管和领用工作；严格标准做好各项公务接待活动。

服务好决策。制定《厅领导每周活动安排》《厅领导工作日程安排》，进一步合理、高效统筹厅领导会议及活动安排。加强与省委、省政府和交通运输部办公厅等单位联系，及时做好信息的上传下达，确保工作有序推进。坚持以办务会的形式加强工作调度，确保办公室各项工作有序开展。

服务好落实。举办了全省交通运输系统办公室业务培训班，全面提升全省交通运输系统办公室工作人员抓落实的能力水平。抓好群众接待和群众

上访诉求工作，确保全厅信访秩序稳定。2021 年，该厅接待来访群众共 45 批次，共计 268 人次。受理信访件 193 件次，已答复 161 件次。

（厅办公室）

【强化督查督办工作】 强化目标任务督查。通过每月提请厅务会听取重点工作汇报等多种方式，推动年度各项目标任务顺利开展、落地见效。强化政务督查工作狠抓落实的力度，积极构建上下联动、左右协同、职责明晰、齐抓共管的大督查工作格局，让抓落实的鲜明特质在全省交通运输系统充分彰显。强化"6+1"方案落实。对"6+1"方案推进情况严格实行"月通报"制度，不断改进通报方式，直面突出问题，狠抓督促整改，并将通报结果抄送

各设区市、省直管试点县（市）人民政府，在服务推动"6+1"方案各项工作的落实上发挥积极作用。强化领导批示督办。对省委、省政府和交通运输部领导同志以及厅领导重要批示、交办事项列入重点督查事项。全年督办省委、省政府主要领导批示件46件，办结44件，另有2件正在落实。协调办结省委民声通道督办件18件，其中妥善解决景鹰高速浮梁县黄坛段排水管道堵塞问题，获得省委民声通道工作室通报表扬。

（厅办公室）

【认真做好政务工作】 政务服务工作。全面落实"五型"政府建设和"放管服"改革要求，全年受理办结业务98492件，办件数量在省直派驻单位中排名第一。持续做好大件运输许可审批工作，优化审批流程，提升审批效率。积极对接"赣服通"应用，实现了交通公众出行服务掌上查询和办理。推行政务服务"好差评"管理，提升服务效能。

政务公开工作。加强制度化和规范化建设，形成了成熟的层级负责机制和网格化管理体系。全年按时办结政府信息公开申请件17件；厅网站主动公开信息505条，数量在省直单位中排名第一。

提案建议办理工作。全年协调办结省人大建议及省政协提案175件，办结率和满意率达到100%，得到省人大常委会办公厅和省政协办公厅认可。

（厅办公室）

【统筹部署"四好农村路"高质量发展试点建设】 厅公路管理处深入学习贯彻落实习近平总书记关于"四好农村路"重要指示精神，印发了《"四好农村路"高质量发展试点实施方案》，认真推动各项工作有序开展。截至2021年年底，已完成出台示范市创建实施方案及推广实施"路长制"两项目标任务。

（厅公路管理处）

【稳步推进普通国省道公路与城市道路衔接协调发展试点建设】 厅公路管理处组织相关单位编制并印发了《江西省普通国省道公路与城市道路衔接协调发展试点实施方案》，结合已批复的试点实施方案，精心组织实施，狠抓工作落实，引导各试点市县做好试点项目设计新理念的探索，协调推进试点项目开工建设。

（厅公路管理处）

【持续抓好普通公路建养领域安全生产】 一是按照《江西省公路水运工程安全生产专项整治三年行动"出重拳、遏事故"集中攻坚活动方案通知》要求，组织省综合交通中心每月开展普通国省道在建项目安全生产明察暗访，持续压紧压实普通公路建设养护及运行领域安全生产各项工作。二是积极创建平安百年品质工程，大力推进施工标准化，不断提升科技创新驱动力，推动普通公路建设管理水平再上新台阶。

（厅公路管理处）

财务审计

【贯彻落实深化预算管理制度改革】 省交通运输厅全面推进实施预算绩效管理，在省直单位中率先启动了预算绩效管理标准指标体系建设工作，完成了分行业、分领域、分层次的核心绩效指标和标准体系建设。深入开展中央对地方专项转移支付项目绩效评价，自评情况良好；稳步有序完成2021年部门预算批复以及部门决算、政府财务报告等编报工作。

（李想）

【稳步有序启动政府会计制度改革】 省交通运输厅启动了全省公路水路公共基础设施清查摸底及政府会计核算工作，联合省财政厅共同印发了《全省公路水路公共基础设施清查摸底及政府会计核算实施方案》，制定并公布了《江西省公路资产重置成本标准指导意见》，明确记账主体及各类初始入账成本标准，为江西省公路水路资产的科学化、规范化、价值化管理夯实了基础。

（李想）

【规范创新提高财务管理水平】 省交通运输厅建立健全预算管理、资金管理和政府采购制度体系。制定出台了《江西省交通运输厅专项债券资金管理使用办法》，修订了《厅直属单位政府采购管理办法》；利用财务信息化平台，提高精细化管理水平，将地方政府债券资金使用管理纳入财务信息化管理平台，实行网上审批流程化管理。

（李想）

【全面高效拓展投融资渠道】 用足用好政府债券政策，协调争取新增专项债券重点用于收费公路、水运等交通基础设施，打开水运专项债首次用于省本级港口项目的新局面。推动交通强省发展基金设立，完成了基金设立事前绩效评估工作，制定了《江西交通强省发展基金设立和运作方案》，开展基金设立和运作相关前期工作，为下一步设立基金管理公司奠定基础。

（李想）

【做细做实政府采购工作】 超额完成政府采购脱贫地区农副产品任务。督促厅属各单位进一步提高政府采购脱贫地区农副产品预留份额，加大采购力度。积极主动与省财政厅沟通协调，申请调增政府采购预算，保障了厅重点项目实施的顺利推进。

（李想）

【强化监管提高专项资金使用效益】 开展2019年及以前年度的普通公路建设专项资金结存清理回收工作，提高资金使用绩效。强化涉农资金监管，开展2019—2020年全省农村公路建设及资金使用情况专项督查工作，要求市县交通公路部门对已完工未拨付完资金的项目加快项目执行力度，减少项目沉淀资金。积极做好往来资金清理，收回代垫资金，采取有力举措督促相关地市归还欠款或重新制定还款计划。

（李想）

【切实严谨做好厅属企业管理】 严格按程序办理部分企业划转批复手续，出台厅管企业改革创新三年行动工作方案，并建立年度工作台账，将各项改革重点任务细化分解到各职能部门，落实责任，强化考核，切实保证各项改革工作的稳步推进。

（李想）

【做好收费相关政务服务】 推进江西省高速公路差异化收费政策研究，在全面评估现行差异化政策实施效果的基础上，以吸引平行普通公路车流，提升公路通行效率为前提，测算出具有收费弹性的潜力路段，重点关注改扩建路段差异化措施建议，作为下一轮差异化政策储备；做好取消普通公路收费后续补偿工作，完成三清山环山公路取消普通公路收费后续补偿工作；及时处理与收费公路政策有关的舆情反馈、信访回复、通行保障等相关协调工作。

（李想）

【健全内部审计机制】 为了适应新形势下对内审工作的新要求，对内部审计管理制度进行了全面梳理，对有关管理办法进行了修改废，进一步理顺了审计管理体系，健全了相关制度。1.完成了《江西省交通运输内部审计工作实施办法》《江西省交通运输厅基本建设项目内部审计实施办法》修订工作，并经厅务会审议后印发各单位贯彻执行。2.根据中办、国办《党政主要领导干部和国有企事业单位主要领导人员经济责任审计规定》及省审计委员会办公室、省审计厅《贯彻实施意见》，结合交通运输厅实际，提出了具体的贯彻落实意见，并对原有的管理办法予以废止。3.为进一步加强建设项目审计，明确职责，强化建设项目审计，下发了《关于进一步加强交通建设项目审计工作的通知》，结合现实要求及时废止了《江西省高速公路建设项目竣工决算审计暂行管理办法》。

（厅审计处）

【加强建设项目审计】 年内完成了大广高速公路南康至龙南段扩容工程、铜鼓至万载高速公路宜丰联络线、信江航运枢纽工程、界牌枢纽船闸改建工程、万安枢纽二线船闸工程、省交通技工学校校园建设二期工程等7个重点建设项目的跟踪审计并下达审计结果通知，审计指出问题133项，提出审计建议33条。完成了对九江港彭泽港区红光作业区综合枢纽物流园一期工程项目跟踪审计。通过对建设项目的审计督促项目建设单位加快推进项目建设，完成年度投资目标任务，规范项目建设管理，提升项目管理水平。

（厅审计处）

【强化领导干部经济责任审计】 年内完成了赣州高速路政支队原支队长陈孝良、省运管局后勤中心原主任段春新等同志经济责任审计并已下达审计结果通知，审计指出问题19项，提出审计建议8条。

已完成省公路局信息数据中心原主任龙华春、厅机关后勤中心原副主任艾志茂、厅规划办原主任刘维文、宜春高速路政支队原党委书记肖仁义等同志经济责任审计。通过经济责任审计的开展对被审计单位进行了全面的"经济体检"，发现领导干部在内部管理、所属单位管理和职责履行等方面经济责任问题，促进被审计单位完善制度，提升管理水平。

（厅审计处）

【开展行业专项资金审计】 按照交通运输部统一部署，组织开展了对车辆购置税交通运输专项资金结存情况的审计调查，审计资金 361.61 亿元，进一步摸清"十三五"期间江西省车购税交通运输专项资金计划安排及项目实施情况，掌握了车购税资金结存情况及原因，提出了化解结存资金的意见和建议。围绕农村公路养护资金使用情况，灾后恢复

重建项目建设和补助资金使用情况，开展了 11 个地市的 2020 年度水毁抢修、灾后恢复重建、农村公路养护项目资金使用专项审计，同时按照交通运输部要求开展安远县交通扶贫项目资金的专项审计，落实审计职责，强化资金使用管理，促使相关单位完善制度，规范使用交通专项资金管理使用。

（厅审计处）

【推进信息化项目决算审计】 年内已完成省联网中心实施的智慧交通云平台等 8 个项目和原省运管局实施的危险货物道路运输安全监管系统竣工决算审计，审计金额 27582.36 万元，出具审计报告，指出问题 46 项，提出审计建议 27 条。另外已完成现场审计正在征求意见阶段的项目 2 个。

（厅审计处）

公路交通管理

【江西省高速路政和地方交通运输执法机构联勤联动执法试点工作推进会在景德镇市召开】 为深入贯彻江西省交通运输综合执法改革精神，建立跨部门、跨区域执法联合工作机制，4 月 14 日下午，省交通运输综合行政执法监督管理局在景德镇市组织召开全省高速路政和地方交通运输执法机构联勤联动执法试点工作推进会。省路政总队、南昌支队、上饶支队、景德镇支队、上饶市交通运输局、南昌市运管处、景德镇市运管处、鄱阳县运管所等单位出席了会议。会议解读了《高速路政和地方交通运输执法机构开展联勤联动执法活动试点工作方案》。会议协调了南昌市、上饶市、景德镇市交通运输综合执法机构参与联合打击非法营运工作。

会议要求各试点单位认真分析辖区内执法面临的形势与特点，摸清违规车辆主要途经的高速公路服务区、普通公路"黑服务区"和路域环境重点整治区域。在 2021 年 4 月 15 日至 6 月 30 日期间，通过开展跨部门跨区域执法联勤联动，依法查处高速公路范围内的"非法营运""非法改装""非

法维修"等违规经营行为，切断"黄牛"组客链条，消除运政执法行业监管盲区；加大高速公路路域环境整治力度，聚焦"八个无"的目标，持续保持"畅安舒美"的高速公路通行环境。

会议还指出通过开展此次试点工作，不断夯实基层执法基础、提高执法效能，有利于补齐联勤联动合力不足的短板，探索建立联勤联动执法长效机制。

（洪耀祖）

【省交通运输执法局积极开展路域环境整治，维护公路运行安全】 2021 年，省交通运输执法局加强公路安全保护，积极开展路域环境整治，对涉及公路运行安全的违法涉路设施进行专项督办，维护公路运行安全。

一是完善交通执法联动机制。为有效保护公路路产、维护公路路权，保障公路安全畅通，建立协作有力、配合密切的工作机制，起草了《江西省交通运输综合行政执法机构与公路事业中心协作

办法》。探索建立交通运输行政执法与刑事司法衔接机制。建立完善普通公路与高速公路治超执法联动机制，形成治超执法全省"一张网"。组织开展高速路政和地方交通运输综合行政执法机构联勤联动执法活动，探索建立联勤联动执法长效机制，提升执法效能。

二是大力开展路域环境整治。按照省政府办公厅《关于转发省交通运输厅、省公安厅全省公路路域环境及交通秩序综合整治工作方案》，全省交通运输执法机构以全面提高公路通行能力和服务水平为目标，严格按照政府主导、明确分工、突出重点、全面推进，部门联动、齐抓共管的工作思路，以省际交界路、事故频发路段为重点，以治理公路"脏、乱、差、堵"为突破口，以规范公路两侧建筑和净化、亮化、美化两侧环境为主要手段，通过强化与属地政府的协调、配合，积极开展联合整治行动，公路路域环境得到有效治理，公路综合服务能力明显提升。截至 2021 年 12 月底，全省开展联合执法行动 1324 次，出动执法人员 23050 人次，出动执法车辆 6898 台次，拆除各类违法建筑物（地面构筑物）898 处共 22507 平方米，清理各类非公路标志（标牌）3004 块，整治各类非法架设（埋设）管线 128 处，清理沿线违法加水洗车站点 136 处，清理占路为市、摆摊设点 1394 处 / 次，消除各类公路运行安全隐患 1274 起。

（省交通运输执法局　于文广）

【**全省科技治超工作全面启动**】　2021 年 9 月 6 日，全省科技治超暨道路交通安全现场推进会在鹰潭市召开，省政府副省长秦义、张鸿星出席并讲话，标志着全省科技治超全面推开。全省如期全面完成第二批 266 个不停车检测点的建设任务，并全部接入江西省治超综合管理平台，全部通过省级计量检测标定，基本实现了全省重要国省道、重要路段节点、所有县（市、区）全覆盖的任务目标，打造了全省科技治超的一张"天网"。全省各地依托江西省治超综合管理平台，制作治超处罚案卷 12068 件，路警联合执法处罚案卷 8528 件，非现场处罚案卷 3540 件。

（省交通运输执法局　刘方栋）

【**全省源头治超取得新突破**】　2021 年推动全省明确并公布 513 家重点货运源头单位，督促 492 家安装完成称重检测和视频监控设备，推动 148 家源头单位将称重检测和视频监控数据接入江西省治超综合管理平台工作，建立《全省重点源头单位动态监管台账》。依托江西省治超综合管理平台，严格落实"一超四罚"制度，开展对违法源头企业的处罚，通过路面查处违法超限超载货车倒查处理了 59 家源头企业，吊销了 3 家企业道路运输经营许可证、127 台车辆营运证，责令 134 家企业停业整顿。

（省交通运输执法局　刘方栋）

【**省交通运输执法局开展"破冰"行动打击道路运输领域违法行为**】　"黑车"猖獗、"黑旅游客运企业"以及合法客运企业纵容黑车挂靠经营、网约车领域乱象丛生等问题长期影响着江西省道路运输安全，侵害着群众利益，并扰乱道路运输市场秩序。由于交通运输综合行政执法机构的基层执法人员执法能力不足，对新业态、新问题的执法存在畏难情绪，不敢执法、不会执法问题表现突出。为保护人民群众生命财产安全，树立交通运输执法队伍形象、彰显执法担当精神，破解一些长期困扰基层交通运输综合执法机构的执法顽疾，5 月，运政处采取"一对一"的方式，综合选取道路运输领域 7 个突出问题，包括打击非法营运、整治网约车乱象、整治驾培行业乱象等，交由 7 个地市交通运输执法支队开展针对性的执法行动，探索解决难点、焦点问题的方式方法，总结可复制、可推广的执法经验，力争打开道路运政执法工作新局面。

"破冰"行动启动以来，7 个设区市交通运输执法机构主动担当、精心组织，周密部署，扎实推进，部分设区市交通运输执法机构在调查取证、稽查布控、联勤联动等方面取得了一些好的经验、好的做法，具体表现为"1 项创新、2 项机制、3 项联合"。运政处对"破冰"行动进行了经验总结，将好的经验、好的做法全省通报表扬，要求各地予以借鉴，增强执法能力。

（省交通运输执法局　万绍强）

【**交通、公安强强联合行动严打非法营运**】　针对非法道路营运猖獗现象，8 月，省交通运输执法局联合省公安厅交通管理局，下发了《关于开展打击非法营运和超员载客违法违规行为专项行动的通知》，以 1637 辆涉嫌非法营运车辆为重点，在全省范围内联合开展为期 3 个月的打击非法营运和超员载客违法违规行为的专项行动。依法查处涉嫌在江西省长期从事道路非法营运和超员载客的各类车辆，维护道路运输市场秩序，消除道路交通安全隐患，保障人民群众生命财产安全；探索建立跨部门、跨区域联勤联动执法长效机制，以部门联勤提高执法效能，以部门联动提升执法合力，不断夯实联合执法基础，实现联合执法能力和水平明显提高，执法权威和公信力明显增强。

自省交通运输执法局布置打击非法营运和超员载客专项行动工作后，全省各地交通运输执法部门高度重视，立即与地方交管、高速路政、高速交警等部门沟通联系，在已有的联合执法机制基础上，共同制定了本地联勤联动执法方案，为全方位开展打击非法营运和超员载客等违法违规行为奠定了坚实基础。

（省交通运输执法局　万绍强）

【省交通运输执法局严格机动车驾驶培训领域执法】 8月，省交通运输厅对全省机动车驾驶员培训机构学时记录情况进行了抽查，发现赣州市、吉安市、鹰潭市部分驾校存在学时造假情况。为了保障道路交通安全，进一步规范驾培机构经营，针对学时造假、不按规定地点培训等突出问题，江西省交通运输执法局及时下发了《江西省交通运输综合行政执法监督管理局关于对机动车驾驶培训机构开展专项执法检查的通知》，要求各地执法机构对机动车驾培机构开展一次专项执法行动，全省共处罚12家驾培机构、41台教练车，严厉打击了机动车维修领域的违法违规经营行为，营造了健康、有序的机动车维修市场环境。

为规范机动车维修经营活动，维护机动车维修市场秩序，推动机动车维修行业健康发展，10月，江西省交通运输执法局组织南昌市执法支队、青山湖执法大队及省维修协会，以南昌市青山湖区机动车维修企业密集地为重点整治区域，对未按规定备案、超越经营范围、非法改装、使用假冒伪劣配件等情况进行重点执法检查，以探索维修行业执法经验。行动期间，现场检查3家维修企业，发现2起未按规定备案等违法违规行为。

（省交通运输执法局　万绍强）

【江西启动打击非法营运和超员载客违法违规行为专项行动】 8月20日起，省交通运输执法局联合省公安厅交管局在全省范围内开展为期3个月的打击非法营运和超员载客违法违规行为专项行动。

省交通运输执法局收到省公安厅交管局分析摸排的一批涉嫌长期从事非法营运车辆线索后，积极上门对接联合执法事宜，达成了"各司其职、相互配合、联合行动"的共识，明确根据车辆通行线路特点，分固定通行线路车辆和无固定通行线路车辆，采取重点场所布控、锁定轨迹精准、实施源头打击等查处方法，精准打击、依法查处涉嫌在江西省长期从事道路非法营运和超员载客的各类车辆，切实维护道路运输市场秩序，消除道路交通安全隐患，保障人民群众生命财产安全。

为确保专项行动取得实效，省交通运输执法局和省公安厅交管局要求各地交通运输执法机构和公安交管部门加强跨部门、跨区域联勤联动，严格规范公正文明执法，并建立健全非法营运群众举报制度，畅通群众投诉渠道，大力解决群众迫切期盼的难点、热点问题。对各地联合执法开展情况，两局将适时进行"四不两直"的实地检查，对工作开展不力、走过场、推诿扯皮的，在全省予以通报并联合约谈主要负责人。对违反执法工作纪律的，依法依规严肃追责。

（省交通运输执法局　万绍强）

【省交通运输执法局聚焦突出问题重治网约车乱象】 针对当前江西省网约车领域乱象丛生，尤其是网约车平台双合规率较低、网约车超越经营范围变相从事班车运输等突出问题，结合省厅关于推进全省网约车合规化进程工作安排，省交通运输执法局道路运政处从12月份开始，开展为期一年的网约车领域专项治理行动，重点打击网约车平台不按规定报备车辆和驾驶员信息、接入不合格车辆或驾驶员、给无证车辆或无证驾驶员派发订单，以及网约车以微信、电话招揽旅客变相从事班线运输等7大违法违规行为。

为切实做好此次专项整治工作，对针对群众反映强烈、违规经营投诉较多的网约车平台（江南出行运输服务有限公司），省交通运输执法局道路运政处组织南昌市执法支队严肃查处了其6台违规经营网约车，同时组织省级道路运输执法骨干深入该公司实地核查，详细了解了该网约车平台运营情况，通过解剖麻雀方式，进一步核查了网约车平台各项违规经营状况，为开展全省整治打下了坚实的基础。

（省交通运输执法局　戴嘉诚）

【南昌市交通运输执法支队牵头5家单位联合开展货车超限超载专项整治行动】 为有效遏制货运车辆超限超载现象，保障人民群众的生命财产安全，11月5日晚，由南昌市交通运输执法支队经开大队牵头，会同经开区交通办、区交警大队、区城管局、白水湖管理处、冠山管理处等5家单位联合开展货车超限超载违法行为专项整治统一行动。

联合整治行动分两个小组，分别在江西钢城东、西出口岗亭附近布控，对过往的大货车、渣土车按照"逢疑必查"的原则逐一检查登记，重点检查疑似超限超载、疑似非法改装和证照不齐等情形的货运车辆。截至次日（6日）7时许，联合执法人员出动执法人员12人次，执法车辆3辆次，共检查疑似车辆40余辆，现场查扣超载超限违法车辆3辆，其中涉嫌非法改装车辆2辆。此次联合整治行动，有力地震慑和打击了超限超载车辆违法行为，进一步促进了常态化、制度化治理货车超限超载执法工作深入推进，形成"露头就打"的高压态势，保障了辖区交通运输安全。

（省交通运输执法局　刘方栋）

【景德镇市交通运输综合行政执法支队联合高速路政开展联动执法行动】 为深入贯彻落实交通运输执法联勤联动试点工作部署精神，化解执法难题，有效查处违反交通运输法律法规的行为，4月23日，景德镇市交通运输综合行政执法支队联合景德镇高速路政支队联动，开展高速公路联合执法行动。

当日上午9点30分，两支交通执法队伍齐集7辆制式执法车辆，运政执法、路政人员35人，在景德镇西收费口集合完毕，整装待发。简短的动员结束后，执法人员先后来到月亮湖服务区和景德镇南收费站口，现场检查了月亮湖服务区汽修公司，抽查了部分大型客车、重型货运车辆、危化品运输车辆等，对高速公路范围内的"非法营运"、"非法改装"、"非法维修"、违法超限运输等行为进行打击查处，督促驾驶员们要安全行驶，确保自身及他人的生命安全。此次行动共检查汽修厂1家、车辆70余辆。通过开展联合执法行动，进一步增强驾驶员安全意识，切实消除交通安全隐患，为辖区安全稳定营造了良好氛围。下一步，随着联合执法

的不断深入，双方将以敢于下手、敢于动真、敢于碰硬的态度，不断强化工作举措、营造高压态势，持续保持高速公路安全畅通，保障人民群众安全出行。

（刘巧英）

【九江市充分运用科技治超手段，强化源头治理】 九江市充分运用科技治超手段，强化源头治理、加大路面治超管控力度，打击货运车辆超限超载运输行为，出动治超执法人员134928人次，检测货运车辆804543辆次，查处违法货运车辆5113辆次，查处非法改装车辆561辆，卸载超限超载货物68479.504吨。加强源头摸排，对全市货物（运）企业进行全面摸排，建立了各地的货物（运）源头单位管理台账。对重点源头单位采取动态管理，及时更新。2021年，德安已新增重点源头单位7家，退出2家；瑞昌市新增重点源头单位3家；湖口关停1家，退出1家并进行了公示。

（九江市交通运输局）

【赣州市公路治超概况】 赣州市98家重点货运源头企业全部安装称重检测和视频监控设备。第二批50个不停车检测点全面完成建设任务，基本实现对全市普通国省干线公路科技治超非现场执法全覆盖。以"百吨王"专项整治为抓手，强化路警联合执法，出动执法人员9.3万人次、执法车辆2.9万辆次，查处超限超载车辆3455辆，卸载或转运货物5.1万吨，交警记分13737分，非法改装车恢复原状102辆，持续保持公路治超高压态势。

（赣州市交通运输局）

【吉安市交通执法部门三举措抓好"治超"工作源头管理】 为切实打开"治超"工作新局面，从源头上遏制超限超载运输，形成齐抓共管、综合治理新格局，吉安市交通运输综合行政执法支队蓄势发力，深入企业调查研究，找准"治超"工作着力点，抓住"治超"工作牛鼻子，遏制非法超限超载现象。一是广泛宣传"治超"法律法规。市、区治超办联合相关部门深入企业、砂场调查研究，了解当前工作存在的堵点、难点，通过发放宣传单和座谈会的形式，对《江西省货物运输车辆超限超载治理办法》《中华人民共和国道路运输条例》《公路安全保护条例》等进行详细讲解，特别是针对运砂车超限超载

现象严重的问题，执法人员现场进行"治超"执法流程演示讲解，引导相关企业和货运司机规范装载货物、合法运输。二是加大科技治超力度。建成的不停车超限检测系统接受检测机构经过验收后，将适时投入使用，自此不需再"守株待兔"，不靠人海战术。公路、交通、公安、交警、城管等部门紧密配合，实施定点联合执法、流动联合执法、高速公路入口联合执法、货运源头联合执法、联动管理和失信联合惩戒五种联合执法形态，精准化、常态化、智能化治理超限超载，全面形成以非现场执法为主、路面执法为辅的治超新模式，构建全市治超"天网"，实现对超载车辆的"精准打击"，超载超限现象得到有效遏制，超载超限率有明显下降。三是及时约谈高频次问题企业。为对相关违法企业起警示教育作用，市县治超部门正式启动对高频次超限运输企业的警示约谈工作。执法人员通过以案说法，讲述超限超载及货物飘洒违法行为对社会造成的危害，阐明治理超限超载及货物飘洒的必要性和紧迫性。目前已与多家企业相关负责人进行警示性面谈并专门建立了档案。同时，向超限运输企业下发《违法行为通知书》，明确告知违法情形和处罚措施及享有的法律权利。被约谈的货运企业负责人现场作了深刻检讨，承诺接受处罚，规范货运装载，切实履行企业安全生产主体责任。

（吉安市交通运输局）

【新余市交通运输局联合公安、城管开展 2021 年打击非法营运专项整治行动】　为进一步规范新余市交通运输客运市场秩序管理，营造良好的交通运输环境，提高交通运输人员素质，规范服务行为，保障从业人员和广大群众的合法权益，改善城市交通秩序和维护交通安全，新余市交通运输局、市公安局和市城管局联合开展 2021 年联合打击非法营运专项整治活动。

此次活动，由市交通运输主管部门牵头，组织市城管、公安等部门成立市打击非法营运整治组，开展联合打击非法营运整治工作。按照工作要求，认真履职尽责，加强配合、通力协作，采用宣传劝导和集中整治的方式进行。重点对非法营运的二轮摩托车、三轮车、残疾人机动车、电动自行车等车辆开展集中整治工作，并对非法营运行为进行处罚。同时在新余火车站、汽车站等人员密集场所加强宣传力度，特别对驾乘非法营运车辆的危害向社会各界广为宣传，争取全社会对整治工作的理解和支持，营造浓厚的整治氛围。

（廖小武　黄林雅）

【新余市正式启用普通公路不停车检测系统】　为进一步加强对公路桥梁的保护，健全治超长效工作机制，促进公平公正、严格执法，增强治超社会透明度，根据《中华人民共和国公路法》《超限运输车辆行驶公路管理规定》《江西省货物运输车辆超限超载治理办法》的有关规定，新余市从 2021 年9 月 1 日起依法对珠珊（花田）不停车检测点、马洪不停车检测点 2 个国省道路段启用普通公路不停车超限检测点，抓拍货运车辆违法超限超载运输，并对抓拍到的违法车辆依法进行处罚。

前期，新余市交通运输局在新余日报、新余发布、新余交通广播电台等新闻媒体对启用普通公路不停车超限检测点进行了公告。珠珊（花田）不停车检测点位于省道 312，公桩号位置是 K298+073；马洪不停车检测点位于国道 533，公桩号位置是 K13+400。为确保两个不停车检测点的顺利启用，该局积极协调维修人员对两个不停车检测点硬件设施进行检修及维护；积极协调监测系统建设人员对不停车检测系统的调试及运维。

系统运行后，实行 24 小时不间断运行，实现全路覆盖和全天候监控。该系统可以更好地实现对路面超限超载车辆精准打击，降低路面执法压力和执法成本，也可以更好保障普通公路和桥梁的安全通畅。

（王佳玉）

高速公路管理、收费

【省交通投资集团召开2021年春运工作布置视频会】 1月22日上午，集团召开2021年春运工作布置会，会议以视频方式召开，集团党委委员、副总经理段卫党、李柏殿出席并讲话。

会议要求，一要强化思想认识，充分认识春运工作面临的严峻形势。要统筹谋划保通保畅、服务保障、疫情防控及应急处置等各项工作，努力保障安全畅通，让司乘群众放心便捷出行。二要强化目标任务，全力做好春运保障工作。要围绕保畅通、保卫生、保安全和防新冠疫情、防负面舆情等主要任务，坚持以人民为中心的春运保畅工作思路，全力保障高速公路安全稳定运营。服务区要紧密结合实施中的三年提质升级攻坚行动，在着力提高环境卫生水平的同时，针对老年人、残疾人等特殊群体提供贴心暖心服务，不断改善服务水平。三要抓好重点工作，全力确保今年春运安全平稳。重点抓好疏堵保畅、疫情防控，尤其对服务保障压力较大的服务区和收费站，要关心员工人身安全和身心健康，加大廉洁教育和人文关怀力度，努力营造舒适、温馨的工作环境。

就做好疫情防控和安全生产，会议强调，要围绕"保健康、保安全、保平安"目标任务，不断加强保畅应急处置，清障救援安全管理；严格落实工作生活环境的消杀毒和一线人员的安全防护举措，有序推动一线员工疫苗接种工作，落实重点人群"应种尽种"，牢牢守住不发生因工作原因导致员工受感染的底线。

会议还就春运及恶劣天气保通保畅工作做了具体布置，路网公司、赣粤公司、畅行公司就春运形势预判、恶劣天气应对及春运工作准备作了汇报。

集团总部相关部门、路网公司、赣粤公司、畅行公司、各路段管理单位、路网信息中心、方兴公司及部分重点收费站、养护站、服务区相关负责同志共130余人，分别在主会场及各分会场参加会议。

（省交通投资集团）

【江西高速路政部门推行网络巡查】 自2021年1月始，省路政总队在全省高速路政部门推广"网络巡查"，利用江西交通信息化建设成果，通过高速公路云联网工程开展网络视频路政巡查，以达到事故处置效率明显提升、路况信息调度更加及时、隐患排查治理更为精准的路面管控效果。

（省路政总队　吴敏杰）

【景德镇管理中心婺源收费站、赣州管理中心赣州北收费站获评全国交通运输行业"五星级现场管理单位"称号】 3月，根据中国交通企业管理协会公布的全国交通运输行业2020年度星级现场管理单位名单，省交通投资集团所属路桥工程公司承建的大广高速南康至龙南段扩容工程C1标、省道303浙临线婺源岭脚至浙源段公路升级改建项目、新建区新建大道东延等中心城区11条道路工程三个项目荣获全国交通运输行业"五星级现场"荣誉称号；景德镇管理中心婺源收费站、赣州管理中心赣州北收费站获评"五星级现场管理单位"。

（省交通投资集团）

【路网运营公司完成高速公路限高设施改造】 5月，省交通投资集团所属路网运营公司完成了所辖4429千米高速公路沿线228个收费站434个节假日限高设施的改造，改造完成率达100%。收费站节假日限高设施改造后，黑黄相间的标识更加醒目，夜间反光效果更加明显；当受到超高车辆冲撞时，限高设施横梁一般可安全断开或解体，断裂横梁一般可连接在立柱上，损坏零件不易散落至地面；覆盖泡沫膜可降低冲击伤害，从而确保安全性。

（省交通投资集团）

【省交通投资集团召开首届高速公路运营管理现场会】 6月22日至23日，省交通投资集团首届高速公路运营管理现场会在景德镇召开，集团党委副书记、副董事长、总经理谢兼法出席会议并讲话，党委委员、副总经理段卫党主持会议，党委委员、副总经理李柏殿出席会议。集团相关部门负责同志，路网运营公司、赣粤公司、各路段管理单位总经理、分管领导以及业务部门负责同志共计70余人参加会议。

现场会上，谢兼法对集团的高速公路运营管理工作给予了充分肯定。他指出，这些年来，各路段管理单位担当实干、创新管理，收费、养护等相关工作标准化、规范化，多项指标进入了全国第一方阵，成绩有目共睹。一是通行费收入连年攀升，为集团的多元化发展提供了稳定的现金流。二是养护"国评"连创佳绩，持续保持较好的路况水平，使高速公路成为江西的亮丽名片。三是应急救援连接有序，顺利承接了车辆救援服务工作，工作效率和服务水平得到了不断提升。四是品牌文化连绵不断，"老字号"品牌熠熠生辉，"新生力"品牌绽放光芒，集团的对外形象不断提升、影响力持续扩大。

谢兼法围绕公众美好出行、行业政策、行业态势等，对当前路段运营管理的形势进行了分析，要求大家要努力在危机中育新机，在变局中开新局，在改革创新中实现转型升级。他指出，今后一段时期，路段管理单位依然是集团改革发展中的"利润源""稳压器"和"大后方"。

谢兼法强调，各路段管理单位务必要找准方位、认清方向、掌握方法，对标对表、求真务实，高质量完成集团布置的各项任务。一要提升运营效率和服务水平。坚守路网运营管理的职责和使命，做好路网畅通的"调度员"、公众美好出行的"服务员"，要在服务引流、营销促流、创新增流、稽查稳流上积极作为、下足功夫，把"综合服务站"作为收费业务的"综合发展平台"。要加快推进"星级养护站"建设工作，将科学养护、智慧养护、绿色养护等理念融入日常养护工作。要加快建立"以自建队伍为主，社会力量为辅"的车辆救援管理模式，提高车辆救援服务水平。二要强化经营理念和市场思维。脑中要有"总账本"，既要履行好政治责任、社会责任，也要履行好经济责任。心中要有"大数据"，多关注财务数字和经营数字，习惯用数字进行思考和管理，多梳理总结经验举措、多

开展业务分析研究，找准前进方向、抓住问题关键、破解发展难题。手中要有"妙招数"，把每一条高速公路作为一条狭长的经济带，把手上闲置资产形成清单、盘活资产、释放活力。三要增强法治思维和法律意识。坚持问题导向，以保障人民生命财产安全为最高出发点，增强法治理念，全面查找运营管理漏洞、做好事前防控法律风险，维护好企业合法权益。四要夯实基层基础和平安建设。抓好固定资产管理，做到规范处置、账实相符。抓好平安建设，扛起安全之责、绷紧安全之弦、落细安全之举，坚决守住安全生产的红线、底线、生命线。关心关爱员工，以"我为群众办实事"实践活动为抓手，进一步从思想上、工作上、生活上关心关爱员工，用心用情解决员工"急难愁盼"问题。

会前，与会人员分批次观摩了景德镇管理中心园区建设、企业综合展厅、智慧运营平台，以及婺源养护所"星级养护站"创建进展、养护"微创新"成果、"职工夜校"课件，婺源收费站"综合服务站"、入口超限车辆劝返系统、收费岗亭机柜"大改小"、党建主题公园等内容；观看了景德镇管理中心企业宣传片、收费手势操展示和企业歌曲MV。会上，为集团第一届高速公路运营管理现场会承办单位进行了揭牌，景德镇管理中心、赣州管理中心、昌泰公司分别围绕提升路段运营管理水平进行了经验交流发言；举行了集团"综合服务站"推介暨"星级养护站"创建启动仪式，向集团第二届高速公路运营管理现场承办单位进行了授牌。

（省交通投资集团）

【路网运营管理公司着力推进路网运营持续优化】 一是强化运营管理。截至2021年6月底，实现通行费收入67.23亿元，较2019年同比增长12.72%。为确保完成全年通行费征收任务，一方面，切实守好通行费"存量"，进一步做好改扩建工程、收费站改造、日常养护、清障救援等工作，保障道路通行畅通，不断提升收费管理水平。另一方面，着力做大通行费"增量"，加强收费营销工作，研究收费营销新思路、新办法、新模式，在巩固拓展路域环境整治成效的基础上，持续开展差异化收费研究，探索积分制、会员制、与服务区及加油站合作等营销促收的新增长点，实现通行费收入稳步提高。加强稽核打逃工作，加快组建收费稽核中心，出台治理车辆逃漏通行费行为管理办法和收费管

理办法，调整奖励分配方式，激发稽核打逃工作积极性。二是加强信息化建设。着力推动"江西交投数字大脑"建设项目，对现有机电、网络等设施设备进行数字化改造，不断提升信息化、智能化水平。加强数据整合力度，将部分现有业务系统接入"数字大脑"平台，实现高速公路运营管理的多元数据融合，通过大数据和智能算法，为公司决策和业务开展提供统一技术支撑，切实提高运营效率，实现高速公路运营"高速、高效"的智慧化管理。不断提升路网监测能力，提高道路安全管控能力，高效应对突发事件，10月底前完成收费站拥堵预警系统建设。三是扎实为民办实事。坚持"一路服务、一路畅通、一路平安、一路守护、一路高效"的原则，开展"沿着高速办实事"主题活动。坚持问题导向，紧扣实际需求，以解决基层和群众反映强烈的痛点、堵点、难点问题为出发点，从服务过往司乘、服务沿线群众和服务基层三个方面发力，积极推动收费站"站办前置"，提升综合服务水平；开展高速沿线居民降噪工程，为沿线群众营造更好的生活环境；提高ETC一次性通过率，服务公众快捷出行；强化车辆救援管理，提升现场调度指挥能力，保障高效救援服务；推广"赣智行"微信小程序，为司乘提供行程回顾、出行预约、一键救援等智慧化定制化服务，切实增强人民群众的获得感、幸福感、安全感。

（省交通投资集团）

【省交通投资集团全力保障国庆期间高速公路运营安全畅通高效】 一是提前开展隐患排查治理。坚决扛起安全防范政治责任，集团党政主要负责同志落实安全生产第一责任人责任，亲自过问、亲自部署、亲自检查安全防范工作，集团领导班子成员落实"一岗双责"，组织12个检查组，以分片包干的方式，通过明察与暗访、现场检查与听取汇报、查阅台账与当面问询相结合等形式，集中对所属30家单位开展安全生产综合督查，推动整改安全隐患。全面开展新《安全生产法》宣贯，重点抓好高速公路收费站、道路养护、服务区、在建工程项目等重点领域的安全监管，提前对收费广场、岗亭、车道等设施设备，服务区经营区域、危化品车辆停放区、加油加气站、餐饮食品等重点部位、重要环节全面开展隐患自查整改，暂停养护大中修作业，坚持"外防输入、内防反弹"，坚持非必须不出省，

对服务区、收费站等区域落实消毒通风、佩戴口罩、测温验码、防疫宣传等措施，为广大人民群众过一个平安、欢乐、祥和的节日营造了安全氛围。二是全面提升通行保障能力。围绕车道快速通行，节前对收费站出入口车道、收费监控和应急设备进行了维护保养、优化升级，安排专人值守ETC车道，为司乘提供ETC故障处置、激活等延伸服务，确保ETC一次性通过率达99.9%，节日期间开足车道，设立小客车、货车专用车道进行渠化交通、快速通行；充分利用路网运行监测平台、收费站拥堵预警系统，在高峰期及国庆免、收费的切换期等重点时段，加强各市区、景区周边等保畅重点收费站的动态监测和指挥调度，采取增派疏导人员、复式收费、简化查验程序等措施，提升车道通行效率，避免车辆缓行拥堵。围绕应急管理与处置，严格落实领导带班和24小时值班制度，节前开展各类应急演练，进一步完善养护应急、道路保通、车道保畅、疫情防控等应急预案，在科学预判车流高峰的基础上，提前配齐服务保障人员，备好CPC卡、纸质通行券、零钞以及安全锥、防撞桶等应急保畅物资；抓好突发事件应急处置，发挥"一路三方"联勤联动机制作用，加强与高速路政交警、地方公路交通等部门的信息共享、沟通协作，加强交通事故、突发情况下的应急联动，合力保障高速公路安全畅通。三是着力做好做优窗口形象。严格落实节日期间免收通行费政策，对异常情况实行"先行后缴"。持续提升窗口服务形象，积极在收费站推行"站办前置+服务融合"模式，在全省高速公路沿线建成落地16个"综合服务站"、在建20余个，形成了"一体化联合办公"+"一分钟快速反应"+"一站式综合服务"的服务新模式。综合服务区站设置了接待区、自助查询区、综合办公区、司乘休息区等功能区，可以满足司乘人员路况信息查询、ETC使用答疑、旅游线路咨询、手机充电、车辆简易故障处置、救援等待、候车休息、零食采购、免费茶水、如厕方便等十余项服务需求，进一步提升公众出行满意度。做好出行信息服务，提前通过大数据分析，利用官方微信公众号发布国庆期间江西省高速公路出行指南，同时综合利用LED情报板、官方微信微博、短信、电台连线直播等渠道，引导公众提前绕避拥堵、合理选择出行时间；在"江西新闻"APP和官方微信上线"江西高速路况简图"平台，为公众出行提供准确的高速公路事故、拥堵、

收费站封闭等各类交通实况，假期该平台对外发布交通事件443起，更新信息1000余次；与高德地图合作推广"江西高速"交通号，发布"江西高速国庆出行头条"，在导航地图直观展示高速易堵点及热门景点情况，累计帮助高德用户10.7万人次，为公众节约出行时间20.3小时、减少碳排放量242千克；利用"数字大脑"系统，强化路网流量监测、预警，有效提升了应急调度能力。优化车辆救援服务，充分发挥集团自建清障救援队伍和社会救援队伍作用，共设置清障救援驻点155个，其中在车流量较大的路段增加临时驻点80个，通过救援信息化系统实时调度，做到1分钟内响应、2分钟接单、45分钟到达现场、1小时疏通道路，累计完成救援任务2042起，其中事故682起，故障1360起。1小时通畅率99.85%

（省交通投资集团）

【省公路路政总队部署做好高速公路服务区日常监管工作】 8月2日，总队召开会议部署全省高速公路服务区日常监管工作。会议传达了省厅召开的关于实施《江西省高速公路服务区日常巡查监督管理及商品价格监测实施细则（试行）》会议精神，部署常态化开展高速公路服务区运营监督管理，对服务区环境卫生监管工作采取日常巡查的方式进行，每日不少于一次；对服务质量监管工作采取抽查的方式进行，每月不少于两次；对商品价格监测对照服务区主管部门的指导价目表采取重点抽查方式进行，每周不少于一次，不断促进提高服务区的服务能力和质量，营造更良好、规范、安全、整洁的环境，满足广大人民群众安全舒适的出行需求。

（省路政总队　吴敏杰）

【省交通投资集团召开"十四五"高速公路区域管理优化工作推进会】 12月6日，省交通投资集团召开"十四五"高速公路区域管理优化工作推进会。集团党委副书记、副董事长、总经理、区域管理优化工作领导小组组长谢兼法出席会议并讲话，集团领导、区域管理优化工作领导小组副组长李建红、段卫党、喻旻昕、刘朝东、李中洋、李占荣参加会议。

会上，集团区域管理优化工作领导小组办公室细化讲解了《省交通投资集团"十四五"高速公路区域管理优化方案》，通报了区域优化前期进展情况，并就下一阶段工作作了布置安排。本次会议采用视频方式进行，集团总部各部门、路网公司、赣粤公司、各路段管理中心共200余人参加会议。

（省交通投资集团）

【省交通投资集团筑牢抗冰除雪保畅防线】 12月24日以来，江西省受强降温、雨雪天气影响，省交通投资集团所辖21个路段出现雨雪、结冰情况。为保障高速公路安全畅通，集团落实举措，全力应对恶劣天气，打好抗冰除雪"保卫战"。

一是提前作好了应急准备。压实路段管理单位保畅责任，成立抗冰保畅工作小组，分线分片管理各区域高速公路。提前储备融雪剂、麻袋、防滑链、标识标牌等各类应急物资，在易结冰路段、桥梁、隧道口提前摆放融雪剂、安全标识牌等，对铲雪车、除雪撒布机等养护设备进行检修及试机，做到物资储备充足、人员车辆整装备战，全力迎战寒潮恶劣天气。

二是强化了路况巡查排查。坚持24小时日常巡查，重点对高边坡、隧道、桥涵等影响道路通行的重点部位进行巡查，安装远程测温设备，加强夜间桥面监测，及时处置桥梁结冰、路面积雪情况。落实领导带班和24小时值班制度，强化天气、路况监测预警，加强与高速路政、交警部门的联勤联动，畅通路况信息共享和对外发布渠道，联合开展道路安全隐患排查，及时消除道路冰雪等安全隐患。

三是开启了抗冰除雪保畅模式。累计投入应急人员4000余人次、养护车辆800余车次、应急设备100余台次，投入（含现场预设）应急物资融雪剂（工业盐）600余吨、安全锥80000余个、标志牌3000余个等。积极做好渠化交通、融冰除雪作业，组织党员突击队、青年突击队，为滞留司乘人员提供服务，并及时开展车辆救援。雨雪期间，集团所辖路段保持高速公路主线整体通畅。

（省交通投资集团）

水路交通管理

【概况】 2021年，省交通运输执法局切实履行航道行政、港口行政、水路运政、地方海事、船舶检验、渔船检验等执法监督指导职责，统筹做好全省水上交通安全监管各项工作。

一是组织开展桥区水域水上交通安全风险隐患排查治理工作，共摸排139座桥梁，其中桥梁标志标识设置存在问题缺陷的86座，查处桥区水域船舶违章行为98起，实施罚款处罚67.77万元。桥梁标志标识设置进一步规范，打击桥区水域船舶违章行为力度进一步提高。

二是按照省厅《江西省内河船舶非法从事海上运输专项整治行动实施方案》要求，具体组织开展全省籍内河船舶非法从事海上运输源头管控。一年来，对江西省非法从事涉海运输的航运企业处罚14家次，共计100余万元，确保部安委办、海事局通报江西省籍涉海运输船舶整改的闭环管理，江西省籍内河船舶非法从事涉海运输艘次环比大幅下降。

三是开展"僵尸船"清理整顿专项整治。在2020年启动"僵尸船"清理整顿的基础上，继续持续开展"僵尸船"清理整顿工作，今年以来共摸排僵尸船257艘，拆解217艘。"僵尸船"存量较2020年初大幅下降，近两年未发生"僵尸船"走锚事件。

四是开展长期逃避海事监管船舶专项整治。共摸排全省船舶证书过期及超过一年不接受或未接受现场监督、安全检查和未按规定进出港报告的船舶共872艘，通过系统梳理排查灭失船舶148艘，经公示后依法予以注销国籍证书，不断实现长期逃避海事监管船舶"去存量、遏增量"的目标。

五是开展水上无线电秩序管理专项整治。按照交通运输部海事局工作部署，自2021年4月1日至2021年12月31日，在全省范围内开展水上无线电专项整治行动并印发了整治行动实施方案，整治行动开展以来共检查船舶3704艘次，发现并纠正违法船舶90艘次，行政处罚80艘次。江西省交通运输综合行政执法监督管理局作为参评的地方交通执法机构在全国40余家参评单位中工作成绩显著，被部海事局授予"2021年水上无线电秩序管理专项整治工作先进单位"，局水上执法监督处被授予先进集体。

六是加强赣江、信江下游超限船舶管控。汛期期间，在赣江、信江共检查船舶3519艘次，发现超限船舶166艘次，劝返49艘次，罚款97起，暂扣各类有效证书14本，为赣江、信江下游等重点水域桥梁安全提供强力保障。

七是配合开展涉渔"三无"船舶整治行动。继续配合农业农村、公安、水利等部门对全省重点水域组织开展涉渔"三无"船舶的联合巡航整治行动，共出动执法船艇1318艘次，执法人员4740人次，参加联合执法405次，协助或移交查获涉渔"三无"船舶161艘次，协助拆解涉渔"三无"船舶285艘。

八是开展全省内河非法码头专项整治执法。根据省厅《江西省推进历史老码头等规范提升码头整改方案》，印发了《加强全省内河非法码头专项整治执法工作的通知》，督促各地市按照《江西省推进历史老码头等规范提升码头整改方案》明确的整改时间节点，对2004年港口法出台前建成的52座历史老码头和港口法出台后建成的6座手续不全的码头规范提升，逾期整改不到位的，采取严格执法，依法依规进行查处。同时强化常态化执法检查，对已经关停（取缔）的码头开展巡查执法。全省未发现码头非法营运行为。

（省交通运输执法局 林正源）

【省公路路政管理总队承担航道执法职责】 2021年7月2日，江西省交通运输厅印发《关于航道行政执法有关事项的通知》，省路政总队正式承担全省航道行政执法职责。

2021年8月5日，抚州高速路政支队联合临川航道管养单位，对辖区航道某特高压交流电线工程施工影响航道通航条件进行了现场勘查和技术核验，标志着江西省公路路政管理总队承担全省航道行政职能后，高速路政部门首次履行航道行政监管职责。

（省交通运输执法局　林正源）

【高速路政部门开展第一次航道执法联合巡查】2021年8月18日上午10时，随着执法艇在鄱阳航道站鸣笛起航，上饶高速路政支队联合赣东航道事务中心鄱阳航道处第一次航道执法联合巡查正式启动。

（省交通运输执法局　林正源）

【江西创新船舶检验质量管理制度】2021年9月16日，江西省交通运输厅和江西省工业和信息化厅联合出台了建立船舶建造检验质量管理合作机制工作方案。船舶建造检验质量管理合作机制工作方案的出台，创新了江西省船舶建造检验质量管理制度，落实了交通运输部关于深化改革推进船舶检验高质量发展的指导意见，是江西省推进船舶检验高质量发展的重要标志，为交通强省的建设提供了有力支撑。

协调省农业渔政部门完成全省首批1.8万余艘渔船检验发证系统的数据迁移工作，要求各地全面摸排辖区内禁捕退捕后实际渔船数量，对系统中的渔船数据进行全面梳理。同时，要求各地及时采取公告等法定有效的方式，将渔船检验受理机构、联系人、联系电话、申请检验的要求和工作程序等告知辖区内相关渔船（含渔业辅助船）的船舶所有人，督促各单位全面依法履行渔船检验及其监督管理职责。

（省交通运输执法局　林正源）

【江西省船检整体业务范围获批】2021年11月26日，江西省船舶检验整体业务范围获得交通运输部海事局的正式批复，同意江西省交通运输综合行政执法监督管理局作为江西省省级船舶检验机构，明确了江西省船舶（含渔业船舶）检验的整体业务范围。江西省船舶检验整体业务范围获得交通运输部海事局的批复，是江西省船舶检验体制改革后全省船舶检验工作的重要里程碑，开启了江西省船舶检验高质量发展的新征程。

（省交通运输执法局　林正源）

【全省高速路政系统扎实推进航道执法工作】自承担航道执法职能以来，省路政总队积极衔接航道执法工作，加强航道巡查执法，全省高速路政系统迅速行动，周密谋划，扎实有效推进航道执法各项工作。

周密部署，打好航道执法主动仗。航道执法工作没有现成的经验，承接航道执法工作对全省高速路政系统而言是一个新起点、新征程。省路政总队积极探索制定航道执法机构组建方案，根据全省现有水系、航道分布、通航情况，对应赣东航道事务中心等5个中心管养航道，分片区承担辖区航道执法工作。同时，突出重点，针对四级以上航道里程较多支队，分别组建了6个专门航道行政执法大队。各相关高速路政支队先行先试，在管理中突出"保证完成任务"的执行力，多次召开筹备部署会议，积极到所属辖区航道实地进行深入细致的调查研究，逐步完成航道执法人员配备、执法经费预算、办公场所的设置等工作。积极对接辖区航道事务中心及地方交通运输执法支队，进一步掌握辖区内航道信息，并建立航道工作协同机制，形成资源共享、优势互补、联动协作的工作格局，严格按照航道法等相关法律法规要求，共同维护好所辖航道的安全和畅通。

学习培训，下好航道执法先手棋。为更好地对接航道执法这一全新领域工作需求，各相关高速路政支队以"请进来+走出去"相结合方式不断加强航道执法理论学习，为做好航道执法工作奠定坚实理论基础。各相关高速路政支队积极组织开展航道执法培训，邀请常年工作在航道执法一线的专业人士给执法人员讲授航道基础知识、航道法律法规、常见的航道违法行为、执法难点等，通过"请进来"的授课方式，进一步帮助执法人员拓展执法业务理念，更新法规业务知识，为今后的航道执法工作有序开展奠定基础。同时，各支队航道执法筹备小组采取"走出去"的方式，前往各航道段开展跟学试行、联勤协作、联合巡查、调查摸底等执法实践，摸清航道执法领域的各项情况，掌握行政检查、行政处罚、行政监督的具体内容，确保尽快达到职能承接到位，业务衔接到位，职责履行到位的目标，促进航道执法迈上正轨。

摸底排查，当好航道执法排头兵。为尽快摸清底数，熟悉全省航道基本情况，执法人员立足一线调研，创新执法模式，针对航道执法区域、执法权责、执法制度、执法装备、人员架构进行全面细致的调研，并结合本辖区实际情况，拟定航道行政执法实施方案。同时，对辖区航道进行地毯式走访摸底，把辖区内所有的码头、装卸设施以及航标、渡口、标识标牌、桥梁、过河电缆、过河管道、河床质量、航道环境等基本情况和数据，全面收集，清晰标注，摸索出航道执法新模式，并在此基础上逐步使航道执法走向科学化、常态化。

扬帆起航，吹响航道执法冲锋号。8月5日，抚州高速路政支队联合临川航道管养单位，对辖区航道某特高压交流电线工程施工影响航道通航条件进行了现场勘查和技术核验，标志着省路政总队承担全省航道行政职能后，高速路政部门首次履行航道行政监管职责。8月18日上午10时，随着执法艇在鄱阳航道站鸣笛起航，上饶高速路政支队第一次航道执法联合巡查正式启动。8月23日，宜春高速路政支队八大队航道执法人员联合丰城水路执法大队执法人员在丰城小港赣江水域巡航检查时发现某船舶在丰城小港赣江航道内危害航道通航安全，根据《中华人民共和国航道法》规定，对船舶所有人依法处以罚款，于2021年8月24日结案，成功打响全省航道执法领域处罚案第一枪。

（省交通运输执法局　黄云）

【江西省首艘执法船下水仪式顺利举行】 2022年1月18日上午，省交通运输执法局首艘执法船"赣交巡0401"下水仪式在鄱阳隆重举行。"赣交巡0401"船于2021年11月30日进行了交接，交接后即进厂对船体、推进系统和常规设备进行了保养，换装了最新的测深仪、无线电、消防救生等设备，对船艇标识进行了更新，采用了"交通运输执法"最新标识标志。该船目前总体性能优良，指标全部达到了任务的要求；主推进系统、电力系统工作稳定可靠；全船各系统、设备满足相关规格指标要求以及实际执法的需要，将肩负辖区内通航水域交通综合执法巡查的各项工作，为打造全省航道执法新亮点提供有力的装备保障，也标志着交通综合执法向着标准化迈进了一大步。

（省交通运输执法局　林正源）

【宜春市打响全省航道执法领域处罚第一枪】
2021年8月23日，宜春高速路政支队八大队航道

执法人员联合丰城水路执法大队执法人员在丰城小港赣江水域巡航检查时发现某船舶在丰城小港赣江航道内危害航道通航安全，根据《中华人民共和国航道法》规定，对船舶所有人依法处以罚款，于2021年8月24日结案，成功打响全省航道执法领域处罚案第一枪。

（省交通运输执法局　林正源）

【九江高速路政支队"理论＋实践"夯实航道执法工作基础】 为切实履行好航道执法职责，连日来，九江高速路政支队精心组织，统筹安排，以"理论＋实践"的模式，确保职责承接到位、安排部署到位、履职尽责到位。

7月7日起，该支队以"今天再晚也是早、明天再早也是晚"只争朝夕的紧迫感，以"访问法＋观察法"双向并行的方式对九江辖区内五个航道段（濂溪区、庐山市、都昌县、永修县、武宁县）进行了为期20天的实地摸排，并针对航道执法区域、权限范围、执法经费预算、装备配置、人员设置开展了全面细致的调研，初步拟定了支队《关于开展航道行政执法实施方案》。7月29日，该支队以开展交通综合执法业务轮训为契机，邀请了长期从事航道一线执法工作的有关专家以航道基本情况、航运基础知识和航道的行政管理为切入点为大家授课，全面解读了《航道法》中的法律职责，并针对航道执法中的难点、风险点结合实际案例逐个解析，为承接航道执法工作夯实了基础。

8月9日，该支队组织一批政治素质过硬、业务实操扎实的工作人员成立航道执法筹备小组赴辖区庐山航道段，以"同吃、同住、同巡航"的形式开展为期60天的航道执法学习实践工作。该支队要求，筹备组全体人员要遵守航道段各项规章制度，虚心求学，勤学多练，以更高标准、更严要求展现新时代交通运输执法人的风采。

（省交通运输执法局　林正源）

【宜春举办首次内河船舶船员适任实操考试】 9月26至27日，宜春市交通运输执法支队首次内河船舶船员适任实操考试在丰城顺利举办，近70名学员参加考试。

此次考试采取实船考试的形式，涵盖驾驶和轮机两个专业，主要考核助航通信设备、船舶操纵、船舶引航、货物积载与系固、应急应变、机电设备

的操作与管理、机电设备故障判断、分析与排除、机电设备检修等方面的内容。在整个实操考试过程中，该支队派出的船员主考官、评估员以及有关工作人员本着客观、公平、公正的原则，对考生的实际操作及答题情况进行认真评判。

通过此次考试，一方面全面有效地检验了学员应知、应会的技术技能情况，有助于更好地提高学员的实际操作技能和适任能力；另一方面为全市内河水路运输的安全健康发展提供了人才支持，对防范和遏制水上重特大事故发生具有重要意义。

（省交通运输执法局　林正源）

【宜春交通运输执法支队首次开展集装箱开箱检查】 为加强对辖区集装箱载运货物的监管，11月17日，宜春市交通运输执法支队在丰城曲江码头首次组织开展了集装箱开箱检查行动。

检查过程中，执法人员按照规定程序重点检查了集装箱开箱前后铅封是否完好、集装箱单证内容是否齐全、所载货物是否与舱单相符、是否存在夹带危险货物、谎报瞒报等情况，同时将检查情况进行详细的登记造册。经查，此次所检查的集装箱装载货物与货物清单相符，未发现违法行为。

近年来丰城辖区水运产业发展迅猛，水上运输货物种类不断增多，促使港区集装箱载运新方式的出现。面对新形势，宜春市交通运输执法支队紧扣积极服务地方经济发展的理念，坚持依法履职、靠前服务，多次组织业务骨干去省内南昌、九江等地交流学习，并结合辖区具体工作实际制定出切实可行的集装箱开箱检查流程，有效促进此项工作顺利开展。

（省交通运输执法局　林正源）

交通建设管理

【施工许可审批优化创新】 审批流程精简优化，审批事项全部实现网上办理，高速公路施工许可由"只跑一次"变"一次不跑"，取消了环评水保等前置条件，先后完成了寻龙、宜井遂、宜春绕城、赣州大广太窝互通、通武、大吉康改扩建等6个高速项目施工许可审批，其中在吉康项目施工许可审批中创新工作方法，根据"容缺审批＋承诺制"同意项目在先行用地范围内办理施工许可，为项目建设提供保障。

（厅建管处）

【招标备案提速增效】 省交通运输厅直接监管的交通重点工程项目全年完成招标备案112次，其中招标文件审核备案54项，招标工作报告备案58项，平均2个工作日完成1项招标备案。为加快南昌西二环招标进度，省交通运输厅预先发出工作提示，主动服务对接，对资格条件及评标办法等关键事项给出备案意见及审核原则，提前说明法律法规依据，指导项目加快形成报批稿，节省了项目时间，

提前保障了项目顺利挂网招标。

（厅建管处）

【信息化建管水平规范提升】 针对"十三五"期间"一中心三平台"信息化项目建设存在的问题，针对性地修订《江西省交通运输厅信息化项目建设管理办法》，已形成初稿待厅务会讨论。该管理办法进一步细化完善了信息化项目竣工验收工作规则。江西省智慧交通云平台等5个"一中心三平台"基础支撑项目顺利验收。

（厅建管处）

【着力疏解项目建设难点问题】 针对项目建设过程中遇到的涉铁、环保、水保、征拆等难点问题，不断加大与省重点办、南昌铁路局等省直有关部门的协作力度，解决了萍莲项目地方阻工、跨浙赣铁路桥施工、祁婺涉铁桥、吉康征拆、尚庄码头防洪评价等难题，其中萍莲项目涉铁施工是南昌铁路局在"6·4"兰新线事故后第一个审批的地方涉铁项

目；在厅分管领导同志的推动下，及时破解了吉康建设用地申报材料补证难题。

（厅建管处）

【积极推进防疫复工】　2021年春节期间，印发《关于加强春节期间交通重点项目疫情防控加快推进项目建设的通知》，15个重点公路水运项目不停工建设，在实现工地"零疫情"的同时，快速实现在建重点公路水运项目100%复工。注重推动项目常态化防疫，督促从业人员有序接种疫苗，祁婺等在建公路水运工程项目参建人员已全部接种，除有禁忌外，其余都已接种，接种率99.9%。

（厅建管处）

【强化安全生产监管】　一是迅速扭转安全生产形势。针对江西省公路水运工程建设领域安全生产事故严峻态势，提请王爱和同志出席全省公路水运工程安全生产专项整治三年行动集中攻坚工作电视电话部署会，高位推动，亲自部署"出重拳、遏事故"集中攻坚活动。提请厅分管领导同志出席全省公路水运工程建设领域安全生产调度视频工作会，对事故的相关参建单位实行"提级约谈"，印发警示通报6个，责令相关单位深刻汲取事故教训，涉事单位和个人采取了市场准入限制、个人资质资格处理、信用降级、项目限批、资金停拨等限制措施。二是扎实推进集中攻坚活动。制定了《江西省公路水运工程安全生产专项整治三年活动"出重拳、遏事故"集中攻坚活动方案》，今年以来，督促各项目自查发现安全隐患问题共计3540条，均已完成了整改销号。在"五一""七一"等关键时间点，组织厅直单位及专家对全省公路水运建设工程项目全面深入开展安全隐患排查治理，实行闭环管理和隐患"清零"。三是深入创建平安工地。联合省应急管理厅和省总工会共同审查、推选公路水运建设项目"平安工程"冠名项目，铜万宜丰联络线、昌九、抚州东外环、九江彭泽港综合枢纽码头一期工程四个项目入选。

（厅建管处）

【强化招投标监管】　针对近些年水运工程招投标活动中暴露出来的有关问题，制定了《关于进一步规范水运工程招标投标活动的指导意见》《2021年度全省公路水运建设领域违法发包、转包、违法分包、挂靠等行为专项整治行动方案》，会同省发改委制定了《江西省工程项目招投标领域发展环境专项整治工作方案》，开展公共资源交易领域攻坚行动、涉企保证金专项整治、营商环境审计问题整治，依法妥善解决樟树河西码头投诉，指导省港口集团平稳完成第二次招标。

（厅建管处）

【强化建设市场监管】　一是严格了建设市场准入门槛。对交通建设市场从业资质实行网上电子化评审，累计审查从业资质22项。二是完善水运工程施工分包管理制度。出台《江西省水运工程项施工分包管理实施细则》，完成《江西省公路施工企业信用评价实施细则》的修订草稿。三是开展信用评价。完成了全省公路水运施工、设计、监理、试验检测企业及试验检测人员等信用评价工作，共评价从业企业458家，评价从业人员108人。共归集公路建设、水路建设等领域基础信息、资质信息、信用行为、评价结果等原创数据近14万条。四是组织全省公路建设市场检查。组织完成2021年全省公路建设市场检查相关内容自查，将相关问题上报后，继续跟踪相关问题整改。

（厅建管处）

【建设绿色低碳基础设施】　一是推进工程工业化建造。在祁婺、萍莲、大广扩容等项目桥涵施工中推广应用桥涵工业装配化建造技术，应用BIM技术模拟施工现场和技术交底，将原材料、质量检验评定、计量支付、变更管理与BIM模型永久关联，实现信息化流程化质量验收，大幅降低了工程建设全寿命期成本和维护成本。祁婺项目获得2021年度中国公路学会"交通BIM工程创新奖"。发布行业标准《公路工程信息模型交付指南》及地方标准《桥梁工程信息模型交付标准》，明确项目完工后统一移交BIM模型标准，为提升数字建造水平、打造信息数据一体化打下基础。二是促进建设资源集约高效利用。发布了《江西省公路工程绿化估算指标》等制度，初步构建了绿色公路制度体系，要求所有新建高速项目均按省级绿色示范高速公路要求推进，为全面提升高速公路绿色建造水平打下基础。三是践行绿色共享发展理念，通过永临结合减少资源浪费和满足沿线百姓群众出行需求。将施工辅道与规划的乡村道路及"四好农村路"相结合，实现大临设施集约化和标准化，并鼓励将大型场站设置在主线范围内，减少土地占有，探索隧道施工实现"零开挖"进洞，将隧道施工产生的洞渣等加工成级配碎石、机制砂等，减少了弃渣量，降低了资源消耗，最大程度减少了对环境破坏。

（厅建管处）

【省交通质监局抓实抓牢重点公路水运项目质量安全监管执法】 2021年，省交通质监局监督的重点公路水运工程项目达72个，其中：在建高速项目18个，总里程821千米，总投资1092.8亿元；水运项目27个，总投资266.24亿元；交竣工项目27个。对在建监督项目开展各类督查240余项目·次，现场签发抽查意见通知书260余份，印发督查通报10份，停工令6份；完成了对21个在建重点项目和监理、检测机构的"双随机"执法检查；对质量安全行为不规范的施工企业、工地试验室、监理企业、监理人员予以信用评价扣分处理。办结5起行政处罚案件，处罚金额50多万元。

（省交通质监局　郭捷菲）

【省交通运输执法局开展农村公路建设质量抽查工作】 自12月15日起，省交通运输执法局组织开展全省农村公路建设质量抽查工作，进一步强化对农村公路质监执法工作的指导，切实把好"四好农村路"工程质量安全关。

此次抽查组由省交通运输执法局、省交通质监局和市县交通质监执法人员组成，先后对新余渝水区和仙女湖区，抚州金溪县、临川区，南城县，景德镇乐平市等6个县（市、区）的53个农村公路项目进行了现场质量抽查，并对全省各市县农村公路建设质量自检情况进行了检查。检查结束后，省交通运输执法局对检查结果进行了全省通报，并要求有关部门落实农村公路质量监管职责，对存在的问题进行有效整改，对相关责任单位和责任人员作出相应处理。

今年以来，省交通运输执法局高度重视对市县质监执法工作的指导，先后开展了市县质监执法工作现场调研、农村公路建设质量"两服务一培训"志愿帮扶、"四好农村路"示范市县现场核查、农村公路建设质量抽查等活动，通过调研交流、技术指导、培训授课、监督抽查等形式，查找了农村公路建设质量安全监督执法工作中的不足，提出了切

实可行的意见和建议，提升了市县交通质监执法部门和执法人员的能力水平，推动了农村公路质监执法工作的有效开展，为全省农村公路建设质量监督执法工作打下了坚实的基础。

（省交通质监局　郭捷菲）

【九江市开展公路质量安全督查】 8月10日—13日，九江市交通运输执法支队组织对彭泽、共青城、永修、武宁、濂溪区在建国省干线公路工程项目开展质量安全综合督查。执法人员查看现场、查阅资料、随机抽检，重点检查安全生产专项整治三年行动"出重拳、遏事故"集中攻坚活动和平安工地建设工作，督促项目建设各方提高安全责任意识，确保施工质量安全。

（九江市交通运输局）

【吉安市深入开展公路工程质量与安全执法检查评比活动】 为进一步规范全市公路建设工程质量与安全生产工作，调动参建各方的主观能动性，提升全市公路建设工程质量与安全管理水平，吉安市交通运输综合行政执法支队五大队对受监在建公路工程项目开展了质量与安全检查评比第一阶段工作。纳入本次评比的共8个公路工程建设项目，通过查看施工现场、查阅内业资料、现场抽检、询问等方式开展。

据悉，该大队组成两个检查组下到工地对纳入评比的在建公路工程项目的监理、施工合同段的人员履约情况及内、外业安全生产管理情况进行查看，以此加强对全市公路工程建设项目的质量安全监督。检查发现，受检项目存在的问题有：人员到岗率低，专职安全员配备不足，特种设备使用不规范，安全管理资料缺失，现场安全防护不到位等。检查组现场签发《质量监督检查通知书》7份、《停工通知书》1份，责令本次受检的监理、施工单位对本次评比检查发现的问题立即组织整改，及时将整改材料报建设单位，并且要举一反三，切实加强施工现场安全质量管理，确保建设项目质量安全。建设单位要严把整改审核关，确保整改资料能够真实、有效、完整地反映整改落实情况，并按整改时限要求将整改回复材料汇总递交；不能按要求如期整改的，采取处罚或约谈法人代表等措施，确保整改落到实处、取得实效。

（吉安市交通运输局）

交通安全管理

【江西省交通运输安全生产总体情况】 2021年，江西省各级交通运输部门深入学习贯彻习近平总书记关于安全生产重要论述，以推进安全生产专项整治三年行动集中攻坚为抓手，着力压实责任、全力破解难题、努力防范事故，行业安全生产形势保持总体稳定，建党100周年大庆等重要敏感时段行业安全平稳有序。全行业共发生安全生产事故33起、死亡53人，同比分别下降3%和13%（同比2019年分别下降21%和26%）；全年未发生重大及以上安全生产事故。

安全发展意识。始终把学习宣贯习近平总书记关于安全生产重要论述作为抓好安全生产的"必修课"，持续抓紧抓实抓出成效。先后举办全省交通运输系统学习贯彻习近平总书记关于安全生产重要论述专题会、知识竞赛等活动，编印发放专题学习材料2500本，推动学习宣贯工作在行业各单位走深走实。对观看学习《生命重于泰山——习近平总书记关于安全生产重要论述》电视专题片作出专门部署，厅党委理论学习中心组带头组织观看，观看学习实现行业各单位全覆盖，有效帮助行业干部职工深刻领会总书记重要论述的丰富内涵和实践要求，统筹抓好发展和安全两件大事。

重大风险隐患管控。结合行业实际制定印发了《全省交通运输安全生产专项整治三年行动2021年集中攻坚工作方案》，明确了集中攻坚百项工作任务和"8项重点、5项难点"整治清单，并实行"月调度、季通报、年评估"，推动集中攻坚行动取得实效。制定印发了《关于深化防范化解安全生产重大风险工作的实施意见》，梳理了39项重大风险清单，组织各地、各单位深入摸排重点领域的重大安全风险，建立完善各级重大风险"五个清单"。2021年，全行业共辨识管控重大安全风险280项，排查整治各类安全隐患32978个，建立制度措施41项。1.道路运输领域。深入开展危险化学品道路安全整治，全年查处危货违规经营案件127起，注销危货运输企业10家。常态化开展"打非治违"行动，大力开展联合执法，保持打击非法营运的高压态势。2.水上交通领域。扎实开展载运危险化学品船舶、水上涉客运输安全治理，指导全省18家危化品企业及所属船舶安装视频监控系统并正常运行，严厉打击客（渡）运船舶超载、冒险航行和内河船舶非法从事海上运输等违法违规行为。推动"僵尸船"清理整顿转入常态化运行，2021年拆解处置217艘。积极推进船舶碰撞桥梁隐患治理，共排查桥梁336座，62座桥梁列入重点整治范围，查处桥区水域船舶违章行为93起。3.公路水运工程建设领域。部署开展安全生产专项整治三年行动"出重拳、遏事故"集中攻坚活动，推进平安工地建设和网格化管理全覆盖，加大安全监管执法力度，对存在违规行为的50家施工企业、43家监理企业、23名监理人员给予信用评价扣分处理，对安全生产事故涉事单位和人员，采取市场准入限制等措施予以严肃处理。4.铁路沿线安全环境治理方面。报请省政府领导主持召开了厅际联席会议第一次全体会议，制定下发了2021年工作要点、"双段长"制实施方案和公铁并行路段护栏移交工作方案，路地双方信息沟通和应急处置机制有效建立运行，公铁并行路段护栏移交工作走在全国前列。5.消防安全方面。组织行业各单位针对重点领域开展消防安全隐患排查，结合行业职责抓好城镇燃气安全和经营性场所房屋安全排查整治工作。

安全生产防控体系。编制印发了《江西省交通运输安全应急"十四五"发展规划》，进一步明确了发展目标和主要任务。根据形势政策变化和机构改革情况，及时修订印发了《江西省交通运输厅安全生产约谈实施办法》《江西省交通运输厅安全生产挂牌督办办法》和《江西省交通运输生产安全事故隐患排查分级实施指南》，指导各地、各单位加大安全监管力度，提升隐患排查治理的针对性。组织编制《安规e码通——江西省公路水运工程施工现场安全标准化工具书》，以图文并茂的形式展现相关法规要求和技术标准，着力提升施工现场监管人员安全管理能力和施工现场安全防护标准化水平。

行业基础安全保障。扎实开展公路水路承载体普查工作，推进实施公路安全提升和危旧桥梁改造工程，持续开展公路独柱墩桥梁运行安全提升专项行动，强化高风险路段隐患排查治理，全年完成普通公路安全生命防护工程（含村道安防设施）3334 千米，改造普通国省道危旧桥梁 143 座，改造农村公路危桥 556 座。联合省公安厅开展高速公路服务区警务室和交通执法服务室建设，对万年北等 19 对服务区实施"雪亮工程"，消除灯光死角。推进航运枢纽大坝除险治理，督促指导鱼山、凰岗枢纽运行管理单位制定应急措施方案并抓好落实。全力推进实施改渡便民工程，新开工建设桥梁 12 座，修建道路 9 条 74 千米，开通客运替渡班线 5 条，撤销渡口 118 道。

安全监管效能。按照分级管理原则，组织对 6 个设区市、3 个省直管县（市）交通运输局、7 个厅直属单位、10 个在建高速公路项目办开展安全生产综合督导调研，层层传导压力、层层压实责任。持续推进"科技兴安"，省交通运输安全生产监管监察系统、危险货物道路运输安全监管系统建成并投入使用，在行业企业试点推广运用"安责通"企业端，有力提升风险管控和隐患排查治理信息化水平。结合"我为群众办实事"活动，发动社会公众运用"全省道路交通安全隐患随手拍"微信小程序参与安全监督，累计核实处理群众反映的道路客运安全隐患 43 件。持续开展平安交通创新案例征集工作，报送 13 个创新案例参与交通运输部评选推荐。强化新《安全生产法》的学习宣贯，组织开展"测测你的安全力"等特色宣教活动，加强事故警示教育，着力提升一线从业人员安全意识和操作技能。

应急处突能力。修订完善了《江西省交通运输综合应急预案》等 7 项应急预案，先后组织开展高速公路隧道交通事故应急处置、抗冰保畅救援、水上突发事件处置等联合演练活动，以练备战提高应对处置突发事件的能力。联合省公安厅下发《关于做好雨雪冰冻等恶劣天气条件下交通运输保安全保畅通工作的紧急通知》，进一步细化明确防范应对雨雪冰冻恶劣天气的常态化措施。加强与气象、应急、水利等部门的沟通协调，组织行业各单位认真抓好雨雪冰冻、暴雨、台风等自然灾害防御

应对工作，对于达不到安全通行或作业条件的，反复强调提醒严格执行"四个坚决"措施，有效保障特殊天气时段全省交通运输总体安全畅通。

（厅安监处　杜嘉楠）

【省厅开展 2021 年高速公路隧道交通事故应急处置联合演练】　为进一步提升高速公路应对处置隧道突发事件的能力，不断提升高速公路保安全、保畅通联勤联动工作水平，12 月 24 日下午 3 时，省厅开展了 2021 年江西省高速公路隧道交通事故应急处置联合演练。厅党委委员、副厅长王昭春观摩演练并讲话。省应急管理厅、省消防救援总队、省公安厅交管局及省交通运输厅直属有关单位、厅机关有关处室负责同志在主会场远程观摩。

演练采用现场实战演练＋远程观摩方式。现场演练地点设置在杭长高速公路铜鼓段 607 千米＋800 米南幅铜鼓隧道长沙往南昌方向。省厅应急指挥中心设置远程观摩主会场，各高速公路运营管理单位、各高速路政支队监控中心等地设置远程观摩分会场。

演练模拟一辆中型客车和一辆中型货车在铜鼓隧道内追尾。各有关单位启动高速公路突发事件应急处置预案，救援人员及时赶赴事故现场，按照处置预案，开展现场交通管制、应急处置、人员转运、医疗救护、现场勘查、清障救援、路面清理、司乘安抚、事故车安全拖离等工作。各参演单位行动迅速、运转协调、救助有力、安全高效，实现了召之即来、来之能战、战之必胜的目标，达到了演练预期效果，为今后高速公路突发事件应急救援积累了宝贵的实战经验。

（厅安监处　况湘程）

【省交通运输执法局全力抓好国庆期间交通运输安全生产行政执法工作】　为全面加强国庆期间交通运输安全生产行政执法工作，节前，省交通运输执法局领导班子带队，全覆盖分片区开展交通运输安全生产行政执法督查活动，并要求各级交通运输执法机构紧盯重点领域、严查违法行为、加强应急值守，努力营造严防严管严查严控高压态势，确保广大人民群众出行安全畅通有序。

紧盯重点领域查安全。紧盯在建重点交通工程建设、水上交通安全等重点领域，深入开展安全生产大检查。在建重点交通工程建设领域，要紧盯

桥梁隧道施工、高空和临崖临水等危险作业安全，加强施工现场的监督管理；水上交通安全领域，紧盯"三类重点船舶"和"五区一线"重点水域，加强水上交通安全风险隐患排查、船舶防污染专项治理、"僵尸船"清理整顿，提醒船舶特别是客渡船及旅游客船关注气象信息、严禁冒险航行，督促乡镇人民政府做好渡运量较大渡口、学生渡口等重点渡口现场秩序维护，确保渡运安全。

严查违法行为护安全。联合公安交管等部门，加强路面管控和货源单位巡查，严厉查处违法超载超限行为，重点打击"百吨王"车辆；加强对客运站、火车站、机场、旅游景区等客货集散地的执法检查，重点查处"黑车""两客一危"车辆、农村客运车辆的违法运输行为；加强水上重点领域的行政执法，重点查处船舶非法载客、非法夹带危险品的行为，港口无证经营、超范围经营、"三违"作业、超装超配的行为，以及未取得船舶营运证件从事水路运输、超载运输的行为；加强对在建公路水运工程领域的执法检查，重点查处因赶工期而不遵守安全操作规程、不执行安全生产指令、冒险作业等违法违规行为。

加强应急值守促安全。节日期间，严格落实领导带班和24小时值班制度，强化巡查检查，严禁出现脱岗、离岗现象，严格执行突发事件信息报送规定，保持信息报送渠道畅通，坚决杜绝瞒报、漏报、迟报、谎报等现象发生，全力做好国庆期间交通运输领域安全生产行政执法工作，为国庆期间交通安全保驾护航。

（省交通运输执法局　林正源）

【全省交通运输执法系统安全生产"打非治违"百日行动启动】 11月20日，省交通运输执法局在全省交通运输执法系统开展安全生产"打非治违"百日行动，严厉查处全省交通运输领域的非法违法经营、建设、运行等行为。

此次"打非治违"百日行动将至2022年1月31日结束，重点聚焦当前交通运输行业安全生产领域较为突出和其他可能导致事故多发的非法违法违规行为，铁心硬手、重拳出击，集中惩治一批交通运输领域非法违法生产经营建设行为，打击一批公路运行、道路运输、水上交通、公路水运工程建设违规违章行为，加强源头管理，防范事故发生，切实维护人民群众生命财产安全。

为确保行动取得实效，省交通运输执法局要求各级交通运输执法机构强化组织领导，按照"属地管理"和"谁主管、谁牵头、谁负责"的原则，建立打非治违工作机制，开展监督指导，形成工作合力；紧盯打击重点，创新工作手段，利用遥感、航拍、电子监控设备、大数据分析等科技手段，及时发现各种非法违法行为，加大对交通运输领域顽瘴痼疾的执法力度，分类施策、标本兼治，提高"打非治违"的针对性和实效性；加强宣传引导，扎实开展"谁执法、谁普法"宣传教育，积极引导广大人民群众参与、支持"百日行动"，举报各类安全生产非法违法行为，推动交通运输安全生产形势持续稳定。

（省交通运输执法局　黄云）

【省交通质监局开展"送安全下工地"活动】 为解决参建单位和服务对象的"急难愁盼"问题，帮助提高一线从业人员安全生产意识，10月30日，省交通质监局前往吉康高速改扩建项目开展了"送安全下工地"活动。吉康高速改扩建项目A1、A2、B1等3个标段共计60余人参加活动。

活动中，省交通质监局与项目从业人员面对面，现场讲解了施工现场常见的危险情况及防范措施，并发放了《事故案例汇编》800余份，引导一线从业人员树牢安全生产"红线"意识，推动落实企业安全生产主体责任，营造了更加有利于安全生产的良好氛围。

（省交通运输执法局　黄云）

【大广扩容项目打造江西省首个"宣教管"一体化施工安全教育培训体验中心】 2021年，大广扩容项目打造江西省首个"宣教管"一体化施工安全教育培训体验中心。该中心占地1550平米，投资300余万元，设有接待区、工艺学习区、VR体验区、实操体验区、教培区等多个功能区，兼具教育培训、文化宣传、信息化管控、标准化示范等多种功能，以VR等沉浸式教育体验方式，如按照等比例模型设置隧道施工现场模型、临边防护模型、常见施工工艺模型等安全标准化示范模型，引进VR仿真技术，建立施工安全教育、安全管控以及安全文化建设互动式情景模拟一体化体验平台，为参训人员提供各类施工安全体验项目36项，可对10余种施工作业技术工种进行资格认证，推动从纯说教到生动的多媒体安全宣教、从单一管理到全面安全综合服务、从内部服务到全员共享三大升级，实现了安全生产教育、安全文化宣传、安全生产管控等工作的换代，产生了较好的安全生产管理效果。

（省交通投资集团）

【省交通投资集团"五一"期间安全生产态势平稳】
2021年"五一"节假日期间，省交通投资集团按照省委省政府和省交通运输厅的部署，提前谋划、精心组织、强化措施、压实责任，全力以赴抓好保安全畅通各项工作，确保了集团安全生产态势平稳。"五一"期间，省交通投资集团所属各条高速公路和收费站通行顺畅，服务区疫情防控实现零感染，在建项目实现零事故。

为做好"五一"小长假安全生产工作，早在4月初，省交通投资集团通过召开专题会议的形式对安全生产工作进行了早部署、早安排。4月下旬，由集团领导分片带队组成的安全生产督导组下沉到各条高速公路和在建高速公路项目进行综合督导检查。各路段管理单位严格落实安全生产主体责任，节前对所辖路段安全隐患进行了全面排查，及时消除了道路安全隐患。

"五一"期间，各单位加强了对重点路段、重点部位，以及重要时段的安全巡查，针对发现的问题做到了及时报告、及时处置。项目管理单位对各在建项目安全情况进行了专项督促，各项目办开展了安全隐患专项检查工作，并对发现的问题立即整改到位。同时，各单位还做好了养护站、收费站、服务区重点区域及公共设施的每日消杀工作，严格执行戴口罩、扫码进入公共场所制度，切实抓好了疫情防控工作，保障了环境卫生安全。为避免交通事故发生的拥堵，各路段管理单位还切实做好了清障救援工作，针对车流量较大路段，安排了临时驻点，派出专人对清障救援全过程进行监管，有效地防止了高速公路长时间拥堵。

（省交通投资集团）

【省交通投资集团开展"陆空一体"综合应急救援演练】　7月28日，省交通投资集团联合高速交警、路政、消防、医疗等部门，在大广高速开展陆空一体综合应急救援演练。演练模拟大广高速K2876千米处吉安往赣州方向发生一起多车连环追尾交通事故，造成人员受伤，需要转运滞留乘客，提供

直升机医疗救助及拖离事故车辆。

演练中，各联勤联动单位立即启动应急救援预案。高速交警、高速路政先期赶到事发地点，设置警戒区域，封闭有关交通，维持现场交通秩序；昌泰公司应急路救大队赶到现场进行安全布控，及时疏散撤离受困人员；120急救人员第一时间对轻伤乘客进行紧急处置，并送往医院进行后续救治；消防队员对汽车进行破拆，救出重伤人员，消防、交警及医护人员将其转运至直升机，并送往医院抢救；最后，清障人员继续"坚守阵地"，对事故车辆进行吊车、拖车作业，快速恢复道路畅通。整个实战演练历时1个小时，有效增强了高速公路运营管理单位处置突发事件的应急反应协同能力。

此次演练是集团今年以来进行的最大规模的应急救援综合演练，既是对自建应急救援队伍建设一次全面的检验，又是对高速公路"陆空一体化"救援机制建设的一次有益尝试。在救援过程中，首创医疗救援直升机参与协同高速公路应急救援工作，为进一步探索高速公路直升机应急救援体系打下了重要基础，同时也为高速公路直升机救援基地建设运营积累了经验。

（省交通投资集团）

【省交通运输执法局开展水上重点领域安全生产执法攻坚】　2021年7月底，省交通运输执法局印发《关于开展水上重点领域安全生产执法攻坚行动的通知》，决定在全省水上重点领域开展安全生产执法攻坚行动，重点聚焦全省危险货物港口作业、水路旅游客运、水路危险货物运输、渡口渡运等水上安全生产重点领域，充分发挥水上综合执法优势，填补了原港航、运政、海事执法之间的盲区，共查处各类违法行为14起，有效防范和遏制了较大及以上事故的发生，进一步净化了江西省水上重点领域的安全生产环境。

（省交通运输执法局　林正源）

【省交通运输执法局强化渡运安全监管】　7月份，省交通运输执法局下发通知，要求全面做好撤渡渡口安全监管执法工作，压实各设区市交通运输执法机构渡口渡运安全监管责任，遇恶劣天气及时做好预警信息发布，提醒渡运经营人、渡工做好安全防范，做到该停渡的一律停渡，保障了全省渡运安全。深入开展渡口渡运安全监管执法，严厉查处撤渡渡

口非法渡运行为，防止死灰复燃。对正常营运渡口严查渡工酒驾、渡船违规夜航、恶劣天气冒险航行等危及渡运安全的违法行为。在五一、国庆、春运、汛期等重点特殊时段，重点查处渡船超载、超抗风等级航行等违法违规行为，全年共注销撤渡渡口渡船证件 63 本，船员（渡工）证件 69 本，有效防控渡运安全风险。

（省交通运输执法局　林正源）

【省高航中心为庆祝建党 100 周年营造安全稳定环境开展专项暗访检查】 6 月 16 日至 6 月 30 日，省高航中心为深入贯彻习近平总书记关于安全生产重要论述，按照习近平总书记和李克强总理对湖北十堰市燃气爆炸事故重要指示和批示精神，加强安全生产三年行动 2021 年集中攻坚工作、"安全生产月"活动各项任务和措施的落实。

省高航中心成立 7 个暗访检查组对全省各设区市港航管理部门和中心所属各单位集中攻坚任务落地落实、重要敏感时段安全监管工作等安全生产相关工作情况进行暗访检查，共查出各单位各部门及企业各类部门隐患 70 余处。

（中心安委办）

【省高航中心组织开展"赣江应急—2021"综合应急演练】 11 月 17 日，为增强水上突发事件应急处置能力，提高水上救助水平，省高航中心组织南昌市交通运输局、滕王阁游轮有限责任公司及下属多家单位在赣江滕王阁水域开展"赣江应急—2021"综合应急演练，在演练中所有参演单位练前准备充分，执行任务坚决，加强协同合作，克服不利天气，确保演练圆满成功。

（中心安委办）

【省港口集团开展安全生产"三送"行动】 6 月 17 日至 20 日，交通运输部安全与质量监督管理司二级巡视员陈萍带领部平安工地建设专家巡回指导组（以下简称"专家组"）来到江西信江八字嘴航电枢纽项目建设一线，开展安全生产"三送"，即"送专家、送技术、送服务"行动，省交通运输厅直属有关单位负责同志等参加有关活动。

在"三送"行动中，专家组先后察看了信江

航运枢纽项目智慧钢筋加工厂、产业工人培训中心、混凝土拌合厂、中心试验室、东大河船闸、泄水闸、电站厂房等施工现场，并组织召开专家座谈会。会上，专家组针对项目的具体情况及工程安全管理疑难问题，提出了指导性意见和建议，并围绕安全施工管理、平安工地建设、行业安全发展趋势等与项目各参建单位开展沟通交流和服务指导。

（省港口集团）

【赣州市交通运输安全概况】 全市 1846 辆公交车和 1392 辆巡游出租车全部完成智能设备安装，在全省率先建立涵盖汽车客运站、城市客运、"两客一危"等重点车辆、重点场所的安全智能监管体系，道路运输安全智能监管水平全面提升。大力实施农村公路安全设施建设，完成安全生命防护工程 931 千米、危桥改造 70 座，农村公路安全防范水平进一步提升。内河渡口改渡便民工程加快推进，完成 7 道年度撤渡任务，并提前完成 2022 年 6 道撤渡任务。扎实推进全市 4 座跨高等级航道桥梁的船舶碰撞桥梁隐患治理工作，开展重点水域、重点船舶联合执法 52 次，检查各类船舶 812 艘次，查处"三无"船舶 65 艘，有力保障了水上交通安全。组织开展公路水运工程建设"出重拳、遏事故"集中攻坚行动和"平安工地"建设，7 个单位达到"示范"等级，确保交通工程建设安全有序。牵头建立市铁路沿线安全环境治理局际联席会议制度，健全铁路沿线安全环境管理"双段长"制，扎实推进全市公铁并行路段护栏移交工作。

（赣州市交通运输局）

【九江市把好国庆节前后道路运输安全关】 9 月 17 日至 10 月 29 日，九江市开展道路运输市场集中整治月行动，严把道路运输安全关，在九江火车站下广场、出租车上客点、八里湖高速路口等重点区域，严查货车、出租车、网约车、班线车辆等，并对车辆进行细致检查，排查安全隐患，为广大市民群众及游客出行创造良好的交通环境。共计办理行政处罚案件 80 件，其中非法营运案件 19 件，非法网约车案件 29 件，治超源头单位违规经营案件 10 件，其他案件 14 件。

（九江市交通运输局）

科技、教育、卫生

科　技

【概况】 2021年，江西省交通运输行业深入实施创新驱动发展战略，以高质量发展为根本要求，以供给侧结构性改革为主线，强化科技创新能力建设，推进关键技术创新突破，促进科技创新成果转化，为加快交通强省建设注入科技创新强大动能。

科技管理。2021年，江西省交通运输厅围绕交通运输基础设施建设、管理、养护等方面的科技研发，全年厅安排科研经费690万元，下达了"枢纽调度下两坝间河段航道通航水流条件研究"等36项一般科技项目，"动荷载与降雨耦合作用下路基高边坡渐进式破坏机理研究与可靠度分析"等4项重大研发专项立项计划；下达了"基于建管养运一体化的高速公路建设品质提升若干关键技术研究"等9项重点工程科技项目立项计划；制定印发了《厅科技专家库管理办法》，完善了江西省交通

运输科技专家库建设；组织开展了"中小跨径公路钢混组合结构桥梁工业化建造与管养成套技术研究"等47个项目的评审验收。

成功申报省部级科技项目5项，"生活垃圾焚烧炉渣改良红黏土的力学特性及关键污染因子浸出行为研究"获批立项江西省自然科学基金青年基金项目，"高速公路隧道巡检机器人关键技术研究及应用"获批立项江西省重点研发计划一般项目；"移动物联网5G技术下的智慧交通智能识别系统研发及产业化"入选交通运输部重点科技项目清单项目；"基于多技术融合的公路货运车辆科技治超平台研发及关键技术研究与示范应用"等4项03专项及5G项目获省科技厅立项，获科研补助资金250万元。

科技成果。2021年，通过鉴定或验收登记各

类科技成果 40 余项。其中《重载交通乳化沥青冷再生路面疲劳性能评价及提升技术研究》《隧道致灾风险智能检测及预测管控关键技术》《广昌至吉安高速绿色公路建设适宜性技术研究与示范应用》3 项研究成果经鉴定达到国际先进水平。

共发布《江西省航标技术标准化指南（试行）》等 3 项航道水运方面行业指南；《高延弹超薄罩面技术规程》等 9 项地方标准申请立项；《旧水泥混凝土路面共振碎石化就地再生技术规范》等 9 项地方标准获批发布；完成了《高速公路服务区污水处理 A/O 工艺运维指南》等地方标准的宣贯，完成 2008—2016 年发布的 21 项地方标准复审，其中 12 项继续有效，7 项重新修订，2 项废止。组织开展全省交通运输行业标准指南实施情况自评工作，从实施效益和实施措施等方面对标准进行评估，为指导行业发展提供参考依据。

科技奖励。2021 年共 12 项科技成果获得省部级以上奖励；《智慧高速公路关键技术与实践》《典型公路桥梁服役性能提升关键技术研究》《复杂地质环境下隧道的聚能减震爆破施工安全与控制关键技术》3 项科技成果获江西省科技进步奖三等奖；《江南丘陵过湿区沥青路面服务功能提升关键技术》获中国公路学会科学技术奖一等奖，《高速公路货运车辆通行安全和畅通保障关键技术研究及应用》获中国交通运输协会科技进步奖一等奖；《多雨地区高速公路双层排水沥青路面关键技术研究》《智慧高速公路协同技术与主动管控关键装备研发及集成应用》2 项科技成果获中国公路学会科学技术奖二等奖；《湿热多雨地区沥青路面服务功能提升关键技术创新与示范应用》《沥青路面材料表面自由能特性研究与应用》《构建高速海量视频智慧云联网平台》《全国公路超限运输智能检测与协同监管关键技术及应用》4 项科技成果获中国交通运输协会科技进步奖二等奖；《重载交通乳化沥青冷再生路面疲劳性能评价及提升技术研究》获中国公路学会科学技术奖三等奖。

科研基地及科技示范工程建设。2021 年，国家邮政局批复的邮政行业技术研发中心（寄递安全技术）已挂牌运行；省级企业技术中心——省公路科研设计院有限公司获省发改委投资补助；江西交通咨询有限公司高速公路智慧安全体验馆和大广

高速安全培训体验中心被中国公路学会认定为全国公路科普教育基地。目前，江西省交通运输行业共有 5 个省部级科普基地。

信江航电枢纽绿色智慧科技示范工程重点开展"BIM 技术""智能运维管理""仿生态鱼道""绿色施工"等技术的研究与示范。其中，BIM 技术应用获中国公路学会、中国施工企业管理协会等颁发的各类奖项 12 项；3 种鱼道试验用水槽获国家发明专利 1 项、实用新型专利 2 项；推广应用预制装配式路面 6.3 千米，采用双轮铣深层搅拌技术形成防渗墙 22 万平方米并获批省级工法 1 部；同时，多次组织召开了工程现场会与技术交流会，在行业内积极推广四新技术应用，有效促进科技成果转化。

科技合作与交流。推动举办了 2021 年桥梁建造新理念新技术学术论坛，参加了土木工程科技发展前沿学术论坛。加强与东南大学、同济大学、中南大学等国内知名高校、科研院所开展产学研合作，与华东交通大学签订了战略合作协议。江西省交通投资集团有限责任公司联合华东交通大学、江西基业良工桩机制造有限公司共同研制了国内首台不中断交通的隧道维养台车，并在武吉高速九岭山隧道养护作业中成功应用。

组织全行业参加部交通科技云论坛 5 期、交通大讲堂 1 期。举办 2021 年交通强省科普讲解大赛，选派优秀选手参加省科普讲解大赛，该厅获优秀组织单位奖，1 人获一等奖并被授予"江西省十佳科普使者"称号；组织参加交通运输部 2021 年科普讲解大赛，荣获三等奖 1 项。在 2021 年全国科技活动周及重大示范活动中表现优异，获科技部表彰 1 次。

科技发展规划。根据部、省部署要求，紧密衔接《江西省公路水路交通运输"十四五"发展规划》，在总结归纳江西省交通运输"十三五"科技发展规划落实情况、工作成效的基础上，作好顶层设计，充分吸收各方意见和建议，组织行业专家进行评审，完善规划文本，科学完成《江西省交通运输科技"十四五"发展规划》专题规划编制，并经厅务会审议通过。

（熊含威）

表37： 2021 年厅科技项目验收情况表

序号	项目编号	项目名称	承担单位	负责人	验收编号
1	2018H0012	全强风化千枚岩路堑高边坡在降雨条件下变形破坏机理及预测预警研究	江西省交通科学研究院	俞俊平	2021第1号
2	2018H0042	隧道穿越泥石流堆积体大变形机理及控制研究	江西省交通科学研究院	林木水	2021第2号
3	2017H0014	中小跨径公路钢混组合结构桥梁工业化建造与管养成套技术研究	江西省交通科学研究院	江祥林	2021第3号
4	2017C0002	九江长江大桥公路桥加固改造关键技术研究	江西赣鄂皖路桥投资有限公司	刘强	2021第4号
5	2018H0040	普通国省道防灾减灾系列技术研究之一：基于监测数据的中小跨径桥梁服役性能研究	南昌市公路管理局	林旭	2021第5号
6	2018X0041	基于激光雷达的交通调查系统研发	江西路通科技有限公司	秦小明	2021第6号
7	2018Z0001	江西省普通国省道养护科学智能决策技术集成研究（路面）	江西省公路工程检测中心	谈勇	2021第7号
8	2019R0023	江西省普通公路路网运行监测规范研究	江西省公路管理局	谈勇	2021第8号
9	2019X0020	江西省普通公路智慧感知和服务设施体系研究	江西省公路管理局信息数据中心	任康	2021第9号
10	2018Z0003	赣江、信江下游桥区通航条件研究	港航设计院	杨进生	2021第10号
11	2019C0014	砂砾石地层塑性混凝土防渗墙成槽成墙施工技术研究	信江航运枢纽工程项目建设管理办公室	时智勇	2021第11号
12	2017R0027	南昌龙头岗多式联运规划方案	南昌龙头岗综合码头有限公司	庞建基	2021第12号
13	2019C0002	高速公路阵列式声子晶体声屏障的声学结构设计及应用研究	南昌至九江高速公路改扩建项目办公室	黄智华	2021第13号
14	2018H0008	江西省普通国省干线公路服务区设计规范	江西省交通设计研究院有限责任公司	付琼哲	2021第14号
15	2019H0004	基于 GIS 的公路地质三维重构与 BIM 建模技术研究	江西省交通设计研究院有限责任公司	陈国	2021第15号
16	2018H0046	桥梁涉水桩基玻璃纤维复合材料加固新技术的应用研究	江西交通咨询有限公司	金斌	2021第16号
17	2019H0003	江西省高速公路路面 HVE 超粘磨耗层预防性养护应用技术研究	江西交通咨询有限公司	史越	2021第17号
18	2019H0015	大跨中承式拱桥振动及行人舒适度研究	江西省交通工程集团有限公司	吴飞	2021第18号
19	2018Q0024	宜丰联络线 C5 标桥梁 BIM 施工管理系统	江西省公路桥梁工程有限公司	徐志华	2021第19号
20	2018Q0025	高性能开普封层在低等级水泥混凝土路面改造中的应用研究	江西省公路桥梁工程有限公司	尚宇	2021第20号
21	2018Q0026	基于振动搅拌混凝土性能提升研究	江西省公路桥梁工程有限公司	程继顺	2021第21号
22	2018Q0027	环境敏感区公路沥青路面温拌抑烟绿色铺筑技术的研发及应用	江西省公路桥梁工程有限公司	张诚	2021第22号

续表

序号	项目编号	项目名称	承担单位	负责人	验收编号
23	2018Q0028	混凝土非线性超声传播机制及损伤识别技术研究	江西省公路桥梁工程有限公司	彭爱红	2021第23号
24	2019Q0025	拟退役预应力混凝土梁承载能力评估与剩余寿命预测	江西省公路桥梁工程有限公司	彭爱红	2021第24号
25	2019Q0026	基于BIM+GIS技术的隧道施工管理系统应用研究	江西省公路桥梁工程有限公司	徐志华	2021第25号
26	2019H0009	火灾后混凝土梁式桥检测方法与承载能力评价研究	江西赣粤高速公路股份有限公司	李柏殿	2021第26号
27	2019X0019	无人值守非现金自助缴费系统	江西锦路科技开发有限公司	熊晨曦	2021第27号
28	2018H0044	易密实薄层沥青混凝土罩面应用技术研究	江西省天驰高速科技发展有限公司	周昌	2021第28号
29	2018H0043	岩溶隧道运营期涌水机理及综合防控技术研究	江西省高速公路投资集团	段卫党	2021第29号
30	2015T0060	公路地质灾害远程监测预警技术推广应用研究及示范	江西省交通设计研究院有限责任公司	曾茂宗	2021第30号
31	2018J0033	基于工学结合的江西省交通技工学校人才培养方案和课程标准的建设	江西省交通技工学校	廖胜文	2021第31号
32	2018J0034	校企合作共建高速公路收费与监控专业的探索与实践	江西省交通技工学校	欧阳娜	2021第32号
33	2018J0035	江西省交通技工学校校企合作长效运行机制的建设	江西省交通技工学校	祖军	2021第33号
34	2018Q0022	江西省农村公路与国省道平交道口改善设计通用图研究	江西省公路科研设计院有限公司	邹循华	2021第34号
35	2018R0019	县城智慧交通建设方案研究——以江西余干县为例	江西交通职业技术学院	安礼奎	2021第35号
36	2018G0037	政治生态指标分析探析	江西交通职业技术学院	高东升	2021第36号
37	2018H0010	基于数字图像相关的桥梁快速检测装备与损伤识别方法研究	江西交通职业技术学院	宋金博	2021第37号
38	2019J0029	江西交通文化研究	江西省交通干部学院	刘晓兰	2021第38号
39	2019J0030	新形势下交通运输行业新闻宣传与舆论引导策略研究	江西省交通干部学院	熊昌军	2021第39号
40	2018T0020	SBP沥青混合料改性添加剂路用性能应用研究	江西省赣州市公路学会	雷炜	2021第40号
41	2019X0016	基于分布式CPS的港口设备智能监管技术研发	南昌龙行港口集团有限责任公司	侯会斌	2021第41号
42	2018J0032	江西省公路发展史研究	江西省交通干部学院	熊昌军	2021第42号
43	2019X0017	基于多方联动的高速公路智能应急管理平台开发及应用研究	江西省交通科学研究院	王代君	2021第43号
44	2018J0036	基于物联网在江西省交通技工学校安全与应急保障中的探索与研究	江西省交通技工学校	廖胜文	2021第44号

续表

续表

序号	项目编号	项目名称	承担单位	负责人	验收编号
45	2015H0036	半刚性水泥稳定基层快速补强技术研究	江西省交通科学研究院	艾志勇	2021第45号
46	2019H0014	中小跨径钢—砼组合公路桥梁快速建造关键技术研究	江西省公路工程检测中心	黄志刚	2021第46号
47	2020H0045	美丽生态文明农村公路建设标准	上饶市农村公路服务中心	陈永红	2021第47号

（熊含威）

表38：　　　　　　　　　　　　　2021年度厅科技项目补助资金计划表

项目序号	项目编号	项目名称	承担单位	合作单位	起止年限	项目总资金（万元）	其中厅补助资金安排（万元）
		一、重大研发专项计划			小计	430	330
1	2021Z0001	近场爆炸荷载作用下桥梁动力响应与抗爆性能试验研究	江西省公路科研设计院		2021—2023	90	90
2	2021Z0002	高压缩性土层段隧道洞口支护及进洞施工控制技术研究	江西省交通科学研究院		2021—2023	120	100
3	2021Z0003	高速公路服务区高效脱氮除磷节能技术及应用研究	江西省交通科学研究院		2021—2023	100	100
4	2021Z0004	动荷载与降雨耦合作用下路基高边坡渐进式破坏机理研究与可靠度分析	华东交通大学		2021—2023	120	40
		二、道路工程建养技术研究计划			小计	505	40
5	2021H0001	普通国省道路面检测数据的挖掘及应用研究	江西省公路工程检测中心	长安大学	2021—2023	110	10
6	2021H0002	基于吉康高速公路改扩建工程的既有路面检测与评价研究	江西省交通设计研究院有限责任公司	华东交通大学	2021—2023	120	10
7	2021H0003	新建水泥路面加铺1.5cm超薄罩面的关键技术和应用研究	江西省交通运输行业公路施工与装备工程技术研究中心	同济大学	2021—2023	60	0（自筹）
8	2021H0004	交通荷载作用下非饱和路基性能演化及防控技术研究	江西省交通工程集团有限公司	华东交通大学、江西省交通科学研究院	2021—2023	120	10
9	2021H0005	高填方路基下穿既有桥梁动态失稳机理及防控关键技术	江西省高速公路养护工程技术研究中心	长沙理工大学	2021—2023	95	10
		三、桥隧工程建养技术研究计划			小计	98.9	40
10	2021H0006	温湿环境下桥梁缆索腐蚀—疲劳退化机理与锈蚀检测装备技术研究	江西交通职业技术学院	江西省天驰高速科技发展有限公司、江西省公路工程检测中心	2021—2023	20	10

续表

项目序号	项目编号	项目名称	承担单位	合作单位	起止年限	项目总资金（万元）	其中厅补助资金安排(万元)
11	2021H0007	基于大数据的公路隧道健康监测系统集成及性能评估应用研究	江西省天驰高速科技发展有限公司	江西农业大学	2021—2023	46.9	10
12	2021H0008	公路隧道衬砌无管湿铺防排水技术研究	江西省交通设计研究院有限责任公司	宜春至遂川高速公路建设项目办公室、江西省交通工程集团有限公司	2021—2023	20	10
13	2021H0009	基于 QFD 理论与 Gamma 随机过程的桥梁退化建模、状态评估以及性能预测	江西交通职业技术学院	华东交通大学	2021—2023	12	10
		四、信息化技术研究计划			小计	648	30
14	2021X0010	高速公路智慧收费及运维系统的研究与设计	江西省交投集团路网运营管理公司	江西方兴科技有限公司	2021—2023	58	10
15	2021X0011	江西省高速公路智慧云控平台及其关键技术研究	江西省交通监控指挥中心	广州国交润万交通信息有限公司、华东交通大学	2021—2023	95	0（自筹）
16	2021X0012	基于物联网的超限检测系统计量检校装备研究	江西省交通建设工程质量监督管理局	交通运输部公路科学研究院、弱水科技产业（宿迁）有限公司	2021—2023	195	10
17	2021X0013	基于公路施工企业岗位安全责任过程管控"一张网"的信息化管理系统研究	江西省公路桥梁工程有限公司	长沙计支宝信息科技有限公司、江西佑平技术服务有限公司	2021—2023	300	10
		五、水运工程研究计划			小计	65	20
18	2021S0014	枢纽调度下两坝间河段航道通航水流条件研究	江西省港航设计院有限公司		2021—2023	30	10
19	2021S0015	当前江西省水运企业发展面临的困境及纾困对策研究	江西省港航运输行业协会		2021—2023	35	10
		六、软科学研究计划			小计	110	20
20	2021R0016	江西省交通运输厅信息化项目监督平台研究	江西省交通监控指挥中心		2021—2023	80	0（自筹）
21	2021R0017	江西省"十四五"公路养护工程招标投标政策研究	江西省交通投资集团有限责任公司	江西省交通工程集团建设有限公司、华杰工程咨询有限公司	2021—2023	20	10
22	2021R0018	井冈山革命斗争时期红色文化交通基因研究	江西省交通科学研究院	吉安市交通运输局	2021—2023	10	10

续表

项目序号	项目编号	项目名称	承担单位	合作单位	起止年限	项目总资金（万元）	其中厅补助资金安排（万元）
		七、地方研发专项			小计	350	20
23	2021H0019	特重蠕行荷载路段高抗车辙沥青路面成套技术研究	宜春市政交通建设有限公司	宜春市公路管理局、长沙理工大学、国路高科（北京）工程技术研究院有限公司	2021—2023	100	5
24	2021H0020	高粘弹改性沥青抗滑低噪型超薄罩面技术研究及应用	吉安市公路勘察设计院	招商局重庆交通科研设计院有限公司	2021—2023	80	5
25	2021H0021	庐山公路地质灾害动态监测—实时预警系统研究	庐山公路分局	长沙理工大学	2021—2023	90	5
26	2021H0023	新余市普通国省道公路与城市道路衔接协调发展建设方案研究	新余市公路事业发展中心	新余公路勘察设计院、江苏中设集团股份有限公司	2021—2023	80	5
		八、标准规范			小计		30
27	2021B0024	绿色公路建设指南—高速公路第1册　勘察设计	江西省交通投资集团有限责任公司				5
28	2021B0025	绿色公路建设指南—高速公路第2册　工程实施指南	江西省交通投资集团有限责任公司				5
29	2021B0026	绿色公路建设指南—高速公路第3册　绿色公路评价标准	江西省交通投资集团有限责任公司				5
30	2021B0027	公路建设项目竣工环境保护验收指南	江西省交通科学研究院				5
31	2021B0028	公路水运工程施工扬尘污染防治技术管理指南	江西省交通科学研究院				5
32	2021B0029	高速公路服务区污水处理（A/O工艺）运维指南	江西省交通科学研究院				5
		九、基础条件建设			小计		40
33	2021A0030	重大研发专项招投标及科技项目验收工作组织方案与实施	江西省公路学会				15
34	2021A0031	科技项目立项、大纲评审、验收及管理工作方案与应用	江西省交通科学研究院				25
		十、其他项目			小计	625.2	120
35	2021H0032	江西省交通运输综合行政执法工作规范	江西省交通执法局	南昌大学	2021—2023	18	10
36	2021H0033	公路水运试验检测设备状态监测系统研究	江西省交通建设工程质量监督管理局	交通运输部公路科学研究院、大连思捷科技有限公司	2021—2023	20	10

续表

项目序号	项目编号	项目名称	承担单位	合作单位	起止年限	项目总资金（万元）	其中厅补助资金安排（万元）
37	2021H0034	江西省高速公路热熔型标线全寿命周期养护技术研究	江西省高速公路养护工程技术研究中心	江西省天驰高速科技发展有限公司	2021—2023	90	5
38	2021H0035	不中断交通智能拼装台车及波纹钢板隧道衬砌加固技术研究	江西省高速公路养护工程技术研究中心	南昌西管理中心、华东交通大学、江西基业良工桩机制造有限公司	2021—2023	96.2	10
39	2021H0036	现场检测数据与深度学习相结合的在役混凝土梁桥病害程度预测及剩余承载能力评估	江西省天驰高速科技发展有限公司	华东交通大学、江西嘉特信工程技术有限公司	2021—2023	20	10
40	2021H0037	水位骤升陡降条件下库区红黏土边坡稳定性研究	江西交通职业技术学院	上海大学	2021—2023	10	10
41	2021H0038	智慧高速公路新型基础设施建设技术要求	江西省交通监控指挥中心	北京中交国通智能交通系统技术有限公司	2021—2023	48	0（自筹）
42	2021H0039	江西省交通运输行业从业人员职业压力和心理健康调查研究	江西省交通科学研究院		2021—2023	15	15
43	2021H0040	江西交通科技创新二十年	江西省交通科学研究院		2021—2023	25	25
44	2021H0041	江西交通强省青年科技领军人才培养对策研究	江西省公路学会		2021—2023	5	5
45	2021H0042	不同地质地貌条件下滑坡非线性能耗分析及系统可靠度研究	华东交通大学		2021—2023	10	5
46	2021H0043	玄武岩纤维在农村公路重型交通沥青砼路面改造工程建设中的应用	上饶市农村公路服务中心	玉山县农村公路管理所、上饶市赣东公路工程咨询有限公司	2021—2023	93	5
47	2021H0044	UHPC-NC新型组合板结构设计理论与施工关键技术	上饶市公路管理局	同济大学	2021—2023	75	5
48	2021H0045	非重交通公路沥青路面双层还原雾封应用技术体系的研究	萍乡市公路管理局湘东分局	同济大学道路设施管理与养护技术中心	2021—2023	100	5
合计						2832.1	690

（熊含威）

【"移动物联网 5G 技术下的智慧交通智能识别系统研发及产业化"列入交通运输部 2021 年度交通运输行业重点科技项目清单】 省交通科学研究院有限公司与省综合交通运输事业发展中心、上海联茵信息技术有限公司联合申报的科研项目"移动物联网 5G 技术下的智慧交通智能识别系统研发及产业化"列入交通运输部 2021 年度交通运输行业重点科技项目清单。该项目基于移动互联网 5G 技术，将人工智能及大数据等新一代信息技术引入智慧交通领域，进行移动物联网 5G 技术下的智慧交通智能识别系统研发及产业化研究，利用大数据和人工智能图像识别技术对驾驶员的日常驾驶行为进行多维化分析，确保驾驶员行车安全，帮助主管部门掌握交通运输行业安全营运的动态，实施精准执法，同时提醒运输企业落实监控主体责任，消除事故隐患。

（省交通科学研究院有限公司　龚仁平）

【"基于多技术融合的公路货运车辆科技治超平台研发及关键技术研究与示范应用项目"立项江西省03专项及5G定向委托项目】 省交通科学研究院有限公司申报的江西省03专项及5G定向委托项目——"基于多技术融合的公路货运车辆科技治超平台研发及关键技术研究与示范应用项目"，顺利完成江西省科学技术厅立项。该项目立足于全省科技治超发展现状，对标"十四五"发展需要，结合省交通科学研究院有限公司自2016年以来在全省治超业务上的科技创新、技术服务、产品研发等方面的积累，开展基于"5G+北斗"、"5G+NB-IoT"、云计算、AI大数据分析算法等关键技术在科技治超领域的创新和试点应用，预期成果将有效推进全省科技治超执法应用的落地，发挥全省"5G+法治交通"的示范引领作用。

（省交通科学研究院有限公司　龚仁平）

【《构建高速海量视频智慧云联网平台》获2020年度中国交通运输协会科技进步二等奖】 省交通科学研究院有限公司推荐的《构建高速海量视频智慧云联网平台》被授予"2020年度中国交通运输协会科技进步二等奖"。该成果严格按照交通运输部《全国高速公路视频云联网技术要求》，在全省境内各高速公路区域路段分中心、省交通运输厅直属单位部署上网网关和系统软件平台，构建全省统一的云联网架构，形成江西省交通视频云联网的统一平台，通过租赁公有云资源和公网链路，构建全省交通监控云平台。通过对全省视频图像的监控与管理，部署视频检测和图像质量分析软件，利用视频智能分析算法对省内交通流量、交通拥堵、特殊气象等状态进行分析与计算，达到感知全省交通运行状况的目的，进一步完善全省交通监控系统管理手段、丰富交通监控手段、提升交通出行管理服务水平，助力加快交通强省建设的目标。

（省交通科学研究院有限公司　龚仁平）

【《典型公路桥梁服役性能提升关键技术研究》获江西省科学技术进步奖三等奖】 省交通科学研究院有限公司作为主要完成单位之一的科研项目成果《典型公路桥梁服役性能提升关键技术研究》，荣获2020年度江西省科学技术进步奖三等奖。该科研成果以保障典型公路桥梁长期服役性能、延长其寿命为目标，创建了典型公路桥梁服役性能提升关键技术体系：主要构建了基于分布式宏应变和动态性能的桥梁结构荷载与损伤识别理论，破解了桥梁全寿命周期服役性能评估与碰撞后快速诊断难题；自主研发了典型公路桥梁重要部件高效加固与修复技术，提升了服役桥梁结构的安全与使用性能；开发了桥梁结构服役性能提升新材料与新装备，延长了桥梁结构寿命。创新成果引领了公路桥梁管养技术的跨越发展。该科研成果突破基础研究理论的瓶颈，建立了性能提升的创新技术，完成了产品与装备的自主研发，整体提升了我国公路桥梁综合管养与运维水平。该成果推广应用到全国十余个省市地区，涵盖了公路桥梁检测、监测与维修加固等各类工程，取得了较好的社会效益和经济效益。

（省交通科学研究院有限公司　龚仁平）

【《高速公路岩溶及下伏洞穴路基安全评价与处治关键技术研究》专著出版发行】 专著《高速公路岩溶及下伏洞穴路基安全评价与处治关键技术研究》由省交通科学研究院有限公司科技发展部、江西省道路材料与结构工程技术中心主任张恺博士编著，由工程概况及环境地质条件、岩溶勘察技术研究、溶洞顶板稳定性分析、岩溶路基安全填筑高度、覆盖层稳定性分析、覆盖层注浆技术研究、连续配筋混凝土板跨越技术研究等部分组成。全书以交通运输厅的科技项目为研究对象，分析交通运输厅的工程概况及环境地质条件、岩溶勘查技术、溶洞顶板稳定性等，针对各种情况进行技术上的研究与方法选择，并能够应用到具体的项目实践当中。

（省交通科学研究院有限公司　龚仁平）

【启动并运行自主设计研发的高速公路服务区应急式一体化污水处理设备】 高速公路服务区应急式一体化污水处理设备是省交通科学研究院有限公司针对高速公路服务区污水潮汐式变化而自主设计研发的一套设备。此设备从设计优化、分级调控的角度出发，通过物化处理与生化处理相结合的方式，针对不同水质水量特点，采取不同处理途径处理污水，具有节能减排、灵活高效的特点，目前此设备已在永丰南服务区和弋阳服务区启用并运行。

（省交通科学研究院有限公司　龚仁平）

【交通运输部公路科学研究院到江西省交通科学研究院有限公司开展技术交流】 交通运输部公路科

学研究院物流工程研究中心和中国公路建设行业协会的专家调研组到省交通科学研究院有限公司，围绕高速公路服务区危货运输车辆停放安全研究、安全管理信息化技术应用等相关问题开展交流座谈。针对高速公路服务区危货运输车辆停放安全问题，省交通科学研究院有限公司战略发展研究部负责同志结合高速公路服务区提质升级规划研究工作，从高速公路服务区危货运输车辆停放管理目前存在的问题、信息化技术手段、车位规划建设等方面进行了介绍，同时站在规划设计的角度，对服务区基础设施提质升级、加强安全管理、完善视频监控及智慧服务区建设等方面提出了相关建议。

（省交通科学研究院有限公司　龚仁平）

【省交通科学研究院有限公司一项课题获得中国博士后科学基金资助】　中国博士后科学基金会正式公布了中国博士后科学基金第 69 批面上资助项目评审结果，省交通科学研究院有限公司在站博士后张小波申报的课题"考虑形貌特征的注浆岩石结构面剪切力学机制和剪切强度评价"获得二等资助。该课题针对结构面发育的软弱岩层地段隧道注浆加固工程问题，考虑结构面形貌特征的影响，开展不同注浆参数条件下注浆结构面剪切力学行为的研究，揭示注浆结构面在剪切作用下变形破坏的细观物理力学机制和宏观力学响应，对于理解注浆结构面的剪切力学行为具有重要的科学意义，其成果可用于指导隧道围岩结构面注浆参数设计和注浆效果评价。

（省交通科学研究院有限公司　龚仁平）

【中国科学院院士孙钧受邀到省交通科学研究院有限公司指导工作】　1 月 11 日，中国科学院院士孙钧应邀到省交通科学研究院有限公司指导工作。孙钧院士结合自己数十年来在岩土工程领域研究中积攒的学术经验分享了自身的感受和看法。一要找准方向，兴趣是工作最好的动力，只有在自己的研究兴趣范围内不断深耕，孜孜以求，才能取得丰硕成果。二要注重理论联系实践，把握住"实践产生理论，理论指导实践，实践检验理论"的实践—理论—实践的研究思想，重在解决工程实际问题。

（省交通科学研究院有限公司　龚仁平）

【江西省首个隧道洞内智能配电房启用】　1 月，伴随着技术人员对设备进行最后一次检查、校准、验收，各项指标均达到业主及设计需求后，铜万高速宜丰联络线双峰二号洞内智能配电房开始投入运营，意味着江西省首个隧道洞内智能配电房正式启用。

该配电房采用嵌入式 Linux 系统、"电气隔离"技术，从系统的实时性、可靠性、易维护、安全性、经济性、智能性和美观性着手，实现了对配电房的温湿度数据、空气净化数据、消防烟感数据、图像处理等各项环境状态实时监测，以便实时、"不出门"了解和掌握配电房机电设备的运行情况，并能对监控数据进行趋势分析，生成多种数据报表并对所有采集数据进行汇总。当发生故障时，能自动在屏幕上显示故障单元、故障部位及故障性质，以便提醒工作人员及时维修、更换。

该工程是一套相对完善的智能配电房管理系统，对于洞内小气候治理起到了明显的改善作用，也是对江西省隧道洞内智能配电房建设的有益探索。该配电房的正式启用将为宜丰联络线隧道洞内配电房管理提供坚强智慧保障，为今后洞内智能配电房建设起到示范引领作用，以适应现代公路隧道洞内配电房管理发展之需求。

（刘红芳　韦永浩　李永红）

【江西省新一代国家交通控制网和智慧公路示范工程普通公路智慧管理与信息服务平台集成项目通过交工验收】　2021 年 9 月 28 日，由省交通科学研究院有限公司承担的省部级重点示范信息化项目——江西省新一代国家交通控制网和智慧公路示范工程普通公路智慧管理与信息服务平台集成项目顺利通过交工验收。该项目位于赣州市安远县境内，立足公路网管理及农村地区客运、货运的迫切需求，通过在国省道、农村公路沿线建设 65 套公路网视频监测系统、3 套智能弯道预警发布系统、5 套情报版公路信息服务系统，搭建集公路养护管理、交通运行数据分析和展示系统于一体的软件平台，构建公路网综合视频监测、重点路段监控及智能预警发布、农村公路智慧管养、交通运行大数据分析决策支持和展示、公路信息服务五大应用系统。该项目通过运用"互联网+"、大数据分析、云平台等先进适用性技术，统筹协调安远县各类资源，提升公路运输网的运行效率和服务水平，提高路网监测能力，提升城乡客货运输效能，提高广大乡村老百姓出行安全和服务体验，落实"交通+"与各行各业相互促进，探索具有江西特色的公路建设与运营管理新模式。

（省交通科学研究院有限公司　龚仁平）

【省交通运输执法局科研技术发展开新篇】　省交通运输执法局以习近平法治思想为根本遵循，以改革驱动创新、以创新驱动发展，坚持科技引领，以全省交通运输执法部门为主体，不断加大科技创新投入，推进全省交通运输执法领域科技创新发展。一是加强学术交流。省交通运输执法局加强与省公路学会的交流，局领导高度重视，担任省公路学会副理事长，同时积极推荐全省交通执法领域专业人才加入省公路学会，组织全省40多位公路、水运、运政等专业领域人才参加省公路学会举办的江西交通科技创新大会，就加快构建现代化综合交通体系，促进新技术产品的推广应用进行经验交流，并荣获江西交通科技创新大会优秀组织奖。二是促进科技成果转化。省交通运输执法局积极鼓励引导局机关和局直属各单位立足工作实际，创新工作方法，集聚专业人才，发挥基础应用创新能力，转化技术成果。2021年，赣州高速公路路政管理支队开展基于大件运输路线规划方面的技术研究，获得国家发明专利，这是继《高速路政路产路权档案电子地图系统》获得计算机软件著作权登记证书后再次取得的一项重要技术研发成果。三是开展课题研究，推动科技创新。以"一中心、三平台"为总体架构，大力推动5G、大数据等新一代信息技术与交通运输执法领域深度融合，结合全省交通运输执法业务管理需要，抓好交通运输执法科技课题研究工作，目前局机关和局属单位在2021年已申报三个省厅科技课题研究，并已开题。同时，推进03专项"基于多技术融合的公路货运车辆科技治超平台及关键技术研究与示范应用项目"在江西省交通运输领域的应用示范。

（省交通运输执法局　吕弘）

【省交通运输执法局推广"互联网＋监管"科技治超新模式】　省交通运输执法局聚焦科技执法，通过高清抓拍系统、不停车称重系统、视频监控系统、信息发布系统、指挥调度系统、固定治超站检测等10个系统搭建起治超平台，实现了治超"全过程记录、全业务上线、全路网监控、全链条管理、全方位服务"的效能。江西省公路治理超限超载综合管理平台汇聚了全省各类超限超载检测数据，共接入28个普通公路治超站数据、408个不停车检测点数据、340个高速公路收费站数据。省级治超平台接入全省已向社会公告的国省道不停车称重检测数据1亿7千余万条、超限超载检测站数据400余万条、高速公路出口检测数据3200余万条、入口检测数据3500余万条，整合了运管、公安220万余条数据、工商180余万条数据，接入经营业户数47余万条、从业人员数80余万条、营运车辆数140余万条，目前共165家源头企业接入省平台。截至目前，治超平台已立案件共29000余宗，平均超限率为2.64%，为各级治超执法人员治超案件办理提供信息化支撑，实现执法过程规范化、执法文书模板化管理。

（省交通运输执法局　刘方栋）

【省交通投资集团"全国科技示范工程"通过验收】　1月12日，省交通投资集团承担的"宁都至定南高速公路智慧运营与服务提升科技示范工程"项目通过交通运输部组织的验收。

该示范工程于2017年在交通运输部立项，成为全国第一批以智慧高速为主题的科技示范项目。该项目依托宁都至定南高速公路工程建设，以"智慧运营"和"服务提升"为目标，开展了交通要素监测、智慧运行监管、出行信息服务三大类18个子项技术的科技攻关、集成创新与推广应用，攻克了面向高速公路基础设施结构安全的动态监测、基于北斗卫星定位导航的高速公路综合应急指挥调度、连续隧道与特长纵坡交织复杂路况安全行驶预警等关键技术，形成了智慧高速公路建设标准体系。

依托该项目取得国家授权专利25项、软件著作权6个、交通运输部行业工法1项、江西省级工法6个，出版专著1部，企业级信息化标准及设计指南45项，成果获2018年度中国公路学会科学技术奖二等奖，入选了2019年度交通运输部交通运输重大创新科技项目（重大科技创新项目），入闱了2020年度江西省科学技术奖初评推荐获奖项目，培养了多名国家、省部级专业技术与科技创新人才。

（省交通投资集团）

【方兴科技公司研发的高速公路隧道巡检机器人获"最佳产品类奖"】 方兴科技公司紧扣交通运输发展前沿，主动适应"新基建"发展趋势，加大信息技术产品研发力度，稳步推进智慧交通建设。4月23日—24日，在第二十三届中国高速公路信息化大会暨技术产品展示会上，方兴科技公司自主研发的"高速公路隧道巡检机器人""物联网智能监控箱""ETC门架智能室外一体化机柜"等新产品成功推出，其中高速公路隧道巡检机器人喜获"最佳产品类奖"。该产品是利用人工智能、物联网、大数据等前沿科技研发的一款隧道运维管理设备，集智能感知、智能运维、智能处置于一体，具备隧道应急处置、交通监测、结构监测、环境监测、设备监测、事件监测等功能。该设备已在景鹰高速焦家岭隧道成功试运行，大力提升了隧道监测与运维智能化水平，以及高速公路隧道应急处置能力和响应速度。

（省交通投资集团）

【省交通投资集团3项科技成果荣获2020年度省科学技术进步奖】 6月15日，根据公布的2020年度江西省科学技术奖名单，省交通投资集团3项科技成果喜获省科学技术进步奖三等奖，分别是《智慧高速公路关键技术与实践》《典型公路桥梁服役性能提升关键技术研究》和《复杂地质环境下隧道的聚能减震爆破施工安全与控制关键技术》。

（省交通投资集团）

【祁婺项目获得全国第二届工程建设行业BIM大赛三等奖】 7月22日，在第七届全国工程建设行业互联网大会上，省交通咨询公司联合申报的《德州至上饶高速公路赣皖界至婺源段新建工程BIM技术设计施工阶段综合应用》研究成果，获得2021年度全国第二届工程建设行业BIM大赛三等奖，也是该成果荣获的第五个省部级行业奖项。

省交通咨询公司采用"代建+监理一体化"模式推进祁婺项目建设以来，推行数字化设计施工理念，从设计阶段到施工阶段提前做好BIM应用策划，积极探索了基于"BIM+GIS+北斗"的三维可视化道路方案设计、桥梁隧道的正向设计、智慧工地设计，在临建工程、路基、桥梁、隧道工程等全方位、多角度应用BIM技术，在临建便道选址、交通枢纽导改、危大工程施工方案模拟、钢混组合梁智能建造、无人机智能应用等多个方面开展了大量的应用。省交通咨询公司，自主研发数字化综合信息管理平台，同时引入智慧监理模块及时将施工工序报验、监理旁站、监理巡视、监理日志等数据上传，实现了项目监理智慧化、监理工作信息化，保障了项目建设质量。

（省交通投资集团）

【省交通投资集团14个项目在"第二届全国公路微创新大赛"中获奖】 9月1日，中国公路学会发布"第二届全国公路微创新大赛"获奖名单，省交通投资集团14个项目获奖。其中，获得"第二届全国公路微创新大赛"金奖3项，分别是依托南龙扩容项目的《宽幅薄壁高墩无拉杆滑式翻模施工技术》，依托景鹰高速焦家岭隧道提质升级改造工程的《一种应用于隧道巡检与应急救援的智能装置》，依托祁婺项目的《高强螺栓智能化电动施拧扳手及监控系统高强螺栓智能化电动施拧扳手及监控系统》；获得银奖5项，分别是《梁板预制质量细节提升微创新成套技术》《钢混叠合梁预制桥面板施工工法》《薄壁墩液压推挽同步爬模系统》《新泽西护栏智能施工流水线》《混凝土梁面自动喷淋养护小车》；获得铜奖6项，分别是《桥梁外包边式防撞护栏施工工法》《支座垫石高程可调双层定型钢模板施工工艺》《一种避免预制梁端头张拉开裂的施工工艺》《桥梁圆形墩柱外观及钢筋保护层自动检测机器人》《钢筋笼滚焊机大盘微改技术》《组合钢模框格梁施工质量提升技术》。

（省交通投资集团）

【省交通投资集团与华为公司签约共建智慧高速联合创新中心】 11月24日，省交通投资集团与华为公司签署共建智慧高速联合创新中心备忘录，标志着双方今年3月签署的战略合作协议进入实质性落地阶段。

双方将围绕智慧高速公路关键应用共建联合创新中心，深入开展关键创新应用课题研究，共同推进应用创新和场景创新的试点示范，共同打造智慧交通产业发展的新样板，全面构建数字时代新基建核心竞争力，助推集团数字化转型、智能化运营、精细化管控、产业化布局等领域实现新突破。

（省交通投资集团）

【"VR 安全教育体验"科普视频获评 2021 年全国公路优秀科普作品微视频类一等奖】 11 月，省交通投资集团"VR 安全教育体验"科普视频获评 2021 年全国公路优秀科普作品微视频类一等奖。该科普作品以祁婺高速 VR 安全教育体验馆为蓝本制作，展示了体验馆运用信息交互技术、VR 仿真、全息技术等，实现集宏观认知、安全体验、实操教学、考核培训为一体的安全生产教育创新成果，对普及施工安全知识、提高安全防范能力，更好服务平安百年品质工程建设具有重要意义。

（省交通投资集团）

【《宜春至遂川高速公路 BIM+GIS 技术应用》项目获 2021 年第四届"优路杯"全国 BIM 技术大赛铜奖】 12 月 18 日，2021 年第四届"优路杯"全国 BIM 技术大赛颁奖盛典以线上形式举行，《宜春至遂川高速公路 BIM+GIS 技术应用》项目获大赛铜奖。项目由方兴科技锦路公司与宜遂项目办等联合申报，展示了 195 千米宜遂高速所有道路、桥梁、隧道、互通、涵洞的 BIM 模型、高清影像和地形数据，并关联施工建造过程中的资料、图纸、进度、质量、安全、费用、监控监测等信息，为项目建设提供数据支撑，有效保证施工安全、降低施工成本、提高工地现场管理效率和决策能力。

（省交通投资集团）

【江西省首个 ETC 无感加油系统在雷公坳加油站上线试运行】 2021 年，方兴科技公司研发的江西省首个 ETC 无感加油系统在雷公坳加油站上线试运行。该加油系统以 ETC 技术"自动识别＋电子支付"特性为核心，创新打造 ETC 支付、加油站云端运营管理模式。安装 ETC 的车辆进入加油站后，车主全程无须下车，只需直接通过 ETC 完成加油扣款，支付过程仅需 1—2 秒，实现"即加即走"的加油体验。该技术应用，不仅缩短了加油等待时间，满足了司乘出行新需要，又提高了加油效率，使加油站服务车辆提升 3 倍，单把加油枪在高峰期内增收约 2 万元。

（省交通投资集团）

【赣州市公路建设服务中心推广运用"四新"技术】 近年来，赣州市公路建设服务中心在公路建养项目建设上，大力推广"四新"（新材料、新设备、新工艺、新技术）技术，助力碳达峰、碳中和，建设"畅安舒美"示范路，为赣州经济社会发展和群众绿色出行提供更好的公路建设服务。一是在南康国道 105、安远国道 238、会昌国道 206 等普通国省干线的项目建设中，开展了沥青路面就地热再生试验、SBP 改性沥青混合料试验、岩沥青试验等一系列节能环保型项目建设方式，并且取得了一定的成果，实现了老旧路面材料循环利用率达 80％以上、就地利用率达 98％以上，做到了节能降耗，降低了成本，节约了资源。二是在会昌省道 217、于都国道 319、兴国国道 238 等修复养护路面大修工程上，广泛采用厂拌冷再生技术。与传统的沥青路面处理方式相比较，该技术在不影响路面使用性能的前提下，实现了节能减排、资源的循环利用，节省加热源和减少 CO_2 排放量均在 80％ 以上；该工艺还能有效利用废料，解决了旧料堆弃占地及环境污染问题，可大量减少石料开采，节约用于堆放废旧沥青材料的土地，实现了资源再生利用和可持续发展。三是在养护工程中大力推广共振碎石化技术，主要应用于旧水泥路面改造为沥青路面，即"白改黑"。与传统的方式相比，共振碎石化技术施工时间短、噪声低、不扰民，施工后不产生白色垃圾，不仅大大减少了工程造价成本，而且低碳环保，减小了对环境的污染。章贡区国道 105 石岩前至老油库灾毁恢复重建工程、兴国县国道 356 湄西线（原国道 319 厦成线）大中修工程是共振碎石化工艺应用的典型项目。

（省综合交通中心）

【南昌 5G+VR 虚拟驾驶模拟设备再次亮相世界 VR 大会】 2021 年世界 VR 产业大会在南昌隆重开幕。作为全球 VR 领域规模最大、规格最高、影响力最广的年度盛会，南昌 5G+VR 虚拟驾驶模拟设备通过华为、中国电信、南昌优行科技和市道路运输服务中心不断努力，在世界 VR 大会及南昌白云驾校分会场上再次亮相。5G+VR 模拟器通过虚拟仿真道路驾驶训练场景，让学员非常逼真地感受危险道路驾驶、极端恶劣天气驾驶及高速公路爆胎等日常教学无法体验的复杂路况和交通场景驾驶学习。VR 虚拟驾驶技术进一步提高行业绿色环保发展，有效减少教练车的燃油消耗，减少废气排放，为配合城市的"碳达峰、碳中和"工作发挥积极作用，有助于城市空气质量进一步提升。此次展出的第 3

代六自由度 5G+VR 虚拟驾驶模拟设备代表国内最高水平，较上一代设备，通过华为 VR Glass6DoF 眼镜与乘坐六自由度模拟设备相结合进行虚拟仿真驾驶训练学习时，进一步提高学员的体验感、获得感，解决了学员眩晕等技术问题，更加适用于新模式下的驾培行业应用。

（南昌市交通运输局）

【江西交通职业技术学院两项目入选 2021 年江西省 03 专项及 5G 项目】 11 月 17 日，江西交通职业技术学院申报的"基于 5G 技术的公路承载能力检测监测智慧平台研究及工程示范""5G+AI 智慧公路隧道检测综合解决方案工程示范"两个项目成功立项，获批省科技厅项目资助经费共计 100 万元。江西交通职业技术学院成为江西省唯一连续两年获省 03 专项及 5G 项目立项的高职院校。这是该学院自 2020 年成为全省唯一获得省 03 专项及 5G 项目立项的高职院校以来，在科技创新方面取得的又一次突破。

"基于 5G 技术的公路承载能力检测监测智慧平台研究及工程示范"项目基于全车随机动载与公路黏弹性模型分析弯沉、应变、频率等动态响应，结合前端设备、后端平台、5G 技术设置重传机制、时间同步机制、"休眠—唤醒"机制等 Model-View-Controller 构架，构建公路动态物联网检测监测系统。该项目将在江西省公路网应用推广，可提升公路承载能力检测监测效率，节省公路养护管理费用，有利于实现全省智能交通管控、科学养护决策和险情预警预报，打造江西省交通运输行业的示范和标杆，助力江西省智慧交通建设。

"5G+AI 智慧公路隧道检测综合解决方案工程示范"项目将研制包括隧道车辆瞬态速度检测、隧道结构健康监测预警、隧道火灾监测预警等多项监测子系统，基于上述子系统开发 5G+AI 智慧公路隧道综合监测系统平台，实现公路隧道内部交通安全预警、结构健康监测及病害诊断预警、火灾识别预警等综合监测，提升公路隧道的安全及运营管理水平。该项目将在永新石桥隧道或严田隧道开展示范工程应用试点，为后续推广应用奠定基础。

（江西交通职业技术学院）

信息化

【概况】 2021 年，全省交通信息化建设成效明显：一是坚持智慧引领，构建智慧交通管理体系。以"一中心、三平台"为总体架构的智慧交通管理体系加速形成，江西省公路治理超限超载综合管理平台、江西省交通监控云联网工程等 30 个信息化项目全部建成，基本形成了"互联网+"便捷交通和智慧交通大数据应用格局，在推进信用交通省建设、推进科技治超、强化"两客一危"车辆监管、政务服务、省 03 专项示范应用等工作中发挥重大作用。信息技术与交通运输业务深度融合，可持续发展保障能力大幅提升，公众信息服务品质显著改善，行业治理效能明显提升，建设思路和经验在全国交流推广，为交通强省建设和融入共建新发展格局当好先行提供了有力的智慧支撑。

聚焦制约江西省交通运输高质量发展的主要问题，强化应用技术研究，在交通运输基础设施、运输服务等方面开展数字化应用研究。搭建江西省桥梁智能养护工程技术研究中心、江西省公路三维数字化工程研究中心等科技平台，推动交通基础设施数字化转型升级。深化 03 专项在交通运输领域示范应用，印发了《江西省交通运输厅 2021 年 03 专项工作实施方案》，深化基于 5G 的公路桥梁检测监测云智平台研究及工程示范应用等 2 项课题研究在省科技厅中期检查中获优评，"基于多技术融合的公路货运车辆科技治超平台研发及关键技术研究与示范应用"等 4 项课题研究获省科技厅立项，共获科研补助资金 250 万元。省交投集团路网运营公司负责建设的养护管理系统成果《高速公路智慧管养技术研究与应用》获第四届江西公路科技进步奖一等奖。

二是推进信息化建设，增强数字支撑能力。根据部、省部署要求，紧密衔接《江西省公路水路交通运输"十四五"发展规划》，在总结归纳全省交通运输"十三五"信息化发展规划落实情况、工作成效的基础上，作好顶层设计，充分吸收各方意见和建议，组织行业专家进行评审，科学编制完成并印发《江西省数字交通"十四五"发展规划》。为进一步规范信息化项目建设管理，强化处室归口管理原则，修订印发了《江西省交通运输厅信息化项目建设管理办法》，有力提升了信息化管理质量。遵循"统筹、集约、高效、协同"原则，攻坚克难、全力推进数字交通建设，印发《江西省交通运输厅2021年信息化工作要点》，制定了2021年推进"一中心、三平台"全面完成及推广应用时间表，30个信息化项目全部建成，以"一中心、三平台"为总体架构的智慧交通管理体系加速形成，建设思路和经验在全国交流推广。建成江西省交通监控云联网工程，实现了全省高速公路实时监测覆盖率100%。建成智慧交通数据中心平台，实现了全厅数据资源的省级汇聚和融合，让数据多跑路，让群众少跑腿，为推动交通运输行业高质量发展提供强大助力。

三是强化信息化应用，巩固智慧交通建设成果。持续推动数字经济与交通运输行业深度融合、系统集成，为高质量跨越式发展注入强劲动力。省综合交通运输事业发展中心、省高等级航道事务中心、省交通运输综合行政执法监督管理局三个单位涉及信息系统（37个）划转工作全面完成，运行顺畅，保证了机构改革后信息化工作持续推进。综合行政执法、危货运输安全监管等多个业务系统建立了应用通报制度，建立动态管理台账，落实主体责任。全省所有营运客车、危货运输车辆全部安装4G视频实时监控设备和主动安全智能预警装置，经营环境进一步净化；推进综合监管平台建设，网络货运企业运行常态化监测，危险运输电子运单覆盖率进入全国前列。推广科技治超新模式，建成400余个不停车检测点，全省一张网同步推进的治理格局加速形成，普通国省道超限率控制在3%以下，执法环境进一步改善。

四是搭建政务平台，提升政务服务水平。普货车辆异地年审等高频服务事项"跨省通办"办结率位居全国第一方阵。交通工程建设招投标活动全部实现网上办理，营造公平竞争环境。建成智慧交通政务管理与服务平台，推进了核心业务应用的在线化、协同化、平台化，有效支撑了省、市、县三级在线管理和跨部门、跨区域业务协同，实现了与省政务服务一体化办事平台对接，挂接政务服务事项215项，其中依申请事项97项，事项对接率达100%。实现了厅OA办公系统和11个业务子系统对接"赣政通"平台，有效提升政务服务效能，为改善营商环境提供有力支撑。

五是聚焦数字化改造，推进新型基础设施建设。强化5G、大数据、互联网、北斗、物联网等新一代信息技术与交通基础设施融合发展，聚焦新型基础设施等重要领域，加快数字赋能行业高质量发展。通过先进信息技术赋能，推进智慧公路、智慧航道、智慧港口发展。推动综合交通运输信息平台和综合交通大数据中心一体化建设、梨温智慧高速公路、智慧服务区工程、信江智慧航道工程4个项目列入交通运输部"十四五"新型基础设施建设重点工程，江西省交通监控云联网工程等3个项目列入江西省新基建三年行动计划（2020—2022）。持续在传统基建基础上开展技术融合、应用拓展、模式创新、标准研究等工作，打造江西新基建发展先行示范样板。

（魏伟）

【交通政务信息化】 2021年，依托交通政务综合管理平台建设，搭建对外政务服务和对内政务管理"一站式"门户。对外政务服务方面，优化厅建管处公路建设项目施工许可事项，汇聚了路政总队行政许可类业务。截至2021年年底，交通政务综合管理平台集中办理了82060件政务服务事项。形成厅本级行政服务事项"网上预约申请、后台分类审批、结果同步公示、全程电子监察"的工作模式。完成与"省一窗式"所有行政许可审批事项数据对接，其中13项不见面审批事项对接，与"省电子证照库"11项电子证照的认证备案，"赣服通"交通运输部门专区上线运行，OA办公、交通政务综合管理平台与"赣政通"集成等工作。形成了"一站式"政务服务门户。对内政务管理方面，包括业务办理、政务协同和移动应用等功能，根据厅领导、处室工作内容和业务特征，抽取主要数据指标、政务办理等信息，按类别、按业务、按专题进行多维度、成体系、全方位的综合展示、集中处理和统计分析，构建了法治、高速、公路、运输、港航、科教六大数据挂图，提高了政务管理效率和分析决策水平，形成了"一站式"政务管理门户。

（网络安全科 王茜）

【网络与信息安全信息化】 2021 年严格落实网络安全工作责任制，全方位多角度梳理安全隐患，及时处置整改安全漏洞，建立畅通沟通机制，实现安全监测、防护加固、监控响应的全流程在线值守。积极开展网络安全监测预警工作，2021 年以来中心网络安全态势感知系统发现并记录了 143242 次安全攻击。其中，恶意代码攻击 4033 次，漏洞攻击 74535 次，扫描探测 30349 次，其他类型攻击 34367 次；安全设备对大部分高风险攻击行为自动进行了数据包阻断或丢弃操作，经分析研判后人工进行处理 189 件。2021 年 5 月，圆满完成"护网 2021"网络安全攻防实战演习应对工作，组织召开了"护网 2021"专项调度会和网络安全工作培训会暨现场会，通过"护网"行动，提升了全员网络安全意识，夯实了网络安全保障队伍能力，积累了重点保障任务和处置经验。2021 年积极应对省公安厅现场网络安全监督检查、江西省交通运输厅网络安全现场检查、省委网信办开展的电子政务领域网络安全专项检查工作。协助厅科教处印发《江西省交通运输厅关于庆祝建党 100 周年网络安全保障工作检查情况的通报》《江西省交通运输厅网络安全事件应急响应实战演练处置流程》《关于庆祝中国共产党成立 100 周年网络安全检查工作方案》《江西省交通运输厅庆祝中国共产党成立 100 周年网络安全事件应急处置专项预案》《江西省交通运输厅网络安全事件应急响应实战演练处置流程》。江西交通代表队在全省首届党政机关"赣政杯"网络安全大赛中获得全省第二名的优异成绩，在首届"赣通杯"网络安全知识竞赛中获得优胜奖。

（网络安全科 王茜）

【"一中心、三平台"智慧交通管理体系加速形成】 省交通运输厅积极响应国家、交通运输部、省委省政府战略布局，始终坚守办人民满意交通的初心使命，从江西省交通行业高质量发展的需要出发，顶层设计、科学谋划，"十三五"时期，确定了以"一中心、三平台"（智慧交通大数据中心 + 智慧交通政务管理与服务平台、智慧交通综合监管平台、智慧出行与物流信息服务平台）为主要框架的智慧交通管理体系建设目标，30 个信息化建设项目总投资 22.36 亿元，涵盖公路、水路、道路运输、城市客运、工程建设及综合交通运输。省交通运输厅遵循"统筹、集约、高效、协同"原则，攻坚克难、全力推进。2021 年底 30 个信息化项目全部建成，以"一中心、三平台"为总体架构的智慧交通管理体系加速形成，应用新一代信息技术有力提升了行业治理体系和治理能力现代化，赋能交通运输高质量跨越式发展。

"一中心、三平台"智慧交通管理体系加速形成，标志着"互联网 +"便捷交通和智慧交通大数据应用格局基本形成；信息化技术与交通运输业务更加融合，公众信息服务品质显著改善，可持续发展保障能力大幅提升，统筹发展、开放融合、运转高效的交通运输信息化发展总体格局基本形成，增强了江西交通新一代信息化支撑引领作用，行业治理效能明显提升。2021 年，"一中心、三平台"智慧交通管理体系在推进信用交通省建设、取消高速公路省界收费站、推进科技治超、强化"两客一危"车辆监管、政务服务、智慧公路试点示范、推进省 03 专项应用示范等工作中发挥重大作用，多项工作全国领先，建设思路和经验在全国交流推广，为交通强省建设和融入共建新发展格局当好先行提供了有力的智慧支撑！

（魏伟）

【江西省上线新版道路运政管理信息系统】 为进一步提升江西省道路运输服务、监管和决策水平，实现行业信息动态采集、实时传输、统一储存、共享应用，推进部省系统互联互通、行业内外信息交换、市县业务协同办理，省综合交通运输事业发展中心加快新运政系统后期应用推广，迅速成立专班、压实工作责任、加强协调调度，对系统框架作进一步调整和优化。新系统于 2021 年 11 月 1 日正式上线。

（张玮）

【省交通投资集团利用养护管理系统（一期）提升高速公路运营管理水平】 省交通投资集团推动信息化技术与养护管理的深度融合，建成并投入使用高速公路养护管理系统（一期），并通过竣工验收。该系统通过建立数据中心、分析评估模型，深化 5G 通信、人工智能、BIM 和 VR 等技术手段融合应用，为高速公路养护管理决策和应急处置等工作提供支撑。截至 11 月底，养护管理系统对高速公路日常巡查覆盖率达 95%，生成巡查记录 6.8 万余条，发现病害 4.6 万余处，下派养护任务 8200 余项、维修作业 3.7 万余条，养护决策效率提高约 60%，决策资金与实际匹配度达 80%，提升了高速公路科学化、高效化养护管理水平。

（省交通投资集团）

【省交通投资集团着力打造"数字交投大脑"初现成效】 省交通投资集团紧拥数字化转型浪潮，以数字产业化、产业数字化为主线，激活数据要素潜能，打造全方位、多功能的高速公路"数字大脑"。

"数字大脑"是集团自主建设运行的重要智慧决策体系。通过对集团现有机电、网络等设施设备改造升级，对部分已有业务系统进行融合接入，建设"物联感知网""融合通信网"两张网，收集、汇聚高速公路运营数据，实现"建管养运服"五位一体的数字化解决方案。

目前，"数字大脑"已接入集团管辖范围内的 800 多个主线门架、90 多对服务区、280 多个收费站、1800 多个收费车道控制器的数据及 560 多个出入口车道卡口抓拍数据，以及 13000 多路视频数据。通过多源数据的融合，利用"大数据""云计算"等技术，对接入数据进行分析挖掘，实现了对集团所辖高速公路主线、收费站、服务区的全状态感知，实现了对机电设备、监控设备等资源的智慧管理和实时性能监测，实现了对匝道出入口、收费广场、互通式立交等拥堵区域的实时预警，为司乘出行、高速车辆救援、收费运营、稽核"打逃"、道路管养等提供科技支撑。

（省交通投资集团）

【省交通投资集团信息化体系逐步形成】 省交通投资集团构建了以云计算为核心，综合业务网络、应用支撑平台为基础，N 个系统为应用的信息化总体构架。建立了云计算平台，完成集团私有云平台建设，完善软硬件支撑平台，作为集团业务系统和应用支撑系统的统一运行平台，采集了固定资产、养护、应急管理、审计、项目管理等数据，整合了现有联网收费、财务、人力资源、办公、门户网站等数据，初步形成云数据中心。目前云平台上已经承载各类系统 38 个，虚拟机 110 多个。建立了综合业务网络，总体上由省域骨干通信网—路段通信网组成，实现业务系统的运行稳定性、高效性，并保证系统整体的柔韧性、外部的连结性和高度可扩展性。建立了应用支撑平台，面向服务的高速公路业务和技术融合的系统支撑平台，包含数据集成交换、工作流程管理、统一权限管理、组织结构管理、主数据管理、统一通信和 GIS 等平台。

（省交通投资集团）

【省港口集团大数据中心建成】 2021 年 5 月，省港口集团制定"1 中心 10 系统"的大数据中心建设初步发展规划，全力推进信息技术支撑精细化企业管理和港工贸一体化发展战略。"1 中心"即云计算中心，"10 系统"即基础数据系统、OA 办公系统、视频会议系统、视频监控系统、人力资源系统、智慧工地系统、财务共享中心系统、港口码头运营管理系统、港航运输运营管理系统、多式联运系统。2021 年 10 月，在数字化总体规划编制基础上，省港口集团完成大数据中心基础设施建设项目可行性研究报告编制工作，建设内容主要包括集团云计算中心、基础数据系统、视频监控系统和视频会议系统等。2021 年 11 月，省港口集团大数据中心基础设施建设项目可行性研究报告通过了省厅组织召开的专家评审会。

（许俊）

【省港口集团推进航电枢纽集控中心建设】 省港口集团航电枢纽集控中心于 2021 年 6 月开始施工，10 月底基本完成主体建设。集控中心数字化生产监视控制系统主要包括计算机监控系统、视频监控系统及水情自动化测报系统三部分。其中计算机监控系统已完成系统搭建及联合调试工作；各航电枢纽分公司视频监控系统均已接入集控中心，生产区域基本实现视频监控信息化覆盖；现集控中心已完成水情自动化测报系统合同的签订工作，设备处于备货状态，预计 2023 年上半年，集控中心将完成水情自动化测报系统的建设及调试工作。

截至 2022 年 3 月底，已完成 4 个航电枢纽（井冈山、石虎塘、新干、八字嘴）上位机监控系统厂站设备联调联试工作，并于 2022 年 11 月底顺利通过国网江西省电力有限公司的电力专项验收，现集控中心具备试运行条件。

（省港口集团）

【江西省交通高级技工学校信息化建设】 做好新建项目的弱电建设。江西省交通高级技工学校积极推进二期项目及新综合教学楼的弱电智能化建设，做好智能化设备调试及业务培训；为培训楼接入IPTV系统，联系运营商为体育馆、新教学楼、食堂区域增强手机通信信号；加强校园信息化建设规划，根据"十三五"信息化建设规划方案，结合学校发展实际，修订完善《江西省交通高级技工学校"十四五"信息化建设规划方案》；积极申报江西省数字交通"十四五"发展规划项目中的网络安全保障能力提升工程和智慧校园安消一体化平台建设工程。

（江西省交通高级技工学校）

交通教育

【概况】 2021年，全省交通教育培训工作在厅党委的正确领导下，紧紧围绕交通运输高质量跨越式发展需求，以创新教育培训管理机制、优化教育培训资源配置、提升行业从业人员队伍能力素质为主要任务，为更好地服务交通强省建设提供重要支撑和保障作用。

一是大力开展干部教育培训。认真落实2021年度厅办干部培训计划，全年设立教育培训专项预算，省交通运输厅下达教育培训专项经费90万元。全年厅安排17个培训班全部按计划完成，落实交通运输部培训计划，做好江西交通运输综合行政执法专题培训班（部名师送教项目）有关工作。加强网络安全教育培训工作，在全省2021年网络安全攻防实战演习中，省交通运输厅圆满完成了防守任务得到满分，并获得了加分。组织开展了"国家网络安全宣传周"系列活动，包括启动仪式、线上答题活动、网络安全知识专题培训班、全厅首届"赣通杯"网络安全知识竞赛等。其中，线上答题活动参与人数达5.8万人，知识竞赛超210万人次线上观看。江西交通代表队在全省党政机关首届"赣政杯"网络安全大赛中获二等奖。省交通运输厅在全省"百万网民学《网络安全法》"专场竞赛中获优秀组织奖。

江西省高等级航道事务中心全年举办了"水上搜救业务培训班"等各类专业知识培训班12期，共培训职工400余人次，有效提升了中心港口、航道和水路运输管理方面技术人员队伍整体理论水平和专业知识水平。江西省交通投资集团有限责任公司从科技创新教育培训、机电管理教育培训、网络安全教育培训三个方面，开展了"高速公路隧道机电养护管理与安全运营培训会"等各类专题培训班4期，推动高速公路建管运维工作科学化、精细化。江西交通职业技术学院印发了《学院教职工继续教育管理规定》，鼓励教职工攻读硕、博研究生学位，目前学院在读博士生20余人。江西省港口集团有限公司2021年共组织各类培训21场次，共培训人员1000余人次，占集团职工总数近70%。江西省交通科学研究院有限公司积极开展地方标准宣贯培训、党史学习教育专项培训工作，先后选派专业技术人员为省内各高速公路运营管理单位相关工作人员开展技术服务培训，培养了一批项目咨询、实施、运维管理的专业技术人员和管理人员。

二是指导厅属院校教育工作。省交通运输厅指导江西交通职业技术学院启动合并转设职业本科院校相关工作；督导学院与华东交通大学成功开展土木工程等7个专业的联合培养专升本本科办学；督促江西交通职业技术学院、江西省交通高级技工学校狠抓安全稳定工作，实施常态化疫情防控措施，大力推进平安校园建设，全年未发生安全生产事故，有力维护了院校和谐稳定的发展局面。江西交通职业技术学院成功申报省级职业院校教师"1+X"证书试点培训基地；在省双高建设工作考评中被认定为"优秀"；在全国职业院校技能大赛建筑装饰技术应用赛项荣获一等奖；在江西省职业院校技能大赛中获一等奖9项，二等奖11项，三等奖6项，其中，获江西省职业院校教学能力比赛一等奖 3 项，二等奖 5 项，三等奖 1 项，获奖总数位居全省高职院校第二名，并获最佳组织奖；获全国大学生先进成图技术与产品信息建模创新大赛团体和个人全能一等奖、大学生金相技能大赛一等奖、大学生数学建模竞赛二等奖；在全国"互联网+"大学生创新创业大赛中获银奖 1 项、铜奖 2 项，省赛中获金奖 3 项、银奖 3 项、铜奖 4 项，实现了国赛奖牌零的突破、省赛金奖零的突破；获全国职业院校技能大赛货运代理赛项二等奖、教学能力比赛三等奖、智慧物流作业方案设计与实施赛项三等奖、汽车技术赛项三等奖。江西省交通高级技工学校在 2021 年江西省职业院校技能大赛教学能力比赛中，学校五组参赛教师团队获二等奖 3 项、三等奖 2 项；在江西省振兴杯比赛中获第三名 1 项，第五名 1 项；荣获南昌市第三届文明校园、全省五四红旗团委，获评 1 个全国交通技术能手、2 个江西省技术能手，获评江西省劳动教育特色示范学校。

（科教处　王秦）

【江西交通职业技术学院 2021 年发展概况】 2021年，江西交通职业技术学院在校生 13497 人，其中，全年招收大专新生 4102 名。与华东交通大学开展联合培养专升本新生 595 名。大专毕业生 4201 人，去向落实率达到 93.05%。2021 年学院完成了 3 次共计 16 个岗位 25 名教师劳务派遣招聘工作，完成79 名同志的岗位设置聘任工作。12 人职称获得晋升，学院新增 1 名高职教授、3 名高职副教授。

2021 年，学院以推动高质量发展为主线，以"双高"建设为抓手，教学科研工作取得显著成效。1."三教"改革方面。新增空中乘务、城市轨道车辆应用技术等 5 个专业。土木工程等 7 个专业与华东交大成功开展联合培养专升本本科办学。在第十七批江西省级教学成果奖评选中获一等奖 4 项，二等奖 4项。成功申报省级职业院校教师"1+X"证书试点培训基地，顺利完成 27 个"1+X"证书试点申报工作。申报的"汽车营销"课程成功入选教育部课程思政示范项目。"桥梁工程检测"等 5 门课程被认定为省级精品在线开放课程。2.校企合作方面。积极与省内外行业领军企业和龙头企业开展合作，与华为技术有限公司建立战略合作关系，设立华为ICT 学院；与阿里巴巴、京东集团、新力控股集团合作建立现代学徒制"创新班"；与广州轨道交通建设监理有限公司合作建立"广州地铁项目班"；

与广汇汽车集团建立校企命运共同体，设立"广汇汽车学院"；与北京广慧金通教育公司合作举办空中乘务专业教育，首批招收学生 53 名，开创了混合所有制办学新模式。3.科技创新方面。获批国家邮政局"邮政寄递安全技术研发中心"并挂牌运行；获批教育部"交通智能建造示范性虚拟仿真实训基地""瑞士乔治费歇尔智能制造创新实践基地"；南昌市交通与市政工程可视化仿真重点实验室通过验收正式进入运行期。"5G+AI 智慧公路隧道检测综合解决方案工程示范"等两个项目双双立项，是唯一连续两年获省 03 专项及 5G 项目立项的高职院校。成功举办第五届赣江学术论坛"智联江西·智慧交通"分论坛。《旧水泥混凝土路面共振碎石化施工技术规范》等 2 项地方标准获省市场监督管理局批准并正式发布。

2021 年，该院教师和学生在各类竞赛中屡创佳绩。1 月，该院学生代表队在 2020 年全国邮政行业职业教育快递技能大赛中获二等奖。是月，该院教师在 2020 年全省高校公共安全教育骨干教师教学能力展示活动中获专科组二等奖。2 月，该院学生在江西省第十届大学生艺术展演活动中获一等奖 1 项、二等奖 5 项、三等奖 5 项。5 月，该院教师童年荣获 2021 年江西省科普讲解大赛一等奖。是月，该院学生在 2021 年江西省大学生田径比赛中获银牌 3 枚、铜牌 3 枚；在第十七届"挑战杯"江西省大学生课外学术科技作品竞赛中获一等奖1 项、二等奖 2 项。6 月，该院学生代表队在 2021年全国职业院校技能大赛中获一等奖 1 项、二等奖1 项、三等奖 2 项。是月，该院女子篮球队获 2021年江西省大学生篮球比赛季军。7 月，该院教师在2021 年江西省职业院校技能大赛教学能力比赛中获一等奖 3 项、二等奖 5 项、三等奖 1 项。是月，该院学生团队在第十四届"高教杯"全国大学生先进成图技术与产品信息建模创新大赛中荣获团体一等奖。8 月，该院在"建行杯"第七届江西省"互联网+"大学生创新创业大赛金奖争夺赛中获3 金、3 银、4 铜。9 月，该院代表队在第四届全国交通运输职业教育"升拓杯"学生无损检测技能大赛中获团体一等奖两项。是月，该院思政课教师团队制作的微课在江西省高校思想政治课教师"一线课堂"微课作品评选中获评优秀微课 2 门。10月，该院代表队在第十届全国大学生金相技能大赛中获团体一等奖。是月，该院代表队在首届"赣通杯"网络安全知识竞赛中获第二名；该院瑜伽队在2021年中国高等职业院校瑜伽锦标赛中获男子单人中级组亚军，女子单人初级组季军，团体总分三等奖；该院在2021年全省职业技能大赛"建筑工程识图"赛项中获团体一等奖，实现了该院在本赛项上一等奖零的突破；该院教师童年获交通运输部2021年科普讲解大赛三等奖。11月，该院在全国交通运输职业教育道路与桥梁施工技术应用技能大赛"道路与桥梁施工技术应用技能"赛项中获高职组团队一等奖2项。是月，该院在第七届中国国际"互联网+"大学生创新创业大赛总决赛职教赛道中获银奖1项、铜奖1项，实现了学院在此项赛事上奖项"零"的突破；在2021年"高教社杯"全国大学生数学建模竞赛中获得二等奖1项、省一等奖1项、省二等奖3项、省三等奖4项。12月，该院2021年江西省职业院校技能大赛"汽车技术""汽车营销""智慧物流作业方案优化设计与实施""轨道交通信号控制系统设计与应用"四个赛项中获一等奖6项，团体总分第一。是月，该院教师在2021年全省高校公共安全教育骨干教师教学能力展示活动中获专科组二等奖；该院代表队在首届全国测绘地理信息职业院校大学生虚拟仿真测图大赛中获高职本科组团体一等奖1项、二等奖1项，单项特等奖1项、单项一等奖1项、单项二等奖1项；该院教师在学习习近平总书记在庆祝中国共产党成立100周年大会上重要讲话精神理论征文活动中获一等奖；该院代表队在2021年江西省职业院校技能大赛"建筑装饰技术应用"赛项中获团体一等奖；该院在第四届全国装配式建筑职业技能竞赛中获一等奖1项、三等奖1项。

（江西交通职业技术学院）

【江西交通职业技术学院课程成功入选教育部课程思政示范项目】 6月，教育部发布《教育部关于公布课程思政示范项目名单的通知》，江西交通职业技术学院汽车工程系申报的"汽车营销"课程成功入选教育部课程思政示范项目。学院官海兵、孙丽娟、付慧敏、张光磊、周琼、吉戎轩、周羽皓、毛玲霞8位教师入选课程思政教学名师和教学团队。汽车工程系以"汽车营销"为课程思政试点课程，组建了一支教学能力强、政治立场坚定、师德师风好的课程思政教学团队。该团队围绕学院"培养交通行业高素质技术技能人才"的办学定位，结合岗位职业能力要求和"1+X"证书职业技能等级要求，以教师思政能力培养为抓手、课程思政资源建设为突破口，将红色基因、社会主义核心价值观等与课程有机融合，优化课程内容、完善教学设计，构建了"1门课程思政元素+1个岗位群职业素养+N个系列红色基因"的课程思政资源库，创建了"党支部+专业教师+思政教师+辅导员"的协同思政教育模式，由支部党员、思政教师指导课程教师挖掘课程所蕴含的思政元素。同时，课程教师在班级辅导员的配合下，详细掌握学生的思想动态和价值取向，在课程思政实施过程中做到因材施教。本次入选教育部课程思政示范项目，标志着学院课程思政建设取得了阶段性成果。

（江西交通职业技术学院）

【江西交通职业技术学院获批教育部职业教育示范性虚拟仿真实训基地培育项目】 8月3日，教育部公布了职业教育示范性虚拟仿真实训基地培育项目名单，江西交通职业技术学院"交通智能建造示范性虚拟仿真实训基地"成功入选。这是该院取得的又一个国家级职业教育培育建设项目。虚拟仿真实训教学是对传统教学育人手段的改革，也是推进人才培养模式创新的迫切需求，即通过现代信息技术手段强化了职业教育教学、学习和实训的培养质量。交通智能建造示范性虚拟仿真实训基地的建设以现有交通工程中心为基础进行提升改造，辐射带动学院其他优势特色专业进行虚拟仿真项目的建设和整合。学院通过国家级职业教育示范性虚拟仿真实训基地的建设，提升带动学校在虚拟仿真教学领域科技研发的能力，实现虚拟仿真教学资源建设的可持续发展，不断提升学校整体办学水平。

（江西交通职业技术学院）

【江西交通职业技术学院在第七届中国国际"互联网+"大学生创新创业国赛中取得新突破】 11月29日，教育部公布第七届中国国际"互联网+"大学生创新创业大赛总决赛职教赛道获奖名单，学院《"顶力箱助"——预制构件静载检测机器人》获国赛职教赛道银奖，《桥索蜘蛛侠——缆索智能检测专家》和《"能拔"——锚杆拉拔黑科技产品》获国赛职教赛道铜奖，实现了学院在此项赛事上奖项"零"的突破。学院对中国"互联网+"大学生创新创业大赛高度重视，自大赛准备阶段开始，积极整合各方资源，强化赛事各方面保障。学院将继续响应国家"大众创业、万众创新"的号召，进一步激发和培养师生创新创业精神，着力形成"育人为本、创新驱动、多维协同、深度融合、文化引领"的双创育人新局面，让广大青年把青春梦、创业梦融入伟大的中国梦，为助力江西省双创职业教育高地建设，培育学院创新创业生力军贡献力量。

（江西交通职业技术学院）

【江西交通职业技术学院顺利举行"华为 ICT 学院"揭牌仪式】 12 月 31 日，江西交通职业技术学院与华为技术有限公司举行了"华为信息与网络技术学院"（简称华为 ICT 学院）建成揭牌仪式，学院党委书记吴克绍、院长黄明忠、纪委书记高东升、副院长刘学斌、华为江西政企生态合作业务部部长王猛、深圳市讯方技术股份有限公司董事长戴毅出席此次活动，各二级学院及相关职能处室负责同志，华为公司、讯方公司、通慧公司、中兴软件等企业来宾参加。吴克绍、王猛共同为华为 ICT 学院建成揭牌。此次与华为公司携手共同打造华为 ICT 学院，是学院坚持产教融合、深化校企合作的一项重要举措。学院将以华为 ICT 学院为合作平台，以国家"双高"建设为契机，在人才培养、课程嵌入、师资培训、实训室建设、认证培训、就业服务等方面展开深入合作，探索信息类专业共建共管的新模式，为学院高质量发展和人才培养提供强大动力。同时，学院也将基于华为生态，以高质量人才培养赋能江西交通数字化转型，点亮未来智慧交通。

（江西交通职业技术学院）

【江西交通职业技术学院获评两项江西省首批职业院校校企合作"双师型"名师工作室称号】 12 月，江西交通职业技术学院路桥工程学院陈晓明教授、运输管理学院黄浩教授领衔申报的陈晓明"双师型"名师工作室、黄浩"双师型"名师工作室双双被认定为江西省首批职业院校省级名师工作室，实现了学院在该项目上的新突破。学院始终高度重视名师工作室在教育教学、人才培养、校企合作、技能竞赛等方面的示范引领作用，首批校企合作"双师型"名师工作室的立项，将进一步形成可推广、可复制的经验做法，为学院培育具备专业教学能力和专业实践能力的骨干"双师型"教师，不断提升学院的办学质量和社会服务能力奠定了坚实的

基础。

（江西交通职业技术学院）

【江西交通职业技术学院在第十七批江西省级教学成果奖评选中再获佳绩】 12 月，江西省教育厅发布《关于公布第十七批江西省级教学成果奖评选结果的通知》，江西交通职业技术学院共有 8 项教学成果获奖，其中一等奖 4 项、二等奖 4 项，获奖数量位列全省高职院校前列。学院始终高度重视教育教学工作，多措并举推动"三教"改革，涌现了一大批卓有成效的教学成果。此次获奖的教学成果涉及课程体系改革、教学方式改革、人才培养模式改革等方面，这些教学成果的应用和推广极大提高了教学质量和人才培养水平。下一步，学院将持续促进教学成果培育与教学成果转化，不断提高人才培养质量，落实立德树人根本任务，力争在国家级教学成果奖评选中再获佳绩，助力国家"双高"建设和"提质培优行动计划"建设，推动学院高质量发展。

（江西交通职业技术学院）

【江西省交通高级技工学校 2021 年发展概况】 江西省交通高级技工学校（江西省交通运输学校）是经省人民政府批准设立的一所以交通为特色，培养交通行业技能人才为主，集职业教育、技能培训、职业技能认定为一体的综合性公办、全日制学校。学校隶属于江西省交通运输厅，是厅属正处级全额拨款事业单位。学校是国家级高技能人才培训基地、江西省职业院校"双师型"教师培训基地、南昌市高技能人才培训基地、南昌市高技能人才公共实训基地和南昌市职业技能竞赛基地，是江西省获批首批职业院校校企合作"双师型"名师工作室，是南昌市城区党政机关会议定点场所和培训推荐场所，是学生职业技能等级认定机构。2021 年，在校学生 3035 人，在职教职工 150 人。2021 年，学校加大人才引进力度，共引进专兼职教师 60 人，组织认定中初级专业技术资格 25 人，申报评审技校系列中高级专业技术资格 2 人，申报认定"双师型"教师资格 8 人。

是年，该校谋篇布局开启新篇章。学校向省交通运输厅递交《关于做好校园建设中长期规划有关事项的请示》，2021 年 8 月，省交通运输厅批复同意该校打造"万人规模"技师学院。学校参与制

定江西省交通运输厅教育培训"十四五"发展规划，积极制定学校"十四五"发展规划，修订完善学校"十四五"信息化建设规划方案，做好学校建设中长期规划，积极推进用地扩增工作。

是年，该校基础设施取得新进展。学校综合教学楼、室内体育馆、学生宿舍、学员公寓建设完工，办学条件得到大幅提升。学校开启三期建设，完成项目建议书、可行性研究报告的编制和项目的估算等工作，校园规划进一步完善。学校大力推进信息化和网络安全工作，校园信息化水平得到提升。

是年，该校人才培养迈上新台阶。新增公路施工与养护、计算机网络应用、机电一体化技术、工程机械运用与维修4个高技专业，新增公路养护与管理、会计事务、机电技术应用3个中专专业。响应交通强省号召，补齐江西水运短板，积极搭建水运专业，推动船员培训质量体系建设。与交通行业龙头企业深度合作，与一汽解放汽车有限公司、北京福田康明斯发动机有限公司、江西省港口集团有限公司等签订校企合作框架协议，积极推进共建校企合作基地，深化产教融合，实现双主体育人、校企"双师联合培养"。

是年，该校服务社会实现新突破。成功承办省交通运输厅青干班、省交投集团青年人才培训班和省交通运输厅直属机关党委第三次党代会、省交通运输厅团代会等各类活动。成功承接省厅党员发展对象培训班、省厅离退休干部党建工作培训班、省高航中心平安建设干部培训班、交投集团第一期青年人才培训班、南昌西管理中心机电系统培训班等各类培训班。积极开展企业新型学徒制培训，为江西福翔汽车有限公司、江西江铃海外汽车销售服务有限公司、江西省儒林汽车销售服务有限公司等企业上门培训，已完成50期学徒制培训。完成技工院校学生职业技能等级认定试点申报，被省人社厅批准为学生等级认定机构。完成首期学生等级认定。做好职业技能等级认定社会培训评价组织申报，已获省人社厅初审通过。

是年，该校教育教学成果丰硕。在2021年江西省职业院校技能大赛教学能力比赛中，学校教师荣获3个二等奖、2个三等奖，在江西省乡村振兴职业技能大赛中学校两位老师获得第三名、第五名并荣获"省技术能手"称号。承接江西省"振兴杯"交通运输行业职业技能大赛汽车维修工、工程测量

员和公路收费及监控员3个赛项，有力保障了竞赛的顺利举办。

（江西省交通高级技工学校）

【交通运输部职业资格中心主任申少君一行到江西省交通高级技工学校调研】 2021年5月13日，交通运输部职业资格中心主任申少君到学校调研并座谈，省交通运输厅一级巡视员、厅直属机关党委书记胡钊芳到学校指导工作，全体校领导陪同。申少君一行参观了学校电商孵化基地、无纸化考试机房、汽车实训中心、培训楼，参与体验了学校VR实训室的红色教育课，现场观摩了学校工程机械和汽车美容专业同学上实训操作课。

（江西省交通高级技工学校）

【江西省交通高级技工学校举行校企合作集中签约仪式】 2021年9月9日，学校与一汽解放汽车有限公司、北京福田康明斯发动机有限公司、江西省港口集团有限公司举行校企合作集中签约仪式。省交通运输厅一级巡视员、厅直属机关党委书记胡钊芳，省交通运输厅科教处处长张春晓出席仪式并见证签约，省港口集团党委副书记、副董事长、总经理彭东领等各企业代表，学校全体班子成员出席仪式。

（江西省交通高级技工学校）

【2021年江西省"振兴杯"交通运输行业职业技能大赛在江西省交通高级技工学校举行】 2021年9月24日至28日，江西省"振兴杯"交通运输行业职业技能大赛"汽车维修工"赛项、"工程测量员"赛项和"公路收费及监控员"赛项在学校顺利举行。

（江西省交通高级技工学校）

【江西省交通高级技工学校罗红彬"双师型"名师工作室获批省教育厅首批省级名师工作室】 2021年12月15日，江西省教育厅公布了首批江西省职业院校校企合作"双师型"名师工作室（简称"省级名师工作室"，下同）名单，该校教师罗红彬担任负责人的"双师型"名师工作室成功获批首批省级名师工作室。此次遴选工作，是按照《国家职业教育改革实施方案》《江西省职业教育改革实施方案》要求和"部省共建职业教育创新发展高地"工作部署，经学校申报、专家评审、网上公示等程序，

最终共有 43 个名师工作室获批，该校罗红彬"双师型"名师工作室始终坚持专业理论与实践技能并重，以强劲的实力跻身全省首批"双师型"名师工作室，是该校高质量师资水平的强有力证明。

（江西省交通高级技工学校）

【江西省交通高级技工学校组织开展劳动教育值周】 为深入学习贯彻中共中央、国务院《关于全面加强新时代大中小学劳动教育的意见》文件精神，学校充分将劳动教育纳入人才培养全过程，优化劳动教育课程配置，积极将理论与实践相结合，自本学期开学起组织全体师生扎实开展劳动教育值周。每周，学生和班主任以班级为单位参与环境卫生清理、实训设备养护、综治安全巡查等基础性工作，值周班级整体及学生个人劳动教育情况全程接受监督考核，相关情况纳入五好班级及师生个人操行评比考核。开展劳动教育值周，不仅有利于激发师生劳动热情、增强师生劳动意识、锻炼师生劳动技能，更磨炼了师生顽强坚韧、乐于奉献、团结协作的高尚品格，对培养德智体美劳全面发展的人才具有重要意义。

（江西省交通高级技工学校）

【省交通投资集团全面启动青年人才库建设】 为进一步贯彻落实人才强省、人才强交和人才强企战略，落实国企改革三年行动方案要求，健全人才发展治理体系，完善人才发展机制，5 月，省交通投资集团全面启动青年人才库建设。自 2021 年开始，在集团范围内选拔 300 名左右品德好、素质高、作风硬、事业心使命感强的青年人才，组建青年人才库，作为重点培养的优秀人才和骨干队伍，青年人才库每 2—3 年调整一次。针对入库人才，省交通投资集团主要采取 7 项措施进行培养。一是实行分类储备制度，将入库人才分为综合类、工程类、财经类等三个类别，引导青年人才在政治素质、专业领域、管理能力等方面实现综合发展，进一步优化人才队伍结构。二是落实综合培训，通过线上讲堂、线下培训等形式，组织个性化、定制化、菜单式分类定向的专题培训，实施精准化、滴灌式教育培训，着力提升培训效果。三是强化实践锻炼，采取上挂下派、横向互派、集中外派、轮岗交流等方式，组织入库人才参加 3—6 个月的实践锻炼。四是建立联系服务机制，入库人才所在单位领导班子成员定期联系服务，关心人才成长，帮助解决实际问题。五是开展传帮带，建立企业导师制度，由副高级以上技术或管理专家与入库人才建立传帮带关系，以课题项目为纽带，形成"出一批成果、带一批人才"的效果。六是优先参与科研、调研项目，使人才能够在专业上得到锻炼、业务上得到提升。七是优先培养同样使用，对入库人才，在政治素养、专业能力上进行优先培养，坚持公开、公平、公正的原则进行同样使用，让人才在竞争中增强动力、开发潜能、脱颖而出。

（省交通投资集团）

【九江市开展全市公路工程建设安全生产工作培训】 九江市 6 月 3—4 日，组织开展了全市公路工程建设安全生产工作培训会。全市所有在建国省干线公路及部分农村公路建设项目监理、施工单位相关安全管理负责人及市、县两级交通工程建设安全质监人员共计 80 余人参加培训。九江市交通运输局进一步贯彻全国第 20 个安全生产月关于"落实安全责任、推动安全发展"的主题，扎实推进全市公路工程安全生产专项整治三年行动"出重拳、遏事故"集中攻坚活动。

（九江市交通运输局）

【江西交通职业技术学院教师赴金华职业技术学院开展 2021 年度教师能力素质提升活动】 7 月，江西交通职业技术学院教师组成能力素质提升班，来到金华职业技术学院，分享职业教育办学路上的成长经验。学院党委副书记、院长黄明忠，党委副书记洪芙蓉，党委委员、副院长刘学斌参与学习，金职院党委书记王振洪，金职院校长、党委副书记梁克东，金职院机械工业教育发展中心产教合作处兼发展研究处处长黄小东，金职院工会主席朱雄才、机电工程学院党委书记戴素江等相关专家参与授课，来自学院各部门、二级学院共 146 名学员参加培训。本次教师能力素质提升班以"深化内涵发展，建设高水平高等职业院校"为主题，面向学院行政管理干部、骨干教师、思政工作者三类对象，集成高校治理能力提升班、骨干教师教学能力提升班、思政工作能力提升班，采用"集中学习＋现场教学＋成果展示"的模式，邀请国家级职教专家现场授课，不断锤炼学员政治素质，拓宽教育视野，增强专业能力，提升综合素质，使其成为学院发展建设的主力军和先行者。

（江西交通职业技术学院）

【省交通投资集团第一期青年人才培训班圆满结业】 8月20日下午，省交通投资集团第一期青年人才培训班举行结业式。集团党委委员、副总经理刘朝东出席并讲话。集团人力资源部、集团青年人才库第一期培训学员参加。

刘朝东对本期培训班给予充分肯定，并以"做一名善于学习的青年人才"为主题，对青年人才成长提出了三点希望。一是善于学习，做对党忠诚的"老实人"。要学好中共党史、学好经典理论、学好党的路线方针政策，自觉把自己的思想、行动统一到国家大政方针上来，坚定作为一名共产党员的理想信念，做共产主义远大理想和中国特色社会主义共同理想的坚定信仰者、忠实践行者。二是善于学习，做担当实干的"行动者"。要通过学习，增长担当的才干、增长担当的智慧、夯实担当的底气，更好地领会上级的精神、吃透书本的理论、借鉴他人的经验，提升创造性开展工作的能力，激励自己永葆"闯"的精神、"创"的劲头、"干"的作风，更好地肩负起组织赋予的重任。三是善于学习，做严守底线的"干净人"。要认真学习廉洁从业相关的党纪法规，通过自觉地学习教育，增强遵守各方面制度的主动性，坚决抵制"寒号鸟"的侥幸、"温水蛙"的麻痹、"黔之驴"的轻狂，从而达到改造主观世界的目的。

会上，刘朝东观看了学员们精心制作的《交投青年 奋勇向前》培训视频短片，表彰了2名优秀班委和8名优秀学员，3名优秀班委、优秀学员代表作了发言。

（省交通投资集团）

【上饶千名巡游出租汽车驾驶员参加继续教育培训】 为进一步规范出租车经营行为，提高出租车从业人员安全驾驶水平，策应上饶市全国文明城市创建工作开展，9月7日至9日，市交通运输局举办2021年中心城区巡游出租汽车驾驶员继续教育培训班，上饶市中心城区511辆巡游出租汽车约1000名驾驶员分10次参加了为期3天的继续教育培训。培训主要通过派员讲授、宣读通报、播放视频示范、安排考试等多种形式开展教育活动。出租车从业人员系统地学习了从业经营规范、职业道德、道路运输法律法规、出租车驾驶员行为规范、文明用语及安全驾驶等知识。

（上饶市交通运输局）

【宜春交通执法支队举办道路运政信息系统培训班】 9月10日，宜春市交通运输执法支队举办了新道路运政信息系统培训班，切实提升系统操作人员业务能力，并收集新系统修改意见建议30余条。支队相关科室及各县（市、区）交通运输执法大队、运管所（局）的系统管理员和系统操作骨干共30余人参加培训。本次培训采取系统业务功能讲解、问题解答、互动交流、实际操作等方式进行，培训课程紧贴业务实际、内容丰富，涵盖了系统的客运、货运、乘客、维修、驾培、统计、系统管理等所有应用功能模块。通过本次线下培训，开阔了系统管理员和操作人员的视野，进一步明确了新系统各项操作流程，推进了各项业务办理规范化，培训取得了良好效果。

（何琛）

【省交通运输厅离退休干部党建工作培训班在江西省交通高级技工学校开班】 9月13日上午，省交通运输厅离退休干部党建工作培训班在学校开班。厅二级调研员赵国成出席开班式，厅机关离退休干部党总支副书记、厅离退休干部管理处处长王亲勇作开班动员，学校党委书记王绍卿参加开班式并讲话，厅机关及厅直属单位离退休干部党支部书记、离退休干部管理部门相关人员等30余人参加培训。此次培训为期3天，培训班邀请了省交通运输厅、省委党校等有关专家，围绕离退休干部党建工作进行辅导授课，采取了红色影像教学、分组讨论、实地研学等方式为学员提供优质的教学服务。

（江西省交通高级技工学校）

【省高等级航道事务中心2021年度平安江西建设干部培训班在江西省交通高级技工学校举办】 9月16日下午，省高等级航道事务中心2021年度平安江西建设干部培训班在学校举办。厅直属机关党委专职副书记、厅组织人事处处长贺一军，省高航中心纪委书记张黎出席开班式并作动员讲话，学校党委书记王绍卿参加开班式并讲话，省高航中心运河规划处处长、办公室负责人陈长荣主持开班式，省内各地区航道事务中心平安建设相关领导、成员等26人参加培训。此次培训为期3天，培训班邀请了省交通运输厅信访办、机关党委、防疫办等有关专家，围绕平安建设相关工作进行辅导授课，采取集中授课、分组讨论、座谈交流等方式为学员提供优质的教学服务。

（江西省交通高级技工学校）

【省交通运输执法局举办交通运输综合行政执法知识讲座】 10月20日，交通运输部法制司一级巡视员王永胜受邀为江西省交通运输执法系统领导干部作法治专题讲座。

授课中，王永胜从学习践行习近平法治思想讲起，详细阐述了深化交通运输综合行政执法改革的重要意义，回答了大家在执法现实工作中普遍关心、关注的热点、难点问题，针对性地提出具体的解决方式方法，并明确了严格规范公正文明执法的要求，提出了交通运输综合行政执法的总体思路和工作重点。讲座主旨鲜明，立意高远，内涵丰富，对江西省交通运输执法系统深化交通综合执法改革、推进交通运输法治工作具有很强的指导性和操作性。

杜一峰在主持会议时强调，交通运输综合行政执法改革是以习近平同志为核心的党中央作出的重大决策部署，是推进交通运输治理体系和治理能力现代化的一场深刻变革，也是推动交通运输高质量发展的客观需要和建设人民满意交通的必然要求。必须加速推进交通运输执法机构改革，在巩固深化综合执法改革成果上下功夫，着力打通综合执法改革工作"最后一公里"，切实整合系统内外资源，建立健全齐抓共管、协同推进的工作机制，形成联合执法监管合力；在提升执法队伍素质上下功夫，分级分类组织实施好培训，把习近平法治思想作为培训的必修课，把基层一线执法队伍作为重点培训对象，全面提升执法队伍素质能力；在创新执法理念和执法方式上下功夫，坚持严格规范公正文明执法，统筹运用好经济调节、信用管理、源头管控等综合手段，提升执法服务温度，推进阳光下的执法，更好地维护群众合法权益，提升交通运输治理效能。

（省交通运输执法局 黄云）

【省交通运输厅第十三期青干班在江西省交通高级技工学校开班】 11月29日，省交通运输厅第十三期青年干部培训班开班式在学校举行。厅组织

人事处处长贺一军出席开班式并讲话，校长欧阳娜致辞，校党委书记王绍卿出席，厅组织人事处副处长杨曦主持开班式，厅组织人事处、学校有关人员出席。开班式上，贺一军结合自身的学习和工作经历，从"带头坚定信念、坚守忠诚，带头增强本领、率先垂范，带头干事创业、敢于担当，带头严格要求、严格自律"四个方面，为参训学员上了一堂生动鲜活、入脑入心的思想政治课。据悉，本次青年干部培训班为期两个月，来自全省交通运输系统的42名青年干部齐聚在江西省交通高级技工学校，"沉浸式"开展6个单元内容的学习。

（江西省交通高级技工学校）

【宜春高速路政支队为干部职工量身定制"培训套餐"】 为教育引导支队干部职工提高政治站位、强化责任担当、增强履职能力，11月30日至12月3日，宜春高速路政支队在铜鼓举办2021年下半年路政管理综合培训班，50余名干部职工参加培训。

培训前，支队通过征求培训意见及建议，深入了解学员的培训需求，按照"干什么，学什么；缺什么，补什么"的要求，为干部职工量身定制"培训套餐"，邀请了铜鼓县委党校专家以及支队业务骨干进行授课辅导，重点围绕学习贯彻党的十九届六中全会精神、大件运输车辆违法超限案例分析、财务管理等内容开展培训。课程内容覆盖面广，形式多样，既有知识讲授、专题研讨又有户外教学；课程主题鲜明，干货满满，理论性和实操性强，紧贴工作实际，聚焦知识和技能短板，为干部职工"充电蓄能"，着力破解"本领恐慌""经验不足""专业短板"等难题，切实解决工作实务的困境，切实促进工作质效提升，力求真正达到以培训提水平、夯基础的目的。

（省交通运输执法局 黄云）

【省交通运输执法局举办交通运输执法系统办公信息化应用培训班】 12月6日，省交通运输执法局举办《江西省交通运输行政执法综合管理信息系统》和《江西省交通运输执法OA办公系统》应用培训班。

培训采用视频会议的方式进行，北京久其软件有限公司、江西天安泰科技有限公司、深圳警翼智能科技股份有限公司、安徽皖通科技股份有限公司等相关公司技术专家受邀现场教学，分别就《江

西省交通运输行政执法综合管理信息系统》应用、大疆无人机操作、执法记录仪操作、《江西省交通运输执法 OA 办公系统》应用进行了细致的讲解和演示，为提升全省交通运输执法人员办公信息化应用水平打下了良好基础，达到了预期目的。

（省交通运输执法局　黄云）

【2021 年度江西省国防交通干部业务培训班在江西省交通高级技工学校开班】 12 月 13 日—15 日，2021 年度江西省国防交通干部业务培训班在该校举办。省交通战备办专职副主任张慧颖出席开班式并作动员讲话，校长欧阳娜致辞，省战备办邓雁冰主持开班式。本次国防交通干部业务培训班，邀请了省战备办、市交通局的领导授课，培训内容围绕国防交通保障业务等知识展开。各设区市交通战备办公室专职副主任及业务骨干，省综合交通运输事业发展中心和省交通投资集团公司业务骨干共 42 人参加培训。

（江西省交通高级技工学校）

【省交通运输系统科技工作交流培训班在井冈山开班】 12 月 15 日至 17 日，省交通运输厅在井冈山举办 2021 年度全系统科技工作交流培训班，深入贯彻落实习近平总书记视察江西重要讲话精神，以"作示范、勇争先"为目标要求，以习近平法治思想为根本遵循，坚持科技引领，全面推进江西省交通运输科技创新管理人员和专业技术人员的工作能力和业务水平。厅直属各单位、省交投集团、省港口集团，各设区市交通运输局、公路局（发展中心），省直管试点县（市）交通局分管领导及业务部门主要负责人近 80 人参加培训。

大家充分交流了科技创新在引领品质工程创建、推动企业高质量发展，智慧高速公路示范、产教融合、标准化体系建设等方面的经验做法和先进技术；总结了近期科技创新工作取得的成绩，分析了工作中存在的不足，谋划了下一步工作思路。厅科教处对省厅科技创新体系和科技创新工作关键环节进行了梳理，有效提升了全省交通运输管理、技术骨干的科技管理能力和科技创新业务水平，对今后进一步提升全省交通运输行业科技创新能力，将起积极的推动作用。

培训会上，部分厅直及地市相关单位结合本单位的相关科技创新工作作了交流发言。省高等级

航道中心不断强化"四新"技术成果转化，谋划制定行业指南，不断推动落实交通强国试点建设任务，加快补齐江西省水运短板，成效显著。省交通执法局以全省交通运输执法部门为主体，不断加大科技创新投入，推进全省交通运输执法全领域数字化、科技化、智慧化建设，实现跨平台、跨业务、跨区域的行政执法监督管理。在行政执法综合管理信息系统应用、公路水运工程质量监督管理、科技治超等方面取得了明显成效。南昌市公路事业发展中心积极运用信息化技术，持续推进新一代信息技术与公路发展的深度融合，在智慧交通、科技治超、政务服务等方面取得了良好成效。

本次培训班的成功举办，加强了各单位间的合作交流，促进科技管理工作者相互学习借鉴，激发了行业的科技创新活力，为科技赋能交通运输事业高质量跨越式发展提供有力支撑。

（厅科教处　熊含威）

【景行研学项目正式揭牌】 12 月 22 日，景行研学项目揭牌仪式在景行研学商业街主路口举行，省交通投资集团党委副书记、副董事长、总经理谢兼法，兴国县委副书记、县长刘章宏出席揭牌仪式并为景行研学项目揭牌，集团有关部门、单位及兴国县政府相关负责同志参加。

仪式的顺利举行，标志着项目正式命名。现场，谢兼法一行还参观了驿博景行研学项目北部军事主题教育体验区、军事主题教育拓展区、军事主题教育模型展示区。下一步，项目将以打造全国规模领先、业态丰富、体验优良、品牌优质的研学研修旅行综合体为目标，集中精力、集中资源抓好项目运营。依托红色资源，培育核心竞争优势，着力把项目打造成全国有影响力的红色研学研修旅行综合体、全国受青少年喜爱的研学实践营地、全国极具时代特色的国防教育基地、全国知名的研学研修旅行第一品牌。

截至目前，景行研学项目北部红色军事教育板块基本建成；中部休闲游乐板块正在基础施工；南部综合研学实践板块大部分主体工程基本完工，项目预计于 2022 年 3 月投入试运营。

（省交通投资集团）

【江西省 2021 年度交通运输规划工作培训班在江西省交通高级技工学校开班】 12 月 26 日—28 日，

江西省2021年度交通运输规划工作培训班在江西省交通高级技工学校举办。厅党委委员、副厅长刘震华出席开班式并作动员讲话，厅规划处处长彭辉勇主持开班式，校长欧阳娜致辞。本次全省交通运输规划工作培训班，邀请了厅规划处、省综合交通中心的领导授课，培训内容围绕全省综合交通运输发展相关规划、经济运行分析、统计管理及政策解读等知识展开。各设区市及厅直属相关单位部门负责人共69人参加培训。

（江西省交通高级技工学校）

【省港口集团员工培训工作再上新台阶】 2021年，省港口集团不断完善员工教育培训制度，促进教育培训有效开展。本着"干什么、学什么、练什么、比什么"的原则，始终坚持"向培训要素质，以素质促发展"的培训理念，逐步实现培训工作的科学化、规范化、制度化，确保教育培训取得实实在在的效果。全年组织培训21场次，培训人数1000余人次，占集团职工总人数的69.15%。其中，项目建设、工程管理培训4场次，安全生产管理、安全生产评估3场次，公司法、劳动合同法等培训3场次，其他党务、纪检、平安建设等专项培训11场次。组织集团领导参加交通运输行业关键岗位干部培训，参训4人次，助力集团不断提升关键岗位管理干部履行岗位职责、开拓创新的业务素质和能力水平。根据国家有关政策、法规，结合集团实际，草拟《集团员工教育培训管理办法》，切实提高员工的综合素质和业务水平，规范员工教育管理工作。

（王丽丽）

【抚州长运强化教育培训提升员工综合素质】 2021年，抚州长运公司针对各部门和岗位的具体工作特点和要求，有的放矢制定员工教育培训计划，采取常规培训与补充培训相结合、理论学习与实践相结合的模式，组织员工开展岗位技能和职业道德培训。全年公司各单位、部室组织开展各类培训35次，参加培训人数1215余人，培训总课时达5330课时。通过举办各类业务及技能培训，全面提高了员工服务技能和业务素质，为公司更好地开展生产经营活动打下了坚实的基础。

同时，公司组织各单位针对性地开展交通事故和消防应急演练，增强员工的忧患意识，普及驾乘人员防灾减灾和自救互救的技能，提高各部门、各单位应急组织协调能力。

（抚州长运公司）

卫生、疫情防控

【省交通医院以疫情防控工作为重点扎实做好健康保障工作】 为保障江西交通职业技术学院（以下简称学院）上万名师生的健康，省交通医院全年的工作重心依然以疫情防控工作为重点，主要开展了以下工作：一是上半年开学后积极与经开区指挥部、蛟桥医院、经开区人民医院、南昌市第九医院等部门联系、协调，分十多个批次组织学院师生、教工、家属共计15037人接种新冠疫苗，并且下半年从10月份开始组织学生到医院接种加强针，为全院师生的身心健康和疫情防控作出了应有的贡献。二是应急隔离区24小时派医务人员值班值守，全年收住发热、疫情风险地区学生隔离观察200余人次，为保障师生安全、正常开展教学活动保驾护航。三是积极开展新冠肺炎、肺结核等传染病防治知识宣传讲座。3月24日世界结核病防治日，医院派医务人员在学院演艺厅进行了相关防治知识讲座，参与师生600余人次，下半年新生入学后，对新生进行了新冠疫情防控、艾滋病防治知识讲座，参与新生上千人次。四是做好学院与经开区疫情指挥部、经开区疾控部门之间的联络工作，每天上报疫情、发热患者情况；做好学院大型活动向区指挥部的报备工作。五是做好与省交通运输厅、区指挥部之间疫苗接种数据的上报工作。六是根据省疫情防控指挥部、省教育厅、区疫情防控指挥部在高校开展全员核酸检测相关文件的要求，配合学院资产管理处、学工处等部门开展了核酸检测单位招标工作，降低了检测成本，为学院节约了宝贵的资金；并配合学工处、人事处、工会等部门组织全院15000多名师生及时进行了核酸检测，在全区高校中率先完成了检测任务。七是根据市医保局有关学生医保报销最新规定要求，与学工处一起共同修订了学院新的学生医保报销管理办法，做到既让学生最大程度享受医保政策红利又不违反政策规定，还能充分调动医务人员的工作积极性。八是顺利完成了全年医院各项业务工作：学院医务室全年接诊学生上万人次；全年完成新生体检、新入职老师的体检工作4600余人次并同步开展了新生肺结核筛查工作，及时发现了潜在传染病患者，经上级医院确诊后，对密切接触者进行了筛查上报工作，对患者进行了休学处理，及时阻断了疫情在校园内的进一步传播；帮助省交通运输高级技工学校设立校医务室并派驻了医务人员；完成对该校新生1500余人次的体检工作；提供各项会务、考试、厅老干部疗养等保障工作300余人次。

（省交通医院）

【省交通运输厅召开冬春季疫情防控视频会】 1月19日，省交通运输厅召开冬春季疫情防控视频会，深入贯彻落实习近平总书记关于疫情防控的重要讲话和重要指示批示精神，按照全省新冠疫情防控工作部署，对全省交通运输系统冬春季疫情防控进行再动员、再部署、再推进。厅党委委员、副厅长丁光明出席会议并讲话。

就统筹做好疫情防控和运输组织保障工作，丁光明指出，一要进一步增强疫情防控工作的紧迫性和责任感。各单位要进一步提高政治站位，保持清醒头脑，充分认识防疫工作的重要性、长期性和复杂性，坚决克服麻痹思想、侥幸心理，全面落实落细常态化疫情防控的各项要求，始终坚持"三同防、两畅通、一保障"（"人、物、环境"同防，人畅其行、货畅其流，保障春运），牢牢守住疫情不反弹的底线，坚决巩固好当前来之不易的疫情防控成果。

二要进一步强化疫情防控措施。全省交通运输行业要始终坚持科学、务实、精准防控，按照省委、省政府和交通运输部工作部署要求，把"外防输入、内防反弹"各项措施抓紧抓好落实落细。督促指导客运企业做好客运场站和交通运输工具

消毒、通风。严格落实乘客测温、查验健康码、戴口罩、信息登记、发热移交等要求。优化运力调配、科学安排班次，加强防疫宣传，引导旅客自觉遵守各项防疫措施。督促冷链物流运输企业、港口码头、货运场站等经营单位严格落实单证查验和信息登记制度，做好进口冷链食品运输工具消毒、一线工作人员防护等措施。加强服务区卫生管理，扎实做好公共卫生区域通风、消毒及污染物消毒处理等工作。严格实施客运船舶、港口客运站通风、消毒和人员测体温等措施。要指导港航企业加强船员疫情防控知识培训，确保船员熟悉个人防护用品使用和应急处置要求。

三要进一步落实疫情防控责任。各部门要持续加强交通运输行业常态化疫情防控的监管，及时督促各有关单位积极落实重点人群排查上报、测温"应测尽测"和新冠病毒检测"应检尽检"要求。履行好主体责任，落实好"五有"要求，即有疫情防控指南、有防控管理制度和责任人、有适量防护物资储备、有属地医疗卫生力量指导支持、有隔离场所和转运安排准备。加强内部风险隐患排查和安全防范，落实好一线员工的防护责任，进一步完善疫情防控应急预案，做好交通运输服务保障。

丁光明强调，省里已成立厅级领导带队、多位专家组成的新冠疫情防控督导小组，对各地市的疫情防控工作进行实地专项督导。省厅也将带队开展督查工作。各单位要高度重视督查工作，对本单位、本系统、本地区交通运输疫情防控工作再次进行系统梳理和排查，建立问题清单，逐一进行完善，迅速堵漏洞、补短板、强弱项，做到人员到位、物资到位、能力到位、措施到位，切实提升疫情防控工作能力和水平，坚决遏制可能出现的疫情输入和反弹苗头发生。

会上，南昌市交通运输局、赣州市交通运输局、省公路运输管理局、省交通投资集团相关负责人分别作了发言。

会议采取视频形式召开，厅机关各处室主要负责人在主会场参加会议，各地交通、公路、港航、运管、高速、港口、路政部门相关同志在各分会场参加会议。

（温静）

【江西统筹做好春运期间道路水路春运疫情防控和运输保障工作】 江西省交通运输厅印发《江西省

2021年道路水路春运疫情防控工作方案》（以下简称《方案》），统筹做好2021年春运期间道路水路疫情防控和运输保障工作。

《方案》从统筹做好疫情防控、强化运输组织保障、安全应急保障、路网运行保障、春运服务保障、春运宣传引导以及切实做好值班值守和信息报送工作七个方面作出了明确规定。

《方案》要求分区分级严格控制交通运输工具客座率或满载率，落实一类、二类客运班线实名制管理规定和省际、市际包车旅客信息登记。原则上暂停进出中高风险地区所在县级行政区域内的省际、市际道路客运和跨城公交。有中高风险地区的城市原则上应当暂停出租汽车（含巡游车、网约车）、顺风车的跨城业务和城市内的拼车业务。严格落实旅客全程佩戴口罩，若发现体温≥37.3℃的旅客和司乘人员，或者出现确诊病例、无症状感染者或密切接触者乘坐交通运输工具情况，及时做好隔离、移交工作。规范进口冷链食品装卸、运输环节的人员防护、装备消杀、单证查验、信息登记等工作，推动进口冷链从业人员、登轮作业人员等高风险岗位人员尽快落实疫苗接种工作，严格执行公路水运口岸"货开客关"措施。

江西根据疫情防控需要和集中出行需求，精心组织务工人员、学生"点对点"包车运输，组织做好入境人员"点对点、一站式"接运工作。保障应急物资运输车辆优先便捷通行，优先保证液化天然气（LNG）和电煤运输船舶进出港和作业，按照"非必要不阻断"原则，确保应急运输畅通高效。严格执行长途客车凌晨2—5时停车休息或接驳运输、客运安全告知等安全管理制度，发现车辆未接驳、虚假接驳等情况，责成车辆整改并取消当季度接驳运输资格。严防"两客一危"重点营运车辆擅自脱离动态监控运行。严格执行水路旅客实名制管理制度。加大对不按规定线路行驶、中途甩客、倒客，发车前未对旅客进行安全事项告知、动态监控违法、出租车拒载等违法违规行为打击力度，依法从严查处春运期间非法营运、违规涨价、强制搭售保险、客车违规异地经营、货车超限超载等违法违规行为。对勾结餐饮经营者宰客的司机，要责令客运企业对其停班开展专题警示培训，春运期间不得执行客运任务，情节严重的依法严肃处理。服务区要实行"四区分"原则（区分高、中、低风险等级，区分室外、室内场景，区分停车、如厕、餐饮、加

油等服务业态，区分服务对象和工作人员），收费站要落实"三测温"（全员必测、岗前必测、岗中监测）和"四不上岗"（高、中风险地区返回人员未按规定隔离不得上岗、未按规定检测不得上岗、体温检测不合格不得上岗、未佩戴口罩等防护用品不得上岗）要求。积极发展机动灵活、小批量的班车客运定制服务，减少旅客交叉聚集。针对务工、学生等客流人群，积极开展上门售票、专线运行等服务。开通无健康码通道，为不会使用或者没有智能手机的老人、儿童等旅客提供代查健康码、协助信息填报等服务。

（王淼）

【省交通投资集团专题部署疫情防控工作】 11月2日，省交通投资集团召开疫情防控工作专题视频会议，传达学习贯彻省委应对新冠肺炎疫情工作领导小组会议、省疫情防控应急指挥部会议精神，研究部署集团疫情防控工作。集团党委书记、董事长王江军出席会议并讲话。他强调，集团上下要坚决贯彻习近平总书记关于疫情防控的重要指示精神，全面落实党中央、国务院和省委、省政府部署要求，始终绷紧疫情防控这根弦，切实把疫情防控工作作为当前的重中之重抓紧抓实抓好，奋力夺取疫情防控和改革发展双胜利，为服务全省经济社会发展大局贡献更大力量。集团党委委员、副总经理李柏殿主持会议，集团党委委员、纪委书记、省监委驻集团监察专员李中洋传达上级有关精神。

会议传达了省委书记易炼红同志在省委应对新冠肺炎疫情工作领导小组会议上的讲话精神，省委副书记、代省长叶建春同志在省疫情防控应急指挥部会议上的讲话精神，以及省纪委省监委关于做好当前疫情防控监督工作有关文件精神。

王江军在讲话中指出，当前疫情防控形势仍然严峻复杂，防控任务十分艰巨。集团上下要始终绷紧疫情防控这根弦，进一步提高政治站位，扛起政治责任，把疫情防控提高到增强"四个意识"、坚定"四个自信"、做到"两个维护"的高度来认识和把握，以对人民高度负责的精神、对全局高度负责的态度，把疫情防控工作作为当前的重中之重，不折不扣落实疫情防控责任，全力保障高速公路运营管理和企业生产经营不受大的冲击，全力守牢员工不因工作原因感染的底线。

王江军强调，要及时准确把握疫情防控形势

发展变化，进一步落实落细各项疫情防控工作措施。一是要切实加强窗口一线防控工作。服务区和收费站等窗口一线是集团疫情防控的重点，要认真学习宣贯交通运输部印发的《公路服务区和收费站新冠肺炎疫情防控工作指南（第三版）》，严格落实人员、物品、环境"三同防"要求，切实加强员工上岗管理，进一步科学规范做好疫情防控工作。二是要切实加强各单位员工教育管理。全方面掌握员工相关情况，切实做好中高风险地区旅居史员工排查工作，紧密配合所在地及社区联防联控。严格人员外出管理，加强省外、国外项目员工管理。倡导员工勤洗手、戴口罩、常通风、常消毒，严格遵守测温、健康码查验、保持社交距离等有关规定，减少不必要的人员聚集。积极推进疫苗接种工作，确保应接尽接。三是要切实关心关爱员工。加强对一线干部职工的人文关怀，带着感情为职工办实事、解难事。对集中管理的职工，要及时帮助解决好他们的"急难愁盼"问题。四是要切实强化应急值守。进一步完善突发事件应急预案，加强24小时值班值守，及时做好信息报送工作。加强疫情防控物资储备，保障应急使用。五是要切实强化责任落实。坚持守土有责、守土担责、守土尽责，严格落实"四早"要求，坚决把常态化防控措施落实到每个岗位、每个环节、每个个人。各单位主要领导要靠前指挥，领导班子成员要充分发挥示范带头作用，积极履职尽责。充分发挥基层党组织战斗堡垒作用和党员先锋模范作用，让党旗在防疫一线高高飘扬。各级纪委要进一步加强监督检查，对防疫责任和措施不落实、不担当、不作为等突出问题，要从严问责，推动疫情防控工作质效不断提升。

王江军强调，今年是"十四五"开局和起步之年，各单位各部门要统筹兼顾，坚持两手抓、两手都要硬，统筹做好疫情防控和改革发展工作，努力完成全年各项目标任务，确保"十四五"开好局、起好步。一是要全力推进项目建设。通过加强统筹调度、强化监管考核等措施，全面加快推进项目建设进度，加大施工投入，加快前期工作，确保完成年度投资任务。二是要全力推进服务区提质升级。通过开展攻坚活动、增配技术力量、提高审批效率等措施，加快推进服务区升级改造，努力探索"有效益、可持续、可复制、可推广"的服务区运营管理新模式。三是要全力实现年度经营目标。强化考核，压实责任，推动各业务板块提质增效，确保实现年度各项经营目标。四是要全力推进企业改革创新。倒排工期，加快进度，加强对企业改革创新三年行动特别是重点改革专项任务调度督办，坚决做到"抓落实、重实效"。按照"提质、增效、降本"要求，高效有序推进集团"十四五"高速公路区域管理规划优化调整工作。五是要全力维护和谐稳定大局。切实强化责任担当和工作落实，做实做细做好职工思想政治工作，加强安全隐患排查整治，坚决守住不发生重大风险底线，确保集团上下和谐稳定。六是要全面加强党的领导和党的建设。持续深入学习贯彻习近平总书记在全国国有企业党的建设工作会议上的重要讲话和"七一"重要讲话精神，扎实开展党史学习教育和"我为群众办实事"实践活动，更好引领保障企业高质量发展。

李柏殿在主持会议时强调，各单位各部门要迅速传达并贯彻会议精神，切实把全体干部职工思想和行动统一到会议精神上来。要把疫情防控责任传导到位，进一步细化防控措施责任分工并做好督导检查工作。要进一步落实好防控各项措施，严格按照疾控部门要求做好风险地区旅居史人员排查，严格按照当地防疫部门要求落实好疫情防控措施，加快疫苗加强针接种工作，确保实现"应接尽接"。

李中洋在传达上级有关精神时指出，集团所辖高速公路点多、线长、面广，常态化防控措施时刻不能松懈。各单位一定要保持高度警醒，压实"四方责任"，落实"四早"要求，切实把疫情防控各项工作做实做细做到位，坚决打赢疫情防控阻击战、歼灭战。

会议通过视频会议系统扩大到集团直属各单位、各在建项目办。集团总部各部门负责同志，集团直属各单位和各项目办领导班子成员、部门负责人参加会议。

（省交通投资集团）

【省交通运输执法局从快从严从实抓好疫情防控】
为巩固疫情防控成果、筑牢疫情防控防线，11月1日，省交通运输执法局迅速激活全局疫情防控的组织指挥体系，启动防控工作预案，采取积极有效措施，从快从严从实做好各项疫情防控工作。

一是从快部署，宣传教育全覆盖。疫情就是命令，防控就是责任。省交通运输执法局闻令而动，迅速传达落实省委、省政府和省疫情防控指挥部决策部署要求，要求全局上下保持高度重视、高度警惕、高度负责的状态，始终绷紧疫情防控这根弦，守土有责，守土尽责，扎实做好疫情防控各项工作，对疫情防控工作失职失责的将严肃追责问责，坚决守护好全系统干部职工的生命安全和身体健康。同时，进一步强化疫情防控宣传教育，及时宣传疫情防控政策，普及疫情防控知识，营造疫情防控"人人知晓、人人参与、人人尽责"的良好氛围。

二是从严措施，防疫消杀全覆盖。为严格执行和落实各项防疫要求，守住不发生确诊和疑似病例的底线，省交通运输执法局及局属单位加强自管区域和办公场所消杀工作，对公共设施、人员频繁接触部位每天消毒不少于2次，保持单位机关各会议室、楼层廊道通风，工作用餐实行分段、错峰用餐方式。加快本单位、本部门职工疫苗接种进度，严格落实"应接尽接"要求，督促符合接种加强针（第三针）要求的尽快接种，确保疫情防控无死角。

三是从实管理，排查筛查全覆盖。省交通运输执法局第一时间启动人员出行情况筛查，凡是10月13日以来有境外或国内中高风险地区旅居史人员主动向社区和局防疫办报备，严格执行本人所在社区的防控要求；严格机关进出管理，落实查验体温、查验健康码、查验行程轨迹、佩戴口罩防控措施；严格职工出行管理，严把外出审批关，倡导不聚会、不聚餐、不串门访友、保持社交距离、生活轨迹规律化的生活方式；督促做好个人防护，密切关注每日身体健康状况，落实早发现、早报告、早隔离、早治疗防控措施，全面织密织牢疫情防控网。

（省交通运输执法局　黄云）

【宜春市交通运输行业强化疫情防控】 2021年，全国疫情持续多点散发，防控形势不容疏忽，为做好本土疫情防控处置和防范工作，加强常态化疫情防控，市交通运输部门始终保持高度重视、高度警惕状态，坚决做到"应排尽排、应检尽检、应管尽管"，严格管理措施，外防输入、内防扩散。一、强化重点场所管理，压实属地责任。将车站、公交场站、高铁枢纽、机场等作为重点防控区域，落实好通风、消毒、佩戴口罩、测温及查验健康码等常态化疫情防控措施；加强水路疫情防控检查，包括码头趸船、乡镇渡口渡船等，按要求设点检查登记，查验接种证明及行程码，从中高风险疫区来的船舶一律不得进港。二、强化物流渠道管理，阻断疫情传播。对全市现有从事蔬菜、猪肉、药品等冷链货

物运输的四家冷链运输企业全面排查，要求企业对驾驶、装卸等相关人员进行体温监测，车辆消杀，做好相关防疫用品储备。交通运输管理部门不定期上门进行防疫工作检查，要求货运企业车辆尽量不涉及高、中风险地区运输业务，停开跨国运输线路，确保切断疫情通过物流运输传播的渠道。三、强化重点人员管理，确保防控有力。一是抓好客运驾驶员管理。要求汽车客运、出租车及公交车驾驶员开车运行期间，做好自我防护并提醒乘客做好防护。二是重点落实乘坐客运车辆的省外人员闭环管理。外省人员到宜后，及时通知所在地街道（乡镇）、城乡社区、基层医疗卫生机构和工作（接待）单位对其进行信息登记、体温监测、健康码查验和核酸检测情况问询，实施14天跟踪随访管理。三是强化中高风险区及境外来宜人员管理。跨省或境外来宜人员，严格按照防控预案落实管理，须持48小时内核酸检测阴性证明，提供健康码，并向入住宾馆所属社区（网格员）报备。四、加强系统内部管理，做好疫苗接种。截至2021年年底，市本级交通系统机关人员已全部完成前两针的疫苗接种，接种率达100%；全市行业重点领域人员整体接种率达99.58%，圆满完成接种目标。从10月份起，市交通行业积极开展新冠病毒疫苗加强免疫工作，截至年底已接种加强免疫7996剂次。

（冯海燕）

【广昌县交通运输局四管齐下筑牢新冠疫情防控屏障】 一是牢牢把控疫情防控大局。广昌县交通运输局疫情防控领导小组遵循上级防控指挥部要求，结合疫情防控形势和交通运输领域工作特点，统筹部署安排客运场站、客运企业、货运企业、快递企业、项目工地、办公区域等各个领域的疫情防控工作，做到疫情防控全局"一盘棋"。二是压紧压实疫情防控责任。为使"二码联查"、佩戴口罩、核酸检测、测量体温、病毒消杀、信息录入、接种疫苗等一系列防控举措落地落实，该局按照纵向到底、横向到边的要求，将各个领域的防控责任细化分解到岗到人，明确责任领导、责任股室和责任人员，逐级逐层压实防控责任。三是常态强化疫情防控督查。根据疫情防控需要，该局在紧要关键时刻按县疫情防控指挥部要求，及时安排人员在高速公路出入口、县汽车站、局办公室值班值守外，还组织人员节假不休深入客货运输企业、快递企业、项

目建设工地督促检查疫情防控措施，织牢织密防控网络。四是持续深化疫情防控宣传。充分利用公交车、出租车、网约车的电子显示屏，不间断滚动播发疫情防控知识和防控举措，建成了一道道流动宣传阵地；在局办公楼、汽车站、公交站台播发或张贴疫情防控宣传标语和疫情防控公益广告，建成了一个个固定宣传阵地。与此同时，还派出人员深入农村、社区、企业、高速公路服务区散发疫情防控宣传资料，解读疫情防控政策，动员社会公众积极主动接种新冠疫苗。该局除动员督促全局干部职工及家属、全县交通运输企业从业人员按要求接种疫苗外，还动员45名社会公众接种了新冠疫苗，为全县疫情防控形势持续稳定向好贡献了一份力量。

（胡刚）

【省港口集团赣州五云项目开展"爱心义诊进工地，情系工友"活动】　6月4日，省港口集团赣州港五云码头项目根据党史学习教育"我为群众办实事"相关工作部署，联合赣州市第五人民医院联合开展主题为"以人为本情系工友、健康体检暖入人心"的爱心义诊活动。

活动当天，赣州市第五人民医院共8名医护人员来到项目施工现场，对一线施工人员进行常见疾病和慢性病的初步筛查和诊断，并发放健康知识宣传手册等材料。医护人员还针对一线施工人员容易患上的劳损、高血压和心脑血管等疾病进行耐心科普讲解，详细询问他们的生活习惯，针对不同身体状况，制订相应的日常预防举措。

（李凌锋）

【新余市交通运输局开展营造"爱我工小美、五年新辉煌"环境卫生整治活动】　为进一步巩固新余市文明城市创建成果，助力全市城乡环境集中整治，营造"爱我工小美、五年新辉煌"的浓厚氛围，新余市交通运输局执法支队在元旦、春节前夕，组织80余名党员干部职工分别到新钢含笑社区、山塘下治超站、下村治超站、白沙治超点、水西治超点等，开展环境卫生集中整治志愿服务活动。

活动中，志愿者们穿着志愿服务马甲积极参加环境卫生集中整治行动。此次活动主要是帮助社区重点清除公共场所与住宅楼道内乱张贴的小广告（俗称"牛皮癣"），帮助配置规范的张贴栏；帮助社区、小区清理垃圾死角、乱堆乱放杂物、废弃旧家具等；帮助社区、小区解决其他影响环境卫生的突出问题。

通过此次活动，充分体现了全体党员干部职工在"爱我工小美、五年新辉煌"作表率模范带头作用，进一步增强社区群众的爱护环境意识。号召社区居民做文明人、做文明事，养成良好的习惯，为该市争创全国文明城市贡献了一份力量。

（廖小武）

【樟树市交通运输局开展爱国卫生活动】　10月14日，樟树市交通运输局组织志愿者深入药市社区开展环保活动。市交通运输局志愿者认真仔细清理、捡拾散落在社区路面、水沟、花丛等处的垃圾，清除墙面广告，还药市社区一个干净整洁的环境。通过此次活动，增强了市交通运输局广大干部职工的环保意识，同时也向社区居民宣传了环保的重要性，并提醒社区居民环保要从身边做起，从小事做起。

（杨波）

【省港口集团设计院公司开展无偿献血活动】　10月25日，省港航设计院公司组织公司全体职工开展了以"爱我中华，献我热血"为主题的无偿献血活动，青年党员、职工积极踊跃报名。

在万寿宫献血中心站点工作人员的指导下，志愿者们认真填写无偿献血志愿者申请表，录入个人信息，现场进行血压测量、血型检验等相关检查，并对献血注意事项进行详细了解，全面掌握献血相关知识、流程和注意事项，献血活动有序进行。

（姚君绮）

【奉新县交通运输局组织全体干部职工参与城市环境卫生整治】　为营造干净、整洁、畅通、有序的城市环境，让人民群众过上环境优美、欢乐祥和安居乐业的生活，2021年1月开始，每周五下午，奉新县交通运输局组织机关干部参与城市环境卫生整治，对城市路容路貌等路域环境、乘候车环境，及机关办公环境的整治起到了明显的效果。1.联合公安、城管对中心城区出租车、公交车乱停乱放进行专项整治，长途汽车站等客流密集区域划定候客区，并安排执法人员现场引导规范。约束维修企业经营行为，落实"门前五包"，禁止占用公路路面修车和随意摆放配件工具及污染场地的行为，确保街面整洁。2.联合各乡镇集中开展公路沿线环境整治工作。调用挖机整平坑洼地段，公路两旁的垃圾清理干净，彻底消除裸露垃圾。3.每年节假日前组织机关干部职工开展了"全民大扫除，清洁迎新春"义务劳动，清扫办公庭院内杂物，改善和美化办公环境。

（徐俐）

【铜鼓县交通运输局多举措抓实城乡环境整治】

铜鼓县交通运输局于5月初召开了创卫动员部署大会，明确了创卫责任范围：办公区域、西湖小区责任区、驻点村、各自家庭。对办公区域，由各自办公室人员负责，做到每天一小扫，每周一大扫。对西湖小区责任区，每天落实一名领导干部带队的3人小组，做到交通日常工作和创卫工作相结合、两不误，合理调配人员和时间，确保责任区干净整洁，车辆、物品摆放有序。从西湖路口右经甘妈私房菜地段到民福巷西侧、西湖豪庭、西湖小区东片区域为该局责任区范围。在这里，居民能经常见到该局人员忙碌的身影，双休日、节假日亦然。值日人员挥动锄头清除杂草，拿起扫帚清扫垃圾，挽起袖子搬走废木，一丝不苟地清扫卫生死角、盲区，确保不漏一处、不留一角，实现环境卫生整治全覆盖。整治活动开展以来，共清理垃圾3.5吨，拆除违规搭建鸡、鸭、狗棚5个，清理广告牛皮癣约810处。该局向责任区居民发放环境卫生宣传单450份，向商户（店主）发放门前"五包"责任书200余份。通过入户走访，利用微信群等形式，向居民（商户）进行环境卫生整治的宣传动员，引导群众像保护眼睛一样保护环境卫生，形成人人讲卫生、个人爱环境的氛围。经过整治，该局责任区环境干净整洁，并实现了规范化、常态化管理。

（黄祖芳）

学会协会

【江西省公路学会全面完成各项工作任务】 2021年，江西省公路学会以习近平新时代中国特色社会主义思想为指引，深入贯彻党的十九大和十九届历次全会精神，围绕省委、省政府、省交通运输厅推进交通强省建设的战略部署，对标省民政厅"AAAAA级"社会组织的评估等级管理，落实省科协以"一流标准"争创"第一等工作"的要求，抢抓机遇，扎实推进，全面完成年度各项工作任务。积极申报省民政厅2021年省本级社会组织等级评估，省科协2021年度省级学会考核评估，成功获评江西省AAAAA级社会组织和省科协"优秀"学会。

（江西省公路学会）

【江西交通会计学会各项工作取得新成效】 2021年，江西交通会计学会规范化建设进一步强化：一是对入会会员单位进行登记。目前学会现有会员单位110个。二是按时完成社团年检工作。按照省民政厅的要求，按时完成《2020年度社会团体年度检查报告书》填报工作和年检手续，民政厅发布关于全省性社会团体2020年度检查和年度报告工作情况的通报，学会年检合格。三是会费收缴工作。按照《江西交通会计学会章程》和《江西交通会计学会会费管理办法》的规定，学会秘书处在各会员单位的大力支持下，顺利完成此项工作。四是接受"双随机、一公开"检查。在"双随机、一公开"检查中学会高度重视迎检工作，按照检查内容认真地从党组织建设、内部管理、法人治理结构、主要业务等四大项104小项认真地进行准备和自查，逐一汇编了双随机迎检材料。

创新工作方法为会员提供高效服务。充分利用信息化技术聘请软件公司为学会设计出江西交通会计学会信息填报管理系统，方便会员单位利用互联网或扫描二维码在微信中登录填报信息，填写后的资料将自动生成表格，下载打印后再将盖章的表格上传回系统中，不仅为会员单位提供了高效的服务体验，也提高了学会办公效率，提升了信息采集及数据统计汇总能力，在驱动工作"加速度"中取得新成效。

抓人才培养促交通运输财会服务水平不断提高。一是学会在中国交通会计学会举办的"喜迎建党100周年 服务交通强国建设"交通运输财审工作创新发展主题征文活动中认真组织，积极推选，共向中国交通会计学会推荐论文17篇。中国交通会计学会共收到论文338篇，组织专家评选出优秀论文60篇，一等奖9篇、二等奖19篇、三等奖32篇，其中江西省有2篇获得三等奖，分别是江西高速石化有限责任公司蔡鸣撰写的《A企业战略成本管理研究》和江西省交通工程集团有限公司唐鑫撰写的《新租赁会计准则对交通建设行业的影响》。学会将在理事会中对获奖个人和组织单位进行表彰及奖励。因为推选报送论文成绩突出，学会获得组织奖。二是学会及时转发中国交通会计学会、交通运输部管理干部学院、中国总会计师协会的培训通知，并督促各单位积极组织财务人员出省学习，开阔视野，提高了会计人员素质。据统计，一年来江西交通系统赴外省参加不同类型的学习培训班人数达83人次。三是协助中国交通会计学会做好《交通财会》杂志订阅工作。根据通知要求，学会及时转发通知，联系落实，在各会员单位的支持和配合下，共订阅《交通财会》62份。

编印《江西交通财会》。《江西交通财会》会刊是江西省交通财会人员学术理论研究和经验交流业务学习的重要园地。为创新《江西交通财会》这优质平台，学会坚持立足交通财会，精心挑选和编辑会刊论文，努力提高会刊质量。学会在2021年出版《江西交通财会》1期，发表各类文章、学术论文、经验介绍等稿件共27篇，文字7.34万字，赠送会员1500册，为宣传国家财经政策法规、传播财会专业知识、交流传授工作经验起到了促进作用。

（江西交通会计学会）

【江西省公路学会举办服务区公路驿站品质提升研讨会暨服务区公路驿站学习考察活动】 5月12日，由江西省公路学会主办，江西省公路学会服务区专业委员会协办，江苏省综合交通运输学会公路分会支持的服务区公路驿站品质提升研讨会在南京市召开。

会议邀请江苏交通控股营运安全事业部服务区管理中心主管曹蕾以及江苏纬信工程咨询有限公司交通运输规划所副所长、高级工程师徐其昌进行交流发言。交流会现场气氛活跃，参会代表踊跃发言提问，两位专家一一解答，充分交流，与会代表受益匪浅。

12日下午至13日，代表们参观了南京省道243柘塘服务区（南京真情驿站）、常州芳茂山服务区、无锡梅村服务区、苏州阳澄湖服务区。

此次服务区公路驿站学习考察活动为江西省高速公路服务区提质升级，提高服务区、公路驿站服务水平，提升公路行业品牌形象起到良好助推作用。

（江西省公路学会）

【2021年桥梁建造新理念新技术学术论坛在抚州召开】 5月21日，由江西省公路学会、江西省交通工程集团建设有限公司联合主办的2021年桥梁建造新理念新技术学术论坛在抚州召开。

会议邀请中国交通建设集团首席科学家、中国工程院院士、全国工程勘察设计大师张喜刚出席会议并作主旨演讲。全省公路桥梁建养相关单位负责人和科技人员200余人参会。

会后，参会人员前往由省交通工程集团建设有限公司承建、有着"江西高速第一拱"之称的王安石抚河特大桥进行实地观摩。该项目以铸就"品质工程"为己任，不断加强质量安全管理，大力开展创新创优工作，积极推进品质工程建设，获得诸多科技成果和荣誉，给参会人员留下了深刻印象。

（江西省公路学会）

【江西省公路学会和吉安市公路学会联合开展了2021年全国科技工作者日暨江西省公路学会专家下基层服务活动】 6月9日，江西省公路学会和吉安市公路学会联合开展了2021年全国科技工作者日暨江西省公路学会专家下基层服务活动。

在专家咨询座谈会上，专家们对技术人员提出的遂川祥宏隧道如何进行防护施工、如何对公路高边坡地质灾害点进行处置、国省道大中修工程路面设计方案、混凝土路面白改黑处理、岩溶区桩基设计等一系列技术疑难问题作了详细解答并提出了具体的咨询建议和意见。与会技术人员表示，专家的解答及时解决了当前施工建设中的棘手问题，对以后的工作很有指导意义。

（江西省公路学会）

【江西省公路学会承接省高速公路服务区服务质量等级评定工作】 6月，学会与省内高速公路运营相关单位共同商议制定了《江西省高速公路服务区服务质量等级评定工作实施方案》，并在省交通运输厅的指导下于11月份完成2021年度全省高速公路服务区服务质量等级评定工作，共评选出五星级服务区10对，四星级服务区20对，三星级服务区27对，达标服务区39对，达标停车区3对。进一步健全完善了江西省高速公路服务区监督考核机制，促进服务质量和服务水平全面提升。

（江西省公路学会）

【《公路水运工程BIM技术应用管理导则》宣贯会在南昌举行】 7月27日，由江西省公路学会主编的江西省地方标准《公路水运工程BIM技术应用管理导则》（DB 36/T1351—2020）宣贯会在南昌举行，全省交通运输行业从事BIM及信息化管理技术人员共计50余人参加了会议。

南昌航空大学BIM研究所所长王婷以《BIM技术为公路工程建设数字化赋能》为题，向与会人员详细阐明了BIM技术在公路工程建设上的应用，通过BIM技术实现公路工程建设数字化，持续赋能公路工程建设创新。江西省港航设计院有限公司副总工程师陈孝建对《公路水运工程BIM技术应用管理导则》编制的背景、编制的原则、条文进行解读，让与会人员对导则有了全面而深入的了解。

现场还进行了提问答疑等互动环节，参会代表结合各自当前信息化技术在管理中的应用，就推进数字化建设进行深入沟通交流，现场学习气氛热烈，宣贯取得了良好的效果。

通过本次宣贯会，将推动江西省地方标准《公路水运工程BIM技术应用管理导则》（DB 36/T1351—2020）的贯彻实施，加深公路水运技术人员对BIM技术应用管理导则的认识和理解，推进BIM技术在交通基础设施建设项目中的应用。

（江西省公路学会）

【江西交通会计学会接受"双随机、一公开"检查】 2021年7月22日，以江西省社会组织管理局党委副书记、办公室主任王永为组长的检查组一行5人会同江西大信诚信会计师事务所对学会开展"2021年度社会组织双随机、一公开"执法检查。检查组按照一看、二查、三听的方法进行。一看：检查组一行观看了学会工作机构的办公室，实地查看了悬挂的名称牌匾、上墙的社会团体法人登记证书和制度。现场进行财务专项审计，对学会年度工作总结、财务报告、银行对账单、银行存款余额调节表、征信报告、会计账簿、会计凭证和其他相关资料逐条逐项细致查看。二查：检查组对学会的章程、财务管理制度、会费管理办法、档案管理规定等各项规章制度，按规定办理变更名称、住所、法人代表登记，召开理事会、会员（代表）大会合规情况等进行全面检查。三听：检查组组织召开了座谈会，听取了学会会长陈毓书的工作汇报。陈毓书从学会内部组织建设、财务管理、学会活动开展等方面介绍了学会这几年的发展状况，剖析了存在的问题、面临的困难和今后的工作思路。

经过检查，王永对该会的工作给予了充分的肯定，总体认为该会内部管理比较规范、法人治理结构工作正常、主要业务工作开展取得实效、财务收支管理符合要求，并对今后加强学会的党建工作和开展学会活动等方面提出建议和要求。针对检查组反馈的问题与不足，陈毓书表示要以此次检查为契机，在今后工作中进一步加强学会建设：一是党建方面。目前正在与其他学会联系计划共同成立联合党支部，进一步加强党建方面的组织建设，发挥党员的先锋模范作用和支部的战斗堡垒作用。二是内部制度方面。现有的制度还有不完善的地方需要改进，学会将进一步强化内部制度建设，实现规范化管理。三是人才培养方面。学会每年组织财务培训和论文交流，但做得还不够。须寻求新的突破点，以加强交通财会人才队伍的培养，打造一批适应国家财政政策和交通运输建设要求的高素质人才。

（江西省交通会计学会）

【2021年江西交通科技创新大会暨新技术产品博览会、江西省公路学会2021年学术年会在南昌隆重召开】 11月18—19日，由江西省科学技术协会、江西省交通运输厅主办，江西省公路学会承办的"2021年江西交通科技创新大会暨新技术产品博览会、江西省公路学会2021年学术年会"在南昌隆重召开。

大会以"交通强省、创新引领"为主题，旨在强化科技创新引领，推动交通强省建设，打造了一个主论坛、七个分论坛、新产品及技术展示等平台，充分展示2021年江西交通科技领域在学术、科研、创新技术上的最新成果，为全省交通领域科技创新发展提供交流和研讨平台。

大会主论坛邀请了中国工程院院士、全国工程勘察设计大师、中国交通建设集团首席科学家张喜刚和交通运输部科学研究院交通发展研究中心主任李忠奎作主旨演讲。各分论坛学术研讨围绕"智慧交通——智慧赋能""水运高质量发展，重振赣鄱水道千年辉煌""普通公路，创新投融资模式""科技发展引领助力交通强省""项目建设围绕品质谈创新""公路养护高品质发展""监理检测——工程卫士"方面，王先进、张纪升、耿雄飞、张稷修等近40名专家学者与会分享最新研究成果。

（江西省公路学会）

【2021年江西交通科技创新大会水运高质量发展分论坛举行】 11月18日，2021年江西交通科技创新大会水运高质量发展分论坛如期举办，厅党委委员、副厅长丁光明出席分论坛并致辞。分论坛围绕"重振赣鄱黄金水道千年辉煌"主题，邀请了交通运输部天津水运工程科学院、交通运输部水科院等有关专家，作题为《新形势下水运高质量发展策略思考》《智能航运引领航运业高质量发展》《港航安全生产专项整治三年行动工作部署及相关要点》的专题报告。

丁光明在分论坛致辞中指出，近年来，省委、省政府高度重视水运发展，出台了《策应长江黄金水道建设提升水运发展水平的若干意见》，尤其是"十三五"期间，江西省提出加快水运建设、补齐水运短板，先后出台《加快水运建设发展的实施意见》《关于推进交通强省建设的意见》后，全省港口水运开启了复苏奋进的新航程。当前，江西省港口水运正处于加快推动高质量跨越式发展的关键时期，发挥科技创新第一动力作用至关重要。丁光明勉励全省港航系统、省港口集团和广大科技工作者以论坛举办为契机，不断强化科技引领，持续推进创新驱动，推动科技成果转化，使科技创新成为推动港口水运高质量发展的动力引擎。

（省港口集团）

【江西省公路学会组织开展三项奖励评审】 受省交通运输厅委托，江西省公路学会2021年组织开展第四届三项奖励评审工作。第四届"江西公路科技进步奖"共评选出特等奖1项、一等奖4项、二等奖3项、三等奖5项；第四届"江西公路优秀工程师（含农村公路工程师）"评选出10名候选人；第四届江西公路优秀论文奖共评出一等奖6篇、二等奖23篇、三等奖31篇。

（江西省公路学会）

夕阳下的王安石大桥
（省交通投资集团交通工程集团有限公司供图）

党群工作

党建工作

【**概况**】 2021 年，省交通运输厅各级党组织深入学习贯彻习近平新时代中国特色社会主义思想和党的十九大、十九届历次全会精神，认真学习领会习近平总书记系列重要讲话精神特别是"七一"重要讲话、视察江西重要讲话精神和关于交通运输工作重要论述，紧扣庆祝建党 100 周年，高标准开展党史学习教育活动，坚持围绕中心、服务大局，深入推进机关党的建设，为高质量推进交通强省建设提供坚强保障。

（厅直属机关党委）

【**政治引领作用充分发挥**】 厅党委始终坚持把党的政治建设摆在首位，深入学习贯彻习近平新时代中国特色社会主义思想和党的十九大、十九届历次全会精神，带头深刻感悟"两个确立"的决定性意义，切实增强"四个意识"、坚定"四个自信"、做到"两个维护"。严格执行民主集中制，落实重大事项请示报告制度，压实意识形态工作责任，坚持正确选人用人导向，政治机关建设更加过硬。省纪委主要负责同志对省厅全面从严治党工作给予充分肯定，并在全厅召开省直单位全面从严治党座谈会。全厅各级党组织和广大党员干部把"两个维护"落实到具体工作中，推动习近平总书记关于交通运输工作的重要论述精神落地见效，2021 年全省公路水路交通固定资产投资超额完成，公路路网水平进入全国先进行列，水运发展取得重大突破，运输服务水平显著提升，行业治理能力明显提高。全省交通运输工作先后 7 次获得省委、省政府主要领导批示表扬，省厅被省委、省政府授予集体三等功，交出了一份上级肯定、群众满意、行业瞩目的答卷。

（厅直属机关党委）

【党建工作质量持续提升】 坚持以提升组织力为重点，推进支部"三化"建设提质增效，三年创建任务圆满完成。组织开展庆祝中国共产党成立100周年文艺晚会、红歌快闪、"光荣在党50年"纪念章颁发等活动，营造了共庆党的百年华诞浓厚氛围。高质量做好年度786名党员发展工作，为党员队伍注入"源头活水"。严格落实党内政治生活各项制度，切实增强党组织凝聚力战斗力。开展全厅"两优一先"评选表彰，2个党支部被评为全省先进基层党组织，3个党建做法获得全省机关党建创新优秀案例奖，有效激发创优争先动力。深入运用"党建+"理念，党建引领打造优质工程成效显著。

（厅直属机关党委）

【加强理论建设，筑牢思想根基】 持续抓好党的创新理论学习，坚持读原著、学原文、悟原理，突出抓好《习近平谈治国理政》第一卷、第二卷、第三卷和《习近平新时代中国特色社会主义思想学习问答》等重点理论读物的学习宣传使用，及时通过理论学习中心组、青年理论小组等多种形式跟进学习习近平总书记系列重要讲话精神，带动干部职工运用党的创新理论解决实际问题。全年召开中心组理论学习会12次，研讨交流22人次，开展专题辅导讲座5次，开展青年理论学习6次。

（厅直属机关党委）

【密切联系服务群众】 强化宗旨意识，机关联系基层，干部联系群众，积极开展共建。为共建单位（西湖区桃源街道桃苑社区）征订党报党刊、开展走访慰问、听取意见建议、持续开展志愿服务。各级党组织组建帮扶队，助力乡村振兴。景德镇高速路政支队一大队与蔡家村建立结对帮建，江西省公路科研设计计院有限公司帮扶吉安市安福县连村，通过帮扶使党支部先锋旗帜更加深入人心，让党员先锋模范作用更加亮化于众。

（厅直属机关党委）

【党史学习教育成效显著】 聚焦"凸显特色、务求实效、走在前列"目标定位，以"三百"活动、"交通民生映山红"行动为抓手，推动党史学习教育深入开展。高质量完成了357件厅级民生实事项目，2个办实事项目纳入省级民生清单，群众评价满意率达99.97%。省委主要领导来厅调研办实事情况并给予充分肯定，省委、省政府主要领导分别对省厅改渡便民工程作出批示肯定。省厅2件办实事案例从全国1600余件初评案例中脱颖而出，作为全省2家省直单位之一和全国唯一的省级交通运输部门经验做法在中央官网展示。通过党史学习教育，全厅党员干部受到了全面深刻的思想淬炼和精神洗礼，为加快推进交通强省建设凝聚了强大的奋进力量。

（厅直属机关党委）

【突出用好红色资源】 全厅各级党组织用好江西省红色资源优势，通过参观革命旧居旧址和革命纪念馆（博物馆）、清明祭扫、红色走读、报告会、故事汇、微讲堂等形式，深刻感悟初心使命和信仰的力量，引导广大党员干部真正做到学有所思、学有所悟、学有所获。把学习党的历史和调查、梳理江西交通历史相结合，开展"百年党史江西路"研宣活动，井冈山革命斗争时期和中央苏区交通运输保障研究、百年江西红色交通简史编写、路桥港站等江西交通革命文物调查等扎实推进。

（厅直属机关党委）

【密集开展系列活动】 从"五四"到"七一"，每周组织一个厅直单位开展"青春心向党、奋斗新征程"团员青年"云拉歌"活动。先后开展了党史百年天天读、"学习党史·我的足迹"、"我们支部的音乐课"、庆祝建党100周年红歌快闪、庆祝建党100周年文艺演出等活动，在机关办公楼电子屏播放党史宣传片、红歌视频等，营造可观可感、人人参与、全员共进的浓厚氛围。

（厅直属机关党委）

【做好党史学习教育宣传报道】 党史学习教育开展过程中，全系统积极在各级媒体刊发党史学习教育稿件，刊发"沿着高速看中国""沿着高速看江西"主题宣传稿件17000余篇，编印简报70余期。《中国交通报》头版头条报道江西"奋斗百年路　启航新征程"，学习强国平台报道江西井冈山交通变迁、创新弘扬红色交通文化的探索。联合江西广播电视台开展"感动江西交通年度人物"推选。配合省委宣传部开展好"沿着高速看中国""沿着高速看江西"活动。央视新闻联播、《人民日报》、《新华每日电讯》要闻版等宣传了景婺黄（常）高速公路，央视一套、新闻频道进行了2个小时直播，江西卫视新闻联播每天播出一条高速公路发展专题。

（厅直属机关党委）

【江西信江航运枢纽项目以高质量党建引领打造高品质工程】 位于上饶市境内的信江航运枢纽项目是江西省委、省政府发展内河航运、降低物流成本、优化营商环境的重点工程，投资概算63.97亿元，2017年12月开工，预计2022年12月建成。该项目参建单位多，人员繁杂，施工期间遇到多种技术难题，同时还接连遭受疫情、鄱阳湖流域超历史大洪水等种种困难。项目办党委深入贯彻习近平总书记关于基层党建工作重要论述以及视察北京大兴机场时提出的打造"精品工程、样板工程、平安工程、廉洁工程"重要讲话精神，找准党建工作与中心工作的切入点和结合点，大力推进党建工作与项目建设深度融合发展，充分发挥基层党组织的战斗堡垒和党员的先锋模范作用，推动党建质量和工程品质实现"双提升"。项目连续三年获得全省公路水运工程平安工地考评第一名，被交通运输部评为第一批平安百年品质工程创建示范项目、绿色科技示范工程。信江项目办党建经验做法在中国组织人事报、江西日报、江西卫视等主流媒体宣传报道，在中组部《全国基层组织建设情况通报》刊发，得到省委、省政府主要领导批示肯定。

（厅直机关党委）

【全省综合交通运输行业党史学习教育现场交流会在德兴召开】 10月17—18日，为深入推进全省综合交通运输行业党史学习教育和基层党建"三化"建设，搭建行业交流平台，凝聚行业发展动力，全省综合交通运输行业党史学习教育现场交流会在德兴召开。省交通运输厅党委书记、厅长王爱和出席并讲话，一级巡视员、直属机关党委书记胡钊芳参加现场观摩活动；省综合交通中心党委书记熊华武主持会议并讲话；上饶市委常委、副市长提名人选饶清华，德兴市委书记杨秀福分别致辞；省综合交通中心党委委员、副主任范年福，上饶市委组织部副部长程德冰出席会议。

王爱和指出，近年来，省综合交通中心党委坚持以习近平新时代中国特色社会主义思想为指导，把抓好党建作为最大的政绩，推动全系统党建工作提质增效、出新出彩。突出表现为：一是党建基础不断夯实。坚持"1+X"学习模式，扎实开展党史学习教育等主题活动，持续推动学习入脑入心，有力推动一切工作到支部。二是党建机制不断创新。充分发挥"党旗领航、党建领路"作用，持续开展联建联创工作，创新拓宽党支部工作思路，探索建立了一套基层党建"三化"指标体系，打造了"赣路党建"平台，建成了54个基层党支部规范化建设示范点，实现了党建工作全网运行。三是党建质效不断凸显。各级党组织始终围绕发展抓党建，抓好党建促发展，充分发挥战斗堡垒和先锋模范作用，各项工作取得突出成效，人民群众对交通运输工作的满意度持续提升。

王爱和要求，要以高质量党建推动党史学习教育走深走实，推动全省综合交通运输事业开好局、起好步，为描绘好新时代江西改革发展新画卷提供坚强的交通运输保障，切实做到：一要夯实党建基础，以高质量党建推动党史学习教育走深走实。把党史学习教育作为贯穿全年的一项重大政治任务，抓好日常学习，持续在学思践悟上用劲发力，更加聚焦主题、主线，更加聚焦重点领域、重点对象，持续把学习成效转化为推动公路"建管养运"高质量发展的成果。抓好民生实事，持续在办实事上用劲发力，聚焦普通国省道提质升级、改渡便民2项省级民生实事，抓落实出成效，以民生实事办理成效来检验党史学习教育成果。抓好监督检查，把为民办实事成效作为评先评优的重要依据，带着问题下去，领着成效回来，推动党史学习教育取得实效，不断提升为民服务水平。二要发挥党建引领，以高质量党建促进行业高质量发展。要认真总结、提升、推广已树立的行业党建工作生动品牌，努力在全国同行业形成可复制可推广的党建经验，持续唱响江西交通运输行业党建工作好声音，以党建工作水平的不断提升促进行业高质量跨越式发展。要协同推进业务工作，始终把党建工作作为推动业务工作高质量发展的基础性工作来抓，做到两者深度融合、相互促进、相互提升。要主动担当作为，保持奋勇争先的前进姿态，让争先进位、争先恐后成为发展的主旋律和干部的精气神；保持如饥似渴的求知状态，成为改革创新的推动者、服务发展的引领者、凝聚群众的主心骨。保持一线抓落实的工作常态，充分发挥"三个表率"作用，走实地、查实情、抓实效，让一线工作成为工作的常态。要深化作风建设，以抓好党建工作为抓手，全面提升行业作风建设水平，强化舆论引导，不断提升主动作为意识，努力营造想干事、能干事、干成事的浓厚氛围，切实把好事办好、把实事办实，不断以作风建设的成效来检验行业作风建设的成果。三要强化党建融合，以高质量党建推动"十四五"开好局、起好步。要把党史学习教育成果体现在"开新局"上，不断推动党建工作与业务工作深度融合，努力实现"十四五"开好局、起好步。要全力做好干线公路养护管理工作，在认真总结以往"国评"经验、不足基础上，按照部总体工作要求，认真对照细则，全面抓好内业和外业工作，全力打好"十四五"迎"国评"第一仗。要全力推动"四好农村路"高质量发展，加大对与人民群众密切相关的乡道双车道改造项目和窄路面拓宽改造力度，全力保障群众出行安全、畅通；加快农村公路深化管养体制改革步伐，力争全省50%以上的县（市、区）在今年年底前改革到位；深化全省"四好农村路"示范创建，以示范创建带动整体提升；提升服务能力，持续巩固建制村通客车成果。要全力保障公路运输安全有序，加快432个不停车检测点建设，为治理超限超载顽疾打好基础；深入实施"科技兴安"战略，有效提升科技兴安监管水平。要加快综合交通融合发展，持续完成好改革"后续工作"，努力实现"十四五"开好局、起好步。

熊华武认为，上饶公路党建工作表现为"三有"，即："有红有绿"。大力弘扬方志敏精神，牢铸忠诚之魂，积极投身公路实践，争创第一等工作，高标准打造"畅安舒美"示范路，一路一景、一路一品、路景交融。"有图有声"。党务工作流程规范化、管理科学化，让群众了解公路工作和党员作用更直观、更深入，以"图文并茂"实现"声入人心"。"有形有神"。将本地传统文化和行业特色文化融入公路基础设施建设中，使公路基础设施富有灵魂，既具有观赏价值，又有精神直观展现，达到"形神合一"。

熊华武指出，过去一年来，全省综合交通运输行业党建工作亮点突出，主要体现在"四度"，即：党建品牌有亮度。各级党组织结合自身实际，创新方式方法，整合各类资源，打造党建品牌阵地，让组织生活有滋有味。联建联创有广度。全行业开展联建联创工作，搭建交流平台，互相借鉴学习，总结了先进经验，创建了一批示范点，逐步打响了综合交通运输行业党建品牌知名度。党建引领有力度。充分发挥战斗堡垒作用，引导党员干部当先锋、作表率，推动"三大攻坚行动、三大提升工程"、脱贫攻坚等重点工作出实绩。为民办事有温度。突出"学史力行"，把党史学习教育成果转化为为民服务的实际举措，办成了一批实事好事，赢得群众交口称赞。

熊华武强调，下一步工作，一要以党史学习教育为契机，筑牢行业发展思想根基。持续抓好理论学习，把握重点、分类指导，有针对性地组织专题学习研讨、开展宣传宣讲、深化理论阐释，引导党员干部把理论学习成效转化为推动综合交通运输事业高质量发展的强劲动力和实际行动。坚持赓续精神血脉，引导党员干部在红色研学中感受革命传统、砥砺理想信念，自觉当好红色故事的主讲人、红色基因的传承人。持续办好民生实事，以钉钉子精神贯彻落实"交通民生映山红"行动要求，进一步开展专题调研，进一步完善跟踪督办机制，确保办一件销号一件、办一件人民满意一件，切实增强群众的幸福感获得感。二要以"三化"建设为重点，打造行业坚强战斗堡垒。在提质增效上下功夫，对标基层党建"三化"建设要求，做好抓基层、打基础、强弱项、补短板各项工作，切实提高行业示范点的"含金量"。在典型引领上下功夫，探索分众化、差异化工作方法，加快培育不同层次、不同类型、不同方面的示范典型，以点带面推动行业基层党组织全面过硬，达到各具特色、各美其美、美美与共的效果。在联建联创上下功夫，主动打破行业内交流局限，加强行业外、系统外的横向交流，不断扩大党建"朋友圈"。三要以行业作风建设为抓手，树立行业良好整体形象。强化责任落实，树牢"管行业必须管行风"意识，抓好班子、带好队伍，一级做给一级看，一级带着一级干。强化问题导向，举一反三，整治作风顽疾，切实把好作风立起来。强化系统思维，全面梳理普通公路建管养运各环节工作流程，探索建立管根本、管长远的治理机制，确保作风建设每向前推进一步，制度层面就加固一层。四要以行业文明创建为依托，提升行业文化软实力。要群策群力奏响行业宣传"协奏曲"，切实把行业"好声音"传出去。要凝心聚力画好舆情应对"同心圆"，切实把行业"好形象"树起来，树得更真实、更完美、更深入人心。要齐心协力打造高质量发展"先锋队"，持续发掘培育先进典型、深入开展先进典型宣传学习活动，切实把行业"好榜样"立起来，立得更硬、更稳、更可学可做。

会上，命名、授牌了26家全省综合交通运输行业基层党支部规范化建设示范点，6个设区市、4个示范点代表交流了典型经验。会前，与会代表实地观摩了德兴公交一体化指挥中心、德兴公路事业发展中心智慧党建、青舍里服务区、山塘服务区、大旺山大桥、省道306仙莲线等一批党建示范点、示范路，在怀玉山清贫园开展了红色主题党日活动。

省交通运输厅有关部门负责人，各设区市交通运输局分管领导及部分下属党组织负责人，各设区市公路局（中心）党委（党组）书记、分管领导及部分下属党组织负责人，省公路投资有限公司党委，省综合交通中心机关各支部书记、省中心直属各单位党组织及党务部门负责人参加会议。

（贾丽娟）

【省交通运输执法局创新推进党史学习教育】
2021年，省交通运输执法局坚持以创新思维抓学习，开启省市县党建共学共建新模式，深入学习宣传党百年奋斗历程、重大成就和历史经验，推动党史学习教育热在基层、热在群众。

突出内容创新，深入开展"线上重走长征路 扬帆启航新征程"党史学习教育知识竞赛活动，动员131支交通执法队伍、3000余名干部职工用步数换里程，在追寻先烈足迹中感悟信仰力量。

突出形式创新，精心组织"学党史 感党恩 跟党走"基层宣讲活动，组织宣讲团进基层、进机关、进工地、进会场，打造情景理交融、听观悟一体的节目品牌，引领干部职工重温经典、浸润初心。

突出载体创新，以不同"讲"法＋新媒体传播形式，扎实开展"百人百声 百堂百课 百年百答·我是党史领学人"系列活动，持续推进红歌"快闪"、快问快答、"讲好党课学党史、百名书记走在前"系列专题活动，打通党史学习教育"最后一公里"。

（省交通运输执法局 徐江前）

【省交通运输执法局践行执法为民理念，为群众办实事解难事】 党史学习教育开展以来，省交通运输执法局以百个支部办百件实事为抓手，深入开展"我为群众办实事"实践活动、交通民生映山红行动，用心用情用力为群众办好108件实事。

围绕群众所急，推行行政审批"四有四免"和"容缺审批"制度，将大件运输许可办证期限从14个工作日缩减到一类件、二类件两个工作日内办结，三类件四个工作日内办结。围绕群众所难，开展农村公路建设质量"两服务一培训"志愿帮扶，组织"送知识下工地、送技术下工地、送服务下工地""三送"活动，提升在建重点项目安全管理水平。围绕群众所愁，开展全省交通运输执法领域突出问题专项整治，整治"宗旨不牢、作风不优、本领不强、担当不力、执法不廉"五大突出问题407个。围绕群众所盼，及时解决崇义县稳下村村民生活饮水、水田灌溉难题。推动货车超限超载轻微违法行为免于罚款的具体裁量标准顺利出台，统一执法尺度，提高执法效能。

（省交通运输执法局 徐江前）

【省交通运输执法局"我是党史领学人"系列活动启动】 为深入开展党史学习教育，引导广大党员干部学党史、强信念、跟党走，2021年，省交通运输执法局党委组织开展"我是党史领学人"系列活动，以多种宣讲方式＋新媒体传播形式领学中国共产党百年历史，推动党史学习教育进机关、进基层，持续掀起党史学习教育热潮。

据悉，此次系列活动推出了"百人百声·我是党史领学人"党史著作朗诵活动、"百堂党课·我是党史领学人"微党课展播活动、"百年问答·我是党史领学人"党史快问快答活动以及党史学习教育示范主题党日活动评选等四项活动。同时，结合"我是党史领学人"系列活动，开展示范主题党日活动评选，引领基层党建创新活力，全面提高基层党支部的组织力，推动党史学习教育走向深处、落在实处。

（省交通运输执法局 朱熹）

【吉安市交通运输局开展"红色寻迹学党史"主题参观教育活动】 4月1日，吉安市交通运输局机关党员干部来到吉安城革命历史陈列馆开展"红色寻迹学党史"主题参观教育活动，在回顾吉安革命的峥嵘历史中，追忆烈士功绩，重温初心使命，汲取奋进力量，推动党史学习教育走深走实。

岁月照亮历史印迹，精神光芒历久弥新。通

过这次参观学习，全体党员纷纷表示深受触动、获益匪浅，要传承红色基因，赓续红色血脉，用党的光荣传统和优良作风坚定信念、凝聚力量，用党的实践创造和历史经验启迪智慧、砥砺品格；牢记使命，担当作为，立足本职岗位，推动交通运输事业在全市"十四五"经济社会发展的壮丽蓝图中绽放出更耀眼的光芒。

（吉安市交通运输局）

【江西交通职业技术学院开展"交院五老说"红色宣讲活动】 4月13日，江西交通职业技术学院邀请老党员代表饶天明、宋华梁在图书馆开展了"交院五老说"红色宣讲活动。学院党委副书记洪芙蓉出席，工会、学生工作处、团委负责人和200余名师生共同参加。党员代表饶天明从自己的人生经历出发，结合学院发展历程，以身边有趣的人和事为主线，细叙了学院的历史变迁。她教导同学们要珍惜学习机会，勿忘革命先烈用鲜血换来的美好生活，希望大家能珍惜时代、珍惜机会，要有真才实学、思想觉悟，心怀爱国之心，为祖国的建设添砖加瓦。老党员代表宋华梁以一首歌、一件事、一个人为主线，通过讲述一个个感人的红色故事，展示共产党人舍生忘死、甘于奉献的高贵品格。他教育青年大学生要树立正确的世界观、人生观、价值观，要有理想、有担当、有抱负，要学会感恩、学会奉献，将共产党员的精神与力量传递下去。聆听了两位老党员的宣讲后，在场师生备受鼓舞，纷纷表示要学习老一辈共产党人不计得失、乐观豁达的品德，不忘初心跟党走，坚定信仰勇争先。

（朱光伟　蒋月茹）

【宜黄"红色公交专线"变身"党史流动课堂"】 4月13日，宜黄县长运公共交通有限公司开通了"红色之旅"公交专线，并在车厢外添加了庆祝建党百年标识、红色标语、党徽等红色元素，车厢内循环播放《建党伟业》《建国大业》等红色电影，同时选派讲解员在旅途中讲述红色革命故事，让"红色公交专线"变身"党史流动课堂"，颇受好评。

除开设"红色公交专线"外，宜黄县长运公共交通有限公司还打造了"流动学习角"，充分运用汽车站候车大厅电子屏幕，滚动播放党史宣传标语，并精心制作了党史知识宣传展板，吸引了不少乘客驻足观看学习，营造出全民学党史的浓厚氛围。

自党史学习教育开展以来，宜黄县依托红色资源丰富的优势，持续推动各地、各部门充分发挥新时代文明实践所（站）、文明实践广场、百姓舞台、农家书屋等场所的作用，积极开展以"学百年党史庆百年华诞进百家实践站"为主题的新时代文明实践活动，精心筹划"学百年党史庆百年华诞最美宜黄人"发布仪式、"唱支山歌给党听"快闪和主题歌会、"行走的党课"在线直播、红色走读等活动，讲好红色故事，传承红色基因，赓续精神血脉，推动党史学习教育深入基层、深入群众、深入人心。

（陈根玲）

【省港口集团开展"读红书学党史践初心"主题活动】 4月18日下午，省港口集团组织党员干部来到省图书馆五楼红色图书馆区开展"读红书学党史践初心"主题活动，依次参观了红色记忆重温、红色文创展示、红色足迹追寻、红色基因传承、红色江西宣传、红色场景体验、红色影音欣赏和红色文献阅览等八个展区。在鲜红的党旗下，全体人员重温入党誓词。

（黄金）

【江西省交通高级技工学校举行"传承四史精神　坚定报国鸿志"党史知识竞赛】 2021年5月11日，江西省交通高级技工学校在报告厅举行"传承四史精神　坚定报国鸿志"党史知识竞赛决赛，全体校领导现场全程观看比赛。此次决赛的6支队伍是由全校1000多名师生通过初赛、复赛角逐产生。每支队伍均采用"教师党员＋学生团员"的形式组队，营造了党员团员一起学、教师学生同台比的比学氛围。

（江西省交通高级技工学校）

【江西交通职业技术学院召开庆祝中国共产党成立100周年暨"两优一先"表彰大会】 6月29日下午，江西交通职业技术学院召开庆祝中国共产党成立100周年暨"两优一先"表彰大会，热烈庆祝党的百岁生日，隆重表彰"光荣在党50年"纪念章获得者、"两优一先"集体和个人。学院党委书记吴克绍出席并讲话，党委副书记、院长黄明忠主持大会，党委副书记洪芙蓉宣读了表彰有关决定，在家班子成员与全体党员共同参加了大会。会前，在场全体党员集体起立，高唱国歌。面对鲜红的党旗，大家庄严地举起右拳，在吴克绍的领誓下，以饱满的激情重温入党誓词。会上，学院领导为党龄50周年以上的老同志颁发了"光荣在党50年"纪念章，对20名优秀共产党员、10名优秀党务工作者、5个先进基层党组织进行了表彰，向他们颁发了证书、奖牌。吴克绍代表学院党委向受到表彰的先进集体和优秀个人表示热烈祝贺，向全院各级党组织和全体共产党员致以诚挚的节日问候，向为学院党的建设作出重要贡献的全体党务工作者表示衷心的感谢。

（张先）

【省交通投资集团党委举办学习贯彻习近平总书记"七一"重要讲话精神专题读书班】 10月13日至15日，省交通投资集团党委举办学习贯彻习近平总书记"七一"重要讲话精神专题读书班。集团党委书记、董事长王江军作开班讲话，宣讲习近平总书记"七一"重要讲话精神，带头交流学习体会。他强调，要通过推动"关键少数"学深一层、多悟一分，更好地引领和带动全集团广大党员干部深入学思践悟习近平总书记"七一"重要讲话精神，更好地把学习成果转化为推动集团高质量发展的实际成效。集团党委副书记李建红主持开班式并作结业讲话。李建红在结业讲话中指出，本次培训呈现"领导重视、组织有序、学风端正"三大特点。就巩固读书班成果，李建红强调，要从党史中悟出创业之理、兴业之理、强业之理。李建红还就进一步推进党史学习教育走深走实、开展好"我为群众办实事"实践活动进行了具体部署。

本次读书班面向集团权属各单位党委书记、党委副书记，课程设置紧扣主题，涵盖专家辅导、视频教学、观看红色电影、分组讨论和观摩青年理论学习访谈会等内容。

（省交通投资集团）

【省综合交通中心党委举办党史学习教育专题培训班】 11月28日至12月1日，省综合交通中心党史学习教育专题培训班第一期在萍乡市甘祖昌干部学院开班，中心党委书记熊华武出席开班式并讲话，甘祖昌干部学院副院长陈琳致辞。本次培训班分为四期，中心机关和直属单位全体党员共计200余人参加。

培训期间，学员们集体重温了入党誓词；聆听了《信仰万岁——脚写血书刘仁堪》《一座桥变十二座桥》《高滩不散"摊"》等微党课，《习近平总书记七一讲话精神解读》《党的十九届六中全会精神解读》等专题党史课和《机关党建"三化建设"实务》专题课；走进莲花一支枪纪念馆、甘祖昌"不忘初心"事迹陈列馆、甘祖昌故居、高滩行军会议旧址、安源路矿工人运动纪念馆等参加现场教学；观看了电影《老阿姨》、现场访谈《薪火相传，信念永恒——沿背红色印记》、红色采茶剧《并蒂莲花》；在吉内得国家稻田公园参与了农事体验教学。

（贾丽娟）

【省政协社会和法制委员会与省交通投资集团联合开展主题党日活动】 12月17日，省政协社会和法制委员会办公室党支部与省交通投资集团总部机关党总支、畅行公司九江分公司党支部联合开展主题党日活动，以党员联学形式，深入学习贯彻党的十九届六中全会和省第十五次党代会精神。省政协常委、社法委主任池红，省政协常委、省交通投资集团党委书记、董事长王江军，省政协委员、社法委副主任杨小华，省交通投资集团党委副书记李建红等参加活动。

党员们先后来到雷公坳文化体育主题服务区、永修服务区、庐山西海服务区，调研了解服务区提质升级工作和为群众办实事情况，来到南昌北收费所调研了解交通窗口服务和基层党建工作。通过一路看、一路听，大家切身感受到了新时代江西高速公路投资建设运营管理领域的新变化、新成就，并对服务区提质升级行动开展以来取得的显著成果表示肯定，对窗口单位以党建为引领，不断提升服务水平，满足公众美好出行的做法表示赞许。

随后，党员们就学习贯彻党的十九届六中全会和省第十五次党代会精神开展了专题学习交流。大家一起观看了学习视频，深入学习领会党的十九届六中全会和省第十五次党代会的重大意义、主要精神和部署要求。党员代表分别结合工作实际，畅谈了学习体会和贯彻打算，切实把思想和行动统一到党的十九届六中全会和省第十五次党代会重要精神上来，从党的百年奋斗重大成就和历史经验中汲取智慧和力量，奋力推动党的十九届六中全会和省党代会精神落实落地，为全面建设"六个江西"奉献自己的力量。

（省交通投资集团）

【景德镇市交通运输局多种形式开展党史学习教育】 习近平总书记在党史学习教育动员大会上发表重要讲话以来，景德镇市交通运输局采用多种形式开展党史学习教育，重温党的光辉历程。该局党组第一时间召开党组理论学习中心组学习，全文学习传达习近平总书记重要讲话精神；召开各单位党组织和机关科室负责人参加的党建工作专题会议，学习并部署党史学习教育；组织广大党员通过"学习强国"、支部微信群，开展学习教育。该局党员自觉阅读《论中国共产党历史》《毛泽东、邓小平、江泽民、胡锦涛关于中国共产党历史论述摘编》《习近平新时代中国特色社会主义思想学习问答》《中国共产党简史》等书籍，并结合庆祝中国共产党成立100周年，制定学习和系列活动方案。

大家表示，要坚决贯彻落实习近平总书记的重要讲话精神，学党史、悟思想、办实事、开新局，以优异成绩迎接建党100周年。

（徐小明）

【抚州市公路中心"三学结合"推动"两会"精神走深走实】 自党的十九届六中全会和省第十五次党代会胜利召开以来，全市公路系统各单位将学习"两会"精神作为当前和今后一个时期首要的政治任务，推动学党史、学全会、学党代会"三学结合"，推动党员干部群众想学、愿学、爱学。让每一个公路系统干部职工在党的十九届六中全会和省党代会精神的指引和激励下，沉下身、静下心，主动把急难险重的工作任务扛在肩上，推动抚州公路事业各项工作实现突破性进展。

（刘文华）

【宜春市交通运输局推进机关党建与业务工作深度融合】 市局各级党组织认真贯彻落实《宜春市交通运输局推进基层党建标准化规范化信息化建设工作实施方案》，查漏补缺，积极主动对接信息化建设工作。各支部遵循市局机关"党建铸魂·交通先行"党建品牌，以"三化"建设为抓手，围绕各支部所创建的服务品牌，紧扣中心工作和行业特点，引领基层党组织找准各自党建"三化"品牌与业务工作融合的切入点，积极开展主题活动，发挥党建品牌的示范带动作用，切实提升服务质量与党员干部优良作风，实现党务、业务、服务深度融合，从而进一步规范了党建工作，提高党务工作水平和效率。

（宜春市交通运输局）

纪检监察工作

【概况】 2021年，在省纪委省监委的坚强领导下，驻省交通运输厅纪检监察组坚持以习近平新时代中国特色社会主义思想为指导，认真贯彻落实省纪委省监委各项工作部署，聚焦"国之大者"跟进监督、精准监督、全程监督，充分发挥监督保障执行、促进完善发展作用；工作中坚持定好位、履好职、树好威，注重强化与驻在部门党委的沟通会商，推动主体责任与监督责任同频共振、同题共答，为全省交通运输高质量发展提供坚强纪律保障。

（驻厅纪检监察组）

【聚焦"两个维护"，突出政治监督】 驻厅纪检监察组通过调研督导、政治谈话等方式，加强对全厅各级党组织和党员领导干部学习贯彻十九届五中全会精神、落实"三新一高"等决策部署情况的监督检查。把加快推进交通强省建设作为监督重点，对萍莲高速、宜遂高速等交通重点项目进行实地调研，召开座谈会4次，督促项目建设加快推进。及时向厅党委发出工作提示函，推动厅党委持续抓好船舶码头环境污染问题专项整治工作。制定监督工作方案，与厅党委联合召开推进会2次，推动中央巡视反馈意见和省纪委全会述责述廉反馈意见整改各项任务落实落地。开展政治谈话50余人次，指出各单位在落实全面从严治党和党风廉政建设主体责任存在的 6 个方面问题，督促各级党组织和"一把手"认真落实《关于加强对"一把手"和领导班子监督的意见》精神，以及省委、省纪委关于开展政治谈话工作的部署要求，加强对党员干部职工的教育监督管理，推动全面从严治党主体责任逐级传导、层层落实。

（驻厅纪检监察组）

【站稳人民立场，推动正风肃纪取得新成效】 驻厅纪检监察组紧盯"四风"问题加强督促提醒，深入基层一线对公车私用、公款吃喝、餐饮浪费等"四风"问题开展明察暗访和监督检查。及时发函督促厅直各单位组织学习中央纪委和省纪委关于违反中央八项规定精神典型问题通报，推动党员干部严守纪律规矩、廉洁从政从业。强化对酒驾醉驾问题的监督和提醒，发出工作提醒函 3 次，督促各级党委、纪委进一步加强对党员干部和公职人员八小时内外的教育监督管理。及时处置省纪委省监委移送的酒驾醉驾问题线索。以监督推动全省交通运输执法领域专项整治工作为抓手，经常性约谈提醒相关单位（处室）责任人，督促扎实开展超载超限等涉及群众出行安全问题的专项整治工作。推动厅党委及相关职能部门认真履行行业主管部门职责，加强对全省审计发现治超问题整改工作的监督指导。纪检组长先后 2 次带队赴 4 个设区市交通运输部门调研督导治超工作。及时处置群众身边腐败和不正之风的有关问题线索。

（驻厅纪检监察组）

【从严执纪问责，发挥一体推进"三不"的综合效能】 加大对党员干部违纪违法问题的惩处力度，持续保持反腐败斗争高压态势，全厅各级纪检部门全年共处置问题线索 83 件，立案 19 件，给予党纪处分 11 人，政务处分 11 人；给予诫勉谈话 35 人次，提醒谈话 19 人次，批评教育 47 人次。统筹做好查办案件前后半篇文章，督促相关责任单位做实做细以案促改、以案促治。推动厅党委就水运项目招投标暴露出的问题，制定出台 2 项水运工程建设相关的制度规范。在查办厅属某副处级单位违反中央八项规定精神问题时，就发现的问题向其上级主管单位发出纪律检查建议书，推动该上级主管单位组织下属各单位举一反三开展自查自纠，健全完善相关制度机制 112 项。以案示警发挥治本功能，推动组

织开展以"黑龙江省某高速公路管理处原处长祝某某利用职务便利贪污公款"严重违纪违法案件为鉴的警示教育大会，进一步强化党员干部特别是各级领导干部知敬畏、存戒惧、守底线的思想自觉。将驻厅纪检监察组查办的 2 起违反中央八项规定精神典型问题在全系统进行通报，督促全厅各级党组织和党员干部认真组织学习，以案为戒、深刻警醒。

（驻厅纪检监察组）

【加强自身建设，强化履职本领】 驻厅纪检监察组坚持把政治建设摆在首位，始终把学习习近平新时代中国特色社会主义思想作为支部集中学习会议的"第一议题"，围绕学习领会习近平总书记重要讲话和指示批示精神加强研讨交流，不断提升纪检监察干部的政治理论素养。全年共组织集中学习交流研讨 20 余次。全员参加省纪委组织的全省纪检监察系统学习贯彻全会精神培训班。联合省纪委纪检监察干部监督室开展"铭记革命历史致敬伟大祖国"主题党日活动。组织支部全体党员赴井冈山开展党史学习教育活动。组织厅直单位 80 余名纪检干部进行纪检业务培训，以专家授课、交流研讨、现场教学、应知应会测试等方式，提升各级纪检干部的政治能力和业务水平。

（驻厅纪检监察组）

【省交通运输执法局强化监督执纪】 省交通运输执法局聚焦"两个维护"，围绕党史学习教育、常态化疫情防控、船舶污染防治、制止餐饮浪费行为、选人用人等方面不断做实做细监督，政治监督更加突出、更为精准；坚守职责定位，制定《党风廉政建设工作要点》，签订党风廉政建设责任书，协助召开全面从严治党和全局作风建设工作会议，澄清信访举报不实，科学有效容错纠错，"两个责任"更加贯彻、更为有效；坚持标本兼治，坚持把纪律挺在前面，受理信访案件 9 件，受理问题线索 12 件，运用监督执纪"四种形态"处理 68 人次，其中，党纪处分 7 人次，政务处分 5 人次，排查廉政风险点 102 个，制定防控措施 160 余条，建立 1480 份电子廉政档案，开展各类警示教育 30 次，观看教育片 36 场，受教育人数达 1900 余人次，不断筑牢拒腐防变防线，"三不"机制更加深化、更为一体；站稳人民立场，坚定不移纠治"四风"，持续巩固中央八项规定堤坝，加大重大节日期间"四风"督

查，开展巡回督查和作风纪律督查30余次，组织全局1400余名干部职工签订杜绝酒驾承诺书，深入开展突出问题专项整治行动，全力打造"让党放心人民满意"模范执法队伍，党风政风更加优良、更为清正;坚持从严从实，以党史学习教育为契机，把政治学习和业务培训结合起来。举办为期4天的全局100余人次纪检干部专题培训班，落实季度、月、周定期学习制度，制定了《局直属单位纪律检查工作请示报告制度》《关于征求党风廉政意见的规定》等5项制度及汇编资料，加强对局直属单位纪检工作的指导，纪检队伍更加忠诚、更为过硬。

（省交通运输执法局　艾才昌）

【江西交通职业技术学院纪委强化监督执纪　协助学院党委纵深推进全面从严治党】　2021年，江西交通职业技术学院狠抓制度建设。学院纪委协助学院党委分析排查廉政风险点，督促完善监管制度，规范权力运行。共梳理出物资采购、工程项目监管、招标等岗位廉政风险点27个，并制定相应防控措施52条。督促各党总支、各部门负责人认真履行"一岗双责"。对带有苗头性、倾向性的问题及时"咬耳扯袖、红脸出汗"，针对学院职工酒驾醉驾，及时约谈相关负责人，组织签订《酒驾醉驾承诺书》。强化党风廉政教育，筑牢拒腐防变思想防线。及时向学院党委传达省纪委、驻厅纪检监察组通报典型案例，教育引导党员干部知敬畏、存戒惧、守底线。

（江西交通职业技术学院）

【省港口集团纪委聚焦重点领域扎实开展监督工作】　2021年，省港口集团纪委紧盯在建重点工程继续开展工程建设项目专项监督检查，对界牌航电枢纽船闸改建、信江航运枢纽、新干航电枢纽、信江航道整治共4个项目进行专项监督检查，对界牌航电枢纽船闸改建、九江红光码头、新干航电枢纽共3个项目开展了专项监督检查"回头看"，对其中发现的问题，逐一跟踪整改销号。2021年8月，成立由纪委书记任组长的集团招标监督工作领导小组，监督预防大额招标采购的各类廉洁风险，共对集团28份招标采购文件进行审核，提出意见建议16条，否决招标议题及决议2项，暂缓2.11亿元不合理资金使用。全年共开展6轮非招标采购专项检查，对集团275个非招标采购项目进行抽查检查，并作统一记录、分类处置、持续跟进。

（汪若玮）

【省高航中心纪委组织开展警示教育活动】　1月，省高航中心纪委开展廉政警示教育学习周活动，组织中心机关全体干部职工集中观看了专题片《零容忍》，作为开展今年警示教育的"第一课"，引导中心全体党员干部职工不断增强纪律观念和规矩意识，敲响了廉政教育第一"钟"。

省高航中心纪委1月27日向所属各单位发出通知，要求把集中学习专题片《零容忍》作为2022年开展廉政警示教育工作的重点内容来抓，自行组织开展好学习活动，确保党员干部职工个个认真学、人人受教育，引导党员干部不断增强遵纪守规意识，时刻紧绷纪律和规矩之弦，共同营造和维护好高航中心的政治生态。

（樊晓东）

【驻厅纪检监察组与厅党委联合召开中央巡视整改工作调度会】　3月26日上午，驻厅纪检监察组联合厅党委组织召开中央巡视反馈问题整改工作调度推进会。厅党委书记、厅长王爱和主持会议，对巡视整改工作进行调度。驻厅纪检监察组组长蓝丽红出席会议并讲话。

蓝丽红对驻在部门落实巡视反馈问题整改总体工作给予肯定，指出整改工作中还存在个别责任单位（处室）主要负责同志对巡视整改的重要性、紧迫性认识不足，对个别问题的整改举一反三做得不到位，有些整改工作进展与制定的整改措施联系不够紧密等三个方面的问题，对做好下一步工作提出要求：一是深化思想认识，以强有力的政治担当落实落细各项整改任务。二是坚持问题导向，以更加务实的举措推进整改工作。三是强化作风建设，以严实深细的工作作风保障整改工作高质高效完成。

（驻厅纪检监察组）

【驻厅纪检监察组赴基层单位及高速项目现场等地走访调研】　4月26日至28日，厅党委委员、驻厅纪检监察组组长蓝丽红带领厅机关高速处、省交通运输执法局等有关处室（单位）负责同志组成调研组，前往萍乡高速路政支队、萍莲高速项目和宜遂高速项目进行实地调研督导。

在萍乡路政支队，蓝丽红现场察看了支队党建廉政文化长廊、党员活动室，仔细翻阅了机关党支部党史学习教育、"三会一课"等相关资料，蓝丽红对支队结合当地红色资源，利用办公楼走廊打造具有特色的党建廉政文化，培育和树立"安源高速路政"党建品牌等给予了肯定。座谈会上，蓝丽红在听取支队党史学习教育、党风廉政建设及业务工作等情况汇报后强调，要结合萍乡支队特点，加强对党员干部职工八小时内外的教育管理监督，特别是要在督促干部职工遵纪守法上下功夫，坚决杜绝酒驾醉驾等问题发生；认真组织开展政治谈话，把思想政治工作贯穿始终，教育引导干部职工对党忠诚、敢于担当；立足岗位职责为群众办实事解难题，结合党史学习教育活动，督促干部职工树牢为民服务意识，提高为民服务本领；时刻绷紧安全这根弦，对干部职工多提醒、多教育，守住廉洁从政从业底线，保障车辆装备平稳安全、职工巡查出警人身安全、群众出行出游畅通安全等。

在萍莲高速和宜遂高速项目现场，蓝丽红实地察看了工程项目建设和管理、党建廉政文化等情况，并和项目办有关负责人进行座谈交流。蓝丽红指出，各项目建设管理单位坚持将党建工作与业务工作有机融合，充分发挥党建引领作用，为加快建设交通强省作出了贡献。蓝丽红强调，一是要充分认识高速公路项目建设对于推进交通强省建设、助力"十四五"开局起步的重要意义，扎实落实好全面从严治党和党风廉政建设主体责任，以全面从严治党新成效引领保障交通运输业务工作的高质量发展。二是坚持以人民为中心的发展思想，结合"我为群众办实事"实践活动，在工程项目建设过程中维护好群众的切身利益，着力解决当地群众交通出行方面的"急难愁盼"问题。三是持续深化党建引领，把加强党的建设作为推动工作提质增效的重要保证，特别是要把党史学习教育作为加强党的建设的重要抓手，用好用活当地红色教育资源，树立具有特色的党建文化品牌。四是抓早抓小，强化日常监督，加强对项目招投标和建设、工程质量监督等方面廉政风险的防控，用好省纪委查处曝光的违纪违法案件做好以案示警、以案促改、以案促治，做实做细政治谈话，加强对党员干部职工八小时内外的教育管理监督。五是以毫不放松的韧劲抓好安全生产，进一步强化质量意识、安全意识，严格落实

质量安全责任制，对不重视安全管理、不履行安全职责，隐患排查不到位、问题整改不到位的党员干部要严肃追责问责，统筹好项目建设进度，确保工程项目按时保质保量完成。

蓝丽红还深入厅属单位扶贫点安福县山庄乡连村村调研乡村振兴有关工作，察看村集体产业、走访慰问已脱贫的困难户，并带领调研组前往永新三湾改编纪念馆和贺子珍纪念馆进行党史学习教育。

（驻厅纪检监察组）

【**宜春市交通运输局纪检监察组到市交通运输综合执法支队调研**】　6月8日下午，宜春市纪委市监委驻市交通运输局纪检监察组组长冯晖如、副组长黄六六一行到市交通运输执法支队调研党风廉政建设工作。市交通运输局机关专职副书记柳承启随同。市交通运输执法支队党委书记、支队长游犁及支队班子成员，支队相关科室（大队）负责人参加座谈。会议围绕"建设清廉宜春、打造清廉交通"开展调研。游犁从全方位扎实制度笼子、常态化加强日常教育、针对性运用监督执纪、长效化建设清廉交通四个方面，就支队落实全面从严治党和履行党风廉政建设主体责任工作开展情况作报告，并剖析存在的困难及不足，提出下一步工作打算。支队班子成员根据各自职责与分工，对建设清廉交通方面的做法和意见建议展开汇报和交流。会议还开展了廉政宣传警示教育，及时传达纪检监察工作要求，强化纪律红线意识，进一步牢固党员干部拒腐防变的思想防线。

（廖亮　陈欣）

【**省交通投资集团举办纪委书记学习研讨班**】　7月13日—15日，省交通投资集团在井冈山举办纪委书记学习研讨班，集团党委副书记李建红出席会议并讲话。集团所属各单位、各在建项目办纪委书记和集团纪委有关同志共计50余人参加学习研讨。学习研讨班探讨了《运用科技手段提升廉洁风险防控效能》《高速项目设计质量防控管理》等4个廉洁风险防控课题的成果转化，研讨了集团纪委前期修订的《员工履职追责问责处理办法》《关于激励干部担当作为实施容错纠错办法》等4个制度。

（省交通投资集团）

【省综合交通中心举办"六个一"活动让纪律教育更加鲜活更具实效】 为了进一步加强党员干部的纪律意识，省综合交通中心一体推进不敢腐、不能腐、不想腐，协同发力，标本兼治，将7月份作为"纪律集中教育月"，以"六个一"活动为载体，把正风肃纪要求贯彻到纪律教育的全过程各方面，共800余人次党员干部接受纪律教育。一是举办一次纪律讲座，筑牢思想防线。8月3日，中心纪委特邀省委党校专家作纪律教育专题讲座，共60余名党员干部参加学习。讲座以"传统廉政文化与当前廉政建设"为主题，激励广大党员干部以古今廉政典范为榜样，修身慎行、清廉自守，为大发展大建设筑牢廉洁防线。二是参加一次警示教育，厚植廉政根基。7月6日至28日，中心机关及直属各单位共21个支部200余人次在公路科技大楼二楼党员活动室观看警示教育片《为了政治生态的山清水秀》，旨在以案为鉴，以案促改，告诫党员干部保持对"腐蚀""围猎"的警觉，心有所畏、行有所止，走稳人生每一步。三是开展一次现场教学，提升学习实效。7月13日，中心纪委会同中心团委组织机关及所属单位50余名青年党员干部到南昌廉文化馆开展廉政教育现场教学活动，了解古今廉政文化精髓，增强青年干部廉洁自律意识，激发年轻队伍积极向上的正能量。四是撰写一篇学习心得，转化学习成效。中心纪委结合党史学习教育，推荐学习中央纪委国家监委网站的"一百堂党史课"，引导党员干部从党的纪律建设史中汲取智慧和力量，鼓励党员干部结合个人工作实际，谈认识、谈感悟、谈建议、谈打算，进一步转化学习成效。五是组织一次专题学习，严明纪律规矩。活动期间，各级党组织坚持多学一点、深学一层，先后在集体学习加入纪律教育专题内容，200余名党员干部再次接受党章党规党纪教育。重点学习各项党纪法规，给党员干部划出纪律警戒线、高压线，夯实拒腐防变的思想堤坝。六是做好一次专项督查，强化纪律约束。7月1日至7日，中心纪委办牵头，会同中心财务审计处、组织人事处、后勤中心和工会等部门对中心直属5家单位公车管理、公务接待、津补贴发放等制度执行情况进行督查，并下发《工作提醒》，要求从严从实抓好整改工作，强化制度建设，切实巩固纪律作风建设成果。

（侯芳炜）

【江西省交通高级技工学校开展党风廉政建设专题辅导学习】 2021年8月11日下午，驻厅纪检监察组副组长陈秋玲来校讲授了"严守纪律规矩、主动接受监督，为推动交通运输全面从严治党向纵深发展贡献力量"专题廉政辅导课。校纪委书记周绍芹主持辅导课，在校校领导参加学习。陈秋玲围绕驻厅纪检监察组的工作任务和工作要求，通过近年来查处的典型案件，重点讲解了当前党风廉政和反腐败工作斗争态势、党的六大纪律、监督执纪"四种形态"等方面内容。针对学校青年教师较多等特点，陈秋玲还结合自己的工作经历，用发生在大家的"身边事"，让各位学员得到最直观、最直接的警示教育。陈秋玲的授课案例丰富、直击人心，为全体学员绷紧了廉洁从教的"自律弦"。

（江西省交通高级技工学校）

【抚州市公路中心结合实际整治群众身边腐败和不正之风突出问题】 10月28日，抚州市公路中心成立深入整治群众身边腐败和不正之风突出问题专项整治工作领导小组，加强对专项整治工作的领导，同时，加大宣传力度，在门户网站、单位楼院显眼处设置宣传专栏，向群众公开投诉方式，广泛接收群众意见，热情接待群众来访，动态公布整治情况，实时接受各方监督。

（刘文华）

【省交通投资集团党委召开巡察工作会议】 11月11日，省交通投资集团党委召开巡察工作会议，全面总结集团首次巡察全覆盖工作，动员部署新一轮巡察工作。集团党委书记、董事长王江军出席会议并讲话。集团党委副书记、副董事长、总经理谢兼法主持会议。集团党委副书记李建红宣读集团党委巡察工作规划（2021—2025年）及2021年第一轮巡察工作方案。集团党委委员、纪委书记，省监委驻集团监察专员李中洋通报首次巡察全覆盖发现的普遍性倾向性问题。省交通运输厅直属机关党委有关同志到会指导。

（省交通投资集团）

【九江市开展执法领域突出问题联合整治】 2021年，九江市交通运输局成立九江市交通运输执法领域突出问题专项整治专项行动领导小组，围绕交通运输执法领域突出问题专项整治，细化梳理交通运输执法领域问题清单，对群众投诉、信访反映的问题逐一列出整改措施、明确整改时限，以"人民满意"为目标按时按质整改到位，争创模范机关。市交通运输局还与驻局纪检监察组联合成立专项整治行动督导组，对各县（市、区）交通运输局执法领域突出问题开展"大督导"工作，形成上下联动的良好局面。

（九江市交通运输局）

精神文明创建

【概况】 2021年，江西省交通运输系统紧紧围绕学习宣传贯彻习近平新时代中国特色社会主义思想这个首要政治任务，突出庆祝中国共产党成立100周年这条主线，切实守好意识形态建设主阵地，坚持深化交通运输思想政治教育，不断加强行业宣传和舆论引导，持续推动行业文化建设、提升行业文明程度，内固根基、外树形象，为推进交通强省建设、推动全省交通运输事业高质量跨越式发展提供了坚强的思想保证和强大的舆论支撑。

（厅直机关党委）

【聚焦庆祝中国共产党成立100周年，打造新时代精神文明建设高地】 江西省交通运输系统各单位通过举办党史宣讲、党史知识竞赛、文艺汇演、表彰先进等一系列丰富多彩的活动，庆祝中国共产党成立100周年；开展"学习党史、我的足迹""我们支部的音乐课"和我为群众办实事"你笑起来真好看"等富有特色的党史学习教育主题宣传，鲜活生动展示基层党组织学习热潮和为民办实事成效。

（厅直机关党委）

【培育和践行社会主义核心价值观，凝聚发展正能量】 省交通运输厅开展了"社会主义核心价值观主题实践教育月"活动；举办了系列主题道德讲堂活动，组织开展了"红色百年、热血献礼"无偿献血活动；联合江西日报社指导南昌市交通运输局、江报地铁传媒开展"倡导绿色出行促进生态文明——绿色出行宣传月暨公交出行宣传周"活动。省交通运输系统各单位充分利用单位办公场所，网站、微博、微信等新媒体平台，广泛开展社会主义核心价值观、"文明交通绿色出行""厉行节约反对浪费""文明健康有你有我"等公益广告宣传活动。江西交通职业技术学院开展老干部、老战士、老专家、老教师、老模范"五老"红色宣讲系列活动，传唱红色故事、畅谈发展变化。省交通高级技工学校积极开展"红色交通"主题公开课评比活动，结合"红色走读"开讲红色实践思政课，把思政课堂搬进红色教育基地。

（厅直机关党委）

【推进文化建设，提升行业软实力】 省交通运输厅制定下发《关于进一步丰富项目建设职工业余生活增强"四感"的通知》；组织参与第三届全国交通运输优秀文化品牌推选宣传活动，省交通投资集团景德镇管理中心"美好出行"综合路域服务品牌获全国交通运输行业"企业类十佳文化品牌"，展示团队获"优秀宣讲团队"称号，《江西交通》获优秀组织单位；积极推进全民阅读进机关、进企业、进所站、进道班，开展了"奋进十四五 迈步新征程"赠书进基层活动，为6个基层职工书屋赠送价值12万余元的精美图书。

（厅直机关党委）

【深化文明创建，树立行业良好形象】 厅机关和全行业86家单位获江西省第十六届文明单位，厅直属37家单位获省直机关第十七届文明单位。省交通运输厅支持和参与南昌市文明城市创建活动，指导省交通物资供销有限公司帮助居民改善老社区环境，积极履行社会责任。

（厅直机关党委）

【加强典型选树和宣传】 2021年，江西省交通运输系统 1 人荣获"全国巾帼建功标兵"，3 个集体被授予全国"青年文明号"荣誉称号，2 人入选全国"感动交通年度人物"，1 集体荣获"全国工人先锋号"。省交通运输厅召开了"赣鄱劳模宣讲团"全省交通运输系统先进模范事迹报告会，组织开展了"江西省感动交通人物"推选宣传活动，进一步凝聚发展动能，充分释放交通行业正能量。

（厅直机关党委）

【以吉安市为重点推进"培育现代交通文明、弘扬红色交通文化"交通强国建设试点工作】 2021 年，吉安市推进交通强市建设领导小组办公室印发《"培育现代交通文明，弘扬红色交通文化"试点实施方案》，明确了试点工作的指导思想、试点步骤、工作原则、重点任务、保障措施等。

实施红色基因传承工程。推进红色文化交通文明基因研究行动，形成《井冈山革命斗争时期红色文化交通基因研究》课题报告。

实施重点特色工程。推进红色文化交通文明示范工程建设行动，重点建设一批红色旅游公路示范项目。完善公路驿站、标识标牌等配套，推进交通廊道景观化。推进红色文化交通文明公交线路创建行动，开通了两条红色旅游公交专线。推进红色文化交通文明示范路提升行动，引导全市各县（市、区）把本地红色文化植入到道路建设中，抓好标识标牌、沿途雕塑、挡土墙、候车亭等景观的设计工作。

实施文明服务提升工程。推进交通文明执法（志愿）队伍建设行动，加强对交通违法行为的教育和处罚力度，积极组织开展文明交通志愿服务行动。推进红色文化交通文明示范窗口塑造行动，扎实做好"吉事即办"品牌创建工作，提升交通运输业务线上线下服务质量。省交通投资集团吉安管理中心启动"映山红"品牌再提升活动，昌泰高速公路有限公司不断优化提升"金庐陵"高速公路品牌体系，为司乘人员提供更加便捷、更加全面的帮助和服务。

实施交通文明出行宣教工程。推进红色文化交通文明宣传作品创作展映行动，做好文明交通公益作品刊播工作，宣传文明交通出行理念。推进系列红色文化交通文明宣传行动，结合党史学习教育，充分发挥吉安境内丰富的红色资源优势，积极开展形式多样的党史学习教育活动。

（厅直机关党委）

【江西交通职业技术学院获评 2020 年度"创建江西省文明校园先进学校"称号】 江西省文明办、江西省委教育工委、江西省教育厅联合公布 2020 年度"创建江西省文明校园先进学校"名单，江西交通职业技术学院位列其中。

江西交通职业技术学院始终坚持社会主义办学方向，全面落实全国全省教育大会和全国全省高校思想政治工作会议精神，严格规范各类思想文化阵地管理；高度重视文明校园创建，立足交通特色，打造"与路同行""红色交院""交通工匠""双创融合"四个校园文化品牌，形成了独具交通特色的校园文化氛围；扎实开展"教风学风专项整治"活动和师德师风建设系列活动，不断加强校园及周边综合治理，维护校园安全稳定。学院还分别对口帮扶了井冈山市柏露乡长富桥村、南昌市经开区白水湖管理处中联村和资溪县乌石镇新月畲族村，努力推动学院精神文明建设成果向社会辐射。

2021 年，中共江西省委教育工委发布《关于江西高校思想政治工作质量年度测评结果的公示》，江西交通职业技术学院在此次测评中获评 A 等。本次江西高校思想政治工作质量年度测评于 2020 年 8 月至 12 月期间进行，测评组通过查阅资料、座谈汇报、问卷调查、实地查看、工作参与等 5 种方式，进行交叉测评。最终共有 61 所高校被定为 A 等，35 所高校被定为 B 等，4 所高校被定为 C 等，1 所高校被定为 D 等。

（张文卓　傅平凡）

【江西交通职业技术学院柏露红色教育基地（思政课教师研修基地）奠基】 12 月 6 日，江西交通职业技术学院和井冈山市柏露乡人民政府共同举办的柏露红色教育基地（思政课教师研修基地）签约奠基仪式在该院帮扶地——井冈山市柏露乡举行。

江西交通职业技术学院在柏露乡建设红色教育基地，旨在依托井冈山和柏露乡丰富的红色文化资源，继续推动红色文化实践育人与乡村振兴事业同步发展，实现学院在脱贫攻坚时期已产生较大社会效应、帮扶成效及思政教育成果的"思政＋扶贫"项目既有成果同乡村振兴有效衔接，并以基地为帮扶工作着力点，形成可持续发展帮扶工作格局，不断提高乡村集体经济和农民收入。该基地总占地面积 5330 平方米，建筑面积 2200 平方米，涵盖学员培训楼、教师培训楼、红色文化活动中心、教室、食堂等。江西交通职业技术学院将投入帮扶资金250万元，当地政府配套资金150万元，项目建成后将成为一所集红色培训、研学、社会实践和思政课教师研修等多功能为一体的红色教育基地。

（童年）

【江西交通职业技术学院"八一工匠班"入选全省高校首批"红色班级"创建试点】 省委教育工委、省教育厅公布全省高校首批"红色班级"创建试点名单，江西交通职业技术学院路桥工程学院"八一工匠班"入选。

"八一工匠班"的命名源自象征八一南昌起义和国家大力倡导的工匠精神。一直以来，"八一工匠班"紧紧围绕"把红色资源利用好、把红色传统发扬好、把红色基因传承好"重要要求和"为党育人、为国育才"光荣使命，以红色元素融入、红色思想引领、红色课程教学、红色日常管理、红色文化熏陶和红色实践锤炼为特色，依托江西丰富的红色资源，将红色文化育人融入学习生活全过程和各环节，致力于实现红色文化铸魂育人目标。

（王小委　熊梦婷）

【江西交通职业技术学院1名教师入选江西省百名优秀思想政治教师】 江西省教育工会下发《关于公布"百名优秀思想政治教师"入选名单的通知》，在前期校级推选的基础上，经专家评审和审核公示等环节，确定100名优秀思想政治教师入选名单，江西交通职业技术学院马克思主义学院教师谭英成功入选。

谭英从事一线教学工作34年，主讲"思想道德修养与法律基础""毛泽东思想和中国特色社会主义理论体系概论""中国近现代史纲要"等课程。执教以来，她一直埋头在思政的责任田上，守正创新、情真意切，争做"四有好老师"，当好学生的引路人，先后获得全省高校思想政治理论课教师教学比赛三等奖、长期从教荣誉证书、"新时代学生心目中的好老师"等荣誉。

（丛斌）

【景德镇管理中心"美好出行"文化品牌获全国交通运输行业"企业类十佳文化品牌"】 11月23日，由中国交通报社和中国交通报刊协会联合举办的"交通强国　品牌力量"第三届交通运输优秀文化品牌推选展示活动获奖名单出炉。经中国交通报江西记者站（《江西交通》）推荐，江西省交通投资集团景德镇管理中心"美好出行"综合路域服务品牌获全国交通运输行业"企业类十佳文化品牌"，展示团队获"优秀宣讲团队"称号。《江西交通》获优秀组织单位。

此次文化品牌推选展示活动自2021年5月启动以来，共有来自全国218个交通运输文化品牌参评，涉及公路、水运、铁路、民航、道路运输、海事、救捞、邮政等各领域。其中114个品牌参加了"讲出你的品牌故事"现场展示及品牌文化展示。经过层层筛选，景德镇管理中心"美好出行"综合路域服务品牌脱颖而出，获得上述两项荣誉。

（邵丹丹）

【开展"冬日助学送温暖，精准帮扶献爱心"志愿者活动】 11月25日，省综合交通中心团委组织机关及下属单位20余名志愿者前往中心乡村振兴帮扶点——吉安市安福县秀水村开展"冬日助学送温暖，精准帮扶献爱心"志愿者活动，中心党委委员、副主任范年福参加活动。活动中，志愿者分两组开展活动，一组志愿者走访慰问了秀水村4户脱贫不稳定（特困供养）户，为他们送去食用油、电饭煲、口罩等慰问品和防疫用品，与他们亲切交流，了解他们的身体情况和生活状况。二组15名志愿者一抵达秀水村便直奔3组低保户彭谷生家中。彭谷生因2019年使用铡草机操作不当将右臂铡断丧失劳动力，家中种植的500多棵油茶树丰收正需要大量人工将茶籽从壳中剥离。志愿者用两个多小时的劳作帮助他剥出茶籽180余斤，极大地解决了缺劳力的难题。活动的最后，志愿者在秀水村村委会集中开展"冬日助学送温暖"活动，为19位贫困小学生送上书包、书籍、篮球、跳绳等学习和运动用品，勉励他们好好学习，向上向善。

（罗莉萍）

【省交通投资集团32个青年集体获评2019—2020年度"省直青年文明号"】 根据省直机关团工委、省直机关青工办印发的《关于命名2019—2020年度青年文明号的通报》，集团32个青年集体获评本届"省直青年文明号"，获评数量在省直单位中名列第一。

省交通投资集团直属各单位在创建"青年文

明号"工作中，积极践行"服务一流、管理一流、人才一流、文化一流、效益一流"创建目标，围绕中心、服务大局，创新载体、优化服务，不断推动青年文明创建工作与主责主业深度融合，将"青年文明号"创建活动引向深入，打造了一批具有特色的青年服务品牌，使创号活动成为凝聚青年力量、促进岗位建功的有效形式。

（省交通投资集团）

【省港口集团精神文明创建结硕果】 6月，中共南昌市委、南昌市政府下发《关于表扬第十八届南昌市文明单位和2019—2020年度南昌市文明村镇的通报》，江西省港口集团有限公司、江西省港航建设投资集团有限公司、江西省港航设计院有限公司、南昌龙行港口集团有限公司、江西交远物流有限公司、南昌龙头岗综合码头有限公司、江西国际集装箱码头有限责任公司荣获第十八届南昌市文明单位称号。一年来，省港口集团党委坚持以习近平新时代中国特色社会主义思想为指导，深入学习贯彻习近平总书记关于加强社会主义精神文明建设的重要指示精神，增强"四个意识"，坚定"四个自信"，做到"两个维护"，将培育和践行社会主义核心价值观与集团工作高度融合，统筹做好疫情防控和水运建设发展，融合推进精神文明建设和诚信建设、文化建设，在道德建设、志愿服务、典型培树等方面做了大量卓有成效的工作，为推动精神文明建设工作作出重要贡献。

（张铭梁）

【江西省交通高级技工学校开展形式多样的精神文明创建活动】 江西省交通高级技工学校以成功获评南昌市第二届文明校园为契机，进一步宣传贯彻实施《新时代爱国主义教育实施纲要》《新时代公民道德建设实施纲要》，大力弘扬社会主义核心价值观，教育引导广大师生树大德、守公德、严私德；深化拓展"学雷锋"志愿服务和诚信教育，开展"新时代好少年评选""我们的节日""法治进校园""爱国卫生运动""文明健康有你有我""书香校园阅读打卡""劳动最美班级值周""身边好人榜"等形式多样的精神文明创建活动。

（江西省交通高级技工学校）

【九江市交通运输执法支队开展志愿者进社区活动】 为进一步推深做实"我为群众办实事"实践活动，九江市交通运输综合行政执法支队志愿者服务队利用周末休息时间，走进并联合浔阳区白水湖街道长虹北路社区，开展了一场环境卫生大整治，对社区绿化带内的杂草和白色垃圾进行了清理。志愿者上门入户，对居民进行创建全国文明城市模拟测评问卷调查，进一步提高了居民对创建全国文明城市的知晓率、支持率与参与率。

（九江市交通运输局）

【抚州长运加强服务建设促进企业文明提升】 抚州长运以"创新树品牌、服务立品牌、客户信品牌、社会知（赞）品牌"为活动主题，全体动员、周密部署、精心组织，在全司范围内开展"2021服务质量品牌年"相关活动，促进企业文明提升。

一是结合自身实际，编制了抚州长运"2021服务质量品牌年"宣贯材料印制成册，发放到每位员工手中，各单位相应成立工作小组，各部室、各单位制定了详细的学习计划，明确学习时间，认真组织学习。

二是2021年，在两个体系（ISO 9001-2015质量管理体系、ISO 39001-2012道路交通安全管理体系）建设过程中，公司根据最新的法律法规要求，结合生产经营现状，对各项管理制度、管理流程重新进行梳理修订，相继制定了《江西抚州长运生产运营分析制度》《邮政行包托运管理办法（试行）》《抚州长运提升安全管理人员能力专项活动实施细则》《车辆技术管理考核办法》等管理制度，通过有效实施，进一步推动全司服务质量和道路交通安全管理再上新台阶。

三是深化全员安全意识、责任意识和担当意识，始终坚持"以人为本、安全发展"和"安全第一、预防为主、综合治理"的方针，不断强化安全监督检查和隐患整治，严格落实"三不进站，七不出站"安全管理规定，形成了"人人管安全、人人要安全"工作氛围。通过每月开展安全学习会、案例事故分析及消防演练等活动，全员安全生产意识和防范意识显著提高，安全生产呈现稳中向好的趋势。

四是从创新形式和丰富内容上塑造亮点。2021年，抚州长运以创建服务品牌为核心，结合实际情况对服务规范内容进行大胆探索、创新，推出了《员工安全监督一日行》《崇仁至南昌定制班线免费早点》《关爱女性》一系列创新课题，激发各单位开展创新活动的积极性和创造性，满足了不同旅客的需求，增强了旅客的幸福感。2021年，宜黄县长运公共交通有限公司开通"红色之旅"公交专线，在公交车车厢外添加庆祝建党百年标识、红色标语、党徽等红色元素，并在车厢内循环播放《建党伟业》《建国大业》等红色电影，同时选派讲解员在车上讲述红色革命故事，让红色公交专线变身党史"流动课堂"，颇受好评。

五是建设智慧车站，提升服务水平。为打造自动化、智能化的乘车环境，提高旅客进站售票、验票的效率和准确率，2021年，抚州长运在下属11个汽车站安装了窗口非现金扫码收款系统，在抚州客运总站投入2台人脸识别自助检票机，各项智慧车站项目的投入使用，极大地优化了旅客售票、检票排队时间。抚州长运通过建设智慧车站，进一步提升车站服务水平，提高旅客的出行效率，减少人员的成本投入，打造节约高效的全新服务理念。

六是为加强公司公交车辆营运票款接钞、点钞和进账管理，2021年先后制定了《抚州长运公交车现金票款安全管理规定（试行）》《江西抚州长运有限公司稽查管理规定（暂行）》等一系列管理规定，对点钞室、点钞员服装进行统一规划和定制，进一步规范了现金票款接送和清算工作流程，提高了营收监管水平，确保票款资金安全。

2021年度，抚州长运先后荣获"江西省优秀企业""抚州市优秀企业""市直平安建设综治工作优秀单位""市直机关党建工作目标管理考核优秀单位""抚州市劳动保障信用A级单位"等荣誉称号，抚州长运宜黄分公司支部荣获抚州市直属机关工作委员会颁发的"先进基层党组织"荣誉称号，抚州客运总站玉茗班组荣获"江西省五一巾帼标兵岗"和"抚州市工人先锋号"荣誉称号。

（抚州长运公司）

【樟树市交通运输局组织开展文明劝导志愿服务活动】 2月2日上午，市交通运输局组织平安交通志愿者到干部小区红绿灯路口开展文明劝导志愿服务活动，这是市交通运输局新年第一次开展"文明樟树志愿者先行"主题活动。4月2日上午，市交通运输局组织平安交通志愿者到干部小区红绿灯路口开展文明劝导志愿服务活动，这是市交通运输局2021年以来第三次在此路口开展"文明樟树

志愿者先行"主题活动。活动中，志愿者身着红马甲在红绿灯路口对违反交通规则行人、骑手、广大司机朋友进行耐心规劝，引导他们遵守交通规则，安全、有序地通过红绿灯路口。市交通运输局还陆续组织平安交通志愿者深入街道、汽车站、火车站等人流密集区开展文明劝导志愿服务系列活动，为创建文明城市增光添彩。

（杨波）

【吉安市交通运输局开展"文明交通我先行　志愿服务暖人心"主题志愿活动】 3月，吉安市交通运输局党员干部联合市公交公司志愿者服务队，结合疫情防控工作，在中心城区城北汽车站开展了一次"文明交通我先行　志愿服务暖人心"的主题志愿服务活动。

志愿者们分为三队，分散在候车大厅进站检验口和客运车上、下车点，组织乘客排队候车，引导乘客正确乘车，提醒乘客佩戴口罩，同时帮助腿脚不便的老人上下台阶，为乘客分担行李，向他们分发宣传单，宣传文明出行知识。从大早上的人头攒动到临近中午时分的客流渐稀，志愿者们醒目的身影始终在偌大的车站广场上一刻不停地活动着、忙碌着。

（吉安市交通运输局）

【宜春市交通运输综合行政执法支队无偿献血表初心】 7月1日，在中国共产党成立100周年之际，宜春市交通运输综合行政执法支队开展了以"百年党庆献热血　不忘初心为人民"为主题的无偿献血活动。活动得到了支队领导及广大干部职工的积极响应，以浓浓爱心、滚烫热血，进行生命接力。活动现场，血站的医护人员耐心地为各位志愿者讲解相关事项，避免在采血过程中出现意外，保证献血者的生命安全。整个活动现场热闹而有序，填表、体检、验血、抽血，一个个步骤有条不紊地进行着。据统计，共有20多名干部职工参与到献血活动中，其中15名献血成功，献出血量共计4300毫升。此次献血活动，不仅为支队干部职工提供了奉献爱心的平台，也培养了大家的积极奉献精神，充分展现出交通人勇担社会责任的良好精神风貌。

（唐羽）

【宜春市交通运输执法人员帮助迷路老人回家】 8月

11 日上午，从湖北来宜春探亲的 7 旬老人黄奶奶独自出门时迷了路，只会说家乡方言交流困难。所幸，在宜春市交通运输执法人员的帮助下，老人安全回到家人身边，临别，老人的女儿再三对交通运输执法人员表示感谢。

（李钢）

行风建设

【概况】 2021 年，省交通运输厅把作风建设摆上关乎交通运输行业生命力和战斗力的高度，牢固树立为民服务宗旨意识，以久久为功的韧劲，逢山开路的闯劲，深入推进"五型"政府建设，持续整治"怕慢假庸散"作风顽疾，助推全省交通运输事业高质量跨越式发展。

（厅直机关党委）

【坚持全面从严治党】 省交通运输厅严格落实党风廉政建设责任制，对标中央和省委关于开展巡视巡察工作新要求，全覆盖巡察全厅各级党组织在党风廉政建设、作风建设等方面情况，巡察发现的 209 个问题全部整改到位。建立监察执纪审查工作台账，采集和完善全厅党员、干部、监察对象等廉政档案 13136 人。按照"四个方面定标准、六个方面立规范、一张网络联整体"要求，分类推动党支部"三化"建设，全厅达标率 100%。

（厅直机关党委）

【加强配套制度建设】 省交通运输厅聚焦政务服务、工程建设等领域，出台《江西省交通运输厅政务服务"好差评"管理办法》《关于进一步加强厅监管施工企业分包管理指导意见》等多项规范性文件，以制度筑牢关口，扎紧制度笼子，不断提升交通运输政务服务水平，切实保障交通运输领域各项工作高效、公正、廉洁。印发《关于组织开展全省交通运输行业作风建设提升工程工作评价的通知》，组织开展行业作风建设评价，不断巩固深化作风建设成效。建立行业作风建设提升工程月通报制度，定期对全省行业作风推进情况进行汇总通报，营造争先进、创一流良好氛围。

（厅直机关党委）

【强化廉政警示教育】 省交通运输厅组织厅机关处级以上领导干部接受廉政教育，学习《领导干部严重违纪违法典型案件警示教育材料汇编》和颜赣辉腐败案等反面教育材料，观看《迷失的初心》警示教育片。在全厅开展针对不良圈子文化自查自纠及问卷调查。组织开展酒驾警示教育并全员签订《杜绝酒驾醉驾责任书》。加强纪律检查和明察暗访，对相关人员进行批评教育，并约谈相关单位负责人。

（厅直机关党委）

【开展监督检查督导】 省交通运输厅开展交通建设领域涉民生问题专项督查，提出关于加强执法形象、提升业务能力、提高为民服务水平等意见建议 130 余条。重点围绕服务区环境卫生、服务质量、提质升级等工作，开展全省高速服务区第三方暗访督导，不断提升服务区公益服务质量和服务管理水平，以服务区"小窗口"展示交通运输"好形象"。紧盯节假日敏感时段加强监督检查，联合驻厅纪检监察组成立明察暗访组，重点对规范党内政治生活、落实中央八项规定精神、整治"四风"和"怕慢假庸散"顽疾、加强新冠疫情防控等情况进行检查督导。

（厅直机关党委）

【深入开展"走实地、查实情、抓实效"活动】 省交通运输厅组织干部职工深入基层、服务群众。加强与媒体互动，畅通民声渠道，及时解决群众反映的民生问题。先后 2 次组织相关单位和部门负责人参加江西广播电视台《党风政风热线》节目，接听群众反馈涉及交通运输行业问题 30 余个，所有问题全部解决，获得人民群众赞许。做实"我为群众办实事"实践活动，农村公路品质与等级提升、国道提质升级和改渡便民 2 项民生工程纳入省级重点民生清单，梳理厅级办实事项目 489 件，相关做法 2 次在中央党史学习教育官网刊载，《交通"一抹红"增色民生服务"漫山红"》《聚力"四个一批"解决人民群众交通出行的"急难愁盼"问题》入选全国典型案例。

（厅直机关党委）

【组织开展执法领域突出问题专项整治】 省交通运输厅坚持高位推动、科学部署、扎实督导原则，分 3 批次组织 18 个以厅级干部为组长的整治督导组，深入 94 个地方执法机构，督导 55 次，走访企业 1604 家，座谈从业人员 5337 人次，暗访执法场所 194 个，发放调查问卷 186 份，共梳理出宗旨不牢、作风不优等五个方面 407 项问题清单，并在全国范围内率先清零。创造性推出"六禁六送""亮旗亮剑""一县一室"警示教育等举措。建立"首违轻微免罚"清单 41 项，办理免罚案件 3377 件、减轻处罚 296 件。切实推进执法利民，维护交通运输市场主体和人民群众合法权益。

（厅直机关党委）

【担当实干蔚然成风】 交通强国建设试点扎实开展，交通强省建设全面启动，重大项目建设加速推进，行业治理能力稳步提高，运输服务水平不断提升，平安稳定形势持续向好。江西省"十三五"干线公路养护管理工作受到交通运输部通报表扬。江西省交通运输厅绩效考核连续三年优秀，被记集体三等功。党建工作成效显著，支部"三化"建设全面达标，信江航运枢纽项目党建经验做法得到中央组织部推广，受到省委书记批示肯定。

（厅直机关党委）

【省路政总队开展专项整治行动　全面摸排清理纠正队伍中各类痼疾】 11 月 25 日，省路政总队召开全省高速路政系统"风险大排查　纪律大整顿管理大提升"专项整治行动部署会议。从 2021 年 11 月 22 日至 2022 年 2 月 28 日，全省高速路政系统聚焦"风险排查、纪律整顿、管理提升"主题，狠抓党风廉政和队伍建设，结合交通运输执法领域突出问题专项整治行动，坚持问题导向，从严从实全面摸排、清理、纠正当前路政队伍中存在的各类

风险漏洞、顽瘴痼疾；坚持目标导向，从严从紧加强队伍管理，实现队伍优化、服务提升，努力营造全省高速路政系统风清气正的良好执法环境。

此次整治目标是使全省高速路政系统广大干部职工积极践行"崇法、敬民、保通、兴赣"的江西交通运输执法核心价值理念，不断强化纪律规矩意识，切实转变工作作风，全面规范执法行为，持续深入树立为民执法、秉公执法、严格执法、规范执法、文明执法、廉洁执法的良好形象，实现路政执法人员素质有新的提高，执法行为规范有新的进展，执法队伍管理有新的突破，推动全省高速路政事业高质量发展。

（省交通运输执法局　黄云）

【省交通运输执法局召开加强作风建设、打造"让党放心人民满意"的模范执法队伍动员大会】 12 月 1 日，省交通运输执法局在南昌召开加强作风建设、打造"让党放心人民满意"的模范执法队伍动员大会。局长杜一峰主持会议，党委书记娄鸿雁作动员讲话，党委副书记、纪委书记龚文峰宣读工作方案，局领导项军、唐晓鸣、罗志明、黄强、朱国英、刘文革出席会议。

会议传达学习了李小鹏部长在交通运输执法领域突出问题专项整治行动总结电视电话会上的讲话精神，通报了 2021 年以来几起执法队伍作风问题典型案例，再剖析、再查摆、再整改当前执法队伍作风建设存在的突出问题，动员部署全局加强作风建设、打造"让党放心人民满意"的模范执法队伍工作。

娄鸿雁在讲话中指出，全局上下要聚焦"作示范、勇争先"目标定位，以加强作风建设为抓手，以提升干部能力素质为重点，努力打造"让党放心人民满意"的模范执法队伍，为高质量推动交通运输执法工作、加快交通强省建设提供坚实保障。

就如何进一步加强作风建设，娄鸿雁强调，一要提高认识，统一思想，增强加强作风建设的思想自觉和行动自觉。二要深刻反思，吸取教训，清醒认识作风建设中存在的突出问题。三要正视问题，整改提升，采取强有力措施推进交通运输执法队伍作风建设。四要强化保障，压实责任，确保交通运输执法队伍作风建设取得实效。

杜一峰就贯彻落实会议精神提出要求，强调一要正视问题，打好思想作风自我净化攻坚战。二

要突出重点，推动思想作风整顿走深走实。三要恪守"作示范、勇争先"的标准追求，着力打造"让党放心人民满意"的模范执法队伍。

（省交通运输执法局　黄云）

【赣州高速路政支队深入推进行业作风建设提升工程】　为进一步严肃工作纪律、强化岗位责任、督促干部职工将纪律意识内化于心、外化于形、实化于行，推动全支队进一步形成守纪律、优服务、勇担当的工作氛围和干事创业的良好局面，赣州高速路政支队多措并举深入推进行业作风建设提升工程。

一是常教育，筑牢思想防线。通过组织观看廉政警示教育片，结合近期典型案例，以案明纪、以案释法、以案促改，为干部职工讲授廉政教育课，教育干部职工敬畏法纪、保持清正廉洁，严守纪律规矩，严格依法办案，切实筑牢廉政思想防线，维护交通执法队伍良好形象。通过学习和组织签订《廉政执法承诺书》，干部职工"入耳、入眼、入脑、入心"，收获良多，认识深刻，纷纷表示将知敬畏、存戒惧、守底线，切实筑牢拒腐防变的思想防线，展现新时代交通执法队伍新形象。赣州高速路政支队各大队积极探索警示教育新模式，密集打出"上好廉政教育基地'行走课堂'、讲好警示教育'案例课堂'、开好支部党员讨论'互动课堂'"等一套组合拳，持续提升警示作用和震慑效果，推动执法队伍学习教育入脑入心、走深走实，引导全体干部职工树立底线思维，筑牢廉洁用权思想防线。

二是勤暗访，提升督查实效。赣州高速路政支队采取日常检查和突击检查相结合的方式，强化风纪风貌监督，压实岗位责任。11月18日至19日，赣州高速路政支队纪委组织若干督查小组，采取"四不两直"的方式深入十三、四等基层大队开展风纪风貌突击检查。此次风纪风貌突击检查，重点对人员在岗在位、执法车辆管理、工作制度执行、"六公开"落实及相关禁令执行等情况进行全面检查，对工作期间外出开展联勤联动执法、邮寄送达执法文书等不在大队驻地的人员通过现场视频连线的方式进行检查，对发现的问题进行现场反馈，要求限期整改，确保检查活动取得实效。

三是广宣传，畅通监督渠道。为进一步加强作风建设，切实改进工作作风，树立廉洁高效、良好的交通运输综合执法队伍形象，赣州高速路政支队各大队以"信用交通宣传月"为契机开展行业作风建设意见征求活动。通过主动走访宣传，广泛收集路域环境整治、大件运输行政审批、入口超限超载治理、提升办事效率、优化服务态度等作风建设方面的意见和建议。

活动中，大队路政人员通过实地走访、电话咨询、线上微信征求等形式，向本大队行风监督员、辖区路段相关单位及广大群众广泛征求收集本单位的行业作风问题，重点是征求辖区服务对象的意见和建议。同时，主动向行政服务相对人、企业等"亮"活动主题、"亮"服务承诺、"亮"诚信制度、"亮"监督渠道，增强干部群众对信用交通的体验感认同感，引导社会各界共同关心支持信用交通建设。

（省交通运输执法局　黄云）

【江西路通科技有限公司组织开展纪律作风教育学习会】　7月29日，江西路通科技有限公司组织开展纪律作风教育学习会，为党员干部再打"预防针"，引导党员干部筑牢纪律作风防线。会议传达学习了上级纪委文件精神，教育引导广大党员干部在思想上自警、行动上自律。会议强调，一是要严格程序，依法依规办事。尤其在询价、采购等工作中，要严格按照规章制度办事，做到条件不少、程序不漏、要求不减，确保每个环节和步骤都经得起监督检查。二是要以案为鉴，始终警钟长鸣。要深刻汲取典型案例教训，对照检查，举一反三，常敲思想警钟，确保每位干部员工都能依规依纪依法履职尽责。三要严抓常抓，形成常态长效。要对中心督查反馈的问题，从严从实抓好问题整改，并扎牢制度"笼子"，着力构建纪律作风建设长效机制。

（胡艳梅）

【江西省交通高级技工学校召开师德师风专题教育动员部署会】　6月29日上午，江西省交通高级技工学校召开师德师风动员部署专项会议，深入学习贯彻习近平总书记关于教育工作的重要讲话精神，集中学习《江西省教育系统师德专题教育实施方案》等有关文件。学校党委书记王绍卿出席会议并讲话，副校长廖胜文主持会议，在家校领导参加会议。王绍卿在动员讲话中对学校师德专题教育工作进行了部署安排。他指出，教师的师德师风直接反映学校办学治校水平，直接关系着学生的健康成长。全校教职工应统一思想认识，高标准启动、高质量推进师德师风建设。他强调，学校各科室、各部门要凝聚共识，将师德师风作为一名好教师的第一标准；要注重教育，将师德师风建设贯穿教师管理的全过程；要抓住重点，将师德师风建设各项要求落到实处；要强化保障，确保师德师风建设取得实效。他还勉励全体教职工争当"四有"老师，抢抓机遇、担当作为，以优异的成绩迎接建党100周年。会上，教师代表作表态发言，全体教职工参加会议。

（江西省交通高级技工学校）

【江西交通职业技术学院召开教风专项整治工作动员会】 11月15日，江西交通职业技术学院召开教风专项整治工作动员会，全面部署教风建设专项整治工作。该院党委书记吴克绍，党委副书记、院长黄明忠，纪委书记高东升，党委委员王敏军出席会议，党委委员洪芙蓉主持会议，各部门负责人、全体教职工参加了会议。

本次教风专项整治活动为期一个月，分为动员部署、学习教育、检视问题、整改落实和评估验收五个阶段，着力解决教风建设方面存在的突出问题，形成严谨敬业、教书育人的良好教风，促进学院教风根本好转，育人环境进一步优化，为全面推进江西交通职业技术学院新一轮改革发展，建设高水平高职院校，培养德智体美劳全面发展的社会主义建设者和接班人奠定坚实基础。

（聂慧芝）

【吉安市交通运输部门狠抓作风建设树形象】 为进一步树立交通新形象，2021年以来，吉安市交通运输部门各级干部职工以加强和改进机关作风建设为抓手，着力推动工作提速、干部职工能力提升、交通服务水平提高，打造一支想干事、会干事、干成事交通运输干部职工队伍。

一是加强组织领导，强化责任落实，抓好班子作风建设，着力构建高效、业务精干的交通队伍，树立交通行业服务为民的新形象。二是加强业务理论学习，提升交通干部职工能力素质。完善学习制度，提高交通干部职工的思想认识和理论水平，鼓励交通干部职工参加上级各种交通行政执法和业务知识考试，以考促学，提升专业水平，树立终身学习的理念，培养学习型交通专业干部职工。三是加强制度建设，提高工作效能。健全和完善考核制度，进一步改进服务方式，建立执法教育警示室，对轻微违法行为以教育警示为主，处罚为辅。设立便民服务站，发放便民服务卡，设立公示栏，落实"谁执法谁普法"的普法责任制，加强对交通运输法律法规、相关政策、安全知识的宣传讲解，展示执法队伍良好精神风貌，提升执法公信力，树立良好的交通运输形象。

（吉安市交通运输局）

【万载县交通运输局党委认真抓廉洁自律的作风建设】 2021年，一开春，万载县交通运输局党委在抓好党的建设的同时，动真格，注意抓好作风廉政建设。3月3日，党委〔2021〕2号文件就发出《关于违反会风会纪情况的通报》，在县局召开全国两会期间信访稳定工作部署会时，有未经请假迟到的5人，决定"给予通报批评。希望全体同志引以为戒，严于律己"，"确实转变机关党员干部作风"。4月10日，〔2021〕10号文发出了《关于开好"肃清颜赣辉、胡全顺流毒"专题民主生活会工作方案》，从党委领导班子开始，进行自我清查，开展批评与自我批评。4月13日，对局综合执法大队周某，经县委巡察组发现未履行请假手续而不在岗，对其进行"诫勉谈话，并责令作出深刻的书面检查"。局党委这种严肃认真地执行纪律，给全体党员干部很大影响，工作作风明显好转。

（王松州）

工会工作

【概况】 2021年，全省交通各级工会坚持以习近平新时代中国特色社会主义思想为指导，立足交通产业实际，强化思想政治引领，凝聚职工智慧力量，坚持围绕中心、服务大局，团结职工建功立业，切实维护职工合法权益，助推交通强省建设提质提速。

强化政治责任，引导职工听党话跟党走。省交通工会承办了全省交通运输系统庆祝中国共产党成立100周年文艺演出，演出回顾了党的百年历史征程，展现了建党百年来全省交通运输取得的光辉成就，660余干部职工代表现场观看了演出，超5.6万人次在线观看。扎实开展党史学习教育活动，各级工会通过举办专题读书班、参观红色教育基地、观看红色电影等形式，激励党员干部传承红色基因，赓续精神血脉，积极开展"我为群众办实事"活动，各级工会为职工群众办好了一系列实事。建好由官网、微信群、QQ群等构成的"网上职工之家"，组织参加"网聚职工正能量，争做中国好网民"职工网上艺术节活动，通过网络，积极宣传党的路线、方针、政策，凝聚职工思想共识。

围绕服务交通强省建设大局，动员广大职工建功立业。开展"安康杯"竞赛、全国道路运输安全行车百万千米驾驶员劳动竞赛，14人获优秀驾驶员称号。深化群众性创新活动，开展"五小"及新技术新工艺推荐评选活动等，推荐评选20项先进操作法参加全省评比。充分发挥先进典型引领作用，2021年获省巾帼标兵岗2个、省巾帼标兵3个，省工人先锋号3个，省五一劳动奖章5个，省五一劳动奖状2个，省"书香家庭"1个。关心关爱劳模，分两批组织市厅级以上劳模、先进职工51人赴井冈山疗休养，及时发放劳模"三金"。大力弘扬劳模工匠精神，召开"赣鄱劳模宣讲团"全省交通运输系统先进模范事迹报告会，为奋进交通强省建设新征程凝聚力量。

坚持服务基层职工，切实为职工办实事解难事。精准开展元旦春节"送温暖"活动，为76位建档困难职工发放慰问金。深入开展夏季"走基层、送清凉"活动，为30个基层单位送去慰问和防暑降温物资。持续开展"金秋助学·铸魂圆梦"活动，资助建档困难职工子女顺利入学。指导各级工会开展"工会进万家"调研走访慰问活动，深入基层了解情况，做好思想引领和情绪疏导。组织开展"新就业形态劳动者温暖行动"服务月，切实维护新就业形态劳动者权益。推荐11个基层职工书屋参评全国、省级职工书屋，开展送书进基层活动，为6个基层"职工书屋"送去2200余册精美图书，举

办职工健身行、乒乓球比赛，600余名职工参赛，组织参与全省职工演讲比赛、羽毛球比赛，进一步丰富了职工业余生活。积极开展职工互助保障工作，逐年扩大参保覆盖面，参保赔付率稳步提升，维护了职工基本经济利益。

（省交通工会）

【省交通运输执法局以提升凝聚力为纽带做好群团组织工作】 一是组织开展系列工会活动。制定2021年度机关工会工作计划，积极争取资金，加大工会活动支出力度，购置乒乓球、羽毛球等文体器材，组织会员观看电影，购买公园年票。组织干部职工开展健步行、太极拳、羽毛球、游泳、乒乓球等文体活动。积极参加省交通工会5千米健步行比赛，2名同志荣获一等奖，3名同志荣获二等奖。分两批次开展"学讲话、悟思想、守初心、担使命"革命传统教育活动，坚持党建带群团，强化政治引领、思想引领和行动引领，充分发挥群团组织的优势和作用。二是组织开展走访慰问活动。落实生日慰问、困难帮扶、节日祝福等关怀关爱制度。做好"工会进万家"活动，组织走访慰问了困难职工和劳模代表。发放端午节中秋节慰问品，看望生病工会会员。扎实做好2021年夏季职工防暑降温工作，下发送清凉经费。为机构改革转录的11名职工续办团体意外保险。开展爱心捐款活动和"慈善一日捐"活动，帮助局困难家庭和需要帮助的人渡过难关。三是组织开展志愿服务活动。局机关党总支统筹协调组织机关各党支部开展疫情防控监督志愿服务20余次，组织3个党支部深入里州小区开展"爱国卫生运动"社区活动，组织法制安全与装备处党支部开展"优美环境"社区活动，水上执法监督处党支部开展"水上安全进校园"志愿活动，机关党员参与文明实践志愿服务活动，形成了以党建带群建、以群建促党建的良好格局。

（省交通运输执法局 黄云）

【省交通运输执法局开展"相约三八 幸福生活"活动】 为迎接三八国际妇女节，3月5日，省交通运输执法局组织机关女职工开展"相约三八 幸福生活"主题活动。

活动邀请烘焙老师进行现场教学，详细讲解了雪花酥烘焙知识，演示了制作步骤。在老师的指导下，大家都跃跃欲试，饶有兴致地边学习边制作，

随着一块块雪花酥制作完成，现场充满了食物烘焙的香气，大家品尝并分享着自己的劳动成果，欢声笑语不断，气氛其乐融融。

烘焙是心情，更是一种享受生活的过程。活动不仅积极倡导了健康生活方式，更强化了女职工之间合作交流沟通的意识和集体归属感。大家纷纷表示，今后要继续内强素质，外树形象，用行动彰显当代交通运输女职工的亮丽风采。

（闵婕）

【**2021年江西省交通运输系统职工（南昌地区）健身行比赛成功举办**】 为庆祝中国共产党成立100周年，大力推进全民健身运动，充分展现江西省广大交通干部职工的风采，4月27日，在南昌象湖湿地公园举行了2021年江西省交通运输系统职工（南昌地区）健身行比赛，来自全省交通运输系统（南昌地区）的15支代表队439名健身行爱好者参赛。厅党委委员、副厅长王昭春主持开幕式。一级巡视员、厅直属机关党委书记胡钊芳致辞。

本次比赛共设7个组别。参赛选手个个精神抖擞、热情高涨，摆动双臂，迈开大步，用实际行动践行"我运动，我健康，我快乐"的生活理念。经过激烈比拼，共评选出6个组别个人赛若干名。

（省交通工会　孙明）

【**省综合交通中心工会开展文体培训班**】 5月，省综合交通中心工会开展了"我为群众办实事"职工文体培训班，利用中午休息时间开设了乒乓球、太极拳、软笔书法、健身和瑜伽课程，积极践行送健康送文化理念，给机关和下属单位职工提供了职工自我提升的空间和交流的平台。

（罗剑华）

【**江西省交通工会"奋进'十四五'，迈步新征程"送书进基层活动启动**】 为庆祝中国共产党成立100周年，深入开展党史学习教育，大力推进全民阅读，6月10日，江西省交通工会在九江长运集团职工书屋举办"奋进'十四五'，迈步新征程"送书进基层活动启动仪式，来自九江长运集团的20余名热爱阅读的职工代表齐聚一堂，共倡全民阅读、争做书香之星。

启动仪式由九江长运集团工会主席何世安主持，九江长运集团董事长徐秋霞致辞，九江长运职

工代表向全省交通系统干部职工发出"全民阅读党史、争做书香之星"倡议，省交通工会主席方向出席仪式并讲话。

据了解，此次送书进基层的活动是省交通工会为群众办实事的具体举措，为6个基层职工书屋送去价值12万余元的精美图书。启动仪式后，将大力推动全民阅读进机关、进企业、进所站、进道班，并通过开展争创"书香所站""书香家庭""书香之星"等主题活动，进而在全省交通运输系统推动形成"多读书、读好书、善读书"的浓厚氛围，为交通强省建设提供强大的精神动力，为建党100周年和党史学习教育"增色添彩"。

（孙明）

【**江西省交通运输系统代表队在全省职工羽毛球比赛中斩获佳绩**】 "中国梦·劳动美——喜迎建党100周年"全省职工羽毛球比赛于6月11日落下帷幕。来自全省各设区市、县总工会、各产业工会组成的51支代表队485名队员参加比赛，分为设区市工会组和省产业工会组进行比赛。此次全省职工羽毛球比赛由省总工会主办、省总工会宣教网络部承办、省职工文体协会和省羽毛球协会协办。

为迎战此次比赛，省交通工会高度重视，精心挑选12名运动员报名参加了混合团体和5个单项比赛，省交通投资集团严密组织集训，科学高效训练，全体运动员奋力拼搏、通力合作，经过5天的激烈角逐，交通运输系统代表队在省产业组中获得混合团体第二名、团体总分第二名的好成绩，还获得优秀组织奖和体育道德风尚奖。队员黄肇祺、朱羚君获得混合双打冠军，吴佳乐、徐翊洁分获男子、女子单打季军，葛心言、艾丽君获得女子双打季军。

（孙明　涂雨思）

【**江西省交通运输系统庆祝中国共产党成立100周年文艺演出在省港口集团南昌龙头岗综合码头举行**】 6月26日晚，江西省交通运输系统庆祝中国共产党成立100周年文艺演出在省港口集团南昌龙头岗综合码头盛大举行。

省交通运输厅党委书记、厅长王爱和等厅领导，团省委副书记胡振燕，省机场集团党委书记万林，江西航空公司总经理张志忠，省邮政管理局党组书记、局长周慧锋，民航江西监管局党委委员、

副局长张连升，以及省委组织部、中国铁路南昌局集团公司有关部门负责同志，省厅直属各单位、厅机关各处室主要负责同志及干部职工代表，省厅离退休老干部、优秀党员代表，中国邮政集团江西省分公司、中国铁路南昌局集团公司、省机场集团干部职工代表共计660余人在现场观看演出。

演出以"永远跟党走　奋进交通强省新征程"为主旨，把舞台搬到交通基层一线，以南昌龙头岗综合码头龙门吊为背景搭建舞台，采用情景表演、歌舞、朗诵、音乐剧等多种艺术形式，展现"为光明奋斗""为信仰前行""为崛起高歌""为梦想起航"四个精彩篇章。演出在大合唱《没有共产党就没有新中国》中落下帷幕，舞动的红旗，嘹亮的歌声，闪闪的红心，热血沸腾的场面，将演出推向最高潮。整场演出亮点纷呈，高潮不断，是全省交通运输系统倾心打造的一场文化盛宴，广大干部职工深受洗礼和触动。

此次演出是继全省交通运输系统庆祝新中国成立70周年文艺汇演后，再次举办交通、铁路、民航、邮政系统同台演出，体现了综合交通运输的大格局、大融合、大发展。演出还同步实行网络直播，超5.6万人次在线观看，7500多名网友在留言区评论点赞，表达对伟大的党和祖国的美好祝愿，对江西交通运输事业发展成就的由衷赞叹，传递出满满的正能量。

（谭钰珍）

【上饶管理中心积极开展"高速之星"职工子女暑期托管班】 8月27日，第一届上饶管理中心"高速之星"职工子女托管班正式结业。

暑期托管班由中心工会组织，是解决好群众的"急难愁盼"问题，把"我为群众办实事"落到实处的具体举措，从7月27日至8月27日为期一个月。

此次托管以聘请专职老师为主，督促和引导孩子们完成当日的学习任务并进行必要的体育、美术等趣味活动；家长则通过轮值走进课堂，享受亲子时光的同时，和孩子们互动，掌握他们的学习情况，引导孩子们养成良好的学习习惯，帮助小伙伴们建立正确的相处之道。通过暑期托管班，孩子们交到了新朋友，家长们找到了交流心得的新平台。

（胡凌云）

【省交通工会启动2021年度劳模疗休养活动】 9月26日，随着首批21名劳模相聚井冈山风景区，2021年度省交通工会疗休养活动正式启动。

在为期5天的活动中，省交通工作精心组织、科学筹划，通过参观学习、素质拓展、主题座谈等活动，将休息与学习、放松与提升相结合，使得劳模们获得身体和精神的双重提升。在座谈交流中，劳模们结合各自工作和生活实际，畅谈感想、交流经验，增进了彼此感情，汇聚了模范力量，达成了互相学习、继续发扬劳模精神的共识，进一步激发干事创业热情，为建设交通强省积聚力量。

（龙茜）

【抚州市公路局举办"绿色健康行"健步走比赛】 为落实工会关于"绿色健康行"活动计划，鼓励广大职工积极锻炼身体，提高身体素质，舒缓工作压力，同时，增强机关的凝聚力，10月29日，抚州市公路局"绿色健康行"3千米健步比赛在抚州市麻姑广场进行。

比赛中，大家一面挥动着手中的小国旗，一面互不相让，相互鼓劲地徒步向前，经过近20分钟的激烈争逐，男子组何大泉获得第一名，罗远清、邱考生获得第二名，黄进华、谢金波、刘新恒获得第三名；女子组周文君获得第一名，陈文霞、邱铭红获得第二名，丁梦、陈静、齐佳获得第三名。

（刘文华）

【省交通工会拨付专项资金助力上饶疫情防控】 2021年，省交通工会分别向上饶市公路事业发展中心工会、上饶市汽运集团工会下拨专项资金，助力打好打赢上饶疫情防控阻击战、歼灭战。

10月30日，江西省上饶市铅山县报告1例新冠确诊病例，随后在信州区、广信区等地发现关联病例。上饶市疫情形势发生变化后，省交通工会高度重视疫情防控工作，一方面下拨专项资金，一方面号召企业和劳模助力抗击疫情。据了解，该专项资金主要用于购买防疫所需物资、支持基层工会组织开展疫情防控工作、慰问奋战在抗疫一线的干部职工、补助因疫情生活困难的职工。

（龙茜）

【绿色出行　健康生活　省高航中心举办2021年机关职工健步行比赛】 10月30日上午，省高航中心工会在九龙湖公园举办了机关职工健步行比赛，来自中心机关共60余人参与了此次活动。

此次健步行活动，充分展现了高航干部职工积极向上、奋勇争先的良好精神风貌，使大家不仅在锻炼中找到了乐趣、放松了身心，同时也进一步增进了同事之间的沟通和交流，增强了机关的凝聚力与向心力，让紧张的工作生活节奏得到有效调节，为以更强健的体魄和饱满的精神状态投入年终各项工作中发挥了积极作用。

（倪磊）

【新余公司开展劳模先进事迹报告会】 11月25日上午，新余长运、新余公交联合开展劳动模范先进事迹报告会活动，弘扬劳模工匠精神，营造学习劳模、争当劳模的良好氛围，共有100余名干部职工到场聆听。

报告会上，吴灵梅、龚小梅、吕菊生、林光华等10位劳模代表，结合亲身经历，用质朴的语言、翔实的事例和真挚的感情，讲述了他们立足岗位作贡献的生动事迹。宣讲结束后，干部职工纷纷表示，要学习劳模们笃志笃行的高尚品格、精益求精的工匠精神，争做新时代的奋斗者。

（童青）

【省交通工会慰问组一行赴宜春开展送温暖活动】 12月1日，省交通工会主席方向一行赴宜春公路局和宜春汽运下属单位，走访慰问困难职工并送上慰问金，把党和政府及工会组织的关怀和温暖送到困难职工身边。

方向先后看望了丰城公路分局石滩道班兰华宇、丰城汽车修理厂丁小庆，仔细询问他们工作、生活及健康状况，鼓励他们勇敢面对疾病与困难，积极治疗，保持乐观积极心态。方向还叮嘱随行单位负责人，要给予困难职工更多关爱，积极主动为职工办实事，解难事，做好事，充分发挥工会组织的桥梁纽带作用，当好职工的"娘家人"和"贴心人"，在服务职工中彰显更多人文关怀。

（高梅　聂锋征）

【省港口集团工会举办女职工心理健康知识讲座】 12月7日，省港口集团工会举办女职工心理健康知识讲座。根据省总工会关于组织开展"百年展风华　幸福伴巾帼"——省总工会百场公益健康讲座送基层活动的通知精神要求，本次讲座邀请了省心理咨询师协会秘书长廖晓玲博士作题为《现代职场女性压力管理智慧》专题讲座，采取"主会场＋分会场＋网络直播"的模式进行，重点围绕现代职场女性如何进行压力管理等方面进行深入浅出的讲解，既贴近女性职工思想，又贴近工作生活，让大家在轻松幽默的气氛中收获了知识。

（省港口集团）

【2021年江西省交通运输系统乒乓球比赛在南昌举行】 2021年12月20日至12月22日，由省交通工会主办的"交通强省载使命　先行路上勇担当"2021年江西省交通运输系统乒乓球比赛在南昌圆满举行。省厅一级巡视员、厅直机关党委书记胡钊芳莅临比赛现场并致开幕词。省厅二级巡视员王继东、省交通工会主席方向参加颁奖仪式，并为获奖代表队和运动员颁奖。

2天半的比赛紧张而激烈，球场上不断出现精彩对决，最终角逐出每个组别的前八名和团体前八名。此次比赛，给广大干部职工们提供了交流学习的平台，锻炼了体魄，增进了友谊，受到大家一致好评。参赛职工纷纷表示，要把赛场上那种你追我赶、不甘落后的精神，坚持不懈、战胜困难的意志，全神贯注、奋力拼搏的态度运用到生活和工作中去，鼓足干劲迈出交通强省建设新步伐。

（龙茜）

【省交通投资集团职工多项"微创新"获得江西省总工会表彰】 2021年，江西省总工会正式公布了"五小"活动优秀组织单位和以职工名字命名的首批100先进操作法名单，省交通投资集团一家单位、六项技法榜上有名。

长期以来，省交通投资集团各级工会积极组织广大职工，立足岗位实际，以需求为导向，围绕生产经营的重点和难点，开展"五小"（小发明、小创造、小革新、小设计、小建议）创新活动，形成了一批提高工作效率、改进和完善操作规程、降低成本消耗的操作法，有效激发了产业工人队伍创新活力，提升了产业工人技能素质。

（省交通投资集团）

【江西交通职业技术学院工会支持乡村振兴】 2021年，为继续深入开展政府采购脱贫地区农副产品工作，推进乡村产业振兴，江西交通职业技术学院工会积极参与消费扶贫，通过"832平台"在学院扶贫点预订扶贫农产品，并组织职工到贫困点开展工会活动，引导职工自发购买贫困地区农产品。

（余亚琼）

共青团工作

【概况】 2021年，省交通运输厅直机关团委坚持以习近平新时代中国特色社会主义思想为指导，贯彻落实党的十九大和十九届历次全会精神，深入开展党史学习教育，团结带领广大团员青年干部积极投身全省交通运输事业发展热潮，各项工作取得了新进展。

（熊贻辉）

【突出政治引领，团的向心力不断增强】 省交通运输厅结合党史学习教育，认真开展形式多样的理论学习活动，着力引导凝聚团员青年。一是组织专题学。厅机关本级组织开展了5次青年理论学习小组集中学习，进一步增强了全厅团员青年政治理论知识。二是开展联动学。与厅属单位青年理论学习小组开展了2次联学。"五四"青年节期间，邀请厅机关离休老干部讲述自身的红色故事、交通故事；联合举办"诵读红色经典 砥砺奋进初心"朗诵比赛。三是持续深入学。认真开展党史学习教育，全厅1026个团支部组织召开专题学习会，传达学习习近平总书记"七一"重要讲话精神，交流党史学习教育心得，从百年党史中汲取奋进力量。四是创新方法学。以厅青干班为契机，开展"青连青 心连心"班级结对活动，42名青干班学员负责对接省交通高级技工学校65个班级，开展团组织活动、主题团课、职业规划交流座谈等。

（熊贻辉）

【聚焦青年需求，团青发展更加出彩】 一是不断擦亮"青年文明号"品牌。印发《关于深化推进青年文明号的指导意见》，进一步明确创建的任务要求、保障措施。2021年，省交通系统荣获全国、省级、省直"青年文明号"集体分别达3个、19个、34个，各级别获评数量位居省直单位前列。二是大力培育选树青年榜样。2021年，全厅各级团组织、团干部、团员青年共获得"五四青年奖章""两红两优"等荣誉16项。三是开展形式多样文艺活动。举办庆祝建党100周年青春歌会，现场气氛热情高涨，1.1万余人通过网络观看。开展"云拉歌"活动，自"五四"到"七一"，全厅8个单位接力传唱红歌，唱出"永跟党走"的青春誓言。组织开展红歌快闪活动，活动视频在厅官方微信公众号播发后，阅读量近8000人次。在江西省各界青年庆祝中国共产党成立100周年歌咏大赛中，厅直机关团委选送的两个节目分获省直组和高校组一等奖。

（熊贻辉）

【围绕自身建设，团的凝聚力不断提升】 一是扎实推进组织建设。根据厅属事业单位机构改革情况，重新批复设立6个团组织，调整1个团组织隶属关系。二是严格落实组织生活。开展基层团组织的清理，撤销空心团组织32个，团的组织力、凝聚力、战斗力得到有效提升。三是顺利完成团委换届工作。督促并指导厅属8个团组织完成换届选举工作，组织召开厅直机关第七次团代会，一批优秀青年充实到团干队伍。

（熊贻辉）

【省厅代表队在江西省各界青年庆祝中国共产党成立100周年歌咏大赛中荣获佳绩】 4月13日，在江西省各界青年庆祝中国共产党成立100周年歌咏大赛中，省交通投资集团团委的大合唱《没有共产党就没有新中国》、江西交通职业技术学院团委的歌伴舞《我站立的地方是中国》，代表省厅参加江西省各界青年庆祝中国共产党成立100周年歌咏大赛，分别荣获省直机关企事业单位组和高校组一等奖。

（熊贻辉）

【赣东航道事务中心举办"五四"青年节红歌快闪活动】 在"五四"青年节前夕，赣东航道事务中心开展主题为"五四精神　传承有我"红歌快闪活动，纪念"五四"运动102周年。

活动以航道、船艇、办公场所为背景多场景再现了航道青年干部在平凡的岗位上的坚守与奉献，展示了赣东航道事务中心青年干部昂扬向上的精神面貌和不负韶华的青春寄语，彰显了广大青年干部在新时期新阶段的新担当新气象。

青年们纷纷表示，平凡岗位也有大梦想，将立足本职岗位，结合当前党史学习教育，不断学思悟践，汲取前行力量，争做堪当大任的新时代青年，汇聚万千小我之力，点亮江西水运发展之光，为交通强省建设贡献自己的一份力量。

（吴雪）

【厅机关与省交通科学研究院开展青年理论学习小组联学暨"五四"青年节活动】 4月25日，厅机关与省交通科学研究院开展青年理论学习小组联学暨"五四"青年节活动。厅一级巡视员、厅直机关党委书记胡钊芳参加活动并讲话。有着近70年党龄的厅机关离休老干部李娴训同志，结合自己的工作经历，讲述了身边的红色故事、交通故事。

（熊贻辉）

【省综合交通中心团委组织开展了"青春永向党建功新时代"知识竞赛活动】 为纪念"五四"青年节，继承和弘扬五四精神，牢固树立跟党走的坚定信念，4月25日，省综合交通中心团委组织开展了"青春永向党　建功新时代"知识竞赛活动。本次比赛共设个人听题必答、观看视频单位必答和听红歌猜歌名抢答3个环节，机关及下属单位共6支队伍参加。经过激烈角逐，省公路工程监理有限公司、省公路科研设计院有限公司、省公路局信息数据中心分别荣获一等奖、二等奖、三等奖。

（杜平平）

【江西交通职业技术学院在第十七届"挑战杯"江西省大学生课外学术科技作品竞赛中喜获佳绩】 5月21日—23日，由共青团江西省委、江西省科学技术协会、江西省教育厅、江西省社会科学院、江西省学生联合会联合主办的第十七届"挑战杯"江西省大学生课外学术科技作品竞赛决赛在江西师范大学举行。江西交通职业技术参赛作品获得竞赛发明制作B类一等奖1项、竞赛发明制作A类二等奖1项、竞赛发明制作B类二等奖1项、"红色专项"赛道三等奖2项，并荣获大赛"优秀组织奖"。

（熊贻辉）

【江西省交通高级技工学校在江西省"两红两优"表彰中喜获佳绩】 2021年5月，共青团江西省委印发了《关于表彰全省五四红旗团委（团支部）、全省优秀共青团员、全省优秀共青团干部的决定》，学校团委荣获"全省五四红旗团委"荣誉称号、2018级中技汽车维修一班学生肖善英荣获"全省优秀共青团员"荣誉称号。

（江西省交通高级技工学校）

【江西交通职业技术学院团委开展暑期"三下乡"社会实践活动并在活动中喜获佳绩】 7月，江西交通职业技术学院团委开展了以"永远跟党走　奋进新时代"为主题的2021年大学生志愿者暑期文化科技卫生"三下乡"社会实践活动。学校6支"三下乡"社会实践团队的近60名师生奔赴赣州、九江、萍乡、景德镇、上饶等地，通过近距离感受红色文化、现场访谈问卷、举办各类宣讲会等方式，创新党史学习教育载体和抓手，开展形式多样的活动。队员们在各项活动中体会民情、社情、国情，在追寻党的百年辉煌成就过程中，深刻认识中国共产党的初心和使命，在理论与实践相结合的社会课堂中锻炼专业技能，用自己所学知识助力乡村振兴。12月，省委宣传部、省文明办、省教育厅、团省委、省学联联合对2021年江西省大中专学生志愿者暑期"三下乡"社会实践活动进行总结通报表彰。学院团委荣获2021年江西省大中专学生志愿者暑期"三下乡"社会实践"优秀单位"；路桥工程学院乡村振兴团、信息工程学院红心IT志愿服务队被评为"优秀实践团队"；汽车工程学院邓旭辰、建筑工程学院刘堪睿、机电工程学院李志远同学被评为"优秀个人"；建筑工程学院熊双龙同学被评为"青马工程"大学生骨干基层实践专项"优秀个人"；

运输管理学院映山红小分队的调研报告《乡村农产品产销模式实地调研——以萍乡市乌岗村为例》荣获"优秀调研报告"。

（谢玉星）

【吉安市交通运输局开展"志愿吉安·文明交通"志愿服务活动】 为助推全国文明城市创建常态化，规范市民文明交通行为，提升广大市民交通文明素养，8月27日上午，吉安市交通运输局团委联合吉安市公交公司团支部开展了"志愿吉安·文明交通"志愿服务活动。

活动期间，志愿者们在中心城区主要公交站台，引导乘客遵守疫情防控要求，佩戴口罩有序上下车，对不文明行为进行耐心劝导，分发"文明交通倡议书"，并积极为不熟悉路线的市民指引乘车线路。

此外，志愿者们还积极打扫站台卫生，为乘客营造舒适整洁的候车环境。

（吉安市交通运输局）

【省综合交通运输事业发展中心选举产生第一届共青团委员会】 9月24日，省综合交通运输事业发展中心召开第一次团员会议，会议选举产生了第一届中心共青团委员会。与会团员认真听取并审议表决通过了《共青团江西省公路管理局第五届委员会工作报告》《团费收缴、使用和管理情况的报告》和《中心第一届共青团委员会委员选举办法》，以及选举监票人和计票人建议人选。根据《中国共产主义青年团章程》和《中国共产主义青年团基层组织选举规则》等有关规定，会议采用无记名投票方式和差额选举办法，选举产生了由杜平平、吕博、周彤、袁婷、胡艳梅5名委员组成的中心第一届共青团委员会。

（杜平平）

【省交通运输执法局团委开展"书情话意　告白祖国"主题团日活动】 国庆假日期间，省交通运输执法局团委开展"书情话意　告白祖国"主题团日活动，诵读百年党史、重温经典名篇，省交通质监局团员青年诵读了《可爱的中国》，上饶高速路政支队团员青年诵读了《可爱的中国》，宜春高速路政支队团员青年诵读了《西江月·秋收起义》，吉安高速路政支队团员青年诵读了《水调歌头·重上

井冈山》，赣州高速路政支队团员青年诵读了《传承红色基因　弘扬长征精神》，展示了江西交通运输执法系统青年风采，也激励着广大青年干部职工大力弘扬爱国主义精神，缅怀革命先烈，奋进新征程，建功新时代，为交通运输执法高质量发展贡献力量。

（省交通运输执法局　廖爱瑞）

【江西交通职业技术学院第十一次学生代表大会在学院图书馆二楼报告厅召开】 11月12日，江西交通职业技术学院第十一次学生代表大会在学院图书馆二楼报告厅隆重召开。来自七个二级学院和校级学生组织共计173名正式代表参加了此次大会。大会通过了《江西交通职业技术学院学生会章程（修正案）》，选举产生了第十一届学生委员会委员。

（熊贻辉）

【共青团江西省交通运输综合行政执法监督管理局委员会成立大会暨第一次团员大会召开】 2021年11月26日，共青团江西省交通运输综合行政执法监督管理局委员会成立大会暨第一次团员大会在南昌召开。来自局属单位66名团员满怀壮志、欢聚一堂，为建设交通强省、高质量推进全省交通运输执法工作倾情建言献策、奉献青春力量。这是省交通运输执法局组建以来召开的第一次青年人的盛会，是省交通运输执法局共青团员政治生活的一件大事。会上，省交通运输执法局党委书记娄鸿雁号召大家勇当新时代伟大征程上的追梦人，争做胸怀理想、堪当重任、值得信赖的"六好"青年。大会选举产生了共青团江西省交通运输综合行政执法监督管理局第一届委员会，开启了省交通运输执法局团青工作新篇章。

（省交通运输执法局　廖爱瑞）

【南城县交通运输局常态化开展青年志愿活动】 南城县交通运输局自2019年以来，积极开展"河小青志愿服务""学雷锋志愿服务""创卫城市志愿服务""防溺水巡河护河志愿服务"等青年志愿活动，大力弘扬志愿精神，已形成常态化机制。作为全县十个"河小青"志愿服务队之一，在全局平均年龄偏大的现状下，南城县交通运输局克服有些干部职工中存在的"年龄大，不是团员，不参与志愿

活动"等心态，局团委 2021 年初就制定了志愿服务计划，利用周末时间，每月定期组织全局青年志愿者开展"河小青"活动，捡拾、清理盱江河畔垃圾杂物，用实际行动践行"绿水青山就是金山银山"理念，用实际行动保护环境，保护水资源，为建设美丽南城贡献青春力量。

（王素红）

老龄工作

【概况】　2021 年，省交通运输厅离退休干部管理工作坚持以习近平新时代中国特色社会主义思想为指导，深入贯彻落实全省交通运输工作会议和全省老干部局长会议精神，紧紧围绕交通运输中心工作，扎实推进离退休干部党建、精准服务、发挥老干部作用等各项工作，取得了明显成效。

（厅老干处）

【把政治建设放首位，发挥党建引领作用】　坚持把政治建设、思想建设、组织建设贯穿于党建工作始终，不断增强组织的向心力、感召力、凝聚力。一是离退休干部党组织更加健全。今年全厅新成立离退休干部党支部 7 个，全厅离退休干部党支部达到 26 个。全厅 1167 名离退休干部党员全部纳入党组织管理。二是深入推进支部"三化"建设。举办全厅离退休干部党建工作培训班，开展全厅离退休干部"示范党支部"创建工作。2021 年，厅机关离退休干部第一党支部被省委组织部、省委老干部局评为首批"全省离退休干部示范党支部"，省综合交通中心机关离退休党支部、厅机关离退休干部第二党支部被授予首批"全厅离退休干部示范党支部"。三是扎实开展党史学习教育活动。开展了能体现老同志特色、发挥老党员作用的系列党史学习教育活动：学习党史、宣讲党史、颂扬党史。厅机关离退休干部党总支先后组织召开支委会、总支大会、总支专题学习会、专题组织生活会 20 余次，先后开展主题党日活动 2 次，红色走读活动 3 次。厅党委书记、厅长王爱和为离退休干部党总支（联合厅办公室党支部）讲授专题党课，党总支书记及各支部书记分别讲党课 3 次，邀请省委党校教授作"七一"重要讲话精神专题辅导，组织系列老党员实践党史活动，开展了为老同志办实事办好事活动。

（厅老干处）

【发挥老干部作用，为交通运输事业增添正能量】　2021 年，充分发挥好老党员老干部的独特优势和作用，特别是政治优势经验优势，把为交通运输事业持续增添正能量作为离退休干部党支部的重要任务。一是发挥老党员作用，讲好红色故事、交通故事。组织老党员进机关、进企业、进学校，讲党史，讲中国故事、红色故事、交通故事，让老同志在发挥熟悉党史、亲历历史的独特优势和作用中，增强价值感、成就感。二是发挥老同志文艺优势，歌唱党歌唱祖国。组织 40 余名老同志参加全省交通运输系统庆祝中国共产党成立 100 周年文艺演出；组织 30 余名老同志唱革命歌曲参加省老年体协的庆祝建党百年活动，受到省老年体协表彰。三是发挥老同志经验优势，畅谈新成就新变化。组织开展"我看建党百年新成就""我看交通新成就"调研座谈活动。通过召开形势报告会、专题座谈会、实地参观考察等形式，让老同志亲眼见证交通发展新亮点，同时结合自身的人生历程，深切感受和畅谈党和国家取得的辉煌成就。

（厅老干处）

【用心用情用力做好离退休干部精准服务管理】　积极开展"我为群众办实事"实践活动，主动为老同志办实事解难事。扎实推进老干部工作信息化、精准化、规范化建设，让服务保障工作更具体更深入，让老同志更满意。一是开展了大走访活动。开展了以"进百家门，问百家情，解百家忧"为主题的大走访慰问活动，在"七一"、中秋、重阳节等节日期间，先后上门慰问厅机关老同志200余人次，及时了解掌握老同志身体、家庭情况，切实帮助解决存在的困难。举办了厅"光荣在党50年"纪念章颁发仪式，厅领导亲自为老党员代表佩戴纪念章，对厅机关全体"在党50年"的老同志进行了专门的慰问。二是推行了离休干部精准化服务措施。制定并实施了离休干部"一人一策"精准化服务方案，细化各项服务措施；对每一位离休干部生活待遇落实情况进行了逐人逐项核查，确保离休干部各项待遇不折不扣全面精准落实到位。三是推进了老干部信息化工作，提升老同志适应信息化智能化时代的能力。采取集中培训、线上培训和上门一对一面对面指导等方式，教老同志使用智能手机安装省委老干部局开发的"银耀赣鄱"小程序，让老同志跟上信息化智能化时代，享受新技术发展的便利。在全省老干部工作信息化建设先进表彰中，省交通运输厅荣获先进集体、先进个人。四是做好了老同志的健康保障工作。认真做好了老同志的年度健康体检、异地就医及慢性病手续申报工作。举办了厅离退休干部健康知识讲座，为老同志讲解健康养老知识。组织厅机关40名老同志参观考察养老机构，了解养老信息。五是开展了丰富多彩的文体活动。以愉悦生活、增进友谊、促进健康为目的，坚持开展了门球、垂钓、兜球、桌上冰壶、合唱等一系列文体活动20余场（次），并成功举办了厅老年体协成立30周年庆典活动，有效提升了老同志们的幸福感。

（厅老干处）

【王爱和厅长走访慰问江西省交通高级技工学校退休困难党员】 2月7日上午，在新春佳节来临之际，省交通运输厅党委书记、厅长王爱和来到江西省交通高级技工学校退休困难党员徐汉林家中走访慰问，为学校退休同志带来了组织的温暖和新春的美好祝福。厅办公室（党办）主任毛茂、厅直机关党委专职副书记贺一军、厅交通工会主席方向、校长欧阳娜等一行陪同走访慰问。

（江西省交通高级技工学校）

【省高航中心开展离退休健康知识讲座】 4月30日，江西省高等级航道事务中心举办了"突发疾病的急救处理"专题讲座，邀请南昌大学第二附属医院急诊科主任、主任医师、硕士研究生导师吴利东教授亲临授课。中心机关离退休干部职工及省交通运输厅离退休干部职工30余人参与讲座。

吴利东主任用通俗易懂的语言结合老同志年龄身体状况深入浅出地讲解胸痛、急性脑卒中、动物咬伤处理、烧伤、中毒、中暑等典型临床症状及其预防和胸外心脏按压、止血包扎等应急处理措施，并从合理膳食、适量运动、戒烟限酒、保持良好心态等四个方面引导大家养成良好的生活习惯，加强自我保健，防患于未然。老同志们听得认真，记得仔细，现场交流互动气氛热烈。

讲座结束后，吴利东主任还对参加讲座的老同志提出的疑问一一作了解答，并为大家现场看诊。老同志们纷纷表示，通过这次讲座对突发疾病的急救处理知识有了更深入的了解，提高了健康意识，增强了疾病预防的能力，对全面提升健康水平具有重要意义。

（杜宇剑）

【省港口集团信江航运枢纽项目办举办关爱老人主题党史学习教育活动】 6月，省港口集团信江航运枢纽项目办联合JC1标中心实验室，举办"听党史 传承红色基因，办实事 真情关爱老人"党史学习教育活动，信江航运枢纽项目办20余名党员及青年突击队成员，先后前往抗美援越老兵及为祖国核弹事业耕耘过的老党员家中慰问，并来到余干县大溪乡敬老院看望慰问孤寡老人。

（姚飞）

【省交通投资集团领导走访慰问老党员】 "七一"前夕，集团党委书记、董事长王江军，党委副书记、副董事长、总经理谢兼法等领导分别走访慰问集团老党员，代表集团党委向他们送去节日的慰问和诚挚的祝福。集团有关部门、单位负责同志随同走访。

在老党员何维彤家，王江军向他送上鲜花和祝福。今年已93岁高龄的何维彤是新中国成立前的老党员，参加过解放战争，曾获庆祝中华人民共和国成立70周年纪念章。王江军关切询问他的身体和生活情况，并为他颁发"光荣在党50年"纪念章。在老党员张桂英家，谢兼法与她面对面拉家常、话冷暖。从一张沙发，到锅碗瓢盆，有73年党龄的张桂英回忆了组建交通设计院的艰辛与不易。谢兼法一边认真倾听，一边与她交流。交谈中，谢兼法详细询问她的身体情况和日常起居，叮嘱她保重身体。随后，谢兼法为张桂英佩戴上"光荣在党50年"纪念章。

连日来，集团其他领导班子成员也分别走访慰问了部分老党员、老干部、烈士遗属、因公殉职党员干部家属和困难党员。

（省交通投资集团）

【省交通运输执法局开展重阳节敬老活动】 为弘扬中华民族尊老敬老传统美德，10月14日，在崇义县铅厂镇稳下村的孝老食堂，省交通运输执法局驻村工作队与镇村干部一起开展重阳节慰问活动。局驻村工作队向全村90余位70周岁以上老人致以节日问候和诚挚祝福，耐心地拉着老人们话家常，询问他们的身体健康情况和日常生活情况，并为其送上节日慰问品，让老人们感受到了更多的关爱和祝福，营造了敬老、爱老、助老的良好社会氛围。

（省交通运输执法局 章艳）

【省委老干部局到省综合交通中心调研离退休干部"示范党支部"创建工作】 11月5日，省委老干部局一处处长许晓军率队到省综合交通中心，调研全省离退休干部"示范党支部"创建工作。省交通运输厅离退休干部处处长王亲勇、省综合交通中心党委委员、副主任范年福陪同调研。调研组指出，省综合交通中心高度重视离退休干部"示范党支部"创建工作，在工作经费、场地建设上给予充分的支持和保障，机关离退休党支部组织机构健全，班子选齐配强，认真落实"三会一课"制度，党员教育管理到位，支部标准化建设突出，工作台账管理规范，发挥了离退休干部党建示范引领作用。

（雷有升）

【省交通运输执法局举行首次机关干部荣誉退休仪式】 11月25日上午，省交通运输执法局举行首次局机关干部荣誉退休仪式，欢送黄坚、朱宁娥两位同志光荣退休。局党委书记娄鸿雁出席并讲话，副局长罗志明、一级调研员刘文革和相关处室同志参加仪式。

仪式上，娄鸿雁代表局党委感谢两位同志40多年来对交通运输事业的辛勤付出，祝福他们退休生活快乐、身体健康、家庭幸福，希望他们一如既往地支持省交通运输执法局工作，退休不褪色，离

岗不离心，继续为交通运输发展贡献力量。黄坚、朱宁娥两位同志先后发表了退休感言，感谢局党委的关心关爱，真切地表达了对交通运输工作和同事们的不舍之情，表示人虽退休了，但思想坚决不退休，今后将一切行动听指挥，积极参加离退休干部学习活动，为交通运输执法工作增添正能量。与会干部职工纷纷回忆起与他们共事的点点滴滴，表达了对两位同志的感谢、不舍、敬意和祝福，表示要向他们学习，将他们的敬业精神、拼搏精神传承下去。

最后，局领导为两位光荣退休同志颁发了光荣退休证书、献上了鲜花和纪念品，并带领大家合影留念。仪式在组织为两位退休同志精心准备的微视频《致敬芳华》中落下帷幕。

（省交通运输执法局 章艳）

【靖安县交通运输局积极开展"敬老月"活动】 为贯彻落实积极应对人口老龄化国家战略，弘扬中华民族孝老爱亲传统美德，营造养老孝老敬老社会氛围，县交通运输局在"敬老月"期间围绕"实施积极应对人口老龄化国家战略，乐享智慧老年生活活动"的主题开展了多项活动。

一、开展走访慰问活动。"敬老月"期间交通局走访看望了获得"光荣在党50年"纪念章的老党员涂铭怀和闵柳章，并送上了秋被等慰问品；同时也为每位退休人员发放了300元的重阳节慰问金，让老年人深切实际地感受到党和政府给他们的深切关怀和照顾。

二、开展"智慧助老"行动。"敬老月"期间交通运输局的年轻人走进社区，推广"银耀赣鄱"小程序，教老年人使用小程序，让老年人也同样便捷享受科技带来的便利。

三、开展体育健身活动。"敬老月"期间交通局组织局里退休老人打门球，让局里退休的门球爱好者现场教学，并传播积极运动的健康生活方式，引导老年人树立健康的老龄观，并在生活中充分发挥老年人的积极作用。

（程凌）

【高安市交通运输局老年支部多种形式庆祝建党百年华诞】 为隆重庆祝建党百年华诞，体现党员在党的荣光，高安市交通运输局老年支部采取集中颁章、上门颁章、撰写征文、走访慰问、座谈等

多种形式，组织开展"光荣在党50年"纪念活动。2021年七一，该支部共有13名老党员光荣入党满50周年。在隆重庆祝建党百年之际，该支部积极组织开展各种活动，让党员同志体现在党的荣光和组织的关爱。年初，首先，响应高安市老干局、市老科协、市老体协等单位组织的庆祝建党百年征文活动，号召大家发挥当年犀利的文笔，撰写自己的入党心路历程，讴歌中国共产党的崇高和伟大。老党员们精气不减当年，先后撰写了18篇形式多样的纪念文章，其中三篇得以采用发表，赢得了上级的好评。其次，认真组织召开了"光荣在党50年"专题座谈会，听取了老党员们的意见建议。第三，在局党委的支持下，对部分老党员进行了走访慰问，对生活中存在困难的同志进行了人文关怀。第四，对身体健康的老党员进行了集体颁发"光荣在党50年"纪念章，鼓励他们再接再厉，再创辉煌。

第五，对因身体原因不能及时到会授章的老党员则进行了专程上门颁发纪念章服务。

（陈思球）

【**宜丰县交通运输局老年体协丰富老年人活动形式**】 随着退休人员的增加，队伍的扩大，活动项目由以往单调的徒步行走、套圈增加到门球、气排球、钓鱼、气功、太极拳、唱歌跳舞、乒乓球、飞镖等多个项目；活动时间由过去每季一次提高到集体项目每月一次，门球队每个星期两个下午（不包括比赛）的训练，乒乓球、太极拳、健身操、徒步行每天都有人坚持。中秋、国庆"双节"期间组织全体老同志，举办了联谊会，到桃源小院开展了一次唱歌联谊活动，参观游览了伴山花鸟公园。

（漆志勇）

防汛救灾工作

【**赣西航道事务中心积极应对雨雪冰冻灾害天气**】 2月22日气象部门发布暴雪蓝色预警信号，赣西大部分地区出现中到大雪或雨夹雪天气，为积极应对雨雪冰冻恶劣天气，赣西中心全力做好各项安全措施。

赣西航道事务中心积极应对恶劣灾害天气，做好通航安全保障工作。一是召开会议周密部署，严格落实。将上级的文件、会议精神及时传达到中心各科室、航道段所。要求各基层单位高度重视，提高认识，加强防范，绝不掉以轻心，把确保人民群众生命安全放在首位，把防范应对雨雪灾害天气各项工作做细、做实、做好。降雪期间，严格落实领导带班和24小时专人值班制度，基层单位负责人要保持24小时通信畅通。值班室安排应急人员、车辆、航巡艇随时待命，做好防范应急准备。二是由主要领导带队，深入基层，深入一线，对丰城、高安、樟树航道段进行安全督查，进一步完善防雨雪冰冻天气应急预案，落实责任，坚决克服麻痹思想、侥幸心理，及时督促各涉水单位及船员落实安

全防范低温雨雪冰冻天气措施，以高度责任感落实工作职责，层层抓落实。三是中心巡查科、所属各航道所、段认真履行好各自职责，对辖区水域加强巡航检查，全面掌握辖区航道内锚泊避风雪船舶的情况，做好保标护标工作，确保航道安全畅通，技术科技术人员前往现场指导督促船舶开展防雨雪冰冻工作，确保航道畅通。四是加强内部管理。加强对单位内部的趸船、道政船、航巡艇、值班车辆、通信设施等应急设备的安全检查，确保设备处于良好状态，同时立即配备足够的草袋、防滑垫等防冰冻应急物资。

（刘立平）

【**省港口集团明确防汛抗旱工作任务**】 3月30日，省港口集团下发《江西省港口集团关于明确〈江西省2021年防汛抗旱工作要点〉有关工作任务分工的通知》，要求集团权属各单位、指挥部（项目办）提高政治站位、统一防汛思想，切实增强做好防汛抗旱工作的责任感和使命感，强化红线意识和底线

思维，坚决克服麻痹思想、侥幸心理，加强组织领导，层层传导压力。要按照工作分工抓好落实，进一步细化工作措施，确保各项工作落实落细，按时间节点完成各项工作任务。

（省港口集团）

【省交通投资集团切实打好防汛保畅主动仗】 4月，江西省进入汛期，强对流天气频繁，持续的暴雨甚至大暴雨，严重威胁着人民群众的生命财产安全。面对严峻的防汛形势，省交通投资集团严格贯彻落实防汛度汛工作要求，以"备、查、练、抢"为工作要点，全力打好防汛保畅主动仗，保障高速公路安全畅通。

集团按照汛期安全生产工作要求，及时组织各路段管理单位对防汛物资、设备、队伍力量进行调配；并利用省交通投资集团"一张网、一盘棋"的防汛工作优势，作好了全面储备、统一调度的部署安排。全集团共组建应急队伍 75 支共 1350 余人，调配大型应急设备 230 台、砂石约 16100 立方米、安全锥约 90000 个、移动式标志标牌 1500 余套，为汛期应急保畅做好充分的人员、物资保障。

为充分做实防汛度汛工作，结合高速公路"预防为主、防治结合"的养护原则，集团集中力量对山区、临水临崖、易积水路段等重点区域和桥涵、隧道、高边坡、涵洞通道等重点部位进行了全面排查。共投入养护应急人员 2.6 万人次、养护车辆 9 千台次、累计开展道路巡查 50 余万千米、桥隧排查 4.1 万座次，清理边沟 40 余万米；通过以"查"促"防"，建立了重点区域、重点部位的排查、监测记录及重点任务清单，做到防汛重点工作任务件件有落实、安全风险处处有对策。

为保障险情出现时应急处置工作有序开展，汛期之初，省交通投资集团及时组织完善了各级防汛应急预案，层层压实防汛责任；在密切监视雨情、水情和高速公路水毁灾情的同时，提前做好了预警防范，分层分级与气象、交警、路政等部门建立联动机制。

同时，突出应急预案的实用性、科学性、可靠性，及时组织各级开展应急处置预演预练，创新预演预练工作模式，将实战与演练紧密结合。

（省交通投资集团）

【省港口集团信江八字嘴航电枢纽工程项目组织开展防汛应急综合演练】 5月9日，省港口集团八字嘴航电枢纽工程项目组织开展防汛应急综合演练，整个防汛应急综合演练历时 1 小时。此次防汛应急综合演练，全面地检验了信江项目应急系统以及掌握高效施救的方法、技术及应注意事项和救援组织程序的掌握程度，检验了应急救援小组的指挥处置能力和配合协调能力，进一步增强了信江项目人员在应急事故状态下的心理素质和处理突发事故的能力。

（省港口集团）

【省港口集团召开防汛工作部署会】 6月 4 日，省港口集团召开防汛工作部署会，安排部署防汛工作，要求做好重点时段值班值守及安全检查，汛期积极组织防汛度汛，不断完善信息报送通道。要求权属各单位、各指挥部（项目办）要充分认识当前防汛抗灾形势的严峻性和复杂性，始终绷紧防汛抗灾这根弦，立足防大汛、抗大洪、抢大险、救大灾，坚持底线思维，狠抓工作落实。在坚持常态化疫情防控工作的前提下，扎实做好防汛抗洪各项工作。

（省港口集团）

【省交通投资集团织牢"三张网"保障汛期道路安全畅通】 进入汛期以来，针对当前江西省强降雨情况，省交通投资集团牢固树立底线思维，落实防汛保畅责任、措施，做好高速公路安全度汛工作，保障人民群众安全畅通出行。

一是织牢路面养护"防护网"。全面进入应急预备状态，做好应急物资、机械设备、人员队伍等准备，暂停非应急性养护作业，确保道路行驶通畅。加强道路巡查，增加日间和夜间巡检频率，特别将高边坡、高填方、临水临崖、近年塌方路段、通水桥涵作为巡查重点，采取设置警告标志、告示牌、安全防护措施，突出塌方、泥石流等地质灾害预防，引进北斗定位技术对边坡变形进行全天候 24 小时监测，确保提前排除边坡安全隐患，保障行车安全。汛期以来，共投入养护应急人员 1 万余人次、养护车辆 4000 余台次，开展道路巡排查 2 万多千米、桥隧排查 1.8 万多座次，投入安全锥、防撞筒 1 万余个。强化病害处置，提前疏通防排水系统，及时开展应急抢修。汛期以来，共清理排水沟 22 万余米、疏导桥涵 1300 余处，处理树木倒伏、路面障碍物 1400 余处，处治积水路段 50 余处，保障排水系统无淤塞、道路畅通。

二是织牢窗口服务"防备网"。提前配齐收费站保畅人员，备足CPC卡、纸质通行券等达到20天用量的应急物资，对手持收费机、ETC车道以及防雷、防水设施等提前维护保护，确保运行稳定。利用监控系统对重点路段、收费站和服务区进行重点监控，通过沿线LED屏、收费站情报板、推送短信、电子地图导航提醒等，提前发布公路阻断信息、行车安全提示，引导公众选择合适出行时间、路线。加强服务区危化品大型车辆的交通安全管控，科学设置场区警示标志，确保夜间行车安全。

三是织牢联勤合力"防控网"。加强值班备勤，执行24小时值班和领导带班制度，动态收集、分析、报送雨情、水情和高速公路水毁灾情等；分别与气象、交警、路政等部门启动联勤联动机制，确保及时启动应急响应，高效处置突发事件。

（省交通投资集团）

【省交通运输执法局"六个加强"做好汛期水上交通安全监管工作】 为全面做好全省汛期水上交通安全监管工作，省交通运输执法局从六个方面进一步夯实责任、细化措施，明确汛期安全监管重点，进一步预防和减少水上交通事故发生。一是加强汛期水上交通安全监管组织领导。充分认识做好汛期水上交通安全监管工作的严峻形势，举一反三，督促各地认真查摆辖区水上交通安全监管的薄弱环节和存在的问题隐患，切实加强辖区水上交通安全监管工作的组织领导，落实汛期水上交通安全监管工作措施，保障辖区水上交通安全形势稳定。二是加强船员舱外穿救生衣专项执法检查。组织各地海事部门开展舱外穿救生衣专项执法检查行动。督促辖区航运企业落实所属船舶船员安全教育的主体责任，提高所属船舶船员安全生产意识，督促所属船舶船员遵章守规，按规定舱外临水作业穿着救生衣。同时，加大现场检查过程中的宣传教育力度，采用教罚并举方式督促船员舱外临水作业时按规定穿着救生衣，防范船员意外落水事件发生。三是加强对锚泊船舶、"僵尸船"的监管。要求各地海事部门全面摸底排查辖区锚泊船舶，重点检查锚泊船舶的船员值班、锚链等锚泊设施设备，督促锚泊船舶加强船员值班值守和船舶锚泊设备的检查，严禁船舶在桥区、枢纽上游附近水域锚泊。加大"僵尸船"清理整顿力度，做好"僵尸船"切割现

场清理等防污染工作，防范"僵尸船"走锚险情发生。推动沿河乡镇政府村委会加强辖区乡镇自用船管理，对辖区乡镇自用船进行逐船登记造册。督促船主配备并按规定穿着救生衣，签订不得非法载客和恶劣天气冒险航行的安全责任状。四是加强汛期"超限"船舶的管控。要求沿赣江下游水域相关海事部门提前部署汛期"超限"船舶管控，加大对辖区码头、船舶、船员的宣传力度，加大巡航检查力度，严防"超限"船舶未经同意擅自进入管控水域，保障汛期防汛安全和桥梁安全；其他水域海事部门结合辖区实际明确管控船舶尺度和管控水域，并对外发布相关航行通告，开展"超限"船舶管控工作，坚决防范船舶触碰大桥事故发生。五是加强恶劣天气预警信息的发布。督促各地海事部门加强与气象、水文等部门的联系，及时掌握天气、水文信息，密切关注雷雨大风、台风等恶劣气象信息，及时发布恶劣天气预警信息，向有关船舶公司及船员提供安全信息和助航服务。六是加强汛期值班值守和应急处置。要求各地海事部门切实加强值班值守，确保在紧急情况下快速反应，做好应急处置。接报险情事故信息后，在及时采取应急处置措施的同时，按规定时限和要求迅速上报险情事故快报信息，严禁迟报、瞒报、漏报。

（省交通运输执法局　黄云）

【省综合交通中心做好汛期公路保通工作】 2021年汛期以来，江西省遭受多轮连续性强降雨袭击，雨量集中，地质灾害频发，造成大量路基边坡塌方、挡土墙坍塌、山体滑坡、桥涵冲毁、路基路面发软下沉等，江西省普通公路损失严重。省综合交通中心把抗洪抢险救灾工作放在首位，立即启动公路防汛应急预案，实行24小时领导带班值班。制定公路防汛、保障安全畅通的具体方案措施，从人员、物资、设备等方面加强保障，全力应对水毁灾害，全力抢修损毁设施，全力保障汛期公路交通安全畅通，并及时上报水毁统计数据，2021年普通国省干线公路水毁损失约3亿元。

（裴麟成）

【铜鼓县交通运输局打好防汛大畅通应急战役】
6—7月汛期期间，铜鼓县连降强雨，全县乡村公路水毁严重，造成个别乡村交通中断现象。针对此种情况，铜鼓县交通运输局一是强化措施，落实责

任，做好应急物资储备工作，同时加强与气象、自然资源局等部门的沟通协调，密切关注天气信息，做到早预测、早防范。二是严格执行领导干部带班的值班值守制度，畅通信息报送渠道，实行"零报告"制度，加强公路保畅力度，保障全县所有乡村公路安全有序畅通。三是加强动力调配，根据需要，增减客运班次，切实为人民群众提供安全的服务。

（张鹰）

【樟树市交通运输局多措并举确保汛期道路运输安全】 为做好防汛准备工作，樟树市交通运输局提前谋划，早作准备，认真组织开展防汛物资、队伍、预案等检查，排查治理隐患，保障汛期交通运输安全畅通。

一是认真布置汛期安全生产工作任务，针对汛期和暴雨、极端恶劣天气等气象因素，进一步强化红线意识、忧患意识、风险意识和责任意识，突出道路客运、危化品运输、农村公路、在建工程等领域，全力排查风险，消除隐患。

二是排查安全隐患。对辖区内公路、桥梁、边沟、危险路段等进行拉网式排查治理；深入各运输企业排查安全隐患，重点检查"两客一危"运输企业以及汽车客运站"三不进站，六不出站"管理制度和疫情防控的落实情况，坚决杜绝"问题车"上路；督促客运企业提前做好汛期危险路段的排查工作，及时调整线路，对不具备安全条件的线路坚决停班停运，严禁冒险行车。

三是全力保障汛期应急运力调用。按照防大汛、抗大洪、战大灾的要求，扎实做好物资运输和道路旅客运输应急运力准备工作，在全市准备了防汛应急车辆118辆，其中客车35辆，自卸车45辆，农用车45辆，装载机5辆，挖机5辆，吊车1辆，并将以上车辆分为4个小组，每组明确具体责任人，层层落实责任，建立联络机制，确保防汛车辆随调随到。四是加强值守，确保信息畅通。严格落实24小时值班和领导带班制度，加强与气象等部门的信息联系，及时掌握汛情预测预报，确保汛情信息和调度指令的畅通。

（杨波）

【畅行公司积极动员服务区、收费站为支援河南抗洪救援队伍保驾护航】 7月下旬，极端暴雨天气造成河南郑州等地汛情异常严重。畅行公司积极动

员各服务区制定服务保障方案，全体员工投入工作一线，积极为抗洪救援队伍提供高效、热情、周到的服务。一是沟通对接需求。积极与救援队伍联络人沟通，了解队伍休整、用餐、住宿需求，提前对各救援队伍到达时间和人数进行摸底，做到准备充分。二是做好服务保障。提前划定抗洪抢险车辆专用停车区，第一时间调动工作人员做好车辆疏导，加强路况信息播报力度，及时提醒司乘绕行，保障抗洪抢险车辆安全通行。提前安排部署菜品搭配、食品卫生等工作，为抗洪救援队伍提供免费工作餐，以及西瓜、绿豆汤、矿泉水、干粮等物品，保障餐饮物资满足需求。三是落实防疫要求。提前对洁具、热水器等设施设备进行排查、消毒，落实测温、扫码、佩戴口罩等措施，加大广场以及公共服务设施的保洁力度，确保环境整洁、干净卫生，确保服务区和救援队伍安全。此外，落实交通运输部部署，各收费站全力保障运输农资等应急救援车辆免费快速通行。

（省交通投资集团）

【赣北航道事务中心拉开"战枯水、保通航"序幕】 10月上旬长江秋汛结束后，长江中下游干流水位快速下降，加之10月以来鄱阳湖流域大部持续少雨，鄱阳湖水位呈快速下降态势，鄱阳湖已进入枯水期。鄱阳湖吴城至褚溪河口水域浅显航道成为过往船舶安全通航隐患。近日，赣北航道事务中心协同江西省航道工程局正式拉开了"战枯水、保通航"工作序幕。

该中心启动了"枯水抢通"紧急预案，加强了重点航段现场维护力度，增加巡航密度与测量水位频次；加强了航标维护管理力度，结合航标遥测遥控系统，增加了电子巡航频次，做到勤测水、勤移标、勤查灯。入汛以来，该中心实行24小时值班值守制度，畅通信息渠道，做好上传下达，确保能快速高效处置各类突发事件。并协同省航道工程局对老河口浅显航段进行维护性疏浚，保证航道维护尺度。

据统计，自10月6日以来，该中心派出巡航人员33人次，出动船艇11艘次，测量水位39次，调整标位12座次，现场排除航标遥测遥控终端报警9座次，此次疏浚约8万立方米，为枯水期航道通航安全提供了坚实保障。

（熊哲）

乡村振兴工作

【概况】 为进一步巩固拓展脱贫攻坚成果，接续推动脱贫地区发展和乡村全面振兴，党中央决定向重点乡村持续选派驻村第一书记和工作队。按照部署，全厅 6 支驻村帮扶工作队（共计 21 名干部）于 2021 年 7 月完成进驻，并开展新一轮驻村帮扶工作。

全厅 6 个驻村帮扶点认真制定驻村帮扶三年工作计划。省交通运输厅驻村帮扶工作队计划投资 5000 余万元，计划实施道路改扩建 20 余千米，目前正在开展项目招投标工作。省综合交通中心驻村帮扶工作队投资 700 万元开展农村公路改造，引进高标准农田建设资金 220 多万元。省高等级航道中心驻村帮扶工作队争取总投资约 400 万元的鄱阳县百亩蔬菜基地项目落户洞源村，计划引进投资 300 万元种植油茶和茶叶。省交通运输执法局驻村帮扶工作队争取资金近 300 万元用于脐橙主产区道路硬化，向村委会捐赠 8 台电脑和 2 台打印机。省交通投资集团驻村帮扶工作队与镇村干部成功争取县级乡村振兴专项帮扶资金 100 余万元，协助引入社会资金 250 万元，推动食用菌产业升级。江西交通职业技术学院驻村帮扶工作队投入帮扶资金 250 万元建设红色教育基地，推动红色文化实践育人与乡村振兴事业同步发展；投入资金 30 万元，实施塘南村安全饮用水工程、村亮化工程和村容村貌提升工程。

（熊贻辉）

【省厅驻村帮扶工作座谈会召开】 9 月 27 日，省交通运输厅召开全厅驻村帮扶工作座谈会，部署推动脱贫攻坚与乡村振兴有效衔接相关工作。厅党委书记、厅长王爱和出席会议并讲话。各派驻单位主要负责同志及部门负责同志，驻厅纪检监察组副组长、厅机关有关处室负责同志，各驻村工作队第一书记、选调生代表参加会议。

王爱和指出，省交通运输厅党委历来高度重视驻村帮扶工作，坚持把脱贫攻坚工作作为全厅重大政治责任和第一民生工程，建立健全了帮扶工作机制，研究出台了一系列帮扶政策，选优派强驻村干部，对口提供资金、资源等各项保障。历任驻村第一书记和工作队员扑下身子、真抓实干，圆满完成定点帮扶任务。

（熊贻辉）

【王爱和赴厅驻村帮扶点调研】 2021 年 12 月 29 日，省交通运输厅党委书记、厅长王爱和到厅定点帮扶村上饶市广信区清水乡洪家村调研。

王爱和察看了四新水库、村情村貌，了解了洪家村的基本情况及清煌公路、村内道路基础设施规划建设情况。他强调，要加快推进清煌公路建设，推动洪家村道路基础设施提档升级。要将"四好农村路"建设各项工作细化到位、落实到位，切实把农村公路建设好、管理好、维护好、运营好。

调研期间，王爱和走访慰问了脱贫户，出席了"江西省农业科学院郑立平研究员乡村振兴服务站"揭牌仪式。

（熊贻辉）

【蓝丽红深入定点帮扶村开展乡村振兴调研】 9 月 14 日上午，省交通运输厅党委委员、驻厅纪检监察组组长蓝丽红一行来到江西交通职业技术学院定点帮扶村井冈山市柏露乡塘南村实地调研乡村振兴工作，并看望慰问驻村工作队成员。

蓝丽红充分肯定了学院帮扶工作成效，他要求学院驻村工作队开展乡村振兴帮扶工作要切合实际、抓住重点、理清思路、明确目标，要充分依托塘南村"古、红、绿"资源优势，发展村级特色产业，促进塘南村产业振兴和文化振兴，在乡村振兴的新征程上接续奋斗，不断开创新局面。

（熊贻辉）

【**省交通运输厅扎实做好各项帮扶工作**】 省交通运输厅驻村工作队围绕驻村帮扶职责，扎实做好各项帮扶工作。一是走村入户了解村情。驻村工作队下到各村民小组，了解村情，汇集民意，并仔细考察调研帮扶村经济发展情况和产业发展，为扎实做好厅驻村帮扶三年规划奠定坚实基础。二是解决群众"急难愁盼"。协调市、区交通运输部门整平修复县道005清煌公路，恢复通村客运班线；邀请省公路科研设计院有关专家对县道005清煌公路升级改造方案开展评审，提出优化方案，并积极协调推动项目尽快开工建设；协调煌固自来水厂，加快入户自来水安装。三是因地制宜发展产业。邀请省农科院专家到村指导，初步选定在村庄主干道县道005两侧及四新水库南侧地块试点"稻油轮作"，种植面积约33.33公顷，预计每亩可增收1000元以上。

（熊贻辉）

【**省综合交通中心驻村工作队开展"三类人群"排查工作**】 省综合交通中心驻村工作队进村入户，重点对"三类人群"深入开展"回头看"再走访摸排工作。其间，驻村工作队按照省综合交通中心和安福县农业农村局的工作要求，结合秀水村脱贫户较多的实际情况，制定防止返贫监测机制，定期对脱贫户和一般农户开展入户走访。通过摸排，现已发现1户户主因白血病病情恶化，存在返贫风险；发现1名因智力问题重度失能残疾人必须有人照顾，给家庭带来严重压力。为能及时解决农户实际困难，切实为群众办好实事，驻村工作队及时采取行动，依据核实情况，与村"两委"沟通，并与上级相关部门对接，按照相对应的帮扶政策，争取上级支持。

（熊贻辉）

【**省高等级航道中心驻村工作队认真开展帮扶工作**】 省高等级航道中心驻村工作队自7月进驻鄱阳县芦田乡洄源村以来，聚焦发展乡村特色产业和壮大村集体经济，主动对接县乡政府、相关部门及产业大户，先后多次来到洄源岭葡萄园、碧云山庄旅游点、五金加工厂、油茶园、茶叶山、大棚蔬菜、禽畜养殖场等产业基地了解产业经营、市场前景、发展计划和帮扶需求，并前往乐平市蔬菜产业基地和批发市场、周边特色村学习产业发展好经验、好做法。

截至9月25日，驻村工作队已帮助产业大户流转山地33.33公顷，计划投资300万元在今冬明春种植油茶和茶叶。成功争取到芦田乡蔬菜产业基地落户洄源村，项目一期计划建设13.33公顷，投资超300万元，并预留20公顷发展空间，为实现帮扶期内洄源村生态产业规模超千亩的目标迈出了坚实的一步。

（熊贻辉）

【**省交通执法局驻村工作队开展"交通运输普法宣传助力乡村振兴"主题实践活动**】 9月28日上午，省交通执法局驻村工作队利用稳下村逢圩日，在集贸市场悬挂横幅、设置咨询台、发放宣传单等方式宣传《公路法》《公路安全保护条例》《超限运输车辆行驶公路管理规定》《安全生产法》等法律法规以及非法乘坐"黑车"的危害等内容，与广大村民面对面、零距离，用生动的案例与喜闻乐见的互动方式进行宣传，为村民群众解答常见法律问题，提供法律咨询服务，受到村民群众交口称赞。广大村民纷纷表示通过这次法治宣传活动，提高了尊法、学法、守法、用法意识，增强了用法律维权的观念。

（熊贻辉）

【**省交投集团驻村工作队开展"我为群众办实事"活动**】 省交投集团驻村工作队结合"我为群众办实事"实践活动，听民生察民情，解决村民百姓"急难愁盼"的事情，多措并举，努力提升村民的幸福感、安全感和归属感。

工作队自进驻九江市德安县车桥镇车桥村后，迅速深入全村8个小组，与村民广泛交谈，倾听村情民意，重点关注脱贫户和"三类人群"。为了让他们过上一个美丽祥和的中秋节，驻村工作队给他们送去节日慰问品，有效巩固了车桥村脱贫攻坚成果，切实履行了防返贫和动态监测工作要求。

为进一步发展壮大车桥村集体产业，努力促进车桥村民增产增收，驻村工作队先后前往广昌县、修水县、武宁县等多地进行考察，探索山茶、皇菊等种植加工产业。同时科学调研，实地勘测村内小组道路改建扩建、山塘水库维修建造项目，为编制车桥村帮扶计划打下了良好基础。

为了给村民营造良好的生活居住环境，打造"法治车桥""平安车桥""文明车桥"，驻村工作队充分发挥党员、小组长的模范带头作用，规范村内"三会一课"组织生活，顺利完成人大代表选举、新冠疫苗接种等重要任务，还深入车桥镇中心学校，开展爱国主义教育，多措并举，将"我为群众办实事"活动推深入实。

（熊贻辉）

【江西交通职业技术学院驻塘南村工作队开展产业发展调研，开展"我为群众办实事"活动】 江西交通职业技术学院驻塘南村工作队和乡、村干部一起顶着炎炎烈日、盛夏酷暑，爬山越岭实地考察了塘南村塘南山鸡养殖基地和中药材种植基地。目前，塘南村在学院驻村工作队的鼓励和帮助下，选择了林下养鸡模式，发展生态养殖产业，基地现已基本建成，不久将投入鸡苗进行规模养殖；在中药材种植基地，大家对种植地的地形、土质和决明子的生长状况进行了深入细致的查看，并对未来扩大种植规模、开展产品深加工、形成特色品牌进行了认真谋划。

（熊贻辉）

【省综合交通中心驻村工作队助力打通为民服务"最后一公里"】 省综合交通中心驻村工作队为安福县山庄乡秀水村申请立项 2.1 千米双车道改造项目，项目总投资达 188 万元。该道路改造项目是打通为民服务"最后一公里"的民心工程，将极大改善土场组村民们的生活出行，带动当地农业生产和产业发展，有效助力秀水的乡村振兴工作。

（冯志琦　卢宇昀）

【省综合交通中心驻村工作队助力高标准农田建设】 省综合交通中心驻村工作队围绕安福县"稳粮、优供、增效"的总要求和系统规划任务，积极组织开展秀水村 2021 年度高标准农田建设，经驻村工作队努力，年度总投入将增至 220 多万元，预计亩产将增长 20%。同时，成功申请增建 1500 米灌溉渠、1000 米机耕道以及人行便桥 1 座，共增加资金投入达 60 多万元，切实为发展农业经济、为实现农民增收创造有利条件。

（冯志琦　卢宇昀）

【省交通投资集团荣获"江西脱贫攻坚贡献企业"称号】 6 月 16 日，在第三届江西年度经济大事、经济人物、功勋企业暨脱贫攻坚贡献企业、企业家发布会上，省交通投资集团获评"江西脱贫攻坚贡献企业"称号。

（省交通投资集团）

【省交通运输执法局乡村振兴驻村工作队入驻崇义县稳下村】 7 月 14 日上午，省交通运输执法局局长杜一峰、副局长罗志明一行送新选派的乡村振兴驻村工作队到赣州市崇义县铅厂镇稳下村赴任，并与崇义县副县长杨鹏飞、当地镇村干部见面座谈，对接助力乡村振兴工作。

当地干部对工作队的到来表示热烈欢迎，简要介绍了帮扶村基本情况和乡村振兴发展设想。杜一峰一行对稳下村产业发展情况进行了实地考察，详细了解了驻村工作中的生活保障情况。

就做好乡村振兴工作，杜一峰强调，驻村工作队要迅速转变工作角色，积极主动向当地干部学习，尽快从机关干部转变为驻村队员、转变为新型农民、转变为服务员、转变为宣传员，坚守岗位，严守纪律，严禁脱岗；要突出问题导向，按照产业兴旺、生态宜居、乡风文明、治理有效、生活富裕的总要求，尽快开展入村入户调查，梳理问题清单，提出解决问题办法，做到精准发力；要用心用力带领村民走好乡村振兴之路，力争一年有改观、二年有飞跃、三年争典范，在新起点、新征程上绘就乡村振兴美丽画卷。

（省交通运输执法局　胡宗平）

【省高航中心领导赴鄱阳送驻村工作队进驻乡村振兴帮扶村】 7 月 14 日，省高航中心党委书记陈鹏程、副主任熊慎文一行前往鄱阳县侯家岗乡永丰村总结脱贫攻坚成效，并送中心乡村振兴驻村工作队进驻鄱阳县芦田乡洞源村。

当天上午，在省高航中心脱贫攻坚定点帮扶村——鄱阳县侯家岗乡永丰村，陈鹏程代表省高航中心党委向当地乡党委、政府和扶贫村多年来对驻村工作队的关心、支持、帮助表示感谢，并希望帮扶村在后续发展中能切实提高政治站位，强化支部战斗堡垒作用；持续增强产业活力，巩固提升脱贫成果；不断创新工作机制，提升乡村治理水平；积极深化帮扶协作，实现村间优势互补；持续改进工作作风，锻造实干担当过硬本领。鄱阳县侯家岗乡党委、永丰村"两委"干部、中心驻村工作队代表先后作了发言。

下午，陈鹏程一行送中心乡村振兴驻村工作队来到鄱阳县芦田乡洄源村，并召开进驻工作座谈会。陈鹏程指出，省高航中心在新的一轮乡村振兴定点帮扶工作中，将严格按照中央和省委全面推进乡村振兴、巩固拓展脱贫攻坚成果任务的统一要求，同定点帮扶村所在县、乡、村三级建立密切沟通联系，结合帮扶村实际情况，在建强村党组织、推进强村富民、提升治理水平、为民办事服务等四个方面进行重点帮扶，全力以赴完成洄源村乡村振兴各项目标任务。

（省高航中心驻村队）

【**省交通投资集团助力乡村振兴再出发**】 7月29日，受省交通投资集团党委委托，省交通投资集团党委副书记李建红一行赴德安县车桥镇车桥村，走访慰问驻村干部，并与德安县委书记熊晋喜等座谈交流。集团有关部门、德安县相关同志参加座谈。

会上，李建红听取了工作队进驻以来的情况汇报和车桥村支部书记的村情汇报。李建红指出，实施乡村振兴战略，是解决新时代我国社会主要矛盾、实现"两个一百年"奋斗目标和中华民族伟大复兴中国梦的必然要求，具有重大现实意义和深远历史意义。就进一步做好驻村帮扶工作，他要求驻村工作队尽快融入、稳下心来，认真学习习近平总书记关于乡村振兴的重要讲话精神，开展广泛调查研究，对车桥村进行科学规划，充分发挥集团自身优势，加大与地方县镇的合作力度，不负重托、脚踏实地，干出实绩，接好乡村振兴的接力棒。

熊晋喜对李建红一行的到来表示热烈欢迎，对省交通投资集团一直以来的驻村帮扶和两轮驻村工作队的辛苦付出表示衷心感谢。他说，在集团的帮助和驻村工作队的努力下，定点帮扶村基层党组织不断夯实，村集体产业不断壮大，全村甚至全镇、全县菌菇产业蓬勃发展，取得有目共睹的成绩。在接下来的乡村振兴工作中，希望双方继续共同努力，有效巩固脱贫攻坚成果、有序衔接乡村振兴，取得乡村振兴工作的开门红。

为进一步做好巩固拓展脱贫攻坚成果同乡村振兴战略有效衔接各项工作，省交通投资集团党委按照省委、省政府的统一部署和省委组织部、省乡村振兴局的具体要求，精心选派4名政治素质高、专业能力强、工作经验丰富的干部进驻德安县车桥镇车桥村，不断加强工作衔接，强化衔接保障，以高度的政治自觉投身乡村振兴实践，力争把车桥村打造成为经济强、环境美、生活富的美丽乡村。

（省交通投资集团）

【**省交通运输执法局开展"快乐脐分享，助力稳下橙"消费帮扶行动**】 稳下村是江西省"十四五"省定乡村振兴重点帮扶村，由省交通运输执法局定点帮扶。为深入贯彻落实党中央关于大力实施消费帮扶的指示，省交通运输执法局倡导发起了"快乐脐分享，助力稳下橙"团购活动，汇聚全省交通运输执法系统的消费合力，实实在在帮助脱贫群众增收致富，破解销路窄、价格低、增产不增收等突出问题，成为巩固拓展脱贫攻坚成果同乡村振兴有效衔接的重要举措。

借由此次消费帮扶行动，省交通运输执法局驻村工作队带领稳下村探索出"村级股份制经济合作社+果农+脱贫户"的新型村集体经济发展模式，将脐橙销售纳入村级合作社的经营范围，由产业兴旺模范党小组牵头选购脐橙，引导党员干部发动"朋友圈"，并充分发挥帮扶单位优势，协调对接销售本地优质脐橙，同时聘用脱贫户参与装箱、发货。截至12月中旬，通过帮扶单位搭台、模范党小组牵头、党员群众出单的方式，共销售脐橙达2.3万斤，实现股份制经济合作社进账近14.5万元，聘用脱贫户30余人次，推动"村集体经济、产业发展和巩固拓展脱贫攻坚成果"三赢局面形成。

（省交通运输执法局 胡宗平）

文史工作

【**江西港口史编纂工作启动**】 2021年6月，交通运输部部署开展《中国港口史》和《中国运河史》编纂工作。省交通运输厅积极动员部署港口史编纂工作，成立了港口史编纂工作领导小组，厅一级巡视员胡钊芳担任组长，厅办公室及有关业务处室、编史部门负责同志以及各地市交通运输主管部门、港口企业负责同志为成员。各港区结合实际，成立了相应工作机构，落实编写人员和经费。

根据要求，省交通运输厅按照"1+2+5"格局，编纂8部地方港口史，即1部《江西港口史》，《南昌港口史》《九江港口史》等2部全国主要港口史，《宜春港口史》《上饶港口史》《鹰潭港口史》《吉安港口史》《赣州港口史》等5部区域性重要港口史。

（省港口集团）

【**宜丰县交通运输局认真做好《宜丰县地名志》普查工作**】 8月至9月，该局根据《宜丰县地名普查工作实施方案》的要求，坚持全面普查、科学普查、依法普查的原则，对行政区域内所有的公路（含国省道、高速公路）桥梁、隧道、收费站、服务站、渡口、车站、城市道路等交通运输设施的各类地名进行了普查，对有地无名的重要地理实体进行了命名，对不规范地名进行标准化处理，在重要地理实体周边设置标准规范的地名标志，建立地名信息数据库，为社会提供全面准确的交通运输地名信息。

（漆志勇）

平溪村的乡村致富路
（厅宣传处供图）

市县交通运输

南昌市

2021 年，南昌市交通运输部门围绕服务全市经济社会发展大局，积极作为、主动担当，各项工作稳步推进。公路方面，南昌市境内农村公路总里程 10349.63 千米。其中，县道 835.737 千米，乡道 2187.32 千米，村道 7326.573 千米。水路方面，南昌共有水路运输企业 29 家，普通货运企业 27 家，客运企业 1 家，液货危险品运输企业 1 家。营运船舶共 125 艘，353908.5 载重吨，215814 总吨。2021 年南昌港吞吐量 4054.3 万吨，同比下降 16.68%，其中集装箱吞吐量完成 13.2 万标箱，同比下降 5.53%。轨道交通方面，2021 年，南昌地铁线网运营线路 4 条，运营线路长度 128.5 千米，线网车站总数 94 个，其中换乘车站 9 个，客运量全年为 25970.2 万人次，进站量 16939.4 万人次，旅客周转量 165268.3 万人次千米，计划开行 374875

列次，计划兑现 374857 列次，实际开行 375499 列次。

旅客运输保障能力得到新提升。一是运输服务转型升级。南昌市公路货运大幅增长，2021 年公路运输客货运总周转量 304.2 亿吨千米，同比增长 23%；水路货运稳定发展，水路运输客货运总周转量 54.2 亿吨千米，同比增长 19%，其中集装箱吞吐量预计达到 131420 标箱。2021 年该市轨道交通线网累计发送乘客 2.6 亿人次，历史单日最高客流 181.50 万人次，日均运送乘客 88.16 万人次。二是公共交通优先发展。深化公交都市创建工作，继续优化公交线网，新开辟公交线路 19 条，优化调整公交线路 164 条，更新公交车辆 366 辆，其中新能源车占比 99%，更新巡游出租车 555 辆；新增网约车平台企业 32 家，新增网约车 3810 辆。全市互联网租赁自行车集中整治圆满收官，通过督促企业整改、车辆合规上牌、违规整治回收等方式，回收共享电动车 12 万余辆。根据市场需求和科学测算，牵头完成共享单车配额招投标工作，确定五家中标企业，确定首期投放量 8 万辆，共享单车乱象得到根本治理，运营秩序明显改善。三是春运工作平稳有序。去年全市春运秩序良好，共运送旅客 6021 万人次，同比增长 23.38%，实现了运输服务和疫情防控"双胜利"。

（南昌市交通运输局）

南昌县

2021 年，南昌县努力构建安全、便捷、高效、绿色、经济的现代综合交通运输体系，为服务全县经济发展、脱贫攻坚和乡村振兴提供了坚强的交通运输保障。

行业管理与服务。常态推进"扫黑除恶"工作。开展专项检查 29 次，发放线索摸排表 23 份；开展行业乱象治理行动，违法分包转包检查专项检查 6 次，实施施工单位履约检查 6 次，未发现涉黑线索。有序推进疫情防控工作。常态化做好疫情防控，要求火车站、客运站场严格消杀，严把输出、输入关，严格执行"扫码乘车、凭码出站"。做好码头船舶疫情防控，落实清洁消毒、检测排查和隔离留观等防控应对措施。同时，做好了交通运输行业从业人员和交通系统人员疫苗接种工作。扎实推进巩文巩卫工作。全局干部职工 200 余人参与到了文明城市创建工作之中。高效推进交通运输污染防治。以柴油货车污染治理攻坚战为抓手，积极做好交通运输污染防治。强化交通工程工地扬尘治理，对施工扬尘源实行"一票停工"制。加强船舶污染治理。采取有效措施减少港口作业过程中产生的粉尘、扬尘及噪声，要求作业区必须有除尘、喷淋设备。重点巡查船舶垃圾回收、处理情况和油污水应急管理落实情况，发现问题及时下达整改通知并跟踪问效。

公路建设。（一）狠抓交通项目建设，交通基础设施不断完善。一是重点项目进展提效。配合协调南昌港姚湾港区、地铁 4 号线、南外环等省市重大重点项目推进。目前南昌港姚湾港区一期工程正在施工，预计 2022 年 12 月建成投入运营。地铁 4 号线南昌县段主体工程已完工，正在进行机电安装，预计年底投入运营。南外环征拆与部队的沟通工作取得积极进展。同时积极参与沿江快速路南延规划选址及南昌港市汉港区、南新港区集疏运规划等前期工作。二是公路建设品质提升。以实施"四好农村路"为抓手，大力推进农村公路建设。推进了总投资 0.98 亿元的县道升级改造 3 个项目 14.2 千米，其中五星至沙潭公路幽兰—泾口路段 7.9 千米已完工，罗舍—泗洪公路幽兰连接线至罗舍路段 2.3 千米已完成 1.8 千米、今年年底前将全面完工；五星至沙潭公路塔城大桥至渡头中学路段 4 千米已完成路基工程，正在组织水稳基层摊铺，农历春节前将完成主体工程。推进总投资 2.3 亿元的乡镇主干公路建设项目 31 个 74.7 千米，已完工 4 个项目 4.7 千米；进场施工的有 12 个 29.3 千米；正在组织进场施工的有 15 个 38.3 千米。三是危桥改造步伐提速。推进总投资 1600 万元危桥改造 9 座，已全部进场施工。（二）优化公路养护管理，道路通行水平持续提高。一是加强公路养护，养护体制改革继续深化。出台了《关于南昌县深化农村公路管理养护体制改革实施方案的通知》，明确了养护工作目标，细化了主要任务，强化了保障措施。拟定了《南昌县农村公路养护管理考核办法》，正在征求乡镇意见，将于 2022 年 1 月开始实施考核。县道日常养护服务外包企业产生办法将于 12 月正式启动。二是加强质量监管，农村公路品质强力提升。严格落实交通安全设施与主体工程"三同时"和农村公路建设"七公开"制度，2021 年共受理项目质量监督申请 47 个项目（公路项目 30 个，危桥改造项目 7 个，安防工程 10 个），下发工程质量现场检查记录 73 份、抽查意见通知书（整改通知书）61 份、停工通知书 6 份、组织交工检测项目 59 个、竣工检测项目 40 个。对在建项目开展安全专项检查 76 次，发现安全隐患并下发整改通知书 53 次，目前已全部整改完成。三是加强隐患排查，农村公路隐患有效治理。投资 5280 万元推进了 144.8 千米农村公路安全生命防护工程。同时，为贯彻落实李红军同志重要批示精神和市安全生产会议精神，该县先后出台了《全县公路平交道口安全隐患整治工作实施方案》《南昌县道路安全隐患专项整治工作方案》，由县财政全额出资约 1200 万元，对 533 处公路平交道口增设安全设施、520 处临水临崖道路隐患路段增设 108 千米护栏。目前，公路平交道口安全隐患整治已全部进场施工，已完成 360 处，

11月底将全面完成整治任务；临水临崖道路隐患整治已完工266处，正在施工的165处，即将进场施工的有89处，12月底将全面完成。

公路运输。（一）强化安全风险管控，平安交通建设扎实推进。一是加强"两客一危"重点车辆动态管理。通过"双随机一监督"平台对全县7家危货企业的资质、企业的安全管理制度的落实、车辆动态监控设备使用情况、危货企业运单使用情况及从业人员资格进行检查，未发现重大安全隐患。4G监控平台及主动智能监控平台都已安装到位并做到实时监控。加强公交车辆安全监管，严格对公交公司安全设备进行抽查，对公交车的监控视频现场查看，要求企业严格落实安全生产制度。二是强化安全生产责任制。督促企业落实安全生产主体责任，签订安全生产责任书，强化责任意识。2021年与全县45家货物运输企业、41家汽车维修企业、16家驾校签订了安全生产责任书。三是开展企业诚信考核。2021年全县道路运输企业质量信誉考核货运企业35家。推进道路运输企业负责人和安全管理人员安全考核，组织举办4场安全考核培训班，培训货运企业负责人和安全管理人员近300人，439人取得安全员证。（二）强化行业专项整治，交通行政执法明显提升。一是积极开展"非法客运"专项整治工作。在原昌南公交客运枢纽、向塘火车站、大中院校、大型商场等人流密集地大力开展"打击客车非法营运专项治理"工作，共查处非法客运车辆64辆，全县非法营运现象得到有效遏制。二是强化客运站场管理力度。对原昌南公交客运枢纽附近客运秩序的监督管理，规范客运车辆经营行为，查处不按批准的客运站点停靠10起，不按规定的线路、班次行驶的1起，客运市场得到规范，市民出行更加便捷。三是深入开展货运车辆超限超载治理工作。按照"政府主导，部门联动，属地管理"的原则，深化联合治超成效，出动联合执法人员14400余人次，处理超限超载违法车辆940辆，卸货3.166万吨，处理改装车辆121辆。四是深化整治货运市场秩序。查处不按规定维护和检测运输车辆41辆，未取得相应从业资格证件驾驶道路货物运输车辆12起，未采取必要措施防止货物脱落扬撒案2起，有效保障了道路货运市场安全、有序、健康发展。五是积极参与"五车整治"。依法查处非法营运"五车"127辆（其中三轮电动车101辆，二轮电动车19辆，四轮电动车7辆），交通环境得到改善。六是参与成品油整治活动。共开展60余次联合整治行动，出动执法人员300余人次，移交车辆67辆。

水路运输。2021年，南昌县水路运输以强基础、抓规范、严管理、重服务为主线，以预防为主、加强监管、落实责任为重点，通过深化日常长效机制建设，推进源头管理，继续加大隐患排查治理和安全监管力度，收到了良好的社会效果。全面开展"僵尸船"清理整治工作。南昌县交通运输局严格落实长期停泊不用、无人管理的船舶（即"僵尸船"）一律予以处置拆解；不符合环保要求或闲置废弃的采运砂船（含自卸式运砂船）一律取缔拆解；污染水体环境的餐饮船一律予以取缔；其他合法船舶一律实行集中停靠的"四个一律"工作要求，全面开展"僵尸船"的清理整治工作。整治工作采取联合督查、联合整治、综合治理、上下联动、协同长效的有效形式，确保了专项整治行动效果。全年现场执法检查10余次，出动执法人员64人次，摸排40余艘次船舶，核查出"僵尸船"7艘，闲置废弃的采运砂船10余艘。开展港口码头常态化检查。为保障南昌县港口岸线经营秩序，遏制非法强占港口、岸线、码头、滩涂等违法行为，南昌县交通运输局组织执法队伍对全县范围内水域进行常态化巡查，严防非法码头死灰复燃，确保整治成果常态保持。累计开展安全检查40余次，办理日常监管36件，排查安全隐患26处，下达整改通知6份，现场整改4次，教育经营者逾四十人次。

（南昌县交通运输局）

进贤县

2021年，进贤县交通运输局扎实推进全县交通基础设施建设和综合交通运输秩序整治，较好地完成了年度目标任务。

交通基础设施建设扎实推进。一是县道升级改造。优先对路况差的九房至架桥、三阳集至罗溪2条约9.4千米县道改造，正在进行招投标，计划11月底前开工。二是双车道改造。完成32.874千米前期工作，正在进行招投标，计划11月底前开工。三是窄路面拓宽改造。市级下达目标任务32.7千米，已完成前期工作，正在进行招投标，计划年底前开工。四是危桥改造。目标任务 5 座，完工 1 座，其余 4 座完成招投标，计划年底前开工。五是民生实事票决工程。计划任务 30 千米，钟陵至南台升级改造 20 千米已完工，前坊旅游路 10 千米正在扫尾。六是生命安全防护工程。县乡道生命安全防护工程目标任务 302 千米，完工 289.157 千米、在建 19.192 千米。村道生命安全防护工程目标任务 179.5 千米，已下达计划 665.8 千米、完工 318 千米，剩余 347.8 千米正在抓紧施工，计划年底前完成 90%。七是文明示范路建设。对符合文明示范路建设条件的 7 个项目共 102 千米打造，目前完成主体工程，计划明年初完工。

交通运输综合秩序持续好转。一是扎实开展货运治超行动。县交通、县交警、市支队三部门继续联合开展集中治超行动，查处超载超限货车 43 辆。二是长效开展源头治超。注重落实企业主体、行业监管责任，坚持重点源头企业督察制度，严格查处源头违法违规行为。同时注重源头治超与集中治超联动，严防短途超载现象发生。三是严厉打击非法营运。对火车站、高铁站、158 公交站等重点区域昼夜稽查打击，查处非法营运车 37 辆次，全部依法严格处理，形成了强大威慑力，县城重点区域非法营运现象明显减少。四是规范监管车辆运行。举报投诉渠道保持 24 小时畅通，加大路面查处力度，查处出租车投诉 27 起，查处违规经营出租车 16 起，出租车不打表宰客、拒载甩客、不文明服务等投诉量持续保持低位。结合疫情防控抓好了全县公交车营运工作，严格"五定四统一"服务标准落实，即：定线路、定班次、定时间、定站点、定票价，统一排班、统一调度、统一管理、统一结算。五是加强农村公路养护管理。深化农村公路养护管理体制改革，对责任主体、机构队伍、养管模式、资金保障、考评奖惩等作出刚性规定，县乡财政每年投入 721 余万元，坚持有路必养、养必到位，全县农村公路列养率达 100%。大力实施大中修养护工程，及时消除路面破损病害，路面技术状况指数（PQI）进一步上升。六是持续开展路域环境整治行动。实行农村公路"路长制"，完成县乡道"一路一视频"采集工作，建立一路一台账，公路摆摊设点、打场晒粮、乱堆乱放等现象有效治理，控制区内违法建筑有效遏止，不断推进农村公路路域环境"八个无"目标任务落实。七是严格监管交通工程质量。注重规范程序，严把质量监督关、试验检测关、质量

鉴定关，交通工程项目质监覆盖率 100%。八是常态管理港航渡口。突出港口违建查处和污染防治，加强日常巡查检查工作，完成撤渡通公交工作。九是综合治理"五车"秩序。在县城不分昼夜、不分节假日、拉网式稽查执法，发现一辆、查处一辆，依法查处非法改装和乱停乱放 16887 辆次，始终保持了"五车"乱象未反弹。十是强力筑牢安全基础。加强"两客一危"监管，严格执行"三不进站、六不出站"等安全管理制度，严格落实企业安全生产主体责任，定期召集业主召开安全形势分析会，把安全生产责任落实到岗位、落实到人员、落实到具体环节。集中对农村公路排查隐患治理，全面完成减速带安装任务。

牵头重大重点任务有序有力。一是牵头打好了春运硬仗。协调春运工作成员部门和各乡镇做到了组织领导、调查预测、方案措施、安全督查、部门协作、储备保障、宣传引导、疫情防控"八个到位"，确保了春运安全有序、圆满成功。二是牵头柴油货车污染治理专项行动。扎实开展清洁柴油车、清洁柴油机、清洁运输、清洁油品行动，平时加强日常检查巡查工作，县交通运输局、生态环境局、交警大队定期联合对柴油货车污染排放执法检测。三是牵头普铁沿线环境安全综合整治。在去年底完成上级赋予 72 个整治任务基础上，对新受领的 24 个整治任务该局高频调度、多次赴现场督促推进，任务乡镇通力协作，严格按规定时限销号到位。四是牵头抓好交通场站疫情防控。在火车站、高铁站、158 公交站、汽车客运南站、汽车客运北站的客运企业（经营主体）等设置疫情防控监测点，严格落实"两查一测一戴一米线"等制度。从去年初至今，该局实行 24 小时"三班倒"值守制度，干部职工每天上岗 150 余人次，实行常态化、长效化疫情防控。五是扎实开展"转作风优环境"活动。根据全县统一部署，深入企业开展"四进四问"活动，投入 6.1 万元完成 2 条道路维修、硬化。对政策性的列入项目计划推进，切实提高政治站位，压实工作责任，做到工作项目化、项目清单化、清单责任化切实为企业排忧解难，企业诉求办结率 100%。

（进贤县交通运输局）

安义县

2021 年，安义县交通运输局以创建全国"四好农村路"示范县为契机，以实施"三大攻坚行动、三大提升工程"为抓手，着力优化交通出行环境，着力提升运输服务品质，着力推进交通民生实事，着力守住交通安全底线，推动交通运输事业高质量发展。全年累计完成客运量 525 万人、客运周转量 66521 万人 / 千米，货运量 477 万吨、货运周转量 57188 万吨 / 千米，道路旅客运输未发生一起重大安全责任事故，道路运输安全四项指标为零，安全形势稳定，道路运输行业呈现健康、稳定的发展态势。

交通基础设施建设。全力实施三大工程和一重大协调、一重点创建，在推进交通强省建设、"四好农村路"建设、描绘好新时代江西改革发展新画卷中彰显省会担当，作示范、勇争先，贡献"安义智慧"和"安义力量"。1. 安义西外环路工程项目：完成全部桥梁桩基 76 根（河道内 36 根、河道外 40 根），完成桩基承台浇筑 27 个（总共 28 个），完成墩柱浇筑 44 根（总共 64 根），完成全线清表，完成路基挡土墙 60%，完成路基土方填筑 75%；正在全力进行污水横穿管埋设。2. 安义大桥提升改造工程项目：正在编制施工图设计；已完成施工便道和临时用电施工，已完成全部桥梁桩基 48 根，完成老桥桥墩加固 4 个。3. 安义古村大道工程项目：已按原规划完成桥梁下部结构的施工，规划调整方案已通过县规划委员会，设计单位已完成调整规划后的项目工可和初步设计，待补充协议签订后报市行政审批局审批。4. 协调南昌绕城高速公路西二环工程：该项目是江西省 2021 年第一批省重点建设项目，在安义县境内约 37.5 千米，设四个互通、一个枢纽、一个服务区，即：乔乐互通、古村互通、安义东互通、长均互通、石鼻枢纽和古村服务区（对接昌铜高速），途经 8 个乡镇、处（鼎湖、万埠、石鼻、东阳、长埠、乔乐、长均、红山管理处），征用土地约 373.33 公顷，征迁房屋面积约 2 万平方米，建设单位是南昌市城投公司。该县成立了南昌绕城高速公路西二环建设项目安义工作推进组；该项目前期已完成安义东互通电力线改迁

规划设计初设、林地公示及拟征土地征收的公告、听证等工作；针对《南昌西二环征地拆迁补偿协议书》内相关事宜正与市城投公司积极对接，形成了修改意见，并完成了境内土地、房屋等征迁总费用的概算。5. 创建全国"四好农村路"示范县：为深入贯彻习近平总书记关于"四好农村路"的重要指示精神，在巩固省级"四好农村路"示范县基础上，结合 2021 年省市农村公路建设、养护目标任务和实施通建制村道路（白改黑）项目及"五路"建设等，进一步完善了路网结构，提升了公路品质，做到了道路提质扩面、公路有效管护、镇村公交村村通、电商物流进村、路域环境提升五个"全覆盖"，为争创全国"四好农村路"示范县打下了坚实的基础。2021 年 6 月，该县"四好农村路"全国示范县创建工作经省厅实地核查通过，并以全省排名第一上报至交通运输部复核，9 月份顺利通过交通运输部线上核查复核。2021 年 12 月，安义县成功创建全国"四好农村路"示范县。6. 大力推进农村公路各项建设。①民生实事项目建设任务公路改造建设项目：市级下达该县计划任务为 10 千米，该县实际完成 10.9 千米，并已全部完工通车运行，完成率 109%；②2021 年省级下达农村公路建设任务。乡道双车道改造项目：下达该县建设任务 5 千米，该县实际完成 14.6 千米，总投资约 4200 万元，完成率 291.8%，超额完成任务；窄路面拓宽改造项目：下达该县计划任务为 2 千米，该县实际完成 2.324 千米，总投资约 118.8 万元，完成率 116.2%，超额完成任务；旅游路、资源路、产业路、公益事业路、路网联通路项目，下达该县计划任务为 5 千米，该县实际完成 14.7 千米，总投资约 2980 万元，完成率 294%，超额完成任务。③乡村振兴通田园综合体公路建设。2021 年该县农村公路建设热情不减，为加快乡村振兴步伐，向市级争取通田园综合体公路建设指标 30 千米，均已完工。④实施打造文明示范路。该县为积极争创 2021 年全国"四好农村路"示范县，提前筹备 28 条省级文明示范路建设工作。以县域内"龙安大道"和"龙安大道至绿能公司"为主战场，以"南安公路""万八线"和其他国省干线为次主线，规划建设了 28 条省级文明示范路，并正在积极打造一条精品农村公路大循环线路：途径白观线（南昌菜园新型旅游公路）、观把线、万前线（AAA 级旅游公路）、万青线（美丽生态文明农村路）、南安公路、龙安大道（美丽生态文明农

村路）、安黄公路、黄石公路（乡道双车道改造项目）、石果公路（美丽生态文明农村路）、万八线，终于千年古村。⑤率先在全省实现农村公路县乡道生命安全防护工程全覆盖。政府已出台政策，并拿出专项资金 680 万元进行激励，全力推进农村公路生命安全防护工程建设，率先在全省实现农村公路县乡道生命安全防护工程全覆盖。

交通运输安全。1.防疫情、强安全、保畅通，大力做好春运工作。2021 年春运自 1 月 28 日起至 3 月 8 日止，为期 40 天。在加强运输行业管理和安全生产的同时，坚持做好疫情防控下的春运工作。通过广大交通人的努力，2021 年春运工作健康、稳定、有序，实现了疫情防控和春运保障"双胜利"。2.加强行业管理，进一步增强安全理念。一是加大源头管理力度，4 家重点企业列入市级重点监管，20 家大中型企业列入县级重点监管；督促企业落实运输安全主体责任和疫情防控措施，做好运输车辆定期维护，强化"三不进站，六不出站"制度，强制执行客运承运人责任险，确保及时足额投保，客车参保率达 100%。二是切实做好全县道路运输企业负责人和安全生产管理人员安全考核工作，通过考核，该县货物运输企业两类关键人员安全考核完成率达 90%，位列南昌市第一。三是通过开展道路运输专项整治行动，强化市场整顿和维护市场秩序，消除各类经营乱象，通过对各类违法、违规经营行为的高压态势，超载超限运输、"黑车"、"黑驾校"、"黑维修点"等非法经营虽未得到彻底根治，但其滋长、蔓延势头得到有效遏制，取得了良好的社会效果。四是强化交通工程建设质量安全监管，压实制度化保障，严格落实基本建设程序，严把项目立项审批，严格实行招投标制，把好"五道关口"，强化重点部位、重点工序检测，及时整改质量苗头问题。2021 年，该县道路旅客运输未发生一起重大安全责任事故，道路运输安全四项指标（事故起数、死亡人数、受伤人数和直接经济损失）为零，安全形势始终保持稳健的发展态势。

推进交通运输体系建设。1.优化路网环境。①加快推进交通规划。结合《江西省"十四五"综合交通路网规划》《南昌市域综合交通运输规划（2020—2035 年）》，加快推进《安义县综合交通运输规划》制定工作。②深入推进公路建管养。以"四好农村路"示范县的创建和农村公路助力乡村振兴提升工程为抓手，持续加强公路建管养工作，

完善实施县、乡、村三级"路长制"。一是出台了《安义县农村公路"路长制"实施方案》；二是集中开展了全县农村公路安全巡查、督查工作；三是对 2021 年农村公路建设规模需求进行了调查，对 2021 年度旅游路、资源路、产业路、公益事业路、路网联通路项目库进行了调整，对全县路网联通路上报工作进行了摸底汇总，对全县通建制村道路（白改黑）项目进行了调研和规划；四是改建县道安长公路及以特色水果为重点的产业公路等 30 多千米。2.优化出行环境。持续落实公交优先发展政策措施，优化县城和农村公交线路，为百姓出行需求服务，提高公共交通出行分担率。一是为持续巩固建制村通车成果，对全县的农村客运线路进一步勘查、规划、调整，提升群众出行满意度；二是对接完成开通安义古村至南昌公交专线的前期工作，通过 2 个月的试运营，于 2021 年 7 月 26 日正式开通了南昌至古村 181 路公交线路，满足了南昌城区市民便捷、舒适、安全的旅游出行需求，为推进古村旅游发展提供有力的运输保障；三是狠抓路域环境整治，切实提升了路域环境，有效保障了公路畅通和环境美化。3.优化场站环境。以深化文明城市创建为抓手，对交通场站环境优化。通过优化提升，使得公交枢纽站、客运站等交通场站环境卫生干净整洁、功能设施齐全、周边秩序井然，从业人员文明用语，礼貌待人，规范服务。4.提升行业作风。强化作风建设，以深入实施交通运输行业作风建设提升工程为抓手，大力整治"怕慢假庸散"等作风顽疾和行业作风乱象，大力整治行政执法不规范、为民服务不深入、廉洁自律不够严等问题。5.提升运输形象。强化班线客运、货运车辆规范化运营，并结合文明创建工作，进一步规范出租营运，使车容车貌和驾驶员热情待客、文明用语的规范营运形象有效提升。6.提高智能化服务水平。深入推进货运车辆超限超载治理攻坚行动，加快科技治超监管平台建设，强化源头管理，路面管控，超限超载现象得到有效遏制；加快建设完善农村公路信息化管理平台，提升交通运输行业科技监管和服务水平。

（安义县交通运输局）

西湖区

2021 年以来，西湖区建设工程消防事务中心（2021 年 4 月，原西湖区公路运输管理所并入西湖区建设工程消防事务中心）紧紧围绕发展现代道路运输业这一中心，以培育市场为载体，以提升品质为主线，以做好"三个服务"为目标，积极夯实工作基础，加大行业管理力度，不断转变工作机制，切实加强行业文明建设，努力提升道路运输行业服务水平，推动全区道路运输行业又好又快发展。2021 年底全区有火车站 1 座，客运企业 4 家，货运企业 104 家，驾校 2 家，机动车维修企业 24 家。

监管水平不断强化。道路运输安全事关社会和人民群众生命财产安全，客运运输更是此项工作的重中之重。为了做好道路运输行业安全生产专项整治工作，积极推进道路客运市场秩序专项整治活动，切实搞好西湖区客运企业安全生产管理，客运科工作人员认真落实省、市、区安全生产专项整治工作部署，深入企业进行宣传，认真细致地进行安全生产隐患排查。同时，客运科工作人员坚持对客运企业加强监管，每月实施监督检查不少于 4 次，全年共实施监督检查 61 次，下达隐患责令整改通知书 6 份，将持续增强监督企业的安全生产教育和从业人员安全培训工作，从多方面入手，进一步加强西湖区客运企业的安全生产监管工作，确保安全生产整治工作落到实处。

行业管理效能优化。2021 年，围绕南昌火车站等重点地区开展不定时不定点联合执法，全面打击非法运营行为；在站前路及老福山开展打击非法营运工作，维护交通运输秩序。紧盯重点企业。对于多次违法规定的企业，联合交警等部门对企业进行联合惩戒。截至 4 月，联合执法共出动执法人员 120 余人次，开展执法专项整治近 12 次，联合执法查扣非法营运车辆 30 辆。

铁路沿线安全初见成效。2021 年，以解决铁路沿线安全隐患问题为重点，围绕乱堆乱弃、乱搭乱建、彩钢棚和广告牌等易刮落设施等可能影响铁路运行安全的路外安全隐患进行排查整治，积极推动铁路"双段长"制，狠抓问题整改落实，开展铁路沿线安全环境整治行动。共完成 3 处安全隐患整改，并积极开展日常巡察工作，共开展巡察 12 次，发现并整改问题 3 处。

（西湖区建设工程消防事务中心）

青云谱区

2021 年，青云谱区交通办公室（青云谱区公路运输管理所、区公路管理站）与青云谱区国有土地上房屋征收与补偿办公室整合组建青云谱区国有土地上房屋征收与补偿中心，挂青云谱区交通服务中心牌子。区国有土地上房屋征收与补偿中心为区住房和城乡建设局管理的公益一类事业单位，机构规格正股级。

农村公路建设。2021 年，青云谱区农村公路目前剩余里程 15.043 千米。其中：县道 8.746 千米，乡道 4.113 千米，村道 2.184 千米，虽农村道路愈来愈少，但该区仍稳步推进高质量发展工作，该区在对县道、乡道按高起点高标准建设的基础上，对村级公路也按计划完成了硬化改建，实施了村村通公路建设，目前已完成农村公路硬化率百分之百，自然村公路通达率百分百。大力开展平交道口安全隐患和道路安全隐患专项排查整治工作。针对农村公路、国省道（国道 320）共计出动检查人员 50 余次，排查隐患 8 个，整改隐患 8 个；不断提升群众交通出行的获得感、幸福感和安全感。

公路运输。2021 年，全区从事货物运输企业390 家，其中规模以上（50 辆货车）货运企业 55 家。拥有货运车辆 4560 辆，货运周转量 43 亿吨千米。徐坊客运站拥有客运车辆 311 辆，2021 年完成客运量 66.23 万人次，客运周转量 14714.31 万人千米，由江西都市城际公交有限公司徐坊客运分公司经营。办理新车上户 2717 辆，车辆年审 3460 辆，网上年审 2540 辆，查询车辆综合检测数据台 8717，办理从业资格证诚信考核 980 个。

春运、疫情防控工作。2021 年春运期间，全区共投入运力总发班数 6834 次，客运量 52498 人次；全区春运期间平稳度过，无旅客滞留现象，无安全责任事故发生。春运期间为进一步提高疫情防控措施，场站优化售检票重点环节服务，利用互联网、手机客户端、支付宝、微信等便捷"无接触"售票渠道等多种售票方式。确保防控要求落实落地。徐坊客运场站需配备消毒用品、口罩等防护物资，便于旅客临时购买或取用。规范交通枢纽引导标志，科学合理设置防控应急通道，强化场站隔离留观点的建设。精准开展志愿服务。区春运工作领导小组成员单位积极引导春运各环节工作，既有工作人员主动担当，优化服务，便民利民。根据疫情的发展情况，及时对客运班线进行停班或恢复，做到疫情防控和安全生产两手抓，既保障了疫情防控工作，也保障了道路客运安全。

（青云谱区交通服务中心）

新建区

2021年，新建区农村公路建设项目总投资52454万元，完成建设里程132.63公路。其中：市级民生工程项目7个，完成建设里程32.6千米，投资16940万元；县乡道升级改造8个，建设里程58.93千米，投资25293万元；窄路面拓宽、路面改造计划工程项目17个，建设里程34.2千米，投资6599万元；危桥改造项目16个，投资2362万元；民生票决项目2个，建设里程6.9千米，投资1260万元。厚田临时应急保障码头货物吞吐量为8119255吨，同比增长83.92%；赣抚尾闾综合整治工程项目水运货物量为207200吨。货运周转量16.65亿吨千米。办理新车上户133辆，车辆年审2376辆，网上年审484辆，查询车辆综合检测数据1602台，办理从业资格证诚信考核1502个。

农村公路建设。2021年，全区农村公路在册总里程2013.543千米，其中：县道206.84千米；乡道448.812千米；村道1357.891千米。农村"四好农村公路"建设再上新台阶。大力推进农村公路建设，实施县乡道升级改造、窄路面拓宽，推动旅游路、产业路、民生攻坚项目建设，完善危桥改造、安全生命防护工程等项目后续工作，打造美丽示范农村公路。

公路运输。2021年，全区从事货物运输企业176家，其中规模以上（50辆货车）货运企业25家。客运企业一家，由南昌公交集团五、六公司经营。拥有运输车辆5835辆，其中客运车辆583辆，货运车辆5252辆。2021年完成客运量3238.59万人次，客运周转量200.76万人千米；完成货运量4340万吨，货运周转量791847万吨千米。

水路运输。2021年，新建港位于江西省黄金水道赣江下游，主要有松湖港区、流湖港区、义渡港区、石岗港区、厚田张胡港区、七里龙头岗港区、樵舍港区、象山港区、联圩港区、昌邑港区、铁河港区，主要从事砂石、水泥制品料、煤炭等进出港装卸业务。航道主要有赣江航道、锦江航道、泸州航道，丰水期和枯水期可载重吨位不同船舶。根据市委、市政府《关于新建区乐化镇和樵舍镇委托经开区管理的通知》（洪办字〔2021〕8号）文件精神，原区樵舍镇所辖的樵舍港区不在统计范围之内，因而2021年周转量相比2020年同期数据有所下降。

深化事业单位改革。2021年2月24日，中共新建区委办公室、新建区人民政府关于印发《南昌市新建区深化事业单位改革试点实施方案》（新办发〔2021〕5号）的通知，根据《中共南昌市委编委关于新建区深化事业单位改革试点实施方案的批复》（洪编发〔2021〕27号）精神，新建区交通运输局原下属7个自收自支事业单位进行撤并整合，其中：区公路管理站、区公路运输管理所、区交通工程质量监督站组建为区道路运输服务中心；区港航管理所更名为区水路运输服务中心；区交通综合执法大队更名为区交通运输综合执法大队；撤销区渡口管理站、区农村公路综合服务站。

（新建区交通运输局）

红谷滩区

2021年，红谷滩区交通部门牵头各成员单位全力以赴，在春运、五一、国庆期间加强值班值守，确保了疫情防控有力，运输保障顺畅，旅客服务到位，运行安全平稳。全年未发生安全事故。

强化行业管理。一是强化源头监管，对辖区货运源头企业开展全方位排查，对企业车辆及安全设施进行抽查。二是紧盯重点企业。对于多次违法规定的企业，联合交警等部门对企业进行责令整改，对于整改不合格的进行停业整改，针对新国线公司存在车辆未持包车牌运行及4G监控不到位的问题，由红谷滩交通执法大队对车辆进行停运，依法进行行政处罚。三是回应群众诉求。针对驾培行业投诉退费及教练员等问题，积极进行协调协商，维护学员合法利益，对存在问题的教练员进行联合惩戒，维护驾培行业秩序。

强化安全生产。一是开展安全隐患排查行动。督促企业落实主体责任，对车辆安全设备及公司驻地消防设施进行全面排查，及时消除各类隐患，目前已整改隐患42条；二是组织安全教育培训演练。交通口联合西湖运管所召集两地客运企业开展安全生产消防培训及演练，进一步提高了司机消防应急处置能力截至目前，开展安全培训企业4家次，开展消防演练3家次；三是创新管理模式。为进一步提高行业安全管理水平，聘请了第三方江西省道路运输协会专家对辖区"两客一危"重点运输企业进行安全生产标准化检查，专家对发现的问题进行现场指导整改，共查处隐患20余条。四是持续开展铁路沿线安全环境整治工作。积极推动"双段长"制，完成6处公铁并行段护栏移交工作，完成2座重点跨铁路桥梁检测工作，完成19处安全隐患点位整治工作。

深化文明创建。根据最新文明创建要求，在西站地区指导长途西站完善无障碍设施及无障碍停车位点位设施；开展日常巡察督导，积极开展自查，查找问题200余处，目前均已整改完毕，但动态问题依然较为突出，如地面垃圾烟头、非机动车乱放等现象。

落实常态化疫情防控。为全面落实常态化疫情防控，今年以来交通口坚持内防反弹，外防输入，坚守在交通运输一线。一是完善了交通高速卡口应急方案和组建了全员核酸检测应急车队，明确了各牵头单位人员及责任；二是落实重点地区人员定期核酸检测，成为全市首个落实交通场站工作人员每周核酸检测的县区，并根据工作风险，一线人员每周两次核酸检测，所涉费用由政府买单。同时，交通工作人员持续开展交通运输疫情防控常态化检查并督促做好隐患问题整改。截至目前，累计排查旅客3403万人次；排查转诊发热病人85人；排查境外（含港澳台）旅客3367人；排查重点地区旅客927人，留观238人。

推进农村公路发展。为做好乡村振兴工作，满足广大群众对美好出行的需求，深入开展农村公路及桥梁隐患排查，补齐历史短板，逐项实施改造计划。一是开展平交道口安全整治。共排查出隐患点位11处，主动协调财政部门、地方政府落实整治经费，目前已完成整改。二是开展桥梁隐患整治。

对生米昌樟立交桥进行全面检测，并落实管控措施，列入维修改造计划，同步谋划开展农村公路桥梁全面排查。三是深化道路硬化工作。在落实25户以上自然村"村村通"和"组组通"水泥路的基础上，督促生米镇完成上级交办的生米镇榆花村500米农村道路硬化工作。四是《红谷滩区深化农村公路管理养护体制改革实施方案》《红谷滩区农村公路"路长制"工作实施方案》，充分征求各方意见，并通过区政府常务会，明确以区政府名义印发，明确各成员单位责任，保障农村公路管理养护体制改革高位推动。

（红谷滩区交通部门）

湾里区

2021年，湾里管理局景区道路监测中心（2021年5月21日，经湾里管理局党工委批准南昌市湾里区公路运输管理所、南昌市湾里区公路管理站整合组建南昌市湾里管理局景区道路监测中心，为南昌市湾里管理局所属的公益一类事业单位，机构规格副科级）负责全局农村公路管理和养护工作。制定全局养护大中修项目建设计划，按省、市交通主管部门下达的计划督促、组织实施；组织县道养护管理并负责实施养护工程；组织实施县道水毁抢修工程及养护大中修工程；负责指导、检查和监督考评全局农村公路日常养护和管理工作；负责组织和协调全局农村公路灾害性损坏的抢修工作；负责全局农村公路路域环境整治工作。2021年共投入资金2510.47万元，实施农村公路交通基础设施维护；省、市级养护中修工程1个，投资199.14万元；农村公路日常养护资金投入2266.33万元（其中下拨各镇处乡、村公路养护资金16.68万元）；用于农村公路水毁修复资金45万元。目前，湾里管理局农村公路管养率为100%，公路完好率达95%。

公路运输。截至12月底：辖区内共有普货业户85户，同比去年增加1.11%；共有货运车辆1112辆，总吨位16889吨，同比去年减少2.69%；共有公交车161辆，年客运量约760万/人次，比去年下降1.1%。深入开展交通场站文明创建工作。以全市城市建管十大提升行动为契机，深入开展交通场站文明创建工作，加强日常环境卫生巡查力度，将城区主要干道沿线 83 座公交候车亭环境卫生日常管理工作任务，分配到全中心 12 名干部职工分为 6 组，每组负责 14 座候车亭，责任层层落实到个人，确保交通场站卫生整洁干净。对城区主干道公交候车亭进行优化改造。截至 12 月底，投入资金 3 万余元，将原翠岩路 169 路公交站台（保险公司门口）移至九州华府门口完成 1 座公交候车亭进行优化改造。

城市公共交通。2021 年在实现了湾里城区公交覆盖，优化城际公交的基础上，进一步优化调整公交线路和完善公交设施，实现了辖区内所有建制村通客车的目标。至 2021 年底，全区共有公交班线 20 条，总营运车辆 161 台，驾驶员 191 人。2021 年景区与城乡建设办联合局教育体育办、南昌公交运输集团第五分公司等多部门多次走访调研，确定可行性后，开设了一条湾里一中至罗亭镇"家校公交专线"，满足了包括东昌村、袁家村、团结村、义坪村、红源村等在内的 10 余个村庄学生的出行需求，确保学生乘车舒心，家长安心、放心。

交通运输行业管理服务。积极开展道路运输行业专项整治、新冠疫情防控、"扫黑除恶"专项斗争、迎接全国文明城市复检、交通文明站场创建等活动，确保了全局道路运输行业安全稳定。"扫黑除恶"专项斗争取得胜利。2021 年对全局 40 个货运企业，13 个维修企业，4 个驾校开展了摸排，从源头上摸排道路运输行业企业周围是否存在黑恶势力。严查违规经营、扰乱汽车维修市场秩序的行为，重点开展汽修行业环境监管、严厉打击露天喷涂行为、检查企业落实涂装作业、危险废物收集暂存管理要求及夏防制度的执行情况、全面取缔无证无照小汽修企业。针对"驾考"领域群众最关心、反映最强烈的额外收取学员考试"过关费"，违规操作驾驶人考试的，垄断驾驶人培训和考试等"涉黑涉恶"问题，教练弄虚作假，无证带教、场外带教，不开发票、教练私下收费等违规行为，督促驾校妥善解决已经发生的各类纠纷，保障学员的合法权益。排查道路货运行业不采取打、砸运输工具以及滋扰、纠缠、哄闹、聚众造势等手段破坏运输秩序的违法犯罪行为；采取暴力、胁迫、恐吓等手段非法垄断、控制道路货物运输行业、货源的违法犯罪行为，并要求各道路运输企业报送扫黑除恶专项斗争摸排情况报告 60 份。扎实开展"道路运输行业安全生产专项整治"活动。一是针对湾里道路

运输企业、驾驶员培训企业、汽车维修业开展安全生产专项整治三年行动专项检查，共检查运输企业 40 家、驾驶员培训企业 4 家、汽车维修企业 13 家，排查出安全隐患 25 处，已全部整改到位。二是开展以"消除事故隐患，筑牢安全防线"为主题的"安全生产活动月"，通过会议动员、现场咨询、发放宣传品等形式，督促落实安全生产主体责任。三是加大对危货运输市场安全隐患排查整治力度，组织人员对南昌盛华有色金属制品厂危货运输安全隐患进行排查，清理出了不规范问题 5 处，及时要求企业整改到位。四是督促 10 家运输企业完成"两类人员"考核。

（湾里管理局景区与城乡建设办公室）

经济技术开发区

2021 年，经开区交通办较好地完成了 2021 年度各项交通运输工作任务，做到了防疫工作和日常工作两手抓、两不误，以优异成绩迎接建党百年。

做好交通防疫工作、守护南昌北大门。区交通工作组和交通管控与运输保障专班继续巩固和强化日常疫情防控监管工作，一是督促区内道路运输经营企业按照交通运输部《客运站（场）和交通运输工具新冠肺炎疫情分区分级防控指南》落实运输行业企业疫情防控主体责任，加强疫情防控宣传，提高疫情防控意识，加强企业内部管理，做好经营场所消毒、通风和人员防护措施。二是对辖区内昌北机场、地铁站、公交站台等重点路段及场所进行巡查，督促相关责任单位认真贯彻落实新冠肺炎疫情防控指示精神，严格抓紧防疫措施不得松懈，继续加强日常消毒工作、工作人员防控疫情教育培训工作，严格执行乘客一人一码，需要佩戴口罩方可上车规定。对进入机场、地铁站人员必须佩戴口罩，实行测温与扫码，保障人民安全出行的公共交通运输环境。

重拳狠抓货车超限超载及黑车专项整治。货运车辆超载超限整治工作，一直以来都是经开区的交通环境治理重点工作之一。经开区领导下决心、出重拳，自 2019 年至目前投入近千万，加大对区内货运车辆违法违规现象的专项整治力度，经开区治超办联合区内各职能部门与周边县区兄弟单位

携手合作，利用联合执法、错时整治等方式，从严从重打击各类交通违章违法行为。今年上半年，先后共计整治48次，出动执法人员260余人次，查处各类违法车辆53台，其中超限超载、改装车辆24台、非法营运车辆29台、上缴财政罚没款36万元整，宣传教育280余人次，出动执法人员180余人次，出动执法车60余辆次。

切实抓好安全生产工作。针对近阶段不少地区安全事故频发，汲取湖北十堰6.13燃气爆炸事故、河南商丘"6.25"火灾事故教训，根据《南昌经开区2021年"安全生产月"活动实施方案的通知》（洪经安字〔2021〕5号）文件精神，为进一步牢固树立安全发展理念，不断增强对安全生产重要性的理解和认识，引导和带动营造该办安全生产的良好氛围，经开区交通办迅速行动，积极组织开展"安全生产月"活动，一是办主要领导亲自布置安排工作任务，制定实施细则，要求站所、区属相关企业单位认真负责管辖范围内活动的开展，精心组织实施，积极开展各具特色的活动，确保活动取得时效；二是积极组织道路运输相关企业制定宣传标语共计50余条，工地发放安全资料500余份，并利用手机微信等新兴媒体进行安全宣传；三是深入推进安全生产排查行动，督促各道路运输企业按照"全覆盖、零容忍"的要求，常态化开展安全隐患排查、治理工作，做到全覆盖、无死角。对辖区内相关企业采取逐一上门的方式。累计检查道路运输相关企业18家次，排查安全隐患19条，并对查处的安全隐患，对企业下达整改通知书，要求企业加强企业安全生产主体责任，对排查出的隐患要立即整改。经执法人员对企业整改后复核，10条安全隐患都已按要求整改到位，予以销案。另外9条隐患均在整改期限内整改中。

做好农村公路建设、管理、养护工作。经开区交通办以"四好农村路"和"美丽农村路"为抓手，每月至少6次组织人员对全区农村公路及桥梁进行安全排查工作，并登记造册，建立台账。截至目前该区未发现有独柱桥梁，通过安全排查，确保了农村公路及桥梁的安全畅通。在2021年上半年期间，该办不间断、不定时开展农村公路、桥梁安全巡查22次，出动巡查人员80余人次，对交通要道、平交路口、临水临崖、急转弯、长下坡和各类桥梁进行动态监管，确保广大人民群众安全出行。另为落实农村公路健康发展有关政策，改善农村公路交通环境，对各建制村迫切需要解决的通村公路项目、养护大中修项目已向市级进行申报，申请拨付建设、养护资金，以解决沿线群众出行问题。经实地排查，通村项目共9条，总里程合计5.78千米，市级补助资金75.14万元、区级配套资金28.9万元。养护中修项目4条，共需投入资金92.14万元，其中申请市级拨付养护资金53万元，地方自筹39.14万元。

认真开展国省路域环境综合整治。为开展城市功能与品质提升暨深入推进"美丽南昌·幸福家园"城乡环境综合整治"创特色、争一流"工作。按上级公路整治总体要求，结合辖区具体情况，经开区路域环境整治工作稳步有序推进。目前穿经开区国省道共五条，分别为国道316、国道105和省道106、省道101、省道S49，总长约70千米。其中，新接管樵舍镇、乐化镇26千米，临空区4千米。根据上级公路整治总体要求，在2021年上半年期间，全区共出动870余人次，出动各类车辆64次，投入机械设备52台，清除了各类违法建筑物、非公路标志牌、非法架设管线、沿线违法洗车站点等各类公路安全隐患问题，保障了人民的出行安全。

狠抓普速铁路环境安全综合整治。为贯彻落实南昌市普速铁路沿线环境安全综合整治工作领导小组办公室印发相关文件精神，切实推进辖区内普速铁路外部环境综合治理工作，加快整改铁路沿线影响铁路运行、供电等安全隐患，经开区狠抓普速铁路沿线环境安全综合整治。一是加强沟通，增强了解。及时联系铁路部门现场察看各隐患问题，确定隐患位置、了解隐患现状、征询整改意见、落实整改方案。同时各镇、处与铁路各工段负责人共同建立微信工作群，做到及时沟通、高效完成整改任务。二是广泛宣传，落实整改。联合铁路部门积极向企业、居民普及铁路沿线环境相关法律法规、安全知识及危害铁路安全的真实案例，提高企业和居民的认知，争取企业和居民的支持、配合完成整改以消除安全隐患维护铁路安全，确保普铁沿线安全隐患整治工作高质量、高效率完成。三是分类治理，有的放矢。按隐患问题类别可分为硬漂浮物、上跨并行、违法施工、违法堆放、危险物品等。通过现场排查，对各隐患问题进行分类，同时对于相对简单、易于整改的问题及时组织人员整改，对于相对困难，企业或居民抵触的问题，及时制定整改方案、限定整改时间落实整改。

（经济开发区交通办）

景德镇市

2021年，景德镇市交通运输局紧紧围绕"五新"战略行动和"三大攻坚行动、三大提升工程"工作部署，圆满完成全年各项工作任务。

水运建设。完成鱼山码头项目投资2.6759亿元，完成鱼山货运码头义城作业区1—8号泊位建设，总体进度达50%以上，共争取地方债7.3亿，其中到位地方债4亿元，为项目后续建设提供了有力的资金支持。

智慧交通。投入300余万元建成了"景德镇市交通综合信息平台"系统，可有效融入客运车辆安全监管、驾驶培训管理、应急指挥调度、12328交通运输服务监督管理等功能，为实现景德镇市交通运输领域"全方位覆盖、全领域参与"的工作格局奠定了坚实基础。完成景德镇市船舶污染物接收设施项目建设，贯通龙湖山庄至三龙段，完成凤凰大桥下部结构及梁片吊装，启动王港至湘湖公路，推进交通运输重点工程。

安全生产。系统共组织检查督查115次，检查交通运输企业、项目45家，查找安全隐患230个，整改完成225个，约谈企业35家，取缔国信清远医疗废物处理有限公司等不符合安全生产规范的危化品运输企业2家。推进"僵尸船"专项整治，2021年共清理切割101艘，集中停靠3艘，昌江区各乡镇给予补贴切割费用9.1万元。水上交通运输已连续32年实现安全无事故。

农村公路建设。完成全市农村公路县道升级改造21.76千米，乡道双车道改造46.25千米、五路21千米，危桥改造16座，完成深化农村公路管理养护体制改革的县（市、区）1个，完成项目投资8.6亿元。启动浮梁县"四好农村路"国家示范县建设项目，预计项目总投资11.4亿元。推进乐平市辖区内农村公路品质提升工作，预计示范县建设项目总投资7.24亿元。

行业监管。出动执法人员1000余人次，检查营运车辆1万余台，处罚违规经营出租车和非法网约车110台次。开展"百日攻坚百吨王"违法超限超载货运车辆专项整治行动，出动执法人员1.7万人次，检测车辆23万辆，查处车辆数1005辆，卸载4.6万吨，处罚金额171.5万元。完成执法领域民生实事12件。

交通服务。调整、延伸景德镇市区公交班线12条，安装电子站牌12个，建设公交候车亭80座，更新出租汽车67辆。协调开通乐平市区至石明、胡冲、镇桥、历居山等城乡公交班线4条，在高考期间组织300余辆公交车和出租汽车参与免费"爱心送考"活动。推出了"景德镇－南昌"健康直通车和校园直通车、"景德镇－瑶里"旅游直通车等定制班线。

（景德镇市交通运输局）

乐平市

2021年，乐平市交通运输局交通重点项目建设。重点项目完成总投资5.2亿元。接渡大桥完工通车，国道206桃林至大田、景鹰高速连接线、省道306A标、塔荷公路主体工程已完成；跨皖赣铁路工程桥梁桩基建设已完成桩基60%。

"四好农村路"建设。完成县乡路面改造40千米，完成通村组公路建设60千米；实施产业公益路建设及双车道改造；改建沿沟经周坑至婺源秀山公路、袁礼公路、双田上河至金鹅山公路、德兴银城至十里岗公路等县乡公路。

城乡客运公交。开通乐平至镇桥、历居山、洪岩等13条城乡公交路线；覆盖镇桥、洪岩、后港等9个乡镇、2个街道办事处、96个建制村。票价比以前有大幅度降低（平均票价降低了40%）。

安全生产。发现并整改隐患93条，组织清理非公路标志35处，清理路障、占道经营83处。

行业监管。查处非法改装及超限超载货车 206 台，处罚源头企业 5 家，查处非法营运"黑的" 16 辆。

放管服改革。办理政务服务 3826 件，完成 4 家客运企业、16 家货运企业、9 家危货企业、6 家驾校、2 家客运站的年度质量信誉考核，对 1160 余名道路运输驾驶员进行了年度信誉考核，26 家机动车维修企业备案管理。

（乐平市交通运输局）

浮梁县

2021 年，浮梁县交通运输局交通重点项目建设。浮梁县"四好农村路"国家示范县建设项目、县道三大公路（龙湖山庄至三龙段）、凤凰大桥新建工程、浯溪口水利枢纽库周公路、县道王港至湘湖公路、"7.7"农村公路灾毁 20 个重建项目等；做好昌景黄高铁征拆协调服务，推进昌景黄高铁浮梁东站站前广场及周边基础设施项目，启动瑶里至东埠旅游公路工程建设。

"四好农村路"创建。6 个乡镇全面开工，开工路线 14 条（县道 5 条、乡道 6 条、村道 3 条），年底开工项目达 42.68%，完工项目达 23.53%。

城乡交通一体化。谋划开通县城西线公交线路。推进改渡便民工程，通过建桥撤渡、通路撤渡等形式，分期分批撤销渡口。改渡便民工程凤凰大桥开工，完成改渡便民工程兴田传芳里大桥前期初步设计工作。

行业监管。监督的在建农村危桥改造项目 8 座，农村公路项目 39 个，共计 47 个项目，出具 14 份质量检测报告和质量检测意见书，合格率 100%。印发通报 1 份，抽查意见通知书 19 份。对在建项目施工现场进行安全生产专项监督检查，在重大节假日和汛期临期加大安全生产监管力度，发现安全隐患 71 处，整改落实 71 处。

路域环境整治。处理违法埋设管线 10 处，清理路面堆积物 3 处 80 立方米，清理占道经营 12 处，处理损坏（开挖）公路路肩 1 处计 2000 米，处理损坏（开挖）路面 3000 米。共走访企业 12 家，签订责任状 8 份。查处超限运输车辆 730 台（其中百吨王 18 台），扣分 4403 分，罚款 1492360 元，卸载转运货物 37156.72 吨（含自愿放弃 6251.79 吨），

切割恢复原状 74 辆，全县超限超载率严格控制在 2% 以内。

安全生产。查处非法营运案件共 19 件，开展水上交通安全生产检查 20 余次，排查、整改安全隐患 7 起，全县渡运已实现连续 32 年安全无事故。

（浮梁县交通运输局）

珠山区

2021 年，珠山区交通运输局完成了交通工作任务。完成银坑村 2 座危桥改造任务。银坑村毛家墩桥，建设规模及标准 21.07 延米，计划总投资 66.9 万元。银坑村草滩上桥，建设规模及标准 24.06 延米，计划总投资 100.9 万元。两个项目均已完工，争取上级车购税补助资 46 万元。同时采集桥梁信息在电子地图数据库进行数据更新，并通过市交通运输事业发展中心质量监督及验收。

行政服务。2021 年 6 月成立了珠山区交通运输事业发展中心，从市交通局承接交通运输县一级相关行政权力 22 项职能，办理 25 家企业道路运输经营许可证的考核换证与新证许可，给 200 余辆新车办理道路运输证，及 350 余辆办理提档转籍等业务。

安全生产。督促道路运输企业落实安全生产主体责任，持续推进企业安全生产标准化建设工作深入开展，同时加强对农村公路、桥梁、防护设施、渡口渡船等的监督检查和隐患排查。针对督查发现的问题，下发了整改通知书 2 份，已整改到位。积极配合铁路部门对本辖区内的铁路沿线安全环境问题隐患进行整治，严格实行闭环管理和隐患"清零"。推进该区铁路"平改立"工作，组织拆除道口遮挡交通视线的民房菜棚，并协调该场地涉及的树木砍伐工作，确保过往车辆视线通畅。

（珠山区交通运输局）

昌江区

2021 年，昌江区交通运输局圆满完成各项任务。紧抓农村公路建设，实施国家农村公路建设项

目，加快农村公路改造和建设的步伐。加快将农村公路建设的重点转移到路面改造和提升公路等级、抓好公路养护、做好"四好农村路"的建设等方面。

公路建设。申报农村公路拓宽改造项目，下达新桥至关山、中团至洪家（洪家段）拓宽改造计划，总里程6千米，总投资1522万元，危桥改造两座，七星桥和丰田桥，共44延米，总投资236万。

景德镇市昌江区鲇鱼山镇乡道031金坛至沙嘴村双车道拓宽改造项目，全长5.4千米，按四级公路标准设计，路基宽7.0米，路面宽6.0米，水泥混凝土路面，工程总投资842万元，已完成施工。

乐平市塔前至昌江区荷塘段公路改建工程，全长5.4千米，按三级公路标准设计，路基宽7.5米，路面宽6.5米，沥青路面，总投资4110.8262万元，已完成全线沥青施工。

昌江区乡道020七星桥至焦元坞双车道拓宽改造工程，全长1.845千米，按四级公路标准设计，路基宽6.5米，路面宽6.0米，水泥混凝土路面，工程总投资635万元，已经基本完工。

昌江区乡道025新桥至关山双车道拓宽改造工程，全长3.322千米，按四级公路标准设计，路基宽6.5米，路面宽6.0米，水泥混凝土路面，工程总投资856万元，已基本完工。

七星桥、丰田桥两座危桥申报列入了省危桥改造库，完成七星桥施工，完成丰田桥设计工作。

水上交通安全。投入2万元用于安全大检查及更新补齐救生衣等相关的应急救援设备设施，深入各渡口开展检查摸排，保障渡运安全。定期督促拨付了鱼山、丽阳的渡工工资，并已形成制度化。共清理切割"僵尸船"43条，其中丽阳镇共集中切割清理"僵尸船"17条，鲇鱼山镇共集中切割清理"僵尸船"26条，航道上已无"僵尸船"。

（昌江区交通运输局）

萍乡市

2021年以来，萍乡市交通运输系统紧紧围绕交通强市建设这条主线，全力以赴抓项目、保安全、促发展、惠民生，全年交通运输各项工作取得明显成效，"十四五"实现良好开局。萍乡市交通运输局荣获2021年全省交通运输工作先进单位，位列全省第三、四小地市第一；荣获省级"公交城市"创建示范市称号；获评"全省普法工作先进单位"荣誉称号。安源区、芦溪县荣获"四好农村路"省级示范县称号，全省"四好农村路"高质量发展现场会在萍乡召开，至此，萍乡市实现了"四好农村路"示范县全覆盖。

交通规划引领持续发力。交通强市建设全面启动。以市政府名义印发了《关于推进交通强市建设的实施意见》，成立了由市长挂帅的高规格领导小组。科学编制《萍乡市"十四五"综合交通运输规划》，目前已出台正式文本。加快推动重点项目前期工作。沪昆高速萍乡段改扩建工程、绕城高速已纳入《江西省"十四五"综合交通规划》。加快推动赣湘合作示范区建设。与株洲市交通运输局签订《赣湘合作交通互通互联会议备忘录》，敲定合作项目36个，并联合出台了《交通互通互联工作制度》，为双方深入合作提供了坚实的制度保障。

交通项目建设硕果累累。萍莲高速公路提前建成通车，该市"三横一纵"高速公路网全面畅通，全市高速公路通车总里程达到197.1千米，真正意义上实现"县县通高速"的宏伟目标。中环东路建设艰难推进。在基本农田难以调规、杆线搬迁进展缓慢的情况下，完成路基土石方35%、涵洞和暗桥框架桥50%、桥梁工程下部构造70%、预制梁9片并已经顺利架设一片，隧道进展顺利，完成年度投资额5.3亿元，累计完成投资额9.5亿元（含征拆）。完成普通国省道升级改造34.9千米，完成投资额13.1亿元。农村公路建设步伐加快。全市完成县道升级改造65.9千米、乡村道改造285.9千米、安全生命防护工程341.8千米、危桥改造24座，完成投资额8.5亿元，超额完成年度目标任务。交通站场建设顺利推进。城东和城北公交客运站已具备站场功能，城南公交客运站建设稳步推进。芦溪县城市客运站已完成项目建设，上栗县汽车客运中心站、武功山金顶汽车站均已完成主体工程建设。

运输行业发展亮点纷呈。高分通过省级"公交城市"考核验收，公交优先发展有亮点有特色。完成中心城区新一轮巡游出租车经营权期限配置工作。客货邮融合稳步推进，打造客货邮合作线路5条。在全省率先告别渡运历史，替渡公路升级改造顺利开工。定制客运品牌"莲花出行"在全省推介。政务服务质效不断提升。组织开展"服务怎样我体验，发现问题我整改"等专项活动，宣传和推广道路运输从业资格证等高频服务事项"跨省通办"业务，取得一致好评。全年办理22494件政务服务事项，其中许可事项3965件，全部实现了"一次不跑，只跑一次"，"好差评"即时评价"非常满意"达100%。巡游出租车"95128"便利出行形成萍乡品牌。疫情防控成效明显。始终将疫情防控工作与中心工作同部署、同推进、同落实。全年开展专项督导20余次，发现问题50余处，下发督办单15件。积极推动新冠疫苗接种工作，全市交通运输行业累计接种疫苗14993人（其中，加强免疫针5414人），接种率99.1%，邮政快递行业、公交及出租车司乘人员等一线从业者做到"应接尽接"。

行业治理能力持续增强。持续整治行业乱象。强化行业整治力度，加强与公安交警、高铁站综合服务中心等部门联勤联动，开展对"黑车"、出租汽车行业的经营秩序和乱象整治行动，网约车"双合规"快速提升。治超治尘、打非治违持续发力，全市货运车辆超载洒落扬尘车辆明显减少，道路客运市场秩序得到显著改善。加大科技治超力度。建立健全交通数据共享机制，大力推广智慧治超模式，全市22个不停车检测点及重点源头企业监控视频、称重检测数据一并入网，市、县两级路面治超、源头治超、科技治超全覆盖。推进交通运输综合行政执法改革。部门组建、职责分工、人员转隶均已完成，芦溪、上栗和莲花县执法改革工作已完成。加强法治交通建设。全市交通运输执法领域专项整治取得显著成效，从"无"到"有"在全省率先建成"一县一室（执法教育警示室）"并投入使用，多次获得省交通运输厅的肯定和表扬。

平安交通态势稳定向好。严格履行监管责任。落实"三管三必须"要求，将安全生产责任纳入干部教育管理全过程，实现"安全警醒日"常态化、制度化，织密安全生产责任链条。强化科技兴安。积极运用第三方监控平台开展车辆动态监管，"两客一危"重点车辆得到全面管控，全年接入平台企业91家，车辆共2859辆，全市"两客一危"重点车辆违规报警率与事故率大幅下降，下降率位居全省第一。扎实推进安全生产专项整治三年行动。完成辨识和管控风险点730处，排查和整治隐患668处，有效防范化解了交通运输领域重大风险隐患。完成农村公路与国省道主干线平交路口安全隐患整治37处，新增农村公路波形护栏反光标志1411千米，完成省下达该市的铁路沿线公铁并行路段护栏接收任务51处。做好春运、全国两会、建党100周年、中秋国庆、防汛期间等重要时间节点的安全生产工作，未发生较大及以上的生产安全责任事故，全市交通运输系统持续保持安全平稳态势。

（萍乡市交通运输局）

安源区

2021年安源区交通运输工作圆满完成。

重点项目强力挺进。①确保了萍莲高速顺利通车。②丹井大道有序推进。丹井大道全长约1.83千米，总投资约3.5亿元。项目一期工程已于今年9月底与萍莲高速同步通车，二期工程正在施工中。③中环东路项目征拆工作稳步推进。中环东路项目全长9.44千米，全线征迁费用总计约10.5亿元。全线完成拆迁264栋住宅、厂房18家，已完成征地、丈量、造册78.33公顷，完成搬迁坟墓2765余座，完成率达到100%，确保项目正常施工。④全力配合做好沪昆高速四改八项目前期工作。

民生交通不断完善。①创建全省"四好农村路"示范区。投资1000万元在全区打造文明示范路40千米，打造省级文明示范路20千米，全区路域环境和农村人居环境得到较大提升，安源区在今年全省"四好农村路"示范区创建中排名第二。②创新养护机制。建立健全了"政府为主体、行业指导、部门协作、社会参与"的农村公路养护工作机制，实现了养护机构、人员、职责、资金"四落实"。加强了对全区农村公路的养护指导工作，实现日常养护全面到位，提高了养护成效。

治超工作扎实推进。持续加大超限超载治理工作力度，大力开展"百日攻坚百吨王"专项整治行动，保持高压态势。加强了流动治超和源头治理，规范文明执法。科技治超得到了加强，总投资约1000万元建设4个第二批公路不停车超限检测点，实行治超执法全覆盖。

（安源区交通运输局）

湘东区

2021年湘东区全力推进交通重点项目建设。2021年已完工交通建设工程6个，完成投资1.8862亿元，建设项目分别如下：省道311麻山段公路改建工程项目2.96千米；县道059下埠至潘塘段、县道059潘塘至排上段县道升级改造项目全长7.3千米；县道051麻山至龙台（分水坳至龙台段）县道升级改造项目全长5.1千米；CN34路口至郭公塘村道路面改造项目全长1.4千米；67路公交线路国道320黄花桥道田段港湾式公交站台建设项目，新建4个，完成投资120万元并投入使用；湘东区第二批不停车检测系统建设项目，分别在新湄、三山、新油、凤凰、萍洲五个路段设立检测点，总投资1277万元。

全面抓好四好农村路持续建设。为巩固"四好农村路"省级示范县创建成果，完成窄路面拓宽改造35.6千米，完成乡道双车道拓宽改造项目19.7千米，危桥改造5座，新改建乡村道75.3千米，安防工程89.69千米，全面落实路长制，压实农村公路管理责任，农村公路管养纳入村规民约。

强力推进交通三治工作。全面管理，严格执法，治超效果卓显。采取多种执法手段对路面进行管控并实施严管重罚，超限率从原来的8.7%下降为目前的1.2%。今年以来，治超站共出勤3786人次，执法车辆975余次，检测车辆60004辆，查处超限超载扬尘洒落车辆422辆（其中查处"百吨王"18辆），卸载或自行转运货物16940.36吨，移送运管部门处罚扬尘洒落车辆34辆，移送交警案件384件，交警扣分2118分，恢复改装车辆数40辆。齐抓共管，部门联动，加大源头监管力度。落实监管责任，加大源头企业、汽修厂走访和检查力度，走访检查货源企业、货运公司40余家，罚源头企

业7家，约谈涉嫌非法改装行为的汽修厂30余家，处罚4家。

狠力整治交通安全隐患。开展交通运输领域道路百日整治专项行动，排查出安全隐患140处，筹措300余万元，整改安全隐患92处：其中：农村公路与国省道干线平交路口安全隐患8处；公交线路8处；省道311麻山镇公路（在建工程）2处；县道已整改到位安全隐患20处（其中：安装波形护栏2152米，凸透镜7块，标识牌15块，警示柱12根，减速带28米，砌挡土墙160立方米，防撞墙30米）；乡道54处。

（湘东区交通运输局）

芦溪县

2021年，芦溪县奋力推进"四好农村路"建设战略部署，实现了农村公路"建、管、护、运"四方面协调可持续发展，获评第六批全省"四好农村路"示范县并成功举办2021年全省推动"四好农村路"高质量发展现场会。

编制了《芦溪县"十四五"交通综合规划》，科学规划了"五横五纵一枢纽"交通路网，其中省道里程约53.5千米、总投资约32亿元，农村公路里程约483.251千米、总投资约11.281亿元。

国道320芦溪分界埠至江机段改扩建工程建成通车，已启动长赣高铁芦溪站场规划、沪昆高速"四改八"改扩建工程、萍乡绕城高速新建工程等国家省市重大项目的前期工作。

完成农村公路升级改造共计64.4千米，危桥改造9座，县乡道安防工程106.5千米，截至2021年底，芦溪县内公路通车里程达1772.949千米，其中高速公路16.362千米，国省道路127.048千米，县道156.349千米，乡道413.073千米；投资300余万元建成芦溪县交通运输智慧中心，实现农村公路智慧化管理；完成农村公路管养体制改革，配套养护经费680余万元，提升农村公路养护成效。投资1亿元建成了芦溪县城市客运站，建成县级物流中心1个，乡村物流节点97个，实现县、乡、村三级物流节点全覆盖。引导推进芦溪县公交公司改制，优化芦溪公交的运营线路和公交站点布置，实现芦溪客运公交的提质提档。

顺利完成了芦溪县交通运输综合行政执法大队改制工作，治超、运政、路政等执法职能一体化协同推进。疫情防控、安全生产、驻村、扫黑除恶等专项常态化工作扎实推进，交通运输行业持续安全稳定。

（芦溪县交通运输局）

上栗县

2021 年，上栗县交通运输局在做好疫情防控的前提下，圆满完成了既定目标和各项任务。

重点项目建设全面推进。一是公路工程 PPP 项目的建设全面完成。二是积极配合省交通厅做好了沪昆高速四改八前期准备工作。三是持续推进"四好农村路"建设。县道 155 长平至文岐路面改造项目，完成路面改造 7.9 千米，完成投资 1200 万元。乡村道窄路面拓宽完成 49.4 千米，完成投资约 6000 万元。枣木大桥完成主体结构，目前正在进行引道及护坡建设。完成其他危桥投资 2100 万元。村村通沥青路建设项目共计 24 个。目前建设已完成 25.4 千米，完成投资 2600 万元。四是站场建设稳步推进。县汽车客运中心站和城北客运站完成主体工程建设，完成投资 3082 万元。五是跟踪服务重点项目建设。做好长赣高铁前期准备工作；国道 319 清溪至四海段、国道 640 拓宽改造、省道 225 延伸等项目完成工可编制。全力推进重点民生项目工程（村村通沥青公路工程），不断增强群众的获得感、幸福感。

行业管理提质增效。一是"双超"治理重拳出击。将源头与路面治理相结合，加大源头企业管控，对 11 家非煤矿山企业安装了监控平台，强力规范源头装载，进一步规范交通运输秩序，保障公路安全畅通。二是绿色公交优化出行。继续做好双通工作，大力发展绿色公共交通。三是交通运输安全常抓不懈。全年组织开展了交通运输系统安全隐患大排查 174，排查隐患 97 处、整改完成 97 处，并多次召开全县交通系统安全生产工作调度会。

（上栗县交通运输局）

莲花县

2021 年，莲花县交通基础设施建设加快推进。一是科学编制"十四五"交通规划，着力构建"五纵八横三连接一环城"综合公路网。二是全力服务萍莲高速公路建设，着力推进莲花西互通连接线新建工程建设按期完工，萍莲高速公路于 9 月 25 日全线通车。三是全面完成省道 538 垒里冲至山斗岭改建工程，"十三五"期间国省道项目全面收官，县境内普通国省道均达二级及以上标准。四是稳步推进县道升级改造工程，年内共计完成 6.6 千米。五是不断完善农村公路设施建设，完成产业路 2.3 千米、危桥改造 8 座、村道安防工程 24 千米、建制村通双车道 17.2 千米。

交通运输服务质量全面提升。建成乡镇客运站 2 个，建制村站牌设置全覆盖，开通客运线路 32 条、公交线路 22 条，开通赶集班、学生班及预约响应班线 17 条。投资 380 万元购置 10 辆纯电动公交车已投放城区公交线路运营，农村客运车辆动态监控设备全部安装到位，"莲花出行"APP 网上查询客运信息、预约购票（互联网＋客运），极大方便了群众出行。客货邮融合发展试点工作有序推进，搭建平台推动县内 2 家客运企业和邮政公司于 9 月底签订"交邮合作"快递代运协议。

交通运输行业改革持续深化。一是整合组建莲花县交通运输综合行政执法大队、莲花县交通运输事业发展中心，机构改革顺利完成。二是深化农村公路养护体制改革稳步推进，着力推进"路长制"施行，将单一的部门管理转变为"路长"负责的综合管理。三是全面实施"互联网＋监管"，健全以"双随机、一公开"监管为基本手段、以重点监管为补充、以信用监管为基础的新型监管机制。

交通行业治理能力不断提升。一是交通运输行业"扫黑除恶"斗争向纵深推进，持续加强行业监管和专项整治，建立健全长效机制，维护群众切身利益。二是大型货车超限超载治理常态化开展，全年检测车辆 3.3 万余辆、依法查处超载车辆 280 辆，卸载、转运货物 7800 余吨，处罚金额 46 万元，移交交警处罚 165 件、驾驶证扣分 795 分，恢复改装车辆 2 辆，有效维护了辖区路段的安全畅通。三是持续开展货物源头治理行动，跟踪督促辖区源头重点企业称重设备安装和数据对接省治超平台，加快推进东湖、珊田两个不停车监测点全面完工并完成入网应用调试。

安全生产态势持续保持平稳。深入学习宣传贯彻习近平总书记关于安全生产重要论述，严格落实安全生产监管责任，建立和完善交通运输行业安全生产监管责任体系，层层分解落实安全生产目标任务，形成安全生产职责明确、层层负责、齐抓共管良好局面全县客、货运输行业没有发生重特大安全责任事故，交通系统无安全责任事故、无执法失误事件、无质量安全事故，安全生产形势持续平稳。

（莲花县交通运输局）

经济技术开发区

2021年，萍乡经济开发区拓区后，经安源区交通运输局、上栗县交通运输局和经济技术开发区交通运输局三方核算，扩区后萍乡经济技术开发区安全监督交通局所管辖范围内的农村公路养护里程为：县道：41.086千米，乡道：76.816千米，村道：282.092千米，总里程为399.994千米。

农村公路。2021年，获批农村公路项目：4千米乡道升级改造项目，8千米生命安防工程。中环北路（经开区段）建设项目。全长3.22千米，完成总投资4.5个亿，项目如期竣工通车。沪昆4改8建设项目的征拆配合工作。积极配合市交通运输局完成沪昆4改8建设项目的有关征拆工作。

（经济技术开发区交通运输局）

武功山风景名胜区

2021年，武功山风景名胜区交通运输局上下凝心聚力，砥砺奋进，景区交通路网结构进一步优化，群众出行环境持续改善，交通运输事业平稳安全发展。

项目建设稳中求进。农村公路建设任务12千米。窄路面拓宽项目需完成任务5千米，旅游路、资源路、产业路、路网联通路、公益事业路项目目标任务5千米，危桥改造项目需完成3座，完工4座，完成率133%。2021年各项指标基本完成，项目建设稳中求进。

完成省道及农村公路建设项目。截至2022年1月，塘上桥、蔡家老桥已经完成桥梁主体建设工作，待道路完善顺接后进行交竣工验收工作；国公桥已完工，正在完善竣工资料及手续；铁炉下桥因涉及到桥位变更等问题，于2021年下半年才开工建设，截至目前已完成桥梁主体建设工作。武功山蔡家至东江公路改建工程等三个项目已作为旅游路项目上报至省交通运输厅，目前正积极推动项目前期准备工作，争取尽早开工建设。

坚持做好公路养护及安全生产等工作。积极对接公路养护公司，对该区县、乡、村道道路的边沟、路肩进行常态化清理修整，路容路貌工作有序推进。安全生产方面，开展"平安公路""平安工地"活动。严格落实质量安全隐患"销号"制度，确保发现一处，整改一处。强化"扫雷"安全隐患排查治理，完善农村公路安防设施，消除隐患道路里程7千米，完成路面修补3100余平方米，依法拆除非公路标志5块，加强隐患排查，强化危桥险路处治效率，抓好安全生产信息报送。

坚持不懈打击黑车，提升景区形象。对石鼓寺区域存在私家车喊客拉客行为、车辆转运处乘客下车点存在私家车喊客拉客行为两项问题，该局积极配合运管、交警实行流动巡查、上车询问和游客举报等多种途径进行打击黑车行动。截至12月底，已扣押、处罚非法营运车辆29辆。罚款19.5万元。劝导多名外地游客前往转运中心搭乘大巴、班车，制止黑车拉客行为。

（武功山风景名胜区交通运输局）

九江市

2021年，九江市交通运输局认真贯彻落实"三大攻坚行动、三大提升工程"和加快水运改革发展要求，圆满完成全年目标任务。

公路建设。争取省级补助资金共10307万元，做好县道升级改造、窄路面公路拓宽改造、安全生命防护工程、危桥改造、旅游路、资源路、产业路等农村公路建设；推进通山（赣鄂界）至武宁高速公路施工建设，推进阳新（赣鄂界）至武宁、武宁至樟树至兴国、通城（赣鄂界）至铜鼓、彭泽（赣皖界）至东乡等高速公路前期工作；推进九江至黄梅过江通道建设；推进武穴至瑞昌、九江至小池等过江通道建设前期工作。

疏港公路。完成都昌三汊港至泗山、鄱阳湖南大道－沙山、彭泽矶山作业区3条疏港公路建设；推进彭泽彭郎矶、红光－定山、湖口银砂湾、三里－屏峰、庐山市环山公路－神灵湖作业区、都昌城区作业区6条疏港公路建设，全市9个疏港公路项目，共计127千米，总投资约33亿元。

交通运输。复航九江庐山机场，开通"西安＝九江＝深圳"航线，完成机场航站区候机楼、航管楼、货运站、特种车库等场所装修改造；市城区新增公交线路4条，调整公交线路8条；开通环庐山旅游公交专线，调整工业园区线路17条、景区线路38条；完成智慧公交改造项目。全年完成公路客运量2475万人，旅客周转量161292万人千米，比去年同期减少55.48%、45.98%，货运量13053万吨，货物周转量2998477万吨千米，比去年同期增加27.57%、21.96%。

运输市场监管。全年查处违法货运车辆5113辆次，卸载超限超载货物6.85万吨，查处非法改装车辆561辆；成品油专项整治办理行政处罚案件1443件，查处各类成品油运输违法案件40件，严厉打击"非法入浔油"；统筹推进柴油货车污染治理，全力配合中央环保督察信访问题整改，淘汰老旧车辆共574台。

（九江市交通运输局）

都昌县

公路建设。完成农村公路建设83千米，18个乡道双车道升级项目42.8千米、16个建制村窄改宽项目40.2千米，共投资约7321万元。完成美丽生态文明农村示范路2条（左里至大树14.4千米，张家山至芗溪11.4千米），共计25.8千米，投资约774万元。完成城东大道建设工程可行性评审，项目起点位于省道214（K120+055），终点位于省道209大树加油站，全长7.48千米，总投资约5.8亿元，正在进行初步设计。启动城区疏港公路项目，该项目起于和合乡黄金咀（途径大小沔池坝外观湖路并线连接县城港区作业区），终于县城西河路，全长18.31千米，投资约2.135亿元，2022年12月底完工。

桥渡隧建设。危桥改造完工12座，已开工建设4座。

公路养护。全年投入修整、陪护县道路肩日常小修养护资金464余万元；完成县、乡道大中修17.003千米，维修破损砼路面2.6万平方米，完成村道安全生命防护工程前期工作771千米，投入养护资金586万元。

道路运输。有客运公司6家，（国营客运企业1户，私营股份制客运企业5户），公交公司1家，出租车公司2家，农村客运站1个，货运企业21户，客运班线122条（省际班线8条，区际班线15条，县际班线21条，县内班线78条），客车198辆5755座。公交车44辆，出租车108辆，货运车辆53辆5660吨，危货车辆1辆19.8吨，客运量162万人次，客运周转量648万人，货运量228万吨、周转量32832万吨。

（都昌县交通运输局）

湖口县

公路建设。完成县道升级改造 6.7 千米，乡道双车道改造、建制村窄路面拓宽工程 10.5 千米，生命安全防护工程 22.8 千米，完成路网联通路建设 2.5 千米，启动三里至屏峰作业区疏港（环鄱阳湖旅游）公路、银砂湾作业区至彭湖高速大垅出口疏港公路建设工作、银砂湾园区道路工程、高速路口改移工作。三里至屏峰疏港（环鄱阳湖旅游）公路，全长 30.497 千米，总投资 98887 万元，一期 3 月份开工建设，目前站场建设基本完成，正在进行便道施工、项目取土；银砂湾至彭湖高速大垅出口疏港公路，全长 13.176 千米，总投资 22925 万元，完成施工图设计，公路用地放线工作已完成，正在进行征地前期准备工作。省道 214（湖口县境内流芳至苏山路段）公路改造项目。全长 1.95 千米，全面完工。银砂湾园区道路工程，全长 1.6 千米，主体工程已全部完工，目前正在对标线标牌及绿化工程施工。

桥渡隧建设。全面完成湖口县危桥改造项目。重建工程流泗镇前进桥（水毁）项目，原桥梁于 2020 年 7 月份被洪水冲毁，新建桥梁设计全长 23.02 米，投资 134 万元，截至年底全面完工。

站场建设。投资 500 余万元新建武山、付垅农村客运站场 2 座，维修改造流泗、流芳农村客运站场 2 座。

公路养护。完成美丽生态文明农村路建设 75.8 千米。道路运输湖口县有营运普货 87 家、营运车辆 335 台。出租车企业 3 家 86 台；危货企业 5 家 86 台车。现有省际班线 2 条，市际班线 1 条，县际班线 1 条；2021 年 8 月 1 日开通了湖九城际公交专线。汽车修理厂二类的 4 家，三类的 5 家。湖口检测站 2 家。全年完成旅客运输量为 374.946 万人次，旅客周转量为 8248.81 万人千米。

水路运输。湖口境内江湖岸线 52 千米，其中长江 24 千米、鄱阳湖 28 千米，是长江中下游天然的深水良港和九江港重要港区之一。截至 2021 年 12 月 31 日，湖口长江港区完成货物吞吐量约为 3863.55 万吨，同比 2020 年增长 17.094%；航运企业 9 家，船舶 67 艘、载重吨 404810 吨，船舶载重吨相比去年增长 190.6%。推进平安港航建设，湖口内湖的 6 座非法码头全部拆除，拆除非法码头腾出岸线 924 米，完成滩涂复绿 6000 余平方米，完成规范提升码头 1 座。

（湖口县交通运输局）

彭泽县

公路建设。完成张家湾至郭桥（和团村至双庆桥段）等县道升级改造项目 3 个，里程 9.66 千米，总投资 5722 万元，完成芙蓉－凤凰等乡道改造项目 7 个，里程 16.2 千米，总投资 3865 万元。完成省道口—下机站建制村优选通达路线窄路面拓宽改造项目 1 个，里程 0.9 千米，总投资 171 万元。完成连接线至凯瑞基地等"五路"项目 4 个，里程 3.6 千米，总投资 1952 万元。彭泽县彭郎矶作业区疏港通道项目，进入沥青路面摊铺工作，完成总产值约 12600 万元，占合同价的 63.3%；彭泽至宿松过江通道项目完成"预可行性研究"初稿，与安徽宿松交通局做好前期选址初步意见；彭东高速项目列入《江西省"十四五"综合交通规划》。

桥梁建设。完成芙蓉二桥等危桥改造项目 16 个，全长 413.8 米，总投资 2550 万元。受理危桥改造质量监督项目 36 个，全年完成交工检测的桥梁项目 17 个，合格率 100%。组织对在建项目的抽查共计 100 余次，下发抽查意见通知书 2 份。

生命安全防护。建立完善农村公路安全生命防护工程工作台账，对县乡公路 1660 千米线路进行全面的安全隐患排查，落实道路交通安全隐患整改，整改一处、销号一处。全年完成临水临崖弯道防护栏 5 万余米，道路指示牌 6 块，减速标牌 14 块，广角镜 10 套，减速带 480 米，重建桥涵 1 座，进行了联合验收并及时销号。

公路治超。全年固定点共查处违法超限 52 起，卸载超限部分货物 238.06 吨。

道路运输。彭泽县现有客运公司 2 个，公交出租车公司 1 个，农村客运站 11 个，候车亭 36 个，现有客车 208 辆，客运线 24 条，公交车辆 57 辆，江西九江长途汽车运输集团有限公司彭泽公交公司车辆 7 辆，出租车 65 辆，货运企业 56 家，货运车辆 2624 辆，2020 年客运量 103 万人次，客运周转量 4619 万人次。货运量 135 万吨，货运周转量 31386 万吨千米。

水路运输。全县共有 14 道渡口，渡船 17 艘，分布在江西、安徽两省、五个乡镇（龙城、棉船、马当、复兴、华阳），总载客数为 1090 人，净载总吨位 704 吨，年客运量 1200 万人 / 次；汽车渡口 4 道、渡船 5 艘，载车总数为 62 车位，总功率 1308.2 千瓦，净载总吨位 1052 吨，年运载车辆 314000 台 / 次，船员 42 人。

（彭泽县交通运输局）

修水县

公路建设。完成建设、改造公路大小工程项目 32 个，113.7 千米，总投资 18101 万元。其中：全年完成县乡道路面改造项目 3 个，8.2 千米，总投资为 3576 万元；完成产业路项目 1 个，下麦园—水上乐园，全长 1.6 千米，投资为 504 万元；完成县道升级改造项目 3 个，17.9 千米，总投资 7550 万元；完成乡道路面改造项目 3 个，23.5 千米，总投资 4135 万元；完成建制村通双车道公路拓宽改造项目 25 个，70.7 千米，总投资为 5912 万元。投入资金 700 多万元完成了游段至山口段、大桥至古市 2 条 22.6 千米美丽生态文明路建设。

桥渡建设。全年完成渣津镇店前桥等 42 个危桥改造项目，桥梁总长 1373.682 延米，总投资为 6247 万元。投资 22 万元对白马坑渡口等 7 个渡口渡船、码头及浮桥进行维修。

生命安全防护。完成涉及 36 个乡镇的 110 多条县乡道 200 千米波形护栏安装，完善双井旅游公路波形安全防护设施建设，旅游公路、农村文明示范路等重点道路安防设施标准进一步提高。投入资金 90 万元，安装铸钢减速带 2000 米，进一步完善国省道及县道平交路口减速带建设，县乡道采购安装标示标牌 500 块。

公路养护。2021 年 6 月，修水县通过《修水县深化农村公路管养体制改革实施方案》。开展县道养护考核检查 4 次，日常检查 40 多次，雨雪冰冻天气调度安排 30 多次，累计处置各类安全隐患 600 多起，填补路面坑槽 20000 多平方米。投入资金 550 万元，完成布甲、杨津等县道水毁修复及上

杭至四都等 7 条县道路面维修，增设排水边沟 10 千米。

治超执法。全年检测过往车辆 47000 辆，对 130 余辆超限超载车辆实施卸载和处罚，卸载与转载货物 2200 余吨，罚款 120 余万元。全年查扣非法营运车 105 辆、出租车 4 辆、教练车 11 辆、网约车 41 辆，查处驾培违规行为 3 起，查处维修违规行为 3 起，查处不按线路行驶和未取得经营许可从事网约车运输及非法改装货车 121 辆。

道路运输。现有客运班线共 86 条、客运车辆 307 辆，跨省线路 24 条，跨地市线路 8 条，跨县线路 8 条，县内班线 46 条；出租车公司 2 家，出租车 220 辆，在县备案的网约车公司 3 家，车辆数 225 辆，巡游出租车公司 2 家，车辆数 220 辆。新增修水至武汉等定制班线 5 条，农村客运车辆更新 38 台。有货运企业 9 家，物流企业 21 家，货运汽车 150 辆，25000 吨位；全年完成运输旅客 61.988 万 / 人，完成客运周转量 7110.9 万人 / 千米，货运量 135 万吨。江西昊邦物流有限公司成功从国家 AA 级物流企业升级为国家 AAA 级物流企业。

（修水县交通运输局）

武宁县

公路建设。完成株林至横路县道升级改造工程和省道 305—金沙滩旅游公路改建工程，全长 8.3 千米，完成投资 2693 万元；完成烟港至太平山水毁工程（烟港至合港段）、大源至田丘水毁重建工程，完成总投资 1013 万元；完成南湾—石船等"四好农村路"建设项目 114 个 73.2 千米，总投资 2196 万元；完成梅山至拦河坝等 9 个窄路面拓宽公路建设，全长 28.9 千米，完成总投资 1133 万元；完成小坪至下坊等 3 个乡道双车道拓宽改造工程，全长 18.4 千米，工程总投资 1435 万元，完成总投资 858 万元；完成宋溪至三贤里、澧溪至麻源公路等四个省级示范路建设，全长 26.6 千米。工程总投资 1032 万元，完成总投资 1032 万元。

桥梁建设。完成船滩镇石坑村韩家桥危桥改造项目 13 个，全长 149.9 米，总投资 659 万元。

公路养护。全县农村公路总里程 2548.829 千米，其中县道 17 条 273.589 千米、乡道 90 条

596.386 千米、村道 1882 条 1678.854 千米，落实县道公路养护管理目标责任书的要求，年末好路率保持在 90% 左右。全县 17 个乡镇 178 个建制村配备了 800 名生态管护员，确保公路养护质量稳步提升。完成新宁镇等乡镇 142 条村道的安全生命防护的建设，处理隐患里程 150.341 千米，完成工程总投资 2392 万元。

道路运输。武宁县有长短途客运公司 1 个，城市出租车公司 2 个，城市公交车公司 1 个，旅游客运公司 1 个，县城汽车站 1 个，农村公路综合服务站 1 个，农村客运站 4 个，候车亭 98 个，货运企业 55 家。现有客运线路 92 条，农村班线 11 条，客车 134 辆，公交车 30 辆，出租车 130 辆，旅游客车 27 辆，货运车辆 652 辆，2021 年道路客运量完成 71.9 万人次，客运周转量完成 9502 万人千米；货运量完成 605.1 万吨，货运周转量完成 110942 万吨千米。

治超执法。截至 12 月 31 日，全县共查处货运车 479 辆，罚款 845340 元，卸货 1822.26 吨，其中交通处罚 54 辆，切割 83 辆；查处非法营运车辆共计 55 辆，罚款金额 35.1 万元；非法改装车辆 95 辆，处罚金额 60.8 万元；其他违法行为车辆共计 55 辆，处罚金额 21.92 万元，有效遏制了道路运输非法运营和违法行为发生。

（武宁县交通运输局）

永修县

公路建设。永修县交通基础设施农村公路及灾后重建项目共计完成公路建设 118.5 千米，桥梁 11 座 319.1 米，完成总投资 42842 万元。投资 2000 万元的杨祺线军山段 5 千米县道改造建成通车。总投资 1.7 亿元的恒滩线九合段、立新段、滩溪段及吴罗线昌九大道至周坊段共 30 千米县道改造升级项目全面建成通车。总投资 1.5 亿元的国道 316 永修县城至艾城段公路升级改造完成交工检测。

危桥改造。虬津涂家桥、三角郑家桥、云山医院桥、燕山桥危桥改造工程全面完工，工程投资 万元；10 月 18 日，投资 万元的立新大桥危桥改造工程开工建设，标志着永修县全面完成年度危桥改造工作。

港口、码头建设。永修县有渡口 7 道，渡船 9 条（其中荷溪一渡三船），分布在马口镇和吴城镇。马口镇 2 道渡口分别是泗洲渡口和黎下渡口，吴城镇 5 道渡口分别是荷溪渡口、西庄渡口、水巷口渡口、松丰渡口和松门渡口。

公路养护。全县农村公路养护总里程 1822.91 千米，投入日常养护资金 785.8 万元。其中县道 202.299 千米，乡道 500.736 千米，村道 1119.875 千米。投入资金 339.19 万完成农村公路养护工程（大中修），16 个水毁工程全部完工，总里程 34.9 千米。道路安全隐患整治 21 千米，安装了波形护栏、警示柱、反光凸镜、指示牌。

道路运输。全县有载客汽车 154 辆，3452 客位；载货汽车 1109 辆，7698 吨位。2021 年全县客运量 135.5 万人次，货运量 183.6 万吨。客运周转量 1971 万人 / 千米。货运周转量 8038.8 吨 / 千米。全县公路客运线路为 41 条。有二类维修厂家 10 户，三类维修厂家 33 户；各类驾校 5 家（二类驾校 1 所、三类驾校 4 所，教练车 120 台）；机动车综合性能检测站 2 家。

水路运输。永修现有航运企业 2 家，航区均为省际沿海成品油运输企业，共有油船 10 艘，共有运力：55064 总吨。

（永修县交通运输局）

德安县

公路建设。完成德安至武宁的高速公路、丰车公路、林吴公路接昌九快速路二期、德安南互通等工程的"三规三线"工作。全年完成农村公路建设 46.5 千米，交通基础设施建设投资 3.6 亿元。完成梅棠至宝塔五条县道补充生命安全防护工程项目，项目 86.449 千米，总投资 240 万元；完成高丰—车桥（塘山集镇段）县道升级改造项目，全长 1.2 千米，总投资 242 万元；完成刘家山 – 夏家铺产业路项目 2 个，全长 4.2 千米，总投资 3951 万元。完成万家岭专线、高丰至车桥美丽生态文明路建设，全长 31.97 千米，总投资 420 万元，现有道路两侧边沟排水设施进行完善改造、路肩采用植铺草皮绿化以及设置停车公路驿站。

桥梁建设。完成湾里曾家桥 1 座危桥改造工程，全长 28.04 米，总投资 168 万元，工程于 2021 年 10 月全部竣工。

农村公路养护。全年共投入 533 万元对全县 13 个乡镇通乡主干道 123.6 千米农村公路进行养护，养护率达 100%，优、良、中等路比例达 78%，路面技术状况（PQI）指数得到提升。

机动车维修检。测全县有二级以上资质的维修企业 9 家、检测机构 2 家，其中校车定点维修企业 1 家，开展了机动车维修企业质量信誉考核，9 家二类维修企业，均为 AA。实行"三检合一"，检测营运机动车 1557 辆。全县有 C1 资质的机动车驾驶员培训机构 4 家，机动车驾驶员培训质量信誉考核均为 AA。

公路治超。德安县林泉乡林泉村、车桥镇 316 国道、河东大道西侧、丰林镇上胡村，于 9 月 6 日启动了 24 小时不停车检测。全年共处罚涉嫌超限超载车辆 399 辆，卸载货物 7850.7 吨。政府还投资 230 万元在 10 家重点源头矿山企业安装规范装载视频监控系统，形成以科技治超长效机制。

道路运输。全县有货运企业 85 家，客运企业 2 家，县城汽车站 1 个，乡镇客运站 8 个，农村镇村公交候车亭 114 个；县城公交线路 4 条，农村镇村公交客运线路 28 条；跨县以上客运班车 8 辆，农村镇村公交客运车 36 辆，城市公交车 26 辆，巡游出租车 100 辆，货运车辆 2017 辆，全县客运量 22 万人次，客运周转量 757 万人 / 千米，公路货运量 1020 万吨，公路货运周转量 86700 万吨 / 千米。

（德安县交通运输局）

瑞昌市

公路建设。完成乡道双车道改造项目 3 个 5.8 千米，总投资 1160 万元，其中：八都至陈家宕 3.1 千米、横港至高泉 1.2 千米、李铺至上源 1.5 千米项目；窄路面拓宽改造项目 1 个（程家至曹家冲）2.2 千米，总投资 66 万元；旅游路项目 1 个（瑞昌市铜岭古遗址旅游公路）3.1 千米，总投资 1240 万元；路面改造项目 2 个，总投资 1080 万元，其中：范镇至赤湖县道（县道 819）8.7 千米、高丰至车桥县道（县道 807）东山段 2.1 千米。

桥渡隧建设。完成农村公路危桥改造项目 7 个，

总投资 1200 万元。国道 220 瑞昌武穴大桥南互通至金丝村段改建工程，路线全长约 2.2 千米，按一级公路标准建设，完成路基土石方、桥梁下部结构，现正在进行悬浇梁和桥面系施工，截至 2021 年 12 月底完成总工程量的 80%，项目总投资概算 31508 万元。

车站、港口、码头建设。瑞昌市现有汽车站 10 个，其中二级站 1 个、三级站 1 个、农村站 8 个；长江码头汽渡（轮渡）各一个。有码头、林安物流等大型货运停车场 2 个。

农村公路养护。全年管养农村公路 1865.114 千米，其中，县道 211.103 千米、乡道 518.198 千米、村道 1135.813 千米。全年累计养护资金 285.56 万元，其中日常养护 208.41 万元、水毁修复资金 72.15 万元，道路安全隐患治理 5 万元。全市农村公路列养率达到 100%，优良率达 85% 以上。

道路运输。全市客运车辆 155 辆，客运量 487 万人，客运周转量 234240 万人千米，货运车辆 4108 辆，货运量 1129 万吨，货运周转量 77534 万吨千米；全市客运线路共 49 条，其中省际 1 条、市际 1 条、县际 5 条、县内 42 条；市内公交车 33 台，其中新能源车 33 台，公交枢纽站 1 个，公交站台 180 个，公交线路 5 条，镇村公交客运票价按原标准下降 20%。

（瑞昌市交通运输局）

共青城市

公路建设。完成国道 532 联络线三期等 10 个项目，国道 532 联络线三期全长 9.9 千米，一级公路，总造价 1.9 亿元，完成投资 1.65 亿元，资金由中央补助资金和地方配套资金构成；完成红星圩堤、潘家至中堂山庄资源路产业路建设 10.7 千米，投入资金 1500 万元；完成钱家墩至猪头山、土牛至共青、泽泉至新塘县道升级改造 28.3 千米，完成总投资 7000 万元。

桥渡隧建设。对坳口桥、移民新村桥、张家桥的改造工程 3 座危桥实施改造，截至 2021 年 10 月底，项目全部完工，总投资 130 万元。

公路养护。按规定共青城市财政配套养护资金 60.8 万元，省厅补助 48 万元，实际共投入资金

300 余万元对农村公路进行养护。对全市辖区内 62 千米乡道村道进行养护及添置减速带等安全设施。投入资金 20 万元对苏家垱进行水毁防治。

道路运输。有九江长运集团共青分公司、共青赣江公共交通运输有限公司 2 家客运企业，有城市公交线路 12 条，客运线路 5 条，客车 26 辆，公交车 44 辆（全部为新能源车辆），出租车 130 辆，旅游客车 27 辆。有江西德盛混凝土有限公司、共青顺安运输有限公司、共青展达运输有限公司等 50 家货运企业，货运车辆 318 辆，其中普通货车 270 辆，危险品运输车辆 48 辆。全年完成公路货运量 52.6 万吨，货运周转量 9866 万吨千米，完成公路客运量 492 万人次，旅客周转量 17300 万人千米。

（共青城市交通运输局）

庐山市

公路建设。全年完成辖区内 6 条道路、3 座危桥的建设，公路里程共计约 51 千米，惠及沿途的海会镇、温泉镇、星子镇、横塘镇、华林镇、蛟塘镇、蓼南乡七个乡镇。投资 6500 万元，对大蓼线和钱横线两条县道进行提升改造；投资 3000 万元，对温华线、南华线两条乡道的提升改造；投资 1100 万元，对阳孟贵—梅西、五里—火焰山（两条村道损坏严重路段进行拓宽改造。全面启动 2021 年度 30 个"四好农村路"项目新建、改造，共计 51 余千米，投资规模约 25600 万元，涉及 6 个乡镇、27 个建制村。投资 5043 万元启动温泉高速口和通远高速口改扩建提升项目。

桥梁建设。全年开展库内 5 座危桥的改建、改造，投资规模约 1000 万元，沈家桥、郭家桥、包子潭桥已完工，陈家埝、连丰桥正在实施中。

公路养护。启动环庐山公路（国道 532）大中修项目，线路里程约 30.646 千米，投资规模约 26100 万元；启动沿山、沿湖两条主通道的路域环境提升项目，投资规模约 14800 万元，将环庐山公路、鄱阳湖大道两侧约 80 万平方米，按现代简约园林中的疏林草地设计标准实施绿化改造，进行绿化、亮化。

公共交通。有 12 条公交线路通往环庐山景区（包括庐山北门、庐山东门、庐山索道等地）。开通了庐山东门至庐山索道的环山旅游公交专线，与市公交公司的常规公交线路进行无缝衔接。

港口建设。配合实施沙山作业区码头一期建设，项目建设共 5 个泊位，其中 3 个散货泊位、2 个件杂泊位。计划工期 20 个月，投资规模约 20 亿元。沙山作业区码头 5 个公共泊位建设正在推进，神灵湖船舶污染垃圾接收设施已于 3 月中旬完成竣工验收并整体移交市政公司运营。

（庐山市交通运输局）

濂溪区

公路建设。本着"先通、后连、再循环"的原则，完成农村公路提质改造项目 23.3 千米，其中县道升级改造项目 2 千米；建制村通双车道项目 5.5 千米；产业路项目 1.7 千米；计划外路面改造项目 14.1 千米；完成县乡村道安全生命防护工程项目 11.9 千米（含计划外），圆满完成上级下达的任务目标。

公路养护。完成小修保养工程 45 处，本级财政安排补助资金 127.03 万元，采取"多员合一"的模式对农村公路进行日常养护，整合资金 55 万元，实现了农村公路应养尽养。

公路、水路突发事件处理。加强对水上渡口和农村公路安全隐患排查及在建工程安全监管，开展水上交通安全宣传和水路运输企业隐患自查自纠，评估安全风险，及时消除安全隐患，共开展安全生产检查 22 次，未发现安全隐患。

（濂溪区交通运输局）

柴桑区

公路建设。全年共投入资金 12000 万元，完成新改建农村公路 111.8 千米（其中：续建县道升级改造 3 千米，乡村道路拓宽改造 30 千米，新建通自然村公路 66 千米，县乡道路面改造 7.8 千米，新建旅游路、公益事业路 5 千米），危桥维修改造 1 座。

公路养护。柴桑区现有农村公路 1379.35 千米（其中县道 180.76 千米、乡道 210.38 千米、村道 988.19 千米），农村公路管养体制改革全面完成，日常养护全覆盖，全面实行"路长制"。

公路绿化。结合高速铁路沿线安全隐患整治，大力整治农村公路路域环境，投入资金 100 万元，完成沿线房屋波顶加固 40186 平方米，拆除 98 平方米，清理疏通排水设施 6 处，投入资金 120 万元，对狮岷路等县乡道进行了公路绿化，完善标牌、标线及波形护栏等。

生命防护。工程共投入资金 640 万元建设完成了以波形护栏为主的生命安全防护工程项目 15 个，处置隐患里程 46.5 千米。

（柴桑区交通运输局）

浔阳区

2021 年，浔阳区住建局交通办积极履行行业职责，不断抓紧农村公路养护管理和强化交通行业管理水平，确保农村公路安全畅通。

"四好农村路"建设。对大塘村三组农村公路约 500 米进行了路面修复，推进农村公路全面养护，完成全区农村公路养护任务，积极推进城郊农村公路向城市道路的转化，农村公路列养率达到 100%。全区建制村全部实现"组组通"水泥路目标，通畅率达到 100%；乡道等级以上道路的生命防护工程完成比例达到 100%；危桥改造比例达到 100%。

（浔阳区交通运输局）

庐山西海

公路建设。2021 年完成梅柘线与国道 316 平交口路段升级改造工程，总投资 390 万元；完成县道宋巾线巾口段道路升级改造工程，总投资 680 万元，全长 3.88 千米；完成景区主干路三柘线升级改造工程，总投资 1600 万元，全长 2.87 千米；完成柘林集镇沿湖路升级改造工程，总投资 400 万元，全长 2 千米；完成巾口乡 6.49 千米的农村公路改造，总投资 600 万元；完成巾口乡产业园路网建设，全长 11.16 千米，总投资 3500 万元；完成宋巾线不停车测重点工程建设，总投资 100 万元。

规划编制。完成《庐山西海风景名胜区农村公路"十四五"发展规划》和《庐山西海风景名胜区"十四五"综合交通规划》编制工作。

（庐山西海交通运输局）

新余市

2021 年，新余市交通运输系统紧紧围绕交通强市这一主线，坚定不移做好"三大攻坚行动、三大提升工程"和水运改革发展工作，牢牢把握推动交通运输事业高质量发展这一主题，确保"十四五"开好局，全年各项工作取得明显成效。市环城路全线基本建成通车，城市道路与农村公路快捷高效、衔接顺畅，全市公路路网结构日趋完善；袁河航道提升工程及港口码头项目建设取得实质性进展；运输服务水平显著提升，群众满意度名列全省前茅；"放管服"及综合行政执法改革落地见效，行业治理能力再上新台阶。2021 年度安全生产工作被省厅授予全省先进单位称号并在 11 个地市中排名第一，综合行政执法、运输管理工作也获得全省先进。

重点交通公路基础设施建设成绩显著。完成了《新余市"十四五"综合交通发展规划》编制工作，并将袁河开发等重大交通项目列入国家、省"十四五"规划项目库。全面贯彻实施《关于推进交通强省建设的意见》，积极谋划一批重大交通基础设施项目，全年共完成项目总投资 18.7 亿元。市环城路于 2021 年 1 月除万商红跨铁路桥外全线建成通车，项目的建成有力拉动形成了全市环形加放射型的立体交通网络新格局。进一步借助该市被确定为交通强国建设普通国省道公路与城市道路衔接协调发展试点城市的契机，大力实施一批环城路连通工程，持续推动上新线新余段、观分线等项目建设，及时启动渝钤大道等互联互通项目前期工作，积极谋划春龙大道南延、创业大道北延等连通工程建设。

袁河航道提升工程及港口建设取得实质性进展。袁河航道提升工程被列为《交通运输部"十四五"水运发展规划》和《江西省"十四五"综合交通运输体系发展规划》重点项目，列入了省交通运输厅2022年重点水运工程项目。同时成立了新余市袁河航道提升工程及港口建设领导小组，明确了成员单位工作职责，落实了集中办公制度。工可编制已完成船闸运量预测、过闸船型标准、船闸规模及船闸通过能力、坝址比选、输水系统、水工结构、鱼道设施及航道疏浚工程等初步研究，外业方面已基本完成了航道、枢纽区、淹没区测量和钻孔勘探，专题研究已完成10项外委工作，航运水资源保障专题论证已有了初步的研究方向。

"四好农村路"高质量发展有序推进。按照"县道县管、乡道乡管、村道村管"原则，抓好农村公路项目实施推进。2021年全市农村公路共完成投资8.2亿元，完成各类公路建设里程66.8千米，其中：县道升级改造完成6.3千米，乡道双车道改造完成25.1千米，窄路面拓宽改造完成22.8千米，旅游路、资源路、产业路、公益事业路、路网联通路完成12.6千米，危桥改造项目主体完工22座。同时，积极推动该市农村公路管理养护体制改革及"路长制"工作，印发了《新余市深化农村公路管理养护体制改革全面推行农村公路"路长制"的指导意见》等系列农村公路政策文件，推行了农村公路管理养护体制及"路长制"试点改革工作，引导督促改革试点乡镇仙女湖区九龙山乡、仰天岗办事处先行先试，建立了养护管理组织机构、养护队伍、工作制度，巧借农村人居环境综合整治契机以点带面推动全市农村公路管理养护体制和路长制全面运行。进一步巩固了建制村通客车率100%的成果，建立健全了保障运行机制，确保建制村通客车开得通、留得住，为服务乡村振兴战略提供坚实的运输服务保障。

法治交通建设再提升。组织综合行政执法专业培训4次，参训人员达300余人次，进一步筑牢了执法人员依法执政、执法为民的基本理念，强化了法治思维，提升了执法效能。严格落实了《行政执法公示制度》《执法全过程记录制度》《重大执法决定法制审核制度》等三项制度，执法信息通过江西政务服务网在市县政府门户网站上进行了公示。为进一步加快该市交通运输法治政府建设，营造良好的法治政务环境，切实维护行政相对人的合法权益，先后制定了《新余市交通运输局行政执法案件查处分离制度》《新余市货车超限超载"一超四罚"实施细则（试行）》等政策法规文件。采取固定检测和流动检测、巡查、稽查相结合的方式开展执法，强化执法队伍之间、部门之间、区域之间的联动，执法效能明显提升，全年共处理交通运输违法案件2932件，其中超限超载2151件、非法营运91件、运政686件、路政2件、水政3件、质监1件，恶意超限超载运输行为基本杜绝。全市驾培领域执法难点焦点"破冰"行动成效显著，交通工程质量监督执法规范化建设强力推进，不停车超限超载检测设备安装、源头治超信息接入稳步推进。

行业安全态势持续稳中向好。全市交通运输行业"统筹协调、社会参与、防范到位、处置高效"的应急管理工作机制初步形成，周密部署了各季度、安全生产月及重要时段（节假日）、敏感时期安全生产工作，推进了安全生产三年行动专项整治集中攻坚行动和铁路沿线安全环境整治，行业安全形势总体良好，全年未发生较大及以上道路交通安全事故、未发生水上交通和交通工程建设施工事故。全面部署了交通运输常态化疫情防控工作，及时成立了工作专班，明确各部门职责，加强督导检查，严把交通场站、交通工具输入关，督促全行业严格落实疫情防控各项措施。

运输服务保障更加有力。2021年春运，全市累计投入城市公交2320辆次，累计运输乘客51.32万人，出租车投入5930辆次，累计接单277989单，客运运力176辆（其中班车客运68辆、旅游包车客运108辆），旅客运输量5.4万人次。在疫情常态化的形势下，客运量同比去年有所提升。市重点民生项目六座公交车首末站建设已基本完成并即将投入使用。负责草拟了《新余市优先发展公共交通的实施意见》和《优先发展城市公共交通资金管理办法》，争取公交城市创建专项资金2000万元。拟开通三条定制公交线路，推进全市公交线路不断优化。同时实现了"一卡通"在主城区的使用，更加方便市民出行。推出了巡游车叫车平台"本地出行"及热线6633000叫车，同步积极推进"95128"叫车平台在该市的落地。全市所有营运车辆均实现了"三检合一"，全面推行高频便民服务"跨省通办"，鼓励公交、出租车企业推广使用新能源车型。加快推进了"客货邮"融合发展试点工作，统筹解决农民群众幸福出行、物流配送、邮政寄递"最后一公里"问题。制定了《新余市网约车合规化工作方案》，加大对网约车非法营运的打击力度，推动形成统一开放、竞争有序的市场秩序。

（新余市交通运输局）

分宜县

2021年，分宜县交通运输局全面完善交通基础设施，不断加大"四好农村路"建设工作力度，形成"一轴四圈"综合立体交通网络，构建完善交通服务体系；规范运输行业管理，加强交通执法队伍建设，切实提升交通运输工作的服务质量和水平，使交通运输更好地服务于分宜县经济社会发展。

重点项目建设有序推进。全年交通基础设施重点建设项目共计8个，总投资75000万元，全部完成年度投资计划29670万元。一是分宜至观巢段二级公路改建工程（分宜段）已完成总工程量的90%，预计湖泽至观巢段2022年春节前可建成通车；县道010高杨线操场至杨桥段县道升级改造项目已建成通车；县道008铜双线铜锣坑至洞村段县道升级改造项目已建成通车；二是新宜吉六县转型合作项目之省道222金鸡布至峡石二级公路改建项目已完成总工程量的80%；三是中央生态环保督察矿山道路整治项目之县道002上施至松山段公路5.5千米已建成通车；县道009双林至湖泽公路6.5千米已完成总工程量的50%。

农村路网建设加速推进。积极主动完成省厅下达目标任务。2021年省厅下达该县农村公路建设总任务为65千米，危桥改造10座，目标总投资29000万元。已完成总投资额31049万元，其中省厅下达县道升级改造项目任务15千米，已完成25.9千米，完成投资16220万元；省厅下达乡道双车道改造项目任务40千米，已完成50千米，完成

投资7319万元；省厅下达窄路面拓宽改造项目任务10千米，已完成12千米，完成投资1890万元；旅游路、资源路、产业路、路网联通路、公益事业路项目未下达任务，已完成14.5千米，完成投资3083万元；省厅下达危桥改造项目任务10座，已完工17座，完成投资2537万元。

农村公路管养提质升级。进一步完善县、乡、村三级路长管理体系，建立覆盖全县公路的路长责任管理网络，将路长制纳入对各乡镇的年度目标考核任务，养护资金与路长制履责考核挂钩，养护资金拨付按考核等级分比例下发。每年县财政统筹540余万元资金全部用于农村公路日常养护，全县各乡镇均成立了农村公路养护管理站，农村公路列养率达100%，年均养护工程比例不低于5%，深化"有路必养"、"养必到位"已基本实现，养护主体责任得到有效落实。着力做好道路巡查管理、强化路政执法、加强道路管护道路沿线的绿化美化工作，探索科技手段，提高路政巡查效率。

道路运输管理有效提升。开展客运市场专项整治行动，重点对校园周边机动车非法营运、客运车辆私抬票价、不按核定线路经营、出租车乱收费、宰客，服务质量低劣以及私自改装行为进行了查处；查处电动三轮车非法载客22起，不符合准驾车型1起，出租车不打表11起，不按核定线路经营5起。做好黑烟车整治。今年共排查发现黑烟车47辆，下达整改通知书42份，强制报废黑烟车12辆，36辆黑烟车通过维修实现达标；开展好汽修行业环保整治。对全县15家烤漆房进行逐一检查，对环保不规范的6家修配厂（未设置调漆间）进行了整改，整改率达100%。

综合执法能力不断强化。开展打黑治违活动，针对重点、热点线路组织检查，依法打击各种非法营运车辆和营运车辆超限超载的违法行为，截至12月底，共出动1710余人次，检查车辆7960余次，纠正违法行为620余次，查处扬撒、改装、无营运证、超限超载违法车辆265车次，处罚142余万元。严格工程建设监督。推进法治交通建设，强化依法治路，切实加强涉路施工管理，做到事前控制和现场监管并举，严格路政许可办结制度，简化路政审批程序，严格查处各类路政案件，公路控制区监管规范有序；开展集中整治路容路貌专项整治活动，对沿线的加水洗车点、摆摊设点、乱堆乱放、乱设广告牌、占道施工等现象进行专项治理。截至目前，

针对公路沿线环境安全问题下达整改通知书 16 份，清理违章堆放 50 余处，近 300 立方米，清理占道经营 30 余处，拆除临时广告牌 35 块，横幅 60 余条。共查处路政处罚案件 5 起、路政赔案件 21 起、路政许可案件 4 起、大件许可 71 起。

交邮融合改革纵深发展。积极推进客货邮纵深融合发展，制定 2021 年客货邮融合发展实施方案，协调邮政公司与腾翔公交公司和分宜汽运实业有限公司对接，打通分宜北乡片客货邮通道。拟在新建的汽车站建立客货邮融合发展功能区，解决场站不融合问题。指导督促邮政公司加快交邮融合信息平台建设，从而实现人员、信息大融合。通过以公交车为运力实现快件下乡、物资进城双向流通，有效解决物流快递、生活快消品、农资等产品进城出村、入村到户的"最初和最后 100 米"难题，极大方便农村居民生活，助力乡村振兴。该工作得到上级的肯定，并通过省厅抽检，形成典型案例上报省交通厅和交通运输部。

新汽车站建设稳步推进。拟在分宜嵩阳路北侧、钤隆大市场西侧规划新建一处面积约为 20000 平方米的二级客运站，该项目总投资约为 8000 万元，目前已完成土地摘牌和项目立项，正向有关部门报批工程建设许可，预计 2022 年 5 月正式动工建设。该项目设计进站经营客车 120 辆，平均日发 200 个班次，日平均输送旅客 3500 余人次，力争在 2023 年 6 月投入使用。新汽车站的建设将有效提升群众出行通达性，全面提升该县城市功能和品质，满足旅客特别是留守儿童老人的出行需要。

（分宜县交通运输局）

渝水区

2021 年，渝水区交通运输局紧紧围绕"四好农村路"创建任务，积极推进交通基础设施建设，强化道路运输行业管理，各项工作进展顺利。

持续推进农村公路建设。2021 年全区农村公路建设目标任务 10 个，总投资约 47308.3 万元。已完工：续建县道 922 水芳线（水北至罗坊段）升级改造工程 22.379 千米、天水江至大唐国际二期新建道路工程 0.9 千米、乡道 048 新桥至伍塘乡道双车道拓宽改造工程 2.64 千米、村道 300 李家至陈家窄路面拓宽改造工程 1.6 千米、村道 276 上邓至红山窄路面拓宽改造工程 0.84 千米、乡道 294 瑞金太阳能至榨下公路大修项目 0.765 千米。正在推进：乡道 043 姚珠线至裴港路面改造工程 3 千米，已按照目标任务有序推进；旅游路、公益事业路、资源路、产业路、路网连通路新建工程项目 15 个 30.2 千米，已完工项目 10 个 20.5 千米，正在实施中项目 2 个 3.1 千米，准备开工项目 2 个 4.5 千米，正在做前期工作项目 1 个 2.1 千米，完成时限目标任务，累计完成投资约 6158 万元；乡道双车道拓宽改造项目 50 千米，已完成项目 7 个 8.3 千米，正在施工中项目 6 个 22.1 千米，正在进行前期工作项目 8 个 19.5 千米，该项目因前期土地问题，导致项目推进较为缓慢；味塘至朱家岭升级改造项目 4.2 千米，目前正在进行前期工作。

强化道路运输行业发展。1. 道路客运发展情况。渝水区现有城乡公交客运企业 7 家，有城乡公交线路 13 条，城际公交线路 2 条，镇村公交线路 38 条，有城乡公交车辆 177 辆（其中：纯电动公交车 161 辆），新能源车型占比达 90.9%；有旅游包车客运企业 1 家，旅游包车客运车辆 30 辆；乡镇通公交率为 100%，建制村公交覆盖率为 100%；有 6 个乡镇客运站（场），1 个农村公路综合服务站，380 个客运招呼站。2. 货运物流发展情况。渝水区现有货运物流企业 232 家，其中引进外地货运物流企业 115 家；有二级资质货运物流企业 1 家，三级资质货运物流企业 1 家；全区货运车辆总数达 10067 辆（不含 4.5 吨以下货运车辆），运力总吨位达 153957 吨。3. 机动车维修行业发展情况。渝水区现有机动车维修企业 260 家，其中一类维修企业 8 家，二类维修企业 20 家，三类维修业户 232 家。4. 机动车驾培行业发展情况。渝水区现有驾培机构 7 所，有教练车 194 辆。5. 探索推进农村客货邮融合发展。为推进农村客运、货运、邮政快递资源整合、互补融合发展，加快该县农村物流体系建设，构筑城乡物资双向、高效、便捷流通通道，巩固交通运输脱贫攻坚成效，统筹解决农民群众幸福出行、物流配送、邮政寄递"最后一公里"问题，初步制定《渝水区 2021 年推进农村客货邮融合发展工作方案》，目标是整合 2 个以上客货邮综合服务站、融合 5 条以上客货邮合作线路，切实为农村群众提供便捷运输服务，促进乡村振兴战略实施和农村交通运输可持续发展。

抓好全年交通运输安全管理。1. 强化隐患排查治理。今年以来开展岁末年初安全生产集中治理百日行动、"平安护航建党百年"安全隐患大排查大整治等检查行动 10 余次，出动检查人次近 200 人次，排查各类安全隐患 163 条，并督促企业全部按时整改到位。铁路沿线安全整治，在去年的基础上，今年共计排查隐患点 5 个，已整治到位 4 个。2. 针对防范化解安全生产重大风险工作，依据上级部门有关精神研究制定了《渝水区交通运输局关于深化防范化解安全生产重大风险工作的实施意见》，对该局管辖的四个领域可能存在的 19 类重大风险进行了明确，注明了主要致险情景 59 类，研究了相应的防控要点 71 条，确保各部门、企业依照此实施意见，从源头上防范化解重大风险，坚决杜绝重特大安全生产事故。

（渝水区交通运输局）

高新区

2021 年，高新区交通运输局在坚决做好疫情防控的同时，积极采取有效措施，加快推进交通基础设施建设，为全区疫情防控和经济社会发展提供坚实的交通运输保障。

重点项目建设有序推进，固定资产投资稳中有增。一是着力推进水西大桥危桥改造及 2020 年乡道双车道改造项目收尾工作，及时解决项目建设过程中出现的困难和问题；二是扎实推进 2021 年乡道双车道改造及窄路面拓宽改造项目 6 个，里程共 10.4 千米，总投资约 0.27 亿元，目前已完工项目 1 个；剩余 5 个项目均在施工路基，预计年前全部完工通车，已完成新建桥 1 座（五星桥），预计全年完成投资约 4000 万。

加强农村公路管理。一是严格按工程施工要求进行监督，确保工程质量；二是落实路产路权保护责任，建立日常监管巡查制度，加强路产路权保护，强化执法工作的配合协调、严厉打击超限超载、非法侵占，破坏沿线设施等各类违法行为；三是开展农村公路沿线绿化和沿途村镇美化建设，推进农村公路绿化、美化工程，加快建设"美丽生态文明农村路"。

农村公路日常管养维护。一是全区列养总里程438.024 千米，管养率达 100%，好路率达到 75% 以上；完成了水毁路段处治工程 1 处约 60 立方米土方，投资 10 余万元；二是开展农村公路路容路貌整治，清除各路线建筑控制区违法非公路标牌 2 块；拆除违章搭建棚屋 1 处，清除乱堆乱放 4 处，迁移垃圾点 2 处，排除道路安全隐患 5 起，清理两侧边沟 35 千米左右，清除公路两侧杂草 70 千米左右。三是对全区 3 个镇办日常养护工作进行考核。

优化营商环境。一是根据进一步优化营商环境更好服务市场主体的若干措施、跨省通办、省内通办等要求，尽职履责，以最优方式服务好市场主体。二是该区实行许可事项集中审批，要求将行政许可事项进行划转，按应划尽划的原则，并对划转事项对承接部门人员进行业务培训，确保转接工作有效衔接。三是进一步优化区内城市公交线路，根据该区部分企业反映员工上下班乘车问题，积极与市公交公司协调，要求将公交线路进行延伸绕行等，对线路沿线公交站点进行调整，在确保安全的情况下尽量靠近企业设置站点，有效解决了企业的实际困难。

开展柴油货车污染防治。一是积极推进公交车电动化。目前辖区内公交车均为纯电车，要求营运企业新增或更新公交车必须为纯电车，实现公交车零排放。二是开展黑烟车集中整治。对抓拍的黑烟车所属车辆一律按 I/M 制度进行整改，要求企业在未落实整改前车辆不得上路运营，全区被抓拍的黑烟车 31 辆现已全部整改到位。三是大力淘汰老旧营运车。积极引导运输企业进行车辆更新，对所用年限久、排放高的车辆进行淘汰，今年共淘汰各型老旧营运车辆 89 辆；四是开展营运车辆燃料核查。对排放标准低和未在燃料核查目录内车型拒绝进入营运市场，有效将不在燃料核查目录车型挡在运输市场外，减少了不合格车辆尾气排放。

（高新区交通运输局）

仙女湖区

2021 年，仙女湖区交通运输局上下一心，齐抓共管，攻坚克难，扎实开展住房和城乡建设、交通运输和新冠疫情防控工作，较好地完成了各项工作。

建设项目稳步推进。完成了环城路万商红段辅道项目的改造任务；落实省交通厅的改渡便民工程，完成了"山下大桥－孔家洲"通路撤渡项目的前期工作。去年计划完成公路建设项目50.9千米，截至年底已完成建设任务29.7千米，其中乡道双车道改造完成9千米；县乡道路面改造完成8.4千米；"旅游路、资源路、产业路、公益事业路、路网连通路"完成2.7千米。

提升交通运输服务水平。开展道路运输企业"两证"审验营业运输证核查工作。全区拥有道路运输车辆10358辆，货运企业139家，客运企业1家，维修企业25家，驾校2家。全年共办理道路运输证年审11345件，新增普通货物运输车辆道路运输证1024件，注销货运车辆562辆，车辆转户256辆，完成道路运输证IC卡换发125张。

加强农村公路管理养护。全区7个乡镇（办）全部实现三级以上公路连通，52个建制村全部实现6米以上油路或砼路通达。农村公路管理养护以农村公路"路长制"方式推进。实行"以县为主、省市支持"的筹资模式养护。2021年起，农村公路日常养护的总额按省、市、县按照1：1：8比例承担，仙女湖区区本级需要承担经费241.7万元，已列入年度财政预算。加快养护管理体制改革，出台了《仙女湖区深化农村公路管理养护体制改革全面推行农村公路"路长制"的实施方案》，将农村公路养护与农村环境卫生整治结合起来，各乡镇办成立了公路养护站，全区农村公路养护配备了123名养护人员。

强化安全管控。强化建筑施工重大风险源管控，细化危大工程实施台账化管理，推进安全文明施工。仙女湖辖区有在建在监管工地13个工程项目安全生产正常，无重大安全事故。工程质量无重大隐患，质量均合格。

加大安全隐患排查和惩处力度。对仙女湖辖区内30辆公交车视频图像情况、驾驶员安全驾驶行为等进行动态监控。抓好铁路沿线安全环境治理工作，19处整改问题清单全部清了，投入资金共计199000元。实施辖区内在建项目工地现场质量安全监督及扬尘污染治理监管累计170余次，迎接省、市、区安全、环保和农民工工资等部门工地现场检查11次。通报施工单位6起，处罚金额64.83万元，下发停工通知单3份，整改通知单41份，并基本整改到位。

（仙女湖区交通运输局）

鹰潭市

2021年，鹰潭市交通运输局对标建设区域性综合枢纽的目标，各项工作取得明显成效。

项目建设。水运项目方面，10月28日，余江港区中童作业区综合货运码头一期工程通过竣工验收，贵溪港区九牛滩作业区综合货运码头一期工程正在建设，在全省率先建成船舶垃圾接收转运处置码头。高速项目方面，协调推动贵资高速、鹰潭南部高速建设和沪昆高速鹰潭段升级改造，打造"二纵二横"井字型环城高速网，截至目前，南部高速的建设主体已经确定，贵资高速建设的相关事宜正在积极协调当中。其他项目建设，完成总投资近6000万元的驻鹰重点项目建设，已经完成竣工验收；总投资3900万的"智慧治超"项目建设正在如期推进；投资5000万的鹰西客运枢纽已经开工建设，鹰南、鹰北公交枢纽和公交调度中心已经建成。

交通网络。改善交通运输环境，推动鹰潭至余干、鄱阳、金溪、万年等人口大县的城际公交。主城区运行的公交车全部更新为新能源车辆，建制村通客车稳定在100%，各乡镇10分钟内到达国省干线公路、20分钟内上高速公路、各乡镇之间出行不超过40分钟、与周边地市之间60分钟互通的"12460"1小时交通圈基本形成。

智慧交通。持续运行好第三方监控平台，对全市近6000台"四客一危"和普货、教练车纳入"7×24"动态监管，实时预警不安全驾驶行为。率先在全省提出全域一体的"智慧治超"，明确源头管控"六不"要求，出台源头治理、联合治超和自由裁量等12个规范性文件，通过首批建立在全市重要路口的14个不停车检测点，对过往车辆实施100%称重检测，综合运用八大系统功能和市"智慧治超"指挥中心作用，逐步实现"源头严管、路面严查、系统严罚、综合治理"的治超新局面，违法超限超载率明显下降。

行业治理。以安全生产三年整治行动为抓手，常态化推动执法人员驻站执勤、滚动式开展每月一主题的专项整治，对排查的安全隐患全部实行"清单式"管理、项目化推进，逐个攻坚清零，全年未发生安全责任事故。开展非法营运专项整治，实行"7×24"的机动打击，通过多个"百日行动"和常态化整治，累计查扣非法营运车辆400余台，纠正交通乱象1200余次。目前，非法营运行为基本得到遏制，非法营运的"网约车"纷纷主动办证接受监管，合法"网约车"增至700余台。认真抓好水上交通安全隐患整治，深入开展船舶碰撞普通公路桥梁隐患治理工作，开展信江鹰潭段"僵尸船"清理工作，零补偿切割"僵尸船"195艘，率先在全省实现"僵尸船"清零。结合交通运输执法领域突出问题专项整治，制定并出台延时服务、"智慧治超"自由裁量、免费保管货物等多条"干货"措施。2021年6月份以来，该市连续降雨，治超执法人员累计协助120余台货车控干篷布水分称重，减轻车主超载罚款近10万元。

（鹰潭市交通运输局）

贵溪市

2021年，完成县道大中修8千米，维修破损拱路面8120平方米，投入养护资金210万元，县道列养率达100%，好路率逐年稳步提升。投资300万元，完成县道安全生命防护工程26千米。道路运输有客运公司1家，公交公司1家，出租车公司2家，农村客运站6个，货运企业122户，客运班线62条，客车82辆2438座，公交车68辆，出租车138辆，货运车辆2044辆38922吨，危货车辆136辆2474吨，客运量388.6万人次，客运周转量7243万人次。

（贵溪市交通运输局）

余江区

2021年，余江区道路运输有客运公司4家，其中出租车公司1家，农村班线客运公司3家。有二级客运站1个，农村简易客运站12个，客运班线15条，客运145辆2175座位。其中公交24辆，出租车41辆，货运车辆5716辆142816吨，客运量48.6万人次，客运周转量729万人，货运量2142.24座位，货运周转量320326万吨。

（余江区交通运输局）

月湖区

2021年，完成农村道路建设0.85千米，总投资280万元；完成道路提升改造21千米，总投资2400万元；完成县乡道安全防护12千米，总投资100万元；危桥拆除重建1座，总投资400万元。

（月湖区交通运输局）

龙虎山风景名胜区

2021年，龙虎山景区有道路运输客运公司2家，货运企业21户，客运班线4条，客车25辆828座。货运车辆160辆3260吨，客运量81万人次，客运周转量415万人，货运量87万吨、货运周转量10879万吨。

（龙虎山风景名胜区建设和交通局）

赣州市

2021年，赣州市交通运输系统紧紧围绕建设全国性综合交通枢纽目标，扎实推进交通运输"三大攻坚行动、三大提升工程"，奋力推动交通运输高质量跨越式发展，各项工作取得显著成效，"十四五"实现良好开局。市交通运输局荣获全国交通运输脱贫攻坚成绩突出集体、全省交通运输工作先进单位、全省道路运输工作先进单位，市交通运输综合行政执法支队荣获全省交通运输执法工作先进单位。

交通基础设施建设。全市63个重点交通项目全部开工建设，开工率100%，完成投资268亿元，占年度计划的116.5%。铁路建设完成投资76.3亿元，赣深高铁、兴泉铁路建成通车，赣州加速融入粤港澳大湾区和海西经济区。高速公路建设完成投资92.57亿元，其中大广高速南康至龙南段扩容工程基本完成主体工程，部分路段开始摊铺沥青路面；寻乌至龙川高速路基、桥涵、隧道工程基本完成，开始启动路面水稳层施工；大广高速吉安至南康段改扩建、信丰至南雄高速快速推进，均超额完成建设任务；遂川至大余高速顺利开工建设。实施普通国省道升级改造660千米，完成投资38.19亿元。农村公路建设完成2271千米，完成投资45.68亿元，其中升级改造完成875千米、美丽生态示范完成466千米、旅游路资源路产业路公益事业路路网联通路完成140千米。全市"四好农村路"建设累计完成7111.4千米。全市农村公路（县道、乡道、村道）总里程达40131.776千米，其中县道4747.396千米，乡道7008.862千米，村道28375.518千米，县道三级及以上公路比例为48.9%，通三级公路及以上乡镇比例为96.8%，通双车道建制村比例为51.4%。公路养护及绿化。积极推进"四好农村路"创建工作，寻乌、全南分别荣获全国、全省"四好农村路"示范县。采取先行先试的办法，扎实推动章贡区、寻乌县在全市先行

启动了农村公路"路长制"智慧管理平台建设。目前全市农村公路列养率达100%。瑞金机场建设完成投资9.43亿元，民航专业场道完成土石方工程，非民航专业工程开工建设。黄金机场三期改扩建总体规划修编完成征求意见稿，T1航站楼二期改造工程可行性研究报告获批复。赣州至九江航道实现三级通航，赣州港五云综合货运码头一期工程完成码头水工工程，场站建设有序推进，完成投资2.67亿元，占年度计划的134%。积极协助做好赣粤运河部省间联合研究论证，赣粤运河已列入交通运输部《水运"十四五"发展规划》《江西省"十四五"综合交通运输体系发展规划》。

运输生产。1.公路运输。2021年，赣州市有公路营运车辆27704辆，其中客车2433辆，货运25271辆，客运班线通达6个省市，拥有班线992条。截至2021年年底，完成公路货物运输量22955万吨，公路货运周转量1602452万吨千米，公路客运量2469万人，公路旅客周转量208241万人千米。2021年，赣州市持续推广定制客运服务，新开通了寻乌至梅州等4条定制客运班线，新投放了85辆定制客运运力，截至2021年年底，全市共开通定制客运班线32条，投放7—9座定制客车245辆，定制客运开通班线数和投放车辆数均居全省第一。2021年，"四好农村路"（镇村公交）试点县章贡区和会昌县顺利通过省厅专家组考核，全市6个"四好农村路"（镇村公交）试点县对57条农村客运班线进行了公交化改造，将27条城市公交线路向乡村延伸，使用149辆新能源客车运行农村客运。此外，安远县成功入选全国第二批"城乡交通运输一体化示范创建县"，信丰、赣县、南康等县（区）有序推动辖区城市公交线路向乡村延伸和农村客运班线公交化改造，进一步提升辖区城乡交通运输一体化水平。市中心城区新增优化公交线路42条，开设社区专线18条、拥军专线3条、其他专线2

条，推出网上预约定制公交，打造多元化公交服务模式，逐步构建方便快捷的"快（干）、普、支、微"四级公共交通体系。2.水路运输。赣州航道通航里程791.55千米，拥有水运企业8家，港口1个；运输船舶总数81艘，其中货运船舶54艘，客运船舶27艘。2021年完成水运货运量1240.2万吨，水运货运周转量7.5787亿吨千米；水运旅客运输量10.3万人，水运旅客运输周转量103.4万人千米。2021年，赣州市共有泊位数为51个，泊位总延长2553米，其中客运泊位9个，泊位总延长385米；砂石泊位42个，泊位总延长2168米，大部分为小型砂石码头，最大靠泊能力500吨。3.民航运输。黄金机场克服疫情影响，增开北京大兴—赣州、成都—赣州—天津、大连—烟台—赣州、海口—赣州等10余条新航线，新增北京大兴等5个通航点，运营运输航线32条，通航短途航线2条，通航点达35个，完成旅客吞吐量180.8万人次、货邮吞吐量4623吨，同比分别增长23.7%、13.2%。

交通运输管理。1.道路运输市场更加规范有序。建立跨部门、跨区域联勤联动执法协作机制，在探索利用大数据锁定轨迹精准查处和实施源头打击方面取得积极成效。全市出动交通执法人员7.7万人次，出动执法车辆1.88万辆次，组织开展联合执法5784次，查处非法营运"黑车"1240辆次，查处其他道路运输违法违规行为1023起，查处案件数量全省第一。联合公安部门开展打击机动车驾驶培训学时造假专项行动，查获造假设备3套，刑事拘留5人，进一步规范了驾培市场秩序。有序推动网约车等道路运输新业态规范化发展，全年市中心城区取得网约车经营许可平台24家，办理网约车运输证车辆1328辆，考取网约车驾驶员证1.4万余人。2.交通运输安全管理。全市1846辆公交车和1392辆巡游出租车全部完成智能设备安装，在全省率先建立涵盖汽车客运站、城市客运、"两客一危"等重点车辆、重点场所的安全智能监管体系，道路运输安全智能监管水平全面提升。大力实施农村公路安全设施建设，完成安全生命防护工程931千米，危桥改造70座，农村公路安全防范水平进一步提升。内河渡口改渡便民工程加快推进，完成7道年度撤渡任务，并提前完成2022年6道撤渡任务。扎实推进全市4座跨高等级航道桥梁的船舶碰撞桥梁隐患治理工作，开展重点水域、重点船舶联合执法52次，检查各类船舶812艘次，

查处"三无"船舶65艘，有力保障了水上交通安全。组织开展公路水运工程建设"出重拳、遏事故"集中攻坚行动和"平安工地"建设，7个单位达到"示范"等级，确保交通工程建设安全有序。牵头建立市铁路沿线安全环境治理局际联席会议制度，健全铁路沿线安全环境管理"双段长"制，扎实推进全市公铁并行路段护栏移交工作。3.公路治超。全市98家重点货运源头企业全部安装称重检测和视频监控设备。第二批50个不停车检测点全面完成建设任务，基本实现对全市普通国省干线公路科技治超非现场执法全覆盖。以"百吨王"专项整治为抓手，强化路警联合执法，出动执法人员9.3万人次、执法车辆2.9万辆次，查处超限超载车辆3455辆，卸载或转运货物5.1万吨，交警记分13737分，非法改装车恢复原状102辆，持续保持公路治超高压态势。

（赣州市交通运输局）

章贡区

2021年，章贡区交通运输局圆满完成各项工作任务。

公路建设。国省道建设方面。国道323章贡区梅林大桥至沙石段公路改建工程项目2021年2月开工，计划2022年12月交工。该项目建设里程共14.15千米，路基宽度24.5米，总投资约6.79亿元，目前该项目一标段道路施工目前已完成右幅清表80%，华林桥下部结构已经全部完成；二标段施工合同已经签订，正在进行放线施工；三标段完成道路工程20%，桥涵工程完成26.5%。农村公路建设方面。按照农村路网与国省道形成立体环形交通网络要求，结合实际情况，编制了《发展规划》。全年围绕"道路服务基地，基地支撑产业，产业带动致富"的思路，共投资1.93亿元，建设"四好农村路"共计132千米（农村公路升级改造22千米、村道安防70千米、县乡道路面改造15千米、产业路10千米、美丽生态路15千米）。

公路养护。全面实施路长制。严格开展道路整治，强力治理农村公路超限超载治理，清理了公路用地红线范围内乱搭乱建、占地堆放及非公路标志，消除了道路安全隐患和破损路面，保障了农村

公路安全设施的完善。创新养护机制,建立健全"县为主体、行业指导、部门协作、群众参与"的农村公路管养机制,实行县道"管养分离",全区县乡村组道累计养护里程达735.036千米。利用四好农村路综合管理平台开展农村公路智能化巡查,完成章贡区农村公路裸露山体复绿工程项目(沙石镇、沙河镇),总投资167万元;完成章贡区沙河镇乡道023路基下沉隐患整治工程,建安费55万元。

道路运输。道路货物运输业户数588家,其中普通货运576家,危险货物运输12家。道路运输相关业务经营业户348家。其中机动车维修320家(汽车维修247家,其中一类汽车维修1家,二类汽车维修37家,三类汽车维修209家。)摩托车维修73家。机动车驾驶员培训14家。(其中普通机动车驾驶员培训13家,道路运输驾驶员从业资格培训1家。)汽车租赁14家。道路运输及相关行业从业人员合计4525人。其中道路货物运输2474人,机动车维修1178人,机动车驾驶员培训288人,汽车租赁从业人员55人,其他相关业务人员430人。机动车驾驶员培训人次12,426人次,教学车辆合计306辆。公路货物营运车辆拥有量。载货汽车2726辆,吨位40202吨。其中货车1430辆,吨位18150吨。牵引车607辆。挂车689辆,吨位22052吨。年货运量1568万吨,年周转量470400万吨。

(章贡区交通运输局)

赣县区

2021年,赣县区交通运输局稳步推进各项工作。

公路建设。普通国省道。2021年,续建了路线长10.6千米、总投资约1.2亿元的省道221赣县沙地至沙圩桥段公路改建工程,计划2022年底建成通车,截至年底,土石方完成约95%,涵洞工程约95%,桥梁工程约95%,防护工程混凝土挡墙约85%,完成产值约7000万元。启动了路线长15.6千米、估算投资11亿元的国道323赣县江口至梅林大桥段和路线长3千米、估算投资1.71亿元的国道105赣县五云至石岩前段公路改建工程前期工作,计划2022年3月开工建设。县道升级改

造。2021年,县道升级改造项目目标任务12.9千米,已全部完成,完成投资7835万元。乡道双车道改造。2021年,乡道双车道改造项目目标任务9.6千米,已全部完成,完成投资2200万元。窄路面拓宽改造。2021年,窄路面拓宽改造项目目标任务30千米,实际完成30.5千米,完成投资3560万元。具体项目为排上至高排、小良至顺峰、文芬至上坪、老沙园线至迳里村委会、石含至老社前、三团至大田大坳、枫上至庙上、社下至眼龙,其中文芬至上坪、老沙园线至迳里村委会、石含至老社前、三团至大田大坳、枫上至庙上、社下至眼龙均已完工,完成里程25.4千米,上级尚未下达计划;排上至高排及小良至顺峰,上级仅下达预安排计划,暂未落实补助资金,均已开工建设正在进行路面工程,排上至高排完成3.8千米,小良至顺峰完成1.3千米。旅游路、资源路、产业路、路网联通路、公益事业路。2021年,旅游路、资源路、产业路、路网联通路、公益事业路项目目标任务15千米,实际完成里程15.2千米,完成投资4635万元。其他计划外项目。2021年,实施农村公路排水工程及路面修复64.9千米,完成投资1410万元,美丽生态示范路7.3千米220万元,完成计划外里程72.2千米,完成投资1630万元。市政道路。2021年,续建了中国稀金谷永磁电机产业园一期汶潭大道和汶潭大桥项目,截至目前,桥梁工程累计完成桩基础186根、承台9个、地系梁13个、柱系梁9个、方形墩身10节、圆柱墩22节、盖梁3个、土石方工程累计完成挖方103.984万立方米、填方量65.694万立方米,排水工程累计完成污水管安装2019米、雨水管完成2113米,栈桥和平台完成搭设460米,累计完成产值约15953万元。

公路养护。县道368.157千米、乡道469.214千米、村道2038.708千米全部列入养护管理,实现农村公路养护管理全覆盖。农村公路养护管理情况。按照"县道县养、乡道乡养、村道村养"的原则,采取分路段承包模式,每月一考核,实行奖罚结合。乡、村道养护由乡镇负责组织实施,该局一季度一考核。全区道路保洁统一采用政府购买服务招标由玉禾田负责,路域环境统一纳入人居环境考核制度。交通民生实事工程建设推进情况。完成计划外危桥改造4座。

道路运输。共完成客运量720万人次,客运周转量39680万人千米,货运量1630万吨,货运

周转量 426005 万吨千米，新增货运企业 16 家，新增货运车辆 537 辆，新增吨位 6273 吨。全区共有营运车辆 2248 辆，货运吨位 31655.17 吨。引导运输经营户车头向下，发展农村客运，农村客运班车通村率继续提高。实现 268 个建制村通班车，确保建制村通车串通。梅林镇、茅店镇、储潭镇居民出行实现 100% 公交化。2021 年，完成机动车维修企业备案 430 家，实地监督检查维修企业 362 家，纠正维修企业不规范经营行为 21 项。强化驾培行业计时培训的监管，全年累计监管 5200 人 / 次的培训，纠正不规范培训行为 285 人 / 次。

水路运输。现有船舶共计 22 艘，客运周转量为：20.05 万人千米。认真抓好水上运输安全。建立安全长效机制，扎实开展风险隐患排查整治，较好完成安全生产专项整治三年行动任务，全年共排查安全隐患 30 余次，全部整改到位。认真抓好船舶年度审核。共完成 4 家企业 12 艘运砂船舶的年度审核工作以及 4 艘新增船舶的证件和船舶审核工作。清理整治"僵尸船"。深入到各流域，全面巡查辖区内"僵尸船"，逐村逐点进行检查，对船东及安全生产主体责任人进行安全生产检查，落实安全生产责任，建立"僵尸船"清理整顿长效管控机制，对 14 艘无人看管的"僵尸船"进行了拆解。

（赣县区交通运输局）

上犹县

2021 年，上犹县交通运输局顺利完成各项工作。

公路建设。国道 220 上犹双溪至平富段公路改建工程，二级公路标准，里程 31.4 千米，投资 35359 万元，开工时间为 2017 年 9 月，竣工时间为 2021 年 12 月；省道 221 上犹丫叉岭至古陂段公路改建工程，二级公路标准，里程 8 千米，投资 9734 万元，开工时间为 2019 年 4 月，竣工时间为 2021 年 8 月；省道 221 上犹沈坊至滨江段公路改建工程，二级公路标准，里程 8.2 千米，投资 19200 万元，开工时间为 2020 年 5 月，竣工时间为 2021 年 12 月；省道 547 上犹梅水至窑下段公路改建工程，二级公路标准，里程 8.7 千米，投资 15000 万元，开工时间为 2020 年 12 月，竣工时间

为 2021 年 12 月；县道 874 莲塘至山门段公路改建工程（南河湖北岸公路），三级公路标准，里程 3.5 千米，投资 3500 万元，开工时间为 2019 年 12 月，竣工时间 2021 年 5 月；上犹县双溪草山旅游公路改建工程，三级公路标准，里程 25.4 千米，投资 15256 万元，开工时间为 2020 年 12 月，竣工时间 2022 年 4 月；乡道 210 塘坳至沙塅村、乡道 207 周屋至泥坑村、村道 036 黄沙至坑中村等建制村双车道改造项目 21 个共计 33 千米，项目按四级公路标准，总投资 4600 万元，开工时间为 2021 年 3 月，竣工时间为 2021 年 12 月，共计解决了 21 个建制村通双车道。

厂场建设。九福物流园区建设：位于黄埠工业园区，总投资 1.5 亿元，规划用地面积 13333.33 平方米，其主体工程包括货物仓库、包装车间、分拣车间、带装卸平台仓库、办公楼、物流信息综合楼等。具备公路运输、货物仓储、货物中转、货物配送等物流运输功能。项目共分两期实施，第一期为完成 15700 平方米仓库建设，完善项目内公用设施（道路、水电、绿化等），项目第一期于 2021 年 11 月底全部投入使用。第二期为办公楼及专用物流设备的建设及采购安排，特别是化工冷藏库建设和危险品车、保温车、冷藏车等特种车采购，计划投资 4700 万元。

公路养护及绿化。日常养护 1472.49 千米、中修 12.3 千米，大修 4.5 千米。美丽生态文明路绿化 30 千米、公路水毁防治 15.4 千米。

道路运输。道路旅客运输。截至 2021 年底，全县客运企业 8 家（含公交、出租），营运客车 199 辆（其中：班车 66 辆、公交车 32 辆、出租车 99 辆，预约车 6 辆），客运班线共 39 条（其中：跨省班线 12 条，平均日发 13 班次；跨地（市）班线 1 条，平均日发 1 班次；跨县班线 3 条，平均日发 31 班次；县内班线 23 条，平均日发 40 班次；县内公交线路 13 条，平均日发 236 班次。全县 131 个建制村全部实现通客运班车（预约响应客车）。截至 2021 年底，全县汽车客运站 3 个（其中：二级站 1 个，三级站 2 个），候车亭 105 个（其中农村候车亭 35 个、县城及县城规划区公交站台 70 个）。2021 年，全县共完成客运量 167.3 万人次，旅客周转量完成 17855 万人千米，较 2020 年下降 4.5%。道路货物运输。截至 2021 年底，全县货运企业 20 家（其中规模以上企业 2 家），载货

汽车 682 辆（其中渣土运输企业 8 家，拥有渣土车 102 辆）。全县完成公路货运量 321.1 万吨，完成公路货运周转量 52803.3 万吨千米，较 2020 年上升 10%。

水路运输。2021 年全县水路客运企业 1 家，其中水路客运线路 2 条，营运船舶 10 艘，总客位 584 个，全年水路运输行业共完成旅客运输量为 85547 人次，完成客运周转量为 855470 人千米。

（上犹县交通运输局）

崇义县

2021 年，崇义县交通运输局交通基础设施建设 72 个，年投资总额 1.8041 亿元，其中县道升级改造项目 1 个，桥梁项目 9 个，旅游路项目 4 个，安防养护项目 12 个，乡道双车道项目 3 个，窄路面拓宽项目 29 个，通自然村项目 14 个。全县交通运输工程项目监督覆盖率达 100%，县交通局对每个项目检查频率均大于 2 次，2021 年，组织交工验收 72 个项目，监督管理项目验收质量合格率达 100%。

国、省公路建设。国道 220 过埠至县城西门段一级公路改建工程，路线全长 13.3 千米，总投资 4.98 亿元，目前该项目已完工通车，并于 2021 年 11 月 16 日交工验收。

县、乡公路建设。左溪阳明寨 4A 级乡村旅游景区公路工程，路线全长 2.9 千米，总投资 1880 万元，该项目已完工通车，并于 2021 年 1 月 11 日交工验收；县道 191 文英至赣湘界升级改造工程，路线全长 5.6 千米，总投资 2900 万元，该项目已完工通车，并于 2021 年 3 月 9 日交工验收；金坑至思顺红色旅游公路升级改造工程，项目全长 7.5 千米，总投资 7848 万元，该项目已完工通车，并于 2021 年 5 月 6 日交工验收；县道 190 龙峰至麟潭升级改造工程，路线全长 4.1 千米，总投资 2600 万元，该项目在 2021 年 11 月 19 日完工通车；左溪、过埠旅游公路，路线全长 4.261 千米，总投资 5100 万元，该项目在 2021 年 12 月 5 日完工通车。

村组公路建设。2021 年，共实施通村组水泥路建设项目 14 个，合计里程 13.57 千米。截至 12 月底，项目已全部完工，完工率 100%。农村交通通行条件得到进一步提升。

危桥改造。2020 年，实施危桥改造项目 10 个，已全部完工，公路桥梁安全系数得到进一步提升。

公路养护及绿化。全县农村公路养护总里程共计 1646.361 千米，其中 16 条县道 314.484 千米、17 条乡道 189.521 千米和 866 条村道 1142.356 千米。农村公路日常养护及养护工程建设情况。全面完成了 2021 年该县农村公路养护县乡道路面改造"三大提升、三大攻坚"建设目标任务 5 个 32.1 千米。美丽生态农村公路建设情况。2021 年度该县投入 500 多万元重点打造了县道 187 过埠铁木坳至上堡路段、乡道上堡至丰坪至竹溪路段共计 36 千米。

公路标准化、公路水毁防治、公路突发事件及处理。2021 年排查农村公路安全隐患 126 处，现已全部整改验收销号；完成国道 220 分水坳至过埠平交路口存在安全隐患 32 处、完成农村公路学校周边安全隐患 26 处、完成公路路面破损及水毁修复 58 处。完成临水临崖隐患路段 10 处。

水毁公路保畅。2021 年以来，该局组织人员力量对塌方和水毁路段第一时间进行抢通，对隐患路段设置警示牌、排查消除险情。截至目前，累计投入人工 253 人次，机械 184 台次，设置安全防护设施 186 块，投入铁锹等应急抢险物资 60 套，累计清理塌方约 2300 立方米，切实保障汛期县域范围内道路安全畅通。

道路运输。全县现有营运车辆 101 辆，（客车 53 辆，定制快车 14 辆，出租车 6 辆，公交车 28 辆，其中城乡公交 8 辆）座位约 2550 位，已开通客运班线 42 条，其中农村班线 31 条，县际班线 4 条（县城至赣州、南康、大余、营前），城乡公交班线 7 条（县城至关田工业园、君子谷、过埠、新坑、三坑、密溪、左溪）。年客运量 49 万人次，客车乡镇通达率达 100%，建制村通达率 100%。营运货车 613 辆，总吨位 9195 吨，年货运量 880 万吨千米。全县有出租车公司 1 家，投入营运 6 台纯电动出租车；崇义县富畅公共交通有限公司在城区范围内投入营运纯电动公交车 20 辆，城乡纯电动公交车 8 辆；崇义 – 赣州投入营运七座定制客车 14 辆。

水路运输。现有船舶共计 9 艘（1 艘 30 座普通客船，8 艘 20 座）。客运周转量为 0.23 万人千米，线路走向为水口码头至七星望月、陡水码头，运价为 13 元。陡水湖崇义库区有符合航运条件的简易码头 6 个，分别为水口、七星望月、树木园、鹿湾、过埠、杰坝等码头，其中鹿湾码头已建成浮筒简易码头。全县有水上客运公司1家，即崇义县鹅公湖水上客运有限公司，公司投入营运船舶9艘。

物流产业。目前该县在建的物流市场有崇义县物流中心关田仓储中心、崇义县智慧物流产业园2个项目，总投资10.26亿元，其中崇义县智慧物流产业园项目为2021年新建项目。崇义县物流中心关田仓储中心项目。项目总投资约0.26亿元，用地面积约3.3万平方米，设置商品流通区、商品仓储区、商品加工区、商务办公区、综合服务区，目前已完成中心办公房地勘，仓储正在建设，停车场正在平整土地，预计年内完工投入运营。崇义县智慧物流产业园项目。项目总投资10亿元，总建筑面积5万平方米，建设有物流交易结算中心、智能云仓、快递零担物流及农副产品集散分拨中心、电商终端服务、冷链仓储等设施，目前大楼主体即将完工，预计2022年1月前投入运营。

（崇义县交通运输局）

南康区

2021年，南康区交通运输局扎实做好各项工作。

公路建设。县道升级改造，三级公路标准，建设里程9.4千米，质量合格，投资4750万元，上级补助和地方自筹资金，2021年1月开工，2021年12月完工；乡道双车道改造，四级公路标准，建设里程20千米，质量合格，投资7200万元，上级补助和地方自筹资金，2021年1月开工，2021年12月完工；产业路，一级公路标准，建设里程5.8千米，质量合格，投资3700万元，上级补助和地方自筹资金，2021年1月开工，2021年12月完工。

危桥改造。龙华大桥，桥长248米，在建，总投资2600万元，上级补助和地方自筹资金，计划2021年1月开工，2022年12月完工。

公路养护。农村公路里程2697.93千米，日常养护：2697.93千米，小修、中修、中修、改建数量23000平方米。

公路绿化、公路标准化、公路水毁防治、公路突发事件及处理。推进农村公路安全隐患排查治理和美丽生态文明示范路建设。投入资金421万，

治理安全隐患465处，安装标识标牌391块、爆闪灯96块、凸面镜120块、防撞护栏9631米、减速震荡带1035米。常态化开展清扫路面、割除路边杂草、平整路肩、疏通水沟、清理垃圾等。投入资金2551万元，完成99千米美丽生态文明示范路创建工作。

道路运输。全区现有营运客车79辆，座位约2800位，已开通客运班线76条，年客运量209万人次，客车乡镇通达率达100%，建制村通达率100%。出租车135辆，公交车130辆，农村公交4辆，营运货车94辆，总吨位216万吨，年货运量1.08亿吨千米。

（南康区交通运输局）

大余县

2021年，大余县交通运输局紧紧围绕年度工作目标，扎实推进各项工作。

公路建设。高速公路建设。1.已建成高速公路1条（赣韶高速），里程约43.32千米；2.推进建设高速公路1条，遂川至大余高速公路。遂大高速大余县境内路线全长约22千米，其中浮江乡15.8千米、南安镇6.2千米。项目由省高速投资公司承建，大余县主要负责征地拆迁工作，需征收土地约223.67公顷（主线3170.32+互通连接线121.06+改路、改沟及涵洞接路63.72），民房约126栋33055平方米。国省干线公路建设。1.国道2条，总里程约62.234千米。其中国道323约36.883千米（核减与国道220共线段9.645千米），国道220约25.351千米；2.省道1条，省道316池江铜锣湾至樟斗与崇义交界处白枧坳，里程约37.379千米；3.推进建设省道1条，省道316大余铜锣湾至池江段公路A1标段，里程3.696千米。项目起于信丰县坊丘村，途经杨梅树下，终于杨柳村。含桥梁三座计69延米，涵洞14道，其中涉及越岭部分采用隧道方案。农村公路建设。全县纳入统计的农村公路总里程为1379.965千米，其中：1.县道10条，总里程约188.346千米。其中红芬—大兰17.409千米，合江—黄龙18.889千米，石壁下—灵潭16.937千米，小梅关—五洞47.14千米，浮江—吉村9.149千米，小水口—高坪21.168千米，半径—黄溪10.215千米，

葛坳—浮江 20.153 千米，关田—大水口 16.588 千米，朱坊—樟斗 10.698 千米；2. 乡道 28 条，计 217.083 千米；3. 村道 1370 条，计 974.536 千米。

桥梁建设。全县农村公路桥梁合计 121 座计 3625.90 延米。其中：大桥 7 座计 936.16 延米；中桥 22 座，1199.40 延米；小桥 92 座，1490.34 延米；在建的独立桥梁 5 座，分别为青龙一桥、叶墩桥、石门桥、石牛水桥、车里桥。其中石门桥基本完工，叶墩桥完成桥梁主体结构，待进行桥面铺装及引道浇筑，青龙一桥、石牛水桥正在进行桩基础施工，车里桥完成相关程序，待施工队进场后开展相关建设工作。

公路养护及绿化。全县农村公路列养里程 1379.965 千米，列养率达 100%。其中：1. 县道 10 条，总里程约 188.346 千米；2. 乡道 28 条，计 217.083 千米；3. 村道 1370 条，计 974.536 千米。按照公路管理条例"县道县管、乡道乡管"的原则，由大余县交通运输局委托顺畅公路养护公司对县道进行日常养护，剩余乡道、村道由乡镇人民政府聘请相关养护工人进行养护。2021 年，完成农村公路隐患排查整治 119 处，完成农村公路破损路面修复 25.4 千米，农村公路养护管理品质取得持续性改善，优良路况率达 78% 以上。

道路运输。1. 客运：全县共 3 家客运企业，旗下共 81 辆客运车辆，其中新增 1 家包车客运企业，新增客运车辆 20 辆。1 个客运站场，105 个停靠点，县内班线 33 条，县际班线 12 条，省际班线 9 条，其中因疫情形势严峻，省际班线已停运，2021 年全年客运量为 36 万人。新增大余至赣州（往返）定制班线服务，投入定制快车 11 辆。2. 公交：在原有 6 条公交线路运行基础上，新增工业城、奥园、南方三年游击战争纪念馆 3 条线路运行，新增新能源公交车 20 辆，同时调整发车时间、增开、加密原县城内循环公交线路运行趟次，运行范围覆盖黄龙镇、浮江乡、新城镇等乡镇，目前该县共有公交线路 9 条，公交车辆 42 辆。3. 出租：新增 1 家巡游出租企业和 1 家网约出租企业，网约车 11 辆，其中新能源电动巡游出租车第一期计划投入 30 辆，目前已投入 11 辆进入市场运营。4. 货运：新增货运企业 17 家，目前货运企业共计 63 家，个体经营业户 410 户，货运车辆 944 辆；危险品货物运输企业 4 家，危险品货物运输车辆 55 辆。5. 驾培：机动车驾驶员培训学校 6 家，新增教练车 18 辆，共计 157 辆教练车，全年培训合格人数 2621 人，开展道路运输继续教育培训的驾驶员 439 人。6. 维修：一类维修企业 1 家，二类维修企业 11 家，三类维修企业 153 家；汽车综合性能检测站 2 家。

岭南汽车运输服务有限公司为大余县唯一客运站场，共有 105 个客运站点。

城市公共交通。大余县共有公交车 42 辆，9 条公交车运行线路。大余县岭南汽车运输服务有限公司于 2021 年新购置了 20 辆新能源公交车，7 月 1 日正式发车运行。该公司还投入了 11 台新能源出租汽车进入市场运营，弥补了出租汽车市场的空白，通过优化公共交通出行服务，改善乘车环境，提升服务品质，满足了不同群众出行需求。

（大余县交通运输局）

信丰县

2021 年，信丰县交通运输局主抓交通基础设施重点建设项目 11 个。实现省道 454 正平 – 崇仙、信安公路水东段、县道 809 大田 – 茶亭下、阮啸仙红色教育基地道路等一批项目的完工；国道 105 物流城 – 大塘项目实现除信丰大桥外全线通车；国道 357 坪石 – 县城项目路面完成 70%；前期工作项目沿桃江河公路（水西大桥 – 崇仙大桥段）完成初步设计，省道 317 热水 – 大星项目完成了招投标工作，南山西路西延下穿京九铁路顶进涵洞项目完成了初步设计编制。

农村公路。投资 200 万元改建了万隆乡杨梅基地至西坑公路，完成了乡道双车道改建 47.4 千米，危桥改造 4 座，农村公路安防设施 22 千米。省市下达该县的农村公路县乡道升级改造、窄路面拓宽等目标任务 2.9 亿元，该县完成 4.5 亿元，完成 155.2%；窄路面拓宽改造目标任务 30 千米，已完成 32.2 千米，完成投资 1610 万元，完成率 107.3%。

公路养护。理顺农村公路管养体制，明确了全县 269 千米县道由县交通运输局负责管养，360 千米乡道、2245 千米村道由属地人民政府负责管养。

道路运输。2021 年，信丰县公路运输客运量累计 241 万人，同比增长 1%；公路运输客运周转量累计 16830 万人千米，同比增长 1%；公路运输货运量 1397 万吨，同比增长 5%；公路运输货运周转量 378247 万吨千米，同比增长 3%。全县客运二类企业 4 家、车辆 85 辆，四类客运企业 3 家、车辆 122 辆，危货运输企业 4 家，车辆 25 辆，交通建设在建项目企业 5 家，工程车辆 62 辆。强化安全管理，对全县"两客一危"重点车辆进行了全面排查，排查了客运车辆 220 辆次、危货车辆 24 辆次，排查车辆技术全部合格。

物流概况。该县现已办理道路运输经营许可证的物流货运公司共计 67 家，其中 2021 年新增 11 家。该县共有 AA 级以上物流企业 11 家，2021 年，信丰四通物流有限公司、江西宏海速全物流有限公司、信丰广通物流有限公司被中国物流与采购联合会评为 AA 级物流企业。该县共有县规模以上物流企业 8 家，其中 2021 年新增信丰县橙乡锦通物流有限公司 1 家县规模以上物流企业。

（信丰县交通运输局）

龙南市

截至 2021 年，龙南市境内拥有铁路 55 千米，高速公路 87.8 千米、国道 119 千米，农村公路建设总里程 1328.451 千米，其中县道 211.875 千米，乡道 285.263 千米，村道 831.313 千米，全市 14 个乡、镇，91 个建制村通畅率达到 100%。1. 高速公路。大广高速南康至龙南段扩容工程，起于南康十八塘，终于龙南杉树下，全长 143 千米，该市境内设龙南西互通、渡江枢纽，该项目目前正在建设中。2. 普通公路。（1）国省道建设。国道 535 龙南段改建工程（原三南公路），全长约 33.5855 千米，工程概算约 69348 万元，按一、二级公路标准建设，路基宽 12/21.5/30 米，设计速度 60 千米/小时。项目分二期实施，第一期汶龙至东江段（K102+396—K119+823.5 段）共长 17.428 千米于 2019 年 10 月开工建设，经过 14 个月零 10 天的艰苦奋战于 2020 年 12 月 28 日完工通车。第二期龙南镇至渡江段（K124+148.2—K136+520 段）共长 10.725 千米于 2021 年 1 月底已完成路基、垫层工程（含桥梁、涵洞、排水工程），目前已完工通车。105 国道（里仁至临塘段）过境公路，国道 105 龙南里仁至临塘段公路改建工程项目全长约 19.78 千

米，按一级公路标准建设，设计速度 80 千米/小时、路基宽 24.5 米，总投资 125181.06 万元。目前已完成交通行业审查意见、稳评报告、规划选址意见、基本农田补划方案、总规调整方案、地灾评估报告、压覆矿评估、国土空间控制规划报告等前期工作；项目用地预审和规划选址研究报告已编制完成，并出具了专家意见。（2）农村公路建设。"四好农村路"建设。龙南市根据《市委、市政府关于推进"四好农村路"建设助力脱贫攻坚和乡村振兴的实施意见》（龙发〔2020〕5 号）文件，"四好农村路"项目分为两期实施。目前已实施第一期，共实施农村公路提升改造 89 千米，危桥改造 8 座 359 延米，实施农村公路生命安全防护工程 293.54 千米，总投资约 47866 万元，目前项目已完工。二期现正在开展拟实施项目的核查调整确定工作，待进一步明确项目资金和确定实施项目后全面推进项目前期工作。

公路养护。着力推进农村公路管理养护体制改革，落实"路长制"，目前已出台《关于印发〈龙南县"路长制"方案〉的通知》（龙办发〔2018〕34 号），正在推动市委、市政府出台《龙南市深化农村公路管理养护体制改革实施方案》，进一步建立健全公路路域环境和通行秩序治理的长效监管机制，完善公路区域与线路相结合网格化管理的工作机制，各乡镇和责任部门协调配合，大力整治农村公路路域环境和交通秩序。大力完善农村公路灾害和安全保通应急管理机制建设，及时组织水毁抢修、隐患处置和安全保通，加强农村公路日常养护及大中修工程的建设与管理，年度投入养护大中修以及日常养护资金 10070.4 万元，有力推进了该市农村公路好路率得到明显提升。

完成农村公路提升改造 35 千米，危桥改造 1 座，安防工程 40 千米，美丽生态文明农村路建设 10 千米，截至今年 10 月底，该市共计完成农村公路提升改造 37.6 千米，危桥改造 2 座，安防工程 58 千米，美丽生态文明农村路建设 10 千米，目前已全面完成农村公路民生实事工程建设任务。

道路运输。龙南市 2021 年度客运量总计 362 万人，同比增加 36.09%；客运周转量 24241 万人千米，同比增加 36.37%；货运量 1193 万吨，同比增加 37.13%；货运周转量 268286 万吨千米，同比增加 37.56%。

（龙南市交通运输局）

物流转型升级。

（全南县交通运输局）

全南县

2021年，全南县交通运输局各项工作取得了显著成效。

交通基础设施建设。高速公路建设。一是大广高速南康至龙南段新建复线及小江联络线项目在该县龙下乡河田村茶山设立了全南北互通高速出入口，距离龙下圩镇约6千米、距离省道454社迳江口约7千米，预计2022年10月前完工通车，项目的实施将增加一条连通粤港澳大湾区的南北向快速通道。农村公路建设。成功创建了2021年度"四好农村路"省级示范县。实施了县道升级改造6.8千米，乡道双车道改造10.9千米，窄路面拓宽改造4千米，旅游路10千米。桥梁建设。危桥改造3座。公路养护。将"四好农村路"纳入对乡（镇）政府的考核，明确了县、乡农村公路管理机构和人员，将农村公路日常养护资金按县道每年每千米10000元、乡道每年每千米8000元、村道每年每千米5000元的标准列入了年度财政预算，农村公路养护率达100%，实现了农村公路养护全覆盖。车站建设。选址位于桃江源大道的全南县全域旅游交通服务中心（新汽车站和公交总站）项目正在建设。

道路运输。全县开通并正常运行的客运班线15条、营运客车66辆，公交线路7条、公交车16辆，旅游客运班线1条、营运客车4辆，出租汽车32辆，全年公路客运量115万人、公路客运周转量7122万人千米。全年公路货运量272万吨、公路货运周转量74223万吨千米。开通了全南至龙南高铁站高速直达班线以及全南至赣州定制客运班线、全南至龙南火车站夜间高速直达班线，通过对农村客运企业开通建制村客车进行补贴的方式开通了乡镇至建制村的农村客运班线，全县建制村通客车率达100%。

物流概况。一是积极探索农村公路客货邮融合发展，设置乡镇客货邮综合服务站2个，开通客货邮农村班线5条，有效加快了寄递物流、农产品和群众生产生活物资的流通效率。二是构建县乡村三级物流网络，共建设县级农村物流中心2个、乡级物流节点9个、村级物流节点86个，推动农村

定南县

定南县交通基础设施项目2021年度计划投资13248万元，今年完成投资14120万元，占比106.58%。其中国省道项目2021年度计划总投资5000万元，今年完成投资6000万元，占比120%；农村公路项目2021年度计划投资8248万元，今年完成投资10120万元，占比123%。具体项目：（1）国道238定南历市至老城段公路改建工程，于6月29日竣工通车。（2）县道852南迳口至修建，全面完工。（3）修建高速公路出口至岭南大道段路面维修改造工程EPC项目，全面完工。（4）县道302天花至油田公路改建工程，全面完工。（5）定南县第二批农村公路安全生命防护工程，全面完工。（6）乡道387板埠至溪尾红色旅游公路升级改造工程。（7）17座危桥改造工程。（8）定南县岿美山示范镇建设第二期旅游公路EPC项目。（9）定南县农村公路升级改建工程（第一期）EPC项目，目前乡道425左拨至英兵坳乡道升级改造工程已开工建设，正在进行涵洞施工。（10）第二批不停车检测点建设项目，分为历市镇汶岭村检测点、老城镇水西村检测点、鹅公镇留蜷村检测点、岭北镇月子村检测点、龙塘镇桐坑村检测点五处，共计11.55个标准车道（1个标准车道宽度为3.75米）。12月底已全面完工。桥梁建设。定南县17座危桥重建工程位于定南县历市镇、岭北镇、老城镇、龙塘镇、鹅公镇。项目包含大桥1座：坪岗桥；中桥8座：塘唇桥、长桥桥、中段桥、兰洲桥、大屋桥、湘口桥、下圳二桥、含湖三桥；小桥8座：江背桥、湖江二桥、含湖二桥、半坑桥、松山下桥、石陂角桥、夹河桥、忠诚桥17座危桥。拟建桥长（延米）619.09米，桥宽6.5米至8.5米不等。主要建设内容包含17座桥梁的桥梁基础、下部结构、上部结构、桥面铺装、防护工程等。项目中标价2593.4266万元，其中上级补助934万元已到位。2021年除坪岗桥因为变更增量原因外，其余16座桥梁已全部完成重建。车站建设。高铁西站综合客运枢纽项目：项目总投资约2.1亿元，目前工可已批复，初步设

计工作已完成专家评审意见。公路养护：目前全县养护农村公路821千米，其中县道152千米（局养护）、乡道241千米（镇养护）、村道428千米（镇养护），养护率达到100%，公路技术状况评定优良路率达到75%。目前共清理公路沿线边坡塌方101处。结合路域环境整治，及时发现并制止破坏路面行为5起。修复水毁造成的边坡、路基塌方12处。

道路运输。目前共完成客运量132.14万人，客运周转量1529.76万千米，全年货运量1.751万吨，货物周转225.7710万次。定南县城市公共交通有限公司投入营运公交车28辆，驾驶员37名，后勤辅助人员17名，2021年1月至12月营运总里程约为132万千米，营运趟次约96360趟，营运收入约103.6万元，客运量达171万人次，驾驶员好人好事270起，安全率99%，服务满意率98%。

物流概况。1.定南港扩容升级项目。①已确定初步规划设计方案，采用"850"尽头式布置建设；②投资主体待确定：一是与盐田港、赣州国际陆港三方合作建设，目前已达成战略合作协议；二是国盛铁路公司按照政府要求自行建设；③已完成征迁、土方量测绘、林地指标报批等前期工作。2.临港产业园项目。①已完成总体规划设计、南翼加工区控制性详细规划初稿；②项目用地纳入国土空间规划"三区三线"试划范围待确定；③南翼加工区（约133.33公顷），已报批林地指标33公顷，正在申报林地指标32.87公顷，征地任务约80.8公顷，已完成35公顷，已丈量8公顷；④项目一期一标段护坡369平方米已完成，排水工程2872米完成1700米，土方平整工程总挖方量约167万立方米完成164万立方米，总填方量约116万立方米已完成。二期一标段土方平整工程（30公顷）总挖方量约353.6万立方米完成65万立方米，总填方量约352.6万立方米完成68万立方米。3.供销冷链物流园项目。已完成冷库、干仓A、交易市场B-F主体工程，综合楼主体工程完成四层建设，冷库正在进行保温、消防、室内装修等工程。4.临港新城项目。已完成项目用地拟选址：湿地公园东侧约20公顷。

（定南县交通运输局）

安远县

2021年，安远县路网总计2441.338千米。其中高速公路里程128.2千米；国道里程159.311千米（二级以上公路150千米，占比约89%）；省道99.427千米（二级以上公路67千米，占比约67%）；县道196.8千米（三级以上公路为112.9千米，占比约57%）；乡道366.9千米（四级以上公路为361.1千米，占比约98%）；专用公路33.2千米，村道1457.5千米。18个乡（镇）100%通三级以上公路、100%通达客车；152个建制村100%通水泥（油）路；25户以上自然村100%通水泥路。

国省道方面，省道317黎洞至安信亭段公路改建工程（二期甲江林场至安信亭段）于2021年12月完工。启动了国道238三排至黄泥岭、国道238大围至鹤子顿界石、国道238塘村至龙布段项目国省改建前期工作，完成了全县"十四五"交通运输发展规划编制。农村公路方面，完成22千米农村公路建设，完成项目投资7320万元。

桥渡隧建设。完成桥梁新（改、扩）5座/245.01延米，完成项目投资1511万元。

车站、港口、码头建设。全县现有客运站场2个，其中二级客运站1个，四级站1个，境内设置有安远汽车总站、公路沿线建有候车亭156个（其中乡镇69个）。全县实现100%河道渡口改建桥梁。2020年县政府撤销东风水库渡口，同时设置东风湖渡口。目前全县仅东风湖渡口有渡口码头。

厂场建设。正在建设16个乡镇综合服务站，单个镇级客运站建设原则上占地3333平方米，投资约500万元；单个乡级客运站建设原则上占地2000平方米，投资约300万元，共计5700万元。于2020年开工、2022年竣工。

公路养护。将全县801千米沥青路面农村公路分段全部配齐170个"路长"，由"路长"协同县交投公司对责任路段进行全面综合管理，做到"有路必管、管必到位"。2020年县财政安排农村公路养护资金1500万元，按每3千米一名养护员，组建县道、乡村道管养队伍，开展以"春排水、夏除草、秋整治、冬修补"为重点的日常养护。

公路绿化、公路标准化、公路水毁防治、公

路突发事件及处理。2021年共实施完成安保工程项目安防设施方面，完成全县农村公路安防设施工程60.5千米，完成项目投资1600万元。完成清扫路面52000千米，清理疏通水沟280千米，桥102座，涵洞560座，整治路肩123.2千米，整治路容150.8公顷，割除高草1688.96公顷，清理塌方7652立方米，修补坑槽5980平方米，灌缝12.4千米，修剪路树19865棵，路树杀菌除虫3次，修整灌木123150株，砍除枯死路树350棵，清整遮挡标志牌168块，扶正标志牌59块，修复损毁钢护栏500米。

道路运输。全县现有营运客车96辆，座位约2957位，已开通客运班线56条，年客运量365万人次，客车乡镇通达率达100%，建制村通达率100%。出租车18辆，公交车31辆，镇村微公交12辆，营运货车399辆，总吨位4603吨，年货运量370万吨千米。

水路运输。现有船舶共计21艘（4艘45座普通客船、4艘50座普通客船、5艘18座，2艘垃圾打捞船、6艘应急快艇）。客运周转量为21.15万人千米，线路走向为凤山东风湖外码头至东风湖内码头，运价为15元。

船舶修造、汽车修理、检测等情况和数字。现有船舶共计21艘（4艘45座普通客船、4艘50座普通客船、5艘18座，2艘垃圾打捞船、6艘应急快艇）。现有一类维修企业0家、二类维修企业1家、三类维修企业26家。现有驾校6个，其中二类驾校0个，三类驾校6个。

（安远县交通运输局）

寻乌县

2021年，寻乌县境内公路总里程1997.401千米，公路路网密度84.924千米/百平方千米。其中，高速公路2条83.059千米，国道3条199.459千米，省道2条65.136千米，县道12条241.116千米，乡道67条430.208千米，专道道路2条0.812千米，村道944条977.611千米。

高速公路建设。项目路线起点位于江西省寻乌县南桥镇古坑村附近，与现有的济广高速公路（G35）设置寻乌南枢纽互通对接，途径南桥镇、留车镇、菖蒲乡，终点位于菖蒲乡赣粤两省交界处的老屋下村附近（终点桩号K26+855），对接寻乌至龙川高速公路新建工程广东境内段起点，寻龙线（江西境内段）全长约26.855千米，业主单位为江西省高速公路投资集团有限责任公司。2021年度，寻龙高速项目在各乡镇部门与项目参建单位的通力合作下，完成了年度投资16.87亿元，开工累计完成投资额30.5亿，占概算总投资额的85%，整体进展达到预期目标。

干线公路建设。完成了国道236线灾毁恢复重建工程的项目施工管理工作。全面完成了国道236寻乌河角道班及河角公路驿站的建设。盯紧省道317寻乌县城至长安公路改建工程，2021年，已完成社会稳定风险评估、项目环评、水保方案审批、工可、初步设计、施工图设计、地灾和压覆矿评估，基本农田补划方案等工作。力争将省道458南桥至留车公路列入2022年"畅、安、舒、美"示范路打造计划。

农村公路建设。2021年，续建旅游公路项目2个20.95千米，概算总投资15852万元，其中县道544项山至油房岗红色旅游公路18.67千米11140.4万元、金刚山旅游公路项目2.28千米4711.6万元，截至目前，完成年度投资超9000万元，累计完成总投资12998.6万元。完成19个农村公路升级改造项目93.09千米的施工图设计，其中县道升级改造项目2个29.28千米、乡道双车道改造项目6个43.33千米、窄路面拓宽改造项目11个20.48千米。

桥梁建设。完成危桥改造项目3个190延米，其中晨光镇三龙坪桥69延米、留车镇下罗坝桥64延米、澄江镇凌富桥57延米，合计完成投资782.39万元，争取交通运输部补助资金232万元、省级补助资金52.4万元。

公路养护、绿化。通过向社会公开招投标，择优引进拥有三类乙级公路养护工程从业资质证书的第三方养护公司，真正实现管干分离。坚持"预防为主，防治结合"方针，逐路段界定农村公路管理养护范围、任务目标和管养责任，规范养护安全作业标准和养护质量，做到职责明确、责任到人。坚持实行日常养护和集中养护保洁相结合的模式，县乡村道每天组织开展1次以上的日常养护，每季度进行一次集中养护。坚持"日巡查、月通报、年评比"制度，做到考核全时段、无死角。并将养护经费与考核结果挂钩，按考核得分同比例拨付养护经费，倒逼第三方养护公司认真履职。2021年，第三方养护公司因月度考核不满90分扣除相关服务经费达40万元。

道路运输。全年快递物流发件量约1400万件，到件量约1100万件；全年客运量43.64万人次，周转量2911万人千米。省际班线11条，市际班线1条，县际班线4条，城市公交线路9条，农村客运班线42条，镇村公交班线13条，定制客运班线开通了往返赣州、梅州、南昌、龙川等城市线路4条。

（寻乌县交通运输局）

于都县

2021年，于都境内拥有国省道292.891千米，县乡村道3851.809千米，铁路里程56.7千米，河流通航总里程176.7千米。

干线路网优化升级。瑞兴于快速交通走廊（于都段）项目方面，已完成该项目前置性报批或备案手续，已完成土石方工程约34万立方米，项目部场地硬化约1.2万平方米；对杨公服务区弃土场进行防护，完成弃土场挡土墙约1000立方米；项目部驻地建设完成了板房搭建及装修；试验室建设完成并进行了标定，拌和站建设完成，达到生产混凝土的要求，完成总产值约2600万元。县城北外环快速路建设项目方面，已将县道803窑塘至黄坳升一级公路、省道219古田至新地升一级公路和省道219贡江至祁禄山升二级公路三个项目打包整合成国家长征文化公园（于都段）外部连接线改建工程项目向省发改委重点办申报2021年全省第二批重点项目，施工单位已进场施工，完成了8000米的线路清表、拌和站场地建设、路基挖方37万立方米、路基填方30万立方米；钢筋砼圆管涵15道、钢筋混凝土盖板涵13道、禾坪岗小桥上孟大桥、石陂脑等三座桥梁下部构造，累计完成投资额约14500万元（含征拆费用），完成年度投资计划的265%。

"四好农村路"持续推进。完成农村公路升级改造72千米。完工危桥改造7座，在建桥梁6座。完成安全生命防护工程建设90千米；完成安防建设前期工作申报计划809条/723.1千米。编制完成了《于都县"十四五"农村公路项目库》和《"十四五"县级重点推进公路建设项目表》。加快美丽生态路建设，对县道423长潭－花桥公路（仙下－马安段）18.779千米和县道426利村－罗江公路（新陂－罗江段）11.5千米进行了"美丽生态文明农村路"建设，共打造30.279千米。

公路养护。农村公路管养体制建立健全。深化"路长制"试点工作，印发《于都县深化农村公路管理养护体制改革实施方案》，加强养护日常管理，全县通乡、通村公路日常养护工作采用统一招标方式选择两家日常养护专业队伍，已全覆盖市场化养护，财政预算累计投入1656万元用于农村公路日常养护。加强预防性养护，针对农村公路路面裂缝、坑槽、路基、边坡、挡墙、水沟、桥梁和涵洞等不良路段进行养护，完成路面修复110千米。整治路基58390平方米，路面36910平方米，排水涵管95道，标线3621平方米，警示标志牌75块、波形防护栏462米/33处、挡土墙394米/6处，动用大型挖机157台次，铲车49台次，清理边坡塌方12649立方米，处置占用、挖掘、损坏污染公路9处，非法架设、埋设管线5处，消除各类安全隐患130余起。

道路运输。县内共有城市公交公司1家，道路客运企业10家，道路货运企业105家，一级汽车客运站1个，二级汽车客运站1个，一类客运班线19条，二类客运班线3条，三类客运班线3条，四类客运班线116条，公交线路14条，城市公交车41辆，客运班车259辆，出租车13辆，货车2120辆。全县353个建制村已全部实现了通客车、网约车、出租车，双通任务完成率已达100%。2、进一步完善公交基础设施建设，目前城区已拥有41辆公交车运营，全部为新能源纯电动公交车。拥有1个公交首末站、1个新能源充电站、260个公交站台。

水路运输。县内有现有船舶共计53艘，其中运输船31艘、采砂船13艘、垃圾打捞船7艘、公务船2艘。货运量为268.1万吨，货物周转量为1340.5万吨千米。交通、海事两部门联合对全县通航水域的"僵尸船"排查、登记造册，共计拆解"闲置僵尸船"55艘（其中采砂船16艘、运输船32艘、吸砂船7艘）。

（于都县交通运输局）

兴国县

2021 年，兴国县交通运输局圆满完成各项工作任务。

公路建设。1.PPP 项目：国道 356 兴国至蕉溪段公路、县道 801 杰村至社富公路和凤凰大桥等 3 个子项目分别于 2021 年 1 月 28 日、1 月 26 日、1 月 22 日完成交工验收，并移交给兴国中煤公司运营维护。国道 356 湄西线蕉溪至均村段公路改建工程 2018 年 1 月开工，2021 年底完成交工检测，即将交工验收。县道 463 隆坪至上龙段公路工程 2020 年 3 月开工，2021 年底完工通车并交工验收。2.国道项目：国道 319 瑞金至兴国（兴国段）改线工程（瑞兴于快速交通走廊）14 项前期完成 13 项，用地报批手续正在办理，已拨前期工作费用 2015.9351 万元。项目总投资 29.71 亿元，已自筹并到位债券资金 1.63 亿元，其余资金通过与市发投合作融资并到位 2 亿元，剩余 8 亿元资金通过市场化融资模式；积极与省公投洽谈合作融资。埠头乡垓上至高兴镇老圩段 27.294 千米采用 PPP 模式建设，总投资 17.62 亿元，并完成资格预审。3.省道项目：3 个省道升级改造项目（省道 452 船溪至鹅公塘段、省道 219 蕉坑至莲塘、省道 449 隘上至杉村段）27.6 千米建成通车，完成投资 2.93 亿元。4.县乡道和旅游公路项目：县道 461 崇贤至枫边段、县道 465 兴莲至鼎龙段、县道 465 鼎龙至宝石段 3 个县道路升级改造项目，忠田至官田至莲塘、方太至崇贤 2 个旅游公路项目受行业部门政策影响，项目用林用地手续未完成办理，不具备开工建设条件，乡道 029 合富至灵山段旅游公路施工单位年底已进场复核放样、驻地建设、清理表土，县道 908 东固至鼎龙公路枫边至城岗段和鼎龙粮管所至观音庙段拓宽改建公路项目年底完成图纸修编。5.脱贫攻坚交通项目。改造农村公路危桥 5 座。总投资 1026 万元，其中 2021 年度巩固拓展脱贫攻坚成果统筹整合涉农资金 736 万元、上级交通部门补助资金 290 万元。现已全部开工建设，年底完成投资 513 万元，占总投资的 50%。19 个建制村通双车道 68 千米项目全面启动。6.撤渡改路项目。1 个项目 23.4 千米已开工。7.危桥改造项目。共实施危桥改造项目 19 个，进展良好。8.美丽生态文明路和安防工程项目。3 条 35 千米美丽生态文明农村路，11 个 55 千米安防工程全面完成，共完成投资 1605 万元。

厂场建设：1.天图（兴国）国际物流港项目。天图物流港企业结合兴泉铁路专线规划、无水港区设置等因素，对项目规划设计进行了优化，将原规划在兴泉铁路南侧的 40 公顷用地，变更为兴泉铁路南侧 13.66 公顷（主要建设智能分拣、高标准仓储库等专业物流园区），紧邻兴泉铁路何屋站北侧 20 公顷的用地（主要建设兴泉铁路专用线及货场）。已报请县政府审核《兴国县综合物流园项目建设投资补充协议（二）》。2.赣闽国际陆港项目（2020 年更名为赣闽国际陆港并列入"十四五"建设规划）。已启动规划、设计、整体包装前期工作，并与中交水运规划设计院有限公司洽谈专项规划设计。3.县公交车充电运营站项目。因市政附属设施未落实建设主体，建设未完成暂不能进行房建工程竣工验收。

公路养护。1.市养公路。列养里程 305.341 千米（国道 152.685 千米、省道 152.656 千米）。获"十三五"全省国省干线公路养护管理评价先进集体荣誉。2.安防工程。完成投资 760 万元，对兴国境内国道 238、国道 319、省道 449、省道 450、省道 451 五条国省道 177.1 千米实施了安防工程，新增钢护栏 32196 米，更换 127 座桥梁限载限重安全警示牌，新增路面标牌 352 块，钢护栏立柱及端头贴反光膜 1666 块，护栏安装反光道钉 706 个，大型指路标牌 3 块，导向牌 121 块，增加减速标线 13874 平方米，警示柱 686 根，防撞墙 3246.3 米，桥梁刷反光漆及防护墙刷反光漆 459.28 平方米，凸透镜 6 个，更新千米桩 40 块、百米桩 366 个。2.县养公路。列养里程 4000.5 千米（县道 453.7 千米、乡道 703.6 千米、村道 2843.2 千米）。

公路绿化、公路标准化、公路水毁防治、公路突发事件及处理。1.水毁抢修。对省道 219 线兴莲乡、省道 450 线方太乡、国道 356 线均村乡 28629 平方米水毁路面，通过调用机械、车辆清理土方以及倒伏树木，实施了抢通，保证公路沿线安全畅通。投入 760 人次、机械 540 台次。清理公路坍塌方 7854 立方米 /44 处，及时抢通了 4 处 /3 条因水毁塌方等灾害阻断交通的农村公路，全年投入应急抢险保通及水毁修复资金 365 万余元。2.保通保畅。积极争取资金，完成了国道356线渣江至蕉溪段9.019千米的保通改造、国道319华坪段700余米安全隐患整治，为纪念人民军工创建90周年系列活动和群众出行贡献公路力量。3.美丽生态文明农村路创建。组织实施了3条35千米美丽生态文明农村路创建，完成投资973万元。4.农村公路安防工程。组织实施了11个55千米安防工程项目，完成投资632万元。同时投入110余万元，整治农村公路各类安全隐患，在部分公路平交路口、急弯陡坡、危桥设置各种警示标志牌38块、凸镜41块、路面标线4600平方米、减速震荡线465平方米、安装波形防护栏3560米等。

道路运输。1.道路旅客运输。全年完成客运量101万人次、客运周转量9280万人千米，分别同比上升20.5%、18.5%。新增客运车辆4辆122座。2.道路货物运输。新增货运业户145户，新增（转入）营运货车400辆6401.099吨，完成货运量56万吨、货运周转量7319万吨千米，分别同比上升12.59%、5.76%。

（兴国县交通运输局）

瑞金市

2021年底，瑞金市公路通车总里程3441.52千米，其中国道138.662千米，省道93.395千米，县道279.577千米，乡道408.67千米，村道2421.216千米，专用公路2.311千米；高速公路95.658千米、一级公路57.625千米、二级公路96.08千米、三级公路184.244千米、四级公路2898.878千米、等外公路104.692千米，分别占总里程的1.7%、2.9%、5.5%、86.8%、3.1%；沥青（水泥）路面公路3236.855千米。

瑞兴于快速交通走廊瑞金段全长72.17千米，总投资45.92亿元。其中国道319瑞金至兴国（瑞金起点段）改线工程（瑞兴于快速交通走廊）长18.49千米，总投资约9.96亿元；国道319瑞金至兴国（瑞金瑞林段）改线工程（瑞兴于快速交通走廊）长24.02千米，总投资15.22亿元；省道451瑞林至九堡段公路改建工程29.66千米，瑞林稳村村至黄柏乡高速北出口段，主线长17.47千米（其中二级公路长1.11千米）、连接线长12.19千米，

投资20.74亿元。其中瑞兴于快速交通走廊瑞金机场段已累计完成项目投资6.48亿元，路面工程已全面完成，具备通车条件，国道319改线工程瑞金段及省道451瑞金瑞林至九堡段公路改建工程正在加快推进。

2021年"四好农村路"项目为EPC项目，计划实施项目53个共305.45千米，总投资12.41亿元，2021年已开工建设项目48个，累计完成项目总投资23087.77万元。

推进县道升级改造工程续建项目建设，完成项目总里程26.66千米，完成投资8943.849万元；推进长征大道至马道口旅游公路新建工程建设，路线全长3.68千米，完成项目投资1109.7677万元；其他交通基础设施建设完成项目总里程12.73千米，完成总投资1875.3428万元。

车站建设。综合客运枢纽站和公交指挥中心及旅游集散中心项目建设（大交通项目），已委托设计单位对该项目进行规划方案设计，并召开了两次专家评审会，对设计方案进行再次完善，待市规委会审核批准。

物流概况。2021年，全市拥有物流企业89家（含2家A级、3家AA级和2家AAA级物流企业），其中货运企业67家，仓储配送企业6家，快递16家。另外，货运代理（托运部）45家。拥有货运车辆（含外籍）3260辆，核定货运吨位43200吨，实际载货能力79000吨；仓储面积26万平方米，物流从业人员22050人。

公路养护、绿化。县道由交通运输局负责日常养护管理，共13条县道（含2条县道美丽生态文明农村路）和3条乡村美丽生态农村路承包给专业养护公司实施养护；乡道、村道、组道由所在乡（镇）人民政府负责养护管理。投入养护经费911.76万元；开展农村公路安全隐患排查和整治工作。是年共出动路政执法人员500余人次，排查出安全隐患46处，各乡镇排查公路安全隐患21处，瑞金市道专委督办整改53处、赣州市道专委督办整改11处、云石山校园周边道路12处及体验园周边道路8处、汛期安全隐患6处、共合计90处，已全部完成整改销号。推进安防工程项目建设，总共投入资金1934万元，全面完成1150万安防工程、290万安防工程、330万安防工程、140万安防工程等安防工程项目，消除农村公路安全隐患84条，总长度1332.256千米。实施了美丽生态文明路创建，

投入 314 万元，对黄柏至瑞金、洁源至绿草湖、沙洲坝白改黑项目、新迳至拔英、黄沙至莲塘坝等 5 条农村公路共 50.1 千米进行了路容路况、绿化美化和景观氛围的提升改造。全面排查清除农村公路安全隐患，修复破损路面 65.88 千米，安装波形护栏 5693 米，设置标识标牌 439 块，累计投入资金 1982.088 万元。

道路运输。2021 年，完成了公路运输客运量 368 万人次、客运周转量 22100 万人千米，货运量 551 万吨、货运周转量 8253 万吨千米。实现建制村通客车全覆盖，调整优化线路 24 条，预约响应班线 15 条，预约响应通车 21 个村，设置候车牌 176 块，全面实现了建制村通硬化路率 100%，通客车率 100%，25 户以上自然村通硬化路率 100%。

（瑞金市交通运输局）

会昌县

2021 年，会昌县交通运输局各项工作进展顺利。

公路建设。农村公路建设。厦蓉高速公路会昌白鹅互通工程位于厦蓉高速公路 K344+356.527，新建连接线与省道 217 相连。主要建设内容和规模为：改造主线车道 1.036 千米，新建匝道 2.454 千米，新建连接线 2.545 千米，增设劝返车道 0.269 千米，新建跨线桥 1 座，设置匝道收费站 1 处，11 月开工建设，年内完成投资 4800 万元。县道升级改造中村至长岭公路改造工程全长 13.098 千米（正在实施小照至长岭段 5.778 千米），已完成路基土石方 95%，年内完成投资 200 万元。窄路面拓宽改造项目完成樟下山至太平墟公路 1.9 千米，年内完成投资 497 万元。旅游路、资源路、产业路、路网连通路、公益事业路完工项目 4 个 13.3 千米，分别为高速出口至汉仙湖公路 2.5 千米、和君大道 1.3 千米、清平乐大道 0.7 千米、石背至莲塘（景观大道）8.8 千米，完成投资 8405 万元。小密乡西江至小密（小密段）公路、庄埠乡庄埠至狮子（禾坪下段）公路、右水乡右水至大华公路 3 个项目已完成施工图设计工作。

桥梁建设。完成左水桥、圆墩背桥、李子坝桥 3 座 39.8 桥长米的桥梁建设任务，完成投资 180 万元，桥梁按照四级公路标准建设，设计荷载为公路 II 级。

港口建设。主要包含羊子岩码头、盘山 1# 码头、盘山 2# 码头、竹子坝码头、汉仙岩码头，总造价约 3000 万，施工工期约 150 天。设计单位为江西省港航设计院，监理单位为福建互华土木工程管理有限公司，施工单位为福建红珊瑚景观建设有限公司，检测单位为会昌县建筑工程质量监测站。

车站建设。全县有客运站 14 个，全县各乡镇客运站、点共有 254 个，以县城客运总站和水西公交总站为中心，辐射全县各乡镇 243 个建制村，构成了四通八达的农村客运路网。

公路养护。2021 年会昌县农村公路总里程 2424.671 千米，其中县道 253.761 千米、乡道 381.408 千米、村道 1789.502 千米。全县农村公路日常养护覆盖率达到 100%，好路率达到 90%。公路绿化、公路标准化、公路水毁防治、公路突发事件及处理：2021 年积极开展美丽生态文明农村路的创建活动，已经省级评定美丽生态文明农村路 4 条乡道计 34 千米。公路水毁修复项目 4 个，投资 94.94 万元，分别是：乡道 018 白鹅至葫芦角公路挡土墙修复工程，投入资金 16 万元；县道 831 筠清线大河唇路段水毁修复工程，投入资金 37.5 万元；县道 815 狮子村路段水毁修复工程，投入资金 22.84 万元；县道 831 筠清线鄱塘路段水毁修复工程，投入资金 18.6 万元。2021 年积极开展道路安全隐患整治活动，投入资金 500 万元，及时消除道路安全隐患。

道路运输。全县有 8 家客运企业，营运客车 264 辆，其中班车 156 辆、出租车 20 辆、公交车 62 辆、定制班线 26 辆。县内共有客运线路班线 64 条，其中跨省线路 20 条，跨地（市）线路 1 条，跨县线路 7 条，县内线路 32 条，公交线路 4 条，客运线路平均日发班次 209 班次 / 日。全县共有危货运输企业 2 家，共有车辆 14 辆，普通货物运输服务企业 78 家，今年新增 20 家；全县有货运车 548 辆 7059 吨，其中大型以上车辆 436 辆，牵引车 69 辆，重型车 403 辆。全县拥有新能源纯电动公交车 84 台，实现了村村通公交班线全覆盖；实行现役军人、伤残军人、65 周岁以上老年人免费乘坐公交车。完善了县城至乡镇农村客运站建设（含改造），全县共有公交车站台、牌 112 个，其中站牌 32 个，站台 80 个。全县有机动车驾驶员培训学校 7 家。

其中二级驾校 1 家，三级驾校 6 家；有教练车 164 辆，教练员 196 人，全年共培训机动车合格驾驶员 7493 人。春运期间，全县道路旅客运输行业累计开行班车 9065 趟次，旅游包车 149 台次，加班车 156 趟次，客运车辆同比去年增加 3%；完成客运量 17.7020 万人次，与去年同比下降 38%。

水路运输。包括水路运输企业 1 家、在建港口码头 5 座、运输船舶 5 艘（其中环保节能电瓶船 2 艘）、旅客运输 3.3 万人次 / 年、年旅客运输收入 232.51 万元。

物流概况。全县在册物流企业 34 家，全部为运输型，农产品冷链仓储物流园区目前在建，农村物流站点 221 个。

（会昌县交通运输局）

石城县

2021 年，石城县公路建设取得良好成效，完成 2021 年度目标县乡道路面改造项目 40 千米、"五路项目" 7 个 11.9 千米、完成投资约 0.52 亿元。续建塘子岭至睦富桥二级公路 2.9 千米，新开工建设农村公路双车道改造项目 11 个约 57 千米、沔坊至睦富桥三级公路 3.6 千米，计划总投资约 1.7 亿元。"五路项目" 分别为：尽食下旅游公 1 千米，铜锣湾—月形桥 1.2 千米，松湖—上寨 4.1 千米，小口—岭上 1.1 千米，生园里—山塘窝 1.2 千米，国道—造纸厂 0.4 千米，朱家至双旗栋 1 千米。项目业主为项目所在乡镇。建设按四级公路标准建设，路面宽为 6 米，砼路面。总投资约 0.34 亿元。展马桥至琉璃坑公路改造项目，路线全长 1.9 千米，总投资 364 万。农村公路双车道改造项目。2018 年以来已下计划未实施双车道改造项目共 11 个约 57.2 千米，采用 EPC 方式实施。建设按四级公路标准建设，路面宽为 6 米。乡道路面改造。2021 年乡道路面改造项目由罗田段至赖田公路和古党至旱坑公路组成，路线总长 8.881 千米。工程总投资 169.64 万元。县道路面改造。2021 年县道路面改造丰山至沿沙、密埠至大坝脑、益兰花至垃圾场三条公路组成，路线总长 22.788 千米，工程总投资 371.9118 万元。塘子岭至虎山里（塘子岭至睦富桥段）公路新建项目，路线全长 2.922 千米，采用二级公路标准，双向两车道。路基宽度为 8.5 米。本项目工程总投资为 3811 万元沔坊至睦富桥公路。路线全长 3.621 千米，全线按三级公路标准建设，路基宽 8 米，路面宽 7 米，项目总投资为 5110 万元。

桥梁建设。今年，石城县全力推进公路桥梁建设，完成危桥改造 5 座，新开工建设 4 座。总投资 0.28 亿元。新屋桥危桥重建工程续建项目完工，2 月底建成通车。莲陂桥危桥重建工程续建项目，2 月底建成通车。丹溪村桥，3 月 18 日完工通车。桐坪下竹桥，10 月建成通车。里源桥，3 月建成通车。德舍大桥，于 12 月开工建设，工期为 14 个月，项目总投资约 954.19 万元。湖下桥，于 12 月开工建设，工期为 14 个月，项目总投资约 668.46 万元。干头陂桥，于 12 月开工建设，工期为 14 个月，项目总投资约 622.19 万元。瑶溪桥，于 12 月开工建设，工期为 14 个月，项目总投资约 225.2 万元。

车站建设。石城县汽车客运站（新站）完成部分土地征收工作；小松镇客运站完成项目主体工程建设，完成投资 490 万元。

公路养护。投入 500 余万元对龙岗至大由、黎圩至大里（桐江至木兰段）、八卦脑至高田至坝口公路共约 55 千米县道进行绿化景观提升。农村公路日常养护管理水平得到进一步提升，好路率较去年提升 4.5%。农村公路安全隐患整治。共排查整治安全隐患点 88 处，安装波形护栏 14710 米。增设各类标线 10701 平方米，减速带 35 米，标志标牌 72 块（套）。共清理边坡塌方 3100 余立方米，砌挡土墙 500 余立方米，维修新建公路圆管涵 80 余米，砌筑拦水带 343 米，修复破损路面 53468 平方米，累计投入资金 1200 余万元。美丽生态文明路建设。投入 500 余万元对龙岗至大由、黎圩至大里（桐江至木兰段）、八卦脑至高田至坝口公路共约 26 千米县道进行绿化景观提升，建设美丽生态文明路 34 千米。

道路运输。今年全县有客运企业 5 家和客运站场企业 1 家，全县有货运企业 46 家，今年新增货运企业 12 家。全县有客运车辆 91 辆，其中班线客车 65 辆（含旅游客车 6 辆），公交汽车 23 辆，网约客运出租车 3 辆，全县共输送旅客 195 万人次，客运周转量为 11823 万人千米。全县共有货运车辆 382 辆计 4473 吨，完成货运量 276 万吨，周转量 51421 万吨千米。全县共有客运站 3 个，其中二级站 1 个，即县中心客运站，乡（镇）客运站 2

个，即龙岗汽车站和珠坑客运站（三级）；有农村汽车候车亭101个。全县共有客运线路27条，其中跨省线路3条，跨设区市线路3条，跨县线路4条，定制班线2条，县内线路15条。全县日发客运班次63.5班，其中跨省线路3班次，跨设区市线3班次，跨县线路4班次，县内线路53.5班次。

机动车维修、检测概况。全县共有车维修业141户，相比去年减少5家，其中二类机动车维修业5户，三类机动车维修业户85户、摩托车维修业户51户。有两家车辆综合性能检测机构——石城县泰通机动车检测有限公司和安德汽车检测有限公司。

机动车驾驶员培训。全县共有机动车驾驶员培训学校4所，分别是石城县机动车驾驶员培训学校、石城县龙翔驾校和石城县安达驾校、石城县金盾机动车驾驶员考训服务有限公司。4所驾校共有教学车辆116辆，共有教练员127人，其中理论教练员8人、驾驶操作教练员119人，全年共培训4954人次。

（石城县交通运输局）

宁都县

2021年，宁都县交通运输局各项工作取得了较好成绩。

公路建设。1. 国道319瑞金至兴国（宁都段）改线工程（瑞兴于快速交通走廊）：按二级公路标准建设，新建路线11.06千米，路基宽10米，沥青混凝土路面宽8.5米，总投资2.9亿元，申请车购税补助0.93亿元，其余由县财政投资。项目于2020年11月开工建设，计划2022年12月完工。2. 县道386东江大桥至枫子岭段道路工程：按城市主干道标准建设，改建路线全长2.2千米，道路红线宽24米，总投资0.56亿元，由县财政投资，项目于2020年3月开工建设，2021年6月竣工通车。3. 乡道496红盘寨至山梓公路拓宽改造工程：按四级公路标准建设，改建路线全长8.1千米，路基宽6.5米，沥青混凝土路面宽6米，总投资0.32亿元，申请省级补助486万元，其余由县财政投资。项目于2020年11月开工建设，2021年9月竣工通车。

桥渡隧建设。1. 钓峰大桥危桥重建工程：桥梁全长146米、全宽12米，总投资1918万元，申请省市补助资金578万元，其余由地方财政投资。项目于2021年3月开工建设，2021年12月竣工通车。2. 城头大桥危桥重建工程：桥梁全长355米、全宽9米，总投资1872万元，申请省市补助资金990万元，其余由地方财政投资。项目于2021年8月开工建设，计划于2022年10月竣工通车。3. 沐村大桥危桥重建工程：桥梁全长109米、全宽7.5米，总投资413万元，申请省市补助资金245万元，其余由地方财政投资。项目于2021年5月开工建设，计划于2022年5月竣工通车。

公路养护。1. 养护总里程：县道417.2千米，乡道754.6千米，村道2460.1千米。2. 农村公路养护：日常养护资金投入县道年内每千米7000元，乡道每千米3500元，村道每千米1000元，累计市、县日常养护资金年内投入884万元。3. 养护大中修：省级养护大中修投入资金680万元，累计修复破损路面约32300平方米。4. 养护小修：小型水毁项目投入资金246万元。

道路运输。1. 客货运量：全县客运量475万人，客运周转量28970万人千米；货运量达355万吨，货运周转量64528万吨千米。2. 线路：累计开通跨省班线34条，跨区班线9条，区内班线6条，县内短途班线92条。3. 站点：累计建成7个等级客运站（已启用4个：县汽车站、对坊客运站、赖村客运站、黄陂客运站），农村客运候车亭299个。4. 运价：农村客运票价执行宁都县市场监督管理局2014年批复，按每人每千米0.3元以内计价。

汽车修理、检测情况。机动车维修企业84家，完成维修量24326车次，综合性能检测站4家，完成检测量3468车次。

（宁都县交通运输局）

吉安市

2021 年，吉安市交通运输局聚焦"作示范、勇争先"目标定位和"五个推进"重要要求，不断完善交通基础设施网络，切实提升交通运输供给能力和服务品质，努力构建立体化、快捷化、网络化、绿色化的综合交通运输体系，为实现全市经济高质量发展提供了坚强的交通保障。

交通规划编制有序开展。一是全力推动交通强国吉安试点以及交通强市建设工作。根据市委、市政府以及省厅要求牵头起草《关于推进交通强市建设的实施意见》，先后多次召开局党委会、局长办公会进行研究部署，并多次向市委各部门、市直各单位、各县（市、区）人民政府征求意见建议。推动《关于推进交通强市建设的实施意见》经市委常委会以及市政府常务会审议并印发。二是扎实推进交通强国吉安试点，积极推进龙源口墩上至老仙水库旅游公路项目，已完成土方 95%、碎石垫层 90%、沥青 45%，总投资完成约 2300 万元。积极推进青原区至东固景区、三湾景区至井冈山茨坪景区、东固景区至龙冈景区、渼陂景区至蜀口洲景区、遂川县城至井冈山茨坪景区等 6 条旅游快速通道改造提升，为打造具有红色文化交通印记的旅游公路工程打好基础。三是牵头做好《吉安市"十四五"综合交通运输发展规划》编制工作，规划文本年初已成稿，在征求市直有关单位、各县（市、区）人民政府以及周边设区市交通运输局和局党委会议研究讨论的基础上形成了中期成果。

交通重点项目稳步推进。高速公路建设方面。2021 年，宜遂高速完成投资 97.76 亿元，占投资计划的 100.6%。大广高速（吉安至南康段）扩容改造完成投资 33.58 亿元，占投资计划的 100%。樟吉高速扩容改造项目和遂川至大余高速公路新建项目已于 2021 年 12 月 28 日正式开工。同时，积极推动兴国至万安至遂川至桂东（赣湘界）高速公路和阳新（赣鄂界）至武宁至樟树至新干至永丰至兴国高速公路前期工作。农村公路建设方面。2021

年全市完成农村公路新改建项目 174 个 614.8 千米，危桥 81 座，安防 532 个 1087.9 千米，累计完成投资 7.25 亿元，占投资计划的 103.5%。新干县、安福县获得全国"四好农村路"示范县称号，吉安县获得全省"四好农村路"示范县称号。水运基础设施建设方面。《吉安港总体规划》（修订）已于 2021 年 5 月获省政府正式批复。赣江井冈山航电枢纽工程及吉州区石溪头货运码头投入运行。泰和沿溪货运码头、新干河西综合码头完成竣工验收。万安枢纽二线船闸项目累计完成投资 26.6478 亿元，累计完成投资占比 91.17%。客运站场方面，吉水县客运中心 2021 年完成投资 4750 万元，占投资计划的 67.9%；泰和县汽车客运站建设项目 2021 年完成投资 8535 万元，占投资计划的 155.2%。

服务民生水平显著提升。1. 积极协调推进全市公交事业发展。一是不断公交基础设施建设。实施中心城区高品质公交（JRT）项目，不断加强公交基础设施建设，建成青原区、吉州区及吉安县三山岗三个集公交作业与车辆充电为一体的公交枢纽站，提供 243 个充电车位，新建和改建公交亭 95 座。二是合理调整部分公交线路，新开通吉安西站至吉水进士园旅游专线（106 路），吉安西站至井冈山景区旅游直通车（806 路），井冈山机场至井冈山景区旅游直通车（808 路）等三条到景区的公交班线，中心城区公交线路总量已达 61 条，同比增长 17.3%。2. 加快吉安至永新班线公交化改造。一是及时向市政府呈报了《关于对吉安至永新客运班线公交化改造的请示》，对前期有关工作进行了安排部署。二是会同永新县政府、吉安县政府、市公路建设和养护中心、市自然资源局、市交警支队对吉安至永新公交线通行条件综合评估。三是协调市发改委对班线进行了票价核定，及时完成相关开通的许可手续，于 10 月底顺利开行。3. 协调开通吉安高铁西站和井冈山机场至井冈山景区直通公交专线。一是及时专报请示，先后两次向市政府请示开通吉安至井冈山机场延伸至井冈山景区班线，及时做好前期有关准备工作。二是强化沟通协调，多次向市政府主要及分管领导汇报工作进展，并加强了与有关部门的沟通协作。三是做好保障服务。按照新车、新人、新线、新标、新形象的要求，及时向社会公开招聘驾驶员、导乘员各30名，强化对司乘人员安全、服务、职业道德的培训教育，着力打造一支江西一流的旅游巴士直通专线司乘优秀队伍。

行业治理能力切实增强。1.加大道路运输整治力度。规范道路运输行业市场秩序，建立与高速路政、高速交警联勤联动工作机制。2021年全市共组织执法2816次，出动执法人员24015人次、执法车辆5584辆次。共检查道路运输企业823家次、车辆6562辆次。查处非法营运车辆628起、其他违规经营行为307起。2.切实加强路面管控力度。会同公安交警部门联合开展治超巡查，深入开展"百吨王"整治。2021年全市共查处车辆7086辆（其中路面查处3843辆、非现场查处3243辆），处罚2525.6万元（其中市本级处罚469.2万元），卸载货物6.22万吨，交警记分4269分，恢复改装车辆84辆。重新梳理43家重点源头单位和监管部门并接入了省治超平台。全市先后两批共计60个不停车超限检测点数据均接入了省治超平台并通过了省计量院的检定。3.强化水上交通安全监管。2021年共出动执法人员700余人次、执法船艇172艘次，累计巡航用时581小时、巡航里程5555千米，发布预警信息254批次、22999条，查处安全隐患211处，整改211处。完成全市19座跨赣江桥梁的水上交通安全风险隐患排查，排查并切割"僵尸船"14艘。

安全生产监管持续强化。1.切实履行安全生产工作职责。一是重新修订了《吉安市交通运输安全生产"一岗双责"责任制实施办法》。二是抓好驶离城市规划区设站立位公交车问题整改。针对市安委会道专委《关于提请协调消除公交车超范围运营安全隐患的报告》中指出的全市335辆设站位公交车驶离城市规划区需整改事项。组织各县（市、区）交通运输局进行了全面摸排，完成驶离城市规划区设站立位公交车整改，352辆全部整改到位，其中更换车辆91辆，加装安全带261辆。三是抓好危货运输企业督导检查。联合市应急管理局，对全市28家危险品道路运输企业安全人员配备、培训，车辆挂靠经营，车载终端安装、使用、违章违

规行为处罚及停车场设置等方面开展了现场安全检查，并就发现的问题向每一家危货企业进行了通报，责令限期整改销号。2.强化交通运输行业重点监管。一是将全市36家客运和28家危险货物"两客一危"企业纳入到重点监管范围，实行"网格化管理"，明确了客运企业和危化品运输企业网格化管理责任清单和责任人员。二是改进监督检查方式。全国两会和汛期、"五一"期间，该局采取"四不两直"形式，对部分县（市、区）交通运输行业安全生产工作开展暗访检查，共发现问题隐患58项，并下发通报限期整改，形成了安全隐患整改台账。三是建立完善安全生产诚信约束机制，建立了安全生产"黑名单"制度并通过企业信用信息公示系统向社会公示。3.严格落实应急风险防范措施。一是严格执行重点时段领导带班和24小时在岗值班，及时按规定报送突发事件信息和落实重点时段"零报告"制度。二是适时调整应急运力设备。落实应急车辆70辆（其中客车20辆、850客座、货车40辆、750吨、油罐车10辆、230吨），应急船舶70艘、42000吨，应急设备（推土机、稳定土拌和机等）12台组。

（吉安市交通运输局）

吉州区

2021年，吉州区交通运输局以党的政治建设为统领，加快推进重点项目建设，提升农村公路管养水平，推进农村交通基本公共服务一体化，进一步完善吉州综合立体交通运输体系，为县域经济高质量发展提供坚实的交通基础保障。

交通基础不断完善。一是全力推进农村交通项目建设。为加强该区与周边县经济、文化的联系交流和为乡村振兴提供交通保障，优化内联外通行能力，今年共计完成文石至小湖江（曲濑镇至城南段）等8个县道项目共21.847千米"白改黑"升级改造工程及公路标志、标牌、标线、护栏等交通安全设施；2座危桥动工，1座危桥计20.7米的重建工作，累计完成投资额4100万元；督导完成乡道双车道改造、建制村通双车道建设项目5个计12.9千米，还有6.7千米预计年底完成；"五路"建设项目4.5千米，预计年底完成1.5千米；二是加快推进在建

项目建设力度。根据省交通运输厅"十四五"建设计划调整要求，今年该局继续推进建设县道升级改造工程、钓源景区及李家坊旅游精品线路提升工程计 33.955 千米，预计 12 月底前完成 50% 工程量，预计完成投资 4000 万；三是认真做好重点项目建设及前期工作。按照时序要求完成大广高速征地 28.33 公顷，有力地保障了项目开工及建设；做好樟吉高速前期工作，及时成立领导小组及组织参加沿线专家调研和现场踏勘及征地风险评估等工作；积极做好抚吉高速吉安北出口现场选线工作；完成吉州区樟山码头与省港口集团投资协议的签订，预计本月招标；做好吉州区中心城区砂石集散中心进港公路设计招标等工作。四是加快重点项目扫尾工作。做好省道 442 项目、省道 222、省道 223 项目绿化提升、亮化工程、项目调差、竣工验收和审计工作。

优化养护管理水平。一是推行市场化、专业化养护试点工作。分类有序推进农村公路养护市场化改革，逐步建立政府与市场合理分工的养护生产组织模式。鼓励将干线公路建设养护与农村公路捆绑招标，支持养护企业跨区域参与市场竞争。鼓励通过签订长期养护合同、招投标约定等方式，引导专业养护企业加大投入，提高养护专业化、机械化水平；坚持上路巡查，做好公路养护、保洁等各项工作，确保了辖区道路安全畅通，道路干净整洁。2021 年，该局共出动养护人员 2000 余人次，保洁累计近 5000 千米，及时清理桥梁、路肩、路面；二是推进"智慧路长"信息化平台建设，提升信息化管理水平。推广"智慧交通"，积极推动 5G、云计算、大数据、物联网、卫星遥感等新技术运用，加快建设农村公路监测系统和管理平台，建立路产路权、路网路况、巡查养护、公交物流等信息数据库，通过检测信息平台、手机 APP、微信小程序等方式对路政巡查、日常养护、公路病害等情况实时监控监测，不断提升农村公路管理效能和养护科学决策水平，逐步实现农村公路要素管理数字化、行业监管信息化、业务管理智能化；三是配合路政管理，不断提升路域环境。积极开展公路法律法规宣传活动和路域环境整治行动，路域环境焕然一新。今年以来，该局发放"爱路护路"宣传资料 500 余份，特别是"路政宣传月"活动期间，在公路沿线各个乡镇、重点路段悬挂宣传横幅 50 余条；制作"四好农村路"宣传展板 10 块，收集养护方面"我为

群众办实事"群众意见建议 23 条；走访企业工厂 5 个，向沿线建制村发放宣传资料 300 余份。截止到目前共巡查 200 人次，拆除违法建筑 450 平方米，清理堆积物 2500 立方米，拆除非公路标志 32 块。

强化行业监管服务水平。一是推进农村物流融合发展。按照县、乡（镇）、村三级网络构架和"多站合一、资源共享"的模式，每个乡镇设置 1 个集"客货邮"一体的乡镇客运场站，在各项条件成熟情况下，今年在长塘、曲濑各建立了 1 个客运场站，目前正在施工图设计；二是配合做好道路运输管理。联合市运管直属一所、吉州交警大队对辖区吉安长运公司、新青年客运公司、鸿亮危化品运输公司和中心车站等"两客一危"重点运输企业以及客运场站进行了联合检查，抽查了动态视频监管情况，对部分存在问题的企业进行了函告，下达整改通知 5 份。全区道路运输行业无重大安全责任事故发生。三是加强农村公路隐患排查及在建工程安全生产管理工作。对辖区内的公路重点路段及桥梁开展全面检查，及时修复路面病害，加强桥梁监控，完善公路标志等附属设施，共排查安全隐患 17 处，修复破损路面 5764 平方米，整治县、乡道平交口隐患 2 处，有效地消除道路安全隐患。强化重点时段安全保障。落实 24 小时值班值守制度，在节假日对安全生产在建的项目 5 个，巡查 16 次，并在节后组织开展复工复产检查。四是抓好农村公交客运管理。对驶离规划区设有站位的公交车路线进行排查，并抓好整改工作；在前期调研和协调市交通局及市公交公司工作的基础上，今年协助完成"3 路"公交线路延伸工作；五是持续深化扫黑除恶斗争，做好市域化治理工作。今年发现阻碍施工 4 起，对无理阻工行为进行了重点打击，确保了施工进度；整治 1 起拖欠农民工工资事件，为农民工讨回工资 7800 元，维护了农民工合法权益；制定并印发了《吉州区交通运输局 2021 年市域社会治理现代化试点工资实施方案》，扎实开展市域治理相关工作。

创建全省"四好农村路"示范县，力促交通全面发展。根据上级相关工作要求，积极开展创建工作，成立全省"四好农村路"示范县创建工作办公室，主要负责全省"四好农村路"。全省"四好农村路"示范县工作资料台账于 8 月底报送市局的审核，并报送到省厅终审，虽然在激烈竞争中未一举成功，但为明年的申报创造了良好条件和积累了

经验。

（吉州区交通运输局）

青原区

2021 年，青原区交通运输局全面加强国省道建设和农村公路建设，助力"两城两区"建设大发展，进一步提升农村公路通行能力；全面加强道路运输安全管理，保障农村道路通行安全。

公路建设。一是重点工程项目重点推进。国省道建设项目进展较好。105 国道青原段改道工程项目完成投资额 1 亿元，现已完成路基 100%、涵洞 100%、垫层 100%、水稳 100%、沥青路面 100%，正在开展扫尾配套工程建设，预计 2 月初可完工；省道 314 青东公路新圩至富滩段改建项目已完成林地报批，项目 B 标段（棋盘石大桥）施工招标已开标，并在市公共资源交易中心官网挂网公示；监理单位完成招标，今年可动工建设；省道 221 文陂至泰和县界公路改建项目目前已完成工可、初步设计、环境评估、水土保持和施工图设计及批复等前期工作，使用林地批复手续、全线征地、国土空间规划报告编制已全部完成，并上报区自然资源局；广吉高速青原连接线正在开展前期工作，预计今年完成项目前期工作；吉安港青原区天玉货运码头江西省港口集团已明确投资兴建，正在开展项目设计和规划等前期工作；全市高品质旅游通道建设项目同步推进，青原区新圩至东固乡江口村段示范路建设、省道 314 富滩至新圩段改造项目和国道 238 江口村至东固乡公路升级改造项目正在开展设计等前期工作，预计 2022 年动工建设。二是农村公路建设项目稳步推进。县道升级改造续建项目 4 个，总计 11.2 千米。其中 2017 年下达计划的青原山至渡头 4.7 千米由于公路勘察设计时所选的路线与广吉高速西延线重合，计划还未实施，目前已完成施工图设计批复；2018 年第二批车购税资金计划项目东固至鼎龙 1 千米已完工；2018 年第三批普通公路省级重点推进项目 1 个，青原山至渡头 4 千米目前已完成施工图设计批复；第二批车购税资金计划项目东固至鼎龙 1.5 千米和 4 千米的县道升级改造计划都在全面开工建设。危桥改造项目任务 3 座，完成 4 座 104.04 延米。窄路面公路拓宽改造

项目任务 15 千米，已全部完成。乡道双车道改造项目 4 千米，已全部完成。资源路、产业路、联通路、公益路、旅游路项目任务 10 千米，已全部完成。三是配合完善修订电子图。积极配合市局开展乡镇通三级公路和建制村通双车道公路项目库建设工作，一周内完成乡镇通三级公路和建制村通双车道公路电子图修订。四是采集遗漏桥梁。完成青原区农村公路遗漏桥梁补采工作共计 81 座，并在电子图上完成修订。

道路运输。1. 常态开展巡察检查。强化对县乡村道、渡口渡船和在建交通工程的安全生产检查力度，共出动检查组 8 个，人员 30 人次，共排查出隐患 7 处，目前已全部整改到位。区综合交通运输事业发展中心每月对辖区内县、乡、村道，渡口、渡船和在建交通工程进行安全生产检查，尤其是在"五一""端午""国庆"和重大会议等重要时段加大安全隐患排查力度，共排查隐患 12 个，已全部完成整改。2. 大力开展专题活动。一是开展三年行动攻坚。印发了《青原区交通运输局安全生产专项整治三年行动 2021 年集中攻坚工作方案》（吉青交字〔2021〕29 号）。集中攻坚整治期间，该局出动人员 81 人次，共排查出安全隐患 56 处，已整改 55 处，整改率 98.2%。二是开展"两客一危"百日攻坚行动。行动期间，该局共组织检查组 6 个，检查企业 41 家，发现隐患 37 处，现场整改 31 处，限期整改 5 处，目前已完成整改 36 处，6 月 13 日发现的隐患正在整改中。三是保障学生安全出行。组织 6 名机关干部配合市综合交通运输执法支队二大队接送和护送全区初中中考、学考考生，实行一人盯一车的工作策略，确保考生全程安全、有序。3. 顺利完成镇村公交整改。在区委、区政府的统一指挥下，牵头妥善处理了"6.11"公交侧翻事故善后赔偿等工作。组织相关部门集中对新辉公司开展安全生产工作检查并督促整改。按照市长罗文江同志调研指出的青原区驶出城市规划区外的 701、702 镇村公交线路的问题进行了认真研究，制定了整改措施。截至去年年底，701、702 公交线路超员载客、安装了限速阈值装置、未配备安全带等问题已全部完成整改。新辉公司投资 1200 万元新购置了 21 辆配备安全带的纯电动能源车，2021 年 12 月 20 日全部上线运行。

脱贫攻坚共建帮扶行动有力。全局 8 名干部共结对帮扶贫困户 25 户，结合脱贫攻坚成效考核

和乡村振兴工作，深入帮扶挂点村和贫困户家中开展精准帮扶人均 6 次，帮助解决实际困难 5 个，走访慰问贫困户捐赠物资计 1.8 万元。加大对交通扶贫项目和共建帮扶等挂点帮扶项目资金帮扶力度，全年共安排 40 余万元资金用于平安建设、美丽乡村、共建帮扶等帮扶项目。

农村公路建设质量全面提升。对农村公路每月至少一次开展质量安全抽查检查工作，对重点项目加大巡查频率，采用查看施工现场质量安全管理情况及内业资料整理情况的方式，对存在质量安全问题的建设项目下发抽查意见书并进行全区通报。全年下发抽查意见书 17 份，质量安全抽查检查通报 6 份，专项安全检查 12 次。完成农村公路建设项目 34 个施工许可审批及质监手续办理的行政审批工作。完成农村公路建设项目交工验收质量检测 7 个，出具了质量检测意见 7 份。

新冠疫情防控工作常态化开展。自疫情防控工作转为常态化开展以来，该局坚决贯彻落实习近平总书记指示讲话精神和上级部署，迅速行动，召开局党政联席会议 2 次，机关干部会议十余次，认真传达上级相关会议精神，研究部署交通运输系统联防联控工作，及时调整疫情领导工作小组，制定并下发《青原区交通运输系统 2021 年春节期间新冠疫情防控工作方案》（吉青交字〔2021〕3 号）和《青原区交通运输系统新冠疫情防控工作方案》（吉青交字〔2021〕51 号）。全年共组织检查组 6 次，出去检查人员 20 余人，检查站场、企业共 21 家。下达整改通知书 1 次，并实施闭环管理，落实整改措施及时到位。组织交通运输领域行业重点人员 379 人全部完成接种前三针的任务，为全区疫情防控贡献交通力量。

（青原区交通运输局）

井冈山市

2021 年，井冈山市交通运输局以"十四五"交通规划编制、项目建设、工程质量监督、行业稳定为重点，圆满完成了运输市场管理、安全生产、队伍建设等各项交通工作。

公路建设。该局以项目推进为抓手，进一步完善路网建设，全面强化交通基础设施建设，全年共计完成总投资约 1.45 亿元。1. 重点交通项目建设有序推进。一是省道 314 拿碧快速通道项目（第一标段），截至 11 月底已完成路基施工形象进度 95%、桥涵施工形象进度 90%，雨污管道形象进度 90%；完成工程建安费 700 万元，累计达到 5500 万元，形象进度达 50%。二是三峰、创新大道项目，目前可施工路段为园区内 1 千米的管网、路基、路面工程，截至 11 月底已完成路基碎石垫层 22000 平方米。项目已完成工程投资约 780 万元，形象进度达项目建安费投资的 10%；2. 宜遂高速征拆协调工作已基本完成。宜遂高速公路建设项目井冈山市境内主线里程 20.608 千米，主要有桥梁 13 座 3178 米，隧道 2.5 座 3275 米，连接线 21.967 千米，互通 1 处、枢纽 1 座，服务区 1 处。目前宜遂高速公路征地 246.47 公顷，占比例 100%；拆除房屋 49 栋，占比例 98%，项目进展顺利，工程整体形象进度已达 60%。3. 井冈山红色之路智慧提升工程顺利完成。项目全长 20.35 千米，已完成项目立项、招投标、施工合同签订、报建、施工许可证手续办理、监理采购以及同相关部门的沟通协调等前期联系，主要建设内容为井冈山市泰井高速连接线的照明及沿线景点照明。目前路灯方面已全部完成路灯安装调试 828 套，智慧路灯 6 套，高架桥装饰灯带 840 套，原路灯装饰五角星、杜鹃花挂件 131 套，安装配电箱柜 16 台，敷设各种管线及电缆 8 万余米；电力配套方面已全部完成新增变压器 11 台的安装调试并接火工作，敷设高压电缆 5000 余米，低压电缆 800 余米。4. 农村公路建设全面推进。按照井冈山市委、市政府和上级交通运输部门精准扶贫安排部署，将农村公路建设作为脱贫攻坚的抓手，加大贫困地区交通项目投入，延伸贫困地区交通网络，加大农村公路建设力度。2021 年共计新开工农村公路建设项目四个：一是三湾至会师桥（下水湾至会师桥段）红色旅游公路建设工程，建设里程 7.823 千米，至 12 月底已完成投资额约 1500 万元（其中建安费 1000 万元），形象进度 53%；二是黄洋界至井冈山公路（双马石经大井至铁坑）路面改造工程，建设里程 7.243 千米，目前交工验收已完成，并已完工通车，项目完成投资额 1143.5 万元；三是古城至江南美丽生态文明农村路项目，建设里程 15.7 千米，目前排水、绿化亮化、景观节点等建设工程已完成，交工验收也已完成，项目完成投资额 129.1 万元，形象进度 100%；四是岔路口至坳背县道升级改造工程,建设里程 5.438 千米,已完成招投标工作,11 月份签订施工合同并开工建设,项目完成投资额 350 万元,形象进度 51%。同时完成了茅坪至团山、岭湖州至步云山省级美丽生态文明农村路建设计划申报工作,待上级计划下达后组织实施。5. 公路安全建设工程:一是大坝至梨坪公路安全设施提升工程 6 月份已交工验收,消除隐患里程 0.78 千米,完成投资 55 万元;二是长坪至江西坳公路安全设施应急工程 6 月份已交工验收,消除隐患里程 7.74 千米,完成投资 44.82 万元;三是农村公路县乡道安全生命防护工程 11 月份已完成交工验收工作,消除隐患里程 77.27 千米,完成投资 449.86 万元。6. 乡村振兴农村公路(桥梁)建设项目:一是上坑二桥、上七桥标段,已完成招投标工作及施工合同的签订,标段完成投资额 400 万元,形象进度 60%;二是康庄桥、三台星桥、坛前桥标段,已完成招投标工作及施工合同的签订,标段完成投资额 280 万元,形象进度 37%;三是双马石桥危桥改造工程,因项目保通便桥占用生态红线,正开展桥梁加固方案编制工作。7. 敦上至新城改线工程:建设里程 1.18 千米,路基工程 3 月开始施工,现已基本完成;路面工程标已完成了招投标工作,签订了施工合同。项目完成投资额 220 万元,形象进度 36%。

农村公路养护。1. 明确了日常养护主要任务及养护经费标准,养护经费标准按县道每年每千米 10000 元,乡道每年每千米 5000 元,村道每年每千米 3000 元标准计费,并已纳入财政预算。2. 召开了 2021 年井冈山市县道日常养护管理交底暨培训会、乡村道养护培训会,明确 2021 年日常养护范围及日常养护基本任务。3. 启动了 2021 年农村公路养护工程建议计划工作,现正组织项目申报前期施工图设计工作。4. 顺利通过"四好农村路"全国示范县复核。交通运输部已结束复核工作并总结"江西省复核县整体情况良好",该市顺利通过"四好农村路"全国示范县复核。5. 及时修复水毁工程。据统计,县道塌方 1200 立方米,冲毁路基 150 米,边沟堵塞 200 米,交通阻断 2 处。水毁灾情发生后,该局立即启动应急预案,组织力量在最短时间内对交通阻断地段进行了抢修,阻断道路交通得到及时恢复。

行业监管。1. 强化交通运输行业管理。一是积极开展路域宣传工作,通过宣传与普法释法相结合,利用摆设宣传点、路面执法提醒、走访重点源头企业等形式,向群众宣传、解读交通运输相关法律法规及涉及群众切身利益的新政策、新标准和新措施,使全市群众进一步了解爱路护路的意义。二是大力开展交通运输市场秩序专项整治行动,全年查处违法道路运输车辆 88 台,严厉打击了客运行业违法违章及经营不规范行为,进一步维护了该市运输市场秩序;三是全力加强公路治超工作,全年共投入执法人员 2947 人次,检测货运车辆 4582 辆,查处非法超限超载车辆 157 辆,卸载或转运货物 2238.413 吨,非现场处罚案件 67 件;四是不断完善项目监督管理程序,有效开展交通工程质量监督工作,严格执行日常巡查、专项检查、综合检查制度,多层次、全方位对续建、在建项目开展监督检查:2021 年监督农村公路在建项目 22 个,其中往年续建项目 12 个,新建项目 10 个(已全部受理监督,其中桥梁项目 3 个,路面改造项目 1 个,其他项目 6 个),已交工项目 4 个,已出具交工检测意见 4 份,待交工项目 4 个。2. 强化安全生产责任落实。一是严格安全责任落实,持续开展交通运输专项整治、"安全生产月"和集中整治等活动,组成安全检查组,在春运、春节、两会、主要节日等重点时段进行专题检查,并每月深入到基层一线开展全覆盖、无缝隙的安全大检查,落实安全隐患"清零"机制,全年共派出检查人员 108 人次,开展安全生产检查 145 次,对交通运输重点企业主要负责人进行安全生产警示约谈 12 人次,提醒谈话 4 人次,全面梳理排查隐患 119 处,现已全部整改到位。二是注重教育培训,加强安全宣传。采取集市现场宣贯、入驻企业宣贯等形式共开展宣贯活动 8 场次,组织开展重点道路运输企业主要负责人安全生产集中研讨活动 10 余场,深入开展安全"六进"宣传活动,参加人次 40 余人,共发放安全宣传材料 200 份,制作安全宣传牌 10 块。三是开展了农村公路安全隐患排查工作,经排查,全市农村公路现有隐患里程 329.01 千米(其中,县道 30 千米,乡道 65 千米,村道 234.01 千米),危桥 19 座 487.85 延米;四是对辖区内县、乡、村道开展了自然灾害综合风险公路承灾体普查工作,总里程约 1100 千米,桥梁 157 座,隧道 4 座;五是对全市 48 所中小学、幼儿园周边道路交通开展了安全隐患整治工作,对存在交通隐患 5 处(中烟学校、新居小学、东上学校、荷花小学、坳里小学)隐患增设了道口立柱 28 根、减速垄 69 米、人行横道标线 42 平方米、标志牌 14 块，处置隐患里程 0.5 千米，总投资 5 万元。

公共交通服务网络。一是协助做好了吉安市高铁西站至茨坪、井冈山机场至茨坪两条公交线路开通通行条件、发车站场及充电桩选址前期工作，十月底开通了井冈山机场至茨坪公交线路；二是于九月份开通了井冈山火车站经梨坪至茨坪公交线路，有效满足了"中信梨坪项目"游客和居民的出行需求；三是贯彻落实公交优先政策，大力发展公共交通。配合做好公交资源整合，适时调整公汽运力和站点设置，加强对汽车站、城区内候车亭、招呼站整改，全面对 1 路、2 路、7 路公交线路优化，改善了市民出行候车条件，保证了城区及农村运力充足且通车覆盖率达 100%，全力保障旅客运输安全、有序、畅通。

疫情防控工作。一是认真贯彻落实上级疫情防控工作指示要求，组织召开了春运疫情防控安全工作会，督促切实抓好冬春季特别是春节期间疫情防控和做好交通运输服务保障工作；二是按照市政府要求，全力做好火车站检疫检测站点协调、检测和值勤值守工作。三是督促交通运输企业，严格按照最新版道路疫情防控指南要求落实通风消毒、运输组织、人员防护等防控措施；四是按照市疫情防控指挥部的部署要求，积极组织交通运输行业从业人员新冠疫苗首针及加强针接种工作，做到"应接尽接、应种尽种"。

（井冈山市交通运输局）

吉安县

2021 年，吉安县交通运输局坚持稳中求进工作总基调，狠抓农村公路项目建设，不断加大"四好农村路"建设工作力度，进一步规范运输行业管理，加强交通执法队伍建设，切实提升了交通运输工作的服务质量和水平，较好地完成了各项工作任务。

有序推进交通工程项目建设 1. 县道升级改造目标任务 11.8 千米，完工 11.8 千米：横江至三都 4.2 千米、大冲至塘东 7.6 千米。项目完工率 100%。2. 乡道双车道改造目标任务 30.0 千米，实施项目 7 个 37.9 千米：老冈至地前公路 2.6 千米、雅池至鹤洲

公路 7.8 千米、上栗塘至灵源 5.8 千米、山头至濯田公路 6.8 千米、濯田至前岸 7.0 千米、坊下至沿江公路 5.3 千米、小湖至康家公路（蒋家－坝中段）2.6 千米。已完工项目 1 个（上栗塘至灵源完成路面 5.8 千米）、开工项目 1 个（山头至濯田完成路面 3.0 千米），其余项目均在招标工作阶段。项目开工率 33.2%、完工率 15.3%。3. 建制村优选通达路线窄路面加宽改造目标任务 15.0 千米，实施项目 8 个项目 29.8 千米：樟坑—木王 11.6 千米、泮塘—冻坑 2.2 千米、永阳小学—东园 1.5 千米、下石—罗山 7.7 千米、富溪—坑背 3.7 千米、凤凰中学—上太岭 0.8 千米、指阳—长丰 1.0 千米、319国道—松山 1.3 千米。其中已完工项目 4 个 11.3 千米（永阳小学—东园 1.5 千米、下石—罗山 7.7 千米、凤凰中学—上太岭 0.8 千米、319 国道—松山 1.3 千米）；2 个项目正在施工（樟坑—木王 11.6 千米完成路面 7 千米、泮塘—冻坑 2.2 千米正在路面施工）。其余 2 个项目均完成招标等前期工作，即将开展施工。完工项目占目标任务的 122%。4."五路"目标任务 10.0 千米，实施项目 10 个 21.2 千米：已完工项目 4 个 5.5 千米（农广高科技公路 0.8 千米、现代农业示范园公路 1.8 千米、高坡圣大农业园道路 0.8 千米、县道 006—槐基田园综合体公路 2.1 千米）；1 个项目完成招标即将开工建设（北之源养殖基地道路 1.3 千米）；其余 5 个项目均处招标工作阶段（百香果基地—安北公路 1.0 千米、黄陂—云田公路 2.4 千米、安下—肖家水稻育秧基地公路 1.0 千米、光伏基地—尚官线公路 3.3 千米、前岸村（福华山水库）乡村旅游路 6.7 千米）。完工项目占目标任务的 55%。5. 危桥改造目标任务 13 座，实施项目 13 座：已完工桥梁 11 座（洪溪桥、七里桥、隍北桥、大陂头桥、田南桥、江坑一号桥、江坑二号桥、江坑三号桥、锅岭背桥、毛竹桥、罗山桥）；正在施工桥梁 2 座（小灌桥、桥头桥）。完工项目占目标任务的 84.6%。6. 村道生命安全防护工程目标任务 58 条道路，实施项目 122 千米：项目已全部完成招标前期工作，100 千米正在捆绑施工招标阶段，剩余项目同今年窄路面拓宽改造项目一同完工。7. 投资额目标任务 1.95 亿元：截至目前，全县投资额目标任务完成 12901 万元，占比 66.2%。

积极做好农村公路养护管理工作。1. 出台了吉安县农村公路管理养护体制。每年可向省交通运输厅为县争取农村公路养护工程省补资金 1092 万

元（补助标准按县道 15000 元/年千米、乡道 7000 元/年千米、村道 2000 元/年千米计算）。2. 截至 2021 年底，吉安县农村公路总里程为 2523.861 千米，其中县道 215.425 千米，乡道 583.444 千米，村道 1724.992 千米。按照"县道县养、乡道乡养、村道村养"分级管理的原则。县养公路由县农村公路管理所与所成立的 9 个专业养路队直接签订养护协议，交养护队承包养护。乡（镇）养公路采取因地制宜、灵活多样的方式，由乡（镇）参照县养公路模式确定总承包人、分路段发包给个人养护，按照"属地原则"由所在村委会负责承包管养并签订养护协议。

做好 2020 年度水毁修复工作。2020 年水毁灾后重建工程县农村公路管理所为业主桥梁 7 座：分别为石林寺 1 号桥 12 万元；冬田垅桥 20 万元；湖陂桥 20 万元；石家桥 10 万元；田心桥 49 万元；界富桥 49 万元；栗背桥 49 万元。公路修复工程 7 条分别为毓芳至早禾市抢通修复公路 28 万元；毓芳至早禾市路面修复 91 万元；敖城至三峰抢通工程 13 万元；敖城至三峰路面修复 45 万元；桐坪至下岭（固江段）公路 35 万元。桐坪至下岭（梅塘段）公路 37 万元；裴家至指阳公路 81 万元。目前，13 个项目已完工并验收。

确保交通运输行业管理平稳有序。到目前为止，全县农村客运公交化改造基本完成，镇村通公交车达 89%，全县拥有客运车辆 34 辆、公交车 85 辆；货运企业 167 家、货运车辆 2325 辆；维修企业 193 家（其中：一类 1 家、二类 18 家、三类 174 家），新增货运企业 29 家、新增车辆 482 辆、新增维修案 19 家，客、货运输车辆年审 1854 辆，驾驶员从业资格证诚信考核 2230 本。

强化综合执法效能建设。一是加大超限运输治理力度。按照吉安市治超办印发的《全市治理车辆超限超载专项整治工作方案》（吉市治超字〔2021〕6 号）和《吉安市推进货运车辆超限超载长效治理实施意见》（吉市治超字〔2021〕7 号）文件精神，主动对接县交警大队，着力夯实机制、厘清职责、规范流程，有力推动联合治超实现常态化、制度化，今年联合治超累计查处 687 辆次，监督卸驳载 4257 余吨。以超限 30% 以上车辆为重点组织开展治超百日专项行动，联合交警进行集中整治，整治行动中超限 50% 以上查处率达到 100%，超限率实现环比下降 10% 以上，超额完成年初制定的

工作目标。二是突出道路运输严管严控。大队以"两客一危"为重点，多措并举，大力推进道路运输监督检查。定期约谈客货运场站、运输企业，开展精准化执法检查。按照省局部署，深入开展客运车辆非法营运专项整治、道路旅客运输安全整治等专项行动，严厉打击了非法运营、站外带客、不按核定线路行驶等违法行为，营造了辖区有序道路运输市场环境。三是开展执法规范化建设。严格执行行政执法"三项制度"，深入推进"规范执法行为、推进廉洁执法"专项整治行动，排查出 2 项主要问题全部整改完成。认真执行治超非现场执法有关要求，严格落实"一超四罚"实施细则，切实提高大队非现场执法案件质量，今年，大队非现场超限累计查结 366 件、罚款 44.15 万元。健全完善大队三级文书会审机制，对执法卷宗、执法视音频和内业资料进行全面审查，今年已开展 1 次集中审查活动，有效促进执法过程规范化。四是加强涉路许可和监管工作。辖区涉路许可及大件运输许可事项较多，大队克服人员少、工作量大的不利因素，进一步优化办理流程、合理压缩办理时限，截至目前，办理涉路许可 20 余件，办理大件许可 122 件。为保障各许可项目顺利施工，大队会同业主单位、施工单位加强施工方案组织审查，做到关口前移、预防为先，积极开展施工监管工作，今年以来，开展施工监管 28 次，制发整改通知 7 份，各施工路段始终保持安全畅通。

全面强化安全管理。1. 高度重视安全生产工作，时刻绷紧安全之弦，深刻吸取上级通报的安全事故教训，举办安全培训班，严格落实各项安全举措，层层签订安全管理目标责任状，有效压紧压实安全管理责任。2021 年以来，认真部署开展了今冬明春火灾防控工作、安全生产月、夏季防汛防台、消防安全执法检查等专项行动，进行了全面的排查治理。2. 坚持"人民至上、生命至上"的发展理念，落实企业安全生产主体责任，突出重点、抓住关键、统筹兼顾，有针对性地采取措施，常态化抓好安全生产工作。对各道路运输企业进行安全生产常态化检查，对发现各类问题和安全隐患要求立整改。3. 经常性开展对公路、公路桥梁、公路安防设施及学校路段安全隐患排查，开展了对全县 60 余所学校安全设施缺失进行完善，完善安全设施主要有减速带、凸镜、波形护栏、警示标识标牌等。

（吉安县交通运输局）

新干县

2021年，新干县交通运输局较好地完成了各项工作任务，为全县巩固脱贫攻坚成果、实施乡村振兴战略、发展乡村旅游以及县域经济社会发展提供了坚实的交通运输保障。

养护体制改革不断深化。1. 管养责任体系不断健全。按照"县道县管、乡村道乡村管""有路必养、养必到位"的原则，完善农村公路管理养护责任体系，制定相关部门、乡镇农村公路管理养护权力和责任清单，建立"精干高效、专兼结合、以专为主"的管理体系。2. 养护设备不断完善投入。为提高农村公路养护质量和水平，多方筹集资金100余万元，新增清扫车1辆、应急抢险车1辆、快速保洁车20辆。3. 道路管护模式不断创新。持续深化"路长制"，推进"路长制"管理模式向乡村道路延伸；建设"四好农村路"管理智慧平台，力争实现农村公路建设、养护、路政巡查、安全监管、运营、应急指挥及考核等线上管理功能于一体。4. 强化监督提升养护水平。按照农村公路管理养护体制改革要求，加强日常养护监督检查，每月组织人员对全县农村公路的日常养护、季节性养护、应急性养护等工作进行量化评分，评定结果纳入到年终目标责任考核，实行考核评价结果与养护经费拨付挂钩，对落实较好的乡镇、单位给予相应奖励，对落实不力的，视情况核减养护经费并给予通报批评，确保责任清晰、任务明确，农村公路列养率达到100%。

重点工程项目进展顺利。1. 完成河西综合码头建设。按照《吉安市人民政府办公室关于加快赣江沿线港口码头项目建设的通知》，深入贯彻落实全省推进交通强省建设动员大会精神和省委、省政府"一省一港一主体"决策部署，加快推进吉安港码头项目建设和升级改造工作要求。该局结合开展党史学习教育活动和"我为群众办实事"活动将该项目列为重点民生实事项目之一，对河西码头建设项目实行一月一督查、一调度。并多次邀请省市县分管领导对码头建设情况进行指导、督导，在8月底完成了主要建设任务，现已具备运营条件。2. 其他重点项目进展有序。向省交通运输厅和省综合交通运输事业发展中心争取政策支持，赣江一桥危桥重建工程已列入省"三大攻坚行动、三大提升工程"意见中的危桥重建标准予以补助，并于11月23日完成工程招投标工作；赣江二桥斜拉桥桥型调整为梁桥桥型，航道通航影响评价报告省交通运输厅已批复，目前项目设计单位已完成项目施工图设计，设计单位正在进行图纸审查阶段；黎山－桃溪红色旅游公路完成招投标工作，施工、监理单位与建设单位签订合同，项目完成路基土方5.0千米、2.0千米垫层及沿线桥涵工程；同时，配合省市交通部门完成了阳新高速公路新干段的国土空间规划等工作。

行业项目建设推动良好。1. 加快农村公路设施建设。2021年共完成农村公路建设投资1.06亿元，建设农村公路92.4千米，安防工程37.7千米。一是县道升级改造工程。已完成桁桥至桥头县道公路升级改造路基工程2.9千米（项目总长3.27千米，预计总投资1140万元）。二是美丽生态路项目。对"四好农村路"创建全国示范县迎检路段麦𪲙至七琴该路段路容路貌进行了全面改造提升，共完成路肩硬化20.203千米/24305平方米、新栽苗木6450株、种植草皮22487平方米、新设安全标识标牌16块、新增"路长制"公示牌9块、乡规民约公示牌9块、村规民约公示牌5块、宣传牌11块。三是完善道路配套设施。为确保农村公路安全畅通，共完成县道029石新线与盐化大道交叉口940平方米路面维修工程，南山桥护栏改造（增设防撞墙及两侧波形护栏），潭丘乡圩镇段1千米白改黑路面维修工程，新街上至大塘段25.5千米路面标线工程；完成县道033城金线前进桥至省道312交叉路口1.172千米塌方维修工程，麦𪲙至七琴段14.5千米路面标线工程。四是生命安全防护工程。县道033城金线等县道增设波形护栏2200米、安全标线660平方米、安全警示牌50块、安全警示桩60根，增设挡土墙240平方米，划公路标线10千米（其中震动减速带60处）；另完成28条村道生命安全防护工程建设，共计投资960.4万元，处置隐患里程37.7千米。2. 危桥改造工程进程加快。在改造施工过程中做到严把质量关、严抓危桥改造项目工程进度，并协调影响危桥改造过程中存在的其他问题，今年共完成11座危桥改造任务。3. 加快打造综合站场建设。按照"多站合一、一站多用"建设理念，建成神政桥、七琴2个农村公路管理养护、农村客运物流、邮政快递、供销网点、电商等多种功能为一体的农村综合运输服务站，为农村群众幸福出行、物流配送、邮政寄递等提供了有力的基础设施保障。

行业管理能力不断强化。1."路长制"工作稳步推进。建立起了县、乡、村路长三级"路长制"组织体制，在巩固提升以往"路长制"工作成效的基础上，继续坚持以"路长制+"为载体，形成"路长制"工作+"四好农村路"示范县创建、全国文明城市创建、城乡环境综合整治等模式；坚持以集中整治促常态管治，每月开展一次"活动日"、每季开展一次"活动周"，将群众关注的一些热点、难点问题整治工作确定为每次"活动"的主题，推动工作走向常态化、长效化。2.持续深入推进"放管服"。一是全面进驻窗口。落实项目进驻"中心"集中办理，行政审批项目按照"六公开"要求，将项目名称、法律依据、办事程序、申报条件、所需材料、办理时限按要求做到全部公开；二是优化审批流程。按照建设服务意识强、办事效率高、审批环节少、审批流程优的精品窗口要求，对涉及该局的审批流程再次进行全面梳理整合，做到审批主体前移、审批时限提速提效；按照所有办理事项，除需现场勘查、专家论证、上报上级的事项外，所有事项一律在窗口按照"申请—受理—审核—出证"的流程操作，严格执行"只跑一次"甚至"一次不跑"的工作制度，杜绝"体外循环"和"两头受理"的现象发生。一年来，行政中心窗口共办理车辆年审3394辆次（货车3113辆、客车137辆、公交车28辆、出租车50辆、危货车66辆），转籍出租车290辆，新增客车460辆，新增货运公司18家，注销货运公司2家；发展中心一站式综合服务平台共办理整理车辆档案8751起，注销车辆212辆，处理驾校学员学时图片350余起，新增审批教练车5辆、教练员4人，完成从业人员诚信考核952人（客运80人，危货、普货872人），办结率100%。3.全力推进建制村通客车。一是积极争取政策。完善建制村通客车运行保障机制和工作绩效考核，争取县财政补助资金用于新开通建制村客车经营性、政策性亏损补贴，确保客车开得通、留得住、可持续，有力保障了建制村通客车率实现100%。二是合理调配客运运力。进一步优化公交线路，推进城市公交线路延伸，严格公交运行情况考核；合理配置城乡客运资源，已增加新干至峡江客运车辆2辆、调整1辆樟树线客车到仁和线；从新办理新干县至

峡江、新干至仁和班线延续许可，及县内20条班线的延续许可；全面解决了农村群众的交通出行难的问题。三是着力解决乘车环境。完成溧江、神政桥等客运候车亭提升工程（候车亭网络、地面铺装等），设置安装海木源旅游风景区指路牌4块。同时，根据创建全国文明城市要求，加强公共交通基础设施整治，及时对客运站、公交站台、出租车、公交车设施及公益广告进行更新。4.搭建智慧交通监控平台。以运用好科技手段为创新，坚持智慧发展，在全市率先建立了综合交通信息智能终端，推进信息化技术在农村公路养护领域中的应用，协助管理部门对公路的日常工作开展，为公路管理提供部分决策数据支撑，促进公路管理的信息化、智慧化、科学化和规范化，提升了交通管理的效率和水平，保障了公路通畅与安全。

（新干县交通运输局）

永丰县

2021年，永丰县交通运输局突出重点、强化措施、狠抓落实，较好地完成了各项目标任务。

加快推进交通重点项目建设。一是积极谋划推进绕城公路（桥南至佐龙至坑田一级公路改建工程）建设。目前桥南至佐龙8.4千米、野鸡岭至坑田5.754千米和佐龙至西坑3.727千米已完成前期工作，已完成桥南至佐龙（桥南－岭背段）4.5千米和野鸡岭至坑田段5.754千米土地丈量，各乡镇已基本完成土地征收，林地审批正在办理。桥南至佐龙（桥南－岭背段）4.5千米造价已报县财政评审。二是稳步推进藤田交通综合服务站项目建设。目前已完成土地征收和林地审批，已进入施工图图审阶段。三是强力推动贯岭大道200米断头路建设。目前房屋还有1栋未拆除，正在施工路基，全线照明、人行道正在施工，预计年底可完工通车。

有效推进农村公路项目建设。今年已完成农村公路固定资产投资0.96亿元，占年度计划投资的105%；完成乡道双车道改造项目11.6千米，占年度计划的105%；完成窄路面拓宽改造项目10千米，占计划数的100%；完成旅游路、资源路、产业路、路网联通路、公益事业路6千米，占计划数的100%；完成危桥改造15座，占计划数的

150%；完成安全生命防护工程 35.3 千米。

积极开展"四好农村路"示范县创建。按照《永丰县农村公路"路长制"实施方案》和《永丰县深化农村公路管理养护体制改革实施方案》，全面推进"路长制"模式，深化农村公路管理养护体制改革。巩固全省"四好农村路"（镇村公交）示范县成果，积极推进永丰至龙冈、永丰至石马等乡镇农村客运班线公交化改造。

深入开展环境污染防治。深刻汲取县循环经济产业园内企业环境污染问题教训，县交通运输污染防治专业委员会举一反三，全面开展交通运输领域生态环境问题大排查大整治。2017 年省环保督察问题已完成销号，加强对在建交通项目建设工地和县内汽车维修企业环境污染隐患排查，制定问题清单和整改台账，明确责任单位和责任人员，限期整改到位。

严格落实疫情防控各项措施。一是压紧压实防控工作责任。严格按照上级疫情防控工作部署要求，先后多次召开局领导班子会、全体干部职工会对本行业疫情防控工作进行了部署安排；二是加强疫情防控宣传，营造防控氛围。在客运总站、公交站台等公共场所张贴宣传图片 200 余份；三是严格落实防控工作措施。督促指导全县各客运企业、客运站场和客运车辆严格按照疫情防控要求，持续做好清洁、消毒、通风和进出站旅客体温监测、出入站登记、行程码和健康码核查以及佩戴口罩等常态化防控措施；四是全面开展交通运输行业从业人员疫苗接种摸排，及时准确统计第 3 针疫苗接种情况，做到疫苗接种全覆盖。按上级要求，开展交通运输行业从业人员核酸检测。

深入推进货运车辆超限超载治理。以落实省市领导对各地治超审计发现问题批示精神为契机，县政府及时召开全县开展省治超审计发现问题整改工作部署会，制定全县优化治超治限环境整改方案，调整治超治限工作领导小组，开展全县货运车辆超限超载运输专项整治"百日攻坚"行动。加强重点路段路面治超执法，强化货运企业源头监管，积极推进科技治超，瑶田、沿陂、潭城、八江、三坊、都溪坳、沙溪等 7 个不停车检测点数据已接入省治超平台并已向社会公示，于 11 月份正式投入使用。截至 12 月份，共出动执法人员 7761 人次，执法车辆 1235 辆次，检测车辆 49826 辆次，现场处罚超限超载及非法改装车辆 251 辆次，卸载货物 4193.74 吨，科技治超非现场处罚 73 辆次，交通部门处罚 220.87 万元，交警部门记分 315 分，罚款 5.5 万元。查处非法营运车辆 47 辆，罚款 35.6 万元。

（永丰县交通运输局）

峡江县

2021 年，峡江县交通运输局在争项争资中有重大突破，在行业监管方面有明显提升，较好地完成了全年各项目标工作任务。

争项争资工作有重大突破。1. 争取樟吉高速改扩建项目部落户该县。该公路等级为高速公路，从樟树至吉安全线长 104 千米（峡江境内路线长 32.8 千米），路基宽 41 米，双向八车道，沥青混凝土路面，设计速度 100 千米/小时。项目建设时间为 4 年，为便于项目建设管理，昌泰高速集团需在项目建设沿线设置项目部。该局第一时间联系昌泰高速公路集团，争取集团领导来该县实地考察。在县委、县政府主要领导支持下，项目指挥部已顺利落户于巴邱镇原县委大院位置。2. 争取峡江综合客运枢纽项目有新进展。峡江客运站项目用地面积为 23048 平方米，总建筑面积 12993.71 平方米，计容建筑面积 5979.71 平方米，按照二级客运站标准建设站房及停车场等基础配套设施。建设内容为地上六层、地下一层，包括售票厅、办公用房、地下停车场等。该项目于 2020 年 1 月开工建设，目前项目主体已进入收尾阶段。该县积极与省交通运输主管部门沟通协调，通过优化设计方案、调整规划等措施达到综合客运枢纽站建设标准，积极争取交通运输部综合客运枢纽政策支持。目前，省交通厅已将该项目上报交通运输部，争取列入交通运输部客运枢纽补助范围。3. 加大交通基础设施建设，为乡村振兴提供交通运输保障。今年完成交通基础设施固定投资 0.82 亿元，新建 9 条 20.5 千米产业路、公益路；改造农村危桥 7 座；对 6 条 19.3 千米乡村双车道和 3 条 5.08 千米建制村窄路面进行改造提升，进一步改善了群众出行条件。4. 深化农村公路管理养护体制改革，全面推行"路长制"。全面推行"路长制"管养模式，建立县乡村三级"路长制"管理体系，形成权责清晰的农村公路管理机制；多方筹措、将农村公路养护岗纳入了扶贫专岗范围，开发岗位164个，做到了常态化养护。

普通公路货运车辆超限超载专项治理成效显著。一是开展了超限超载运输专项治理，制定《关于进一步加强对货运车辆超限超载非法运输进行专项治理的公告》，明确了整治期限和范围，违法责任以及超限超载运输的危害，在全县范围张贴，并送到各重点场矿，让广大群众和社会各界充分认识超限超载车辆和非法营运的社会危害性，动员大家全部参与到打击超限超载非法运输的行为。二是严厉打击"百吨王"违法车辆。一经发现，一律查扣，对非法改装部分进行切割，直至恢复原状，有效遏制了"百吨王"非法运输。同时，为了加强路面治理，治超点对全县道路情况进行认真摸底，选择重点路段、桥梁和道口，派人值守，严格控制超限超载车辆的运输活动。今年以来，投入路面执法人员3553余人次，检测车辆39213辆，依托"不停车检测系统"查处违法超限超载案件204起；货运车辆超载率为0.7%，有效地遏制了该县货车超限超载的现象。三是加强了源头控制，查堵并举。积极实施货物源头控制集中治超专项行动，同各企业签订了《源头治理车辆超限超载工作责任书》，并与各货运企业签订了超限超载治理工作目标责任书和从业人员承诺书，从源头上加强了治理，杜绝了超限超载行为的发生。

全力打好疫情防控阻击战。常态化疫情防控方面：安排专人在客运站驻站值守，督促各客运企业按照《客运站场及交通运输工具卫生防护指南》和《客运场站和交通运输工具新冠肺炎疫情分区分级防控指南》要求（按照最新的文件要求），严格落实客运场站、交通工具消毒、通风及一线从业人员防护措施。规范和加强乘客防护措施，要求进出站旅客100%佩戴口罩，100%接受体温检测，对所有进站和中途上车旅客100%进行信息采集，守住了旅客交通出行疫情防控关口。疫苗接种方面：强化新冠疫苗接种宣传工作，积极动员所有干部职工和县内客运企业工作人员主动接种新冠疫苗。局党委多次召开会议，调度系统内工作人员疫苗接种工作。截至目前，全局和客运企业工作人员200人完成第二针疫苗接种，正稳步开展第三针疫苗接种工作。

交通运输行业安全生产态势平稳。该局始终将安全生产工作作为交通运输高质量发展的"红线"和"底线"，以更严的措施、更实的作风，维护了该县交通运输行业安全生产态势平稳。一是工作举措再强化，该局坚持问题导向和目标导向，采取务实有效的举措，压紧压实部门监管责任、企业主体责任和从业人员岗位责任，坚决遏制各类事故发生；扎实推进安全生产三年行动集中攻坚，开展以客（货）运企业为主的安全生产督查，共发现隐患32处，已按照闭环要求全部整改到位。二是值班值守再加强。上半年汛期、"三考"和传统节假日等重大活动较多，大家时刻关注天气变化，做好路网保通保畅，对达不到安全通行和作业保障条件的，严格执行"四个坚决"措施，即该停运的坚决停运、该停航的坚决停航、该封闭公路的坚决封闭、该停工的坚决停工，坚决克服侥幸心理。同时严格执行领导带班和24小时值班制度，做好应急物资、装备保障，确保一旦发生险情能够第一时间出动，科学高效处置。

强化环境保护问题整改。争取380万元项目资金，完成峡江船舶污染物接收站建设并投入试运营，收集峡江水利枢纽库区船舶污水和生活垃圾；筹措资金13万元，将赣江漳口渡口往赣江下游迁移了300米，远离了漳口取水口（赣江），保护了一级饮用水源地环境，保障了居民用水安全。该局扎实开展了机动车维修行业专项整治，严厉打击了机动车维修企业喷涂、废气油污乱排放等违反《机动车维修管理规定》的行为，对2家没有落实环保措施的汽修企业进行处罚，通过整治全县机动车维修企业环境保护意识更强了，环保措施落实得更细了。专项整治后，没有接到汽修企业周边居民环境保护投诉。

（峡江县交通运输局）

吉水县

2021年吉水县交通运输局围绕年初确定的目标任务，以交通项目为重点，紧抓交通建设不放松、强化行业服务不动摇、严守交通安全不懈怠，凝心聚力、砥砺奋进，着力破解交通瓶颈制约，全力推进交通运输高质量跨越式发展。

重点项目推进落实情况。1.县客运中心。目前已完成客运综合服务大楼、公交车调度室主体及室内砌体及粉刷工程、人防工程建设、场地雨水管及相关管线铺设、场地平整压实、风雨连廊、充电桩基础和部分绿化等工程。大楼及人防工程已完成主体结构验收。已完成投资约4200万元。9月完成70%装修，10月底完成绿化、亮化，12月底前全面竣工。2.县道升级改造工程（2个）。下东营—冠山—螺田公路全长24.9千米，按三级公路建设。12月份竣工通车。八都洋田—下白沙公路全长6.317千米。下东营—冠山—螺田公路及八都洋田—下白沙公路计划4月已完成路基桥涵、8月完成垫层、水稳，12月完成路面通车。3.同南河路堤结合工程。全长约16.5千米，路线起点位于阜田镇徐家村，终点于枫江镇西沙埠村，与沿湖西路相接。已完成招标、基本完成路基清表和路基桥涵建设，11月完成路面施工，12月全面完工。4.不停车超载检测系统建设。第一批检测点白沙检测点计量检测于5月24日完成，正在发布公告，6月底将投入使用。第二批八都、院背、阜田、炉下、东塘共5个不停车检测点已于5月19日完成数据对接工作。已完成项目验收、发布公告等前期准备工作，接入平台后可使用。5.醪桥综合货运码头。占地21.33公顷，建设2个1000吨级泊位，设计年吞吐量120万吨，设计船型为1000吨级货船。由于港口资源整合，该项目需与省港投集团合作建设开发，目前还未确定建设主体和合作方案。6.前期项目（3个）。一是吉水大桥建设工程。新建吉水大桥，长1079米。截至目前，为充分论证项目方案可行性，以便科学决策，该局组织省内外桥梁专家、县有关职能部门、老干部召开了5次咨询座谈会，并根据收集的意见不断完善修改方案。已向政府行文报告，建议优先考虑拆除重建。县政府还未批复建设方案。二是赣江西沙埠大桥。新建工程桥长2108米．宽20.5米，双向四车道，按一级公路标准设计，设计速度50千米/小时，混凝土连续箱梁。已委托省交通设计研究院开展可研工作，并召集项目周边乡镇和相关职能部门召开了大桥工可征求意见会，就桥位选址、拟建桥型、跨径、桥面宽度、造价等相关问题形成初步意见。三是增设盘谷互通工作。省交通厅及交投集团已同意增设互通，正在协商补偿费用。7月份与江西昌泰高速公路有限公司签订樟树至吉安高速公路改扩建工程增设盘谷互通的补偿协议，11月份已向省交投集团拨付第一期补偿款3000万元。

农村公路建设和养护（乡村振兴基础设施建设）。1.公路建设。一是建制村通双车道项目（含窄路面拓宽20千米）15个40.4千米。已全部开工，计划年底完工。二是旅游路、资源路、产业路、公益事业路、路网连通路（五路）项目6个9千米。截至目前已完工项目1个0.8千米，其余全部开工，计划年底完工。三是危桥改造项目11座，已完工6座213.254延米（三联桥27.04延米、官台二桥27.04延米、曹家陂桥29.214延米、洋元桥30.06延米、安坪桥76.86延米、长坑农桥23.04延米）。开工项目5座。四是完成2021-2035年农村公路国土空间规划编制项目。2.公路养护。一是投入118万元完成了大东山公路三处塌方路段的维修，其中修建急流槽214米，消能池3个，挡土墙773平方米。二是投资近5万元完成黄桥至金滩公路的边沟清理、路肩填土等工作。共清理水沟及平整路肩37千米，杂草82千米，清扫路面131千米。3.安保工程。共计90.5千米，现已做好前期工作，准备挂网。

疫情防控工作。全面落实常态化疫情防控责任，持续抓好交通领域疫情防控工作。以"外防输入、内防反弹"为防控重点，落实行业监管责任和抓好运输企业落实主体责任，把常态化疫情防控各项工作落细落实，做到思想上重视、责任上落实、工作上到位。一是督促客运企业做好站场、车辆消杀工作，严格落实旅客体温检测、佩戴口罩等防控措施。二是督促做好货运企业冷链运输闭环管理，落实冷链货箱消毒措施和冷链食品全流程管控。三是加大第三针新冠疫苗接种宣传，做好应接应检工作，督促从业人员和干部职工按时接种疫苗，做到从业人员和干部职工疫苗接种全覆盖。四是全面摸排上饶、九江等地高中风险地区旅居史从业人员、干部职工和家属，抓好落实客运、出租、车站等企业从业人员核酸检测工作。

安全生产及综治维稳。1.强化安全生产。一是突出重点时段和突出重点领域，结合安全生产专项整治三年行动，开展安全隐患排查及专项整治。对道路运输、公路环境、渡口渡船、在建工程等领域进行安全排查和专项整治。共开展安全检查45次，下发整改通知32次，发现安全生产隐患65起，整改65起，检查覆盖率达到100%，检查覆盖率达到100%，整改落实率100%。及时纠正施工中不安全、不规范的行为多起，确保工程领域安全无事故。及时修补受损路面，加紧对危桥、临水临崖、长下大坡、急弯陡坡等事故易发路段安全设施的安装到位。二是加强应急管理工作，修订完善恶劣天气、防汛救灾、建筑施工等突发公共安全事件应急预案，认真开展事故应急知识学习培训和应急预案演练。截至目前，未发生旅客滞留现象、未发生疫情通过交通工具传播现象、未发生较大以上安全事故，确保交通运输系统大局稳定。2.加强维稳保畅通。一是加大汽车站的安保力度。对进出站口的旅客及货物严格把关，重点对易燃、易爆、有毒物品以及管制刀具、液体物品、枪支弹药等危险品进行检查，严格执行"三不进站六不出站"管理制度。二是及时化解信访矛盾。及时处理 12328 和 12345 平台、电话、邮箱、转办等投诉件，预判关键节点不稳定因素，加强重点人员的盯防，妥善排查和处理，积极做好群众的思想和宣传工作，共受理和回复信访投诉 53 件，并对投诉结果进行及时反馈，切实接受社会和群众监督。督促相关单位按时支付农民工工资，将信访苗头化解在基层。

（吉水县交通运输局）

泰和县

2021 年，泰和县交通运输局围绕年初既定目标，各项工作开展有序。

全面夯实交通基础设施。1.交通重点工程项目强力推进。全年完成交通重点项目投资 2.98 亿元。一是沿溪综合货运码头、105 国道泰和北至上田立交桥改扩建工程、县汽车客运站等几个筹划多年未开工的交通重点项目，全部在今年先后开工建设，其中：沿溪综合货运码头由省港口集团投资建设和运营，已于 2021 年 9 月 28 日通过竣工验收；105 国道泰和北至上田立交桥改扩建工程 2021 年 3 月开工来已完成固投 1.3 亿元，完成桥涵工程、路基工程完成 56%，列入了市政府 6 条高品质旅游快速通道项目，将新增市级补助资金 6000 万元，项目预计于 2023 年 12 月完工；县汽车客运站已完成主体站房建设，正在进行内部装修、站前广场建设，项目将于 2021 年底完工，2022 年春运投入运营。二是井冈山航电枢纽工程、大广高速改扩建、沿溪货运码头等协调项目进展顺利。井冈山航电枢纽工程项目业主单位为江西省港航建设投资集

团有限公司，11 月 28 日项目 6 台机组全部并网发电，该县负责配合完成项目征地拆迁及地方协调工作已全部完成；大广高速吉安至南康段改扩建工程项目业主单位为江西省高速公路建设投资集团有限公司，项目在该县境内 29.6 千米，投资约 36 亿元，将现有高速公路 4 车道拓宽至 8 车道，改建后在南溪和马市分别设置泰和西、泰和南两个高速出口，目前三个标段都已开工建设。三是积极筹划交通重大项目前期工作，完成了交通强县总体规划，正着手上田至蜀口洲旅游公路、省道 221 拓宽改造、新建西昌大桥（澄江大桥）等项目前期工作。2.农村公路升级改造稳步实施。一是扎实推进"四好农村路"公路提升改造重点项目，其中：集义村至南坑村公路已完成竣工验收；泰和东至中科院千烟洲站公路，项目长 5 千米，按照三级公路标准建设，已全部完工；县际联通路苑前圩至枫沙线段 11 月 22 日招标，苑前镇至青原区新圩镇中洲段完成财政评审，正在进行招标前准备工作。二是全面完成上级下达的其他农村公路建设任务，全年完成县道升级改造 0.8 千米，乡道双车道改造 9.8 千米，窄路面拓宽改造 24.5 千米，旅游路、产业路、资源路、路网联通路、公益事业路 35.3 千米，危桥改造 8 座，安全生命防护工程 70.6 千米。

切实提升公路管养水平。1.健全机制落实农村公路管养。坚持"有路必养、养必到位"的原则，探索推进农村公路养护体制改革和"路长制"，推行农村公路养护市场化运作，制定实施了《关于机构改革期间 2021 年县道日常养护工作实施细则》《加强县道养护巡查保障道路整洁畅通》等文件，明确全县农村公路各级养护职责，对养护主体采取月检查、周巡检、定向检查等措施，实施百分制评定，根据养护评分情况据实拨付日常养护经费。全年共清理县乡道塌方 5800 多立方米，行道树刷白 6290 棵，增设道口柱 130 根，改栽行道树 4000 棵，路肩撒花籽 6 千米，路肩补栽樟树 650 棵。2.全面治理农村公路安全隐患。加强对全县公路桥梁安全隐患排查，将全县 254 座县、乡、村道跨径 5 米以上桥梁数据采集入库，实施动态监控，对存在问题的公路桥梁尤其是危桥及时做好安全防范措施，对设置的限载限高限行设施进行排查，进一步规范限高限行设施设置。加强汛期值班值守，健全机制，强化重点桥涵、路段检查工作，加大巡查频率，并制定了突发事件应急预案，备齐防洪救灾物资，增

设警示标志牌，强化汛期道路信息发布工作，对危险路段和道路通行受阻等险情，提前发出预警，及时组织人员进行抢修，确保公路安全畅通。

强化交通运输行业监管。1.夯实安全监管基础。开展了"安全生产月"、"安全生产万里行"、车辆超限超载"四大行动、四大提升"和"打非治违"等专项整治活动，联合公安交警、应急管理等部门在老营盘隧道和人民广场组织开展车辆隧道事故、客运车辆火灾等应急演练，提升交通运输行业企业应急救援能力和抗风险能力。充分利用江西省道路运输第三方安全监测平台和4G视频监控平台监测结果，对企业动态监控不到位、车辆超载、驾驶员疲劳驾驶等违法违规行为进行严肃处理。全年共出动执法力量1.37万人次，完成11.2万千米道路巡查，查处超载超限车辆1376台（其中非现场1131起），卸货1953.94吨，移交交警处理25件，计分75分，恢复改装车辆3台，打击非法营运"黑车"200余辆，规范出租汽车经营行为18起，强有力地确保了道路运输市场的平稳有序。2.规范运输市场秩序。进一步规范客货运输市场秩序，重点对井冈山机场、泰和火车站、泰和汽车站等客源集散地的"黑车"非法经营进行了专项整治。启用了塘洲、禾市2个不停车检测站点，完成新增螺溪、灌溪、沙村、澄江4个不停车检测点检测校验，做好数据中心同省、市平台对接工作。在系统内开展"信用交通"建设，监督货运企业、维修企业、项目施工企业遵守信用承诺，推进落实了汽车维修电子健康档案的使用、驾培市场的教学质量信用公示制度、传统出租汽车转型升级及促进网约车规范发展等政策。3.培育运输市场发展。牵头开展交通运输行业污染物专项治理工作，积极引导企业合理改善车辆结构，引进大件运输，全年新增货运企业10家，新增营运货运车辆900余辆，目前全县共有货运企业94家，拥有道路运输经营货车4440辆，完成大件运输审批205件，淘汰柴油货车95辆、柴油客车17辆，下线更新了20台出租车，其中混合动力3台，纯电动车8台。对群众反映强烈的城区公交线路和农村客运班线班次不合理等问题，通过线路延伸和优化、定制客运服务相结合等办法，实现城市公交与农村客运亏损性补贴制度化，确保客运班线开得通、留得住。通过采取出租车经营权和使用权"两权合一"的办法，完成73辆出租车重新许可经营，进一步降低出租车司机的负担，解决以往车辆经营权权属不清、利益纠纷不断的问题。

（泰和县交通运输局）

万安县

2021年，万安县交通运输局紧抓交通建设不放松、强化行业服务不动摇、严守交通安全不懈怠，凝心聚力、砥砺奋进，认真做好该县交通运输工作，为地方经济社会发展作出了应有贡献。

交通重点项目进展情况。1.万安县芙蓉至梅林公路改建工程：该公路是该县东部乡镇通往县城的主要县道，全线按三级公路标准进行实施，路基宽7.5米，路面宽6.5米，水泥路面，全县27.66千米征地工作已完成。项目一期工程13.9千米，于2020年5月完成项目招标工作，2020年8月份施工单位、监理单位已进驻工地。二期工程13.76千米，于2020年11月完成项目招标工作，2020年12月份施工单位、监理单位已进驻工地，预计2022年6月完工通车。2.国道356湄洲至西昌公路万安县市界至焦源段公路改建工程：全线长约34.124千米，项目全线拟采用二级公路标准建设，设计行车速度为：40千米/小时，路基宽度为8.5米，路面宽7米，采用沥青混凝土路面，桥涵设计的汽车荷载等级采用公路—Ⅰ级标准，主要工程内容为路基土石方、桥梁、隧道、涵洞、防护工程、沥青路面、公路沿线附属设施工程等项目总共20个前期工作，截至目前已完成10个，已完成对接或已批复的7个，待批复的3个。工可编制经省发改委组织专家评审，待自然资源部土地预审后即可正式批复。3.国道356湄洲至西昌公路万安县绕城段公路改建工程项目（万安赣江二桥）：该公路全长12.1千米，拟按一级公路标准进行实施，路基宽33米，双向六车道，沥青碎路面，共有大桥2座，总长1460延米，（其中新建跨赣江特大桥一座，长约1020米；新建跨遂川江大桥一座，长约440米）桥面宽35.5米，Ⅲ级通航标准，项目估算总投资约12.1179亿元。该项目20个前期工作，目前已完成11个，已于2021年10月完成工可评审工作，并根据专家意见已修改工可文件上报，省交通运输厅已出具行业意见、省评审中心已出具评审意见，待省发改委正式工可批复即可开展后续工作。4.吉安港万安港区港口、码头建设项目：该项目规划港口码头岸线 15 个，全长 6100 米，规划停靠点 13 个 650 米，其中：罗塘岸线长 600 米，规划千吨级泊位 6 个，年货物通过能力 480 万吨；下村岸线长 1000 米，规划千吨级泊位 10 个，年货物通过能力 600 万吨。在县委县政府大力支持和该局的积极争取下，10 月 26 日经省港口集团总经理办公会研究，已同意将万安港口码头列入"十四五"建设规划并启动项目前期工作；省港航设计院近期也将到该县开展系列前期工作。5. 万安县长途汽车站整体搬迁项目：该项目旨在优化城市整体空间布局，有利于城市交通品质，该项目预计总投资 6500 万元。根据县委、县政府意见，新车站建设位置调整，已与县自然资源局对接确定了车站建设位置由原县城鲜花大道南侧、杨万线东侧靠杨万线 2.27 公顷，调整到县城鲜花大道南侧、杨万线东侧靠汽车东路 2 公顷（含鲜花大道绿化面积 0.27 公顷）并已报政府等待批复。车站新规划方案编制已完成，该局正在与吉安长运对接商定置换方案，待县政府批复后即可开展项目前期准备工作。6. 兴国至桂东（赣湘界）高速公路项目：目前该项目已纳入国土空间规划编制，规划设计单位听取采纳该局意见，在该县涧田乡境内设置出入型互通，于昆仑渡口以南约 500 米处跨越赣江，设置长约 800 米的昆仑赣江大桥，再途经该县弹前乡与省道 221 相交并设置出入型互通。

农村公路建管养情况。2021 年，该局严格执行《江西省公路条例》的规定，依法落实农村公路日常养护、管理责任。根据省交通运输厅提供的农村公路电子修图最新数据，列入该县地方管养农村公路总里程 2465.911 千米，其中县道 179.174 千米、乡道 258.913 千米、村道 2027.824 千米。一方面积极推进"路长制"工作，按照《万安县农村公路"路长制"实施方案》《万安县深化农村公路管理养护体制改革实施方案》，及"县道县管、乡道乡镇管、村道村管"的原则，分级抓好道路养管，进一步明确各级对农村公路的养管职责，形成了横向到边、纵向到底的管理体系。另一方面该局把"我为群众办实事"实践活动贯穿党史学习教育始终，根据《万安县"我为群众办实事"重点民生项目清单》，该局需完成新建农村公路 11.5 千米，改造建设农村公路危桥 7 座，完成农村公路生命安全防护工程 97.92 千米 3 个县级目标任务，截至 9 月底，已全

部完成并销号，进一步提升了人民群众出行的幸福感和获得感。

路政管理情况。按照 2021 年路政执法工作计划，积极开展路政执法工作。细化工作措施，推进任务落实，严格按照计划开展执法工作，加大超载超限道路运政、涉路违法行为的处罚力度，加大路域环境整治工作力度，进一步提升了路政管理水平。截至目前，共查处超限超载车辆 201 辆，卸货 3402.88 吨，查处非法改装并拆除栏板车辆 11 辆；拆除非公路标牌 187 块计 1890 平方米，修复安全护栏 6 处，共长 139 米；拆除违建围墙共计 35 米；清理路肩边沟 236 千米；处理侵占路产路权 7 处；办理穿越公路许可 8 例。

交通运输服务方面。持续大力发展绿色交通运输，着力提升村村通客车通行条件与水平。截至目前，22 辆城市公交车已全部更新为新能源电动车，135 个建制村已全面实现建制村通客车目标，通客车率达 100%，并形成了以"城市公交、城—镇客运班线、镇—村公交"为基本框架的三级城乡客运体系，初步实现城乡客运一体化、公共客运服务均等化。加强道路客货运、驾驶员培训、汽车维修市场的源头监管，着力提升维修驾培服务质量、积极开展运输市场专项整治、继续深化出租汽车行业管理、抓实交通运输行业安全生产工作。

（万安县交通运输局）

遂川县

2021 年，遂川县交通运输局主动作为，全面推进交通重点项目建设，加快农村公路高质量发展，强化行业监管，为全县交通运输行业带来了新气象、新发展、新成就。

全力推进交通重点项目建设。1. 宜遂高速公路：遂川境内主线 38.6 千米，连接线 9.74 千米，途经新江乡、五斗江乡、堆子前镇，双向四车道，设计时速 100 千米 / 小时，路基宽度 26 米。已完成"三改"及红线不足征地的扩征任务（计 21.93 公顷）；已完成路基工程 90%，桥隧工程 60%。预计年底完成全部路基桥隧工程，力争明年全线通车。2. 大广高速公路"四改八"项目：一个月内全部完成了红线内土地征收和坟墓迁移和古树移栽工作，为吉

安市4个项目县区中进度最快县；完成主房协议签订45栋，附属房协议签订73栋。全面完成施工便道等临时用地17.53公顷征收任务；完成了红线内特殊基地迁移3个。3.遂川至大余高速公路：目前土地预审已报批，施工图正在内业编制中，5月初已完成送审稿，工可已批复，5月21日在赣州召开了可行性研究报告评审会，6月22—25日召开了初步设计审查会，并踏勘了现场，预计今年年底可启动。4.遂桂高速公路（遂川段）：遂桂高速公路（遂川段）建设项目已成立了对接领导小组，起草了征地拆迁工作方案。2019年9月，江西省政府印发《江西省高铁经济带发展规划（2019—2025年）》，将遂桂高速公路（遂川段）项目列为省重点项目，遂川段长约70千米，投资额约126亿元。已完成了遂桂高速国土空间规划编制并上报，初步确定了路线走向和空间规划，其他前期工作正在有条不紊地开展中。2021年7月，该局积极向交通运输部综合规划司争取将兴桂高速公路遂川段约70千米纳入"十四五"国家高速公路路网规划，并尽快动工建设。5.热水洲旅游公路：已完成国土、林业、水土保持审批，预计明年年初启动征地拆迁工作。

加快农村公路高质量发展。1.积极推进农村公路管理养护体制改革。一是强部署，实现管养责任全落实。一是出台了《遂川县深化农村公路管理养护体制改革实施方案》（遂府办字〔2021〕51号），同时组建了7个农村公路工作指导小组对各乡镇进行指导监督，并实行绩效管理。二是落实"县道县管、乡村道乡村管"责任，加强"路长制"常态化运行体系建设，全面落实了国省道357.53千米、县道324.722千米，乡道627.766千米，村道873.478千米的管养责任。二是勇创新，实现管养触角全覆盖。一是聘请了52名养护工，对全县357.53千米国、省道进行精细养护；二是聘请了47名养护工，对全县324.722千米县道进行精细养护；三是创新管养模式，将农村公路管养与巩固脱贫攻坚成果、服务乡村振兴相结合，开发交通公益性岗位（农村村庄护路员）604个，人员从全县各村60岁以下、具有劳动能力的脱贫户及"两类人员"中聘用，专门从事自然村、组公路管养工作，在实现了农村公路管养率达100%的目标的同时，保障了脱贫户可持续稳定收入。三是保资金，实现管养资金全配套。一是根据农村公路养护实现"以县为

主、省市支持"的筹资模式，该县2021年起，按县道每年每千米10000元、乡道每年每千米5000元、村道每年每千米3000元的标准落实日常养护经费，资金得到了保障。二是落实成品油税费改革资金。落实国家成品油税费改革转移支付政策，加大对农村公路养护的支持力度。农村公路养护工程省级补助资金按照"县道每年每千米15000元、乡道每年每千米7000元、村道每年每千米2000元"的标准统筹安排。三是农村公路护路员工资全保障。乡村公路护路员工资由县人社局就业中心按公益性岗位解决122.4万元/年，同时以巩固脱贫攻坚成果和乡村振兴工作为契机，由县财政统筹解决92.16万元/年，县道护路工工资324.722万元/年从上级拨付的日常养护经费中予以解决，实现了农村公路护路员工资全兜底、全保障。四是严考核，实现日常监管全方位。一是印发了《遂川县农村公路日常养护工作考核细则》《遂川县农村公路日常养护资金管理办法》；二是确保资金及时足额拨付到位，强化农村公路养护资金使用监管。三是落实公共资金使用情况按有关规定对社会公开，接受群众监督。2.完成县道升级改造、乡道窄路面拓宽改造任务。一是衙双公路、泉大公路、高坪至上犹公路县道升级改造项目已全线完工，正在督促施工单位完善资料及时送审及组织交竣工验收。二是乡道双车道改造3千米、窄路面拓宽改造10千米、"五路"20千米、危桥改造1座等农村公路建设任务已全面完成。

强化行业监管。1.加强行业安全管理，构建和谐、平安交通：一是高度重视。坚持将安全生产工作纳入到对局属各单位、各企业年度工作目标考评考核重要内容，坚持每季1次以上局班子会议分析研究部署安全生产工作，坚持主要领导和分管领导深入一线检查督察制度。二是落实责任。切实落实行业监管责任，落实企业主体职责，对局属各单位、各交通运输企业全部落实了安全生产责任，签订了年度安全生产责任书。三是强化举措。持续加大对安全生产的宣传。认真开展专项整治三年行动集中攻坚年工作和道路交通安全整治月专项行动及超载超限专项治理"百日行动"活动。加大对重要时段和重点领域安全生产工作的检查督促力度。今年以来，该局共排查出安全隐患问题75个，整改到位73个，2个还在整改当中；对交通运输重点企业主要负责人进行安全生产约谈72人次，对"两客一危"等重点运输企业开展了提醒谈话3人

次。切实抓好宜遂高速、吉康高速安全生产的督促巡查工作，认真履行属地监督职责。3. 加强客运市场监管，维护客运市场秩序：一是加强对客运市场整顿，加大非法营运打击力度，共查处非法营运行为 92 起，督查道路运输客运企业、车站、驾驶员落实主体责任，进一步强化运输行业从业人员安全意识；二是积极鼓励引导客运经营者优化经营模式，调整运输结构，适应市场发展，提升服务质量，坚持把出现的客运矛盾消除在萌芽状态；三是巩固好建制村通客车开成果，进一步规范农村客运安全管理措施，加强对客运经营者的管理、教育和培训，建立诚信考评体系，督促企业建立健全安全管理制度。进一步完善车辆管理台账，加大执法检查力度，做到违法必究、执法必严，依法从严从快处置。四是妥善及时受理交通运输 12328 投诉平台转来的关于客运市场不按规定售卖儿童票、甩客、私自涨价等有关投诉举报件 20 余起。4. 加强超限治理，消除道路交通安全潜在安全隐患：一是全面强化源头监管。由县治超办牵头，对混凝土搅拌站、砂场、矿场等货物源头单位开展集中监督检查，走访预拌混凝土搅拌企业 8 家、走访砂场 11 家、走访矿场 7 家。二是全面强化路面巡查。5 月 18 日开始，该局执法大队与县公安交警大队成立 6 个路面联合执法组，分片区开展超限超载集中整治。今年来，执法大队累计出动执法人员 7192 人次、车辆 1620 车次，共检测货运车辆 52905 辆，查处 95 辆超限车辆，卸载货物 1147.39 吨，驾驶证扣分 27 分，清理路障隐患 2 处。同时，制定发布了超限超载举报奖励措施，对举报查实每次奖励 300 元。三是全面强化科技监管。该县范围内建设了 4 个不停车检测点，已全部投入使用，基本实现全县普通公路主要通道、重点桥梁、关键节点不停车检测系统全面覆盖，极大提高了货运车辆的检测速度和通行效率。四是加快治超点建设。目前县政府已批复 2.67 公顷土地用于建设治超点等交通综合服务中心。五是全面提升执法水平。面对新职责新任务，县交通运输综合行政执法大队近期连续举办了 4 期关于规范行政执法工作的学习培训，培训邀请了专业律师和行政执法专家进行授课，对典型案例进行了学习和分析。5. 积极开展平安交通创建，提升公众安全感：一是积极开展农村公路安全隐患排查，4 月份开始，该局发展中心组织 5 个公路桥梁安全隐患排查工作小组，深入全县 23 个乡镇，重点针对全县

县、乡、村公路的桥梁基础、栏杆、桥面、公路涵洞、公路护坡挡墙和公路路面完好情况进行了一次全面排查。通过排查，共发现安全隐患点 100 余处。根据排查的结果，及时建立了安全隐患治理台账，并积极向上级争取资金用于安全隐患治理。二是积极抓好汛期应急抢险保畅通等救灾工作。截至目前，该局投入防汛资金约 20 余万元，共清理大小塌方 21 处 5000 余立方米，砍伐存在安全隐患的路树 100 余棵，清理公路障碍物 200 余处，清理水沟近 5 千米。通过上述努力，有力保障了该县公路的平安、畅通。6. 加强驾培、维修行业管理，树立行业良好形象：全面规范县内维修行业，加强维修企业备案制度管理；督促维修企业切实按照环境保护相关要求做好废弃机油的回收。做好日常县内各驾校的学员学时审核工作；对县内驾培市场供求状况进行公示。7. 加强监管，维护交通项目招投标公平公正公开：全面推行了项目施工和监理招投标制，依法实施公路建设市场准入管理、市场动态管理，依法受理举报和投诉，依法查处公路建设市场违法行为。目前，该局完成了 9 条农村公路的简易招投标，2 单网上中介超市服务采购，招投标率和监管率都达到 100%，未发生一起招投标投诉事件，有效的保证了交通招投标工作的公开、公平、公正，建立了良好的交通监管建设市场秩序，树立了良好的交通行业形象。

（遂川县交通运输局）

安福县

2021 年，安福县交通运输局围绕中心工作，大力推动交通强县高质量发展，融入新发展格局，精心谋划、狠抓落实，较好完成了全年各项工作任务。

不断完善交通基础设施。今年县下达该局为责任单位实施的重点项目有 6 个，目前已完工项目 2 个，分别是金理线续建工程项目、危桥改造项目。在建项目有 4 个：宜遂高速出口武功山南（严田）互通连接线新建工程、城南综合运输港项目、旅游路资源路等"五路"工程和建制村双车道改造项目。

不断提升行业治理能力。围绕安全生产、疫情防控、执法领域专项整治、矛盾纠纷排查化解

等工作进行推进。一是安全生产方面。制定相关工作方案，组织开展对客运站场、运输车辆、危货运输、在建项目、辖区道路等重点行业进行日常监督检查，并针对敏感时段进行安全专项检查，将发现的问题全部登记造册，并通报至相关企业，要求企业落实整改验收销号。截至目前，全县交通运输和施工建设安全生产无事故。二是疫情防控方面。制定了疫情防控相关方案，要求各运输企业、客运站场、在建工程等交通行业部门做好疫情防控常态化工作，明确各行业主体的防控责任；另针对重要时段和重要场所制定了专门的应急预案，积极做好常态化防控工作；同时，全力推进新冠疫苗接种工作，多次召开疫苗接种工作推进会，配合社区进行疫苗接种宣传工作，目前，交通行业纳入接种人数1333人，已全部接种。三是执法领域专项整治方面。从5月份开始按照省厅、市局部署深入推进了执法领域专项整治，强化了源头治理，对所有货运源头企业和货运企业进行走访，督促企业规范装载，并签订不超载承诺书及依法依规从事货物运输经营活动承诺书30余份。并对安福县三合商混公司源头企业进行了处罚，组织三合公司人员进行宣传警示学习。加强与交警部门的沟通协调，增强联合执法力度；严格落实"一超四罚"规范联合治超执法程序。治超点坚持24小时不间断执法，做到"逢车必检、逢超必卸、逢超必罚"。绝不允许漏检、不检，坚决杜绝以罚代卸、以罚代管等违纪违规现象的发生。四是矛盾纠纷排查化解方面。今年，该局共办理12345热线投诉208件，成立专班及时对所有诉求进行了调查处理和回复，做到了事事有着落，件件有回音。同时，强化社会监督手段，通过向社会公布投诉举报电话、设立举报信箱等方式，畅通举报投诉渠道，掌握交通违法动态，依法有效化解交通范围内的矛盾纠纷，提高执法效能，维护正常交通秩序。

绘就立体交通新蓝图。坚持适度超前、服务为主、统筹兼顾、绿色环保的原则，主动对接编制单位，完成了《安福县"十四五"综合交通运输体系发展规划》，正式规划稿件将于6月底前正式出稿；完成了《关于推进交通强县建设的实施方案》，实施方案在综合交通运输体系发展规划的基础上进一步明确了近期需要实施的交通建设项目，为该县形成"三纵两横"的高速公路网布局、"五纵三横两环"的国、省、县道网布局和"123经济圈"

打下了坚实的基础。

打造交通领域特色亮点。成立工作专班。从下属事业单位抽调人员成立了19个工作专班，建立了分片挂点工作机制，由局班子领导挂片区负责，分别对19个乡镇进行交通业务指导工作。扎实推进"四好农村路"全国示范县创建工作。年初，从相关部门抽调专职人员成立了"四好农村路"创建办，坚持全域创建、示范创建等形式全面推进了该县的"四好农村路"全国示范县创建，打造出了9个示范创建点。目前，该县已进入"四好农村路"全国示范县公示名单中。物流服务品牌打造有特色。通过整合电商、公交、物流信息平台，建设县、乡、村物流信息化综合平台，8月底该县的"交邮商农供融合"服务品牌被交通运输部评为了第二批农村物流服务品牌，是全省的三个服务品牌之一。

（安福县交通运输局）

永新县

2021年，永新县交通运输局在交通基础设施建设、道路运输管理、安全监管、党史学习教育、脱贫攻坚、疫情防控等全领域积极开展工作，取得了一定成绩。

加快推进交通基础设施建设。1.重点项目建设。一是永新县东绕城道路（永新东互通口至袍田东大道段和东里至才丰段）已完成招投标，目前正在开工建设，预计年底前完成永新东互通口至袍田东大道段路基通车。二是国道220永新县茅坪至才丰段新建工程（西绕城）已完成工程可行性研究报告编制单位招投标，目前正在编制工程可行性研究报告。三是省道539永新县汗江至三湾段公路改建工程项目已上报市发改委进行项目立项，目前市发改委已批复。工程可行性研究报告、两阶段设计正在招标，已通过中介超市挑选好了招标代理，招标文件已编制完成，目前项目工程可行性研究报告编制费、两阶段施工图设计费正在报县政府财政评审，财政评审报告批复后挂网招标。2.农村公路建设。县道升级改造项目：丰陂至黄花公路（台岭至黄花段）长12.1千米，完成通车。2021年省厅切块至该县目标任务为5千米，建制村双车道改造9.7千米，目前该县有2个建制村双车道项目已完成设计，共计 9.7 千米；旅游路、资源路、产业路等"五路"工程调整项目库内项目 4 个，计 7.3 千米，已全部完成测量设计工作，其中已完工 1.1 千米。永新县 2021 年度统筹整合使用财政涉农资金项目申报计划 43 个，财政补助资金 3242.8 万元。3. 危桥改造项目 9 个：目标任务完成 3 座，截至目前已完成 6 座（人字山桥、黄梅桥、龙头桥、下雨桥、墩上桥、东兴桥），正在开工建设 3 座（老居桥、上新屋桥、龙田大桥）预计年底前完成老居桥、上新屋桥。

认真做好道路运输安全管理工作。1. 为进一步贯彻落实上级关于持续开展安全生产三年专项整治集中攻坚行动文件精神，该局制定印发了《永新县交通运输行业安全生产专项整治三年行动集中攻坚工作方案》《交通运输安全生产专项整治三年行动工作手册》等文件，共计召开安全生产专项整治三年行动集中攻坚工作部署会、推进会 7 次。坚持"隐患就是事故"理念，按照"全覆盖、零容忍、严执法、重实效"的要求，全面落实安全生产隐患排查治理和安全风险管控主体责任，有效遏制重特大安全生产事故发生，截至目前共计排查安全隐患 18 条，目前已经全部整改完成。2. 认真组织开展安全生产大检查，全面排查安全隐患。每月组织 1 次安全生产大检查，重点对客运企业、客运站、危货运输企业、车辆维修企业等道路运输经营者以及主要县乡公路、在建公路工程开展安全隐患大排查、大整治。3. 积极参加由县安委办组织的"5.12"防灾减灾安全宣传日活动、"6.16"安全生产月宣传日活动，现场共计制作展板 8 块，发送相关安全手册 600 余份，并通过客运班车 LED 显示屏、微信等媒介方式进行宣传。

切实提高农村公路管养水平。1. 加强县道破损水毁等修复工作。对全县县道路面破损的路段（黄里线、虹杨线、文查线、石桥至芦塘等公路）进行修复，破损的混凝土路面挖除 7331 平方米，同时对挖除的路面进行水泥混凝土浇筑。另对石桥至芦塘公路的涵洞进行修复。今年汛期期间，清除塌方 3 万余立方米，修复路面 6.5 千米，路基 900 多米，疏通水沟 40000 多米，对大雨过后倒塌的树木连夜进行锯断搬走，保证了每条道路的安全畅通。2. 开展农村公路自然灾害承载体普查工作。在对各条线路一路一档、一桥一档重新采集资料并及时更新的基础上，根据市县相关工作要求，积极开展农村公路自然灾害承载体普查工作。3. 积极推进农村公路"路长制"改革工作。根据改革工作实际，该局拟定了《永新县推进农村公路"路长制"改革实施方案》。配合县政府办调整了县道各路长的负责路段，对新调整的县道路长，正在制作县道"路长制"公示牌。

不断加大执法监督检查力度。为维护道路运输市场经营秩序，加大执法监督检查，通过路面巡查、定期检查、集中排查，持续开展行业专项整治。截至目前，共检查道路货物运输车辆 87603 辆次，查处超限超载违法运输车辆 110 辆，处罚金额 48.3 万元。查处非法客运经营车辆 12 余辆，处罚金额 9.1 万元，整治道路客运乱象 18 余起，道路运输市场实现了由乱到治的根本转变。

疫情防控工作。该局认真按照上级关于新冠肺炎疫情防控相关工作进行部署，一是认真研究部署春节期间流量流向，做好防控工作。二是加强安全监管，强化安全措施，对客运站场、运输车辆每日进行消毒，确保防控工作落到实处。三是积极组织工作人员接种新冠疫苗，交通系统 617 人全部接种完第二针疫苗。

（永新县交通运输局）

宜春市

2021 年，全市交通运输系统围绕交通强市建设这条主线，全年各项工作取得明显成效。市局荣获 2021 年度全省交通运输工作先进单位，连续 16 年获得省厅综合考评先进。

高速公路。西绕城高速公路累计完成投资额 6.3 亿元。协助市政府确定沪昆高速昌金段改扩建工程宜春城区复线方案，推动沪昆高速公路在渥江镇新增收费站，宜春东北绕城、通城至铜鼓高速公路项目前期加快推进。一批高速公路主骨架工程和重大水运项目纳入"十四五"实施范围。

县乡公路建设。全市新改建农村公路里程556千米。全力推进民生实事项目建设，完成县道升级改造和旅游等五路改建322.2千米，乡道双力道改造和建制村优通达路线窄路面拓宽改造300千米，改造农村公路危桥61座，完成农村公路安全防护工程417千米。超额完成市政府工作报告中的民生实事任务。靖安县成功创建2021年第一批"四好农村路"全国示范县，高安市成功创建2021年第六批"四好农村路"省级示范县。丰城市被评为全国城乡交通运输一体化示范县。

农村公路管理养护。全市9个县（市、区）完成深化全市农村公路管理养护体制改革任务。组织开展完成了2020年全市美丽生态文明农村路建设市级复评工作及2021年上半年及年终全市农村公路管理养护成效评估工作，完成全市农村公路自然灾害综合风险承灾体普查数据采集填报工作。

道路运输产业。全市有汽车客运站24个，其中一级站2个，二级站10个，三级站12个，客运站服务人员435人，年平均日发班次1533班次；全市拥有营运客车707辆，客车班线231条，其中通省际班线32条，跨设区市38条，设区市内68条，县内93条。全年完成客运量1168万人次，客运周转量91950万人千米。道路货运企业户22884户，从业人员103422人；货车124495辆，吨位1099387吨。全年完成货运量51481万吨，货运周转量14234500万吨千米；分别同比增长88.94%和86.91%。全市出租车企业17家，出租车1430辆；维修企业873家，从业人员9072人；车辆综合性能检测站46家，从业人员396人；检测车辆年审83862辆。汽车驾校128所，教练车辆数3867辆，培训驾驶员23002人。

水上运输产业。全市有港区6个，泊位25个，港口企业5个，水运企业21个，拥有营运船舶501艘，总载重吨133.17万吨，载客位468位。2021年完成客运量17.97万人次，客运周转量35.18万人千米；完成货运量3475.4万吨，货运周转量47.18亿吨千米，分别同比增长17.97%和17.98%。

水运建设。樟树港区水运口岸作业区码头工程建设2个1000吨级件杂货泊位，于2021年7月完成竣工验收并正式开港运营。集装箱吞吐量更是从无到有，在试营运期间达到近1000TEU。五码头改扩建工程完成交工验收，河西作业区综合码头工程和丰城尚庄货运码头工程完成投资10.6亿元，新越沥青专用码头完成规范提升并通过竣工验收。

港口绿色生态。樟树港区船舶污染物接收站正式运营。2021年5月10日，樟树港区河东作业区船舶污染物接收站顺利通过专家组验收。该接收站总投资约1814万元，是江西省第一家通过验收的船舶污染物接收站，主要由污染物接收码头泊位、油污水收集池和"诚通1号"污染物接收船等设施组成，每天可接收转运固体垃圾10吨、船舶生活污水5吨、油污水5吨。有效提升了该市港口船舶污水接收处置能力，且全市31艘100到400总吨内河运输船舶全部安装生活污水收集存储或处理装置，船舶、码头、管理部门通过船舶污染物信息系统完成船舶水污染物接收、转运、处置闭环管理，使水环境得到保护，水上污染防治与港口绿色发展取得实效。

运输服务质量提升。公交便捷化程度显著提升。优化调整线路17条，新开线路1条，开通定制线路19条，方便群众出行。该市入选省"公交城市"创建示范城市。客运覆盖率不断提增。全年办理网约车从业资格证267份、网约车道路运输证107张，完成149辆网约车道路运输证年审。推广95128约车服务热线，便利老年人出行，全年电召总量超过60万单，较去年增长117%。群众满意度不断提高。29件群众信访件、76件局长信箱投诉件、1053件12345政府服务热线投诉全部办结。

行业监管治理。明确60家重点源头企业，分两批完成52个不停车检测点的建设，全年查处超限超载车辆6105辆，吊销110张道路运输证，责令103家运输企业停业整顿，注销1家企业的道路运输经营许可证，"一超四罚"执行率达100%。

深化科技治超运用。提升第三方监控平台技术水平。6597辆"两客一危"车辆、6万多辆12吨以上普货车辆纳入第三方监控平台，依托"宜安行"APP，实现企业动态监控违法违规行为分类闭环处置。联合公安交警开展违法违规行为分类闭环处置试点，实行信息共享比对、联合惩戒，违规次数与去年同期相比下降6.26%。

平安建设。按照扫黑除恶专项整治要求，常态化开展道路运输、水上交通、工程建设等领域专项整治，规范网约车、出租车行业管理，确保平安交通大局。开展铁路沿线安全环境治理，与铁路部门建立"双段长"制，整治隐患28处。

交通运输安全工作。重预防、治隐患、控事故、保安全，保障全市春运、两会、汛期和建党百年大庆等重要时段安全稳定，道路运输领域发生2起较大道路交通事故，水路运输、公路运行等领域均未发生较大责任事故，渡口渡运保持连续34年未发生亡人事故。在全省交通运输系统安全工作评比中名列第二。

开展专项整治。对重点领域、重点企业、重点环节进行细致排查，通过9轮次隐患大排查，共组织54个督查组深入10个县（市、区）排查问题隐患362个，全部建立了台账科学分析、分辨安全风险。全市两客一危重点企业均建立"一图一牌三清单"，对排查出的安全风险限制在可防、可控范围。

开展重点领域集中攻坚。梳理"7项重点、5项难点"共12项专项治理任务，督促行业领域开展安全隐患大排查大整治，推进安全隐患排查治理"清零"。开展危险化学品运输安全专项督查，对辖区94家危货道路运输企业、6家水路危险品运输企业进行了全覆盖检查，船籍港每半年一次全覆盖监督检查，严厉打击涉客车（船）超载、违反禁行（限航）管理规定、涉海运输、冒险航行等违法违规行为。对督查发现的问题均下发了通报，限期整改到位。

推行科技监控。运用监控手段，促使从业人员遵章守纪。通过升级动态监控平台和主动安全智能预警防控，加大抽查频率，对驾驶员、船员不安全驾驶行为实施智能研判和自动预警，月均违规报警次数平稳下降，驾驶员遵章驾驶意识明显好转，违规行为持续减少，实现报警次数与违规行为同比"双下降"。开发运用APP，规范使用"宜安行"APP，并新增APP反馈和申述功能。通过线上限时反馈，堵塞工作漏洞，提高工作效率，保障全市交通运输安全形势稳定。

（宜春市局年鉴办）

袁州区

2021年，袁州区交通运输局圆满完成全年工作任务，获得市局综合考评先进。

农村公路建设。市局下达该区农村公路建设总投资3亿元，完成全部投资。计划内共完成投资2亿元，其中：完成县道升级改造30千米；完成旅游路、产业路20千米；完成县乡道路面改造36千米；完成乡道双车道改造40千米；完成建制村优先通达路线窄路面拓宽80千米；完成危桥改造6座；完成美丽生态文明农村路35千米；完成农村公路生命安全防护工程50千米。计划外共完成投资1亿元，其中：下浦至彬江（宜万同城挂线）完成投资0.4亿元，竹亭至山塘完成投资0.4亿元，通村组公路完成0.1亿元，危桥改造、路面维修等完成投资0.1亿元。

协调推进重点项目。协调推进重点项目11个。其中：高速公路新建项目2个，建设里程44千米，项目总投资约41.29亿元；国道改扩建项目2个，建设里程30.70千米，项目总投资约8.3亿万元；省道改扩建项目4个，建设里程43.50千米，项目总投资约5.7亿元；旅游公路新建项目3个，建设里程43.2千米，项目总投资约62亿元。

交通运输生产。该局许可或备案的经营企业2622家。其中：客运企业4家；普货业户2457家（其中企业414家，个体2043家）；管理车辆7072辆，其中普货车辆6354辆，从业人员8000余人。全年完成客运量304万人次，客运周转量6080万人千米。农村客运完成22个乡镇291个建制村通客车任务。建制村通公交车实现财政兜底，2021年下拨635万元用于建制村通客车运营补贴；全年完成货运量2837万吨，货运周转量141850万吨千米；分别同比增长8.5%和11%。维修企业136家，从业人员3536人；汽车驾校26所，教练车辆数858辆，从业人员780人，培训驾驶员31000人。

交通养护管理。建立辖区与道路相结合的县、乡、村三级"路长制"组织体系。道路养护经费按照县道每年每千米8000元，乡道每年每千米4000元，村道每年每千米2400元承担，每年配套资金约1300万元。道路路政管理经费，按每千米800

元进行配套，每年配套资金约 350 万元。

交通运输执法。9 月以来，在新坊镇、慈化镇、寨下镇开展源头治理，将源头管理目标完成情况与道路运输企业、从业人员的信誉考核、经营许可、安全目标管理相结合，促进货物运输装载主体单位、从业人员提高规范装运的自觉性。会同公安、交警等部门加强货车超限超载治理，狠抓公路运输"百吨王"整治，共检查车辆 6560 余辆，处罚货车改型 177 辆，非法营运面包车 16 辆、危货车辆 8 辆、教练车辆 2 辆、非法网约车 10 辆、客运汽车 4 辆、源头企业含（客货运源头企业）23 家，处罚金额 184 万元；处罚超限超载车辆 217 辆，处罚金额 440 万元，合计处罚 624 万元。原有不停车检测点 3 个，增加 4 个（18 条车道）检测点。

安全生产管理。举办全区交通运输安全培训班，培训内容为安全生产法律法规、应急管理知识、典型事故案例分析等。组织交通运输企业主要负责人、分管安全负责人、专职安全员等 130 余人参加培训。

（吴明浩）

樟树市

2021 年，樟树市交通运输局强力推进交通重点工程建设。强化运输管理，持续改革创新，确保平安稳定，不断提升交通运输总体供给能力和综合服务水平，努力建设人民满意交通。

交通重点工程。东昌高速樟树东出口至盐化基地道路新建工程项目，总长约 5.34 千米，总投资约 4.22 亿元，于 2020 年 1 月开工，2021 年 6 月 23 日建成通车。樟树赣江三桥建设项目，樟树赣江三桥及连接线工程建设计划总投资 39.928 亿元，项目建设需跨赣江、袁河、肖江及浙赣铁路、沪昆高速等。完成工可初稿的编制。105 国道（过境外围线）一级公路改建工程，该路线对接丰城国道 105 绕城规划，在樟树市观上镇龙池下埠村进入，起点桩号 K1792+441，终于樟树市永泰镇玉湖村（终点桩号 K1822+713），全长 30.272 千米，投资估算约 15.213 亿元。港口项目，樟树河东港区船舶污染物接收站、水运口岸作业区（六码头）分别于 2021 年 5 月、7 月通过验收，正式运营；码头改扩

建项目环评、职业病防治项目已通过验收，年底完成竣工验收；河西港区综合码头工程作为 2021 年第一批省重点建设项目，预计总投资达 26 亿元，于上半年正式开工建设。

农村公路建养。完成农村公路县乡公路升级改造及安全防护工程合计 58.8 千米，危桥改造 1 座，总投资约 4600 万元，其中县道升级改造 6.4 千米、路网联通路 2.1 千米、县乡道路面改造 5.1 千米、乡道及建制村窄路面拓宽改造 25.2 千米、安全防护工程 20.0 千米。实施农村公路养护体制改革。7 月，樟树市财政局将 2021 年全年日常养护本级财政配套资金 760.9 万元（含 50 万元养护考核及奖励先进费用）全部转到樟树市交通运输局账户。开展乡镇农村公路养护管理站标准化建设及农村公路日常养护。各乡镇按照相关要求都建立农村公路养护管理站，明确 1 名养护管理工作人员及 1 至 3 名相对固定的具体养护工，保证县、乡、村公路每天都有养护工上路进行养护，按照每个乡镇给予 4—5 万元的标准进行补助，购买养护鼓风机、割草机、油锯等必要的养护器具，累计投入补助资金 93 万元。

完成观上至丽村、石陂至官塘、昌傅至下余、黄土岗至昌傅、甘竹至中洲 5 条县道升级改造项目交竣工验收。

完成洲上乡至楼仔上修路撤渡项目招标控制价的编制，计划 2021 年 12 月 31 日前开工建设。完成 5977 平方米的路面起拱破损维修及 514 个错车道建设，累计投入资金 479.34 万元。

客货运输产业。樟树市有汽车客运二级站 1 个，客运站服务人员 33 人，年平均日发班次 82 班次；全市拥有客车 29 辆，客车班线 14 条，其中通省际班线 1 条，跨设区市 6 条，设区市内 6 条，县内 1 条。全年完成客运量 57.1 万人次，客运周转量 3175 万人千米。道路货运企业户 299 户，从业人员 6731 人，新增道路普货运输企业 30 家；货车 8791 辆，吨位 56354 吨，新增道路运输普货车辆 1788 辆；全年完成货运量 2036 万吨，货运周转量 608764 万吨千米；分别同比增长 42% 和 15%。全市出租车企业 3 家，出租车 167 辆，从业人员 167 人；维修企业 173 家，从业人员 783 人；车辆综合性能检测站 3 家，从业人员 55 人；检测车辆 3326 辆；车辆年审 5627 辆。汽车驾校 10 所，教练车辆数 220 辆。

运输保障。做好春运、"中高考"、药交会运

输保障工作，累计投入车辆305辆，安全运输乘客达4.7万人次，完成各项运输保障任务；完善城乡客运网络，全年新增公交车12辆，开通107路、108路（火车站—樟树东站）公交线路，将昌付下洲公交车延伸4千米至下余；切实抓好安全管理，全年累计检查客运、货运企业368家次，总计排查隐患71条，督促整改隐患71条，下达书面整改令5次。

道路运输服务。樟树市第二批不停车检测项目成功启动。该项目总投资金额885万元，将在刘公庙、黄土岗、乌溪、洋湖新建4个不停车检测点，项目于2021年11月1日开工，2021年12月31日全部完工。樟树市公交营运补贴测算完成。2021年樟树市公交营运财政补贴金额3109.14万元。

樟树市乡镇候车亭建设项目稳步实施。项目总投资68.586万元，在樟树市14个乡镇新建23个公交候车亭，9月27日开始动工，11月27日全部完工。

驾驶员培训。常态化督促指导驾校加强教练员管理，规范教练员教学行为。通过省级驾驶培训监管服务平台，监测各驾校学时系统使用情况，保障学员学时到位，防止发生学时造假，推进培训行为规范化。全年全市驾校培训学员合计4478人。

汽车维修管理。实施汽车维修市场备案管理，做好汽车整车维修企业质量信誉考核，道路运输车辆综合技术性能检测，技术等级评定审核工作，督促"两客一危"企业、幼儿园校车车辆定期开展二级维护和技术性能检测；严把柴油货车的上户、审验和市场准入关，大力推广使用国六排放标准柴油货车，对无法达标排放的车辆，依法实施强制报废，淘汰注销老旧货运车辆129辆；开展汽车维修喷烤漆企业治理，会同生态环境、市场监管等部门大力开展汽车维修行业VOCs排放相关治理工作，对14家未进行整改的或不符合经营要求的企业喷烤漆房采取封停措施，关闭喷烤漆作业项目。

行政服务。全面实现业务进厅，一站式办理。交通行政服务窗口全年累计办理新增货运车辆运输证1788辆；受理许可货运公司30家、客运业务21项、驾培业务36项；维修业户备案7家；车辆年审5160辆；车辆补证变更110辆；车辆转籍271辆；涉路许可8件；港行业务2件；省网上行政许可审批7197件。

港航管理。河西港区项目施工图设计文件通过审批。宜春港樟树港区河西作业区综合码头工程作为2021年第一批省重点建设项目，正式开工建设。项目总投资约26亿元，建设规模为4个1000吨级杂件货泊位、3个集装箱泊位、8个1000吨级散货泊位及其配套工程，整个港区陆域面积约77.8公顷，港区设计年通过能力1849万吨。

该项目施工图设计文件（第二批）于2021年7月15日通过专家组评审。正在开展"三通一平"工作、码头项目涉水、涉航施工及陆域施工部分工作。河西港疏港公路（市政道路）建设项目完成前期立项工作，多条公路均已开工建设，进展顺利。

樟树港区船舶污染物接收站正式运营。2021年5月10日，樟树港区河东作业区船舶污染物接收站顺利通过专家组验收。该接收站总投资约1814万元，是江西省第一家通过验收的船舶污染物接收站，主要由污染物接收码头泊位、油污水收集池和"诚通1号"污染物接收船等设施组成，每天可接收转运固体垃圾10吨、船舶生活污水5吨、油污水5吨。提升该市港口船舶污水接收处置能力，推进港口绿色发展。五、六码头竣工验收工作有序开展。五码头改扩建项目位于赣江樟树段右岸河东作业区，使用岸线390米，建设2个1000吨级散货泊位和2个1000吨级件杂货泊位。五码头完成交工验收，正加速筹备竣工验收工作；五码头环评、职业病防治等两项验收项目通过验收。六码头水运口岸作业区连接于五码头下游，使用岸线210米，总投资3.2亿元，建设2个1000吨级件杂货泊位，于2021年7月完成竣工验收并已正式开港运营。集装箱吞吐量更是从无到有，在试营运期间达到近1000TEU。

水运企业。加大水运市场经济建设力度，优化水运市场环境，确保水运市场稳定健康发展。7月新增一家普货企业。该市现有7家水运企业（2家危货、5家普货），继续保持良好的发展态势。省际营运船舶总数从55艘增加为75艘，同比增长36%，载重吨98961吨，同比增长64%，功率26310千瓦，同比增长47%，总吨位61195吨，同比增长59%。

规范水运市场秩序。辖区内纳入企业化管理的有证运砂船舶45艘，无营运证运砂船舶5艘，现5艘无证船舶均已被查封停运，基本实现全市辖区内船舶规范化经营。

安全生产执法检查。落实安全生产监管主体

责任，与全市7家水运企业、1家港口企业签订了安全生产责任书。到港航企业以及登船集中宣讲安全法规11次、发放安全宣传资料230余份、开展安全生产执法检查16批次，出动检查人员60余人次，对港口企业连续2次无证经营行为共处罚20万元。连续多年无一起安全生产事故。

交通治理。执法水平不断提高。全年共出动执法车辆410辆次，执法人员2166人次，重点打击"黑车"非法营运等违法违规行为，共查处"黑车"37辆。治超工作共查处非法改装货车48辆，违法超限超载车辆435辆（百吨王11辆），其中交通处理256辆，交警处理179辆，卸货1.17万吨，打击境内超限超载违法行为。水政执法共检查港口企业10次、水运企业30余次、检查营运船舶80余艘次，作出两次行政处罚。

平安交通建设。围绕年内开展的"春运""安全生产专项整治三年行动集中攻坚战""安全生产月"等专项整治活动，采取多种形式，广泛进行宣传。

全面开展安全大检查，采取定期检查和不定期抽查相结合的方式，对道路客货运输企业、港口、水运企业、乡镇渡口及农村公路、危桥、险路、施工现场开展检查。推进铁路沿线环境安全综合整治、安全生产专项整治三年行动集中攻坚、交通运输领域安全生产"打非治违"百日行动等活动，确保交通运输领域安全生产形势的稳定。

（杨波）

丰城市

2021年，丰城市交通运输局加快建设综合交通运输体系，着力提升交通运输服务水平，稳妥推动交通运输改革，推动交通运输高质量发展。

重大项目建设。丰城市共有交通运输重大项目7个，总投资约41.8亿元。提升重点工程建设服务力度，统筹推进各重大项目前期工作。紫云大桥新建工程施工单位、监理单位已挂网招标，2021年12月底开工建设。省道426袁渡珊瑚至石滩线主体工程完工，安全设施工程完成59%，绿化及环境保护工程完成7%。省道309石滩至丰城东互通连接线段二级公路改建工程完成路基填筑土方

约42万立方米，占比95%；K4+479清丰山溪大桥下部结构均全部完成，箱梁架设完成6跨24片。国道238丰乐公路孙渡至桥东改造工程完成挂网招投标，确定施工单位和监理单位；征地拆迁工作同步进行中。省道309梅岗至曲江一级公路改建完成地灾评估、压矿评估、环评批复、用地批复、行业意见，委托上海市政工程设计研究总院编制可行性研究报告，预计2022年年底可开工建设。

"四好农村路"建设。完成农村公路项目建设52.9千米，危桥改造10座，生命安全防护工程50千米，总投资达13662万元。将全市4276千米农村公路全部推行路长制，树立路长制公示牌，明确专职护路员，构建起全域道路管养体系。该局与第三方平台公司合作，开发并使用"路长制"APP智慧平台。通过大数据实时管理、调度、考核、组织全市农村公路管理和养护工作，通过"路长制"+"信息化"手段，提高农村公路管养水平。全年检查车辆29382辆、查处超载货车1213起、非法改装83起、其他违法车辆2234起。全年共发放养护资金1796万元。全市农村公路"有路必养、养必到位"基本实现，养护主体责任得到有效落实。

客货运输产业。全市有汽车客运站3个，其中一级站1个，二级站1个，三级站1个，客运站服务人员30人，年平均日发班次1589班次；全年完成客运量749.2万人次，客运周转量78576.67万人千米。道路货运企业户247户，从业人员8120人；货车7842辆，吨位129755吨。全年完成货运量5208.798万吨，货运周转量1780588.86万吨千米；分别同比增长12.3%和18.9%。全市出租车企业2家，出租车206辆，从业人员325人；维修企业326家，从业人员756人；车辆综合性能检测站5家，从业人员150人；检测车辆年审5260辆。汽车驾校22所，教练车辆数536辆。从业人员580人，培训驾驶员10785人。

城乡交通运输。全市实现全域公交一体化与全域"一元票制"，人民群众在市域范围内乘坐公交车一次只需一元钱。全市现运营长途班线17条，开通往返南昌的168城际公交线路；城乡公交线路104条，其中城市线路14条、城乡线路90条，全市468个行政建制村均开通了公交车，城乡公交营运车辆288辆，新能源公交车辆比例达74%并逐年提高，公交客运量保持在每年1.2亿人次左右。该市基本形成衔接合理、调度有序的城乡公交网

络,为市民提供安全、便捷、舒适、绿色的出行环境,提升服务水平,最大限度满足群众的出行需求。

安全生产监管。该市交通运输行业深入开展安全生产"三年行动",全市交通运输行业安全生产形势保持稳定的良好势头,未发生过安全事故。一是明确任务清单,以"7项重点5项难点"为目标有序推进专项整治。开展安全生产隐患排查"清零"工作。该局对道路运输、水上运输、公路水路工程等开展多次专项检查,共排查出隐患89条,对专项整治行动排查出来的隐患按照责任清单,落实安全工作责任单位、责任人跟踪督办,对排查出的隐患做到全面整改,隐患"清零"处理。三是严格约谈问责。督促系统单位对隐患排查落实整改不力、安全生产落实不到位的企业责任人进行约谈,2021年,共约谈企业154家,进一步压实企业安全生产的主体责任。

(李司宸)

靖安县

2021年,靖安县交通运输局在围绕年度工作目标任务,认真组织,科学安排,各项工作开展有序,稳步推进。

"四好农村路"。交通运输部于2021年11月18日对2021年第一批"四好农村路"全国示范县进行了公示,靖安县位列其中。

"四好农村路"信息化管理平台。县政府安排财政资金59万元建立了"四好农村路"信息化管理平台,建立路网数据信息库,县级建立监管平台,全县农村公路管养人员安装智慧APP及配备养护巡查记录仪,实行全动态管理,实时反映养护及日常巡查情况、灾毁等安全隐患治理情况,并对农村公路临水临崖等重点路段安装摄像头实时监控,推动"四好农村路"高质量发展。

农村公路管理养护。县政府下发了《靖安县深化农村公路养护体制改革实施方案》,按省、市要求落实了县、乡级管理养护责任和日常养护经费,全县1012.65千米农村公路全部纳入日常养护范围,11个乡镇都落实管理养护人员、办公场所和设施,实行农村公路规范化管理和养护。

农村公路"路长制"。按照2020年底县委、县政府下发的《靖安县农村道路"路长制"实施方案》,落实县、乡、村三级管理体系和长效管理机制,启动考核机制,经县政府同意,参照靖安县国省道"路长制"管理模式委托第三方考评机构对农村公路建、管、养、运工作进行考评。县政府专门下文并安排财政资金补助每个乡镇3万元,对乡镇农村公路管理养护站和"路长办"进行正规化建设。

抓好省道415双溪泥窝至三爪仑大道绕城一级公路改扩建项目前期工作。起点于双溪镇泥窝和环城北路(国道353)交叉口处,终点接三爪仑大道,全线拟按一级公路标准建设,设计时速80千米/小时,路基宽度为24米。该项目全长约8千米,靖安县成立了省道415工作专班,下发了省道415专班工作管理办法。聘请省交通设计院编制项目建议书和可研报告初稿,初步确定路线规划走向。

农村公路生命安全防护工程项目建设。2021年计划实施农村公路安全生命防护工程处置村道隐患里程170.7千米,基本完成。

县道升级改造项目建设。完成4个项目41.2千米,即:双溪南外至香田路段15.4千米、仁首周口至宝峰周郎段3.1千米、铁门堑至南村路段15.2千米、宝峰镇至游源路段7.5千米。

乡道、村道拓宽项目建设。完成6个项目27.9千米,即大梓至周郎5.2千米、仁首大桥至金田雷家1.1千米、沙港至北坑10.6千米、水垅至团头坪5.6千米、仁首至车头1.4千米、新庄至南坪4千米。

推进农村公路产业路、公益事业路和路网连通路项目建设。完成4个项目11.2千米,分别为环城南路至公墓山通道3.3千米、石境社背至武宁坳2.3千米和铁门堑隧道口至塘埠鸣洞2.6千米、仁首茶方公路3千米。

农村公路危桥改造建设。完成10座危桥改造,分别为仁首镇徐家桥、舒家桥、莲塘桥、下家滩桥、水口乡龙井桥、璪都镇黄浦桥、高源桥、学堂桥、老璪都桥、罗湾乡风门桥。

靖樟高速列入国家高速公路网规划,并向交通运输部申请要求将靖樟高速列入"十四五"期间国家高速公路网建设项目。该项目于2021年完成可研报告初审。

运输生产。全市有汽车客运二级站1个,年平均日发班次270班次;全市拥有客车65辆,客车班线16条,其中通省际班线1条,跨设区市1条,设区市内3条,县内11条。全年完成客运量91.5

万人次，客运周转量 369.6 万人千米。道路货运企业户 56 户，从业人员 1889 人；货车 859 辆，吨位 22463 吨。全年完成货运量 348.6 万吨，货运周转量 68775.3 万吨千米；分别同比增长 3.2% 和 3.42%。全市出租车企业 1 家，出租车 18 辆，从业人员 15 人；维修企业 1 家，从业人员 8 人；车辆综合性能检测站 1 家，从业人员 15 人；检测车辆年审 2538 辆。汽车驾校 3 所，教练车辆数 46 辆。从业人员 73 人，培训驾驶员 1024 人。

节假日旅客运输。春运期间，汽车站共投放运力 45 辆累计运行 9488 班次，运送旅客 8.4 万人次，组织加班、包车 28 趟次。清明节、“五一”“十一”等节假日旅客运输，科学合理调配运力，均未造成假日期间旅客滞留现象。

客运网格化。深化“镇村公交”建设，在以公交客运、定制客车、新能源巡游出租车、网约车多元化服务的基础上，优化公交线路，延伸客运服务，满足群众个性化出行需求。新增县城至罗湾（欧源小镇）农村班线；新增仁首至棠港、县城至港背、县城至南昌交通学院的公交线路；7 月份对全县 44 个公交站台进行维修翻新。

物流产业。回应“互联网＋”高效物流市场发展新业态，上半年靖安县申报了两家网络货运公司，省里批准一家。江西弘道网络科技有限公司在靖安县交通运输局办理了经营许可，公司在办理税务对接，预计 2022 年可以正式开始运营。结合宜春市“互联网＋第四方物流”供销集配体系建设实施方案和县里高质量发展的要求，靖安县交通运输局重点帮扶企业江西省优而信电商服务有限公司与靖安县供销合作社达成战略合作协议。这将解决靖安县农产品上行、工业品下行的最后一千米，真正做到上行揽收、下行集配、信息共享、终端寄递全链条运行，让全县 76 个建制村全部享受到“互联网＋第四方物流”所带来的快捷便利服务。

安全管理。从 2021 年 3 月到 5 月对全县 7 家危货企业进行集中整治工作。靖安县交通运输局组织开展全面安全生产执法检查 12 次。共检查运输企业 96 家次，共处理违规经营行为 60 多次，出动执法工作人员 70 多人次。

依法文明行政执法。从 2021 年元月 1 日起，公路路政治超事权由靖安县公路分局移交给靖安县交通运输局。靖安县交通运输局正式履行靖安县治超办和超限超载双溪整治点的工作职责，成立三个执法中队，建立联合执法常态化制度化机制，继续联合开展公安、交警、公路等部门开展日常执法和公路巡查，严厉打击“非法营运”、超限超载等车辆违章行为，保障道路运输市场规范有序。

突出源头治理，把源头治理作为长效治超、确保实效的关键，把源头管理工作做深、做细、做实，加大货物源头、车辆源头、车辆装载源头的监控和管理力度。全县 7 家货运源头企业均已签订《源头治超承诺书》和《规范装载协议书》；建立巡查制度，每月至少对企业巡查一次，督促企业规范装载，安全出场。突出联合执法，建立交通、公安、交警联合执法常态化制度化机制，继续实行路面治超联合执法，坚持齐抓共管、协同作战，巩固前期治理效果，始终保持严格执法态势。抓好交通运输执法领域突出问题专项整治行动，共发放征求意见表 122 份，梳理群众比较关心、影响较大的意见 3 条，建立台账，逐步落实。

抓好治超审计发现问题专项整改，成立以县政府分管领导为组长的整改领导小组，召开问题专项整改工作会议，对发现的 2 个问题制定整改措施并逐一予以落实。开展“大调研、大走访”、“路政宣传月”、公路路域环境整治等活动。

科技治超。水口不停车检测点 2021 年 11 月正式启用，省市规划的该县中源、欧源、宝峰和仁首 4 个第二批不停车检测点建设按照省市要求在 12 月如期完工。建设不停车检测点，将进一步依托“互联网＋监管”的技术手段，通过动态称重和视频实时抓拍设备，对公路路面行驶的货运车辆进行实时监测，达到路面执法线下精准、非现场执法线上高效的科技治超模式。

“双创”工作。清理菜地 200 余平方米，拆除违章搭建 3 处，与相关部门配合，全面整理了责任区内的杂乱线路和污损路面、墙面，搭建电动车充电棚 3 个。

（程凌）

奉新县

2021 年，奉新县交通运输局坚决贯彻中央“六保”“六稳”决策部署，全面加快现代路网建设，推动交通运输事业发展提质升级。

公路基础设施建设。农村公路建设，服务乡村振兴，切实改善农村人居环境。2021年民生实事建设任务基本完成，完成县道升级项目2个28.2千米，乡道双车道及拓宽项目15个50千米；危桥改造项目15座，年底全部完成改造工程均达到合格竣工。计划报批的乡村道安防100.6千米全部完成。改善农村人居环境和出行条件。

公路建设。奉新县交通运输局完善路网结构，争取专项公路项目，2021年向上争取澡溪—仰山—罗市—会埠公路41千米列入专项公路计划。将县道升级项目干洲至渔塘、专项公路宋埠至中保、产业路国道354至奉新赤岸现代农业示范园、天工大道至奉新跃进水库90兆伏渔光互补光伏发电站等4条公路共29.8千米打包成一个项目进行招标实施。11月，宋埠至中保、渔光互补发电站道路路基工程基本完工，干洲至渔塘、现代农业示范园项目征地拆迁工作的任务基本完成。

农村路网。2018年起将赤岸—会埠21千米、冯田至宋埠11.7千米、沿里至下坑8.6千米、马路口至仰山15.3千米、晋坪至石溪12.6千米，共计69.2千米县道和环城南路8.3千米、环城北路7.6千米一同打包组成奉新县交通基础设施综合提升改造PPP项目，总投资8.5亿元，解决该县农村公路建设资金不足的问题。这些项目的实施后，特别是全长16.02千米的环城南北路一级公路建设建成通车后，将拉大奉新县城市框架，优化人居环境，提升城市形象。

农村公路管养。奉新管护的农村公路有1729.628千米，其中：县道235千米，乡道455千米，村道1038千米。在健全了各类养护机构，落实经费保障，实现全面覆盖的基础上，强化对聘请48余名县道公路养护人员的业务培训、绩效管理，加强对各乡镇（场、办事处、管委会）、村道路的日常养管工作的督查和指导。

农村公路管养。推动农村公路管养体制改革，《奉新县深化农村公路管理养护体制改革实施方案》于2021年8月9日经政府第79次常务会研究通过并下发。该《方案》强化农村公路管理养护资金保障，明确从2021年起，县财政资金按县道每年每千米8000元，乡道每年每千米4000元，村道每年每千米2400元核拨农村公路养护经费，并建立起与养护成本变化等因素相关联的日常养护资金动态调整机制，该县财政用于农村公路管养的经费增加2倍以上，养护标准和水平有了提升。

乡村道养护人员。按照"县道县管、乡村道乡村管"的原则，235千米县道全部由该局管养，分平原片和山区片，分别由交通运输局养护所赤田站和上富站负责，从县道沿线直接聘请符合条件的（贫困人员优先）养护人员48人进行县道养护。正在结合"农村公路路长制"创建一套管养信息化平台，对养护人员的出勤、道路巡查、养护效果，以及路域环境等进行综合管理，从而更好更科学地进行农村公路管理和养护。

完善农村公路管理养护体制，强化资金保障。2021年8月，县政府出台深化公路管理养护体制改革实施方案，县政府统一领导本县农村公路管理养护工作，按照"县道县管、乡村道乡村管"的原则，明确了相关部门、乡镇农村公路管理养护权力和责任清单，对相关部门和乡镇工作进行指导、监督和考核，制定了本县农村公路管理养护政策和制度，按照"有路必养、养必到位"的要求，将农村公路养护资金及管理机构运行经费和人员工资支出纳入一般公共财政预算，县财政局负责筹集和落实农村公路养护县本级补助资金，会同县交通运输局指导和监管全部补助资金的使用。明确农村公路养护工程省级补助资金"县道每年每千米15000元，乡道每年每千米7000元，村道每年每千米2000元的标准统筹安排"。县财政局按县道每年每千米8000元，乡道每年每千米4000元，村道每年每千米2400元承担配套资金，2021年资金全部到位并完全用于农村公路管理养护。

公路治超。调整优化治超队伍，确保公路治超有序开展。2020年9月11日接管公路治超工作以来，奉新县政府及时调整了县治超领导小组成员单位，重组了联合治超队伍，充实了中层干部队伍，增设2个副站长，调整了2个中队长，重组后治超站有工作人员25人。在各部门联合执法下，治超站以三轴及以上货车为重点，开展路面联合执法，实行24小时工作制度，由三个中队循环开展治超工作。针对故意绕行逃避检测或者短途超限运输严重的情况，建立流动治超工作"行不定时、路不定点"工作机制。截至10月31日，全县治超联合执法工作共出勤治超执法人员2333人次，出动治超执法车辆909车次，共检查检测车辆31651辆，对325辆超限超载车辆实施卸载转运货物计7611.4吨，交警扣分393分，共恢复非法改装车辆6辆。

科技治超。与时俱进全面施策，推进源头管控科技治超。围绕"一超四罚、联合惩戒"两个核心，搭建治超信息共享平台，不断推进"信用治超"体系建设，对奉新的江西鼎力混凝土、兴源采石加工场、奉砂砂业等7家货运重点源头单位全部完成称重检测、视频监控设备的安装，年底全部与省治超平台对接。加快科技治超工作步伐，2021年在普通公路建设不停车检测点3个，共计6条标准车道，11月30日前完成外场建设任务，年底新增非现场治超执法设备3套，大幅提升公路治超能力。

生活出行。积极投放运力，增加运力供给，加大政府财政支持力度，满足公众出行需要。2021年，奉新有汽车客运二级站1个，客运站服务人员15人，年平均日发班次106班次；拥有客车53辆，全年完成客运量163.02万人次，客运周转量769.43万人千米。道路货运企业户289户，新增货运企业25家，从业人员3900人；货车3100辆，吨位85708吨，新增货车389辆，8015吨；全年完成货运量11485万吨，货运周转量5787781万吨千米。维修企业103家，从业人员360人；车辆综合性能检测站3家，从业人员35人；检测车辆年审22607辆。汽车驾校9所，教练车辆数173辆。从业人员225人，培训驾驶员4373人。

该县现有城市公交公司1家，城市公交线路5条，公交车46辆（新能源车）。为更好满足群众出行需求，一是加大县财政支持力度，每年补贴480万元确保城市公交的正常运行。二是加快城市公交基础设施建设步伐。在自身经费紧张的情况下，奉新县交通运输局仍筹集资金40多万元对全部49座城市公交候车亭和两个客运站点加装了安保设施。三是增加运力供给。2021年开通了黄溪工业园区5路公交、晚间学生定制公交，并积极开展奉新至南昌城际公交的可行性论证工作。通过努力，最大限度满足群众安全、舒适、便捷出行需求。

该局累计受理12345政府热线各类投诉185件，公众出行的100多起，均在第一时间进行了妥当处理，并责令、督促有关企业及人员及时改进优化服务，推动客运服务业朝着规范便民的方向提升发展。推动货运业健康有序发展。

（办公室）

高安市

2021年，高安市交通运输工作突出抓好重点项目、行业管理、安全生产、队伍建设等工作，锐意进取，攻坚克难，奋力谱写了高安交通高质量发展新篇章，各项工作成效显著。

改革创新助力交通发展。高安交通系统进行机构大整合，将17个交管站的有关行政执法权进行归并，把运管所的有些行政执法职能进行下放，对基层执法力量进行整合，按片区管理先后成立了10个执法中队，每个中队配备了20至30名工作人员，完善了执法工作机制，提升了执法装备水平，提前完成了基层执法中队的整合，高安市交通运输综合行政执法大队和高安市交通运输事业发展中心已经挂牌成立，将进一步明确职能，提升执法效率和审批服务水平。

重点工程项目稳步推进。一是3个新型城镇化建设项目有效推进。瑞州大桥建设工程项目在6月11日已经建成通车，瑞州东路东延工程基本具备了竣工验收条件，华林路贯通工程也已经接近尾声。二是320国道改线工程项目开工在即。320国道改线工程项目起于祥符镇竹龙村，终于龙潭镇老虎山烈士纪念园西南600米处，全长25.254千米，龙工大道向北延伸2.163千米至新国道320，使新老国道320有效联通；320国道高安境内改线项目土地报批、环评、安评、稳评、初步设计批复等前期工作已完成，将进行施工图设计批复、工程招投标并启动征地拆迁等工作，做好开工前的准备工作。三是大城至黄沙专用公路前期工作进展顺利，大城至黄沙专用公路项目全长约43.446千米，路线起点位于高安市大城镇赤土村省道218，经过荷岭镇、蓝坊镇，终于黄沙岗镇省道218平交口处。3月份，该项目已上报到国家发改委。

"四好农村路"。高安市以创建"四好农村路"省级示范县为契机，以"建好、管好、护好、运营好"为目标，加快推进"四好农村路"建设，制定了《高安市2020-2021年公路建设大会战实施方案》和《高安市2021年公路建设实施方案》，累计投资44671万元，建设县道升级改造项目16个86.8千米，乡道双车道改造项目35个133.5千米，窄路面拓宽项目13个32.8千米,确保了修好一条路,打造一片秀美乡村、发展一片产业、带动一片乡村旅游,方便一方群众,以"金线串葫芦"的模式,串联起秀美乡村、产业发展、生态旅游,推进了交通基础设施全面提档升级,公路面貌焕然一新。12月,高安市取得了"四好农村路"省级示范县荣誉称号。

客货运输。2021年,高安市拥有客车265辆,客车班线55条,全年完成客运量607.42万人次,客运周转量15511.85万人千米。城乡客运车辆146辆(其中92台城市公交延伸使用公交车辆);出租车公司2家,共有180辆出租车;城市公交公司3家,共有73辆公交车。坚持将推进公共交通事业、满足人民美好出行的需求作为工作重点,落实了65岁及以上老年人、现役军人以及优抚对象免票政策,通过城乡公交不断向村组延伸和开通镇村公交,实现了高安市299个建制村(2千米覆盖)通车率达到100%,同时,积极推动纯电动公交车的使用,城市公交纯电动公交占比达到100%,城乡客运纯电动公交占比达73.5%。道路货运企业户5125户,从业人员144725人;货车153364辆,吨位2754101吨。全年完成货运量2.58亿吨,货运周转量2079.57亿吨千米。维修企业110家,从业人员1246人;车辆综合性能检测站13家,从业人员210人;检测车辆年审20211辆。汽车驾校19所,教练车辆数635辆。从业人员825人,培训驾驶员19533人。

交通运输服务。高安是汽运大市,围绕汽运产业发展大局,高安市交通运输局不断深化落实"放管服"改革,优化交通营商环境,切实做好服务这篇大文章,持续推行服务窗口前移、审批流程简化、推行延时错时服务等一系列便民惠民举措,实现从业人员从"两头跑"到"一次办"甚至"网上办";在干部作风转变上,制定了《转作风、优服务,打造一流交通营商环境实施方案》和《执法领域突出问题专项整治活动方案》,对影响交通营商环境的具体表象问题进行整改,大大提升了交通营商环境,交通运输服务得到了办事群众的肯定。

行业监管。全市汽运公司及物流公司4918家(危货14家),国家4A级物流企业46家,机动车维修企业102家,货运车辆达13万余辆,运力突破150万吨,从业人员20余万人。不断强化动态监管,建立了科学有效的事前事中事后监管制度,不定期开展客货运市场、维修市场、驾培市场等专项行业整治活动,通过接收群众投诉举报定点检查和"双随机、一公开"抽查相结合,做到监管点面结合,维护了道路运输市场秩序,全年查处非法网约车及"黑的"11辆,查处非法改装维修点113家,查处驾培企业学时造假2例,场外培训3例。

治超执法。坚持"加大路面执法力度、加大源头管控力度、启用科技治超手段"三管齐下,一方面,各执法中队采取不分地域不分时段的机动灵活执法方式,加大对矿山企业、水泥厂、搅拌站等重点源头企业的巡查力度,巡查中若发现超限超载配货行为,第一次进行约谈,第二次责令停产一个月,第三次责令停产三个月,第四次吊销企业经营许可,有力规范了企业经营行为;另一方面,通过启用村前、筠阳、相城、大城四个非现场执法检测点,24小时不间断地对路过车辆进行超限超载检测,将系统监测的违法超限超载车辆的超载数据作为行政处罚的依据,弥补了路面执法工作上的不足;10月又启动了第二批不停车检测建设项目,新布点大城、蓝坊、独城、太阳、杨圩5个不停车检测点,已完成了建设项目的设计、设计方案的批复、项目网上公开招标公告等工作。2021年,治超工作共切割并恢复非法改装车辆原状236辆,停业整改违规源头企业9家,卸货62500吨,非现场处理违法车辆1500多辆。

安全生产。落实好行业主管部门监管责任,强化安全隐患排查和治理,常态化进行督察检查,保障了运输企业、在建工程、桥梁渡口等安全平稳;采取安排客运中队常驻与执法人员抽查相结合的形式,加强对客运站场履行安全主体责任落实,做到"三不进站、六不出站"制度化、常态化;对危货运输企业采取24小时不定时督查检查的方式。2021年,共下达停业整顿通知书262张,约谈存在安全隐患企业320家,行政处罚108家,注销道路运输证84个。

(高安市交通运输局)

上高县

上高县交通运输局深入贯彻落实交通强省发展战略,紧盯任务目标,努力推进农村公路建设,道路运输发展,保障行业安全稳定。

重点项目建设。上高县墨山乡石水村至蓝山水库公路工程已完成8.3千米老线段中填方路基填筑，挖方段路堑约90%，3.13千米新线段中土石方工程约90%，路面垫层摊铺施工完成5.2千米；新改建田心至九峰至徐家渡公路改造工程完成路基工程75%、结构物65%，路基正在施工中，完成投资1200万元；宜万同城上高段建设有序推进；省委省政府重点民生工程城头大桥已完成招投标，准备开工建设中；上高县货运产业园项目正在重新进行可研、申报立项。

农村公路建设。1.项目建设。2021年目标任务为新改建农村公路80.5千米（含专项公路），危桥改造5座，生命安全防护工程73个73.3千米，计划投资2.92亿元。县道升级项目在建4个，完成路面25.5千米，完成投资1.4亿元；乡道双车道拓宽改造项目在建3个，完成路面6.8千米，完成投资1600万元；产业路、路网连通项目计划完成1个，在建2个完成路面2.1千米，完成投资546.2万元。完成新建库外村村连通公路及村内公路22.5千米，共投资808.5万元。完成危桥改造续建5座187.24延米，共投资734万元。村道生命安全防护工程已进入财审阶段。全年农村公路项目建设完成投资1.77亿元，完成投资计划57.9%。2.道路管养。一是加强道路安全隐患排查，针对该县境内全部农村公路开展安全隐患专项整治，处置隐患30处，依据排查结果规划"十四五"农村公路村道安防项目421.2千米，涉及隐患路段1316处。二是加强道路日常养护，拨付2020年全县农村公路日常养护资金201.41万元，开展日常养护检查105人次，出动养护人员8000余人次，各类养护机械设备400余台次，清运垃圾、杂物3万立方米，整修路肩623.5千米，清理边沟534.2千米。3.工程监督。截至12月，受理农村公路建设项目施工许可申请8份，检查在建工程73次，开具质量安全问题整改意见通知书7份，并监督整改到位。完成县道升级改造工程田心至芳山、上高至八角亭公路（县道558田心镇至南塘）、路网联通路枧头至牛泥塘；10座中桥交竣工验收；对56个农村通组公路进行取芯检测，取芯质量均合格。

道路运输产业。2021年，全市有汽车客运二级站1个，客运站服务人员25人，年平均日发班次180班次；全市拥有客车391辆，客车班线43条，其中通省际班线1条，跨设区市3条，设区市内3条，县内36条。全年完成客运量118.7万人次，客运周转量926万人千米。道路货运企业户302户；货车3738辆，吨位56563吨。全年完成货运量1131.26万吨，货运周转量108600.96万吨千米；分别同比增长1.2%和0.8%。全市出租车企业1家，出租车81辆，从业人员98人；维修企业45家，从业人员218人；车辆综合性能检测站5家，从业人员105人；检测车辆年审4661辆。汽车驾校13所，教练车辆数201辆。从业人员174人，培训驾驶员5045人。一是保障客运畅通，春运期间投入营运客车390辆，发送跨县旅客1.6万人次、县内旅客27.13万人次，出租车订单15.02万单；顺利完成中高考运输保障任务。二是做好污染防治，严把营运车辆准入关，2021年已淘汰国三及以下的柴油货车37辆；整治汽修喷漆烤漆行业，对10家不合规门店下发整改通知书，对5家整改不到位企业封停，提升汽修水平，2021年3家企业列为汽车排放性能维护（修理）技术示范站。三是规范驾培机构，新增1家机动车培训机构；整治学时造假，查处教培机构1家。

行业监督管理。1.保障安全生产方面。一是压实安全生产责任，严格落实班子成员"一岗双责"责任制，约谈主体责任落实不到位的企业59家次，通报企业2家、停业整顿1家。完善"两客一危"运输事故应急预案和应急处置机制，认真开展安全生产专项整治三年行动；二是强化隐患排查，每月定期开展隐患排查和企业隐患自查，出动检查60人次、企业自查80家次，排查和自查隐患117条，均已整改到位。三是落实铁路沿线整治，上新铁路非法道口加装阻挡栏杆18处，推进铁路"双段长制"落地，并取得成效，通过"双段长制"平台处理塔下铁路隐患2处。2.落实疫情防控方面。一是落实常态化管控措施，指导客运站场严格落实进出车站及乘车测温扫码、佩戴口罩，外来返上人员乘车登记，站场及车辆定期消毒通风等常态化疫情防控措施。津通冷链从业人员每周一次核酸检测。综合执法大队1—2周对客运企业进行一次防疫督查，已下发4份整改通知书，均已整改到位。二是积极推动疫苗接种，本单位及冷链、客运企业、租车平台、货运企业人员接种1127人。3.开展打非治违方面。查处非法经营"黑的"63辆，违规网约车11辆，违规客车13辆、出租车1辆，非法改装货运车辆78辆，受理投诉举报案件11件。查处占道经营18

起，违法埋设管线 2 起，污染抛洒 2 件。拆除违法标志牌 37 块，清理违法加水站 15 处。4. 治理超限超载方面。一是完善规章制度，会同县治超领导小组成员单位完善修订了《上高县货运车辆公路治超管理办法》，规范治超执法行为，提升治超工作效能。二是落实源头管控，联合第三方后台监控机构，督察货运源头企业 71 次，针对不规范装载车辆出场行为对 6 家重点源头企业下发了限期整改通知书，对 3 家不规范装载车辆出场现象严重的重点源头企业分别处以 1 万元的罚款。三是加强路面执法，出动执法人员 1467 人次，出动执法车辆 356 车次。查处各类违法货车 296 辆，卸载货物 6849.5 吨，切割非法改装货车 51 辆，罚款 1110100 元。移交交警处理超限超载车辆 168 辆，交警罚款 188700 元，扣分 972 分。

（邹华平）

宜丰县

2021 年，宜丰县交通运输局完成各项工作任务，为宜丰经济社会高质量发展提供坚实交通运输保障。

交通基础设施。省厅下达宜丰农村公路总投资目标任务 2 亿元，实际完成 2.4684 亿元，完成率 123.42%，其中：计划内项目完成投资 0.6064 亿元，新建计划外项目 1.862 亿元；县道升级改造、旅游路、资源路、产业路、路网联通路、建制村双车道改造等农村公路建设目标任务 50 千米，实际完成 61.3 千米，完成率 122.6%；危桥改造 4 座，完成率 100%。强力推进重点项目和县道升级改造，耶溪大桥重建如期竣工。工业园至火车站公路新建工程有序推进，启动草坪至洞山、天沐温泉项目配套公路、党田至敖桥、桥西刁丰至县道 806 至何家村竹丛组至 320 国道三级公路、澄塘至名山、秀溪至清水桥里、长桥至甘坊、芳溪至打石塘等公路改造，完成高坪至水口县道升级工程（续建项目）。

保障和行业管理。推进事业单位试点改革，成立宜丰县交通运输发展中心，完成交通运输综合执法大队人员转隶、法人登记、编制实名等工作，公路路政管理和治超事权移交实现平稳过渡。

细化疫情防控运输生产。全面落实防控责任，细化防控措施，推行点对点定制公交和定制客运，在客运站设立党员驻站岗，加强维稳和疫情值班值守，全县运输经济稳步增长，全年实现客运量 140.85 万人，客运周转量 9838.55 万人千米；货运量 985 万吨，货运周转量 301515 万吨千米，分别比 2020 年增长 42.16%、29%、5.12%、7.47%。

客货运输市场管理。强化节假日运输市场管理，确保春运等节假日运输安全有序、方便快捷，积极帮助运输企业解决在发展中遇到的困难和问题，截至 12 月，全县新增营运车辆 672 辆，年审货车 4360 辆，其中网上年审 2709 辆。

路政及治超管理。调整治超领导小组机构。组织召开了全县治超会议。联合交警、治安等部门，多次开展货运车辆违法行为整治"百日行动"，车辆严重超限超载态势得到有效治理。坚持 24 小时不间断巡查和接举报随时出警，在主要干线公路上进行高密度、高频率的流动巡查，严重超限超载运输车辆明显减少，运输环境逐步改善。发挥科技治超的引领作用，在全县各（国省）干线和出入境公路新建了 2 个不停车超限检测点。联合相关部门定期到源企业检查，抓好源头管理，杜绝货运车辆超限超载。共检查车辆 7000 余辆、查处超载货车 357 起、非法改装 9 起、其他违法车辆 60 余起。

安全生产。围绕道路客货运输、交通执法、公路施工及养护安全等重点领域，紧盯方案、紧盯隐患、紧盯专题、紧盯落实，强化督促指导和执法检查，坚持不懈推动企业主体责任落实，持续开展道路客货运领域突出问题整治，加强"两客一危一货"安全监管，加强旅游包车、班线客车专项整治，营造良好的安全生产环境。

（漆志勇）

铜鼓县

2021 年，铜鼓县交通运输局推进项目建设，维护行业安全稳定，推动全县交通运输事业高质量发展。

交通基础设施建设。全年推进中心城区项目 5 个，总长 9.25 千米，概算总投资 1.9 亿元。怀远路（原西湖路）3.04 千米，凤凰大道（原石桥河北岸沿河路）1.9 千米，建成通车；老公安局侧道路 0.33 千米级配垫层已完成。温泉大道 2.72 千米，凤山北路 1.26 千米，正在加紧施工。

农村公路桥梁建设。全年新增开工项目 30 个，其中县道升级改造项目 4 个：石桥至上庄 11.7 千米、澡头至大梅 7.9 千米，沥青路面于 10 月完成了交工验收；胆坑至大感桥 14.6 千米，完成路基工程；棋坪至港口 22 千米，开工建设。乡道双车道改造项目 4 个 31 千米，完工 1 个，其余 3 个项目正在施工。窄路面拓宽项目 9 个 30.6 千米，完工 28 个，1 个在建。产业路、公益路 4 个 3.3 千米，全部完工。新开工桥梁建设项目 9 个均完工。

农村公路养护管理。出台《路长制》实施方案，将全县 865 千米路段细分给 136 个路长进行管理养护、网格划分、责任到人，同时制定"路长制"工作考核办法，解决长期以来农村公路管养不力的难题。

交通运输市场。公路、水路运输快速发展，全县共有班线 51 条，城市公交车 16 辆、城乡公交车 35 辆、客运班车 41 辆、出租汽车 39 辆。全年完成道路客运量 18.76 万人次、客运周转量 503.38 万人千米。营运货车 3975 辆，全年货运量 1675 万吨，货运周转量 253.27 万吨千米。新增客运船 2 艘、共 60 座，新增快艇 8 艘 24 座，全年水运客运量 15.5 万人次。

道路运输管治。全年共检测货运车辆 3758 辆次，查处超载超限车辆 51 辆次，卸载货物约 1105 吨，查处擅自改装车辆 10 辆次。新建江头治超点，完成主体工程。

公交出行。优化客运班线四条，开通公交班线到站 APP 在线查询服务，对老人、学生群众开设优惠办卡业务，公交乘坐率同比增长 30%。

交通安全。提升全县道路安防水平。投入 700 余万元，建设生命安全防护工程 29 千米。投资 500 余万元，对全县客运班线线路 42 处计 9800 平方米破损路面进行修复；抢通修复路面 35 处，长 6 千米；清理道路塌方 76 处约 5 万余立方米；新建路基、边坡挡土墙 11 处计 2600 余立方米。

交通运输行业。共计出动执法人员 1200 余人次、执法车辆 320 辆次，查处非法改装车辆 12 辆次，列入黑名单车辆 1 辆次。开展水上交通安全执法检查 22 次，出动执法人员 60 余次，排查安全隐患 10 个，下发整改通知书 2 份。

（黄祖芳）

万载县

2021 年，认真开展党史学习教育，大力推进"四好农村路"建设，巩固脱贫攻坚成果，为红色名村、乡村振兴建设当好先行。

基础设施建设。万载县国道 220 绕城一级公路建设项目全长 14.758 千米，项目起于鹅峰乡石狮里万载县煤矿前，途径鹅峰东田村、下穿昌栗高速、多江村、康乐联和村、下穿省道 308（粉塘立交）、兴联村、马步新民村，终点位于万载县马步乡银田村万宜高速万载连接线，路线全长 14.7584 千米。项目采用一级公路标准，设计时速 60 千米/小时，路基宽 24.5 米，路面宽 23 米，总投资约为 7.5 亿元。该项目 2019 年 3 月开工建设，2021 年底建成通车。

宜万同城快速通道，项目在该县境内含主线（国道 220 万载至袁州段改建工程）和连接线（国道 320 上高墨山至万载段改建工程）两部分。连接线起点于万载县工业园（万载与上高交界处），途经鹅峰布塘村、严坑村、益连村，康乐街道十字布村、福星村，马步乡郭村村、布城村，与主线终点对接，全长 10.023 千米，按一级公路建设，路基宽 25.5 米，设计时速 60 千米/小时；主线起于国道 220 与锦绣大道交叉口，途经袁州区、宜春经开区，终于万载县布城村，路线长 32.192 千米，按一级公路兼城市道路功能建设，万载县境内长约 3.046 千米，主线至老国道 320 连接段（新建段）约 0.458 千米，宜万高速万载连接线（改造段）约 0.405 千米，总长约 3.909 千米。项目总投资约 9.06 亿元。该项目于 2019 年 3 月开工建设，计划 2022 年 8 月完工。截至 2021 年底连接线段（国道 320 上高墨山至万载段改建工程）主体工程完工，主线段（国道 220 万载至袁州段改建工程）土石方工程完成 100%、垫层完成 100%，水稳层完成 70%。桥梁工程完成 80%，累计完成投资约 6.5 亿元。

省道 222 高村至三兴公路改建工程全长约 19.9 千米，总投资约 3.39 亿元，2020 年 9 月，可行性研究报告获批，施工图设计，水土保持方案，环评等前期工作正在推进。由省交通运输厅下达的红色景区公路三兴淖源至仙源界岭县道升级改造省级重点推进项目，全长 24.2 千米，拟投资 8500 万元。

2020年9月开工，预计2022年春建成。香山至芳万线6.14千米，杭桥至罗城7.92千米和狗冷坑至修万线2.8千米，三个专项公路建设投资2800万元，预计2022年3月建成通车。完成生命防护工程110千米，完成县道升级改造2个4.2千米。建制村通双车道项目5个18千米，旅游、产业路项目5个20.5千米，危桥改造项目5座。推行了县道日常养护市场化专业化规范化管理。投入500余万元对28处水毁抢修和隐患整治工程，保障群众出行畅通安全。全县第二批不停车测点罗城南垣村于12月31日前完成验收。

运输产业服务。路网建设不断完善，推动运输行业的发展。万载全县181个建制村通客车率100%。城市公交纯电动化。全县有4家客运企业，其中从事班线客运经营的1家，有营运客车139辆，客运线路34条，实现了万载至周边省、市、县客运班线全覆盖和县城至各乡（镇）客运班线全覆盖。运营农村公交线路180余千米，除5个山区乡镇外，13个平原乡镇均实现农村客运公交化，县城至各建制村班车通达率100%。城市公交车公司有纯新能源电动车50辆，有覆盖城区的公交线路9条，共计151千米。从事旅游包车企业2家，有营运客车29辆，其中大型高一级客车25辆，中型高一级4辆。可经营省、市、县际和县内包车（班车）旅游客运业务。还有40辆出租车和长驻万载2家25辆网约车，实行零距离一对一接送，满足广大城乡居民的出行需求。年末全县拥有载客汽车183辆，5490客位，同比分别增加78%和52%。全年完成客运量320万人次，客运周转量15680万人/千米，同比分别增加15.8%和15.6%。全县拥有货运车辆7913辆，102869吨位，同比减少4%和23.6%。全年完成货运量3718万吨，货物周转量353210万吨/千米，同比均增加12.7%。

安全生产。全年治理安全隐患249起，完成整改246起，限期整改3起。警告并约谈经营企业2家，罚款3万余元。查处非法载客营运车57辆。其中载学生黑校车12辆，一般非法营运私家车18辆，黑网车8辆，载客三轮电动车、摩托车19辆。全系统全年未发生道路运输安全责任事故。积极化解行业矛盾纠纷，受理群众信访5件，诉求工单213件，受理率和办结率100%，群众满意率为98.1%。

（胡爱仙　王松州）

抚州市

2021年，抚州市交通运输局交通运输工作成果丰硕。抚州市交通运输局获得省厅安全生产先进单位、全省道路运输工作先进单位、全市法治政府建设优秀单位；抚州市交通窗口被评为全市"担当实干、勤于奉献"先进窗口；局机关获得了国家机关事务管理局等部门联合授予2021年度全国节约型机关。

交通基础设施。重点工程项目建设攻坚提速。东临环城高速进入实施阶段，南昌至南丰高速、资溪至南丰高速、崇仁至莲花高速、金溪至浙赣界高速列入省高速公路网规划。钟岭大道西延、中洲大桥、王安石特大桥竣工通车。高速公路里程数全省占比12.4%。全市实施国省干线升级改造项目14个，总里程277.9千米，实际完成建设里程69.7千米。完成国道322南丰、宜黄、乐安境内公路应急抢修25.5千米，以全优路况顺利通过"小国评"。完成养护大修10.5千米、危桥改造3座、服务设施建设5个、桥梁安全防护提升162座。农村公路建设完成总投资额18亿元，完成新改建489千米、安防工程256千米、危桥改造47座。资溪县被评为"四好农村路"省级示范县。全市各地均出台了农村公路养护管理体制改革实施方案。农村公路路域环境大为改善，农村公路通行能力和安全水平显著提升，农村公路好路率达77%。

运输管理。11个县区、153个乡镇全部开通城乡公交线路，并延伸至具备开通公交模式的建制村，开通率达100%。11个县（区）全部开展"交邮合作"，覆盖61个乡镇。剩余乡镇通过"邮快合作"及其他合作方式进行覆盖，全市所有建制村全部实现快递进村。道路运输行业监管和服务能力有所提升。组织开展农村道路客运班线、危险化学品道路运输安全、道路客运接驳运输安全等整治工作。进行道路运输行业自查自纠整改工作和对全市车辆非法运输及非法经营成品油行为查处工作进行督查。2021年春运工作安全有序。全市道路运输共投入562辆客车，累计发班44662次，发送旅客53.3873万人次，铁路运输量49.3766万人次，完成旅客运输量102.7639万人次。开展全市冷链食品道路运输新冠肺炎疫情防控工作，排查冷链食品道路运输企业15家，车辆67辆，从业人员109人，2021年平均每月运输进口冷链食品数量760吨，国产冷链食品数量3296.5吨。

安全生产。全市交通运输系统连续34年未发生一起水路运输安全事故，连续8年未发生重大安全生产责任事故，全市交通运输安全生产形势持续稳定。坚持对标对表开展安全隐患排查整治。全市整治范围内企业数807家，"五个一"及专题宣贯活动开展807家，开展率100%；一般隐患排查2535条，已整改2535条，整改率100%；开展督导检查81次，行政处罚121次，罚款64.946万元。全面加强重点行业领域安全监管。在道路运输、城市运行、农村公路运行安全、水路运输及交通工程建设等方面加强监督管理。切实提高应急处置能力水平。强化安全生产要素保障，完善应急预案体系，狠抓实战化应急演练，制定应急预案演练计划，组织各类应急预案演练177次，参演人数达2000余人。

绿色交通建设。推进新能源车运营比例。加快淘汰国三及以下排放标准的柴油货车，加强部门联动督促经营业户按规定及时报废更新车辆，全市共计注销老旧车营运证163件。鼓励公交、出租等城市客运车辆更新为新能源车辆，提高新能源车辆运营比例。推进机动车排放定期检验新标准落实。建立I/M制度，25家车辆检测站加入I站，110家一类、二类、三类维修企业加入M站，建立交通运输与生态环境部门排放检测和维修治理信息共享机制，两部门共同形成车辆尾气超标治理闭环管理。积极做好行业节能减排工作。全面完成公共机构节能目标年度任务。荣获国家级"节约型机关"称号。开展防治船舶和港口水污染工作。督促辖区21艘船舶全部完成污水和污油水防污染设备的安装检验工作。开展防治船舶污染和港口污染专项执法活动，累计出动执法车船100余次，出动水上交通执法人员310余人次，实现巡航里程8000余千米，检查各类船舶120余艘次。

信息化监管。推动全市普货车辆、船舶、教练车辆纳入交通运输第三方监管平台。为提高全市交通治理信息化、科技化水平，规划建设了"抚州市交通运输科技治超综合服务系统"项目。该项目包含三个子项：治超非现场执法系统、诚信信用体系平台、执法人员考核系统。做好第二批22个不停车检测点与省厅治超综合管理平台的数据对接工作。推广船舶水污染物联合监管与服务信息系统，督促辖区内水运企业、船舶注册船E行APP，目前辖区9家水运企业，共计88艘船完成了平台注册。

货运车辆超限超载治理。全市共出动治超执法人员约13.56万人次，检测涉嫌超限超载车辆206万余辆，查处超限超载违法车辆9150台，卸载超限货物38220.4吨，恢复改装车辆22辆，罚款1237.7万余元，交警处理案件1758起，合计记分6978分。2021年3月29日至2021年12月31日，全市15个不停车监测点共检测出超载（30%以上）车辆27386车次。

交通运输服务管理。抚州市交通运输局内设机构调整优化。撤销科教信息科，将规划科、基本建设监管科合并为规划基建科、运输科、安全监督科合并为运输安全科。市交通运输局内设职能科室由原来的11个调整为8个。局属事业单位机构改革顺利进行。撤销抚州市道路交通运输行政执法支队、抚州市水路交通运输行政执法支队，组建抚州市交通运输综合行政执法支队；撤销抚州市公路设计室；设立抚州市交通运输事务中心。推进"放管服"改革，不断优化政务服务。进一步落实简政放权相关举措，做好政务服务标准化工作，市局交通窗口2021年度被评为全市"担当实干、勤于奉献"先进窗口。

（陈根玲）

临川区

2021年，临川区交通运输局扎实推进交通基础设施建设，进一步规范交通运输行业管理工作，开展安全生产专项整治行动，不折不扣落实好党建工作，为建设"美丽幸福大临川"提供坚实的交通运输服务保障。

农村公路工程建设。全区共完成农村公路建设投资 1.8068 亿元，建设里程 93.86 千米。完成县道升级改造 18.7 千米。完成乡道双车道拓宽改造 12.3 千米。完成窄路面拓宽改造 26.8 千米。完成路面改造 10.862 千米。完成"五路"（旅游路、资源路、产业路、路网联通路、公益路）建设 25.2 千米。完成危桥改造河埠乡董家桥、东馆镇砂桥吴家桥 2 座。加快农村安全生命防护工程建设。完成农村公路生命安全工程 22 条线 50.3 千米的测设等前期阶段工作，14 个 20 万元以下项目明确施工单位开工建设。完成岳龙线茅排段路基冲毁后，兴建砼挡土墙 269.1 立方米的抢险保畅通工作。

农村公路养护。完成养护大中修工程 10.862 千米及两处盖板涵测量任务，其中唱凯镇灵山至花明楼 3.364 千米全面完工，嵩湖至童车口 7.1 千米、唱凯国税局门口至低洲 0.398 千米开工建设。稳步推进农村公路养护管理体制改革，安全工作势头良好，实现全年无任何事故发生。稳步推进重点工程建设。才子大桥位于抚州市临川特大桥与龙津大桥之间，大桥长 548 米，宽 28 米，引道总长 612 米，路基宽 28 米，路面宽 22 米，项目投资约 2.9 亿元。工程于 2018 年 1 月开工，2020 年 8 月完工通车。2021 年主要工作是进行项目绩效评估，完善项目资料，进行项目结算评审。崇岗大道西延伸段工程。项目起于崇岗大道与汤显祖大道交叉口，向西穿越昌莆铁路及福银高速，与抚吉高速临川南连接线平交后往西跨越宜黄河，终于国道 236。项目全长 8.25 千米，宽 28.5 米，拟采用双向六车道一级公路标准建设，设计时速 60 千米 / 小时，项目总投资约 4.65 亿元，占地约 40.93 公顷（其中基本农田 17.87 公顷），主要建设内容由路基、路面、桥梁、涵洞等部分组成。进行项目初步规划，可行性研究，根据可行性研究初稿，抚州市政府决定临川区实施临川区境内 8.25 千米。

交通运输经营行为。开展打非治违整治行动。采取上路执法与源头监管相结合的方式，以定点检查、联合执法、专项整治等手段，打击非法经营活动和违章经营行为。对客运、危货及普货等重点企业进行安全检查，督促企业落实安全生产主体责任，做好安全隐患排查治理工作，建立安全隐患排查治理台账，及时整改，消除道路运输安全隐患，保障道路运输安全。与交警等部门继续加大"五车"及蹩士整治工作，查扣乱停乱放电动车等 3069 辆。

客货运输市场管理制度。强化客运站驻站管理，督促车站严格执行"三不进站，六不出站"制度；严格车辆出车前和回场后的安全例检，确保车辆技术状况良好；严禁"三品"和超载，做到车辆不带隐患出站和发车，确保旅客乘车安全；加强客车动态视频监控，定时抽查辖区内客运车辆、旅游客运车辆 4G 实时视频监控设备，将违规人员列入"黑名单"，督促企业加强安全生产管理工作；督促客运站落实新冠疫情防控措施，要求进出站人员佩戴口罩、进行体温测量、扫码，车辆及时消毒杀菌，做好疫情常态化防控。加大道路危险货物运输安全生产专项整治力度，全面摸清安全隐患和薄弱环节，健全制度、落实责任、切实整改，彻底排除重大安全隐患。增强道路运输行业工作人员的安全意识，进一步提高安全生产保障水平，依法关闭取缔非法违法企业，有效防范和坚决遏制重特大事故发生。进一步加大道路运输车辆动态监督管理，切实做好半挂牵引车和重型载货汽车卫星定位装置的安装工作，对于未安装或未按要求安装卫星定位装置的车辆，一律不办理道路运输证或进行年审。发展特色运输，大力推动现代物流业发展。对江西省公路水路建设与运输市场信用信息服务系统数据进行补录，清理注销无效数据，为以后企业和从业人员诚信考核夯实基础。落实"一次不跑"事项，积极开展驾驶员高频服务跨省通办、普通货物运输车辆网上年审工作，全年网上年审车辆 90 余辆。三是圆满完成上级下达的港航事业绿色发展各项任务。加强辖区内水路运输和港口管理，抚河流域生态环境整治工作落到实处。明确船舶所有人和经营人水污染防治及船舶港口经营人的港口污染防治工作主体责任，建立船舶油污水、船舶垃圾回收接收机制，规范船舶港口经营企业排放废污水。2021 年底实现所有老旧船舶拆解完毕，所有的船舶安装污水处理装备，促进了全区港航事业绿色健康有序发展。

全区拥有客车 348 辆 9977 座，货车 4050 辆 37844 吨，客货运输从业人员 10000 余人。完成客运量 829 万人次，客运周转量 44571 万人千米，分别比上年增长 3.8%、2.5%；完成货运量 894 万吨，货运周转量 56912 万吨千米，分别比上年增长 3%、

4%。一类汽车维修企业9家、二类汽车维修企业40家、三类7家，从业人员1300余人，总产值15000余万元；车辆检测单位有5家，从业人员36人，年产值360万。公路客运站9个，其中一级站1个、三级站1个、四级站2个、五级站3个、简易车站2个；驾培学校14家，其中二级驾校5家、三级驾校9家。

（临川区交通运输局）

崇仁县

2021年，崇仁县交通运输局以创建"四好农村路"和农村公路路域环境综合治理为抓手，全力以赴抓好农村公路的"建、管、养、运"，不断提升交通运输服务水平，在实施"十大工程"、开展"双创"工作中，充分发挥"交通先行官"的作用。

农村公路建设。实施县道升级改造项目2个、计23.7千米，完成袁家山至洛市（袁家山至抚八线段）17千米建设；红桥至里坊（白路至孙坊段）6.7千米，开工建设。推进乡道双车道改造项目建设3个、计12.3千米，即三川桥至雷公桥5.2千米、郭圩至庙下4.2千米、抚八线至曹坊2.9千米。窄路面拓宽项目5个项目，合计里程8.1千米，完成大里至源屋4.8千米，石宁线至曾坊、岔路口至石占线、郭庙线至磨上、罗枧至园区共3.3千米。建设完成袁洛线至金抚养殖场产业路0.9千米。完成农村公路生命安全防护工程项目2批计56.4千米。完成新建光明中大道工程1个、计1千米。

农村公路质量。推行项目工程的质量巡查、质量通报、抽样检测、质量运行分析报告、工程建设质量责任制等"五项"制度，重视四级质量保证体系建设，强化对农村公路建设的监管，在施工准备、材料采购、组织实施、试验与检验、竣工交验等各个环节中实行"全天候、全过程、全方位"监督，有力地保证项目建设质量，推动全县农村公路建设的健康发展。

农村公路养护。全县1588.391千米农村公路日常养护实现全覆盖，其中县道182.141千米，乡道385.441千米，村道1020.809千米。全县农村公路综合好路率达89%。

道路客运安全。全县共有营运客车310辆、9147个座位，其中班线客车20辆（大型客车17辆，中型客车3辆），出租车63辆，公交车227辆（班线客座935座、公交客座7897座、出租车客座315座）；公交车线路43条，其中城际公交线路3条，县内公交线路6条，镇村公交线路21条，农村区域客运线13条；全县道路客运班线12条，其中省际班线6条，市际班线5条，县际班线1条。全县乡镇通班车率100%，建制村通班车率100%，93.4%的建制村通了公交。完成客运量68万人次，客运周转量3500万人千米。坚持强化企业管理。以客运站场驻站为基点，监督客运站经营行为，认真开展汽车客运站经营行为专项整顿活动。重点督促客运站执行"三不进站六不出站"规定；杜绝客运站不按规定售票、不及时结算运费、乱收费等违规行为的发生。持续强化流动稽查。对运输车辆实行动态监管，执法人员每天不间断执行运输市场源头及路面巡查，重点检查客运车辆是否按规定携带"四证一牌"，对无从业资格证的驾驶员责令立即更换，对驾驶员和乘客未系安全带的客车不予出站，对不按核定班次运行、站外揽客、乱停乱靠、无证经营等违规行为执行处罚。常态化开展联合执法。联合交警部门开展联合执法，重点对镇村公交和农村客运车辆驾驶员资质证照、超员运输、安全带使用等进行集中整治，确保驾驶员证照与所驾车型相符，杜绝客车超员行为的发生，督促驾驶员提醒乘客系好安全带。加大力度巩固安全隐患整治成果，每季度、重大节假日和特殊时段开展客运企业安全生产排查，共排查出客运行业各类安全生产隐患58条，已整改到位58条，整改到位率100%；坚持每天对所属车辆动态监控进行抽查，抽查率不少于50%。

货运市场。全县共有营运货车772辆，8870.671吨位（普货企业102家，车辆579辆，吨位7976.836吨；危货企业3家，车辆48辆，吨位893.835吨，个体营运货车145辆，1731.1个吨位）。其中：普货企业102家（2021年新增普货企业21家，车辆99辆）；危险品运输企业3家，货运代办9家新增1家；2021年注销货运企业15家，车辆30辆。完成货运量207万吨，货运周转量60798万吨千米。该县坚持源头货运管理为重点，进一步加大危货监管力度。深入全县货运企业和货物集散地等源头部位认真开展企业调研，摸清货运企业从业情况，建立质量信誉考核档案。加强危险货物运输市场的管理，落实危货运输安全责任制。提高危运企业的准入门槛，加强对危货运输公司负责人的培训，落实安全管理制度。全年货运企业共排查出安全隐患46条，全部整改到位。

整顿道路运输秩序。打击违规经营，将非法营运"黑车"、异地经营、站外组客以及宰客、欺客等违法行为列为客运监管重点。对全县范围内"黑车"经常出没的路段及区域，采取全时段、全区域、连续性重点监控和打击。全年共查处"黑车"4起，其他违规经营行为16起，处罚金额45200元。加强联合整治，集中开展成品油市场专项整治活动，共组织联合执法10次，出动执法人员32人，通过开展专项整治，有效遏制非法成品油运输经营行为。完善投诉举报机制建设，安排专人受理投诉举报，认真做好举报案件的查处，收到各类投诉举报案件102件，全部反馈于投诉人，做到件件有落实，件件有回复，为道路运输秩序提供良好环境。加大"双超"治理力度，全年度共出动执法人员8349余人次，检测车辆29564台，查处车辆175辆，卸载吨位2903吨，处罚金额982500元（其中：治超罚款931000元、交警罚款51500元，扣分198分），录入超限超载车辆违法信息79辆。促使治超长效机制健全巩固、治理能力和水平明显提高、辖区车辆超限超载率明显下降、货运市场环境更加有序、道路安全形势持续好转。

（崇仁县交通运输局）

宜黄县

2021年，宜黄县交通运输局以创建"四好农村路"和农村公路路域环境综合治理为抓手，全力以赴抓好农村公路的"建、管、养、运"，不断提升交通运输服务水平，在实施"十大工程"、开展"双创"工作中，充分发挥"交通先行官"的作用。

交通基础设施建设。县乡道路升级改造（EPC）项目建设10条（9条县道、1条乡道），里程总长122.561千米。完成5条道路42.06千米的交工验收。棠阴至南源、神岗至新丰、黄陂至上堡、大鹿至县城段4条公路开工建设。完成宜黄县新客运站及公共服务设施建设工程的方案评审及可行性研究报告评审工作。宜黄县水北大桥维护加固工程完成装

饰和病害检测工作，对大桥进行维护加固。曹山寺景区外围道路建设工程道路全长1.439千米，项目预算总金额988.9073万元，其中建筑安装工程费为719.2257万元。

道路运输管理。完善车辆年审机制。完成道路运输证正（副）本办件273件、普通货物道路运输经营许可证2件、普通货物道路运输经营许可证延期3件、道路运输驾驶员诚信年度考核186件。优化客运服务体系。培育、壮大客运市场。大力发展农村客运，农村客运班车通村率继续提高，实现139个建制村通客车全覆盖，城乡公交一体化建设正在实施阶段。完成"春运"运输服务工作。参加春运的营运车辆6辆，备用运力班车3辆，公交新能源电动车58辆用于客运运输服务。对运输企业及驾驶员加强安全学习，提高安全意识。开展春运大检查，排除各项安全隐患，使各项工作井然有序，无安全事故的发生，春运工作圆满完成。积极培育货运市场。注销4家不具备许可条件的货运企业经营许可证。2021年共年审货运车辆132辆。针对危货企业驾驶员、押运员安全学习环节薄弱，督促企业创新学习方式，以网上安全学习软件取代纸质学习安全记录，科学化程序，对未达到学习时间的驾驶员、押运员，运管所、企业双管齐下，用约谈、处罚、扣分等措施加强监管。

基础管理。整理全县货运车辆档案资料，完善市场准入及退出机制，鼓励企业创新经营，集约化经营，降低运输成本，提高企业抗风险能力和盈利能力。深化维修市场管理。对全县273辆营运车辆进行技术评定、车辆档案的管理工作。加强驾培市场管理。完成186名驾驶员从业资格证年审、对127人进行换证并到驾校参加客货运输继续再教育学习工作。加强对驾校驾培GPS平台进行监控，教学行为进行管理，共培训学员3077人次，完成三家驾校的质量信誉考核及对驾驶员培训监管服务平台试运行升级改造工作。县汽车站例行安检率达100%，重大安全隐患得以化解，人民群众的生命财产安全得到有效保障。打击非法营运"黑车"15起，查处其他违法行为12起，共罚款65000元；在治超办稽查中共查处了18辆超限车辆，卸货301吨，共计罚款149950元（含交警处罚5100元），交警扣分18分。

2021年全县拥有营运车辆839辆，其中客车8车283座，货车831辆10581吨。共完成客运量

19 万人次，客运周转量 991 万人千米；完成货运量 274 万吨，货运周转量 80393 万吨千米。

（宜黄县交通运输局）

乐安县

2021 年，乐安县交通运输局圆满完成了既定目标和各项任务。

县重点工程项目。西环路大贯通建设工程（国道 322 绕城线）。项目施工单位、监理单位已招标，并签订协议，施工单位进场作业。龙潭大桥下部结构完成桩基 17 根，在建桩基 8 根。梁场路基填筑 4.5 万立方米，挖方 4.5 万立方米。乐安县东湖至南村公路新建工程（蝶栖谷、稠溪景区进出口公路）。完成初步设计和施工图设计，红线放样，增田、南村乡镇政府正在征地。交通基础设施 EPC 项目 A 标段包括省道 227 招携至漳灌公路改建工程和县道 915 徐庄至吓通段公路新建工程，省道 227 招携至漳灌公路改建工程完成清表 95%，挖土石方 85%，涵洞 85%，桥梁工程 100%，防护 80%，绿化（生态恢复）80%，路面底基层 85%，水稳上下基层 80%，下面层 80%，上面层 80%，交安 70%。累计完成总投资约 3.0 亿元，占总投资的 80%。县道 915 徐庄至吓通段公路新建工程累计完成路基土石方工程 100%、桥梁工程 100%、涵洞工程 100%、隧道工程 100%、路面工程 80%（只剩沥青混凝土上面层未施工）、绿化工程完成 100%、交安工程完成 80%，累计完成投资额 7300 万元，占投资额的 85%。全县道路白改黑提升工程（南环路）。南环路总进度 95%，完成土方工程 95%，照明工程 95%，道路工程、桥涵工程、排水工程、弱电工程、交通工程全部完成。蝶栖谷景区道路工程。所有土石方工程完成约 24 万立方米，盖板涵 8 道、圆管涵 16 道全部完成；东元桥和南村桥建设完成；完成挡土墙约 12700 立方米、水泥稳定碎石层 50860 平方米、水沟工程 7424 米、路面垫层 57777 平方米、挂网喷薄及客土喷播 47000 平方米。县道 067 谷招线天子地至招携镇段公路改建工程前期工作按计划实施中。

农村公路建设。开工建设县道升级改造 1 条 1.3 千米，谷岗至招携（瑶上－路南段）完成水稳铺设。

梅溪至代坊 3 千米，总投资 626 万元，正在路基施工。背漫水桥至寒南三岔路口计划 6.7 千米，总投资 527 万元，完成招投标，准备施工。前团至稠溪 9.6 千米。杨家至芫头 5.6 千米，总投资 550 万元，正在路基施工。农村公路危桥改造工程 10 座（其中预安排 4 座），完工 3 座，在建 7 座。完成脱贫攻坚巩固拓展交通建设项目 36 个，项目总投资 1390 万元，其中公路项目 23 个，桥梁 8 座，盖板涵 5 座。农村公路激励资金计划项目 2 个 1.0 千米，总投资 19.9 万元，全部完工。开工建设农村公路安全生命防护工程 1 个 4.4 千米，项目总投资 143 万元。1410 个自然村点位录入上图，全部录入基础数据库内，并将自然村基本信息和通达路线一并填入电子地图。

农村公路养护。将全县 8 条 180.809 千米交由惠通公路养护有限公司进行日常养护，乐安县交通运输局事业发展中心负责监管、考核。落实管护主体责任，实行县道县管、乡道乡管、村道村管的农村公路管理运行机制，路政管理人员每日上路巡查，及时制止各类侵占农村公路的违法行为，做好各类应急处置工作，先后出动巡查人员 80 人次，巡查车辆 200 余辆次，清除路障 130 余处，处理各类路产路权侵权行为 20 余起，查处污染公路及超载超限车辆损坏农村公路情况 60 辆次，有效保护路产路权。

道路运输。2021 年春运期间，全县共发送旅客 17.74 万人次。查处非法经营"黑车"38 辆、出租车违法行为和班线客车未按核定线路站点运行或上下乘客 5 起，纠正各类违章行为 49 起。全县拥有营运车辆 411 辆，其中客车 31 辆 1123 座，货车 380 辆 6210 吨。完成客运量 76 万人次，客运周转量 3934 万人千米；完成货运量 161 万吨，货运周转量 47183 万吨千米。

治超载超限。检查货车 22603 辆，查处超载超限货车 362 辆，卸货 5942.22 吨，罚款 240 万元，交警扣分 99 分。派出执法人员重点对货运场站、货物集散地、砂场、砖场等场所进行宣传和监管，向过往司机和群众发放宣传单 2000 余份，到货源企业和货运企业张贴标语并开展咨询活动 20 余次，杜绝超载超限车辆上路行驶。

安全生产。共约谈企业 6 次，排查安全隐患 38 次，一般安全隐患 31 个，对 19 个能立即整改的要求企业立即整改，不能立即整改的下发整改通知书限期整改。

（乐安县交通运输局）

南城县

2021年，南城县交通运输局完善交通基础设施建设，优化综合交通运输体系，提升服务供给品质，为全县高质量跨越式发展当好先行。

县重点工程建设。南城县综合客运枢纽中心正在进行施工图设计，新增的站前横路北延伸段开始进行方案设计。铁路物流园物流大道建设工程完成施工招标，正在办理征地拆迁、选址手续。

农村公路建设。全县完成农村公路项目投资约2亿元。新丰大桥重建工程完成建设投资3000万元（其中计划外投资1500）；完成麻姑山旅游公路等"五路"（资源路、旅游路、产业路、公益事业路、路网联通）工程共15千米、投资1.10亿元；完成的建制村双车道改造工程完成7个项目12千米、投资2200万元；完成计划外的建制村拓宽项目8千米；完成洪门中学至洪门大坝路面改造等公路养护大中修工程及其他水毁修复工程完成12.7千米、完成投资1200万元；完成村道生命安全防护80千米、完成投资2600万元。千方百计做好项目融资，向农发行申请用于农村公路建设的贷款，争取到客运综合枢纽和铁路货场专用公路等2个政府专项债券项目。

农村公路管养。完成洪门中学至洪电大坝等养护大中修工程12.7千米，完成游家巷至贺家、县城至天井源及貌陂至姑余等农村公路小修工程30千米。加强雨季公路养护，开展边沟疏通、路肩除草专项工作，进行清理塌方等公路抢修，做好农村公路路面保洁等日常养护工作，农村公路养护质量得到进一步提高，全县农村公路好路率达92.6%。

至2021年底，南城县公路总里程达1969.422千米，其中：高速公路总里程110千米（福银高速南城段长50千米、济广高速南城段长60千米），国道总里程67.8千米（206国道、316国道、昌厦公路），省道总里程88.2千米（前坊至德胜公路、南城里塔至崇仁公路），成为南城出境主通道；农村公路通车总里程达1703.422千米，其中：县道185.359千米、乡道409.952千米、专用公路5.854千米，村道1102.257千米。建成以昌福铁路、高速公路和国、省道干线公路为骨架、农村公路为脉络的纵横交织、四通八达、全面覆盖的公路交通网络。

城乡交通一体化。2021年全县拥有各类客运班线车辆53辆，公交车158辆，出租车66辆（含网约车），150个建制村通了客车，建制村通客车率100%，城乡居民出行基本实现了"无缝"对接，更加方便快捷。

公路春运。春运期间，全县公路运输共组织投放客运车辆910辆，日均25个班次，总输送旅客4240人次，比去年同期增长28.02%；总客运周转量106.5万人千米，比去年同期增长245.13%。

物流运输业。新增企业43家，新增营运货车1198台12557吨，全县拥有运输企业324家，货车12576辆183901吨，夯实抚州现代物流中心的基石。

行业治理。查处非法停放、私装车棚摩托车、电动车169余辆；开展打非治违专项整治、公路桥梁工程基本建设程序专项整治、"百日攻坚百吨王"货车违法超限超载专项整治、危化品道路运输安全集中整治等活动，重点查处各类违法行为，规范交通运输从业行为和运输市场秩序。打击非法营运实现联勤联动。联合执法共出动执法人员52人次，出动执法车辆6辆，集中检查高速出入口、高速服务区维修企业、营运客车、货车，登记检查维修企业2家、各类运输车辆536辆，查、纠各类交通运输违法行为11起，共查处各类非法经营行为12辆，罚款78000元。

平安交通建设。完成驾驶员从业资格证的诚信考核2674人次、从业资格证换证532名，继续教育490名，散发宣传资料200余份，悬挂横幅标语12幅，"两客一危"的上线率一直保持在95%以上，政府平台监控上线率达到100%。公路治超持续开展。2021年共出勤人次12457人次，检测车辆330371辆，查出超载超限车辆3042辆，卸载货物5248.56吨，罚款249.42万元，交警扣分914分，抄告车辆178辆，车辆超限率始终控制在1%以下，车辆超限超载现象得到有效遏制。

水上交通安全监管。出动执法船40余艘。执法人员200余人次，张贴通告30份、散发倡议书300余张，下发安全生产督办单2份，现场疏导游客800余人，驱离非库区生产作业快艇21艘、次，有力维护了库区秩序。完成渔船检验和监督管理职能交接，核查并接收渔船 68 艘。开展长江流域禁捕退捕工作，共回收渔船 175 艘，其中销毁 148 艘，封存 27 艘，排查水域"三无"涉渔捕捞船舶 112 艘。实施"僵尸船"排查和船舶碰撞桥梁隐患治理三年行动，有力保障了全县水上交通全年安全无事故。

2021 年，南城县拥有营运车辆 11803 辆，其中客车 53 辆，1107 客位，完成客运量 75 万人次，客运周转量 3878 万人千米；货车 11750 辆，185388 吨位，完成货运量 4801 万吨，货运周转量 1408558 万吨千米。

（南城县交通运输局）

南丰县

2021 年，南丰县交通运输局各项工作都取得发展，为促进全县经济社会又快又好发展作出了贡献。

交通基础设施建设。提升农村公路等级，减少等外公路比例，实现 70% 县道达到三级及以上水平，建制村通双车道比例达 60%，支持资源路、旅游路、产业路以及公益事业路建设，推进农村公路联网路建设，提高人民群众满意度。对新产生的危桥发现一座处置一座，完成 3 座危桥改造计划。完成安全生命防护工程 43.5 千米。

农村公路养护。全县养护农村公路里程 1140 千米，桥梁 225 座 6586.17 延米，为提高养护工养护水平，组织公路养护技术人员对养护工进行养护技术培训，提高养护技能，保障农村公路安全畅通。

县域交通基础设施建设服务工作。济广高速南丰北互通工程及连接线获得省发改部门的批复，完成设计、施工 EPC 招投标工作，完成林业用地审、部分土地报批、征地工作，施工单位已进场清表；黄井大道扩建工程完成桥梁下部构造，路基完成 60%，排水、灌溉管涵 80%；农村公路三年规划正在进行，完成 38.4 千米的项目立项批复，完成洽湾至渣坑、莱溪至赵家山、昌厦线至黄陂公路工程，部分道路正在做林地报批工作；南丰县白舍镇中和至白舍县道升级完成招投标，乡镇联系国土部门测量完成公路用地。

2021 年年底，全县境内有国道 167.738 千米、省道 48.932 千米、县道 213.405 千米、乡道 308.411 千米，专用道路 4.16 千米，村道 1002.476 千米。

春运安全。组织上路执法检查 26 次（其中与交警等部门联合检查 13 次），检查客运车辆 710 余辆次，查处超载超员车辆 27 辆次，纠正轻微违法行为 98 次，查处非法营运的"黑车" 2 辆，查处出租车违规经营 3 辆，查处外地旅游包车违法经营行为 1 起。

客货运输市场监管。查处非法营运的"黑车" 15 辆、非法营运货车 3 辆、非法改装车 2 辆、"非法网约车" 8 辆，处罚货运企业 2 家，累计罚款金额 191000 元。截至 2021 年 12 月 10 日，全县共出动执法人员 9000 人次，检测货运车辆 855698 辆，查处超限超载车辆 1595 辆，罚款金额 1255400 元（不含移交交警部门处罚的金额）交警扣分 553 分，卸载 4254.32 吨。

城市公交。城市公交全年运营里程 220 万千米，年营运量 516 万人次。服务老年卡、优抚对象等免费乘车人数达 13000 人，乘车比例占年营运量的 60%，约 310 万人次。重置性优化公交线路 10 路，为新一中师生服务，新增教师、学生 5 折公交卡、县残障人士免费爱心公交卡。购置 13 辆纯电动新能源公交车，逐步用新能源公交车辆替代传统车辆使用，既环保又减少了营运开支。

交通行业管理。全年共派出检查人员 256 余人次，检查企业 61 回次，排查出一般性安全隐患 30 处，对能立即整改到位的立即责令整改，对一些一时难以整改到位的全部下达整改通知书，督促企业在规定期限内整改到位，消除安全隐患。督促公司落实安全生产主体责任，建立和健全相关制度，发现安全隐患及时整改，确保安全。

全县拥有营运车辆 2632 辆。客车 26 辆，841 客位，年完成客运量 57 万人次，客运周转量 2946 万人千米；货车 2606 辆，33390 吨位，年完成货运量 865 万吨，货运周转量 253694 万吨千米。

（南丰县交通运输局）

广昌县

2021 年，广昌县交通运输局聚焦全县农村公路提档升级，圆满完成了年度各项目标任务，荣获了 2021 年度全市交通工作先进单位荣誉称号。

交通基础设施。高洲大桥建设累计完成投资 3200 余万元,约占总投资的 80%;公路工程 PPP 项目进入尾声,累计完成投资 4.5 亿元,占总投资的 90%,其中 1 条县道的升级改造全面完成,1 条县道升级进入收尾阶段,国道 206 驿前段改造正在加快推进;完成农村公路建设双车道拓宽改造项目 3 个,改造危桥 6 座,建成村组公路 20.5 千米,建成农村公路生命安全防护工程 22.4 千米;总投资 10 亿元的广昌县物流商贸综合服务区项目建设完成项目林地指标审批。

行政服务。在深化"放管服"改革方面,着力推动工程建设项目审批制度改革,工程项目审批全部进入县政务服务中心,50 万元以上项目的设计、监理全面进入网上中介超市摇号确定;着力推进"一件事一次办"、"只跑一次"、"一次不跑"、证明事项告知承诺制、政务服务网上异地通办等改革,大件货物运输许可、从业人员资格证、营运车辆综合性能检测审验已实现跨省通办。完成各项政务许可事项 47 件,审验道路运输业户 18 户,审验普货车辆 1608 辆,审验危货车辆 78 辆、客运车辆 52 辆,审验率全部达到 100%,完成运输企业安全诚信考核 72 家,完成驾驶诚信考核 2530 人次,换发从业资格证 320 本。在深化机构改革方面,完成县交通运输综合执法大队的职能配置、内设机构和人员编制工作,组建交通运输事业发展中心,为交通运输更好服务于社会经济发展提供了支撑。

交通行业治理。排查出各类安全生产隐患 203 个,全部整改清零;组织从业人员开展安全知识培训 8 次,开展突发事件应急演练 8 次,促成 8 家危货运输企业开展企业安全生产标准化工作并全部顺利达标,建成公交站台防撞栏 32 个,建成农村公路安全生命防护工程 22.4 千米,完成第一次全国自然灾害综合风险普查及数据上报,启用国道 206 货运车辆超限超载不停车检测系统、建成国道 206 甘竹段和国道 528 赤岸段两个治超不停车检测系统、投资 96 万元建成全县治超视频监控平台;查处非法营运"黑车"11 辆,路政违章案件 10 起;治超出勤 11390 人次,检测车辆 179311 辆,查处超限超载货运车辆 1514 辆,卸载 2835.93 吨,罚款 1004400 元,立案 213 起,驾驶人员扣分 649 分。

全县拥有营运车辆 2618 辆。客车 26 辆,930 客位,年完成客运量 63 万人次,客运周转量 3258 万人千米;货车 2592 辆,33070 吨位,年完成货运量 856 万吨,货运周转量 251262 万吨千米。

招商引资。成功引进集服务区、停车场、大数据办公区、货车销售区、二手车交易、加油站、检测站于一体的广昌县物流商贸综合服务区项目,总投资 10 亿元,占地 11.96 公顷,被县委、县政府列入 2021 年重点建设项目,已完成项目林地指标审批。

平安建设。推动扫黑除恶工作常态化,对涉嫌非法垄断广昌客车班线问题线索进行深入细致的摸排核查,及时出具核查报告。加大矛盾纠纷调处力度,共调处各类矛盾纠纷 16 起,回应网民诉求 15 件,办理"12345"政务服务热线转办件 105 件,为维护交通运输领域的社会稳定夯实了基础。

(广昌县交通运输局)

黎川县

2021 年,黎川县交通运输局圆满完成年度各项目标任务,为建设"四宜四区"新黎川贡献了一份交通力量。

交通基础设施。承担 10 个交通项目:桃上－宜黄(县城至熊村段)县道升级改造工程,完成路基土方工程 12.8 千米、沥青路面 5 千米、水泥路面 4 千米、碎石垫层 12.8 千米、水稳层 12.8 千米;桃上—宜黄(县城至中田段)县道升级改造工程,完成路基土方工程 11 千米、沥青路面 2.4 千米、碎石垫层 11 千米;龙安—下村窄路面拓宽改造工程,铺设水泥路面 7.8 千米全面完工;安保工程完成 100 千米;宏源—东山(宏源至社苹段)县道升级改造工程,完成路基土方工程 2.2 千米,碎石垫层 1 千米;熊村—下极高窄路面拓宽改造工程,完成路基土方工程 5.6 千米;石陂—黎家乡道拓宽改造工程,完成路基土方工程 2.8 千米;西城乡浒港下至五通乡道双车道拓宽改造工程,完成 1 千米路基土方施工;华山镇华联村水泥路工程(扩建下麻坑组至上麻坑组),完成 1.2 千米路面垫层施工;樟溪乡王沙潭桥(危桥)重建工程完成桥梁下部结构桥台、桥墩工程施工。

公路养管。按照创建省级"四好农村路"示范标准,打造美丽农村路 25 千米,并对黎德线、丰杉线路沿线进行专项整治。全年处理县乡级公路路面坑槽、沉陷等病害 56 千米，有力保障全县农村公路安全通行，公路畅通率达 100%。

运输服务。建制村通客车率达到 100%，根据这有利因素，引导县域内邮政及快递企业入驻客运站，物流、快递企业入驻邮政网点，共享场站资源和设施，提升客运站利用率和物流节点覆盖率。支持寄递企业参与县乡村三级物流体系建设，鼓励建设农村公共服务递送站点。邮政、申通、韵达等快递企业均在 15 个乡镇设立乡级分发点，各乡级分发点在各村委会设立村级分发点，县乡村三级物流体系架构已经形成，构建了"一点多能、一网多用、功能集约、便利高效"的农村运输服务发展新模式。

2021 年，黎川县建成了 6 个客货邮综合服务站（德胜、东华山、厚村、宏村、湖坊、熊村），开通 15 条客货邮合作线路，切实满足了农民群众出行、物流配送、邮政寄递需求，抚州市兄弟县（区）还到黎川县学习取经。

安全生产。黎川县交通运输系统已连续 28 年未发生重大安全生产责任事故，黎川县交通运输安全生产形势持续稳定。坚持对标对表开展安全隐患排查整治，全面加强重点行业领域安全监管。在道路运输、城市运行、农村公路运行安全、水路运输及交通工程建设等方面加强监督管理。切实提高应急处置能力水平，完善应急预案体系，狠抓实战化应急演练，制定应急预案演练计划，组织各类应急预案演练 3 次，参演人数达 200 余人。处理案件 63 起，卸载超限重货物 170 余吨。

信息化监管。做好第二批 2 个不停车检测点与省厅治超综合管理平台的数据对接工作，为下一步推进治超非现场执法工作夯实基础，提供准备。

绿色交通建设。持续推进新能源车运营比例。加快淘汰国三及以下排放标准的柴油货车，加强部门联动督促经营业户按规定及时报废更新车辆，黎川县共计注销老旧车营运证 163 件。鼓励公交、出租等城市客运车辆更新为新能源车辆，提高新能源车辆运营比例。推进机动车排放定期检验新标准落实。建立 I/M 制度，1 家车辆检测站加入 I 站，8 家一类、二类、三类维修企业加入 M 站，建立交通运输与生态环境部门排放检测和维修治理信息共享机制，两部门共同形成车辆尾气超标治理闭环管理。积极做好行业节能减排工作，全面完成公共机构节能目标年度任务。开展防治船舶和港口水污染工作，配合抚州市水运执法支队开展防治船舶污染和港口污染专项执法活动。

全县拥有营运车辆 2697 辆。客车 108 辆，3286 客位，年完成客运量 222 万人次，客运周转量 11512 万人千米；货车 2589 辆，53994 吨位，年完成货运量 1398 万吨，货运周转量 410241 万吨千米。

（黎川县交通运输局）

资溪县

2021 年，资溪县交通运输局如期完成各项工作任务。

"四好农村路"。全县安排"五路"（生态路、景观路、旅游路、交通路、幸福路）建设规模为 17 千米，上级补助资金共 2550 万元，全部完成；抚草线县道升级改造项目全长 33.4 千米建成通车，完成投资 7000 万元；东源—下张红色旅游公路全长 16.3 千米，完成投资 5000 万元，路面和防护已完成；完成乡村道路拓宽建设 40 千米；大觉溪路网已竣工，完成投资 1500 万元；祖代鸡公路建设顺利推进，便道、桥涵工程全面完成。投资 9800 万元，占地面积 74177.6 平方米，总建筑面积 17010.6 平方米的资溪县综合客运枢纽站建设 2021 年竣工并投入运营。

道路管理。健全"县有主体、乡镇主管、部门协同"的乡村道路运输安全监管机制，建立"县有路政员、乡有监管员、村有护路员"路政管理体系。推进农村公路信息化、数字化、智能化，利用智慧化手段有效提升农村公路管理水平，投资 300 万元建成交通运输调度中心，安装道路探头，实现营运车辆安全监管。抓好行政执法工作，坚持 24 小时"四班三运转"模式值班，重点布控检查夜间的超限超载运输违法行为。全年对 14850 辆超限超载货车依法进行检测，处罚 1600 余辆超载车辆，罚款 28 万余元；查获非法运营车辆 30 辆，载客电瓶三轮车 20 辆，罚款 17.3 万元；开展行业督查 20 次，约谈企业负责人 41 人次。加强水上交通安全管理，对全县"僵尸船"全面摸排查找，督促船主清理整顿。大力整治"黑车"非法营运，持续净化交通运输市场环境。

道路养护。制定《农村公路养护管理办法》，建立农村公路养护技术规范体系。构建县乡村三级管理养护体系，实行县道县管、乡道乡管、村道村管，同时通过政府购买社会服务、计量支付、合同约定等方式定期开展道路安全隐患排查整治，全县农村公路列养率达100%。加强对塌方滑坡、汛期洪涝等重点区域、重要时段开展抢修保障，2021年完成20余次抢修任务，为群众安全出行提高强有力保障。

道路运营方式。健全以县城为核心的公交运营服务网络，开通农村公交线路33条，全县70个建制村实现公交全覆盖。建立完善县乡村三级物流体系基础上，在全省率先实现村村通快递，扎实推进客货邮融合发展，与多家公司签署合作协议，为农产品拓展了线上、线下两条销售渠道。借助城乡公交车上配置的快件储物箱，将分散在千家万户的农产品免费从村里的服务点运输到乡镇的服务站、县城的集散中心进行销售，满足市民日常采购需求，增加农民实际收入。

全县拥有营运车辆860辆。客车18辆，357客位，年完成客运量24万人次，客运周转量1251万人千米；货车842辆，14314吨位，年完成货运量371万吨，货运周转量108756万吨千米。

优化营商环境。资溪县交通运输局组建5个"优化营商环境服务小分队"，主动上户宣传优化营商环境政策，一对一上门服务，对服务商家企业及时沟通解决好企业发展难题，全年累计上门服务300余次，服务商家企业107家；加大"放管服"力度，缩短工程验收时间，在工程符合验收条件的情况下，验收时间由相关规章规定的两个月内，缩短至一个月内完成验收，方便工程项目后续工作开展；积极作为，服务企业，为中轩物流、县公交公司等企业申请信贷金额共计2000万元。

"智汇资溪"县校合作。与华东交通大学，就交通发展规划、交通碳中和、交通基础设施建设、高校老师挂职帮扶、学生实习实训等多方面达成合作，草拟战略合作协议。

（资溪县交通运输局）

金溪县

2021年，金溪县交通运输局围绕"交通强县"这一主线，优化综合交通体系，完善交通基础设施建设，推动行业治理现代化，为全县经济社会高质量跨越式发展和乡村振兴发展格局提供交通支撑。

交通基础设施建设。东临环城高速征地拆迁稳步实施。东临环城高速全长41千米，金溪县境内8千米，总投资约58亿元，在该县陈坊高坪村设一互通，与945县道相连。2021年完成征地50.48公顷、拆迁1.9万平方米。

国防战备公路建设工程。项目建设里程34.4千米，其中：浒湾至琅琚13.4千米，琅琚至武广14.0千米，白沿至左坊7.0千米。完成桥梁8座，涵洞64道，盖板涵16道，完成100%。路基土石方完成59620立方米，完成率97%，20厘米碎石垫层完成248000平方米，完成率95%，路面水稳层完成265390平方米，完成率95%，沥青路面下面层完成194100平方米，完成率81%，其他附属工程完成40%。

农村公路建设。县乡道升级改造项目24.09千米，投资规模0.7亿元。生命安全防护工程项目17个，处置安全隐患里程达30.5千米，投资规模0.044亿元。乡村旅游路、产业路总里程94.1千米，投资规模3.7亿元。农村公路养护管理资金的大幅提升：县道由原来3000元/年·千米提至8000元/年·千米，提升幅度达267%；乡道由原来1500元/年·千米提至4000元/年·千米，提升幅度达267%；村道由原来500元/年·千米提至2400元/年·千米，提升幅度达480%。

全县农村公路总里程1294.905千米，其中县道156.485千米、乡道236.480千米、专道0.642千米、村道901.298千米。桥梁48座2627.35延米。

安全生产。围绕在建项目工程难以封闭的特点，制定措施加以防范；针对"两客一危"的隐患危害大、流动性大、整治难度大等特点，分解任务加以应对；结合城乡公交运营的新模式、新标准、新要求的特点，加以防控，保持全年交通运输行业安全生产的平稳态势，实现年度安全生产责任"零事故"目标。

治超载超限。全年累计上路执法 0.77 万人次、检测车辆 3.91 万台次、查处违章车辆 610 台次、交警扣分 1240 分、处罚金额 42 万元、卸载 1242 吨，超载率始终控制在 1% 以下。

城际公交改造。2021 年年初，正式启动对金溪至东乡、金溪至南城客运班线的公交改造，于 4 月 1 日正式开通，打通该县公交化出行体系"最后一公里"。全县实现城市公交、城乡公交、城际公交（金溪至周边县区抚州、鹰潭、东乡、南城）全线开通覆盖，并形成以县客运枢纽站为中心、出行无缝衔接、旅客"零距离"公交一体化的高效安全便捷出行方式。

全县拥有营运车辆 1546 辆。客车 4 辆，111 客位，年完成客运量 8 万人次，客运周转量 389 万人千米；货车 1542 辆，22020 吨位，年完成货运量 570 万吨，货运周转量 167306 万吨千米。

扫黑除恶。查处非法营运、超载超员等违法行为 7 起，行政处罚数额 6.8 万元，纠正客运违章行为 26 起，下达整改通知 12 份。重罚工程违规建设、强化交通工程监管。排查发现公路工程"直接发包"的违法、违规行为一起，罚款 5.1 万元。

交通运输事业机构改革。4 月 23 日县委编委正式批复保留县交通运输综合行政执法大队，整合组建县交通运输事务中心，撤销县交通运输局公路管理站、渡口管理站（港航管理所），原承担的相应管理职能并入县交通运输事务中心，改革后局所属事业机构数量减少了 1 个，精简比例为 33.3%，其中股级机构精简了 1 个，精简比例为 50%。事业单位职能配置更加合理，机构设置更加规范。

（金溪县交通运输局）

东乡区

2021 年，东乡区交通运输局以突出"交通振兴"，完善"交通大区"，创建"交通强区"为目标，持续推进交通运输全面协调可持续发展，为建设团结、和谐、幸福、协调、美丽现代化新东乡打下坚实的交通基础。

"四好农村路"建设。全区农村公路建设完成 151 千米，其中县道升级改造 1 条 12.11 千米，乡道拓宽改造完成 21 条 95.1 千米，建制村优选通达路线完成 8 条 31.049 千米，旅游公路完成 12.7 千米。建设美丽生态文明示范路堪头铺至西岗 11.9 千米。完成安全生命防护工程县道完成 105.09 千米，乡 97.1 千米，村道 7 千米。危桥改造 16 座。

农村公路养护。东乡区农村公路养护总里程 1422.641 千米，其中县道 158.683 千米，乡道 196.536 千米，村道 1067.422 千米，投入农村公路养护资金 126 万元，其中区财政拨付 126 万元。

公路旅客运输业。全区公路长途运输城际公交线路 1 条，农村镇村公交线路 25 条，客运车辆 80 部，城市公交运营线路 9 条，运营车辆 111 台；出租车 122 辆。2021 年公路客运量 353 万人，旅客周转量 14689 万人千米。农村客运车辆全年载客量 265.43 万人次，平均载客量 20 人/次。公路旅客运输跨省长途班线客运量持续下降，经营业户基本处于维持状态，农村客运量略有增加。

公路货物运输业。东乡区有货运物流企业 215 家，拥有货车 9115 辆，总吨位 186884 吨，货运量 5163 万吨，货运周转量 1487843 万吨千米。汽车维修业发展较快，东乡区共有汽车维修企业 36 户，其中一类 1 家，二类 15 家，三类 20 家，形成了以二、三类汽车维修企业为主导，一类为补充的维修市场格局。

交通管理。东乡区治超治限工作始终保持高压态势，连续四年被省评为治超先进单位。东乡区红亮治超点共检测各类货车 1258262 辆，卸载各种货物累计 100111.35 吨，切割累计 168 辆，记分累计 16864 分，治超行政处罚累计 1496.17 万元。"六车"整治效果明显。东乡区"六车"整治共查处各类乱停乱放车辆 2720 辆，非法营运摩的 372 辆，黑（车）的 19 辆。城区道路运输市场秩序井然。

（东乡区交通运输局）

上饶市

2021年，上饶市交通运输局谋划"十四五"交通运输发展新开局。一是牵头起草《关于推进交通强市建设的意见》，并以市委、市政府名义印发实施。《意见》围绕巩固提升全国性综合交通枢纽地位，加快建设内畅外联、快达慢游、通江达海的区域交通中心，建成人民满意、保障有力、全省前列的交通强市，确定了中长期发展目标、七类重大项目、八大建设任务，是指导今后一个时期该市交通运输发展的纲领性文件。二是完成了《上饶市公路水路交通运输"十四五"发展规划》的编制工作，即将印发实施。三是积极争取农村公路项目补助、燃油税费改革转移支付、摩托车养路费返还等上级资金7.9亿元，用于保障交通运输事业发展和项目建设。

交通基础设施建设取得新进展。坚持"项目为王"理念，全年公路水路交通固定资产投资完成118.64亿元（高速公路项目37亿元、普通国省道公路项目23.75亿元、农村公路项目32.76亿元、水运项目24.43亿元、场站项目0.7亿元）。

高速公路方面。上饶至浦城高速公路、德州至上饶高速公路婺源至皖赣界段等在建项目加快推进，沪昆高速梨园至东乡段改扩建工程（含上饶城区段北移）项目用地预审和项目工可已批复，即将全面开工建设。积极谋划推进"十四五"高速公路规划建设项目前期工作，向省厅争取上饶绕城等一批重大项目列入省高速公路规划，与省交投集团洽谈项目合作意向，与周边省市协商项目线路走向。上饶至德兴至婺源高速公路（含上饶至景德镇高速上饶境内段）完成了《路线规划报告》；上饶浙赣界至鹰潭高速公路、德兴至开化高速公路项目已分别签订了项目规划建设备忘录，上饶浙赣界至鹰潭高速公路正在编制《路线规划报告》；鄱阳至万年、彭泽至东乡等高速公路规划项目完成了国土空间规划编制。

水运工程方面。双港航运枢纽工程项目已交工验收；信江高等级航道和信江双港至褚溪河口段疏浚工程航道项目已基本建成；信江八字嘴航电枢纽、信江界牌至双港段疏浚工程等航道项目建设有序推进；鄱阳港区角子口作业区综合码头一期工程、余干港区菱塘作业区综合码头一期工程项目建设稳步推进。

农村公路方面。全市完成农村公路建设1006千米、危桥改造54座，完成美丽乡村振兴"1号公路"建设112千米，建设美丽生态文明农村路200千米，超额完成年度目标任务。

改渡便民工程方面。印发《关于推进改渡便民工程助力乡村振兴的实施方案》，建立领导负责协调、牵头部门主动跟进、相关部门全力配合的工作机制，全市已撤销渡口24道，开工建设建桥撤渡项目4个、通路撤渡项目3个，开通客运（公交）替渡线路3条，超额完成年度目标任务。

"四好农村路"示范创建再获突破。提请市政府出台了《上饶市创建"四好农村路"示范市实施方案》，召开了上饶市创建"四好农村路"全国示范市工作推进会。上饶市获评首批省级示范市和全国市域示范创建突出单位，玉山县成功创建全国示范县，万年县、信州区成功创建省级示范县。目前，全市共创建国家级示范县4个（婺源、德兴、横峰、玉山，全省共13个）、省级示范县12个（全省50个），实现了省级示范县"全覆盖"。

农村公路养护体制改革试点深入推进。市、县两级出台农村公路管理养护体制改革实施方案，进一步明确了农村公路养护资金渠道和标准，其中2021年农村公路日常养护市级补助资金821.49万元已落实到位。编制完成《上饶市美丽农村路建设指南》，并通过省交通运输厅组织验收。全面推行"路长制"，大力推进农村公路信息化建设，初步建成10个县级智慧交通综合平台，升级打造市级"四好农村路"信息化管理平台（交通强省建设试点项目）。着力打造美丽乡村振兴"1号公路"，提请市政府出台了《上饶市美丽乡村振兴"1号公路"创建活动实施方案》，安排市级补助资金289万元。

道路运输行业创新不断深化。扎实推进城乡交通运输基础设施、客运服务、货运物流服务一体化发展，持续提升城乡交通运输公共服务均等化水平，德兴市被命名为全国城乡交通运输一体化示范县。推广"互联网+班线+旅游"模式，新增婺源至三清山、上饶至灵山等定制客运班线7条，全市累计开通14条。开展城乡高效配送试点工作，有效统筹解决农民群众幸福出行、物流配送、邮政寄递"最后一公里"问题。继续巩固和深化驾培改革成果，探索试点AI人工智能教学（机器人教学）工作。

交通机构改革工作顺利完成。按照"行政职能回归行政机构、事业单位回归公益服务本位、一支队伍承担综合执法"的目标要求，积极稳妥推进市本级交通运输机构改革有关工作。改革涉及全局8个单位（其中4个副县级单位和4个正科级单位）225名干部职工，涉改范围之广、人员之多均前所未有。通过努力，顺利完成了"三定方案"报批、职能划转、人员转隶安置、干部重新定岗、资产移交等改革重大事项。8月初，"一支队、一中心"组建工作基本完成，各项业务工作顺利交接并正常运行。通过改革，部门工作机构进一步精简，工作职责进一步明确，党的基层组织进一步健全，干部队伍建设进一步加强，干事创业氛围进一步浓厚。

"放管服"改革落地见效。全面规范事中事后监管，确认统一行政权力清单107项。在鄱阳县行政服务中心设立水路运输窗口，并派驻3人负责业务办理工作，方便了群众办事。工程建设领域涉企事项实现行政审批"零跑腿"，交通建设招投标活动全部实现网上办理。大力推进机动车综合检测机构"三检合一"和道路运输从业人员资格证换发、补发、变更、注销、年度诚信考核等高频服务事项"跨省通办"。"代跑帮办"服务由原来1项拓展至7项，在全省道路运输行业得到推广，江西"都市现场"栏目进行专题报道。全年受理、办理道路水路业务3万余件。"交通运输窗口"连续5年获年度"优质服务窗口"称号。12328服务监督月度考评持续稳居全省前列。开通95128约车服务热线，便利老年人出行。全面实现二级及以上汽车客运站电子客票运用。

加强超限超载治理。开展"百日攻坚百吨王"货车违法超限超载专项整治行动，加强区域协作、省际联动，有效遏制货运车辆违法超限超载现象。大力推广科技治超新模式，协调推进第一批23个不停车检测点的移交及检定工作，基本完成第二批31个不停车检测点建设。

加强水运行业治理。抓好船舶和港口污染防治，高效推进完成中央媒体曝光的鄱阳人民路码头整改工作，并举一反三，对营运船舶开展全覆盖的大排查、大整治活动，全市275艘运输船舶生活污水储存装置全面完成改造任务，并依法开展船舶法定检验574艘次。2个船舶污染物接收站、275艘运输船舶和11个港口码头均已注册船E行账号，注册率达到100%，形成了船舶污染物接收转运处置闭环机制。在全省率先完成17艘船舶岸电系统受电设施改造任务。在2020年清理切割52艘"僵尸船"的基础上，2021年发现并拆解"僵尸船"7艘，在全省率先完成切割任务，落实拆解补贴资金118.5万元。开展船舶碰撞桥梁隐患治理三年行动，摸排、整治桥梁18座（其中省级重点整治8座）。强化水上交通安全巡查，有效保障了6万余人次客渡运安全出行。

加强城市客运管理和服务工作。推进上饶市巡游出租汽车闭环执法管理系统建设，进一步规范执法行为、提升执法水平，避免执人情法和弹性执法。联合交警部门在火车站、汽车站、机场等重要区域及投诉反映较集中的区域开展联合执法。提升公交出行服务品质，扎实做好国家"公交都市"创建的验收准备工作，邀请交通运输部科学研究院（第三方机构）对该市公交都市创建情况进行调研指导，及时优化调整公交线路，新增15条线路，优化25条线路，新增391个站点。

加强交通工程质量监督。积极谋划全域推进普通公路"平安百年品质工程"高质量发展试点工作，申报试点方案初步通过交通强省项目审核。全市公路水运工程质量监督覆盖率、交工验收合格率均达100%，国省道干线和农村公路建设质量稳步提升，安全监管进一步加强，执法监督力度持续加大，争创"平安百年品质工程"氛围更加浓厚，创建项目11个。全市对246个受监项目，共计组织执法检查达800余人次，下发抽查意见书、整改通知等文书600余份，立案查处11起。交通质监工作继续保持全省领先行列。市交通工程质监执法大队在全省交通运输综合行政执法"大比武"中获得交通工程质监执法项目一等奖（第一名）。

推进法治交通建设。推进法治政府部门建设，深入学习贯彻习近平法治思想，印发重大行政许可决定集体讨论制度（试行）、行政许可档案管理规定（试行）等制度规定，编制行政许可电子化档案。开展交通运输执法领域突出问题专项整治并取得明显成效。加强法治宣传和培训，组织800余人参加全市交通运输综合行政执法视频培训班、全省交通运输行政执法和治超工作培训班，统一购置了执法人员培训教材，组织340人参加省厅执法资格换证考试。扎实开展交通运输行政执法工作，统一行政执法文书样式，完成执法装备的配发和使用工作，开展了执法检查200余次。

抓安全、保稳定，交通运输行业平安建设取得新成效。扎实推进安全生产专项整治三年行动集中攻坚，排查整治各类安全隐患357个。深入学习习近平总书记关于安全生产重要论述专题片《生命重于泰山》。修订完善《上饶市交通运输综合应急预案》等6项应急预案，开展交通建设工程汛期综合应急演练。推进全市危险化学品道路运输安全集中整治，发现并整改三级安全隐患103起。推进公路水运工程"出重拳、遏事故"集中攻坚行动，提高从业人员按章操作的自律性和安全防范意识。深入推进全市铁路沿线安全环境综合治理工作，推动路地双方建立实施"双段长"制，摸排公跨铁护栏114处，推动地方向铁路移交护栏65处，协调解决铁路安全隐患18处。联合交警、高速路政在全市范围内开展为期三个月的打击非法营运和超员超载违法违规专项行动，查处违法违规营运车辆572辆。聚焦道路运输、水路运输、工程建设、行业执法等重点领域常态化开展扫黑除恶专项整治，行业乱象得到有效遏制。开展交通运输系统疫苗接种、常态化疫情防控和突发疫情期间的交通检疫检测点排查督查工作。通过努力，确保了全市交通运输安全生产形势总体稳定。市局办公室获评全市扫黑除恶专项斗争先进集体。

（上饶市交通运输局）

信州区

2021年，信州区交通运输局扎实推进各项工作。

交通项目建设。上浦高速信州段项目完成征地98%，上饶东枢纽互通改扩建项目完成征地100%，国道320至周石公路改建项目沥青路面已完成，绿化工程及上广公路白改黑项目加快推进建设中，为全面推进乡村振兴提供有力交通运输保障。

"四好农村路"建设。改建农村公路8.5千米，完成农村公路安全防护工程8.5千米、危桥改造遗留一座（秦峰丁家山中桥）、2021年信州区"畅安舒美"公路修复工程、信州区农村公路灾害点整治工程等，完成了朝阳至霍村公路蔡家段、社牌至白石墩等项目的前期工作。整修培护路肩44.228千米，清理疏通肩路排水沟9.715千米，共出动执法人员300余人次，出动各类车辆97余台次，拆除各类违法建筑物（构筑物）1处；查处占用，挖掘，损坏污染公路（路肩种植物，打谷晒场，路面堆积物等）500余立方米、7处；清理占路为市，摆摊设点23处；消除各类安全隐患21处，全面净化了全区农村公路的通行环境。加强农村客运基础设施建设，建设完成农村班线公交候车亭36个，涵盖沿线所有建制村。

交通运输执法工作。一是加大公路巡查力度，依法查处各项违法涉路行为。截至目前，共出动执法人员2000人次、治理打谷晒粮45处、清理非公路标志牌25处、清理违章摆摊设点83处、清除各种路障12处约110平方米。二是加大宣传力度。设置户外广告宣传展板3个，悬挂横幅28幅，发放传单900余张，发放宣传资料675份，有效提高了货运企业、砂石场负责人等道路安全法律意识。三是深入开展"打非治违"行动，出动执法车辆300余台次，检查车辆450多辆，其中查处非法营运车辆20辆，查处不按站点停靠班线车辆14辆，未年审道路运输证车辆3辆。四是加大路面管控，强化源头管理。今年以来，共检测车辆61662辆，劝返985台次，查处超载超限车辆344辆，卸载货物8817.9吨。切实保障辖区道路畅通，保障了群众的出行安全。

（信州区交通运输局）

广信区

2021年，广信区交通运输局农村公路建设再上新台阶。加快做好"一纵三横六连"的交通干线路网（一纵省道203郑五线，三横县道004姜村—湖村、县道005铅岭—湖村、县道007皂头—周家，六连县道816茗洋—葛源、县道804枫岭头—米岭、县道008青溪—徐潭、乡道021樟涧—郑宅、县道003郑家坊—华坛山、县道010花厅至五府山）建设前期工作；撤除五府山镇牛栏山渡口，推进五府山下会坑水库撤渡建路的前期工作，开工建设焦石撤渡改桥工作；以农村公路"交通+"助力乡村振兴，2021年建设公路项目58个198.1千米，投资43410万元。其中完成县道升级改造（五路建设）工程2个30.2千米，完成通建制村（乡道）双车道改造4个10.5千米，完成窄路面拓宽改造10个22.4千米，完成危桥改造5座213.6延米，完成公路安全生命防护工程32个76千米，完成美丽生态农村路建设4个56千米，完成养护工程建设1个3千米。按照"分级负责，分级管理"的原则，大力推广了县、乡、村三级路长制，全区县道里程268.986千米、乡道里程466.615千米、村道里程1776.048千米全部纳入日常养护范围。严格执行月季、半年、年度考核制度，考核情况与考核结果挂钩，提高农村公路养护工作效能及工作质量。

加大力度联合治超。与区交警、公路等有关部门联合治理超限超载，共查处超载车辆623辆，卸载超载货物18916.3吨。加大力度整治路域环境，全力做好宣、治、执三字文章，全面消除脏、乱、堵、差、形象，打造畅、洁、绿、美、安的道路环境。开展路域环境和车辆超限超载综合治理工作。全年共出动执法人员2016余次，各类车辆336车台次，清理各类非公路标志（标牌）42块，查处占用、挖掘损坏公路（路肩，种植物，打谷洒场，路面堆积物）等15处，查处污染公路案47件、行政处罚未经许可履带车擅自行驶公路造成公路损害案1件，与国道320增设平交道口行政许可2件，清理占路为市摆摊设点16处，清除各类公路隐患18处，全面净化了全区农村公路的通行环境，确保公路安全畅通。协调处置普通、高速铁路沿线安全隐患

6处。

道路运输行业持续发展。2021年，全区共拥有道路运输企业414家，其中客运企业11家，货运企业145家，机动车维修企业245家，驾培13家。截至目前，全区共拥有道路运输营业性车辆4301辆，其中班线客运车辆167辆，货物运输车辆4134辆。

（广信区交通运输局）

广丰区

2021年，广丰区交通运输局重点项目工程：1.上浦高速。截至目前征迁工作全面开展，已完成全线征地分户测量和迁坟工作，房屋拆迁待资金到位即全面启动，目前实际供地达82%，有力地保障了上浦高速公路的建设进程。2.稼轩东大道。稼轩东大道按两期实施，前期工作均已完成，稼轩一期施工与监理的招标工作已完成，现根据市区统一安排，责任单位在10月份调整为区广发集团。3.大湖公路提升改造。截至目前正在开展前期工作，初步设计已基本完成，同步开展施工图设计，由于该路段已调整为省道，可争取4500万的省补助资金，现已按省道升级改造项目报市发改委审批立项。4.省道201城区段改线工程。截至目前，一期已完成工可编制，正在与上级行业主管部门对接入库事宜。5.湖丰物流园。目前已委托规划单位进行总体规划和建筑设计，明确物流园发展方向，同时积极进行招商引资。6.官塘至大坪道路及配套工程。截至目前，电力管道工程前期工作基本完成，12月底完成电力管道主体工程；道路工程已完成路基工程，因土地报批路面工程暂缓实施。7.华实公路。项目位于下溪街道、吴村镇，全长1.15千米，辅道长200米，总投资约1000万元。已全面完工。8.客运站。城北客运站已由市公交集团完成土地摘牌，正进行方案设计，城东客运站正在进行土地报批。

农村公路建设。编制完成广丰区"十四五"交通发展规划初步成果，完成12条乡镇连通公路及新改建农村公路140千米的初步设计及土地调规。第一批启动的农村公路建管养项目有16个（9个在建，4个完成施工招标准备进场施工，2个正

在施工招标挂网、1 个因林地报批暂未招标挂网），其中：乡镇联通路 6 个，共 43.2 千米；通村公路 8 个，共 19.4 千米；应急抢修项目 2 个。完成美丽生态文明农村路 30 千米的建设任务，实现县道三级及以上占比达 95% 以上，建制村通双车道比例达 80% 以上。出台《广丰区深化农村公路管理养护体制改革实施方案》，进一步明确农村公路改革发展的目标和任务。

道路运输管理圆满完成 2021 年春运工作，期间完成客运量 155.67 万人次，比去年同比增长 77%，使该区连续保持了十八年无道路旅客运输安全责任事故和死亡人数为零的纪录。截至 2021 年年底，道路运输客运量 493 万人、公路旅客周转量 20566 万人千米、货运量 2152 万吨、公路货物周转量 276342 万吨千米。

推广新能源汽车应用。全区新增投放 32 辆新能源公交车、新增 609、615、616、620 等 4 条线路，已开通城区公交线路 13 条，投放 128 辆新能源公交车。

（广丰区交通运输局）

玉山县

2021 年，玉山县交通运输局各重点项目有序推进。加快推进国道 320 沪瑞线玉山岩瑞至文成段公路改建工程项目建设。国道 320 沪瑞线玉山岩瑞至文成段公路改建工程，全长 30.96 千米，项目总投资约 14.5 亿元。除上跨沪昆铁路桥外已完工通车，并完成交工验收。上跨沪昆铁路桥梁建安费 8095 万元，2021 年实际完成 2430 万元，占总建安费的 30.02%，累计完成 5050 万元，占总建安费的 62.38%。继续推进县道 811 仙岩至鸿坛路面改造项目。该项目总投资约 1400 万元，已完工。飞青线至南方水泥厂道路建设项目。该项目总投资 1968 万元，已完成路基、水稳基层、涵洞、边沟等工程，12 月完工。8 座危桥改造项目。必姆镇东圩桥、南山乡水碓头桥已完工；南山乡毛坞口桥准备开工建设；临湖镇叶桥小桥已完成施工图编制，准备招投标；樟村镇水仙桥已完成桥梁下部结构工程，准备吊装梁板，年底完工；周公源桥已开始实施下部结构工程，年前完工；怀玉乡墩头桥已完成

桥梁下部结构工程，准备吊装梁板；紫湖镇大坝头桥已完成施工图编制，准备招投标。

农村公路建设养护工作。推进 4 千米"四好农村路"示范县省级补助计划、28.3 千米建制村通双车道改造项目计划、10.8 千米资源路产业路路网联通计划、65 千米村道安全生命防护工程计划项目建设。按照《玉山县深化农村公路管理养护体制改革实施方案》，明确县政府对农村公路管理养护资金按县道不低于 8000 元 / 千米、乡道不低于 4000 元 / 千米、村道不低于 2400 元 / 千米的标准进行财政配套。建立养护经费增长机制，健全农村公路养护经费保障机制。今年以来共投入日常养护资金 666 万元，对县道 169.951 千米、乡道 398.449 千米、村道 1195.329 千米农村公路进行日常管理与养护工作

超限超载管理工作。共出动执法人员 4627 人次，检测车辆 10629 辆，查处违法超限超载车辆 640 辆，卸载货物 23471.3 吨。新建超限超载检测站总建筑面积 4037.9 平方米，总投资 1986 万元，正在进行招投标工作。

（玉山县交通运输局）

铅山县

2021 年，铅山县交通建设快速推进。

1. 县道 815 上饶至新滩公路凤来桥至江村段路网联通工程，该项目路线长 8 千米，路基宽度 10.5 米，沥青砼路面宽 9.0 米，二级公路改造，合同价为 2333.2384 万元。12 月份完工。

2. 县紫溪至项源公路改建工程。投资估算 3.8 亿元，采用一级公路标准建设，全长 11.22 千米，设计速度 60 千米 / 小时，路基宽度为 18 米，行车道 14 米。12 月份完工。

3. 沪昆高速公路改扩建铅山互通连接线至鹅湖大道（含费宏大桥）工程，项目新建大桥全长 0.45 千米，按照一级公路标准建设，主要建设内容包括道路工程、桥梁工程、交通工程等，总投资 6075 万元，2021 年底完成通航认证和可研报告。

4. 县道 035 河口至湖坊（桥亭水库至湖坊段建设项目），项目新建县道 035 河口至湖坊（桥亭水库至湖坊段建设项目）三级公路，全长 13.17 千

米，路基宽 8 米，路面宽 6.5 米，总投资 5300 万元，已完成 75% 的工程量，待基本农田调规后 3 个月内完工。

5. 县道 039 虹桥至五铜公路五铜段路面改造工程项目，路线长 4.2 千米，路基宽度 6.5 米，砼路面宽 6.0 米，四级公路路面改造，合同价为 255.1627 万元，工期 9 个月，12 月建设完成。

6. 县道 814 横峰至洲上公路路面改造工程，已完成施工和监理的招投标工作并签订了合同，12 月份完工。

7. 县城南客运枢纽中心站。占地面积 27342 平方米，计划建设综合楼、维保中心、食堂、宿舍、充电桩、配套商业用房等功能，投资估算 1.49 亿元，截至 12 月份办理完成用地规划许可证，进行初步设计及施工图设计。

公路养护。10 月中旬举办了各乡镇分管农村公路的领导、养护股全体员工、县道养护班长参加的 30 余人业务培训班，采取理论与实践相结合的培训方法，从公路养护的基本概念到路基、路面、桥梁、涵洞的维修保养等等内容，使全体参加培训人员受益匪浅。2021 年对全县县道、乡道、村道进行督查，农村公路养护率达 100%，养护里程 1566 千米，清理水沟 700 多千米，清除杂草 3000 余千米，培育路肩 240 余千米，从而确保农村公路的常态化养护。主汛期由于强降雨导致县、乡、村道公路严重受损，交通中断抢修 11 处，抢通 11 处，清理塌方 5 万余立方米，混凝土挡墙 3000 余立方米，投入资金 500 余万元，另外与交警联合隐患排查 40 余处，投入资金 120 万元。

路政管理。21 年共出动交通执法人员 1799 人次，清除广告牌 48 块，清除摆摊设点 8 处，公路设施毁坏 6 处。开展货运源头企业排查 8 家，检测货运车辆 2968 辆，交警处理 26 件，扣 104 分，运管处理 15 件，切割 15 件，处理 115 件，卸货 2768 吨。同时，办理大件运输 79 件。严格按程序办好每一件执法案件做到主体合法、内容合法、程序合法、适用法律依据准确，自由裁量适当，截至目前均未发生一起行政复议、行政诉讼案件。

运输管理。2021 年春运工作受疫情影响，春运期间车辆共完成旅客运输 23.51 万人次。

非法经营整治。全年共检查车辆 500 余辆、查处 "黑车" "黑的" 38 辆、客车 19 辆、危险品 4 辆、网约车非法揽客 2 辆、其他违章 22 辆、上网案件

共 85 件。

维修驾培管理。开展 3.15 消费者权益日活动，维护维修企业的合法权益。截至目前，共发放宣传册 180 余份，宣传单 130 余份，问卷调查 260 余份。上报 M 站维修企业 3 家，实现机动车排污监控系统与汽车维修电子健康档案系统共享对接。截至目前，该县共有机动车维修企业 127 家，其中二类 25 家，三类维修企业 101 家。

（铅山县交通运输局）

横峰县

2021 年，横峰县交通基础设施建设：境内公路通车总里程达 1114.76 千米。其中：高速公路 2 条（上万高速和沪昆高速），共计 19 千米。国道 1 条（国道 320 沪瑞线横峰司铺至岑阳段公路），全长 19.1 千米。省道 3 条（其中瑶里至鹅湖线 28.415 千米、葛源至青板线 22.159 千米、枫岭头至龙门线 15.213 千米）共 65.79 千米。农村公路总里程 1048.87 千米，其中县道 9 条，共计 117.561 千米，乡道 18 条，共计 119.783 千米，村道 811.526 千米。全县农村公路列养率达 100%，农村公路优良路率达 85.7%。基本实现了村村通、组组通、户户通水泥路。全县现有公路桥梁 163 座，其中，国、省道干线公路桥 42 座，县乡公路桥 121 座。形成以沪昆高速公路为骨架，国道及省道干线为依托，以县乡道路为支脉的公路网。全县公路通行条件大为改善，极大地方便了人民群众出行。加快国道 320 沪瑞线横峰司铺至岑阳段公路改建工程施工进度，提质升级国道；实施青板至霞阳县道升级改造和梅溪至葛源乡道升级改造工程改造县乡道；建设横峰县资源路、产业路、公益事业路扶贫项目和扶贫连心桥改造工程，促进农村公路品质与等级提升，打造葛源至丰山背美丽乡村振兴 "1 号公路"，优化路域环境，不断完善安全生命防护工程，建设 "畅安舒美" 示范公路。

农村公路管养工作。2021 年累计完成 7.2 千米农村公路大中修；完成安全生命防护工程共计 41 千米；农村公路列养率 100%，公路完好率达 85.7%，大大地改善了农村公路通行条件。

（横峰县交通运输局）

弋阳县

2021年，弋阳县重点项目建设：1、沪昆高速梨园至东乡段改扩建工程：成立了工作领导小组，对接了沿线乡镇桥梁涵洞设计征求意见，对接了自来水公司七里岗支线上跨桥的自来水管道设计。2、沪昆高速弋阳西互通连接线及清湖大桥工程：全线3.8千米，宽26米，其中，路基2.44千米，桥梁1.36千米，项目总投资约3.77亿元。现已完成工程可行性研究报告初稿。3、方志敏干部学院至高新园区新建工程：全长4.1千米，按城市次干道标准建设，设计路基宽度23.5米，双向四车道，新建280米大桥1座，项目总投资约1.9亿元。全线设置1处休息区，休息区设置配套停车位等相应附属设施。正在施工招标挂网，年底开工。

交通基础设施建设。1.县道升级改造任务数7.3千米。9月13日下达市级预安排计划，11月底开工。项目开工年为2021年，完工年为2022年。投资5827万元完成新改建湖西至雷兰乡村振兴示范路三级公路11.2千米。2.乡道双车道任务数23.7千米。投资3000万元完成计划外23.6千米。3.窄路面拓宽任务数9千米完成遗留项目3个14千米，完成投资800万元，分别为大港村路3.9千米，邵鲁线3.4千米，荷树畈—庙脚6.7千米。4.渡口改渡便民工程。罗家公路4.4千米正在挂网招标，11月上旬开工，2022年1月底完工。危桥重建工程。2021年计划数6座，实际完成3座，在建4座（中桥1座），完成投资800万元。完成计划外通组公路2个项目1.5千米，完成投资60万元。项目为葛溪乡湖西村项家垄组公路硬化1千米，谢家村路0.5千米。投资710万元完成2020年美丽生态文明农村路35.5千米；完成美丽乡村振兴"1号公路"16.6千米（中畈至洋泥畈）。

农村公路养护完成情况。全县农村公路养护里程共计1349.803千米，其中：县道238.064千米，优良率达到90%；乡道309.466千米，优良率达到80%；村道802.273千米，优良率达到75%。

（弋阳县交通运输局）

余干县

截至2021年底，全县共有公路总里程3193.975千米。全县境内公路按行政等级分：高速公路2条67.68千米，国道3条123.976千米，省道3条79.351千米，县道12条302.267千米，乡道63条567.02千米，村道1868条2053.681千米，基本形成以高速公路、国道为骨架、省道为支撑、县乡公路及村组公路为辅助支线的公路交通网络。全县各乡镇场、建制村都已通达硬化公路。全县2225个村民小组拥有通自然村公路2053.681千米，通路率达100%。

公路建设：农村公路建设情况：2021年实施完成192.319千米，总投资15879万元，其中县道升级改造4条22.3千米，投资5017万元；危桥改造8座121延米，投资570万元；安全生命防护工程7条62.916千米，投资1230万元；灾毁重建项目10条54.4千米，投资3039万元；县道安全隐患处治工程投资573万元。

重点项目建设：余干县禾斛岭炎山岭至社庚李梅至东乡愉怡（接东乡沪昆高速入口）公路工程（禾愉公路）项目完成了工可、初步设计和施工图设计、社会风险评估、交通安全评价报告、征地风险评估以及环境评价报告表，放出了征地红线，已具备了实施条件，但该项目涉及土地面积44.12公顷，其中水田20.27公顷，林地22.368公顷，待用地批复到位就可以启动招标。改渡便民工程情况。根据省人民政府办公厅《关于推进改渡便民工程助力乡村振兴的实施意见》（赣府发〔20021〕11号）文件精神，该县共有6座改渡建桥任务，现初步概算5.15亿元，省补资金1.5亿元，地方自筹资金3.5亿元。总共已撤8个渡口，其中客运替渡已撤3个（分别为大港渡口、阮家渡口、坝口渡口）。已经启动6座渡改桥前期工作，其中古埠青岭大桥已设计完毕，前期准备工作也已完成；其余五座大桥正在设计中（分别为洪贤镇大桥、依洲大桥、东支大桥、坪上大桥、炭埠大桥）。

交通运输管理。全县交通运输从业人员达1587人，拥有营运客车155辆/4655座；开通客运线路87条，其中省际班线10条，市际班线8条，县际班线 4 条，县内线路 65 条。全县 27 个乡镇场，323 个建制村均已通车，通达率达 100%，开通农村客运线路 65 条，达到全县各乡镇场全覆盖。客运站日发班次 185 次，日输送旅客 1520 人次，年客运量 5.422 千万人千米。货物运输企业 39 家，营运货车 532 辆/250493 吨位。全县共有机动车驾驶员培训学校 7 家，一类汽车维修 4 户、二类汽车维修 13 户、三类汽车维修 92 户。

公共交通管理。全县共有班线客运及包车客运经营企业 12 家，城市公交企业 1 家，出租汽车公司 1 家。城市公交为余干县鑫通公共交通有限公司，从事公交客运经营业务，该公司于 2009 年组建，现有公交线路 4 条，公交站点 196 个，在营公交车辆 59 辆，2015 年底全部更新为新能源纯电动公交车，车辆实行统一颜色、统一标识。现有城西公交总站一座，占地约 10000 平方米，办公用地约占 500 平方米，站内功能设施俱全，有充电桩 16 台，城北公交总站正在建设中，占地 15013.3 平方米，公司共有管理人员 12 人，驾驶员 32 名。截至 2021 年底共发放老年免费乘车卡 48382 张。出租车营运企业为余干县凤凰出租汽车有限公司，从事巡游出租车经营业务，该公司于 2003 年组建，现在运车辆 124 辆，全部实行车型及标识统一，公司共有出租车驾驶员 133 名，采用公车公营承包经营模式。现执行的价格于 2015 年经县物价局审批的 1.5 千米 4 元起步价，2 千米后每千米 2.7 元。针对出租车司机拒载、不打表计费、服务态度生硬等问题，公司设立举报电话 3555777，运管部门投诉电话 12328。公交车和出租车的营运，有效破解余干县群众出行最后一公里的问题，方便人民群众出行，对完善全县客运体系有重大意义。

（余干县交通运输局）

鄱阳县

2021 年，鄱阳县投入 1.55 亿元建设县乡道等交通民生项目，大力实施农村公路品质与等级提升和县乡道改造工程。潼丰至潼津大桥、谢油线桥头至油墩街段、滑蔡线袁堰至分水岭段、刘家至建桥、康东线胡家桥至墩上段、金凤线合录至同桥段、铁路至饶丰、高田至成虞段、朱家路口至朱家新村、昌洲至朗里、铁门至狮子门段、建制村窄路面拓宽项目、研下至南源农业产业路、横坑至英家农业产业路、高坊至白杨农业产业路、10 座危桥改造项目、生命安全防护工程项目等民生工程全面完成建设，共完成投资 15455 万元。

实现县乡村三级农村公路齐抓共管。按照《鄱阳县"路长制"工作实施方案》，把全县农村公路全面纳入"路长制"管理，实现管理全覆盖，责任无盲区。乡村道路专管员覆盖率达到 100%。加强路政管理，今年以来共出动执法人员 293 人次，巡逻车 83 台次，路政巡查 80 次，巡查千米数 4700 千米，处置涉路案件 2 起。开展农村公路清障 5 次，农村公路沿线乱堆乱放、违法侵占、违法搭建广告牌和违章建筑等现象得到有效治理，实现农村公路畅安舒美目标，人民群众满意度和幸福感明显提升。

全面提升农村公路养护水平。2021 年全县 24 条县道养护里程 521 千米，156 条乡道养护里程 1141.4 千米，村道养护里程 3158 千米，根据县政府今年出台的《鄱阳县深化农村公路管理养护体制改革实施方案》（鄱府办〔20021〕55 号），全县农村公路养护经费由 2020 年的 1200 万元增加到今年的 1357 万元，为养好农村公路提供了资金保障，建立了农村公路管理养护长效机制。养护方式采取群众性养护。遵循"属地管理、分级负责"的原则，全县农村公路养护工作步入管理有序、养护有力的良性轨道。按照《农村公路管理养护考核暂行办法》，各农路监管员每周对本辖区养护的农路进行巡查，农路所每月进行考评并根据考评结果拨付养护经费。经过巡查考核，养护优良率为 70%，合格率为 90%，对养护效果不合格的人员，扣减当月养护经费 200-600 元，通过巡查考核制度的严格执行，充分调动广大干部群众参与养护体制改革和积极性营造良好的氛围，全县农村公路日常养护质量有了显著的提升。

着力运营好农村公路。为全面加快该县城乡客运一体化改造步伐，在县委县政府大力支持和关心下，参照其他县市城乡公交改造成功经验，该局在现有部分客运线路班车基础上，有计划、分步骤拟对部分客运班线实行城村（镇）公交改造，逐步形成安全、快捷、优质、经济的农村客运网络。经对鄱阳客运市场深度调研，拟先对工业园线路进行改造，开通鄱阳至工业园区（途经鄱阳南站）定制公交，投放 10 辆公交客车，于 2022 年元旦前正式开通营运。

治超治限成效明显。保持治超高压态势，治超检查采取固定值守和流动巡查相结合的方式，坚持 24 小时不间断执法，对违法超限超载货车严管重罚。加大科技治超力度。进一步加大科技治超力度，今年将投入 688 万元（国道 236 芜汕线 K331+890 处、国道 351 台小线 K682+800 处、省道 306 仙连线 K213+840 处、省道 401 石洪线 K19+710 处启动建设 4 套科技治超）建设第二批不停车检测点，2022 年 1 月 15 日前将全部建成接入省治超管理平台并投入使用。强化源头治理管控。加大对货物源头单位监管力度，积极协调相关部门对源头企业的经常性走访督查力度，执法人员开展源头企业走访、专项检查和进行警示约谈 20 余家次，对发现的问题，责令源头企业立行立改，从而筑牢违法车辆出站（场）的第一道防线。

持续深化交通运输领域"最多跑一次"改革。通过县行政服务中心窗口，实现道路运输审批事项"一窗通办"，推进"标准化"建设，全面提升服务水平。截至 12 月底，货运许可 145 家、新增货运车辆 374 辆、维修备案 20 家、客货车辆年审 1765 辆、从业人员参加诚信考核和继续教育 2100 多人次。按期办结率 100%，群众满意率 100%。

（鄱阳县交通运输局）

万年县

2021 年，万安县积极推进项目建设。县乡道升级改造公路 9 条总里程 68.5 千米，总造价 23178 万元。大孙线、裴富线、裴叶线、龙富线、南裴线、大湖线（镇垱线至越溪段）、旅游公路（富林至塘边）7 条路年底前全部完工并基本完成交工验收和审计决算工作，镇垱线（马家至珠田段）的珠溪大桥段因基本农田和大湖线（江田至越溪段）水稳层整改，进度暂缓。万年县普通公路建管养项目第一批公路 131 条，危桥改造 54 座，总里程 275.7 千米，总造价 30181. 万元。目前全部完工 112 个、已完成 80% 的 9 个、未开工的 11 个，基本完工并启动交工验收和审计决算。

开展"四好农村路"省级示范县创建工作。

齐心协力"建好路"，多方筹措资金建好农村公路，严格执行建设项目基本程序，稳步扎实推进"四好农村路"建设，大力实施农村公路新建改建工程，初步形成了以县城为中心、乡镇为节点、覆盖村组、连接城乡的农村公路交通网络；创新发展"管好路"，建立健全农村公路管理机构，制定出台了《万年县农村公路"路长制"工作实施方案》，深入开展超限超载治理，大力整治农村公路路域环境，打造畅安舒美的通行环境；多措并举"养好路"，制定出台了《万年县深化农村公路管理养护体制改革实施方案》，完善了农村公路管理体制，将农村公路养护资金及管理机构和运行经费纳入财政预算，落实了主体责任，建立以公共财政为主的养护体制，建立长效机制，创新考核体制；奋力保障"促运营"，全县 12 个乡镇全部开通了客运班线车，共有农村客运企业 1 家，农村客运场站 11 座，农村客运招呼站 124 个，农村客运班线 16 条，农村客运车辆 66 辆，平均日 180 班次；全力开展内业资料整理，内业和外业考核排名均全省第二，获评"四好农村路"省级示范县。

加大超限超载治理力度。制定出台了《万年县治理车辆超限超载整改工作方案》，明确了工作目标，落实了具体责任，对各单位做了具体分工。加强源头管控，制定出台了《万年县道路货运源头治超监督管理办法》，强化路面巡查，开展路警联合执法，对管控的源头企业全部安装视频监控系统，推进科技治超和信用治超，加大对非现点源头数据的分析应用；2021 年，检查合规装载车辆 40726 辆，劝返不规范装载车辆 42 辆，出动执法人员 8000 多人次，查处超载超限和非法改装车辆 491 辆，切割 57 辆，罚款 130.33 万元，扣分 960 分，卸载货物 6000 余吨。

做好农村公路养护工作。对管养范围内的公路开展日常巡查和精细化养护，制定出台了《万年县深化农村公路管理养护体制改革实施方案》，建立以公共财政为主的养护体制，今年县政府按照县道 10000 元 / 千米·年、乡道 5000 元 / 千米·年、村道 3000 元 / 千米·年标准予以保障，共安排养护经费 680 万元，比去年增加 445 万元，全力保障道路、桥梁安全畅通。

（万年县交通运输局）

德兴市

2021年，德兴市共争取县道升级项目计划1个，1.3千米，上级补助资金195万元；危桥改造项目计划2座，加固维修1座，上级补助资金544万元；产业路项目计划1个，2.2千米，上级补助资金330万元；建制村通双车道公路计划6个，31.7千米，上级补助资金1902万元。

重点工程前期工作。项目总投资1.3亿元的县道126双古线双河口至暖水段公路升级改建工程，前期设计、招投标工作已完成。

农村公路建设和养护稳步推进。一是抓好农村公路桥梁危桥重建工作。桥梁重建建设计划33个（其中库内危桥2座），总投资3856万元。目前马家桥、万村亭子桥等16座桥梁已完成主体工程，17座桥梁正在开展建设，33座全部完成施工图设计，正在开展公选发包或公开招标；预计年底可完成90%以上。二是抓好特色路项目建设。特色路项目计划共8个，计28千米，总投资9046万元。林管站至蔡家坞、香屯至汪村等5个项目已完成主体工程。三是抓好灾毁路面大中修项目建设。建设计划共3个，计8.4千米，目前余胡线、潭五线完工，界新线已完成财审，准备开展公开招标工作。四是抓好乡道双车道改造项目建设。建设计划共2个，计13.8千米，总投资3856万元。已启动建设项目2个，正在开展前期工作2个，花桥至新营、胜利亭至南墩已完成施工图设计调整，各建设单位组织编制招标控制价并报财政评审；下一步落实工程招投标。五是抓好建制村通双车道项目6个，建设里程37.1千米，总投资7229万元。余村至占才9.8千米，业主单位为新岗山镇政府，项目已进入财审阶段；李宅至宗儒5.1千米，业主单位为李宅乡政府，项目已进入财审阶段；渔塘至海口5千米，业主单位为海口镇政府，项目已完成招投标，年内可完成路基土石方工作；黄柏至蔡家5.5千米，业主单位为黄柏乡政府，项目已完成前期设计工作；周家至吴家1千米，业主单位为万村乡政府，项目已完成路基土石方工作；瑞港至盘石山5千米，业主单位为李宅乡镇府，项目已进入财审阶段。六是推进县道升级改造项目2个，建设里程14.4千米，

总投资13380万元。铜矿医院至银泗公路1.3千米，业主单位为泗洲镇人民政府，项目已基本完工；双河口至暖水13.1千米，业主单位为德兴市县道126双古线双河口至暖水段公路建设指挥部，目前已完成施工招投标，下一步组织进场施工。

3. 抓好生命安全防护工程建设。完成生命安全防护工程79.6千米，总投资955.2万元。

4. 认真实施年初制定的农村公路日常养护计划，确保农村公路列养率达100%。对影响群众出行的余胡线、新工线、界新线、潭五线等路段进行了雨季水毁应急抢修工作；对全市范围的农村公路进行了公路护坡、路肩、排水沟、涵洞、杂草清理，对公路沿线候车亭、路树、防撞墙、桥栏杆进行了刷白等工作，确保路面技术状况指数（PQI）逐年提升，全年农村公路日常养护资金共投入438万元余，给人民群众提供一个良好的出行环境。

5. 巩固"四好农村路"建设成果，持续加大对农村公路投入力度，全年各乡镇累计共完成各类农村公路建设项目38.8千米，总投资达5820万元。

（德兴市交通运输局）

婺源县

2021年，婺源县稳步推进绕城公路建设。①国道351台小线婺源赋春绕镇公路。路基土石方完成40万立方米，涵洞完成850米，桥梁桩基完成32根，墩台完成20根，完成总工程量的23%。②省道302紫曲线高砂至武口大桥段绕城公路改建工程。工程量清单招标控制价送财政评审，已初步拟定施工、施工监理招标文件。

县道升级改造高效实施。"四好农村路"县道升级改造项目路基完成163.977千米，路面完成120.548千米；路基正在施工里程69.806千米；累计完成总工程量的68%，完成投资9.3亿元。

农村路网提质有序有力。①建制村通双车道改造项目2个3.4千米，完成前期工作。②村道安全生命防护工程19个41千米，完成前期工作。③窄路面拓宽改造项目10个28.6千米，完成前期工作。④路面改造养护工程4个9.783千米，完成前期工作。⑤危桥改造3座，完成2座、1座在建。⑥美丽生态文明路52.7千米，完成前期工作。

品质工程创建成效显著。拓展婺源1号公路成效经验，按照"一路一风景、一路一特色"的思路，因地制宜，精心打造车田至卧龙谷公路品质工程，项目全长8.812千米，总投资5625.3292万元，现已申报市局"品质工程"项目。

健全完善管养体系。提请县政府出台《婺源县深化农村公路管理养护体制改革实施方案》和《婺源县农村公路"路长制"工作实施方案》，县财政追加2021年县道养护政府采购预算207.9668万元，将县道日常养护经费357.8168万元纳入2022年县财政年度预算，进一步加大该县农村公路管养资金投入，巩固县有路政员、乡有监管员、村有护路员的管护格局。

抓实路域环境整治。以通乡（镇）、景区（点）公路为重点，常态化巡查整治，今年以来，累计处理路边堆积物18处，拆除非公路标志4处，清除路肩种植物9处，清理路面污染2处，清理摆设摊点6处，增设平面路口1处，清理路边违规埋设管线、电杆2处；发出责令改正违法行为通知书7份，处理挖掘公路边坡路产路权案件1起，罚款1万元。

强化日常管理养护。按照《2021年县道养护工作目标任务及乡、村道养护指标》要求，高质量完成了县道447.271千米、乡村道1649.667千米日常养护，全县农村公路列养率达100%，其中县道优良中等路比例达86.5%，乡村道优良中等路比例达70.1%。

完善城乡运输服务。关闭老北站客车临时停靠点，全县镇村公交车辆进站作业；巩固建制村通客车成果，健全农村客运保障机制和运行机制，发放农村客运票价补贴311.37万元，全县97条客运班线、7条预约式响应班线服务能力进一步提升，镇村公交营运车辆达135辆，客运班次达392班次／天，群众出行日益便捷。圆满完成春运、春季赏花旅游高峰期、五一、国庆等重点节日运输任务，春运期间共投入客运车辆5839辆，累计发送13977班次，完成客运量30.3余万人次。

优化城市交通服务。新增上线运营巡游出租汽车11辆，全县巡游出租汽车达93辆。深入推进城市公交改革，完成公交7路开通、公交3路优化和"银行卡闪付""老年人人脸识别"功能调试升级，市民群众、务工人员便捷出行、便捷支付得到基本解决，"三横三纵一环线"的公交线路网更加完善。开展交通运输文明创建，责令巡游出租汽车停班学习18台次，有效保障了运营安全和乘客合法权益，城市公共交通成为移动文明窗口。

推动货运物流发展。聚焦大件运输多元化、复杂性的特点，组建大件运输工作专班，建立"一对一"联络员服务机制，今年以来，累计开展大件运输审批40件，直接服务企业28家。规范"互联网＋货运物流"模式，推动网络货运新业态规范健康发展，全县现有货运车辆达821辆，吨位达12790吨。同时，该局立足实际，持续加强农村物流网络建设，完善县、乡、村三级物流体系，农产品出村进城和网货下乡的畅通能力持续提升。

（婺源县交通运输局）

高铁新区

2021年，高铁新区农村公路建设项目：1.县道路面升级改造2个：①石狮乡X813361104石狮至东瓦窑（姚家桥—西山）县道升级改造工程，12月完工。②灵溪镇X813361102石狮至东瓦窑（灵溪镇淤里段）县道升级改造工程，12月底完工。2.特色路项目1个：上饶高铁经济试验区县道006石狮至横山（上乐线至吉阳段）旅游路工程，目前处于施工阶段。3.建制村通双车道改造项目1个：上饶高铁经济试验区乡道009国道至东瓦窑（国道至邵新段）双车道拓宽改建工程，目前处于招投标阶段，预计2023年5月完工。4.危桥改造项目1个：本项目位于上饶高铁经济试验区石狮乡境内，何村桥为一座四类危桥，属乡道Y031361121何村—曾家公路上的危桥重建项目，桥梁编号Y031361121L00103，桥梁中心桩号为K1+027，目前处于招投标阶段。

农村公路养护管理情况。上饶高铁经济试验区农村公路总里程为142.359千米，2021年日常养护县道投入22.9万元，乡道投入14.6万元，村道投入18.6万元。

道路运输情况。2021年，上饶高铁经济试验区建设交通局积极与上饶公共交通集团有限公司协调沟通，已对公交路线32路、50路、51路、高铁经济试验区循环班车路线及走向进行优化调整，将进一步完善公共交通出行网。

（高铁新区建设交通局）

经济技术开发区

2021年，上饶市经济开发区农村公路基本情况：农村公路129条，总里程约199.4千米，其中县道一条23.2千米、乡道两条20.7千米、村道126条155.5千米。

农村公路养护情况。1.乡道194新凤山至大地11千米双车道改造项目，总投资约1600万元，2021年3月完成了施工图批复，5月完成了施工招标，7月份进场施工，但因本项目涉及基本农田约2.67公顷未调整到位，故项目暂缓施工。2.县道805红石桥路肩塌方维修工程，总投资12万元，已完工。3.村道维修硬化工程9个，总投资约200万元，已全部完工。

交通管理服务。1.完成区城乡公交一体化。①完成了《经开区"我为群众办实事"推进城乡公交一体化工作实施方案》，并与广信区运管所、区交警大队、区安监局、市公交公司及傍罗办相关人员多次沟通协调及现场踏勘，排查线路隐患，确定线路停靠站点和首末站，于11月27日开通了广信区汽车站至红石村（途经傍罗八个建制村）镇村公交线路，有效解决傍罗办事处群众出行难的问题。②完成对荣贵客运公司的收购，于12月9日开通"广信区汽车站—大地村"镇村公交线路，即经开区农村客运班线公交化改造工作已全面完成，推进农村经济发展，让董团乡老百姓出行更加方便、快捷、经济。2.积极协调对接市公交公司。增设经开区小学—中等学校公交专线，增设29路下安自然村公交站点，优化经开区16路、116路公交线路，新增K6路公交线路。

（经开区社会发展局交通科　刘利平）

三清山风景名胜区

2021年，三清山风景名胜区积极做好农村公路管理养护工作。所有农村公路均有专人管养，及时巡防，对破损的路面及时进行修补，对塌方路段及时清理，对水毁路段及时进行修复，保障群众交通出行的安全。

有序推进交通重点项目建设。按程序下达计划，由枫林镇实施老鼠洞危桥改造项目；按照相关程序推进中关、枫林隧道提质亮化工程项目建设，极大提升群众的满意度和幸福感。

完成桥坞中桥项目收尾工作。所有在建项目已全部竣工。积极协调市交通质量技术监督局，对已经建设完成的项目申请进行质量鉴定，出具公路工程质量检测报告，做好竣工验收的前期准备工作。

做好交通运输维稳保障工作，实现道路运输"零事故"。一方面加强了日常公路安全巡查和隐患清除工作，保障了公路的安全通行，防止各类交通安全事故的发生；另一方面加强景区道路运输安全管理，维护旅游高峰期道路安全秩序，在"春节、清明、五一、十一"等节假日期间，预先调集转运车辆，保障转运车辆安全运行，确保旅游高峰期不发生游客滞留事件。

持续推进道路交通领域安全生产专项整治行动。一是加强对辖区内有关交通运输企业等单位的安全生产检查工作，严格落实监管措施。如：联合相关部门对交通运输企业进行实地安全生产检查工作。二是定期联合公路分局等有关部门，组织人员排查整治辖区内事故多发点段，持续推动辖区道路安全生命防护工程建设。四是大力开展道路交通安全宣传教育进校园、进企业、进社区活动，提高群众道路交通安全出行意识。

提升景区交通便捷度。协助开通三清山至婺源的客运班线，极大地提升了沿线群众交通出行的便捷度，进一步为景区发展奠定交通基础。

（三清山管委会社会发展局）

交通统计资料

2021 年江西省交通运输行业
发展统计公报

2021 年是"十四五"规划的开局之年，全省交通运输系统坚持以习近平新时代中国特色社会主义思想为指导，在省委、省政府和交通运输部的正确领导下，紧紧围绕交通强省建设这条主线，以"三大攻坚行动、三大提升工程"和加快水运改革发展为抓手，全力以赴抓重点、补短板、强弱项、防风险，全年各项工作取得明显成效，"十四五"实现了良好开局。

一、基础设施

（一）公路

年末江西省公路总里程 211101.17 千米，比上年增加 459.674 千米。公路密度 126.5 千米 / 百平方千米，增加 0.3 千米 / 百平方千米。公路养护里程 209228.995 千米，占公路总里程 99%。

年末江西省四级及以上等级公路里程 205654.796 千米，比上年增加 533.208 千米，占公路总里程 97.4%，提高 0.04 个百分点。二级及以上等级公路里程 22106.649 千米，增加 482.229 千米，占公路总里程 10.5%，提高 0.2 个百分点。

年末高速公路里程 6308.915 千米。普通国省道里程 18630.833 千米，其中普通国道里程 7697.281 千米，普通省道里程 10933.552 千米。农村公路里程 186161.422 千米，其中县道里程 21225.226 千米，乡道里程 40758.269 千米，村道里程 124177.927 千米。

年末全省通公路的乡（镇）占全省乡（镇）

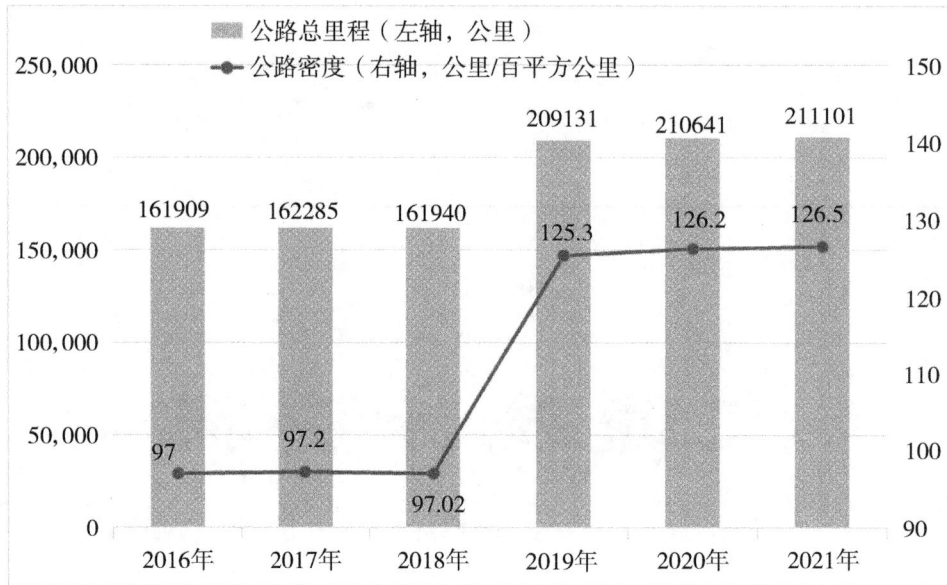

图1 2016—2021年江西省公路总里程及公路密度

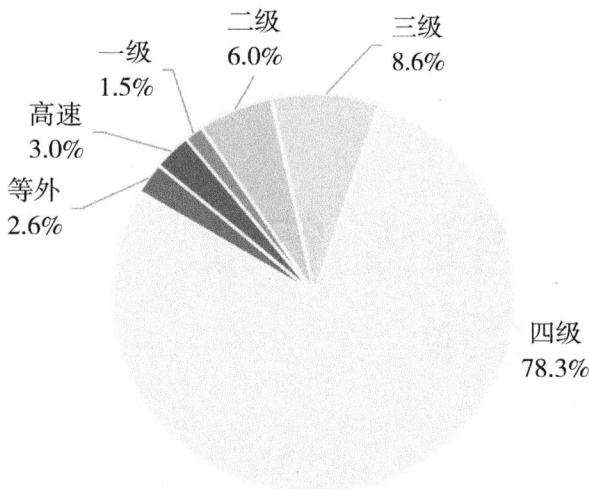

图2 2021年江西省公路里程分技术等级构成

总数100%，其中通硬化路面的乡（镇）占全省乡（镇）总数100%；通公路的建制村占全省建制村总数100%，其中通硬化路面的建制村占全省建制村总数100%。

年末全省公路桥梁27861座共1807676.32延米，比上年增加83座、21198.68延米，其中特大桥梁86座共184005.85延米，大桥3659座共920788.76延米。全省公路隧道333座共330445.16延米，增加7座、12344延米，其中特长隧道15座共62603.07延米，长隧道99座共166141.7延米。

（二）水路

1. 内河航道

年末全省内河航道通航里程5716千米。等级航道里程2427千米，占总里程42.5%。三级及以上航道里程871千米，占总里程15.2%。

各等级内河航道通航里程分别为：一级航道156千米，二级航道175千米，三级航道540千米，四级航道87千米，五级航道89千米，六级航道313千米，七级航道1067千米。等外航道3289千米。

2. 港口

年末全省港口拥有生产用码头泊位458个，比上年减少170个。

年末全省港口拥有千吨级以上深水泊位184个，比上年减少4个。千吨级泊位中，专业化泊位52个，通用散货泊位78个，通用件杂货泊位48个，多用途泊位2个。

3. 公路交通流量

全省普通国道观测里程5438千米，机动车年平均日交通当量11667pcu/日，比上年上升5.45%，年平均日行驶量为5799万车千米，比上年上升11.78%；全省普通省道观测里程5439千米，机动车年平均日交通流量4843pcu/日，比上年上升2.76%，年平均日行驶量3415万车千米，比上年上升6.52%。

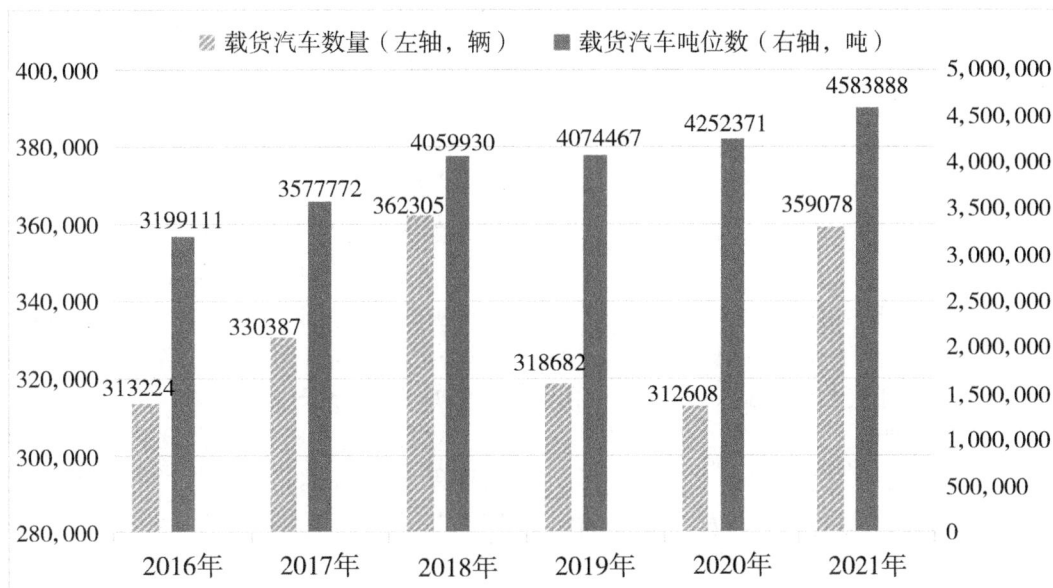

图 3 2016—2021 年江西省载货汽车拥有量

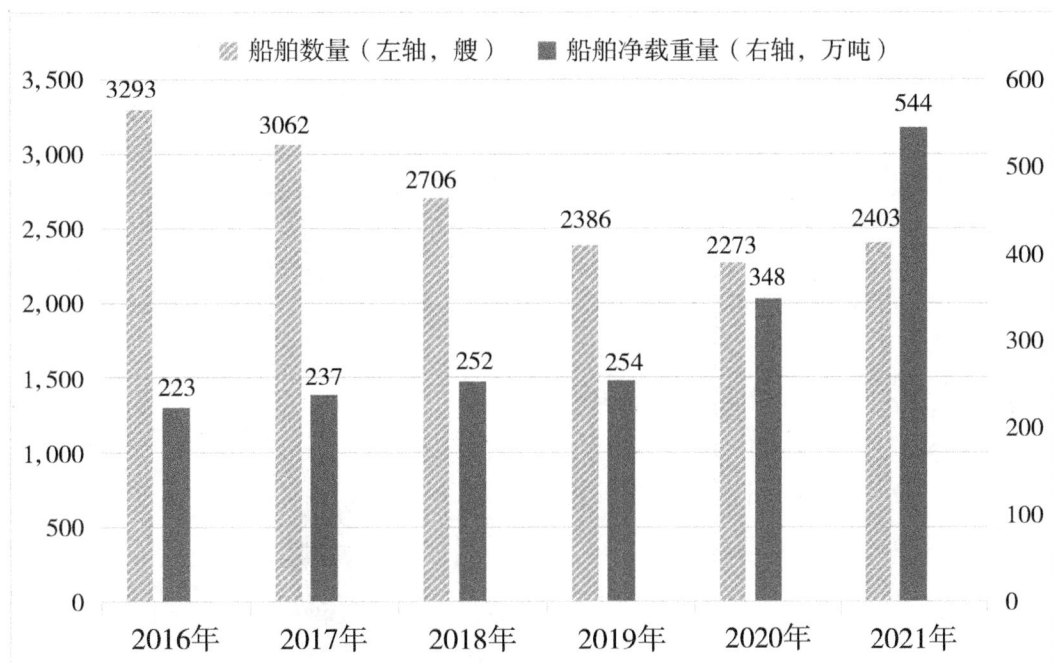

图 4 2016—2021 年江西省水上运输船舶拥有量

二、运输装备

（一）公路

年末全省营运车辆拥有量达到 370823 辆，比上年增长 14.2%，其中载客汽车 11745 辆、363320 客位，分别下降 3.5%、3.7%；载货汽车 359078 辆、4583888 吨位，分别增长 14.9%、7.8%。

（二）水路

年末全省拥有水上运输船舶 2403 艘，比上年增长 5.7%；净载重量 5442029 吨，增长 56.5%；载客量 13958 客位，增长 0.5%；集装箱箱位 6905 标箱，增长 18.8%。

（三）城市客运

年末全省拥有城市公交汽电车 15604 辆，比上年增长 1.3%；拥有巡游出租汽车 17482 辆，增长 0.2%；拥有城市轨道交通线网配属车辆 136 列，比上年增加 31 列。

三、运输服务

（一）公路

全年完成营业性客运量 1.5 亿人次，旅客周转量 97.7 亿人千米，比上年分别下降 55.5% 和 46%；完成货运量 18.1 亿吨，货运周转量 3960.1 亿吨千米，比上年分别增长 27.6% 和 22%。

（二）水路

全年完成营业性客运量 159.2 万人，完成旅客周转量 2407 万人千米，比上年分别增长 40.6% 和 36.2%。完成营业性货运量 1.28 亿吨，完成货物周转量 354.2 亿吨千米，比上年分别增长 20.1% 和 33.0%。其中，内河运输完成营业性货运量 1.2 亿吨、货物周转量 249.3 亿吨千米；沿海运输完成营业性货运量 809.6 万吨、货物周转量 104.9 亿吨千米。

全省港口完成货物吞吐量 2.29 亿吨，比上年增长 22.1%；完成集装箱吞吐量 78.2 万标箱，比上年增长 3.7%。

（三）城市客运

年末城市公交完成客运量 94061.4 万人，比上年减少 0.13%，日均运送乘客 257.7 万人；营运线路 2312 条，增长 6.5%，营运线路总长度 51781.2 千米，增长 6.2%。

全省巡游出租汽车完成客运量 41094.5 万人次，比上年增长 89.6%，日均运送乘客 112.6 万人次。营运里程达 138394.3 万千米，增长 1.7%。其中载客里程达 87433.4 万千米，增长 5.23%，里程利用率达 78.8%，增长 17.8 个百分点。

南昌轨道交通共开通 4 条运营线路，开通运营里程 128.5 千米，比上年增加 39.65 千米；完成客运量 25602 万人次（含 4 号线），增长 88.3%，日均运送乘客 70.1 万人次，增长 33 万人次；旅客周转量 165268.3 万人千米，增长 77.6%，运营车千米 6552.6 万车千米，增长 69.65%。

四、固定资产投资

全年完成公路水路固定资产投资 851.3 亿元，比上年下降 17%。

（一）公路

全年完成公路建设投资 753.8 亿元，比上年下降 21.2%。其中，高速公路建设完成投资 361.8 亿元，下降 4.1%；普通国省道建设完成投资 183.2 亿元，下降 37.4%；农村公路建设完成投资 190.5 亿元，

图 5　2016—2021 年江西省公路水路固定资产投资额及增速

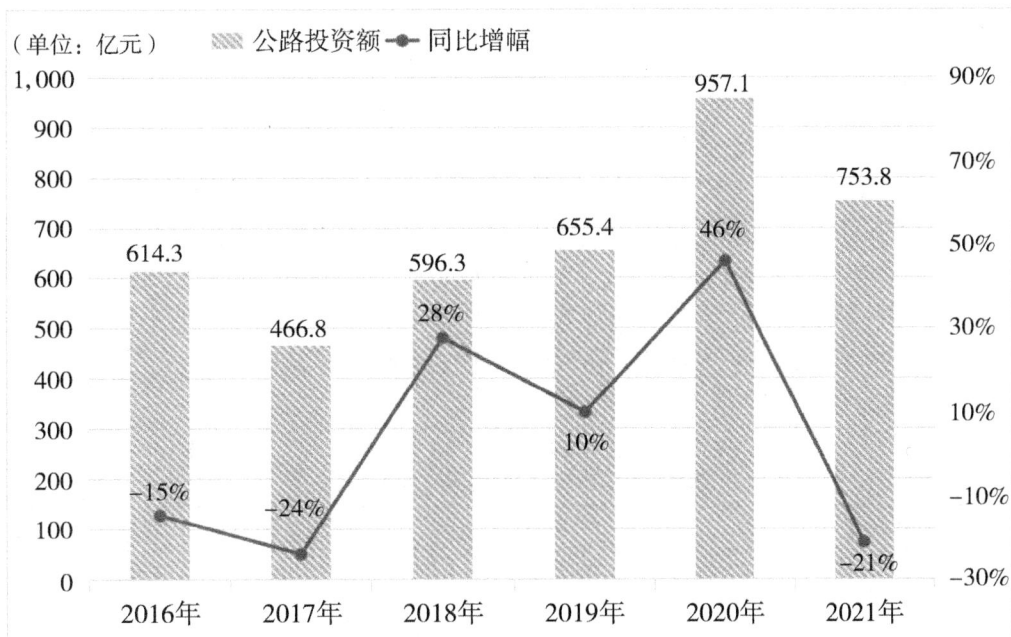

图 6　2016—2021 年江西省公路固定资产投资额及增速

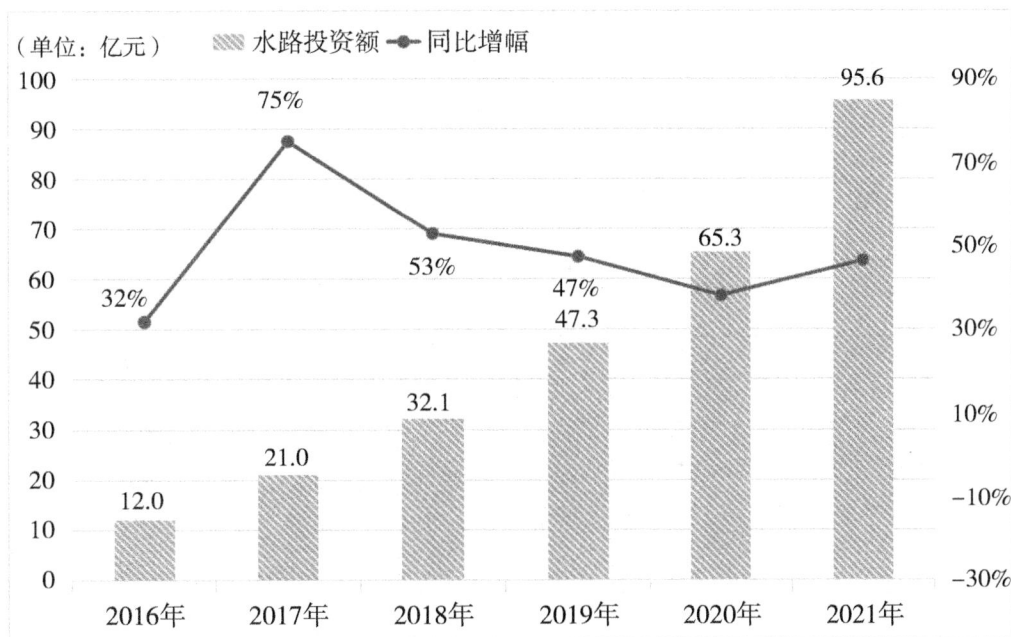

图 7　2016—2021 年江西省水路固定资产投资额及增速

下降 31.7%，新改建农村公路 5248 千米；枢纽场站建设完成投资 18.3 亿元，增长 123.2%。

（二）水路

全年完成水运建设投资 95.6 亿元，比上年增长 46.4%。

（三）公路水路其他

全年完成公路水路支持系统及其他建设投资 1.9 亿元。

五、生产安全

2021 年，全省道路运输行业共发生事故 22 起，死亡 38 人，同比 2020 年，事故起数减少 7 起，下降 24.1%，死亡人数减少 16 人，下降 29.6%。全省水上交通领域未发生安全生产亡人事故，同比 2020 年，事故起数减少 2 起。

六、环境保护

全年公路水路交通运输行业环境保护投入15.6亿元，其中，公路环境保护投入15.1亿元，水路环境保护投入0.5亿元。公路环境保护投入中，生态保护措施投入12.3亿元，污染防治设施投入2.2亿元。水路环境保护投入中，生态保护措施投入0.1亿元，污染防治设施投入0.3亿元。

七、科技与人才队伍建设

全年交通运输行业获得省部级奖励12项，其中江西省科技进步奖3项，中国交通运输协会科技进步奖5项，中国公路学会4项。

全年交通运输科研基础条件建设完成投资300余万元，截至2021年年末共建有2个行业研发中心、1个省级重点实验室、7个省级工程（技术）研究中心、6个厅级工程技术研究中心、1个厅级重点实验室。组织参加江西省2021年科普讲解大赛，1人获一等奖并被授予"江西省十佳科普使者"称号；组织参加部2021年科普讲解大赛，1人荣获三等奖。

表39：   全省交通运输主要经济指标完成情况

指标名称	单位	2021	2020	同比（%）
一、公路里程总计	公里	211101	210641	0.2
1.按行政等级分				
国道	公里	12018	12018	0.0
国家高速公路	公里	4320	4320	0.0
普通国道	公里	7697	7698	0.0
省道	公里	12906	12822	0.7
省级高速公路	公里	1973	1898	4.0
普通省道	公里	10934	10924	0.1
农村公路	公里	186161	185785	0.2
县道	公里	21225	21184	0.2
乡道	公里	40758	40622	0.3
村道	公里	124178	123979	0.2
专用公路	公里	16	16	0.0
2.按技术等级分				
1）等级公路	公里	205655	205121	0.3
高速公路	公里	6309	6234	1.2
一级公路	公里	3186	3070	3.8
二级公路	公里	12612	12320	2.4
三级公路	公里	18213	17638	3.3
四级公路	公里	165335	165859	−0.3
2）等外公路	公里	5446	5520	−1.3
3.按路面类型分				
1）有铺装路面（高级）	公里	205264	204667	0.3
沥青混凝土	公里	29849	28548	4.6
水泥混凝土	公里	175415	176119	−0.4
2）简易铺装路面（次高级）	公里	578	636	−9.1
3）未铺装路面（中级、低级、无路面）	公里	5259	5338	−1.5
二、公路密度及通达情况				
公路密度　以国土面积算	公里/百平方公里	126.5	126.2	0.2

续表

指标名称	单位	2021	2020	同比（%）
以人口数量算	公里/万人	42.8	42.7	0.2
普通国省道二级及以上比例	%	74.5	73	2.1
普通国道二级及以上比例	%	93.2	92.8	0.4
普通省道二级及以上比例	%	61.3	59	3.9
县道三级及以上比例	%	57.2	55.3	3.4
乡道四级及以上比例	%	97	97	0.0
其中：乡道双车道及以上比例	%	19.32	18.6	3.9
村道四级及以上比例	%	96.9	96.8	0.1
建制村通客运班车率	%	100	100	0.0
三、内河航道里程总计	公里	5716.0	5716.0	0.0
1.等级航道合计	公里	2427.0	2427.0	0.0
一级航道	公里	156	156	0.0
二级航道	公里	175	175	0.0
三级航道	公里	540	540	0.0
四级航道	公里	87	87	0.0
五级航道	公里	89	89	0.0
六级航道	公里	313	313	0.0
七级航道	公里	1067.0	1067.0	0.0
2.等外航道	公里	3289	3289	0.0
四、港口				
1.港口				
港口吞吐能力	万吨	16773.4	17488	−4.1
集装箱吞吐能力	TEU	1289000	1284000	0.4
年吞吐量万吨以上港口个数	个	33	29	13.8
2.泊位个数	个	481	656	−26.7
千吨以上深水泊位个数	个	184	188	−2.1
3.码头长度	米	29652	35131	−15.6
五、内河港口吞吐量				
1.货物吞吐量	万吨	22904.6	18754.6	22.1
南昌港	万吨	3700.6	4865.9	−23.9
九江港	万吨	15174.9	12046.9	26.0
2.集装箱吞吐量	TEU	781545	753587.8	3.7
南昌港	TEU	132258.5	140006.8	−5.5
九江港	TEU	648582	610288	6.3
六、公路运输汽车合计	辆	370823	324775	14.2
客车	辆	11745	12167	−3.5
	客位	363320	377329	−3.7
货车	辆	359078	312608	14.9
	吨位	4583888	4252371	7.8

续表

指标名称	单位	2021	2020	同比（%）
七、水上运输船舶　艘数	艘	2403	2273	5.7
净载重量	吨位	5442029	3476468	56.5
载客量	客位	13958	13893	0.5
集装箱位	TEU	6905	5810	18.8
功率	千瓦	1287105	1032742	24.6
八、全行业　公路客运量	万人	14977	33643	−55.5
旅客周转量	万人公里	977066	1808853	−46.0
货运量	万吨	181023	141897	27.6
货物周转量	万吨公里	39601133	32470914	22.0
九、全行业　水路客运量	万人	159.2	113.2	40.6
旅客周转量	万人公里	2407	1767	36.2
货运量	万吨	12843.3	10696.7	20.1
内河	万吨	12033.7	10200	18.0
沿海	万吨	809.6	496.7	63.0
货物周转量	万吨公里	3542415	2663988	33.0
内河	万吨公里	2493557	2113641	18.0
沿海	万吨公里	1048858	550347	90.6
十、城市客运				
公共电汽车运营车辆	辆/标台	15604/17177.9	15403/16997.8	—
公交客运量	万人次	94061.4	94184.2	−0.1
城市巡游出租汽车	辆	17482	17445	0.2
出租客运量	万人次	41094.5	21671	89.6
轨道交通运营列车数	列	136	105	29.5
轨道交通客运量	万人	25602	13593.13	88.3
十一、固定资产投资	亿元	851.3	1025.1	−17.0
高速公路	亿元	361.8	377.4	−4.1
国省干线	亿元	183.2	292.5	−37.4
农村公路	亿元	190.5	279	−31.7
枢纽场站	亿元	18.3	8.2	123.2
水运建设	亿元	95.6	65.3	46.4
其他	亿元	1.9	2.7	
十二、建设任务完成情况				
新增高速公路通车里程	公里	89	213	−58.2
完成国省干线公路新改建里程	公里	602	601	0.2
完成国省干线公路大中修里程	公里	789	4067	−80.6
完成国省干线公路灾毁恢复重建里程	公里	369	592	−37.7
完成国省干线公路危桥改造	座/延米	109	259	−57.9
完成国省干线畅安舒美示范路里程	公里	8.28	2018	−99.6
完成国省干线公路综合养护中心建设	个	1	23	−95.7

续表

指标名称	单位	2021	2020	同比（%）
完成农村公路新改建里程	公里	5247.969	12323.756	-57.4
完成县道升级改造里程	公里	936.395	1309.064	-28.5
完成窄路面拓宽改造里程	公里	3054.5	5133.11	-40.5
其中：完成乡道双车道改造里程	公里	1575.17	2403.532	-34.5
完成农村公路危桥改造	座/延米	556/13880	1061/38783	-
其中：完成县乡道危桥改造	座/延米	208/8519.384	352/14570.452	-
完成农村公路安全生命防护工程	公里	2144	13253.312	-83.8
其中：完成县乡道安全生命防护工程	公里	836.802	7167.973	-88.3

（厅规划处）

新余市仙女湖环湖路
（新余市交通运输局供图）

人物、先进集体

人物简介

1. 陈胜昌

陈胜昌，男，1964年8月出生，江西省赣州市会昌县籍，2014年7月至2021年11月任会昌县交通运输局局长职务期间，在脱贫攻坚工作上取得优异成绩，在2021年被评为全国脱贫攻坚先进个人。

会昌县在2011年启动25户及以上通自然村公路路面硬化项目、2016年开始全面实施通乡通村公路升级改造工程后，陈胜昌集中全局力量，在县委、县政府的坚强领导下，攻坚克难，完成全县25户及以上通自然村3.5米宽硬化里程1357.4千米，127个项目536.3千米的乡、村公路建设，实现了"全县各乡镇到县均通三级公路、各建制村均有一条出村四级公路，25户及以上通自然村公路3.5米宽水泥硬化全覆盖"，助推会昌县在2019年会昌县以综合考核得分全省排名第一的成绩，成功创建"四好农村路"省级示范县。

在持续推进农村公路建设的同时，不断提升农村客运服务水平。陈胜昌在充分调研城乡公共交通市场状况后，立足乡村实际情况，推动运输企业采取开通每日班、圩日班和预约经营的方式，开通镇村公交，对人口较多、出行人员较多的建制村，开通每日班；对人口较少、出行人员较少的建制村开通圩日班；对人口较少、人员出行需求较少的建制村开通预约经营，实现了全县所有建制村通水泥路、通客车，全面提升全县农村客运运营水平，为会昌县 2020 年获批"江西省'四好农村路'（镇村公交）发展试点县"打下基础。

陈胜昌始终坚持深入贯彻落实上级关于精准扶贫总体部署，采取有效举措稳步推进交通行业扶贫工作，助推打赢脱贫攻坚战，围绕"赣南脐橙、会昌橘柚、贝贝南瓜"等农业特色产业，将"四好农村路"充分融合在产业发展、观光农业、乡村旅游建设中。实现了"路随产业转""产业沿路布"，为产业发展、群众增收奠定了坚实的交通基础。会昌县在 2018 年脱贫摘帽时，取得"会昌交通行业扶贫"全省排位第一的好成绩，在助推打赢脱贫攻坚战上充分发挥了交通优势。

在脱贫攻坚挂点帮扶工作上，陈胜昌以身作则作表率，着力在责任落实、工作落实、政策落实上下功夫，帮助 3 个脱贫攻坚挂点帮扶村 410 户贫困户实现高质量脱贫。帮扶的周田村村风村貌彻底改观，村集体收入由 2014 年的 5 万元增加到 2020 年的 20 多万元；杨梅村各项基础设施明显改善，村庄面貌焕然一新，群众感党恩气氛更加浓厚；小田村现代农业产业蓬勃发展，每年种植西瓜 33.33 公顷以上，烟叶种植 33.33 公顷以上，是全镇烟叶大村。自 2018 年会昌县脱贫摘帽后，始终坚持"摘帽不摘责任、不摘政策、不摘帮扶、不摘监管"，认认真真做好脱贫攻坚工作，2020 年，局挂点帮扶小田村"高满意度、高质量"顺利通过省际脱贫攻坚成效考核、国家脱贫攻坚考核第三方评估。

（高阳发）

2. 廖晓锋

廖晓锋，男，1983 年 10 月 13 日出生，江西南康人，中共党员。现任江西省交通运输厅建管处处长。曾先后荣获江西省人民政府江西省科学技术进步奖二等奖，第 23 届"江西青年五四奖章"，"2020 年度新时代赣鄱先锋"等荣誉，2020 年 10 月被省委组织部、省委宣传部、省扶贫办联合评为"江西最美扶贫干部"，2021 年 10 月被交通运输部评为"全国交通运输脱贫攻坚成绩突出个人"。

自 2018 年 10 月任西龙岗村驻村第一书记以来，廖晓锋在这个革命老区的偏远山村里，带领村"两委"与村民同吃住、共患难、齐奋斗，帮助西龙岗村发展扶贫产业、兴建基础设施、解决热点难点问题，与贫困群众一起携手共奔小康路。全村 103 户贫困户全部顺利脱贫，该村成为全区贫困群众幸福感最强的村庄之一。从洋博士到土专家，他成了贫困群众的"贴心人"。西龙岗村位于灵山山脉深处、茗洋湖水库库尾，是广信区最偏远的山村之一，村庄距离乡政府 19 千米、城区 46 千米。廖晓锋第一次到村里就连续驻村近两个月没有回家，他白天遍访当地村民，晚上勤学脱贫攻坚政策，而且非常关切贫困群众的困难和需求。

从软弱涣散到先进典型，他成了基层堡垒的"主心骨"。驻村不久，廖晓锋很快发现西龙岗村党支部凝聚力不强，主要是因为两大历史难题，使村民对村"两委"认同度不高，不少党员也因此不团结。难题之一：由于地势原因，杨湾自然村长期存在生活饮用水水量不足、水质污染等问题，历史上曾因灌溉问题与另两个自然村发生了长达百余年水源纠纷，其间发生多起群体性械斗事件，因此无法使用附近的山溪水作为饮用水源。村民多次到市县上访，乡村两级屡次调解未果，前任村支部书记甚至因此事产生的群体性事件而辞职。难题之二：几年前为了发展产业，村"两委"引进了某企业在村里新建了 25.33 公顷马家柚基地，但是由于企业股东自身问题，不仅万余棵树苗无人看管，基地杂草丛生，而且拖欠了 22 位村民务工工资和 97 户村民的两年租金。廖晓锋决心直面担当，带领驻村工作队和村干部，频繁入户走访，有针对性地开展宣传教育工作，劝导各方化解恩怨，为解决问题赢得了广泛的群众基础。2019 年 8 月，22 位村民代表全票通过了高位饮水工程实施方案，3 个自然村顺利签署了用水协议。随着工程快速完工，杨湾自然村 72 户村民饮水安全问题得以彻底解决。在解决马家柚基地难题上，廖晓锋一方面通过法律手段督促该企业履行合同义务，另一方面从广丰聘请了马家柚种植专家到村里指导致富带头人学习马家柚种植技术，推动企业将基地经营权以合理价格转让给本村致富带头人，解决了基地经营不善、拖欠工资地租等问题。从而使基地发展步入正轨。当年即挂果产生效益，预计从 2020 年开始每年可为西龙岗村群众带来 30 万元以上收入。

难题解决了，群众的心结也解开了，党支部的凝聚力战斗力也更强了，一些以往不敢碰的硬骨头也啃下来了。2019 年，西龙岗村在全乡 15 个村中率先完成了空心坟整治，率先实现村民死亡火化并集中安葬，曾经被定性为软弱涣散的村党支部也在 2019 年被广信区委评为先进基层党支部。

从空壳村到富裕园，他成了群众致富的"领头羊"。产业发展是实现稳定脱贫的根本之策。廖晓锋带领村"两委"多方调研，依托西龙岗村的土壤和山区气候优势，从外地引进了小香薯种植产业，并聘请省农科院的专家作技术指导。按照"一领办三参与"的产业合作形式，西龙岗村成立了村集体合作社，以"合作社 + 党员干部 + 贫困户"的模式种植小香薯。2019 年合作社实现产值 61 万元，带动 80 名困难群众合计增收 26 万元，村集体收入实现零的突破，达到 13 万元。

为有效应对疫情对扶贫产业的不利影响，廖晓锋带领驻村工作队和村"两委"搭建起西龙岗村第一个蔬菜大棚，利用滞销的小香薯作为薯种，自己培育薯苗，并从外地聘请了小香薯种植专家全程指导大棚育苗，基本解决了 5.33 公顷土地薯苗数量不足问题，并为产业发展积累了技术经验。

（聂玉洁　万鹏）

3. 江志强

江志强，男，汉族，54 岁，教授职称，中共党员。2018 年他主动要求担任驻村第一书记入驻井冈山市柏露乡长富桥村，开展为期 3 年的驻村帮扶工作。入驻后，在江西交通职业技术学院党委和当地党委的领导下，充分发挥共产党员的先锋模范作用，扎实开展扶贫工作，创新帮扶形式，在长富桥村加强村党组织建设，实施基础设施和民生工程建设，开展消费扶贫，增强村集体经济等，有力推动了帮扶村脱贫攻坚和乡村振兴。在 2019 年度省派单位驻村工作队和驻村干部考核中被评为"优秀"，江志强荣获 2020 年井冈山市"最美第一书记"称号，2021 年 10 月被交通运输部评为"全国交通运输脱贫攻坚成绩突出个人"。

自 2018 年正式入驻长富桥村后，江志强第一时间开展工作，通过实地考察、入户走访以及与村"两委"干部座谈等形式，在较短的时间内对长富桥村的经济、社会发展情况有了较为全面的了解。在充分调研的基础上，他根据当地基础设施、产业结构、红色资源等，组织制定了柏露乡长富桥村 2018—2020 年三年定点帮扶工作规划和年度定点帮扶工作计划，将扶贫与扶志相结合，将政策制定与群众参与相结合，明确了扶贫工作的总体目标和主要任务。

进驻以来，围绕"两不愁三保障"，他密切关注村民的饮水安全问题，多次徒步上山实地察看饮水水源水质和供水管道铺设线路，新建一个蓄水池，铺设饮水管道 1600 余米，解决了两个村民小组 55 户共计 240 人的正常生活用水需求；完善村基础设施建设，针对长富桥村周边主要道路夜间没有照明、村民出行不便等问题，积极推进村级道路整修和村主要道路安装路灯，改善了全村生产生活条件和人居环境。

驻村以来，坚持规范开展"三会一课"和党员活动日等组织活动，落实"第一书记"上党课要求，扎实推进"不忘初心、牢记使命"主题教育，教育引导全村党员要当好"政策明白人""致富带头人""群众贴心人"，帮助党员同志认识肩负的"脱贫攻坚"重大使命。同时，推进学院机关党总支与长富桥村党支部开展"结亲结对"，通过组织建设互促、党建载体互用、扶贫帮困互助等形式，增强双方的联系和交流。通过加强学习，强化长富桥村党员的综合素质和责任意识，充分发挥党员的先锋模范作用，长富桥村涌现出"当代愚公"吴余庆等优秀党员。2019 年长富桥村党支部被评为吉安市"六好"基层党组织称号。

2019 年上半年他组织学院思政课教改小组成员多次在井冈山进行实地考察调研，对井冈山的红色资源进行深入挖掘研究，形成了"重走成功路，重温革命史，感悟跨越时空的井冈山精神"的井冈山红色教育实践教学课程，也即"思政 + 扶贫"模式。在该项目实施前，江志强和驻村工作队鼓励村民将多余的民房改成民宿，通过为培训师生提供住宿和餐饮服务增加收入。2019 年以来该项目共培训师生近 3000 人，先后接待了江西交通职业技术学院、广州外语外贸大学、上海对外经贸大学等学校学员到长富桥村开展培训和社会实践活动。该项目实施以来，为当地沿线农业人口增加就业岗位近 20 个，为村集体增加收入 15 万元，为帮扶村村民增加收入 70 余万元。他还协调投入建设资金 200 万元，建设了长富桥村红色拓展基地，帮助长富桥村注册成立了井冈山市长富文化旅游发展有限公司；学院注入帮扶资金 70 万元，为村集体和全村 16 户贫困户入股，每年由长富文化旅游发展有限公司按入股资金进行分红。拓展基地开始运营后，提供 18 个稳定的就业岗位，优先招聘长富桥村贫困户在基地内务工。

他充分利用长富桥村自身特点，因地制宜，在产业扶贫上探寻良策。实施一户一策精准帮扶，根据部分贫困户实际困难和个人意愿，利用帮扶资金集中采购土鸡苗分发给贫困户，土鸡由贫困户自行放养，成品鸡由学院集中采购，贫困户通过养殖土鸡增加收入，近两年已有 5 户贫困户参与，户均增收 20000 元。他还利用村集体流转土地建设产业基地，种植玉米、红薯、油菜等农产品。

他还广泛动员各方力量参与消费扶贫，以消费带动贫困群众增收。通过组织学院集中购买、微信销售等手段，拓宽村民的特色农产品销售渠道。组织学院部分教职工购买村民的土猪肉、土鸡、鸡蛋、豆腐乳、红薯、蜂蜜、冬笋、茶油等农产品约 20 万元；采用"订单模式"，协调学院工会集中购买红薯、玉米、土鸡等农产品作为教职工福利发放，2019 年采购土鸡 600 只、玉米 5000 斤、红薯 6500 斤、大米 3000 斤，为村民增收 14 万余元；2020 年已采购菜油 4000 斤、大米 5000 斤、红薯 20000 斤、土鸡 600 只，为村民增收 30 万余元。

2020 年初新冠疫情发生后，江志强和队员与村干部一起全力以赴开展疫情防控，利用村有线广播系统加强科普宣传，发布疫情，稳定民心；积极参与防疫捐款活动，以实际行动支援防控一线的工作。为切实做好疫情防控和农业生产"两不误"，在科学抓好疫情防控的前提下，合理组织协调"连心桥"施工单位有序复工，减少疫情对工程的影响，"连心桥"项目于 2020 年 5 月建设完成。

自驻村开展扶贫工作以来，江志强按照省委、省政府决策部署和扶贫工作要求，始终扎根一线、履职尽责、担当作为，在强化基层党建、推动精准脱贫、为民办事服务、村容村貌整治、开展产业帮扶等方面发挥了重要作用，有力推动了帮扶村及贫困群众脱贫致富，得到了当地党委、政府的高度认可和帮扶群众的一致好评。

（童年）

4. 沈小敏

沈小敏，男，汉族，1970 年 12 月出生，1996 年 7 月参加工作，中共党员，大学本科学历，江西省交通运输综合行政执法监督管理局四级调研员、驻崇义县竹溪村扶贫工作队第一书记兼工作队队长。

自 2018 年 7 月进驻崇义县竹溪村以来，沈小敏同志坚持以群众利益为方向标，带领党员干部进村入户访贫问苦，切实为贫困群众解忧去难，其务实亲民的工作作风和有目共睹的工作成就深为竹溪村民所称道，成为大家口口相传的"好书记"。

在农村基层阵地，当好党建指导员。坚持把加强党组织建设作为脱贫攻坚的关键抓手，抓党建强基础，抓发展惠民生，着力形成"党建＋扶贫"合力。积极宣讲政策，协助村支部帮助村"两委"班子健全规章制度，制定年度工作计划，推进党员发展工作，有效提升了村级党组织管理水平。通过村民代表大会、党员代表大会、村支部委员会以及定点帮扶工作调度会，大力推进各项工作责任落实，使基层党的战斗堡垒作用和党员先锋模范作用在脱贫攻坚工作中充分显现。

在脱贫攻坚战场，做好致富引路者。围绕精准扶贫十大工程和贫困村退出九大体系，通过发展产业和金融扶贫，引进农业公司，采取"公司＋农户"的形式推行高山梯田有机水稻种植，带动贫困户和村民创业就业，帮助贫困户实现增产增收；结合上堡梯田景区建设，利用交通运输行业优势，争取 1600 余万元交通建设资金建设旅游公路和通组路，争取 220 余万元帮扶资金助力村委发展光伏、特色农产品以及中药材的种植，改善村容村貌，增加村集体收入，让村民享受到了政策红利。

在疫情防控一线，当好防疫"排头兵"。他主动放弃春节与家人团聚机会，千里逆行赶赴帮扶村，与乡村干部和广大村民共同筑起一道坚强的新冠疫情防控网络，梳理排查外地回村人员，对重点对象每天监测体温，代购村民日常生活用品，有效地保障了广大村民的生命健康安全。坚持疫情防控与复工复产两不误，指导扶贫产业逐步复工复产，帮助外出务工人员有序恢复务工就业、村民农户全面开展春耕生产，勠力同心决战决胜脱贫攻坚。

沈小敏同志在两年多的扶贫工作中，由于表现优异，多次被上级单位表彰，分别荣获"2020江西省五一劳动奖章"、2019年度全国"感动交通年度人物"、"2020年度新时代赣鄱先锋"等荣誉；2020年因疫情期间表现突出受到省委组织部通报表扬，2021年因脱贫攻坚成绩突出被交通运输部通报表扬；2018－2020年连续三年在省派单位驻村工作考核中被评为"优秀"；荣获省交通运输厅、崇义县"优秀共产党员"，崇义县"优秀第一书记"等多项荣誉称号。其扶贫事迹也被多家中央到地方的各级媒体广泛报道。

（闵婕）

5. 戴党太

戴党太，男，汉族，1969年5月生，江西临川人，1987年11月参加工作，1992年7月加入中国共产党，武汉空军雷达学院毕业，大学学历，现任南昌市公路事业发展中心路产路权保护科三级主任科员。2021年度被交通运输部评为"全国交通运输脱贫攻坚成绩突出个人"，被中共江西省委、江西省人民政府评为"江西省脱贫攻坚先进个人"，被中共江西省委评为"全省优秀共产党员"。

该同志自2016年底到新建区铁河乡东阳村任驻村第一书记（于2018年9月兼任驻村工作队队长）以来，政治立场坚定，坚决拥护中国共产党的领导，时刻同党中央保持高度一致，在贯彻落实党和国家脱贫攻坚工作精神上，不忘初心、牢记使命，时刻保持清醒的政治头脑，是非分明，有很强的政治意识、责任意识、大局意识；作风严谨，勤奋务实，严于律己，不计较个人名利得失，敢作敢为，勇于担当，敢于同当地黑恶势力作斗争，有效地维护了所驻村集体利益，较好地完成了东阳村脱贫攻坚各项工作任务。

该同志到村熟悉情况后，首要任务就是发挥基层党组织在脱贫攻坚中的战斗堡垒作用。从抓班子、带队伍入手，完善村班子议事规则，督促推行党务村务财务公开；在落实"四议两公开"等方面循序引导集体决策，着力培养一支能干事的干部队伍；当好村支书的传、帮、带，从落实"三会一课"着手，让党员党性"归位"。凝聚支部引领、党员"补位"的脱贫攻坚力量，在收回村集体资源、规划产业发展等工作中，党员作用明显增强。

在各级党委、政府，帮扶单位的帮助下，该同志按照轻重缓急，从通水、通电、通路、完善公共服务场所开始，大力补齐全村基础设施短板。自来水进村入户、修建水冲式厕所和排污水沟、入户道路硬化、安装太阳能路灯、改造通信网络、优化路网结构、新建党群服务中心等等，一项又一项举措落到实处，着力解决了村民安全饮水、看病难、出行难、与外界联系难等问题，打通了服务群众"最后一公里"。

该同志围绕"两不愁三保障"做好贫困户的帮扶工作，协调帮扶干部做好走访慰问工作，开展捐衣送衣等活动；协助落实教育扶贫和健康扶贫政策，对贫困户住房进行了全面的维修；创办了东阳村"爱心超市"，开展了"三讲一评"颂党恩活动；创建了村级扶贫车间1个，乡镇级扶贫车间1个；为贫困户筹措了入股合作社资金3.7万元，2020年协调争取了太平洋保险公司防贫保资金2.95万元等等。全村20户36名贫困群众在2020年全部脱贫。

该同志在一些特殊日子里，组织开展"三八"国际妇女节到村志愿服务活动，"六一"国际儿童节关爱村小学生活动，"七一"建党节慰问老党员活动，中秋佳节慰问农村留守老人活动。在村民最低生活保障、救济、医疗救助等方面尽力去和当地政府协调解决，坚持做到"群众利益无小事"，使其他村民同样享受党和政府的阳光政策。几年来，主动帮助村民解决烦心事等，为他们生活提供方便，并自备理发工具，免费为村民理发，解决实际困难等。

该同志能够依靠产业扶贫政策，以利益联结为考量、以共同富裕为目标，先从盘活村集体资产入手，大力发展养殖第一产业。芰湖水面积4000余亩，是东阳村的重要资源。自2017年10月以来，该同志带领村"两委"班子主导解决本村芰湖承包合同到期收回工作，通过组织召开各种形式的专题工作会议，协调各方面关系，调动本村能人志士积极性，因地制宜地谋划集体产业发展，已于2018年6月注册成立了金河养殖专业合作社，使每位东阳籍村民都有一份原始股份，并且每个村民可以以1000元/股自愿投资入股。村级集体收益从每年的

10 万元增加到 100 万元。

2019 年，该同志动员部分乡贤回乡创业，发起注册成立了江西芰湖食品有限公司，公司发行 10 股原始股，2020 年又增资扩股至 17 股原始股。乡贤分别认购 15 股，市公路局和新建区武装部出资以东阳村的名义认购了 2 股，投资所得分红全部进入东阳村的扶贫基金，用于扶弱济困等公益事业，从而形成帮扶长效机制。2019 年底主导产品为铁河传统特色的"青山韵"板鸭，近 2 万只板鸭畅销省内外，供不应求，为食品公司的发展奠定扎实的基础。公司与南昌大学中德研究院进行战略合作，不断开发具有当地特色的"青山韵"酱鸭、酒糟鱼、压榨脆笋等系列农产品，开创铁河特色品牌，全方位提升村级集体产业，进一步增强东阳村"造血功能"，造福全村百姓。特别值得一提的是，2020 年，新建区下拨扶贫资金 340 余万元，新建了一幢 1700 多平米的现代化标准厂房，租借给公司使用，为公司做大做强提供了强有力的保障，也为东阳村每年增加租金收入 23.8 万元。

新冠疫情暴发以来，该同志坚决贯彻落实上级的命令指示和要求，带领东阳村干部群众奋战在乡村疫情防控第一线。认真做好全村疫情防控宣传、外地务工返村人员的摸排工作，做好主要路口防控疫情卡点带班工作，切实解决村民在疫情期间遇到的实际困难。同时，主动请缨，参与乡领导带队值班，做好进出全乡主要路口防控设卡点带班工作。

驻村帮扶工作期间，他先后三次担任铁河乡防汛总指挥部东阳分指挥部的副指挥长，与乡村干部群众一道，走上大堤，参加抢险突击队，巡堤排险，履行着保护人民群众生命财产安全的神圣职责。

（胡晓）

6. 江西大众交通运输有限公司红色车队

江西大众交通运输有限公司红色车队坚持以习近平新时代中国特色社会主义思想为指导，按照"可看、可行、可操作、管长远"的思路，扎实推进"红色引擎，交心通达"南昌交通运输党建品牌建设，形成了"红色车队""红色公路"等一批具有示范作用的创建成果，2021 年被交通运输部、中华全国总工会评为"2020 年感动交通年度人物"。

2020 年 1 月 10 日，市交通运输局以爱岗敬业、遵章运营为基本要求，以红色车队、精品服务为根本宗旨，在原全国工人先锋号班组的基础上，精挑细选以党员为主的 20 名驾驶员，正式成立出租车行业第一支红色车队——江西大众交通运输有限公司红色车队。现在，红色车队以整洁舒适的车容、统一标准的着装、严格规范的操作、优质文明的服务，辐射带动全市 5000 多辆巡游出租车和 10000 多辆网约出租车运营服务，提升了行业整体形象和水平。

红色车队投入营运后，把服务群众理念贯穿于企业的经营管理、贯穿于具体的运营服务、贯穿于城市文明"窗口"之中。车队按照市交通运输局部署要求，统一着装，文明服务，为乘客提供愉快旅程体验。车队规定使用文明用语，当乘客下车时，主动提醒携带随身物品，送上旅途愉快祝福；天气阴冷时，提醒注意保暖、小心路滑。正是这"微言碎语"，温暖了广大市民和旅客的心，有力提升城市文明程度。大家纷纷称赞："想不到英雄城还有这样一支出租车队伍，真是让人暖心不已！"

扎根省会南昌，服务广大市民，是红色车队的优良传统。自 2001 年起，市交通运输局每年在出租车行业组织开展"高考爱心车队"活动，甄选参与的优秀出租车驾驶员，红色车队成为骨干力量。高考期间，考生可凭准考证免费乘坐"爱心车辆"往返家校。20 余年来，累计提供志愿服务 10000 余次，接送考生 20000 余人。自 2011 年开始，市交通运输局连续 11 年组建"除夕温暖车队"，组织百辆出租车在南昌火车站免费接送市民回家，车队累计提供志愿服务 2500 余次，运送旅客 7000 余人。红色车队正成为英雄城里的一道亮丽风景线，受到社会广泛好评。

红色车队驾驶员不但驾驶技术好、服务水平

高，而且在社会最需要的时候，敢于挺身而出。2020年新冠疫情来袭，红色车队第一时间发起"医护人员免费乘坐出租车"公益活动，只要出示任何一家医院工作证明，就可以免费乘坐。红色车队驾驶员们既是保障市民出行的"逆行者"，又是居家隔离人员和行动不便者的代购员、服务员。他们还同当地的孤寡老人结对帮扶，及时购买送去生活物资，宣讲防疫知识，帮助处理急事难事烦心事。作为"最美逆行者"，红色车队涌现了一批先进典型人物。队长吴宝喜先后荣获"全国五一劳动奖章""全国出租车行业抗击新冠肺炎疫情先进驾驶员""江西省劳动模范""南昌市最美驾驶员"等荣誉。

（胡晓）

7. 胡宗平

胡宗平，2015年从基层人民法院遴选到省交通运输执法局工作，现任省交通运输执法局一级主任科员，多次被评为先进个人。该同志以其过硬的法律专业特长，丰富的基层工作经验，始终坚持严格依法行政，维护道路运输市场公平和保障道路运输经营者、从业人员的合法权利，服务全省经济社会发展。2021年被交通运输部授予"全国交通运输系统'七五'普法突出成绩个人"荣誉称号。

在立法工作方面，其担任了修订《江西省道路运输条例》主要起草人，以深化"放管服"改革为方向，在充分了解道路运输市场需求和听取企业意见的基础上，通过取消许可、鼓励定制客运、赋予网络预约出租汽车经营法律依据、解决公交线路跨区域延伸和农村班线公交化运营以及城市物流配送等问题，破除行业发展的制度障碍，发挥企业更大经营自主权，让法律为市场经营主体保驾护航。在制度建立方面，他起草了公平竞争审查工作细则、重大决策法制审核等制度文件，对省本级的规范性文件、重大政策措施进行了一一审查，对违反公平竞争和江西省营商环境的，及时组织修改或废止。参与修订江西省2013年制定的《道路运输行政处罚自由裁量权细化标准》，共梳理罚则134条，按照轻微、较轻、一般、较重、严重、特别严重等5个违法程度进行细化；提前谋划了综合执法改革后的交通运输行政执法文书样式，修订了行政执法文书式样共45份，完善了从立案审批到证据收集、处罚审核、法制审核、集体讨论、处罚决定、强制执行、涉案财物管理等文书的填写规范；取消了总质量4.5吨以下货车配发《道路运输证》和驾驶员《道路运输从业资格证》等事项；编制了"互联网+监管"事项目录清单和监管事项检查实施清单等一系列工作，进一步规范了全省道路运政执法行为，提升了执法水平。

在日常工作中，在全省运管系统开展"我执法你监督"工作，通过建立社会监督、企业监督和内部监督运行机制，聘请执法监督员、张贴活动公告、发放监督卡等措施，鼓励广大群众对全省各级道路运输管理机构及其执法人员的行政执法行为进行举报监督。同时，坚持做好法律宣传和服务，主动加入法律志愿者的行列，通过开展"三进"（进企业、进社区、进基层）活动为广大群众、道路运输从业人员进行法律宣传、以案释法，不断增强道路运输从业人员的自我保护能力和维权意识。近两年来，他先后参与"送法下乡"、普法宣传20余次，发放各类宣传资料上千份。

（闵婕）

8. 肖金水

肖金水，男，1974年10月出生，江西瑞金人，中共党员，曾任赣州市交通运输局政策法规科科长，现任赣州市交通运输局运输科科长。2021年被交通运输部授予"全国交通运输系统'七五'普法突出成绩个人"荣誉称号。

肖金水同志自2017年任政策法规科科长以来，凭着强烈的事业心和责任感，严于律己，求真务实。在交通运输法治建设中积极作为，认真研究落实法律法规和规章制定，广泛开展法律知识宣传，不断推进法治政府部门建设，法治政府部门建设工作连续多年被市法治政府建设工作领导小组考评为优秀，个人在2020年被评为优秀共产党员，被交通运输部通报表彰为2020年交通运输法治政府部门

建设先进个人。

自 2017 年从事政策法规工作以来，该同志深感责任重大，为了熟悉交通运输领域政策法规，他不断自我加压，夜以继日地学习，刻苦钻研业务知识和法律法规，对新颁布和修改的法律法规能及时学习掌握，近年来，认真学习并熟练掌握了《公路法》《行政处罚法》《行政强制法》《行政复议法》《行政许可法》《道路运输条例》《水路运输条例》等法律法规。通过学习，他进一步提高了普法工作能力。

认真开展普法和依法治理工作，依据《赣州市交通运输局七五普法实施方案》，每年制定《赣州市交通运输法治宣传工作计划》，按计划在全行业开展普法工作，积极开展法律"七进"和每年举办的"12·4"宪法宣传日活动。专题开展了《民法典》及新修订的《行政处罚法》的学习宣传。大力开展以案释法，通过视频、微信公众号等载体，以生动鲜活的执法案例向广大人民群众和工作人员开展法律宣传。组织领导干部网络学法、用法和考试工作，并将领导干部学法、用法纳入公务员年度重点考核内容，使广大人民群众和干部职工进一步提高了守法、用法的意识。

肖金水同志在普法工作中潜心钻研，结合交通运输行业特点不断创新方法，增强普法效果。在道路运输、路政管理等领域积极推广网络普法，通过微信公众号、车站电子显示屏、公交车网络扩大法制宣传的受众面。组织行政执法人员深入场矿、企业、社区等公共场所，向从业人员及群众宣传有关法律法规。加大行业普法人员培训，组织公路路政、道路运政、水路行政、海事管理、工程建设领域法制宣传人员培训，通过法制讲座和开展法律咨询等活动，不断丰富法制宣传内容和形式，提高法制宣传效果。

（高阳发）

9. 彭辉勇

彭辉勇，男，江西省交通运输厅规划处处长。曾被江西省人民政府授予个人二等功，被国务院授予"全国民族团结进步模范个人"荣誉称号。2021 年 11 月被交通运输部授予"交通强国战略研究成绩突出个人"荣誉称号。

该同志认真贯彻落实习近平总书记关于综合交通运输发展的重要论述和指示批示精神，政治立场坚定，坚决贯彻落实党中央、国务院建设交通强国决策部署。作为《国家综合立体交通网规划纲要》编制工作江西地方组成员，他积极参与《交通强国建设纲要》和《国家综合立体交通网规划纲要》研究起草工作，具体负责江西省贯彻落实交通强国建设和《江西省综合立体交通网规划》编制工作。全程参与、组织协调江西省《关于推进交通强省建设的意见》研究起草、印发实施工作。历时近 1 年的起草、修改、完善，2020 年 11 月 18 日，江西省委省政府印发实施《关于推进交通强省建设的意见》，吹响了交通强省建设的号角。认真组织做好《国家综合立体交通网规划纲要》江西篇章工作，牵头组织编制《江西省综合立体交通网规划》，目前，已形成中期成果稿。

同时，积极组织江西省申报交通强国建设试点。2020 年 10 月，在江西省成功入选交通强国建设试点省份的基础上，交通运输部正式批复江西省在赣州革命老区交通运输高质量发展等 6 个方面开展交通强国建设试点，为推进交通强省建设取得良好开局。

（刘强）

10. 荣耀

荣耀，男，教授级高级工程师，江西省交通科学研究院副院长。先后荣获"江西公路优秀工程师"、"劳动模范"、"中国质量工匠奖"和省政府特殊津贴专家、江西省百千万人才工程人选、"交通运输青年科技英才"、南昌市"'十四五'规划专家"等荣誉和称号。

荣耀同志作为一名共产党员，能够树立正确的政治观，始终在思想上政治上行动上同以习近平同志为核心的党中央保持高度一致。他带领交通运输规划团队经常加班，认真学习领会党的十九大、十九届历次全会和中共江西省委十四届十二次会议等重要会议的精神，并进行规划学习，在推进交通强国战略研究的发展上初见成效。

他引进规划人才，快速组建交通运输综合规划中心。在中国疫情开始之初，为克服疫情带来的沟通不便，他通过视频会议在线讨论、反复斟酌、修改编制《关于推进交通强省的意见》，高标准完成这项顶层设计。他参与编制多个规划，从江西省交通科学研究院三年规划到江西省高速公路集团有限公司"十四五"战略发展规划、"十四五"交通科技规划等。他带队到一条条高速调研，到一个个港口实地调研，前往同济大学到交通运输部交通科学研究院交流学习。他在不断学习中积累与成长，逐步成为一名规划专家。2020 年 9 月受邀参加省"十四五"规划编制专家学者座谈会，为高质量编制好省"十四五"规划建言献策。

他一直奋斗在一线，走工程现场，学强省交通规划，研全国交通现代化步伐，全国各地调研，不断丰富自我。他爱钻研，勤思考，将一流设施、一流技术、一流管理、一流服务铭记于心中。

（龚仁平）

11. 陈小环

陈小环，男，1977 年 7 月生，高中文化，驾驶员，就职于江西新振兴投资集团新振兴汽运有限公司，担任危货车辆驾驶员。在职期间，能严格按照公司及行业管理部门对诚信经营和安全生产的各项规定进行落实，安全行车 60 万千米，未接到顾客投诉和不良行为曝光记录，兢兢业业的工作赢得了同行和客户的一致好评。通过驾驶员多年的努力，该同志连续三年获得公司评比的安全驾驶员和各项全能奖。2019 年被评为高安市首届最美货车司机荣誉称号，2021 年 5 月被交通运输部、公安部、中华全国总工会评为 2020 年"最美货车司机"。

该同志业务水平精湛，公益善举也不断。汶川地震他主动到地震一线进行救援和运送救灾物资；新冠疫情暴发初期，他主动请缨免费为政府出力配送防护物资，并通过不同形式和渠道进行捐款捐物，2020 年 2 月份为企业复工运送防护口罩 6 车次，在宜春运管组织应急运力调配车辆登记时，他也是第一个报名参加，获得同行的高度评价。

12. 朱福顺

朱福顺，男，1971 年 11 月生，吉林省伊通满族自治县人，初中毕业，从事危险品运输已有 12 年。现为江西大通能源服务有限公司驾驶员。2021 年 5 月被交通运输部、公安部、中华全国总工会评为 2020 年"最美货车司机"。

朱福顺工作兢兢业业，任劳任怨，在普通的司机工作岗位上，从不摆架子、不提条件、毫无怨言，较好地完成了各项工作，做到了从业至今安全行车无事故。他用自己的敬业精神，踏实地履行了自己的岗位职责。本着"干一行、爱一行、钻一行、精一行"的人生信条，他在平凡的岗位上默默奉献着个人力量。

朱福顺驾驶的车辆，驾驶室距离地面有两米高，坐在里面往外望，视线极好。开车每天在路上奔波，流动的风景在朱福顺眼前不时闪过，但沿途风景再美，他也无暇顾及。因为公司给驾驶员做过防御性驾驶的培训，不能因沿途的风景让自己分心。

朱福顺常常根据自己多年的危货司机经验，按道路、季节、车况、任务等情况，对沿途的危险点进行预控分析，使自己在行车过程中做到心中有数。查看天气预报是朱福顺每天必做的事情之一，对最近要出现的恶劣天气提前应对。尽管自身技术过硬，但为了确保行车安全，工作之余，朱福顺认真学习并熟练掌握有关交通法规，自觉做到遵章守纪、文明驾驶。

朱福顺在干好本职工作的同时，能够认真做好车辆的管理和维修工作，合理利用车辆，使自己的车辆达到最大利用率。多年的开车经验，使他自学起车辆维修。通过钻研和刻苦学习，他掌握了简单的汽车维修技术。如果车辆出了毛病，他首先进行一次全面排查，查清楚是哪种故障，遇到一些小故障，就在公司库房申领配件，自己更换。朱福顺节省维修开支的行动，带动了其他司机，受到了公司全体人员的一致好评。

疫情期间，朱福顺率先做好自我防护，时刻把口罩戴在脸上，自觉接种新冠疫苗并率先完成加强针的接种；每天开展自我健康监测，确保身体状况良好，自我核查健康码和行程码；每2天做一次核酸检测；尽量少去公共场所和人员密集的场所；每天对车辆进行消毒，重点做好驾驶室、门把手、方向盘、座椅、仪表盘等重要部位的消毒工作。运输过程中，他主动配合各检查站点及卡口核验；到达卸货地后，严格遵守当地的防疫政策，非必要不外出，卸完货后及时离开。有时遇到运输任务时间紧、路线不固定、运输工作困难重重，朱福顺饿了就吃点干粮，渴了便喝点水，白天赶路，晚上保证充足的睡眠，从未出现疲劳驾驶，及时出色地完成了各项运输任务。

13. 刘海光

刘海光，男，1976年5月生，江西高安人，初中文化，系江西省高安汽运集团鸿弘汽运有限公司的一名驾驶员。2019年被评为高安市首届最美货车司机荣誉称号，2021年5月被交通运输部、公安部、中华全国总工会评为2020年"最美货车司机"。

刘海光能严格按照公司及行业管理部门对诚信经营和安全生产的各项规定进行落实，14年的行车超过100多万千米从来没发生安全事故、交通责任事故。安全驾驶、细心工作，每一次出车，他都仔细检查车辆，主动帮助其他同事修理、检查车辆，排除一切可能出现的隐患，兢兢业业的工作赢得了同行和客户的一致好评。该同志在今年新冠疫情期间主动请缨免费为政府出力配送防护物资，并通过不同形式和渠道进行捐款捐物。他长期奋战在交通运输一线，有近三分之二的时间开车在路上，起早贪黑、风餐露宿、风雨兼程，工作环境和生活环境艰苦，但他仍然在平凡的工作岗位上干出了不平凡的事业。

14. 曾伟民

曾伟民，男，1982年4月出生，江西于都人，本科学历，中共党员，现任赣州市交通运输局运输科副科长。2021年被省委、省政府授予"江西省脱贫攻坚先进个人"荣誉称号。

曾伟民牢记"抓党建、促脱贫"的责任和使命，在市交通运输局、小布镇党委政府的大力支持下，团结带领村"两委"，加强村党支部建设，发展村级集体经济，帮助贫困户脱贫致富，用心用情投身脱贫攻坚战，用勤勉敬业、敢于创新、较真碰硬践行着"忠诚、实干、担当"。

曾伟民同志认真学习习近平新时代中国特色社会主义思想、扶贫业务知识，在思想上和业务上不断提升自己，增强履行岗位职责的能力和水平，同时坚持正确的政治立场，把人民群众放在首位，为脱贫攻坚奉献力量。

他遵守各项纪律和规章制度，认真履行工作职责。一是开展排查整改，夯实基础工作。深入开展调查，核查贫困户资料信息、项目台账及政策落实情况，完成了贫困户基本信息的动态管理工作，协助村里完成各项报表工作，夯实了脱贫攻坚基础资料。二是落实各项帮扶政策，做好结对帮扶。根据实际情况，制定一户一策帮扶台账，做到精准扶贫。组织帮扶干部开展30多次集中走访和培训，组织连心连情促脱贫、三讲一评感恩教育等活动，较好地完成了上潮村各项脱贫任务。三是疫情防控期间，敢于担当为群众。疫情以来，心系村民，积极做好疫情防控、发放防疫物资等工作。组织开展消费扶贫行动，采购辣椒、莲子、蜂蜜等滞销农产品，合计约10万元。四是指导产业发展，壮大村集体经济。通过考察调研产业发展情况，并协调组织村"两委"开展考察，开展种植产业考察调研，学习先进经验做法。督促村里加强管护茶叶基地和黄栀子基地，发展壮大村集体经济，带动贫困户脱贫致富。

曾伟民同志大女儿于去年10月确诊为1型糖尿病，他仅抽出短短的时间陪同女儿赴广州治疗，之后马上赶回村里投身扶贫工作。小女儿在他扶贫驻村期间出生，无法予以照料。面对家庭种种困难，他主动安抚好妻子，和家人共同克服家庭困难，同时希望家人理解并支持扶贫工作。

（高阳发）

15. 姜新爱

姜新爱，女，1977年4月出生，江西瑞昌人，

中共党员，大学本科学历，现任九江市公路发展中心瑞昌分中心养护股股长。曾荣获 2013 年九江市总工会"五一巾帼标兵"、江西省公路管理局"2011—2012 年度十佳建设标兵"、2021 年"新时代赣鄱先锋"群众身边好党员、2021 年江西省"十三五"国省干线公路养护管理先进个人等荣誉称号。

坚守初心，从路开始，姜新爱自成为一名公路人以来，就把自己的青春和梦想沉淀在那一条条通往四面八方的公路上，把所有的时间都奉献给了保障公路畅通上。2001 年，省交通技校毕业后，姜新爱分配到瑞昌公路分局就一直在工地一线工作，11 年间，她先后做过工地的出纳员、收费员、资料员、测量员、计量员、试验员等，几乎做遍了工地所有岗位的工作。每到一个岗位她从不计较，总是认认真真地高标准地履行好自己的职责，一项项摸索、一项项学透、一项项做优，每天她的身影几乎都在工区、办公室、辖区国省干线上，周末加班更是寻常事。她从原材料到施工工艺各环节严把质量关，做到坚守岗位、尽职尽责，确保工程质量和工程进度，取得经济效益和社会效益的双丰收。

在她担任巾南线二级公路改造工程总工时，特别是在工程动工之初，由于征地拆迁与施工同时进行，为了不影响施工，她总是陪同两个县的征地拆迁办的工作人员日夜走访沿线村民，力争早日拆迁为施工争取时间。刚开始，许多沿线村民为了自家的利益，不理解设计规范与法律依据，多次发生阻拦施工的事件。姜新爱在解说政策工作过程中，多次衣服被村民撕破，更是经常受到当地老百姓刻薄与不理解的谩骂。但是困难面前她没有放弃，仍然顾全大局不与她们发生冲突，一遍遍给老百姓解说政策，做好宣传解释工作，通过不懈努力，最终获得当地百姓的理解和信任，就连矛盾最尖锐的南义镇三塘下村村长在主体工程结束后，发自内心向她赠送一面锦旗，感谢她的付出和工作。

因工作需要姜新爱离开了待了九年的工区，来到机关养护股工作。她从一名工程建设者变成一名公路路容路貌的养护管理人员。养护工作点多，线长、事杂。从统计数据、上报计划、计划下达实施、现场定方案、现场施工协调，她都一一入手，每天半天带领股室人员巡查公路路况与隐患，半天要整理资料留档案。她上网查阅学习公路养护管理工作指导性文件，认真执行上级下达的任务。面对养护管理工作所面临的新形势和新挑战，她极力推动公路养护从传统模式向市场化养护转型，凭着百折不挠的韧劲，瑞昌分中心养护股于 2017 年 3 月被评为"巾帼标兵岗"。

面对瑞昌突发疫情，姜新爱在抗疫的战场上没有过多的言语，几句话从早喊到晚，沙哑的声音配合着指挥手势，从巷子口到马路边、从小区楼到居民宅。疫情面前无小事，姜新爱用脚丈量社区的每一平米，用声音填满街道每一个角落，用心记录群众需求，真诚回应一个个疑问，将温馨提示传达给每一名社区居民，温暖了人心、阻挡了病毒。她以体温枪做矛，用行动书写忠诚；她以防护服做盾，用勇气不辱使命。

在平凡的岗位上，姜新爱用辛勤和汗水在公路战线上默默奉献着。尽管她的皮肤已晒得黝黑，但是她心中的追求从没消失过，她爱公路犹如爱生命一样，她始终用自己的实际行动，在公路建设和养护中，奏写出令人难以忘怀的生命乐章！

（胡晓）

16. 龙华春

龙华春，男，1968 年 12 月出生，江西永新人，工程硕士，中共党员，教授级高工。自 1991 年大学毕业以来，先后在萍乡市公路管理局、省公路工程监理公司、省公路管理局信息数据中心、省公路投资有限公司工作，现任江西省公路投资有限公司党委副书记、总经理。曾荣获萍乡市十大杰出青年、中国土木工程詹天佑奖创新集体（江西省景婺黄高速公路）、景婺黄（常）高速公路建设"劳动模范"、全国交通建设优秀监理工程师、全省公路系统十佳管理标兵、十佳建设标兵、优秀党务工作者、中国公路百名优秀工程师、江西公路优秀工程师等荣誉称号。2021 年 7 月 5 日，荣获 2021 年度"新时代赣鄱先锋"担当作为好干部称号。

2018 年，龙华春调任省公路投资有限公司（以下简称省公投公司）党委副书记、总经理。"普通公路建设养护资金缺乏的问题在全国普遍存在，省公投公司的任务就是为了创建我省普通公路市场化省级投融资模式。"龙华春说，"这种模式从无到有，我们面对的困难可谓千头万绪，过程很艰难。"龙华春和他的团队不等不靠不推诿，从调任筹备的第一天起，便带领团队开启了"5+2""白＋黑"的奋战模式。围绕全省重点清单项目，主动深入全省各地市（县）宣贯交流，及时与省厅、省综合交通中心（原省公路管理局）相关业务处室沟通，明确合作建设投资项目、投资对象、投资规模，同时对接国家开发银行江西省分行，推动国开行项目授信及资金贷款。2020 年期间，公司上下的努力终于见到成效，"融资""投资""回款"三个环节彻底打通，全省普通公路合作建设市场化投融资模式从 0 到 1，从无到有，从简单到复杂，从排斥到接纳，迅速开创了全省筹措省级资金的新局面。截至 2021 年底，公司已与 11 个地市、78 个县（市）区公路交通投资主体签订合作建设协议 1305 份，涉及总投资 620 亿元，涉及建设里程国省道升级改造 1300 千米，养护大中修 6900 千米，农村公路 6400 千米，累计筹措项目省级资金 128 亿元，累计完成投入省级资金 113 亿元，在助推完成"十三五"普通公路建养任务、"十三五"迎国评中发挥了积极作用，为进一步规范项目管理，提升全省普通公路建管养水平，推进普通公路高质量发展发挥了有效促进作用。

2021 年初，龙华春创造性地提出"投融建"一体化模式，即针对积极性高的地市县政府，将普通公路建设项目打包，通过省公投公司先行投入项目资本金，发挥公司与政策性银行建立的良好银企关系，帮助地方融资解决项目配套资金，并以"投资人＋施工"方式中标参与项目施工建设。通过近半年的努力，"投融建"一体化模式在瑞兴于快速走廊项目及浮梁县"四好农村路"国家示范县建设项目试点成功，项目总投资约 46 亿元。当前，省公投公司初步走出了一条符合江西省实际、行之有效的普通公路发展的投融资新路，全省普通公路建设养护投融资渠道由原来的政府单一投资，逐步转为以政府投资为主，社会资本不断积极投资的格局，在助推普通公路建养上可起到好的实效。

来省公投公司之前的 27 年，龙华春从事过公路施工、公路监理、公路信息化等工作。投融资该从哪里下手？龙华春坚信只要付出努力，就没有干不成的事情。

龙华春利用一切时间，"啃"下一本又一本专业书籍，求教一位又一位行业专家，翻开他厚厚一摞的笔记本，正反面密密麻麻记满了学习笔记。他还挤出时间参加清华大学投融资决策与金融创新高级研修班提升学习，只要不出差，周六、周日都要去学习。精诚所至，金石为开。三年多的时间，龙华春从一名"门外汉"成为江西省普通公路投融资行业的积极探索者。面对人生的不同阶段，龙华春深感有挑战的压力，但更多的是感到幸运，有机会在不同的岗位历练和成长，不断地进行尝试和探索未知；也驱使他不断地加强学习、拓宽自己的视野和认知。龙华春说："在交通强省建设新征程中，江西省普通公路将迎来前所未有的发展机遇，省公投公司应当挑起更重的担子。"

（胡晓）

17. 杨卫海

杨卫海，男，1971 年 8 月出生，江西南康人，大专文化，中共党员，现任江西新世纪汽运集团有限公司客运一分公司支部书记、经理。2017 年被赣州市交通运输局党委授予"优秀共产党员"，2020 年被江西省道路运输协会聘任为"江西省道路运输协会行业专家库（入库）专家"，2021 年荣获江西省人民政府"'十三五'期间全省安全生产工作先进个人"荣誉称号。

作为一名有着 27 年党龄的老党员，多年的客运管理经验让杨卫海深刻认识到客运安全生产的重要性，深知安全是企业发展的保证，安全是家庭幸福的基石，安全是社会和谐的源泉。作为专业旅客运输公司的负责人，他坚决扛起安全生产第一责任人的责任，坚守安全发展理念，弘扬生命至上、安全第一的思想，胸怀高度的社会责任感和使命感，健全安全管理机制，为旅客安全出行提供了坚实的安全保障。

杨卫海时刻牢记并认真履行自己的安全生产工作职责，严格执行安全生产法律、法规、规章和标准，努力提升自己和安管人员的安全管理能力。他能够认真贯彻安全负责人"十个一次"工作，在每次的安全生产会议、培训时，都会组织大家观看学习习近平总书记关于安全生产的重要论述及相关视频，时刻牢记习近平总书记安全生产重要论述和指示精神。交通运输部下发了新修订的《道路旅客运输企业安全管理规范》后，杨卫海对照《规范》（释义）亲自为全体员工逐条培训讲解，大大提高了分公司管理人员的安全管理业务能力，提升了全员安全防范意识。为强化安全生产责任，杨卫海以身作则带头签订安全生产责任状，建立失职追责机制，加强安全履责监管，坚持每月带领安全管理人员对场区、营运车辆进行安全隐患排查，对隐患问题责任人进行约谈，限期整改到位，实行闭环管理，确保安全生产。在全省营运车辆统一安装了卫星4G实时监控系统后，他充分利用高科技手段，科技兴安，严抓4G动态实时监控管理，实行"人盯人（驾驶员）、人盯车"，全覆盖监控在线运行的车辆和驾驶员，对超速、疲劳驾驶等违法违规行为一律严肃处理；对安全事故一律按照"四不放过"原则追责问责。通过实时监控的有效手段，将安全生产工作从事后处理，转变到事前预防和事中监督，分公司驾驶员安全行车意识普遍提高，违法违规现象逐月减少。

杨卫海同志能够自觉践行社会主义核心价值观，认真履行共产党员义务，工作上时刻起着模范带头作用，多年来无违法违纪行为。凭着对旅客生命财产高度负责的态度，对安全生产工作尽心尽职、率先垂范，在他的带领下，客运一分公司在"十三五"期间未发生责任亡人事故，各项事故率逐年同比下降。杨卫海在安全管理职责高危的行业岗位上做出了不平凡的成绩，得到省市行业管理部门、企业领导和单位员工的一致认可，为当地道路运输行业安全高质量发展作出了积极贡献，为赣州市民安全便捷出行贡献了自己的力量。

（高阳发）

18. 李爱龙

李爱龙，男，1969年12月出生，中共预备党员，现任吉安市公路建设和养护中心荷浦养路队队长，2021年4月被江西省总工会授予江西省五一劳动奖章。

34年来，李爱龙先后辗转全县乡村4个道班，

以班为家，与路为伴，平路肩、补坑槽、通水沟、清路障，穿行公路21万多千米，用坏板车30余辆，挖坏铁锹180多支，扫秃扫帚340多把，默默奉献公路养护事业。

李爱龙深知，要做好公路养护工作，仅凭工作热情和经验远远不够，必须提高自己的专业知识和养护技能。为此，李爱龙白天利用上路养护和工余时间向老工人学习，晚上在道班挑灯夜读，自学公路养护、机械维修和保养等方面知识。有时他半夜突然想起来一个问题，就会用笔记本记上，还会拿书本看上一会儿，寻找解决办法。此外，李爱龙还多次参加省、市组织的公路养护、机械设备培训和操作技能竞赛，并荣获红旗设备操作手、公路养护标兵等多个奖项。在压路面时，连续长时间的工作，压路机难免会"罢工"，这时李爱龙就会自告奋勇地站出来，勇挑重担，排除问题。2011年修补余新公路时，正值夏日炎炎，气温高达40℃度，有天上午压路机振动轮严重磨损无法工作，但是工期紧，任务重，设备必须抓紧时间修理。技术娴熟的李爱龙蜷缩爬到振动轮里面，仅用1个多小时的时间，就将压路机修好，为单位减少直接经济损失近3000元。

为彻底解决修整路肩既耗人力又费资金的问题，李爱龙绞尽脑汁，在装载机的铲斗侧面安装一块钢板，日工作量由原来的人工每天100米增加到5000多米，不仅大大地提高了工作效率，而且每天可以节省养护资金4000多元，仅此一项，每年可为单位节省资金2万多元，累计节约养护资金120多万元。

2008年新年伊始，正值"春运"期间，一场50年未遇的雪灾袭来，新干境内道路严重积雪结冰，交通运输几近瘫痪。灾情就是命令，在清雪战场上，李爱龙总是一马当先，既是指挥员又当战斗员，撒盐、挥撬、扬铲，他带领工友们每天从清晨一直干到深夜12点才拖着疲惫的身子回家。在抗击冰冻的10多天日子里，他没有睡过一个安稳觉，没和家人吃过一顿团圆饭。为了早日抢通道路，他每天睡在道班里，吃的是方便面，随时听候调派，护送车辆安全通行。在道班工友的共同努力下，经

过 10 多天的连续奋战，冰雪全部清除，圆满完成了抗冰救灾保畅通的任务，而他却因疲劳过度和体力不支累倒了几次。

2016 年 3 月的一天，几场暴雨过后的板埠南苑陈家的一座路桥基脚遭到严重冲刷，洪水已把桥头的路基掏空，面临垮塌的危险。李爱龙立即组织人员打桩、用编织袋装土打底回填，可洪水实在太大，紧要关头，他不顾个人安危，跳入齐胸的洪水里，搬石头、扛沙袋，在其他人员的配合下，经过 9 个多小时的连续奋战，排除险情，恢复道路交通，确保了车辆和行人的安全。

在妻子李江花眼里，李爱龙就是一个永不停摆的钟表，每天奔波于公路之间，根本无法顾家。"他总是把路看作自己的家，家里的事从不顾及，但我还是支持他。"面对妻子的抱怨和理解，他总是无言以对，心里有着说不完的内疚……

有一次，李爱龙 5 岁的儿子患上肺炎，病情很严重，在丰城曲江医院久治不愈，家人通知他立即回去，可是因为工作太忙，直到一星期后，才请了一天假赶往老家。2017 年的一天，李爱龙 80 多岁的父亲患肺气肿又腹泻，在县医院治疗，当接到电话的刹那间，李爱龙心急如焚，他所面对的一边是父亲病危在床，另一边是抢险施工。想到自己肩膀上还承担着的更多人的生命安危时，李爱龙毅然选择了坚守岗位，直到晚上 11 点多把当天主体任务全都完成后，才含泪匆匆赶往医院。

在路上的时间久了，路在李爱龙的心中就生了根，每一段路、每一座桥、每一个路标、每一处转弯，甚至每一棵树，他都烂熟于胸，烙印于心。曾经一起与他参加工作的几名工友们都想办法调换了工作，唯独他还在道班里"转悠"，因为在李爱龙心中，公路养护是他的最爱。

对于李爱龙来说，节假日休息几乎是他最大的奢侈。自参加工作以来，他几乎没有请过假，累计义务献工 2300 多个工作日。

（胡晓）

19. 李颖

李颖，女，1972 年 3 月出生，江西南昌人，现任南昌公交运输集团工会主席。2021 年 4 月被授予"江西省五一劳动奖章"。

该同志自 1996 年从事工会工作已有 26 年，多年的工作让她积累了丰富的基层工会工作经验，作风严谨，工作务实，办事沉稳，为人随和。她始终按照"组织起来，切实维权"方针，全面维护职工合法权益，努力提高工会工作能力，实现工会工作的创新和发展，认真履行"教育、建设、参与、维护"四项主要职能和其他职能，起到了党组织联系职工群众的纽带和桥梁作用，维护了企业的改革、发展和稳定。各项工作得到了广大职工群众和各级领导的充分肯定。

多年来，她始终把不断提高自身素质作为挑战自我的目标，自我加压。她对下属也是既严格要求，又关心爱护，以情感人，以理服人。她通过自己的行为引领带动身边的同事互帮互助、互谅互让，营造心往一处想劲往一处使的工作氛围。她认真落实集团党委和上级工会各项工作部署，紧紧围绕生产中心工作，积极开展争先创优、职工岗位练兵技能竞赛，提高职工队伍素质；围绕做好"六稳"工作、落实"六保"任务，尽力做好职工帮扶解困送温暖工作，重视职工文化活动开展和职工活动场所建设，尽力帮助职工解决实际困难和问题。在抓好企业民主管理、维护职工合法权益工作方面，她积极寻求稳妥解决复杂问题、化解各种矛盾的办法，努力做到凡是涉及企业改革的重大问题和涉及职工切身利益的重要决策都必须经职代会讨论通过后方可实施。近年来她先后参与审议通过《江西南昌公交运输集团改制重组方案》《江西南昌公交运输集团企业年金方案》《南昌公交运输集团职工生病住院、特殊困难补助及探访办法》等涉及职工切身利益的议案。她经常深入基层，了解广大职工对企业各项工作的意见和所需所求，坚持开展送温暖、送清凉、金秋助学等活动，千方百计为职工谋福利，让职工深切感受到企业大家庭的温暖。

她认真贯彻落实习近平总书记关于"建好职工家，当好娘家人"的指示精神，围绕服务中心、服务职工，主动思考、积极探索，以建好"职工之家"、弘扬"劳模精神"主旋律、构建退休职工文化活动阵地等为工作重点，先后在 5 路终点站建设"爱心驿站"，让户外劳动者有一个设施齐全、宽敞舒适的小憩场所；在 2 路下正街场站建设"爱心妈咪小屋"，为女职工创造一个私密、干净、舒适、安全的休息场所；在集团营运中心25楼建设"职工之家"，为职工提供干净整洁、功能齐全的活动场所。同时，为大力弘扬劳模精神，她紧紧抓住功勋驾驶员邓红英同志在7·18事件中的先进典型事迹，第一时间向省、市总工会申请报告，从而邓红英同志被授予江西省五一劳动奖章、南昌市五一劳动奖章和南昌市三八红旗手等荣誉，并在全国获得诸多荣誉。为更好地宣传和教育鼓舞职工，她将邓红英的先进事件原景重现，编创成音乐情景剧，在省内外及全国行业间进行会演获得好评，为企业塑造企业品牌作出了贡献。

作为一名长期从事工会工作的党员干部，她始终践行为人民服务的根本宗旨，围绕中心、服务大局、认真履职，坚持廉洁勤政。严格执行集团党委和上级工会各项制度规定，积极参加党风廉政教育活动。工作中，注重保持诚实正直、勤俭节约、廉洁奉公的工作态度，时刻做到心存敬畏、严于律己。坚持工会采购各类奖品、福利品充分发扬民主，认真听取职工代表的意见，做到不违章、不违纪、不违法，办事公开透明，自觉接受监督，实实在在地为职工群众办实事、解难题。

（胡晓）

20. 段冬梅

段冬梅，女，汉族，1977年6月出生，群众，初中学历，吉安公交公司22路驾驶员。2020年12月，荣获江西省委省政府"江西省抗击新冠肺炎疫情先进个人"荣誉称号；2021年3月，荣获江西省妇联"巾帼建功标兵"荣誉称号；2021年5月，荣获江西省总工会"江西省五一劳动奖章"荣誉称号。

段冬梅同志2012年7月进入吉安公交公司工作，一直以饱满的热情，认真负责的工作态度，兢兢业业、无私奉献的工作作风，真情待客，备受赞誉。

黎明出车，夜幕收班，工作平凡且枯燥，但段冬梅从来都没有半句怨言。为了给乘客提供更优质的公交服务，她每天上班前，都认真做好车辆的清洁工作，确保车窗明亮，地板洁净，车内设施设备有效；在行驶中注重每一个服务细节，当遇到老人上车，她总是将车子多停一会儿，等老人找好座位坐下来后才开车；当遇到外地乘客乘车，她会详细介绍路线、方向及转乘站点。这些细微的举动得到广大乘客的纷纷称赞。

拾金不昧的品质是段冬梅诸多闪光点之一。在工作期间，她曾多次在公交车上拾到乘客遗失的钱包、手机、手提电脑等贵重物品并全部交还失主，她拾金不昧的优良品质得到乘客称赞。

对于城市公交企业而言，安全就是生命，安全就是效益，安全就是一切。段冬梅在认真钻研驾驶技能的同时，善于向老师傅学习。驾驶车辆时，她从不急躁、不抢道、不冒险、不斗气，始终做到思想集中，礼让三先，平稳驾驶，确保了数年安全行车无事故。

2020年年初，一场突如其来的新冠疫情席卷中国大地，严重威胁着人民群众的身体健康和生命安全。段冬梅同志主动请缨，冲锋在前，在线路内部稳定军心，做到不传谣、不信谣。小小的车厢里，她既是驾驶员、宣传员，又是"消毒员"，每天对公交车厢进行消毒，确保车厢窗口打开，保持车厢的通风、及时清理车内垃圾，并利用班次空隙时间向乘客宣传疫情防控知识，为广大市民出行"保驾护航"，用行动助力疫情防控。

段冬梅同志立足本职，爱岗敬业，无私奉献。她始终坚持将安全行车放在首位，把优质服务、方便乘客作为自己的工作指南，用自己的实际行动为公交的安全生产、优质服务树立了标杆，以奉献诠释了公交人的劳动精神。

（胡晓）

2021 年度全省交通运输系统先进个人

全国脱贫攻坚先进个人

（中共中央、国务院表彰   2021 年 2 月 25 日颁发）

陈胜昌　会昌县交通运输局党组书记、局长

（高阳发）

全国交通运输脱贫攻坚成绩突出个人

（交通运输部表彰   2021 年 4 月 21 日颁发）

廖晓锋　江西省交通运输厅基本建设监管处处长，派驻上饶市广信区湖村乡西龙岗村工作队队长兼第一书记

江志强　江西交通职业技术学院党委委员、副院长，派驻井冈山市柏露乡长富桥村工作队队长兼第一书记

沈小敏　江西省交通运输综合行政执法监督管理局四级调研员，派驻崇义县上堡乡竹溪村工作队队长兼第一书记

段庆华　江西省综合交通运输事业发展中心农村公路处二级调研员

刘振宇　江西交通咨询有限公司党委委员、副总经理，派驻德安县车桥镇义门村工作队队长兼第一书记

潘　振　上饶市农村公路服务中心副主任

修伏清　抚州市公路局质监科科长，派驻抚州市高新区崇岗镇邵坊村工作队队长兼第一书记

戴党太　南昌市公路管理局机关党委三级主任科员，派驻南昌市新建区铁河乡东阳村工作队队长兼第一书记

邓清华　新余市道路运输管理处办公室主任，派驻分宜县双林镇双林村第一书记

朱晓文　瑞金市交通运输局党组成员、副局长，派驻瑞金市叶坪乡横岭村工作队队员

（田慧）

2020 年感动交通年度人物

（交通运输部、中华全国总工会表彰   2021 年 4 月 27 日颁发）

江西大众交通运输有限公司红色车队（集体）

江梦德　景德镇高速公路路政管理支队一大队党支部书记

（胡晓　闵婕）

全国交通运输系统"七五"普法成绩突出个人

（交通运输部表彰   2021 年 11 月 18 日颁发）

胡宗平　江西省交通运输综合行政执法监督管理局道路运政执法监督处一级主任科员

肖金水　赣州市交通运输局政策法规科科长

（闵婕　高阳发）

交通强国战略研究成绩突出个人

（交通运输部表彰　2021 年 11 月 18 日颁发）

彭辉勇　江西省交通运输厅规划处处长
荣　耀　江西省交通科学研究院副院长

（聂玉洁）

2020 年最美货车司机

（交通运输部、公安部、中华全国总工会表彰　2021 年 5 月颁发）

陈小环　江西新振兴投资集团新振兴汽运有限公司危货车辆驾驶员
朱福顺　江西大通能源服务有限公司驾驶员
刘海光　江西省高安汽运集团鸿弘汽运有限公司驾驶员

（胡晓）

全国巾帼建功标兵

（全国妇联表彰　2021 年 3 月颁发）

花雪莲　宜春市公路事业发展中心劳资科科长

（胡晓）

2021 年度获全国安全行车百万公里优秀驾驶员

（中国道路运输协会、中国海员建设工会全国委员会表彰　2021 年颁发）

全国安全行车二百万公里优秀驾驶员：
刘亚飞　江西抚州长运有限公司黎川分公司
刘　平　江西省全鑫汽运有限公司
尹仁香　永新县鸿运达客运汽车有限责任公司
全国安全行车百万公里优秀驾驶员：
秦文华　江西长运吉安公共交通有限责任公司
熊晓君　江西抚州长运有限公司客运分公司
江顺忠　江西九江长途汽车运输集团有限公司永修公司
李　宇　修水县汽车运输有限公司
笪沛兴　上饶汽运集团德兴镇村公交客运有限公司
黎　勇　江西宜春汽车运输股份有限公司袁州分公司
万志国　宜黄县长运公共交通有限公司
刘振华　江西新世纪汽运集团有限公司
钟舜裕　江西通达汽运有限公司
曾观音　江西赣南鸿达运输有限公司
李向阳　会昌县长途客运有限公司

（胡莎）

全国交通运输行业优秀思想政治工作者

（中国交通职工思想政治工作研究会表彰　2021 年 1 月颁发）

涂　伟　江西省交通高级技工学校教师

（涂智琴）

江西省脱贫攻坚先进个人

（中共江西省委、江西省人民政府表彰　2021 年 6 月 21 日颁发）

徐赞勋　省综合交通运输事业发展中心科技安全处四级调研员
戴党太　南昌市公路事业发展中心路产路权保护科三级主任科员
曾伟民　赣州市交通运输局运输科副科长
何慧军　上饶市交通工程质量监督局检测科副主任
王建文　九江市道路运输管理局都昌分局办公室主任

（涂智琴）

江西省优秀女第一书记

（省委组织部、省扶贫办、省妇联表彰　2021 年 12 月颁发）

花雪莲　宜春市公路事业发展中心劳资科科长

（胡晓）

江西省优秀共产党员

（中共江西省委表彰　2021 年 7 月颁发）

戴党太　南昌市公路事业发展中心路产路权保护科三级主任科员
秦文华　吉安市公交公司 61 路公交线驾驶员、线路班长
邓红英　江西南昌公共交通运输集团有限责任公司三公司三车队副队长

（胡晓）

2021 年度"新时代赣鄱先锋"群众身边好党员

（江西省委组织部表彰　2021 年 7 月颁发）

姜新爱　九江市公路发展中心瑞昌分中心养护股股长

（胡晓）

2021 年度"新时代赣鄱先锋"担当作为好干部

（中共江西省委表彰　2021 年 7 月颁发）

龙华春　江西省公路投资有限公司党委副书记、总经理

（胡晓）

"十三五"期间全省安全生产工作先进个人
（江西省人民政府表彰　2021年6月30日颁发）

肖慧莎　江西省交通运输厅安全监督处四级调研员
刘　兵　江西省交通建设工程质量监督管理局安全监督科副科长
杨卫海　江西新世纪汽运集团有限公司客运一分公司

（聂玉洁　闵婕）

江西省五一劳动奖章名单
（江西省总工会表彰　2021年4月26日颁发）

李爱龙　吉安市公路局新干分局神政桥道班班长
沈小敏　江西省公路运输管理局客货运输管理处四级调研员
李　颖　江西南昌公共交通运输集团有限责任公司工会主席
谢春江　宜春公交集团有限公司公交驾驶员
段冬梅　江西长运吉安公共交通有限责任公司22路线路班长

（胡莎）

江西省五一巾帼标兵
（江西省总工会表彰　2021年2月26日颁发）

徐秋霞　九江长运集团有限公司党委书记、董事长
陈　珍　江西昌泰高速公路有限责任公司党委办公室文员、政工师
王　婧　新余市公路管理局渝水分局效能办主任

（胡莎）

江西省"身边灭火英雄"
（江西省消防救援总队表彰　2021年颁发）

罗晓春　江西南昌公共交通运输集团有限责任公司二公司233路驾驶员

（胡莎）

江西省感动交通人物
（江西省交通运输厅表彰　2021年8月23日颁发）

张红宇　南昌市公路勘察设计院副院长
涂文胜　宜春市公路管理局路桥工程局桥隧工程师
李小英　江西长运新余公共交通有限公司公交驾驶员
花雪莲　宜春市公路管理局劳资科科长、宜春市公路管理局驻袁州区飞剑潭乡塘源村第一书记兼工作队队长
欧阳言升　萍乡市上栗县交通运输局党组副书记、副局长
刘荣蕃　赣州市公路管理局寻乌分局路政科科长

吴新沙　吉安市公路建设和养护中心泰和分中心老营盘道班退休职工
周耀华　上饶市公共交通集团有限公司 29 路公交车驾驶员
李　庚　省交通投资集团宜春管理中心万载收费所三兴收费站站长
廖晓锋　省交通运输厅基本建设监管处处长，原省交通运输厅驻上饶市广信区湖村乡西龙岗村第一书记

（聂玉洁）

2021 年度全省交通运输系统先进单位

全国交通运输脱贫攻坚成绩突出集体
（交通运输部表彰　2021 年颁发）

江西省交通运输厅规划处
赣州市交通运输局
吉安市交通运输局规划建设科
万载县交通运输局
萍乡市公路管理局莲花分局

（田慧）

全国法治政府先进单位
（交通运输部表彰　2021 年颁发）

九江市交通运输局

（王俊）

全国"十三五"干线公路养护管理工作先进单位
（交通运输部表彰　2021 年 7 月 15 日颁发）

江西省交通运输厅

（聂玉洁）

全国交通运输系统"七五"普法成绩突出集体
（交通运输部表彰　2021 年 11 月 18 日颁发）

江西省交通运输厅执法监督处（政策法规处）
江西省公路路政管理总队政策法规科

（闵婕）

2021 年度全国节约型机关
（国家机关事务管理局表彰　2021 年颁发）

抚州市交通运输局

（陈根玲）

2021 年全国三八红旗集体
（全国妇联表彰　2021 年颁发）

宜春公交 7 路外线

（陈维民）

第 20 届全国"青年文明号"
（共青团中央等表彰　2021 年 8 月颁发）

省交通投资集团吉安管理中心莲花收费所"龚全珍班组"
省交通监控指挥中心 12328 电话服务中心
省交通投资集团抚州管理中心南昌东收费所

（聂玉洁）

江西省脱贫攻坚先进集体
（中共江西省委、江西省人民政府表彰　2021 年 6 月 21 日颁发）

省交通运输综合行政执法监督管理局驻崇义县上堡乡竹溪村帮扶工作队
吉安市交通运输局
宁都县交通运输局

（涂智琴　田慧）

"十三五"期间全省安全生产工作先进单位
（江西省人民政府表彰　2021 年 6 月 30 日颁发）

江西省交通建设工程质量监督管理局

（闵婕）

2019—2020 年度江西省青年文明号
（共青团江西省委等表彰　2021 年 8 月 6 日颁发）

江西省公路管理局信息数据中心出行服务与应急处置办
江西省交通投资集团有限责任公司吉安管理中心井冈山收费所井冈山收费站
吉安高速公路路政管理支队五大队
江西省交通投资集团有限责任公司吉安管理中心井冈山机场收费所
江西省港航设计院有限公司

江西省交通投资集团有限责任公司景德镇管理中心三清山收费所
江西省交通监控指挥中心 12328 电话服务中心
江西省交通投资集团有限责任公司赣州管理中心赣州北收费所
江西省交通投资集团有限责任公司吉安管理中心莲花收费所"龚全珍班组"
江西省交通投资集团有限责任公司宜春管理中心仙女湖收费所新余南收费站
江西畅行高速公路服务区开发经营有限公司庐山服务区
江西省交通投资集团有限责任公司吉安管理中心兴国收费所
江西赣粤高速公路股份有限公司昌北收费所
江西省交通投资集团有限责任公司南昌东管理中心南昌南收费所南昌南收费站
江西省交通投资集团有限责任公司南昌西管理中心九龙湖收费所
江西省交通投资集团有限责任公司景德镇管理中心信息分中心
江西省交通投资集团有限责任公司宜春管理中心袁州收费所袁州收费站
江西畅行高速公路服务区开发经营有限公司庐山西海服务区
江西省公路工程有限责任公司第一分公司

（闵婕 田慧）

全省全面依法治省优秀单位

（中共江西省委全面依法治省委员会办公室表彰 2021 年 2 月颁发）

江西省交通运输厅

（聂玉洁）

全省法治政府建设优秀单位

（江西省推进法治政府工作建设领导小组表彰 2021 年 3 月颁发）

江西省交通运输厅

（聂玉洁）

2020 年度全省平安建设先进集体

（江西省平安江西建设领导小组表彰 2021 年 3 月 23 日颁发）

江西省交通运输厅

（聂玉洁）

2016—2020 年全省普法工作先进单位

（江西省普法教育工作领导小组表彰 2021 年 12 月颁发）

江西省交通运输厅直属机关党委（宣传处）

（聂玉洁）

2021年度全省交通运输工作先进单位

（江西省交通运输厅表彰　2022年1月颁发）

吉安市交通运输局

赣州市交通运输局

萍乡市交通运输局

南昌市交通运输局

宜春市交通运输局

上饶市交通运输局

江西省综合交通运输事业发展中心

江西省高等级航道事务中心

江西省交通职业技术学院

江西省交通高级技工学校

江西省交通运输综合行政执法监督管理局

江西省交通投资集团有限责任公司

（聂玉洁）

表40：　　　　　　　2021年具备相应高中级专业技术资格人员名单

一、正高级工程师（交通）（30人）

序号	姓名	工作单位	资格名称	管理号
1	梁安宁	江西交通职业技术学院	正高级工程师	交通工程
2	朱俊	江西省交通科学研究院有限公司	正高级工程师	交通工程
3	习小华	江西省交通科学研究院有限公司	正高级工程师	交通工程
4	王健	江西省交通投资集团有限责任公司	正高级工程师	交通工程
5	陈钊正	江西省交通投资集团有限责任公司	正高级工程师	交通工程
6	刘泳	江西赣粤高速公路股份有限公司	正高级工程师	交通工程
7	丁军	江西赣粤高速公路股份有限公司	正高级工程师	交通工程
8	俞冬旺	江西省交通工程集团有限公司	正高级工程师	交通工程
9	李艳红	江西省交通工程集团有限公司	正高级工程师	交通工程
10	李玉生	江西交通咨询有限公司	正高级工程师	交通工程
11	肖林朵	江西省交通设计研究院有限责任公司	正高级工程师	交通工程
12	胡兵华	江西省交通设计研究院有限责任公司	正高级工程师	交通工程
13	杨小明	江西省交通投资集团有限责任公司上饶管理中心	正高级工程师	交通工程
14	王玉林	江西省港航管理局界牌航电枢纽管理处	正高级工程师	交通工程
15	张恒	江西省公路工程监理有限公司	正高级工程师	交通工程
16	涂文玲	江西省公路科研设计院有限公司	正高级工程师	交通工程
17	郭晓峰	江西省交通监控指挥中心	正高级工程师	交通工程
18	郭建国	江西省港口集团有限公司	正高级工程师	交通工程
19	吴后选	江西省港航建设投资集团有限公司	正高级工程师	交通工程
20	徐艳亮	江西省港航建设投资集团有限公司	正高级工程师	交通工程
21	余俊	江西省交通建设工程质量监督管理局	正高级工程师	交通工程
22	张纯安	江西中煤建设集团有限公司	正高级工程师	交通工程

续表

序号	姓名	工作单位	资格名称	管理号
23	曾小刚	南昌市城市规划设计研究总院	正高级工程师	交通工程
24	李小军	江铃汽车股份有限公司	正高级工程师	交通工程
25	杜宏伟	南昌高速公路有限公司	正高级工程师	交通工程
26	雷迅	赣州市公路发展中心于都分中心	正高级工程师	交通工程
27	李晓鸣	江西省赣南公路勘察设计院	正高级工程师	交通工程
28	王劲松	宜春公路勘察设计院	正高级工程师	交通工程
29	何庆德	抚州赣东公路设计院	正高级工程师	交通工程
30	黄卫国	江西省公路工程监理有限公司	正高级工程师	交通工程

二、高级工程师（交通）（276人）

序号	姓名	工作单位	资格名称	管理号
1	张泽	萍乡矿业集团有限责任公司	高级工程师	交通工程
2	罗理云	中鼎国际工程有限责任公司	高级工程师	交通工程
3	刘思远	江西交通职业技术学院	高级工程师	交通工程
4	廖辉煌	江西省交通科学研究院有限公司	高级工程师	交通工程
5	彭恢湘	江西省交通科学研究院有限公司	高级工程师	交通工程
6	占贤钱	江西省交通科学研究院有限公司	高级工程师	交通工程
7	许凯泉	江西省交通科学研究院有限公司	高级工程师	交通工程
8	何慧芬	江西省交通科学研究院有限公司	高级工程师	交通工程
9	俞喜兰	江西省交通科学研究院有限公司	高级工程师	交通工程
10	龙圣勇	江西省交通科学研究院有限公司	高级工程师	交通工程
11	伍伟斌	江西省交通科学研究院有限公司	高级工程师	交通工程
12	徐杰	江西省交通科学研究院有限公司	高级工程师	交通工程
13	李卫华	江西省交通科学研究院有限公司	高级工程师	交通工程
14	石明	江西省交通投资集团有限责任公司	高级工程师	交通工程
15	裘威	江西赣粤高速公路股份有限公司	高级工程师	交通工程
16	徐莹	江西赣粤高速公路股份有限公司	高级工程师	交通工程
17	金学勤	江西赣粤高速公路股份有限公司	高级工程师	交通工程
18	高林	江西赣粤高速公路股份有限公司	高级工程师	交通工程
19	李荣金	江西赣粤高速公路股份有限公司	高级工程师	交通工程
20	郭崛	江西赣粤高速公路股份有限公司	高级工程师	交通工程
21	李莉	江西赣粤高速公路股份有限公司	高级工程师	交通工程
22	聂建春	江西赣粤高速公路股份有限公司	高级工程师	交通工程
23	褚艳武	江西赣粤高速公路股份有限公司	高级工程师	交通工程
24	李渊	江西赣粤高速公路股份有限公司	高级工程师	交通工程
25	吴洪	江西赣粤高速公路股份有限公司	高级工程师	交通工程
26	何亮	江西省交通工程集团有限公司	高级工程师	交通工程
27	陈淑莉	江西省交通工程集团有限公司	高级工程师	交通工程
28	简红平	江西省交通工程集团有限公司	高级工程师	交通工程
29	周丁丁	江西省交通工程集团有限公司	高级工程师	交通工程

续表

序号	姓名	工作单位	资格名称	管理号
30	刘元锋	江西省交通工程集团有限公司	高级工程师	交通工程
31	杨春华	江西省交通工程集团有限公司	高级工程师	交通工程
32	王铮	江西省交通工程集团有限公司	高级工程师	交通工程
33	左华典	江西省交通工程集团有限公司	高级工程师	交通工程
34	金鑫	江西省交通工程集团有限公司	高级工程师	交通工程
35	邓红霞	江西省交通工程集团有限公司	高级工程师	交通工程
36	雷鸣	江西省交通工程集团有限公司	高级工程师	交通工程
37	刘敏	江西省交通工程集团有限公司	高级工程师	交通工程
38	余炜	江西省交通工程集团有限公司	高级工程师	交通工程
39	邱福利	江西省交通工程集团有限公司	高级工程师	交通工程
40	吴凡	江西省交通工程集团有限公司	高级工程师	交通工程
41	晏璐锋	江西省交通工程集团有限公司	高级工程师	交通工程
42	王磊	江西省交通工程集团有限公司	高级工程师	交通工程
43	曾锋	江西省交通工程集团有限公司	高级工程师	交通工程
44	罗颖峰	江西省交通工程集团有限公司	高级工程师	交通工程
45	高宇	江西省交通工程集团有限公司	高级工程师	交通工程
46	徐国栋	江西省交通工程集团有限公司	高级工程师	交通工程
47	卢剑	江西省交通工程集团有限公司	高级工程师	交通工程
48	李印泉	江西省交通工程集团有限公司	高级工程师	交通工程
49	喻以生	江西省交通工程集团有限公司	高级工程师	交通工程
50	熊承罗	江西省交通工程集团有限公司	高级工程师	交通工程
51	颜灵胜	江西省交通工程集团有限公司	高级工程师	交通工程
52	谭志成	江西省交通工程集团有限公司	高级工程师	交通工程
53	刘强	江西省交通工程集团有限公司	高级工程师	交通工程
54	万志青	江西省交通工程集团有限公司	高级工程师	交通工程
55	王瑛	江西省交通工程集团有限公司	高级工程师	交通工程
56	张光柏	江西省交通工程集团有限公司	高级工程师	交通工程
57	刘军	江西省交通工程集团有限公司	高级工程师	交通工程
58	王玮	江西省交通工程集团有限公司	高级工程师	交通工程
59	谢荣	江西省交通工程集团有限公司	高级工程师	交通工程
60	邓小红	江西省交通工程集团有限公司	高级工程师	交通工程
61	张文升	江西省交通工程集团有限公司	高级工程师	交通工程
62	彭亚辉	江西省交通工程集团有限公司	高级工程师	交通工程
63	陈素	江西省交通工程集团有限公司	高级工程师	交通工程
64	吴广文	江西省交通工程集团有限公司	高级工程师	交通工程
65	刘胜新	江西省交通工程集团有限公司	高级工程师	交通工程
66	卢海龙	江西省交通工程集团有限公司	高级工程师	交通工程
67	彭子锋	江西省交通工程集团有限公司	高级工程师	交通工程
68	刘昊	江西交通咨询有限公司	高级工程师	交通工程

续表

序号	姓名	工作单位	资格名称	管理号
69	程长洪	江西交通咨询有限公司	高级工程师	交通工程
70	邓磊	江西交通咨询有限公司	高级工程师	交通工程
71	胡斌	江西交通咨询有限公司	高级工程师	交通工程
72	晏燕	江西交通咨询有限公司	高级工程师	交通工程
73	胡云霞	江西交通咨询有限公司	高级工程师	交通工程
74	叶武元	江西交通咨询有限公司	高级工程师	交通工程
75	林秀娟	江西交通咨询有限公司	高级工程师	交通工程
76	饶利民	江西交通咨询有限公司	高级工程师	交通工程
77	余荣斌	江西交通咨询有限公司	高级工程师	交通工程
78	吴钟良	江西交通咨询有限公司	高级工程师	交通工程
79	刘可	江西交通咨询有限公司	高级工程师	交通工程
80	张睿	江西交通咨询有限公司	高级工程师	交通工程
81	桂甜	江西交通咨询有限公司	高级工程师	交通工程
82	付玲玲	江西交通咨询有限公司	高级工程师	交通工程
83	万之甫	江西省交通设计研究院有限责任公司	高级工程师	交通工程
84	罗志刚	江西省交通设计研究院有限责任公司	高级工程师	交通工程
85	王秋力	江西省交通设计研究院有限责任公司	高级工程师	交通工程
86	马泽欣	江西省交通设计研究院有限责任公司	高级工程师	交通工程
87	谢敏	江西省交通设计研究院有限责任公司	高级工程师	交通工程
88	黄莉	江西省交通设计研究院有限责任公司	高级工程师	交通工程
89	周伟	江西省交通设计研究院有限责任公司	高级工程师	交通工程
90	陈亨山	江西省交通投资集团有限责任公司赣州管理中心	高级工程师	交通工程
91	黄玉俊	江西省交通投资集团有限责任公司抚州管理中心	高级工程师	交通工程
92	刘建兵	江西省交通投资集团有限责任公司抚州管理中心	高级工程师	交通工程
93	谢志刚	江西省交通投资集团有限责任公司宜春管理中心	高级工程师	交通工程
94	李城	江西省交通投资集团有限责任公司宜春管理中心	高级工程师	交通工程
95	李俊华	江西省交通投资集团有限责任公司吉安管理中心	高级工程师	交通工程
96	李寻	江西省交通投资集团有限责任公司景德镇管理中心	高级工程师	交通工程
97	谢仪	江西省交通投资集团有限责任公司南昌西管理中心	高级工程师	交通工程
98	李魁德	江西省交通投资集团有限责任公司南昌西管理中心	高级工程师	交通工程
99	杨涛	江西畅行高速公路服务区开发经营有限公司	高级工程师	交通工程
100	郭庆坪	江西畅行高速公路服务区开发经营有限公司	高级工程师	交通工程
101	李山	江西省高速资产经营有限责任公司	高级工程师	交通工程
102	涂敏	江西省交通投资集团有限责任公司南昌东管理中心	高级工程师	交通工程
103	傅磊	江西省交通投资集团有限责任公司南昌东管理中心	高级工程师	交通工程
104	廖业旗	江西省交通投资集团有限责任公司上饶管理中心	高级工程师	交通工程
105	赖作财	江西省公路管理局信息数据中心	高级工程师	交通工程
106	冯志琦	江西省公路管理局交通通信总站	高级工程师	交通工程
107	兰致远	江西省公路工程监理有限公司	高级工程师	交通工程

续表

序号	姓名	工作单位	资格名称	管理号
108	刘鹏	江西省公路工程监理有限公司	高级工程师	交通工程
109	龙家春	江西省公路工程监理有限公司	高级工程师	交通工程
110	邓会鹏	江西省公路工程监理有限公司	高级工程师	交通工程
111	聂磊晶	江西省公路工程监理有限公司	高级工程师	交通工程
112	胡凯	江西省公路工程监理有限公司	高级工程师	交通工程
113	武圣章	江西省公路科研设计院有限公司	高级工程师	交通工程
114	徐友才	江西省公路科研设计院有限公司	高级工程师	交通工程
115	王敬	江西路通科技有限公司	高级工程师	交通工程
116	王军利	江西路通科技有限公司	高级工程师	交通工程
117	赖彦	赣州康大高速公路有限责任公司	高级工程师	交通工程
118	程淑薇	江西省交通规划勘察设计院有限公司	高级工程师	交通工程
119	周坚	江西省交通监控指挥中心	高级工程师	交通工程
120	詹鑫钢	江西省交通监控指挥中心	高级工程师	交通工程
121	江潆	江西省交通投资集团有限责任公司项目建设管理公司	高级工程师	交通工程
122	罗咏	江西省交通投资集团有限责任公司项目建设管理公司	高级工程师	交通工程
123	刘宁	江西省交通投资集团有限责任公司项目建设管理公司	高级工程师	交通工程
124	彭晓敏	江西省交通投资集团有限责任公司项目建设管理公司	高级工程师	交通工程
125	危伟	江西省港口集团有限公司	高级工程师	交通工程
126	曾露	江西省高速置业发展有限责任公司	高级工程师	交通工程
127	周璐	江西省港航建设投资集团有限公司	高级工程师	交通工程
128	黄志明	江西省港航设计院有限公司	高级工程师	交通工程
129	陈孝建	江西省港航设计院有限公司	高级工程师	交通工程
130	王蝶	江西省港航设计院有限公司	高级工程师	交通工程
131	付勇	江西省赣江船闸通航中心	高级工程师	交通工程
132	黄莹华	江西省信江船闸通航中心	高级工程师	交通工程
133	杨波	江西省赣西航道事务中心	高级工程师	交通工程
134	谢理巍	江西省交通建设工程质量监督管理局	高级工程师	交通工程
135	彭浩	江西省路港工程有限公司	高级工程师	交通工程
136	刘心	江西省路港工程有限公司	高级工程师	交通工程
137	朱斌	江西省路港工程有限公司	高级工程师	交通工程
138	张军强	江西省路港工程有限公司	高级工程师	交通工程
139	邓册	江西省路港工程有限公司	高级工程师	交通工程
140	戴海平	江西省路港工程有限公司	高级工程师	交通工程
141	武俊文	江西省核工业地质局二六三大队	高级工程师	交通工程
142	李长庚	江西中煤建设集团有限公司	高级工程师	交通工程
143	马君	江西省地质工程研究中心	高级工程师	交通工程
144	高玲	南昌市公路事业发展中心昌西南分中心	高级工程师	交通工程
145	许建兰	南昌市公路事业发展中心安义分中心	高级工程师	交通工程
146	于翠芳	南昌市公路勘察设计院	高级工程师	交通工程

续表

序号	姓名	工作单位	资格名称	管理号
147	刘琳莉	南昌市公路勘察设计院	高级工程师	交通工程
148	徐仲仁	南昌轨道交通集团有限公司运营分公司	高级工程师	交通工程
149	黄艳	南昌轨道交通集团有限公司运营分公司	高级工程师	交通工程
150	黄邓承	南昌市政建设集团有限公司	高级工程师	交通工程
151	康铭	江西五十铃汽车有限公司	高级工程师	交通工程
152	卢瑜	南昌市劳动保障事务代理中心	高级工程师	交通工程
153	余晓敏	南昌公路桥梁工程有限公司	高级工程师	交通工程
154	谌勇	南昌公路桥梁工程有限公司	高级工程师	交通工程
155	邓星星	南昌公路桥梁工程有限公司	高级工程师	交通工程
156	邓长根	南昌公路桥梁工程有限公司	高级工程师	交通工程
157	高阳	南昌公路桥梁工程有限公司	高级工程师	交通工程
158	王丽华	江西省路桥工程集团有限公司	高级工程师	交通工程
159	张小刚	江西省路桥工程集团有限公司	高级工程师	交通工程
160	朱文盛	江西省路桥工程集团有限公司	高级工程师	交通工程
161	钟军民	江西省路桥质量检测有限公司	高级工程师	交通工程
162	李文勇	永昊建设集团有限公司	高级工程师	交通工程
163	肖新华	江西省洪建交通工程有限公司	高级工程师	交通工程
164	王锋	南昌瑪城交通设计有限公司	高级工程师	交通工程
165	徐刚	中铁城际规划建设有限公司南昌分公司	高级工程师	交通工程
166	袁凯	江西省宏发路桥建筑工程有限公司	高级工程师	交通工程
167	黎芳	江西省宏发路桥建筑工程有限公司	高级工程师	交通工程
168	王雄兵	百年建设集团有限公司	高级工程师	交通工程
169	刘沙	江西恒信检测集团有限公司	高级工程师	交通工程
170	邓田发	江西正德工程检测有限公司	高级工程师	交通工程
171	邓富	南昌全景实业有限公司	高级工程师	交通工程
172	段志坚	景德镇市公路管理局浮梁分局	高级工程师	交通工程
173	余海波	景德镇市公路养护应急服务中心	高级工程师	交通工程
174	乐宏亮	景德镇市昌南新区特色小镇服务中心	高级工程师	交通工程
175	张天岳	景德镇建华路桥工程管理有限公司	高级工程师	交通工程
176	廖尚平	萍乡市湘东公路事业发展中心	高级工程师	交通工程
177	王瑞平	萍乡市芦溪公路事业发展中心	高级工程师	交通工程
178	陈永锋	萍乡市公路机械工程处	高级工程师	交通工程
179	武毅	萍乡市公路勘察设计院	高级工程师	交通工程
180	陈云耀	江西安源路桥集团有限公司	高级工程师	交通工程
181	罗金程	江西安源路桥集团有限公司	高级工程师	交通工程
182	夏治菘	江西赣北公路勘察设计院	高级工程师	交通工程
183	杨发顺	江西赣北公路勘察设计院	高级工程师	交通工程
184	杨修	修水县交通运输服务中心	高级工程师	交通工程
185	章乐	新余市交通运输局	高级工程师	交通工程

续表

序号	姓名	工作单位	资格名称	管理号
186	熊小红	新余市公路管理局分宜分局	高级工程师	交通工程
187	龚军生	新余市公路桥梁工程局	高级工程师	交通工程
188	徐高丰	新余市公路勘察设计院	高级工程师	交通工程
189	廖浩博	赣州高速公路有限责任公司	高级工程师	交通工程
190	罗希	赣州高速公路有限责任公司	高级工程师	交通工程
191	钟智华	赣州高速公路有限责任公司	高级工程师	交通工程
192	李玉英	赣州高速公路有限责任公司	高级工程师	交通工程
193	李清凉	赣州市交通运输综合行政执法支队	高级工程师	交通工程
194	张根生	赣州市交通运输综合行政执法支队	高级工程师	交通工程
195	刘琼	赣州市交通运输综合行政执法支队	高级工程师	交通工程
196	黄小花	赣州市交通运输综合行政执法支队	高级工程师	交通工程
197	朱晓辉	赣州市公路建设服务中心	高级工程师	交通工程
198	童钥玮	赣州市公路发展中心兴国分中心	高级工程师	交通工程
199	龚海英	赣州市公路发展中心兴国分中心	高级工程师	交通工程
200	蔡华玲	赣州市公路发展中心于都分中心	高级工程师	交通工程
201	廖桂珠	赣州市公路发展中心瑞金分中心	高级工程师	交通工程
202	朱娟娥	赣州市公路发展中心瑞金分中心	高级工程师	交通工程
203	任奕鑫	赣州市公路发展中心会昌分中心	高级工程师	交通工程
204	刘春丽	赣州市公路发展中心安远分中心	高级工程师	交通工程
205	熊旭	赣州市公路发展中心上犹分中心	高级工程师	交通工程
206	刘年香	赣州市公路发展中心上犹分中心	高级工程师	交通工程
207	曾庆斌	江西省赣南公路勘察设计院	高级工程师	交通工程
208	赖德芳	江西省赣南公路勘察设计院	高级工程师	交通工程
209	谢奕	江西省赣南公路勘察设计院	高级工程师	交通工程
210	谢雪梅	江西通威公路建设集团有限公司	高级工程师	交通工程
211	邱兴华	赣州市赣县区交通运输事业发展中心	高级工程师	交通工程
212	赖化强	上犹县交通运输事业发展中心	高级工程师	交通工程
213	熊献斌	江西宏设交通设计集团有限公司	高级工程师	交通工程
214	陈晓春	会昌县交通运输综合行政执法大队	高级工程师	交通工程
215	金冉	中虔建设集团有限公司	高级工程师	交通工程
216	刘云	中虔建设集团有限公司	高级工程师	交通工程
217	肖祖伟	吉安市公路建设和养护中心安福分中心	高级工程师	交通工程
218	吴小健	吉安市公路建设和养护中心永新分中心	高级工程师	交通工程
219	刘万栗	吉安市公路建设和养护中心井冈山分中心	高级工程师	交通工程
220	张学材	吉安市公路建设和养护中心泰和分中心	高级工程师	交通工程
221	彭永华	吉安市公路建设和养护中心吉安分中心	高级工程师	交通工程
222	金玲	吉安市路桥工程局	高级工程师	交通工程
223	龚巍	吉安市路桥工程局	高级工程师	交通工程
224	宋利辉	吉安市汇达工程质量检测有限公司	高级工程师	交通工程

续表

序号	姓名	工作单位	资格名称	管理号
225	王金灿	万安县综合交通运输事业发展中心	高级工程师	交通工程
226	席志荣	宜春市公路管理局高安分局	高级工程师	交通工程
227	黄涛	宜春市公路管理局高安分局	高级工程师	交通工程
228	罗树红	宜春市公路管理局宜丰分局	高级工程师	交通工程
229	聂晓峰	宜春市公路管理局宜丰分局	高级工程师	交通工程
230	王文臻	宜春市公路管理局铜鼓分局	高级工程师	交通工程
231	郭业平	宜春市公路管理局万载分局	高级工程师	交通工程
232	刘艳	江西省赣西公路工程监理有限公司	高级工程师	交通工程
233	杨萍	宜春市交通运输事务中心	高级工程师	交通工程
234	丁翔	宜春市交通运输事务中心	高级工程师	交通工程
235	吴纯	江西省宜春公路建设集团有限公司	高级工程师	交通工程
236	朱江标	江西省宜春公路建设集团有限公司	高级工程师	交通工程
237	胡彪	江西省宜春公路建设集团有限公司	高级工程师	交通工程
238	李剑	江西省宜春公路建设集团有限公司	高级工程师	交通工程
239	王波	江西省宜春公路建设集团有限公司	高级工程师	交通工程
240	熊苏斌	江西谨诚工程检测有限公司	高级工程师	交通工程
241	宋炜	宜春通达路桥建设有限公司	高级工程师	交通工程
242	钟天赐	江西省宜春金桥道路工程检测有限公司	高级工程师	交通工程
243	刘辉	宜春市交通公路工程建设有限公司	高级工程师	交通工程
244	陈慧恩	江西万宏路桥建设工程有限公司	高级工程师	交通工程
245	张冬华	宜春市袁州区交通运输综合行政执法大队	高级工程师	交通工程
246	肖留华	宜春樟树市交通运输局	高级工程师	交通工程
247	唐凌斌	抚州博信公路工程监理有限公司	高级工程师	交通工程
248	邹文亮	抚州赣东公路设计院	高级工程师	交通工程
249	唐碧芸	抚州赣东公路设计院	高级工程师	交通工程
250	陈玮	抚州赣东公路设计院	高级工程师	交通工程
251	陈铖	抚州赣东公路设计院	高级工程师	交通工程
252	吴俊	抚州赣东公路设计院	高级工程师	交通工程
253	叶伟华	抚州赣东公路设计院	高级工程师	交通工程
254	徐俊	江西赣东路桥建设集团有限公司	高级工程师	交通工程
255	黄华	江西赣东路桥建设集团有限公司	高级工程师	交通工程
256	阙海峰	江西赣东路桥建设集团有限公司	高级工程师	交通工程
257	万田中	江西赣东路桥建设集团有限公司	高级工程师	交通工程
258	吴国飞	江西赣东路桥建设集团有限公司	高级工程师	交通工程
259	徐托	江西赣东路桥建设集团有限公司	高级工程师	交通工程
260	祝海平	上饶市玉山公路事业发展中心	高级工程师	交通工程
261	熊光俊	上饶市余干公路事业发展中心	高级工程师	交通工程
262	徐毅	上饶市铅山公路事业发展中心	高级工程师	交通工程
263	夏丽华	上饶市婺源公路事业发展中心	高级工程师	交通工程

续表

序号	姓名	工作单位	资格名称	管理号
264	盛芳建	上饶市万年公路事业发展中心	高级工程师	交通工程
265	谢辉	上饶市弋阳公路事业发展中心	高级工程师	交通工程
266	徐江发	上饶市横峰公路事业发展中心	高级工程师	交通工程
267	叶福远	上饶市宏优公路勘察设计院有限公司	高级工程师	交通工程
268	陈久锋	上饶市赣东公路工程咨询有限公司	高级工程师	交通工程
269	周成龙	上饶市赣东公路工程咨询有限公司	高级工程师	交通工程
270	祝健恺	江西省现代路桥工程集团有限公司	高级工程师	交通工程
271	余军	江西省现代路桥工程集团有限公司	高级工程师	交通工程
272	查媛	上饶京宝路桥工程有限公司	高级工程师	交通工程
273	乐一军	上饶京宝路桥工程有限公司	高级工程师	交通工程
274	沈建荣	上饶市德兴公路事业发展中心	高级工程师	交通工程
275	陈建刚	上饶市德兴公路事业发展中心	高级工程师	交通工程
276	吴颂涛	上饶市广信区农村公路管理所	高级工程师	交通工程

三、正高级会计师（2人）

序号	姓名	工作单位	资格名称	管理号
1	赵翠英	江西省交通投资集团有限责任公司	正高级会计师	会计
2	曾重飞	江西省交通工程集团有限公司	正高级会计师	会计

四、高级会计师（19人）

序号	姓名	工作单位	资格名称	管理号
1	徐路斐	江西省交通投资集团有限责任公司	高级会计师	会计
2	刘小粉	江西省交通投资集团有限责任公司	高级会计师	会计
3	刘兴良	江西赣粤高速公路股份有限公司	高级会计师	会计
4	钱伟	江西赣粤高速公路股份有限公司	高级会计师	会计
5	王爱华	江西赣粤高速公路股份有限公司	高级会计师	会计
6	焦婷	江西赣粤高速公路股份有限公司	高级会计师	会计
7	熊科伟	江西赣粤高速公路股份有限公司	高级会计师	会计
8	熊涛	江西赣粤高速公路股份有限公司	高级会计师	会计
9	徐璐	江西省交通工程集团有限公司	高级会计师	会计
10	黄玮	江西省交通工程集团有限公司	高级会计师	会计
11	漆虹	江西省交通设计研究院有限责任公司	高级会计师	会计
12	袁招兰	江西省交通投资集团有限责任公司宜春管理中心	高级会计师	会计
13	熊康颖	江西省交通投资集团有限责任公司南昌西管理中心	高级会计师	会计
14	占炳移	江西省交通投资集团有限责任公司南昌东管理中心	高级会计师	会计
15	金亚波	江西路通科技有限公司	高级会计师	会计
16	周聆	江西省高速置业发展有限责任公司	高级会计师	会计
17	张靓瑜	江西省高速置业发展有限责任公司	高级会计师	会计
18	朱为宏	江西省公路路政管理总队	高级会计师	会计
19	徐爱民	江西省公路路政管理总队	高级会计师	会计

五、高级经济师（8人）

序号	姓名	工作单位	资格名称	管理号
1	崔元	江西省交通投资集团有限责任公司	高级经济师	经济
2	傅小兵	江西省交通投资集团有限责任公司	高级经济师	经济
3	刘春霖	江西省交通工程集团有限公司	高级经济师	经济
4	周剑光	江西省高速资产经营有限责任公司	高级经济师	经济
5	危水平	江西省高速资产经营有限责任公司	高级经济师	经济
6	程晋萍	江西省公路路政管理总队	高级经济师	经济
7	段卫党	江西省交通投资集团有限责任公司	高级经济师	经济
8	叶轩宇	江西省港口集团有限公司	高级经济师	经济

六、高级人力资源管理师（4人）

序号	姓名	工作单位	资格名称	管理号
1	舒淼琴	江西省交通投资集团有限责任公司	高级人力资源管理师	人力资源
2	陈菁	江西省交通投资集团有限责任公司	高级人力资源管理师	人力资源
3	付晶	江西省高速资产经营有限责任公司	高级人力资源管理师	人力资源
4	欧棠艳	江西省公路投资有限公司	高级人力资源管理师	人力资源

七、技校高级讲师（1人）

序号	姓名	工作单位	资格名称	管理号
1	毛建峰	江西省交通高级技工学校（江西省交通运输学校）	技校高级讲师	技校

八、高级工程师（建设）（4人）

序号	姓名	工作单位	资格名称	管理号
1	曹雪峰	江西赣粤高速公路股份有限公司	高级工程师	建设
2	王宸	江西省交通设计研究院有限责任公司	高级工程师	建设
3	晏瑜	江西省交通设计研究院有限责任公司	高级工程师	建设
4	耿振	江西省高速置业发展有限责任公司	高级工程师	建设

九、高级工程师（地矿）（1人）

序号	姓名	工作单位	资格名称	管理号
1	张承客	江西省交通科学研究院有限公司	高级工程师	地矿

十、高级工程师（自然资源）（1人）

序号	姓名	工作单位	资格名称	管理号
1	魏林金	江西省交通设计研究院有限责任公司	高级工程师	自然资源

（涂智琴）

文献文件

中华人民共和国交通运输部令
2021 年第 6 号

　　《交通运输部关于修改〈交通运输行政执法程序规定〉的决定》已于 2021 年 6 月 23 日经第 15 次部务会议通过，现予公布，自 2021 年 7 月 15 日起施行。

部长　李小鹏

2021 年 6 月 30 日

交通运输部关于修改
《交通运输行政执法程序规定》的决定

交通运输部决定对《交通运输行政执法程序规定》(交通运输部令 2019 年第 9 号)作如下修改：

一、将第二条第一款修改为："交通运输行政执法部门（以下简称执法部门）及其执法人员实施交通运输行政执法行为，适用本规定。"

二、增加一条，作为第五条："执法部门应当建立健全执法监督制度。上级交通运输执法部门应当定期组织开展行政执法评议、考核，加强对行政执法的监督检查，规范行政执法。

执法部门应当主动接受社会监督。公民、法人或者其他组织对执法部门实施行政执法的行为，有权申诉或者检举；执法部门应当认真审查，发现有错误的，应当主动改正。"

三、将第五条改为第六条，修改为："行政处罚由违法行为发生地的执法部门管辖。行政检查由执法部门在法定职权范围内实施。法律、行政法规、部门规章另有规定的，从其规定。"

四、将第七条改为第八条，修改为："两个以上执法部门因管辖权发生争议的，应当协商解决，协商不成的，报请共同的上一级部门指定管辖；也可以直接由共同的上一级部门指定管辖。"

五、将第八条改为第九条，修改为："执法部门发现所查处的案件不属于本部门管辖的，应当移送有管辖权的其他部门。执法部门发现违法行为涉嫌犯罪的，应当及时依照《行政执法机关移送涉嫌犯罪案件的规定》将案件移送司法机关。"

六、将第十七条改为第十八条，第三项修改为："经受送达人同意，可以采用传真、电子邮件、移动通信等能够确认其即时收悉的特定系统作为送达媒介电子送达执法文书。受送达人同意采用电子方式送达的，应当在送达地址确认书中予以确认。采取电子送达方式送达的，以执法部门对应系统显示发送成功的日期为送达日期，但受送达人证明到达其确认的特定系统的日期与执法部门对应系统显示发送成功的日期不一致的，以受送达人证明到达其特定系统的日期为准；"

七、将第三十一条改为第三十二条，修改为：

"证据必须查证属实，方可作为认定案件事实的根据。"

八、将第三十七条改为第三十八条，增加一项，作为第五项："依照法律、行政法规规定利用电子技术监控设备收集、固定违法事实的，应当经过法制和技术审核，确保电子技术监控设备符合标准、设置合理、标志明显，设置地点应当向社会公布。电子技术监控设备记录违法事实应当真实、清晰、完整、准确。执法部门应当审核记录内容是否符合要求；未经审核或者经审核不符合要求的，不得作为行政处罚的证据。执法部门应当及时告知当事人违法事实，并采取信息化手段或者其他措施，为当事人查询、陈述和申辩提供便利。不得限制或者变相限制当事人享有的陈述权、申辩权。"

九、将第四十三条改为第四十四条，第二款修改为："先行登记保存期间，当事人或者有关人员不得销毁或者转移证据。"

十、删去第四十四条第一款第四项。

十一、将第五十九条改为第六十条，修改为："违法事实确凿并有法定依据，对公民处二百元以下、对法人或者其他组织处三千元以下罚款或者警告的行政处罚的，可以适用简易程序，当场作出行政处罚决定。法律另有规定的，从其规定。"

十二、将第六十条改为第六十一条，第六项修改为："填写预定格式、编有号码的《当场行政处罚决定书》并当场交付当事人，《当场行政处罚决定书》应当载明当事人的违法行为，行政处罚的种类和依据、罚款数额、时间、地点，申请行政复议、提起行政诉讼的途径和期限以及执法部门名称，并由执法人员签名或者盖章；"

十三、将第六十条改为第六十一条，第七项修改为："当事人在《当场行政处罚决定书》上签名或盖章，当事人拒绝签收的，应当在行政处罚决定书上注明；"

十四、将"第六章第二节 一般程序"改为："第六章第二节 普通程序"。

十五、将第六十六条改为第六十七条，修改为：

"执法人员在初步调查结束后，认为案件事实清楚，主要证据齐全的，应当制作案件调查报告，提出处理意见，报办案机构审核。"

十六、删去第六十七条、第六十八条。

十七、将第七十一条改为第七十条，第二项修改为："执法部门应当充分听取当事人的意见，对当事人提出的事实、理由、证据认真进行复核；当事人提出的事实、理由或者证据成立的，应当予以采纳。不得因当事人陈述、申辩而加重处罚。"

十八、增加一条，作为第七十一条："有下列情形之一，在执法部门负责人作出行政处罚的决定之前，应当由从事行政处罚决定法制审核的人员进行法制审核：

（一）涉及重大公共利益的；

（二）直接关系当事人或者第三人重大权益，经过听证程序的；

（三）案件情况疑难复杂、涉及多个法律关系的；

（四）法律、法规规定应当进行法制审核的其他情形。

初次从事行政处罚决定法制审核的人员，应当通过国家统一法律职业资格考试取得法律职业资格。"

十九、增加一条，作为第七十二条："从事行政处罚决定法制审核的人员主要从下列方面进行合法性审核，并提出书面审核意见：

（一）行政执法主体是否合法，行政执法人员是否具备执法资格；

（二）行政执法程序是否合法；

（三）案件事实是否清楚，证据是否合法充分；

（四）适用法律、法规、规章是否准确，裁量基准运用是否适当；

（五）执法是否超越执法部门的法定权限；

（六）行政执法文书是否完备、规范；

（七）违法行为是否涉嫌犯罪、需要移送司法机关。"

二十、第七十二条改为第七十三条，第三项修改为："违法事实不能成立的，不予行政处罚"；第四项修改为："违法行为涉嫌犯罪的，移送司法机关。"

二十一、增加一条，作为第七十四条："有下列情形之一的，依法不予行政处罚：

（一）违法行为轻微并及时改正，没有造成危害后果的，不予行政处罚；

（二）除法律、行政法规另有规定的情形外，当事人有证据足以证明没有主观过错的，不予行政处罚；

（三）精神病人、智力残疾人在不能辨认或者不能控制自己行为时有违法行为的，不予行政处罚，但应当责令其监护人严加看管和治疗；

（四）不满十四周岁的未成年人有违法行为的，不予行政处罚，但应责令监护人加以管教；

（五）其他依法不予行政处罚的情形。

初次违法且危害后果轻微并及时改正的，可以不予行政处罚。

违法行为在二年内未被发现的，不再给予行政处罚；涉及公民生命健康安全、金融安全且有危害后果的，上述期限延长至五年。法律另有规定的除外。

对当事人的违法行为依法不予行政处罚的，执法部门应当对当事人进行教育。"

二十二、增加一条，作为第七十五条："作出行政处罚决定应当适用违法行为发生时的法律、法规、规章的规定。但是，作出行政处罚决定时，法律、法规、规章已被修改或者废止，且新的规定处罚较轻或者不认为是违法的，适用新的规定。"

二十三、将第七十三条改为第七十六条，第一项修改为："拟作出降低资质等级、吊销许可证件、责令停产停业、责令关闭、限制从业、较大数额罚款、没收较大数额违法所得、没收较大价值非法财物的；"

二十四、增加一条，作为第七十八条："执法部门应当自行政处罚案件立案之日起九十日内作出行政处罚决定。案情复杂、期限届满不能终结的案件，可以经执法部门负责人批准延长三十日。"

二十五、将第七十五条改为第七十九条，修改为："执法部门应当依法公开行政处罚决定信息，但法律、行政法规另有规定的除外。

公开的行政处罚决定被依法变更、撤销、确认违法或者确认无效的，执法部门应当在三日内撤回行政处罚决定信息并公开说明理由。"

二十六、将第七十六条改为第八十条，修改为："执法部门在作出下列行政处罚决定前，应当在送达《违法行为通知书》时告知当事人有要求举行听证的权利：

（一）责令停产停业、责令关闭、限制从业；

（二）降低资质等级、吊销许可证件；

（三）较大数额罚款；

（四）没收较大数额违法所得、没收较大价值非法财物；

（五）其他较重的行政处罚；

（六）法律、法规、规章规定的其他情形。

前款第（三）、（四）项规定的较大数额，地方执法部门按照省级人大常委会或者人民政府规定或者其授权部门规定的标准执行。海事执法部门按照对自然人处 1 万元以上、对法人或者其他组织 10 万元以上的标准执行。"

二十七、将第七十八条改为第八十二条，修改为："当事人要求听证的，应当自收到《违法行为通知书》之日起五日内以书面或者口头形式提出。当事人以口头形式提出的，执法部门应当将情况记入笔录，并由当事人在笔录上签名或者盖章。"

二十八、将七十九条改为第八十三条，修改为："执法部门应当在举行听证的七日前向当事人及有关人员送达《听证通知书》，将听证的时间、地点通知当事人和其他听证参加人。"

二十九、将八十一条改为第八十五条，第四项修改为："就案件的事实、理由、证据、程序、处罚依据和行政处罚建议等相关内容组织质证和辩论；"

三十、将第八十七条改为第九十一条，第一款修改为："听证应当公开举行，涉及国家秘密、商业秘密或者个人隐私依法予以保密的除外。"

三十一、将第九十三条改为第九十七条，第一款修改为："记录员应当将举行听证的全部活动记入《听证笔录》，经听证参加人审核无误或者补正后，由听证参加人当场签名或者盖章。当事人或其代理人、证人拒绝签名或盖章的，由听证主持人在《听证笔录》中注明情况。"

三十二、将九十四条改为第九十八条，修改为："听证结束后，执法部门应当根据听证笔录，依照本规定第七十三条的规定，作出决定。"

三十三、将第九十五条改为第九十九条，修改为："执法部门对当事人作出罚款处罚的，当事人应当自收到处罚决定书之日起十五日内，到指定的银行缴纳罚款；具备条件的，也可以通过电子支付系统缴纳罚款。具有下列情形之一的，执法人员可以当场收缴罚款：

（一）依法当场作出行政处罚决定，处一百元以下的罚款或者不当场收缴事后难以执行的；

（二）在边远、水上、交通不便地区，当事人到指定的银行或者通过电子支付系统缴纳罚款确有困难，经当事人提出的。

当场收缴罚款的，应当向当事人出具国务院财政部门或者省、自治区、直辖市人民政府财政部门统一制发的专用票据。"

三十四、将第一百一十四条改为第一百一十八条，增加一款作为第二款："执法部门批准延期、分期缴纳罚款的，申请人民法院强制执行的期限，自暂缓或者分期缴纳罚款期限结束之日起计算。"

条文序号和个别文字作相应调整。

本决定自 2021 年 7 月 15 日起施行。

《交通运输行政执法程序规定》及其附件《交通运输行政执法文书式样》根据本决定作相应修改，重新公布。

交通运输行政执法程序规定

（2019 年 4 月 12 日交通运输部发布，根据 2021 年 6 月 30 日《交通运输部关于修改〈交通运输行政执法程序规定〉的决定》修正）

第一章 总 则

第一条 为规范交通运输行政执法行为，促进严格规范公正文明执法，保护公民、法人和其他组织的合法权益，根据《中华人民共和国行政处罚法》《中华人民共和国行政强制法》等法律、行政法规，制定本规定。

第二条 交通运输行政执法部门（以下简称执法部门）及其执法人员实施交通运输行政执法行为，适用本规定。

前款所称交通运输行政执法，包括公路、水

路执法部门及其执法人员依法实施的行政检查、行政强制、行政处罚等执法行为。

第三条 执法部门应当全面推行行政执法公示制度、执法全过程记录制度、重大执法决定法制审核制度，加强执法信息化建设，推进执法信息共享，提高执法效率和规范化水平。

第四条 实施交通运输行政执法应当遵循以下原则：

（一）事实认定清楚，证据确凿；

（二）适用法律、法规、规章正确；

（三）严格执行法定程序；

（四）正确行使自由裁量权；

（五）依法公平公正履行职责；

（六）依法维护当事人合法权益；

（七）处罚与教育相结合。

第五条 执法部门应当建立健全执法监督制度。上级交通运输执法部门应当定期组织开展行政执法评议、考核，加强对行政执法的监督检查，规范行政执法。

执法部门应当主动接受社会监督。公民、法人或者其他组织对执法部门实施行政执法的行为，有权申诉或者检举；执法部门应当认真审查，发现有错误的，应当主动改正。

第二章 一般规定
第一节 管 辖

第六条 行政处罚由违法行为发生地的执法部门管辖。行政检查由执法部门在法定职权范围内实施。法律、行政法规、部门规章另有规定的，从其规定。

第七条 对当事人的同一违法行为，两个以上执法部门都有管辖权的，由最先立案的执法部门管辖。

第八条 两个以上执法部门因管辖权发生争议的，应当协商解决，协商不成的，报请共同的上一级部门指定管辖；也可以直接由共同的上一级部门指定管辖。

第九条 执法部门发现所查处的案件不属于本部门管辖的，应当移送有管辖权的其他部门。执法部门发现违法行为涉嫌犯罪的，应当及时依照《行政执法机关移送涉嫌犯罪案件的规定》将案件移送司法机关。

第十条 下级执法部门认为其管辖的案件属于重大、疑难案件，或者由于特殊原因难以办理的，可以报请上一级部门指定管辖。

第十一条 跨行政区域的案件，相关执法部门应当相互配合。相关行政区域执法部门共同的上一级部门应当做好协调工作。

第二节 回 避

第十二条 执法人员有下列情形之一的，应当自行申请回避，当事人及其代理人有权用口头或者书面方式申请其回避：

（一）是本案当事人或者当事人、代理人近亲属的；

（二）本人或者其近亲属与本案有利害关系的；

（三）与本案当事人或者代理人有其他利害关系，可能影响案件公正处理的。

第十三条 申请回避，应当说明理由。执法部门应当对回避申请及时作出决定并通知申请人。

执法人员的回避，由其所属的执法部门负责人决定。

第十四条 执法部门作出回避决定前，执法人员不得停止对案件的调查；作出回避决定后，应当回避的执法人员不得再参与该案件的调查、决定、实施等工作。

第十五条 检测、检验及技术鉴定人员、翻译人员需要回避的，适用本节规定。

检测、检验及技术鉴定人员、翻译人员的回避，由指派或者聘请上述人员的执法部门负责人决定。

第十六条 被决定回避的执法人员、鉴定人员和翻译人员，在回避决定作出前进行的与执法有关的活动是否有效，由作出回避决定的执法部门根据其活动是否对执法公正性造成影响的实际情况决定。

第三节 期间与送达

第十七条 期间以时、日、月、年计算，期间开始当日或者当时不计算在内。期间届满的最后一日为节假日的，以节假日后的第一日为期间届满的日期。

第十八条 执法部门应当按照下列规定送达执法文书：

（一）直接送交受送达人，由受送达人记明收到日期，签名或者盖章，受送达人的签收日期为送达日期。受送达人是公民的，本人不在交其同住的成年家属签收；受送达人是法人或者其他组织的，应当由法人的法定代表人、该组织的主要负责人或者办公室、收发室、值班室等负责收件的人签收或者盖章；当事人指定代收人的，交代收人签收。受送达人的同住成年家属，法人或者其他组织的负责收件的人或者代收人在《送达回证》上签收的日期为送达日期；

（二）受送达人或者他的同住成年家属拒绝接收的，可以邀请受送达人住所地的居民委员会、村民委员会的工作人员或者受送达人所在单位的工作人员作见证人，说明情况，在《送达回证》上记明拒收事由和日期，由执法人员、见证人签名或者盖章，将执法文书留在受送达人的住所；也可以把执法文书留在受送达人的住所，并采取拍照、录像等方式记录送达过程，即视为送达；

（三）经受送达人同意，可以采用传真、电子邮件、移动通信等能够确认其即时收悉的特定系统作为送达媒介电子送达执法文书。受送达人同意采用电子方式送达的，应当在送达地址确认书中予以确认。采取电子送达方式送达的，以执法部门对应系统显示发送成功的日期为送达日期，但受送达人证明到达其确认的特定系统的日期与执法部门对应系统显示发送成功的日期不一致的，以受送达人证明到达其特定系统的日期为准；

（四）直接送达有困难的，可以邮寄送达或者委托其他执法部门代为送达。委托送达的，受委托的执法部门按照直接送达或者留置送达方式送达执法文书，并及时将《送达回证》交回委托的执法部门。邮寄送达的，以回执上注明的收件日期为送达日期。执法文书在期满前交邮的，不算过期；

（五）受送达人下落不明或者用上述方式无法送达的，采取公告方式送达，说明公告送达的原因，并在案卷中记明原因和经过。公告送达可以在执法部门的公告栏和受送达人住所地张贴公告，也可以在报纸、信息网络等媒体上刊登公告，发出公告日期以最后张贴或者刊登的日期为准，经过六十日，即视为送达。在受送达人住所地张贴公告的，应当采取拍照、录像等方式记录张贴过程。

第三章 行政检查

第十九条 执法部门在路面、水面、生产经营等场所实施现场检查，对行政相对人实施书面调查，通过技术系统、设备实施电子监控，应当符合法定职权，依照法律、法规、规章规定实施。

第二十条 执法部门应当建立随机抽取被检查对象、随机选派检查人员的抽查机制，健全随机抽查对象和执法检查人员名录库，合理确定抽查比例和抽查频次。随机抽查情况及查处结果除涉及国家秘密、商业秘密、个人隐私的，应当及时向社会公布。

海事执法部门根据履行国际公约要求的有关规定开展行政检查的，从其规定。

第二十一条 执法部门应当按照有关装备标准配备交通工具、通讯工具、交通管理器材、个人防护装备、办公设备等装备，加大科技装备的资金投入。

第二十二条 实施行政检查时，执法人员应当依据相关规定着制式服装，根据需要穿着多功能反光腰带、反光背心、救生衣，携带执法记录仪、对讲机、摄像机、照相机，配备发光指挥棒、反光锥筒、停车示意牌、警戒带等执法装备。

第二十三条 实施行政检查，执法人员不得少于两人，应当出示交通运输行政执法证件，表明执法身份，并说明检查事由。

第二十四条 实施行政检查，不得超越检查范围和权限，不得检查与执法活动无关的物品，避免对被检查的场所、设施和物品造成损坏。

第二十五条 实施路（水）面巡查时，应当保持执法车（船）清洁完好、标志清晰醒目、车（船）技术状况良好，遵守相关法律法规，安全驾驶。

第二十六条 实施路面巡查，应当遵守下列规定：

（一）根据道路条件和交通状况，选择不妨碍通行的地点进行，在来车方向设置分流或者避让标志，避免引发交通堵塞；

（二）依照有关规定，在距离检查现场安全距离范围摆放发光或者反光的示警灯、减速提示标牌、反光锥筒等警示标志；

（三）驾驶执法车辆巡查时，发现涉嫌违法车辆，待其行驶至视线良好、路面开阔地段时，发出停车检查信号，实施检查；

（四）对拒绝接受检查、恶意闯关冲卡逃逸、暴力抗法的涉嫌违法车辆，及时固定、保存、记录现场证据或线索，或者记下车号依法交由相关部门予以处理。

第二十七条 实施水面巡航，应当遵守下列规定：

（一）一般在船舶停泊或者作业期间实施行政检查；

（二）除在航船舶涉嫌有明显违法行为且如果

不对其立即制止可能造成严重后果的情况外，不得随意截停在航船舶登临检查；

（三）不得危及船舶、人员和货物的安全，避免对环境造成污染。除法律法规规定情形外，不得操纵或者调试船上仪器设备。

第二十八条 检查生产经营场所，应当遵守下列规定：

（一）有被检查人或者见证人在场；

（二）对涉及被检查人的商业秘密、个人隐私，应当为其保密；

（三）不得影响被检查人的正常生产经营活动；

（四）遵守被检查人有关安全生产的制度规定。

第二十九条 实施行政检查，应当制作检查记录，如实记录检查情况。对于行政检查过程中涉及到的证据材料，应当依法及时采集和保存。

第四章　调查取证

第一节　一般规定

第三十条 执法部门办理执法案件的证据包括：

（一）书证；

（二）物证；

（三）视听资料；

（四）电子数据；

（五）证人证言；

（六）当事人的陈述；

（七）鉴定意见；

（八）勘验笔录、现场笔录。

第三十一条 证据应当具有合法性、真实性、关联性。

第三十二条 证据必须查证属实，方可作为认定案件事实的根据。

第二节　证据收集

第三十三条 执法人员应当合法、及时、客观、全面地收集证据材料，依法履行保密义务，不得收集与案件无关的材料，不得将证据用于法定职责以外的其他用途。

第三十四条 执法部门可以通过下列方式收集证据：

（一）询问当事人、利害关系人、其他有关单位或者个人，听取当事人或者有关人员的陈述、申辩；

（二）向有关单位和个人调取证据；

（三）通过技术系统、设备收集、固定证据；

（四）委托有资质的机构对与违法行为有关的问题进行鉴定；

（五）对案件相关的现场或者涉及的物品进行勘验、检查；

（六）依法收集证据的其他方式。

第三十五条 收集、调取书证应当遵守下列规定：

（一）收集书证原件。收集原件确有困难的，可以收集与原件核对无误的复制件、影印件或者节录本；

（二）收集书证复制件、影印件或者节录本的，标明"经核对与原件一致"，注明出具日期、证据来源，并由被调查对象或者证据提供人签名或者盖章；

（三）收集图纸、专业技术资料等书证的，应当附说明材料，明确证明对象；

（四）收集评估报告的，应当附有评估机构和评估人员的有效证件或者资质证明的复印件；

（五）取得书证原件的节录本的，应当保持文件内容的完整性，注明出处和节录地点、日期，并有节录人的签名；

（六）公安、税务、市场监督管理等有关部门出具的证明材料作为证据的，证明材料上应当加盖出具部门的印章并注明日期；

（七）被调查对象或者证据提供者拒绝在证据复制件、各式笔录及其他需要其确认的证据材料上签名或者盖章的，可以邀请有关基层组织、被调查对象所在单位、公证机构、法律服务机构或者公安机关代表到场见证，说明情况，在相关证据材料上记明拒绝确认事由和日期，由执法人员、见证人签名或者盖章。

第三十六条 收集、调取物证应当遵守下列规定：

（一）收集原物。收集原物确有困难的，可以收集与原物核对无误的复制件或者证明该物证的照片、录像等其他证据；

（二）原物为数量较多的种类物的，收集其中的一部分，也可以采用拍照、取样、摘要汇编等方式收集。拍照取证的，应当对物证的现场方位、全貌以及重点部位特征等进行拍照或者录像；抽样取证的，应当通知当事人到场，当事人拒不到场或者暂时难以确定当事人的，可以由在场的无利害关系人见证；

（三）收集物证，应当载明获取该物证的时间、原物存放地点、发现地点、发现过程以及该物证的主要特征，并对现场尽可能以照片、视频等方式予以同步记录；

（四）物证不能入卷的，应当采取妥善保管措施，并拍摄该物证的照片或者录像存入案卷。

第三十七条 收集视听资料应当遵守下列规定：

（一）收集有关资料的原始载体，并由证据提供人在原始载体或者说明文件上签名或者盖章确认；

（二）收集原始载体确有困难的，可以收集复制件。收集复制件的，应当由证据提供人出具由其签名或者盖章的说明文件，注明复制件与原始载体内容一致；

（三）原件、复制件均应当注明制作方法、制作时间、制作地点、制作人和证明对象等；

（四）复制视听资料的形式包括采用存储磁盘、存储光盘进行复制保存、对屏幕显示内容进行打印固定、对所载内容进行书面摘录与描述等。条件允许时，应当优先以书面形式对视听资料内容进行固定，由证据提供人注明"经核对与原件一致"，并签名或者盖章确认；

（五）视听资料的存储介质无法入卷的，可以转录入存储光盘存入案卷，并标明光盘序号、证据原始制作方法、制作时间、制作地点、制作人，及转录的制作人、制作时间、制作地点等。证据存储介质需要退还证据提供人的，应当要求证据提供人对转录的复制件进行确认。

第三十八条 收集电子数据应当遵守下列规定：

（一）收集电子数据的原始存储介质。收集电子数据原始存储介质确有困难的，可以收集电子数据复制件，但应当附有不能或者难以提取原始存储介质的原因、复制过程以及原始存储介质存放地点或者电子数据网络地址的说明，并由复制件制作人和原始存储介质持有人签名或者盖章，或者以公证等其他有效形式证明电子数据与原始存储介质的一致性和完整性；

（二）收集电子数据应当记载取证的参与人员、技术方法、步骤和过程，记录收集对象的事项名称、内容、规格、类别以及时间、地点等，或者将收集电子数据的过程拍照或者录像；

（三）收集的电子数据应当使用光盘或者其他数字存储介质备份；

（四）收集通过技术手段恢复或者破解的与案件有关的光盘或者其他数字存储介质，电子设备中被删除、隐藏或者加密的电子数据，应当附有恢复或者破解对象、过程、方法和结果的专业说明；

（五）依照法律、行政法规规定利用电子技术监控设备收集、固定违法事实的，应当经过法制和技术审核，确保电子技术监控设备符合标准、设置合理、标志明显，设置地点应当向社会公布。电子技术监控设备记录违法事实应当真实、清晰、完整、准确。执法部门应当审核记录内容是否符合要求；未经审核或者经审核不符合要求的，不得作为行政处罚的证据。执法部门应当及时告知当事人违法事实，并采取信息化手段或者其他措施，为当事人查询、陈述和申辩提供便利。不得限制或者变相限制当事人享有的陈述权、申辩权。

第三十九条 收集当事人陈述、证人证言应当遵守下列规定：

（一）询问当事人、证人，制作《询问笔录》或者由当事人、证人自行书写材料证明案件事实；

（二）询问应当个别进行，询问时可以全程录音、录像，并保持录音、录像资料的完整性；

（三）《询问笔录》应当客观、如实地记录询问过程和询问内容，对询问人提出的问题被询问人不回答或者拒绝回答的，应当注明；

（四）《询问笔录》应当交被询问人核对，对阅读有困难的，应当向其宣读。记录有误或者遗漏的，应当允许被询问人更正或者补充，并要求其在修改处签名或者盖章；

（五）被询问人确认执法人员制作的笔录无误的，应当在《询问笔录》上逐页签名或者盖章。被询问人确认自行书写的笔录无误的，应当在结尾处签名或者盖章。拒绝签名或者盖章的，执法人员应当在《询问笔录》中注明。

第四十条 对与案件事实有关的物品或者场所实施勘验的，应当遵守下列规定：

（一）制作《勘验笔录》；

（二）实施勘验，应当有当事人或者第三人在场。如当事人不在场且没有第三人的，执法人员应当在《勘验笔录》中注明；

（三）勘验应当限于与案件事实相关的物品和场所；

（四）根据实际情况进行音像记录。

第四十一条　执法人员抽样取证时，应当制作《抽样取证凭证》，对样品加贴封条，开具物品清单，由执法人员和当事人在封条和相关记录上签名或者盖章。

法律、法规、规章或者国家有关规定对抽样机构或者方式有规定的，执法部门应当委托相关机构或者按规定方式抽取样品。

第四十二条　为查明案情，需要对案件中专门事项进行鉴定的，执法部门应当委托具有法定鉴定资格的鉴定机构进行鉴定。没有法定鉴定机构的，可以委托其他具备鉴定条件的机构进行鉴定。

第三节　证据先行登记保存

第四十三条　在证据可能灭失或者以后难以取得的情况下，经执法部门负责人批准，可以对与涉嫌违法行为有关的证据采取先行登记保存措施。

第四十四条　先行登记保存有关证据，应当当场清点，制作《证据登记保存清单》，由当事人和执法人员签名或者盖章，当场交当事人一份。

先行登记保存期间，当事人或者有关人员不得销毁或者转移证据。

第四十五条　对先行登记保存的证据，执法部门应当于先行登记保存之日起七日内采取以下措施：

（一）及时采取记录、复制、拍照、录像等证据保全措施，不再需要采取登记保存措施的，及时解除登记保存措施，并作出《解除证据登记保存决定书》；

（二）需要鉴定的，及时送交有关部门鉴定；

（三）违法事实成立，应当依法予以没收的，作出行政处罚决定，没收违法物品；

执法部门逾期未作出处理决定的，先行登记保存措施自动解除。

第四节　证据审查与认定

第四十六条　执法部门应当对收集到的证据逐一审查，进行全面、客观和公正地分析判断，审查证据的合法性、真实性、关联性，判断证据有无证明力以及证明力的大小。

第四十七条　审查证据的合法性，应当审查下列事项：

（一）调查取证的执法人员是否具有相应的执法资格；

（二）证据的取得方式是否符合法律、法规和规章的规定；

（三）证据是否符合法定形式；

（四）是否有影响证据效力的其他违法情形。

第四十八条　审查证据的真实性，应当审查下列事项：

（一）证据形成的原因；

（二）发现证据时的客观环境；

（三）证据是否为原件、原物，复制件、复制品与原件、原物是否相符；

（四）提供证据的人或者证人与当事人是否具有利害关系；

（五）影响证据真实性的其他因素。

单个证据的部分内容不真实的，不真实部分不得采信。

第四十九条　审查证据的关联性，应当审查下列事项：

（一）证据的证明对象是否与案件事实有内在联系，以及关联程度；

（二）证据证明的事实对案件主要情节和案件性质的影响程度；

（三）证据之间是否互相印证，形成证据链。

第五十条　当事人对违法事实无异议，视听资料、电子数据足以认定案件事实的，视听资料、电子数据可以替代询问笔录、现场笔录，必要时，对视听资料、电子数据的关键内容和相应时间段等作文字说明。

第五十一条　下列证据材料不能作为定案依据：

（一）以非法手段取得的证据；

（二）被进行技术处理而无法辨明真伪的证据材料；

（三）不能正确表达意志的证人提供的证言；

（四）不具备合法性和真实性的其他证据材料。

第五章　行政强制措施

第五十二条　为制止违法行为、防止证据损毁、避免危害发生、控制危险扩大等情形，执法部门履行行政执法职能，可以依照法律、法规的规定，实施行政强制措施。

违法行为情节显著轻微或者没有明显社会危害的，可以不采取行政强制措施。

第五十三条　行政强制措施由执法部门在法定职权范围内实施。行政强制措施权不得委托。

第五十四条　执法部门实施行政强制措施应

当遵守下列规定：

（一）实施前向执法部门负责人报告并经批准；

（二）由不少于两名执法人员实施，并出示行政执法证件；

（三）通知当事人到场；

（四）当场告知当事人采取行政强制措施的理由、依据以及当事人依法享有的权利、救济途径；

（五）听取当事人的陈述和申辩；

（六）制作《现场笔录》，由当事人和执法人员签名或者盖章，当事人拒绝的，在笔录中予以注明；当事人不到场的，邀请见证人到场，由见证人和执法人员在现场笔录上签名或者盖章；

（七）制作并当场交付《行政强制措施决定书》；

（八）法律、法规规定的其他程序。

对查封、扣押的现场执法活动和执法办案场所，应当进行全程音像记录。

第五十五条 发生紧急情况，需要当场实施行政强制措施的，执法人员应当在二十四小时内向执法部门负责人报告，补办批准手续。执法部门负责人认为不应当采取行政强制措施的，应当立即解除。

第五十六条 实施查封、扣押的期限不得超过三十日；情况复杂需延长查封、扣押期限的，应当经执法部门负责人批准，可以延长，但是延长期限不得超过三十日。法律、行政法规另有规定的除外。

需要延长查封、扣押期限的，执法人员应当制作《延长行政强制措施期限通知书》，将延长查封、扣押的决定及时书面通知当事人，并说明理由。

对物品需要进行检测、检验或者技术鉴定的，应当明确检测、检验或者技术鉴定的期间，并书面告知当事人。查封、扣押的期间不包括检测、检验或者技术鉴定的期间。检测、检验或者技术鉴定的费用由执法部门承担。

第五十七条 执法部门采取查封、扣押措施后，应当及时查清事实，在本规定第五十六条规定的期限内作出处理决定。对违法事实清楚，依法应当没收的非法财物予以没收；法律、行政法规规定应当销毁的，依法销毁；应当解除查封、扣押的，作出解除的决定。

第五十八条 对查封、扣押的财物，执法部门应当妥善保管，不得使用或者损毁；造成损失的，应当承担赔偿责任。

第五十九条 有下列情形之一的，应当及时作出解除查封、扣押决定，制作《解除行政强制措施决定书》，并及时送达当事人，退还扣押财物：

（一）当事人没有违法行为；

（二）查封、扣押的场所、设施、财物与违法行为无关；

（三）对违法行为已经作出处理决定，不再需要查封、扣押；

（四）查封、扣押期限已经届满；

（五）其他不再需要采取查封、扣押措施的情形。

第六章 行政处罚

第一节 简易程序

第六十条 违法事实确凿并有法定依据，对公民处二百元以下、对法人或者其他组织处三千元以下罚款或者警告的行政处罚的，可以适用简易程序，当场作出行政处罚决定。法律另有规定的，从其规定。

第六十一条 执法人员适用简易程序当场作出行政处罚的，应当按照下列步骤实施：

（一）向当事人出示交通运输行政执法证件并查明对方身份；

（二）调查并收集必要的证据；

（三）口头告知当事人违法事实、处罚理由和依据；

（四）口头告知当事人享有的权利与义务；

（五）听取当事人的陈述和申辩并进行复核；当事人提出的事实、理由或者证据成立的，应当采纳；

（六）填写预定格式、编有号码的《当场行政处罚决定书》并当场交付当事人，《当场行政处罚决定书》应当载明当事人的违法行为，行政处罚的种类和依据、罚款数额、时间、地点，申请行政复议、提起行政诉讼的途径和期限以及执法部门名称，并由执法人员签名或者盖章；

（七）当事人在《当场行政处罚决定书》上签名或盖章，当事人拒绝签收的，应当在行政处罚决定书上注明；

（八）作出当场处罚决定之日起五日内，将《当场行政处罚决定书》副本提交所属执法部门备案。

第二节 普通程序

第六十二条 除依法可以当场作出的行政处罚外，执法部门实施行政检查或者通过举报、其他机关移送、上级机关交办等途径，发现公民、法人或者其他组织有依法应当给予行政处罚的交通运输违法行为的，应当及时决定是否立案。

第六十三条　立案应当填写《立案登记表》，同时附上与案件相关的材料，由执法部门负责人批准。

第六十四条　执法部门应当按照本规定第四章的规定全面、客观、公正地调查，收集相关证据。

第六十五条　委托其他单位协助调查、取证的，应当制作并出具协助调查函。

第六十六条　执法部门作出行政处罚决定的，应当责令当事人改正或者限期改正违法行为；构成违法行为、但依法不予行政处罚的，执法部门应当制作《责令改正违法行为通知书》，责令当事人改正或者限期改正违法行为。

第六十七条　执法人员在初步调查结束后，认为案件事实清楚，主要证据齐全的，应当制作案件调查报告，提出处理意见，报办案机构审核。

第六十八条　案件调查报告经办案机构负责人审查后，执法人员应当将案件调查报告、案卷报执法部门负责人审查批准。

第六十九条　执法部门负责人批准案件调查报告后，拟对当事人予以行政处罚的，执法人员应当制作《违法行为通知书》，告知当事人拟作出行政处罚的事实、理由、依据、处罚内容，并告知当事人依法享有陈述权、申辩权或者要求举行听证的权利。

第七十条　当事人要求陈述、申辩的，应当如实记录当事人的陈述、申辩意见。符合听证条件，当事人要求组织听证的，应当按照本章第三节的规定组织听证。

执法部门应当充分听取当事人的意见，对当事人提出的事实、理由、证据认真进行复核；当事人提出的事实、理由或者证据成立的，应当予以采纳。不得因当事人陈述、申辩而加重处罚。

第七十一条　有下列情形之一，在执法部门负责人作出行政处罚的决定之前，应当由从事行政处罚决定法制审核的人员进行法制审核：

涉及重大公共利益的；

（二）直接关系当事人或者第三人重大权益，经过听证程序的；

（三）案件情况疑难复杂、涉及多个法律关系的；

（四）法律、法规规定应当进行法制审核的其他情形。

初次从事行政处罚决定法制审核的人员，应当通过国家统一法律职业资格考试取得法律职业资格。

第七十二条　从事行政处罚决定法制审核的人员主要从下列方面进行合法性审核，并提出书面审核意见：

（一）行政执法主体是否合法，行政执法人员是否具备执法资格；

（二）行政执法程序是否合法；

（三）案件事实是否清楚，证据是否合法充分；

（四）适用法律、法规、规章是否准确，裁量基准运用是否适当；

（五）执法是否超越执法部门的法定权限；

（六）行政执法文书是否完备、规范；

（七）违法行为是否涉嫌犯罪、需要移送司法机关。

第七十三条　执法部门负责人经审查，根据不同情况分别作出如下决定：

（一）确有应受行政处罚的违法行为的，根据情节轻重及具体情况，作出行政处罚决定；

（二）违法行为轻微，依法可以不予行政处罚的，不予行政处罚；

（三）违法事实不能成立的，不予行政处罚；

（四）违法行为涉嫌犯罪的，移送司法机关。

第七十四条　有下列情形之一的，依法不予行政处罚：

（一）违法行为轻微并及时改正，没有造成危害后果的，不予行政处罚；

（二）除法律、行政法规另有规定的情形外，当事人有证据足以证明没有主观过错的，不予行政处罚；

（三）精神病人、智力残疾人在不能辨认或者不能控制自己行为时有违法行为的，不予行政处罚，但应当责令其监护人严加看管和治疗；

（四）不满十四周岁的未成年人有违法行为的，不予行政处罚，但应责令监护人加以管教；

（五）其他依法不予行政处罚的情形。

初次违法且危害后果轻微并及时改正的，可以不予行政处罚。

违法行为在二年内未被发现的，不再给予行政处罚；涉及公民生命健康安全、金融安全且有危害后果的，上述期限延长至五年。法律另有规定的除外。

对当事人的违法行为依法不予行政处罚的，执法部门应当对当事人进行教育。

第七十五条 作出行政处罚决定应当适用违法行为发生时的法律、法规、规章的规定。但是，作出行政处罚决定时，法律、法规、规章已被修改或者废止，且新的规定处罚较轻或者不认为是违法的，适用新的规定。

第七十六条 行政处罚案件有下列情形之一的，应当提交执法部门重大案件集体讨论会议决定：

（一）拟作出降低资质等级、吊销许可证件、责令停产停业、责令关闭、限制从业、较大数额罚款、没收较大数额违法所得、没收较大价值非法财物的；

（二）认定事实和证据争议较大的，适用的法律、法规和规章有较大异议的，违法行为较恶劣或者危害较大的，或者复杂、疑难案件的执法管辖区域不明确或有争议的；

（三）对情节复杂或者重大违法行为给予较重的行政处罚的其他情形。

第七十七条 执法部门作出行政处罚决定，应当制作《行政处罚决定书》。行政处罚决定书的内容包括：

（一）当事人的姓名或者名称、地址等基本情况；

（二）违反法律、法规或者规章的事实和证据；

（三）行政处罚的种类和依据；

（四）行政处罚的履行方式和期限；

（五）不服行政处罚决定，申请行政复议或者提起行政诉讼的途径和期限；

（六）作出行政处罚决定的执法部门名称和作出决定的日期。

行政处罚决定书应当盖有作出行政处罚决定的执法部门的印章。

第七十八条 执法部门应当自行政处罚案件立案之日起九十日内作出行政处罚决定。案情复杂、期限届满不能终结的案件，可以经执法部门负责人批准延长三十日。

第七十九条 执法部门应当依法公开行政处罚决定信息，但法律、行政法规另有规定的除外。

公开的行政处罚决定被依法变更、撤销、确认违法或者确认无效的，执法部门应当在三日内撤回行政处罚决定信息并公开说明理由。

第三节　听证程序

第八十条 执法部门在作出下列行政处罚决定前，应当在送达《违法行为通知书》时告知当事人有要求举行听证的权利：

（一）责令停产停业、责令关闭、限制从业；

（二）降低资质等级、吊销许可证件；

（三）较大数额罚款；

（四）没收较大数额违法所得、没收较大价值非法财物；

（五）其他较重的行政处罚；

（六）法律、法规、规章规定的其他情形。

前款第（三）、（四）项规定的较大数额，地方执法部门按照省级人大常委会或者人民政府规定或者其授权部门规定的标准执行。海事执法部门按照对自然人处 1 万元以上、对法人或者其他组织 10 万元以上的标准执行。

第八十一条 执法部门不得因当事人要求听证而加重处罚。

第八十二条 当事人要求听证的，应当自收到《违法行为通知书》之日起五日内以书面或者口头形式提出。当事人以口头形式提出的，执法部门应当将情况记入笔录，并由当事人在笔录上签名或者盖章。

第八十三条 执法部门应当在举行听证的七日前向当事人及有关人员送达《听证通知书》，将听证的时间、地点通知当事人和其他听证参加人。

第八十四条 听证设听证主持人一名，负责组织听证；记录员一名，具体承担听证准备和制作听证笔录工作。

听证主持人由执法部门负责人指定；记录员由听证主持人指定。

本案调查人员不得担任听证主持人或者记录员。

第八十五条 听证主持人在听证活动中履行下列职责：

（一）决定举行听证的时间、地点；

（二）决定听证是否公开举行；

（三）要求听证参加人到场参加听证、提供或者补充证据；

（四）就案件的事实、理由、证据、程序、处罚依据和行政处罚建议等相关内容组织质证和辩论；

（五）决定听证的延期、中止或者终止，宣布结束听证；

（六）维持听证秩序。对违反听证会场纪律的，应当警告制止；对不听制止，干扰听证正常进行的旁听人员，责令其退场；

（七）其他有关职责。

第八十六条　听证参加人包括：

（一）当事人及其代理人；

（二）本案执法人员；

（三）证人、检测、检验及技术鉴定人；

（四）翻译人员；

（五）其他有关人员。

第八十七条　要求举行听证的公民、法人或者其他组织是听证当事人。当事人在听证活动中享有下列权利：

（一）申请回避；

（二）参加听证，或者委托一至二人代理参加听证；

（三）进行陈述、申辩和质证；

（四）核对、补正听证笔录；

（五）依法享有的其他权利。

第八十八条　与听证案件处理结果有利害关系的其他公民、法人或者其他组织，作为第三人申请参加听证的，应当允许。为查明案情，必要时，听证主持人也可以通知其参加听证。

第八十九条　委托他人代为参加听证的，应当向执法部门提交由委托人签名或者盖章的授权委托书以及委托代理人的身份证明文件。

授权委托书应当载明委托事项及权限。委托代理人代为放弃行使陈述权、申辩权和质证权的，必须有委托人的明确授权。

第九十条　听证主持人有权决定与听证案件有关的证人、检测、检验及技术鉴定人等听证参加人到场参加听证。

第九十一条　听证应当公开举行，涉及国家秘密、商业秘密或者个人隐私依法予以保密的除外。

公开举行听证的，应当公告当事人姓名或者名称、案由以及举行听证的时间、地点等。

第九十二条　听证按下列程序进行：

（一）宣布案由和听证纪律；

（二）核对当事人或其代理人、执法人员、证人及其他有关人员是否到场，并核实听证参加人的身份；

（三）宣布听证员、记录员和翻译人员名单，告知当事人有申请主持人回避、申辩和质证的权利；对不公开听证的，宣布不公开听证的理由；

（四）宣布听证开始；

（五）执法人员陈述当事人违法的事实、证据，拟作出行政处罚的建议和法律依据；执法人员提出证据时，应当向听证会出示。证人证言、检测、检验及技术鉴定意见和其他作为证据的文书，应当当场宣读；

（六）当事人或其代理人对案件的事实、证据、适用法律、行政处罚意见等进行陈述、申辩和质证，并可以提供新的证据；第三人可以陈述事实，提供证据；

（七）听证主持人可以就案件的有关问题向当事人或其代理人、执法人员、证人询问；

（八）经听证主持人允许，当事人、执法人员就案件的有关问题可以向到场的证人发问。当事人有权申请通知新的证人到会作证，调取新的证据。当事人提出申请的，听证主持人应当当场作出是否同意的决定；申请重新检测、检验及技术鉴定的，按照有关规定办理；

（九）当事人、第三人和执法人员可以围绕案件所涉及的事实、证据、程序、适用法律、处罚种类和幅度等问题进行辩论；

（十）辩论结束后，听证主持人应当听取当事人或其代理人、第三人和执法人员的最后陈述意见；

（十一）中止听证的，听证主持人应当宣布再次听证的有关事宜；

（十二）听证主持人宣布听证结束，听证笔录交当事人或其代理人核对。当事人或其代理人认为听证笔录有错误的，有权要求补充或改正。当事人或其代理人核对无误后签名或者盖章；当事人或其代理人拒绝的，在听证笔录上写明情况。

第九十三条　有下列情形之一的，听证主持人可以决定延期举行听证：

（一）当事人因不可抗拒的事由无法到场的；

（二）当事人临时申请回避的；

（三）其他应当延期的情形。

延期听证，应当在听证笔录中写明情况，由听证主持人签名。

第九十四条 听证过程中，有下列情形之一的，应当中止听证：

（一）需要通知新的证人到会、调取新的证据或者证据需要重新检测、检验及技术鉴定的；

（二）当事人提出新的事实、理由和证据，需要由本案调查人员调查核实的；

（三）当事人死亡或者终止，尚未确定权利、义务承受人的；

（四）当事人因不可抗拒的事由，不能继续参加听证的；

（五）因回避致使听证不能继续进行的；

（六）其他应当中止听证的情形。

中止听证，应当在听证笔录中写明情况，由听证主持人签名。

第九十五条 延期、中止听证的情形消失后，听证主持人应当及时恢复听证，并将听证的时间、地点通知听证参加人。

第九十六条 听证过程中，有下列情形之一的，应当终止听证：

（一）当事人撤回听证申请的；

（二）当事人或其代理人无正当理由不参加听证或者未经听证主持人允许，中途退出听证的；

（三）当事人死亡或者终止，没有权利、义务承受人的；

（四）听证过程中，当事人或其代理人扰乱听证秩序，不听劝阻，致使听证无法正常进行的；

（五）其他应当终止听证的情形。

听证终止，应当在听证笔录中写明情况，由听证主持人签名。

第九十七条 记录员应当将举行听证的全部活动记入《听证笔录》，经听证参加人审核无误或者补正后，由听证参加人当场签名或者盖章。当事人或其代理人、证人拒绝签名或盖章的，由听证主持人在《听证笔录》中注明情况。

《听证笔录》经听证主持人审阅后，由听证主持人和记录员签名。

第九十八条 听证结束后，执法部门应当根据听证笔录，依照本规定第七十三条的规定，作出决定。

第七章 执 行

第一节 罚款的执行

第九十九条 执法部门对当事人作出罚款处罚的，当事人应当自收到处罚决定书之日起十五日内，到指定的银行缴纳罚款；具备条件的，也可以通过电子支付系统缴纳罚款。具有下列情形之一的，执法人员可以当场收缴罚款：

（一）依法当场作出行政处罚决定，处一百元以下的罚款或者不当场收缴事后难以执行的；

（二）在边远、水上、交通不便地区，当事人到指定的银行或者通过电子支付系统缴纳罚款确有困难，经当事人提出的。

当场收缴罚款的，应当向当事人出具国务院财政部门或者省、自治区、直辖市人民政府财政部门统一制发的专用票据。

第一百条 执法人员当场收缴的罚款，应当自收缴罚款之日起二日内，交至其所属执法部门。在水上当场收缴的罚款，应当自抵岸之日起二日内交至其所属执法部门。执法部门应当在二日内将罚款缴付指定的银行。

第一百零一条 当事人确有经济困难，经当事人申请和作出处罚决定的执法部门批准，可以暂缓或者分期缴纳罚款。执法人员应当制作并向当事人送达《分期（延期）缴纳罚款通知书》。

第一百零二条 罚款必须全部上缴国库，不得以任何形式截留、私分或者变相私分。

第一百零三条 当事人未在规定期限内缴纳罚款的，作出行政处罚决定的执法部门可以依法加处罚款。加处罚款的标准应当告知当事人。

加处罚款的数额不得超出原罚款的数额。

第一百零四条 执法部门实施加处罚款超过三十日，经催告当事人仍不履行的，作出行政处罚决定的执法部门应当依法向所在地有管辖权的人民法院申请强制执行。但是，当事人在法定期限内不申请行政复议或者提起行政诉讼，经催告仍不履行行政处罚决定、加处罚款决定的，在实施行政执法过程中已经采取扣押措施的执法部门，可以将扣押的财物依法拍卖抵缴罚款。

第一百零五条 依法拍卖财物，由执法部门委托拍卖机构依照《中华人民共和国拍卖法》的规定办理。

拍卖所得的款项应当上缴国库或者划入财政专户。任何单位或者个人不得以任何形式截留、私分或者变相私分。

第二节 行政强制执行

第一百零六条 执法部门依法作出行政决定后，当事人在执法部门决定的期限内不履行义务的，执法部门可以依法强制执行。

第一百零七条 法律规定具有行政强制执行权的执法部门依法作出强制执行决定前，应当制作《催告书》，事先以书面形式催告当事人履行义务。

第一百零八条 当事人收到催告书后有权进行陈述和申辩。执法部门应当充分听取并记录、复核。当事人提出的事实、理由或者证据成立的，执法部门应当采纳。

第一百零九条 经催告，当事人逾期仍不履行行政决定，且无正当理由的，执法部门可以依法作出强制执行决定，制作《行政强制执行决定书》，并送达当事人。

第一百一十条 有下列情形之一的，执法部门应当中止执行，制作《中止行政强制执行通知书》：

（一）当事人履行行政决定确有困难或者暂无履行能力的；

（二）第三人对执行标的主张权利，确有理由的；

（三）执行可能造成难以弥补的损失，且中止执行不损害公共利益的；

（四）执法部门认为需要中止执行的其他情形。

中止执行的情形消失后，执法部门应当恢复执行，制作《恢复行政强制执行通知书》。对没有明显社会危害，当事人确无能力履行，中止执行满三年未恢复执行的，执法部门不再执行。

第一百一十一条 有下列情形之一的，执法部门应当终结执行，制作《终结行政强制执行通知书》，并送达当事人：

（一）公民死亡，无遗产可供执行，又无义务承受人的；

（二）法人或者其他组织终止，无财产可供执行，又无义务承受人的；

（三）执行标的灭失的；

（四）据以执行的行政决定被撤销的；

（五）执法部门认为需要终结执行的其他情形。

第一百一十二条 在执行中或者执行完毕后，据以执行的行政决定被撤销、变更，或者执行错误的，应当恢复原状或者退还财物；不能恢复原状或者退还财物的，依法给予赔偿。

第一百一十三条 实施行政强制执行过程中，执法部门可以在不损害公共利益和他人合法权益的情况下，与当事人达成执行协议。执行协议可以约定分阶段履行；当事人采取补救措施的，可以减免加处的罚款或者滞纳金。

执行协议应当履行。当事人不履行执行协议的，执法部门应当恢复强制执行。

第一百一十四条 对违法的建筑物、构筑物、设施等需要强制拆除的，应当由执法部门发布《执行公告》，限期当事人自行拆除。当事人在法定期限内不申请行政复议或者提起行政诉讼，又不拆除的，执法部门可以依法强制拆除。

第一百一十五条 执法部门依法作出要求当事人履行排除妨碍、恢复原状等义务的行政决定，当事人逾期不履行，经催告仍不履行，其后果已经或者即将危害交通安全、造成环境污染或者破坏自然资源的，执法部门可以代履行，或者委托没有利害关系的第三人代履行。

第一百一十六条 代履行应当遵守下列规定：

（一）代履行前送达《代履行决定书》；

（二）代履行三日前催告当事人履行；当事人履行的，停止代履行；

（三）委托无利害关系的第三人代履行时，作出决定的执法部门应当派员到场监督；

（四）代履行完毕，执法部门到场监督的工作人员、代履行人、当事人或者见证人应当在执行文书上签名或者盖章。

代履行的费用按照成本合理确定，由当事人承担。但是，法律另有规定的除外。

第一百一十七条 需要立即清理道路、航道等的遗洒物、障碍物、污染物，当事人不能清除的，执法部门可以决定立即实施代履行；当事人不在场的，执法部门应当在事后立即通知当事人，并依法作出处理。

第三节 申请人民法院强制执行

第一百一十八条 当事人在法定期限内不申请行政复议或者提起行政诉讼，又不履行行政决定的，没有行政强制执行权的执法部门可以自期限届满之日起三个月内，依法向有管辖权的人民法院申请强制执行。

执法部门批准延期、分期缴纳罚款的，申请人民法院强制执行的期限，自暂缓或者分期缴纳罚款期限结束之日起计算。

强制执行的费用由被执行人承担。

第一百一十九条 申请人民法院强制执行前，执法部门应当制作《催告书》，催告当事人履行义务。催告书送达十日后当事人仍未履行义务的，执法部门可以向人民法院申请强制执行。

第一百二十条 执法部门向人民法院申请强制执行，应当提供下列材料：

（一）强制执行申请书；

（二）行政决定书及作出决定的事实、理由和依据；

（三）当事人的意见及执法部门催告情况；

（四）申请强制执行标的情况；

（五）法律、行政法规规定的其他材料。

强制执行申请书应当由作出处理决定的执法部门负责人签名，加盖执法部门印章，并注明日期。

第一百二十一条 执法部门对人民法院不予受理强制执行申请、不予强制执行的裁定有异议的，可以在十五日内向上一级人民法院申请复议。

第八章 案件终结

第一百二十二条 有下列情形之一的，执法人员应当制作《结案报告》，经执法部门负责人批准，予以结案：

（一）决定撤销立案的；

（二）作出不予行政处罚决定的；

（三）作出行政处罚等行政处理决定，且已执行完毕的；

（四）案件移送有管辖权的行政机关或者司法机关的；

（五）作出行政处理决定后，因执行标的灭失、被执行人死亡等客观原因导致无法执行或者无需执行的；

（六）其他应予结案的情形。

申请人民法院强制执行，人民法院受理的，按照结案处理。人民法院强制执行完毕后，执法部门应当及时将相关案卷材料归档。

第一百二十三条 经过调查，有下列情形之一的，经执法部门负责人批准，终止调查：

（一）没有违法事实的；

（二）违法行为已过追究时效的；

（三）其他需要终止调查的情形。

终止调查时，当事人的财物已被采取行政强制措施的，应当立即解除。

第九章 涉案财物的管理

第一百二十四条 对于依法查封、扣押、抽样取证的财物以及由执法部门负责保管的先行证据登记保存的财物，执法部门应当妥善保管，不得使用、挪用、调换或者损毁。造成损失的，应当承担赔偿责任。

涉案财物的保管费用由作出决定的执法部门承担。

第一百二十五条 执法部门可以建立专门的涉案财物保管场所、账户，并指定内设机构或专门人员负责对办案机构的涉案财物集中统一管理。

第一百二十六条 执法部门应当建立台账，对涉案财物逐一编号登记，载明案由、来源、保管状态、场所和去向。

第一百二十七条 执法人员应当在依法提取涉案财物后的二十四小时内将财物移交涉案财物管理人员，并办理移交手续。对查封、扣押、先行证据登记保存的涉案财物，应当在采取措施后的二十四小时内，将执法文书复印件及涉案财物的情况送交涉案财物管理人员予以登记。

在异地或者偏远、交通不便地区提取涉案财物的，执法人员应当在返回单位后的二十四小时内移交。

对情况紧急，需要在提取涉案财物后的二十四小时内进行鉴定的，经办案机构负责人批准，可以在完成鉴定后的二十四小时内移交。

第一百二十八条 容易腐烂变质及其他不易保管的物品，经执法部门负责人批准，在拍照或者录像后依法变卖或者拍卖，变卖或者拍卖的价款暂予保存，待结案后按有关规定处理。

易燃、易爆、毒害性、放射性等危险物品应当存放在符合危险物品存放条件的专门场所。

第一百二十九条 当事人下落不明或者无法确定涉案物品所有人的，执法部门按照本规定第十八条第五项规定的公告送达方式告知领取。公告期满仍无人领取的，经执法部门负责人批准，将涉案物品上缴国库或者依法拍卖后将所得款项上缴国库。

第十章 附 则

第一百三十条 本规定所称以上、以下、以内，包括本数或者本级。

第一百三十一条 执法部门应当使用交通运输部统一制定的执法文书式样。交通运输部没有制定式样，执法工作中需要的其他执法文书，或者对已有执法文书式样需要调整细化的，省级交通运输主管部门可以制定式样。

直属海事执法部门的执法文书式样，由交通

运输部海事局统一制定。

第一百三十二条 本规定自 2019 年 6 月 1 日起施行。交通部于 1996 年 9 月 25 日发布的《交通行政处罚程序规定》（交通部令 1996 年第 7 号）和交通运输部于 2008 年 12 月 30 日发布的《关于印发交通行政执法风纪等 5 个规范的通知》（交体法发〔2008〕562 号）中的《交通行政执法风纪》《交通行政执法用语规范》《交通行政执法检查行为规范》《交通行政处罚行为规范》《交通行政执法文书制作规范》同时废止。

交通运输部关于修改《公路建设监督管理办法》的决定

交通运输部决定对《公路建设监督管理办法》（交通部令 2006 年第 6 号）作如下修改：

一、删去第四十一条中的"指定分包和指定采购"。

二、将第四十五条中的"对勘察、设计、施工和监理等单位视情节轻重给予警告、取消其 2 年至 5 年内参加依法必须进行招标项目的投标资格的处罚"修改为"对勘察、设计、施工和监理等单位给予警告"。

本决定自公布之日起施行。

《公路建设监督管理办法》根据本决定作相应修正，重新发布。

公路建设监督管理办法

（2006 年 6 月 8 日交通部发布 根据 2021 年 8 月 11 日交通运输部《关于修改〈公路建设监督管理办法〉的决定》修正）

第一章 总 则

第一条 为促进公路事业持续、快速、健康发展，加强公路建设监督管理，维护公路建设市场秩序，根据《中华人民共和国公路法》、《建设工程质量管理条例》和国家有关法律、法规，制定本办法。

第二条 在中华人民共和国境内从事公路建设的单位和人员必须遵守本办法。

本办法所称公路建设是指公路、桥梁、隧道、交通工程及沿线设施和公路渡口的项目建议书、可行性研究、勘察、设计、施工、竣（交）工验收和后评价全过程的活动。

第三条 公路建设监督管理实行统一领导，分级管理。

交通部主管全国公路建设监督管理；县级以上地方人民政府交通主管部门主管本行政区域内公路建设监督管理。

第四条 县级以上人民政府交通主管部门必须依照法律、法规及本办法的规定对公路建设实施监督管理。

有关单位和个人应当接受县级以上人民政府交通主管部门依法进行的公路建设监督检查，并给予支持与配合，不得拒绝或阻碍。

第二章 监督部门的职责与权限

第五条 公路建设监督管理的职责包括：

（一）监督国家有关公路建设工作方针、政策和法律、法规、规章、强制性技术标准的执行；

（二）监督公路建设项目建设程序的履行；

（三）监督公路建设市场秩序；

（四）监督公路工程质量和工程安全；

（五）监督公路建设资金的使用；

（六）指导、检查下级人民政府交通主管部门的监督管理工作；

（七）依法查处公路建设违法行为。

第六条 交通部对全国公路建设项目进行监督管理，依据职责负责国家高速公路网建设项目和交通部确定的其他重点公路建设项目前期工作、施工许可、招标投标、工程质量、工程进度、资金、安全管理的监督和竣工验收工作。

除应当由交通部实施的监督管理职责外，省级人民政府交通主管部门依据职责负责本行政区域内公路建设项目的监督管理，具体负责本行政区域内的国家高速公路网建设项目、交通部和省级人民政府确定的其他重点公路建设项目的监督管理。

设区的市和县级人民政府交通主管部门按照有关规定负责本行政区域内公路建设项目的监督管理。

第七条 县级以上人民政府交通主管部门在履行公路建设监督管理职责时，有权要求：

（一）被检查单位提供有关公路建设的文件和资料；

（二）进入被检查单位的工作现场进行检查；

（三）对发现的工程质量和安全问题以及其他违法行为依法处理。

第三章　建设程序的监督管理

第八条 公路建设应当按照国家规定的建设程序和有关规定进行。

政府投资公路建设项目实行审批制，企业投资公路建设项目实行核准制。县级以上人民政府交通主管部门应当按职责权限审批或核准公路建设项目，不得越权审批、核准项目或擅自简化建设程序。

第九条 政府投资公路建设项目的实施，应当按照下列程序进行：

（一）根据规划，编制项目建议书；

（二）根据批准的项目建议书，进行工程可行性研究，编制可行性研究报告；

（三）根据批准的可行性研究报告，编制初步设计文件；

（四）根据批准的初步设计文件，编制施工图设计文件；

（五）根据批准的施工图设计文件，组织项目招标；

（六）根据国家有关规定，进行征地拆迁等施工前准备工作，并向交通主管部门申报施工许可；

（七）根据批准的项目施工许可，组织项目实施；

（八）项目完工后，编制竣工图表、工程决算和竣工财务决算，办理项目交、竣工验收和财产移交手续；

（九）竣工验收合格后，组织项目后评价。

国务院对政府投资公路建设项目建设程序另有简化规定的，依照其规定执行。

第十条 企业投资公路建设项目的实施，应当按照下列程序进行：

（一）根据规划，编制工程可行性研究报告；

（二）组织投资人招标工作，依法确定投资人；

（三）投资人编制项目申请报告，按规定报项目审批部门核准；

（四）根据核准的项目申请报告，编制初步设计文件，其中涉及公共利益、公众安全、工程建设强制性标准的内容应当按项目隶属关系报交通主管部门审查；

（五）根据初步设计文件编制施工图设计文件；

（六）根据批准的施工图设计文件组织项目招标；

（七）根据国家有关规定，进行征地拆迁等施工前准备工作，并向交通主管部门申报施工许可；

（八）根据批准的项目施工许可，组织项目实施；

（九）项目完工后，编制竣工图表、工程决算和竣工财务决算，办理项目交、竣工验收；

（十）竣工验收合格后，组织项目后评价。

第十一条 县级以上人民政府交通主管部门根据国家有关规定，按照职责权限负责组织公路建设项目的项目建议书、工程可行性研究工作、编制设计文件、经营性项目的投资人招标、竣工验收和项目后评价工作。

公路建设项目的项目建议书、工程可行性研究报告、设计文件、招标文件、项目申请报告等应按照国家颁发的编制办法或有关规定编制，并符合国家规定的工作质量和深度要求。

第十二条 公路建设项目法人应当依法选择勘察、设计、施工、咨询、监理单位，采购与工程建设有关的重要设备、材料，办理施工许可，组织项目实施，组织项目交工验收，准备项目竣工验收和后评价。

第十三条 公路建设项目应当按照国家有关规定实行项目法人责任制、招标投标制度、工程监理制度和合同管理制度。

第十四条 公路建设项目必须符合公路工程技术标准。施工单位必须按批准的设计文件施工，任何单位和人员不得擅自修改工程设计。

已批准的公路工程设计，原则上不得变更。确需设计变更的，应当按照交通部制定的《公路工程设计变更管理办法》的规定履行审批手续。

第十五条 公路建设项目验收分为交工验收和竣工验收两个阶段。项目法人负责组织对各合同段进行交工验收，并完成项目交工验收报告报交通主管部门备案。交通主管部门在 15 天内没有对备案项目的交工验收报告提出异议，项目法人可开放交通进入试运营期。试运营期不得超过 3 年。

通车试运营 2 年后，交通主管部门应组织竣工验收，经竣工验收合格的项目可转为正式运营。对未进行交工验收、交工验收不合格或没有备案的工程开放交通进行试运营的，由交通主管部门责令停止试运营。

公路建设项目验收工作应当符合交通部制定的《公路工程竣（交）工验收办法》的规定。

第四章　建设市场的监督管理

第十六条 县级以上人民政府交通主管部门依据职责，负责对公路建设市场的监督管理，查处建设市场中的违法行为。对经营性公路建设项目投资人、公路建设从业单位和主要从业人员的信用情况应进行记录并及时向社会公布。

第十七条 公路建设市场依法实行准入管理。公路建设项目法人或其委托的项目建设管理单位的项目建设管理机构、主要负责人的技术和管理能力应当满足拟建项目的管理需要，符合交通部有关规定的要求。公路工程勘察、设计、施工、监理、试验检测等从业单位应当依法取得有关部门许可的相应资质后，方可进入公路建设市场。

公路建设市场必须开放，任何单位和个人不得对公路建设市场实行地方保护，不得限制符合市场准入条件的从业单位和从业人员依法进入公路建设市场。

第十八条 公路建设从业单位从事公路建设活动，必须遵守国家有关法律、法规、规章和公路工程技术标准，不得损害社会公共利益和他人合法权益。

第十九条 公路建设项目法人应当承担公路建设相关责任和义务，对建设项目质量、投资和工期负责。

公路建设项目法人必须依法开展招标活动，不得接受投标人低于成本价的投标，不得随意压缩建设工期，禁止指定分包和指定采购。

第二十条 公路建设从业单位应当依法取得公路工程资质证书并按照资质管理有关规定，在其核定的业务范围内承揽工程，禁止无证或越级承揽工程。

公路建设从业单位必须按合同规定履行其义务，禁止转包或违法分包。

第五章　质量与安全的监督管理

第二十一条 县级以上人民政府交通主管部门应当加强对公路建设从业单位的质量与安全生产管理机构的建立、规章制度落实情况的监督检查。

第二十二条 公路建设实行工程质量监督管理制度。公路工程质量监督机构应当根据交通主管部门的委托依法实施工程质量监督，并对监督工作质量负责。

第二十三条 公路建设项目实施过程中，监理单位应当依照法律、法规、规章以及有关技术标准、设计文件、合同文件和监理规范的要求，采用旁站、巡视和平行检验形式对工程实施监理，对不符合工程质量与安全要求的工程应当责令施工单位返工。

未经监理工程师签认，施工单位不得将建筑材料、构件和设备在工程上使用或安装，不得进行下一道工序施工。

第二十四条 公路工程质量监督机构应当具备与质量监督工作相适应的试验检测条件，根据国家有关工程质量的法律、法规、规章和交通部制定的技术标准、规范、规程以及质量检验评定标准等，对工程质量进行监督、检查和鉴定。任何单位和个人不得干预或阻挠质量监督机构的质量鉴定工作。

第二十五条 公路建设从业单位应当对工程质量和安全负责。工程实施中应当加强对职工的教育与培训，按照国家有关规定建立健全质量和安全保证体系，落实质量和安全生产责任制，保证工程质量和工程安全。

第二十六条 公路建设项目发生工程质量事故，项目法人应在 24 小时内按项目管理隶属关系向交通主管部门报告，工程质量事故同时报公路工程质量监督机构。

省级人民政府交通主管部门或受委托的公路工程质量监督机构负责调查处理一般工程质量事

故；交通部会同省级人民政府交通主管部门负责调查处理重大工程质量事故；特别重大工程质量事故和安全事故的调查处理按照国家有关规定办理。

第六章 建设资金的监督管理

第二十七条 对于使用财政性资金安排的公路建设项目，县级以上人民政府交通主管部门必须对公路建设资金的筹集、使用和管理实行全过程监督检查，确保建设资金的安全。

公路建设项目法人必须按照国家有关法律、法规、规章的规定，合理安排和使用公路建设资金。

第二十八条 对于企业投资公路建设项目，县级以上人民政府交通主管部门要依法对资金到位情况、使用情况进行监督检查。

第二十九条 公路建设资金监督管理的主要内容：

（一）是否严格执行建设资金专款专用、专户存储、不准侵占、挪用等有关管理规定；

（二）是否严格执行概预算管理规定，有无将建设资金用于计划外工程；

（三）资金来源是否符合国家有关规定，配套资金是否落实、及时到位；

（四）是否按合同规定拨付工程进度款，有无高估冒算，虚报冒领情况，工程预备费使用是否符合有关规定；

（五）是否在控制额度内按规定使用建设管理费，按规定的比例预留工程质量保证金，有无非法扩大建设成本的问题；

（六）是否按规定编制项目竣工财务决算，办理财产移交手续，形成的资产是否及时登记入账管理；

（七）财会机构是否建立健全，并配备相适应的财会人员。各项原始记录、统计台账、凭证账册、会计核算、财务报告、内部控制制度等基础性工作是否健全、规范。

第三十条 县级以上人民政府交通主管部门对公路建设资金监督管理的主要职责：

（一）制定公路建设资金管理制度；

（二）按规定审核、汇总、编报、批复年度公路建设支出预算、财务决算和竣工财务决算；

（三）合理安排资金，及时调度、拨付和使用公路建设资金；

（四）监督管理建设项目工程概预算、年度投资计划安排与调整、财务决算；

（五）监督检查公路建设项目资金筹集、使用和管理，及时纠正违法问题，对重大问题提出意见报上级交通主管部门；

（六）收集、汇总、报送公路建设资金管理信息，审查、编报公路建设项目投资效益分析报告；

（七）督促项目法人及时编报工程财务决算，做好竣工验收准备工作；

（八）督促项目法人及时按规定办理财产移交手续，规范资产管理。

第七章 社会监督

第三十一条 县级以上人民政府交通主管部门应定期向社会公开发布公路建设市场管理、工程进展、工程质量情况、工程质量和安全事故处理等信息，接受社会监督。

第三十二条 公路建设施工现场实行标示牌管理。标示牌应当标明该项工程的作业内容，项目法人、勘察、设计、施工、监理单位名称和主要负责人姓名，接受社会监督。

第三十三条 公路建设实行工程质量举报制度，任何单位和个人对公路建设中违反国家法律、法规的行为，工程质量事故和质量缺陷都有权向县级以上人民政府交通主管部门或质量监督机构检举和投诉。

第三十四条 县级以上人民政府交通主管部门可聘请社会监督员对公路建设活动和工程质量进行监督。

第三十五条 对举报内容属实的单位和个人，县级以上人民政府交通主管部门可予以表彰或奖励。

第八章 罚 则

第三十六条 违反本办法第四条规定，拒绝或阻碍依法进行公路建设监督检查工作的，责令改正，构成犯罪的，依法追究刑事责任。

第三十七条 违反本办法第八条规定，越权审批、核准或擅自简化基本建设程序的，责令限期补办手续，可给予警告处罚；造成严重后果的，对全部或部分使用财政性资金的项目，可暂停项目执行或暂缓资金拨付，对直接责任人依法给予行政处分。

第三十八条 违反本办法第十二条规定，项目法人将工程发包给不具有相应资质等级的勘察、设计、施工和监理单位的，责令改正，处50万元以上100万元以下的罚款；未按规定办理施工许可擅自施工的，责令停止施工、限期改正，视情节可处工程合同价款1%以上2%以下罚款。

第三十九条　违反本办法第十四条规定，未经批准擅自修改工程设计，责令限期改正，可给予警告处罚；情节严重的，对全部或部分使用财政性资金的项目，可暂停项目执行或暂缓资金拨付。

第四十条　违反本办法第十五条规定，未组织项目交工验收或验收不合格擅自交付使用的，责令改正并停止使用，处工程合同价款2%以上4%以下的罚款；对收费公路项目应当停止收费。

第四十一条　违反本办法第十九条规定，项目法人随意压缩工期，侵犯他人合法权益的，责令限期改正，可处20万元以上50万元以下的罚款；造成严重后果的，对全部或部分使用财政性资金的项目，可暂停项目执行或暂缓资金拨付。

第四十二条　违反本办法第二十条规定，承包单位弄虚作假、无证或越级承揽工程任务的，责令停止违法行为，对勘察、设计单位或工程监理单位处合同约定的勘察费、设计费或监理酬金1倍以上2倍以下的罚款；对施工单位处工程合同价款2%以上4%以下的罚款，可以责令停业整顿，降低资质等级；情节严重的，吊销资质证书；有违法所得的，予以没收。承包单位转包或违法分包工程的，责令改正，没收违法所得，对勘察、设计、监理单位处合同约定的勘察费、设计费、监理酬金的25%以上50%以下的罚款；对施工单位处工程合同价款0.5%以上1%以下的罚款。

第四十三条　违反本办法第二十二条规定，公路工程质量监督机构不履行公路工程质量监督职责、不承担质量监督责任的，由交通主管部门视情节轻重，责令整改或者给予警告。公路工程质量监督机构工作人员在公路工程质量监督管理工作中玩忽职守、滥用职权、徇私舞弊的，由交通主管部门或者公路工程质量监督机构依法给予行政处分；构成犯罪的，依法追究刑事责任。

第四十四条　违反本办法第二十三条规定，

监理单位将不合格的工程、建筑材料、构件和设备按合格予以签认的，责令改正，可给予警告处罚，情节严重的，处50万元以上100万元以下的罚款；施工单位在工程上使用或安装未经监理签认的建筑材料、构件和设备的，责令改正，可给予警告处罚，情节严重的，处工程合同价款2%以上4%以下的罚款。

第四十五条　违反本办法第二十五条规定，公路建设从业单位忽视工程质量和安全管理，造成质量或安全事故的，对项目法人给予警告、限期整改，情节严重的，暂停资金拨付；对勘察、设计、施工和监理等单位给予警告；对情节严重的监理单位，还可给予责令停业整顿、降低资质等级和吊销资质证书的处罚。

第四十六条　违反本办法第二十六条规定，项目法人对工程质量事故隐瞒不报、谎报或拖延报告期限的，给予警告处罚，对直接责任人依法给予行政处分。

第四十七条　违反本办法第二十九条规定，项目法人侵占、挪用公路建设资金，非法扩大建设成本，责令限期整改，可给予警告处罚；情节严重的，对全部或部分使用财政性资金的项目，可暂停项目执行或暂缓资金拨付，对直接责任人依法给予行政处分。

第四十八条　公路建设从业单位有关人员，具有行贿、索贿、受贿行为，损害国家、单位合法权益，构成犯罪的，依法追究刑事责任。

第四十九条　政府交通主管部门工作人员玩忽职守、滥用职权、徇私舞弊的，依法给予行政处分；构成犯罪的，依法追究刑事责任。

第九章　附　则

第五十条　本办法由交通部负责解释。

第五十一条　本办法自2006年8月1日起施行。交通部2000年8月28日公布的《公路建设监督管理办法》（交通部令2000年第8号）同时废止。

交通运输部关于修改《超限运输车辆行驶公路管理规定》的决定

交通运输部决定对《超限运输车辆行驶公路　　　　管理规定》（交通运输部令2016年第62号）作如

下修改：

一、删去第三十九条第二款中的"经确认后可以作为行政处罚的证据"。

二、将第五十条修改为："违法行为地或者车籍所在地公路管理机构可以依照相关法律行政法规的规定利用技术监控设备记录资料，对违法超限运输车辆依法给予处罚，并提供适当方式，供社会公众查询违法超限运输记录。"

本决定自公布之日起施行。

《超限运输车辆行驶公路管理规定》根据本决定作相应修正，重新发布。

超限运输车辆行驶公路管理规定

（2016 年 8 月 19 日交通运输部发布 根据 2021 年 8 月 11 日交通运输部《关于修改〈超限运输车辆行驶公路管理规定〉的决定》修正）

第一章 总 则

第一条 为加强超限运输车辆行驶公路管理，保障公路设施和人民生命财产安全，根据《公路法》《公路安全保护条例》等法律、行政法规，制定本规定。

第二条 超限运输车辆通过公路进行货物运输，应当遵守本规定。

第三条 本规定所称超限运输车辆，是指有下列情形之一的货物运输车辆：

（一）车货总高度从地面算起超过 4 米；

（二）车货总宽度超过 2.55 米；

（三）车货总长度超过 18.1 米；

（四）二轴货车，其车货总质量超过 18000 千克；

（五）三轴货车，其车货总质量超过 25000 千克；三轴汽车列车，其车货总质量超过 27000 千克；

（六）四轴货车，其车货总质量超过 31000 千克；四轴汽车列车，其车货总质量超过 36000 千克；

（七）五轴汽车列车，其车货总质量超过 43000 千克；

（八）六轴及六轴以上汽车列车，其车货总质量超过 49000 千克，其中牵引车驱动轴为单轴的，其车货总质量超过 46000 千克。

前款规定的限定标准的认定，还应当遵守下列要求：

（一）二轴组按照二个轴计算，三轴组按照三个轴计算；

（二）除驱动轴外，二轴组、三轴组以及半挂车和全挂车的车轴每侧轮胎按照双轮胎计算，若每轴每侧轮胎为单轮胎，限定标准减少 3000 千克，但安装符合国家有关标准的加宽轮胎的除外；

（三）车辆最大允许总质量不应超过各车轴最大允许轴荷之和；

（四）拖拉机、农用车、低速货车，以行驶证核定的总质量为限定标准；

（五）符合《汽车、挂车及汽车列车外廓尺寸、轴荷及质量限值》（GB1589）规定的冷藏车、汽车列车、安装空气悬架的车辆，以及专用作业车，不认定为超限运输车辆。

第四条 交通运输部负责全国超限运输车辆行驶公路的管理工作。

县级以上地方人民政府交通运输主管部门负责本行政区域内超限运输车辆行驶公路的管理工作。

公路管理机构具体承担超限运输车辆行驶公路的监督管理。

县级以上人民政府相关主管部门按照职责分工，依法负责或者参与、配合超限运输车辆行驶公路的监督管理。交通运输主管部门应当在本级人民政府统一领导下，与相关主管部门建立治理超限运输联动工作机制。

第五条 各级交通运输主管部门应当组织公路管理机构、道路运输管理机构建立相关管理信息系统，推行车辆超限管理信息系统、道路运政管理信息系统联网，实现数据交换与共享。

第二章 大件运输许可管理

第六条 载运不可解体物品的超限运输（以下称大件运输）车辆，应当依法办理有关许可手续，采取有效措施后，按照指定的时间、路线、速度行驶公路。未经许可，不得擅自行驶公路。

第七条　大件运输的托运人应当委托具有大型物件运输经营资质的道路运输经营者承运，并在运单上如实填写托运货物的名称、规格、重量等相关信息。

第八条　大件运输车辆行驶公路前，承运人应当按下列规定向公路管理机构申请公路超限运输许可：

（一）跨省、自治区、直辖市进行运输的，向起运地省级公路管理机构递交申请书，申请机关需要列明超限运输途经公路沿线各省级公路管理机构，由起运地省级公路管理机构统一受理并组织协调沿线各省级公路管理机构联合审批，必要时可由交通运输部统一组织协调处理；

（二）在省、自治区范围内跨设区的市进行运输，或者在直辖市范围内跨区、县进行运输的，向该省级公路管理机构提出申请，由其受理并审批；

（三）在设区的市范围内跨区、县进行运输的，向该市级公路管理机构提出申请，由其受理并审批；

（四）在区、县范围内进行运输的，向该县级公路管理机构提出申请，由其受理并审批。

第九条　各级交通运输主管部门、公路管理机构应当利用信息化手段，建立公路超限运输许可管理平台，实行网上办理许可手续，并及时公开相关信息。

第十条　申请公路超限运输许可的，承运人应当提交下列材料：

（一）公路超限运输申请表，主要内容包括货物的名称、外廓尺寸和质量，车辆的厂牌型号、整备质量、轴数、轴距和轮胎数，载货时车货总体的外廓尺寸、总质量、各车轴轴荷，拟运输的起讫点、通行路线和行驶时间；

（二）承运人的道路运输经营许可证，经办人的身份证件和授权委托书；

（三）车辆行驶证或者临时行驶车号牌。

车货总高度从地面算起超过4.5米，或者总宽度超过3.75米，或者总长度超过28米，或者总质量超过100000千克，以及其他可能严重影响公路完好、安全、畅通情形的，还应当提交记录载货时车货总体外廓尺寸信息的轮廓图和护送方案。

护送方案应当包含护送车辆配置方案、护送人员配备方案、护送路线情况说明、护送操作细则、异常情况处理等相关内容。

第十一条　承运人提出的公路超限运输许可申请有下列情形之一的，公路管理机构不予受理：

（一）货物属于可分载物品的；

（二）承运人所持有的道路运输经营许可证记载的经营资质不包括大件运输的；

（三）承运人被依法限制申请公路超限运输许可未满限制期限的；

（四）法律、行政法规规定的其他情形。

载运单个不可解体物品的大件运输车辆，在不改变原超限情形的前提下，加装多个品种相同的不可解体物品的，视为载运不可解体物品。

第十二条　公路管理机构受理公路超限运输许可申请后，应当对承运人提交的申请材料进行审查。属于第十条第二款规定情形的，公路管理机构应当对车货总体外廓尺寸、总质量、轴荷等数据和护送方案进行核查，并征求同级公安机关交通管理部门意见。

属于统一受理、集中办理跨省、自治区、直辖市进行运输的，由起运地省级公路管理机构负责审查。

第十三条　公路管理机构审批公路超限运输申请，应当根据实际情况组织人员勘测通行路线。需要采取加固、改造措施的，承运人应当按照规定要求采取有效的加固、改造措施。公路管理机构应当对承运人提出的加固、改造措施方案进行审查，并组织验收。

承运人不具备加固、改造措施的条件和能力的，可以通过签订协议的方式，委托公路管理机构制定相应的加固、改造方案，由公路管理机构进行加固、改造，或者由公路管理机构通过市场化方式选择具有相应资质的单位进行加固、改造。

采取加固、改造措施所需的费用由承运人承担。相关收费标准应当公开、透明。

第十四条　采取加固、改造措施应当满足公路设施安全需要，并遵循下列原则：

（一）优先采取临时措施，便于实施、拆除和可回收利用；

（二）采取永久性或者半永久性措施的，可以考虑与公路设施的技术改造同步实施；

（三）对公路设施采取加固、改造措施仍无法满足大件运输车辆通行的，可以考虑采取修建临时便桥或者便道的改造措施；

（四）有多条路线可供选择的，优先选取桥梁技术状况评定等级高和采取加固、改造措施所需费用低的路线通行；

（五）同一时期，不同的超限运输申请，涉及对同一公路设施采取加固、改造措施的，由各承运人按照公平、自愿的原则分担有关费用。

第十五条 公路管理机构应当在下列期限内作出行政许可决定：

（一）车货总高度从地面算起未超过 4.2 米、总宽度未超过 3 米、总长度未超过 20 米且车货总质量、轴荷未超过本规定第三条、第十七条规定标准的，自受理申请之日起 2 个工作日内作出，属于统一受理、集中办理跨省、自治区、直辖市大件运输的，办理的时间最长不得超过 5 个工作日；

（二）车货总高度从地面算起未超过 4.5 米、总宽度未超过 3.75 米、总长度未超过 28 米且总质量未超过 100000 千克的，属于本辖区内大件运输的，自受理申请之日起 5 个工作日内作出，属于统一受理、集中办理跨省、自治区、直辖市大件运输的，办理的时间最长不得超过 10 个工作日；

（三）车货总高度从地面算起超过 4.5 米，或者总宽度超过 3.75 米，或者总长度超过 28 米，或者总质量超过 100000 千克的，属于本辖区内大件运输的，自受理申请之日起 15 个工作日内作出，属于统一受理、集中办理跨省、自治区、直辖市大件运输的，办理的时间最长不得超过 20 个工作日。

采取加固、改造措施所需时间不计算在前款规定的期限内。

第十六条 受理跨省、自治区、直辖市公路超限运输申请后，起运地省级公路管理机构应当在 2 个工作日内向途经公路沿线各省级公路管理机构转送其受理的申请资料。

属于第十五条第一款第二项规定的情形的，途经公路沿线各省级公路管理机构应当在收到转送的申请材料起 5 个工作日内作出行政许可决定；属于第十五条第一款第三项规定的情形的，应当在收到转送的申请材料起 15 个工作日内作出行政许可决定，并向起运地省级公路管理机构反馈。需要采取加固、改造措施的，由相关省级公路管理机构按照本规定第十三条执行；上下游省、自治区、直辖市范围内路线或者行驶时间调整的，应当及时告知承运人和起运地省级公路管理机构，由起运地省级公路管理机构组织协调处理。

第十七条 有下列情形之一的，公路管理机构应当依法作出不予行政许可的决定：

（一）采用普通平板车运输，车辆单轴的平均轴荷超过 10000 千克或者最大轴荷超过 13000 千克的；

（二）采用多轴多轮液压平板车运输，车辆每轴线（一线两轴 8 轮胎）的平均轴荷超过 18000 千克或者最大轴荷超过 20000 千克的；

（三）承运人不履行加固、改造义务的；

（四）法律、行政法规规定的其他情形。

第十八条 公路管理机构批准公路超限运输申请的，根据大件运输的具体情况，指定行驶公路的时间、路线和速度，并颁发《超限运输车辆通行证》。其中，批准跨省、自治区、直辖市运输的，由起运地省级公路管理机构颁发。

《超限运输车辆通行证》的式样由交通运输部统一制定，各省级公路管理机构负责印制和管理。申请人可到许可窗口领取或者通过网上自助方式打印。

第十九条 同一大件运输车辆短期内多次通行固定路线，装载方式、装载物品相同，且不需要采取加固、改造措施的，承运人可以根据运输计划向公路管理机构申请办理行驶期限不超过 6 个月的《超限运输车辆通行证》。运输计划发生变化的，需按原许可机关的有关规定办理变更手续。

第二十条 经批准进行大件运输的车辆，行驶公路时应当遵守下列规定：

（一）采取有效措施固定货物，按照有关要求在车辆上悬挂明显标志，保证运输安全；

（二）按照指定的时间、路线和速度行驶；

（三）车货总质量超限的车辆通行公路桥梁，应当匀速居中行驶，避免在桥上制动、变速或者停驶；

（四）需要在公路上临时停车的，除遵守有关道路交通安全规定外，还应当在车辆周边设置警告标志，并采取相应的安全防范措施；需要较长时间停车或者遇有恶劣天气的，应当驶离公路，就近选择安全区域停靠；

（五）通行采取加固、改造措施的公路设施，承运人应当提前通知该公路设施的养护管理单位，由其加强现场管理和指导；

（六）因自然灾害或者其他不可预见因素而出现公路通行状况异常致使大件运输车辆无法继续

行驶的，承运人应当服从现场管理并及时告知作出行政许可决定的公路管理机构，由其协调当地公路管理机构采取相关措施后继续行驶。

第二十一条　大件运输车辆应当随车携带有效的《超限运输车辆通行证》，主动接受公路管理机构的监督检查。

大件运输车辆及装载物品的有关情况应当与《超限运输车辆通行证》记载的内容一致。

任何单位和个人不得租借、转让《超限运输车辆通行证》，不得使用伪造、变造的《超限运输车辆通行证》。

第二十二条　对于本规定第十条第二款规定的大件运输车辆，承运人应当按照护送方案组织护送。

承运人无法采取护送措施的，可以委托作出行政许可决定的公路管理机构协调公路沿线的公路管理机构进行护送，并承担所需费用。护送收费标准由省级交通运输主管部门会同同级财政、价格主管部门按规定制定，并予以公示。

第二十三条　行驶过程中，护送车辆应当与大件运输车辆形成整体车队，并保持实时、畅通的通讯联系。

第二十四条　经批准的大件运输车辆途经实行计重收费的收费公路时，对其按照基本费率标准收取车辆通行费，但车辆及装载物品的有关情况与《超限运输车辆通行证》记载的内容不一致的除外。

第二十五条　公路管理机构应当加强与辖区内重大装备制造、运输企业的联系，了解其制造、运输计划，加强服务，为重大装备运输提供便利条件。

大件运输需求量大的地区，可以统筹考虑建设成本、运输需求等因素，适当提高通行路段的技术条件。

第二十六条　公路管理机构、公路经营企业应当按照有关规定，定期对公路、公路桥梁、公路隧道等设施进行检测和评定，并为社会公众查询其技术状况信息提供便利。

公路收费站应当按照有关要求设置超宽车道。

第三章　违法超限运输管理

第二十七条　载运可分载物品的超限运输（以下称违法超限运输）车辆，禁止行驶公路。

在公路上行驶的车辆，其车货总体的外廓尺寸或者总质量未超过本规定第三条规定的限定标准，但超过相关公路、公路桥梁、公路隧道限载、限高、限宽、限长标准的，不得在该公路、公路桥梁或者公路隧道行驶。

第二十八条　煤炭、钢材、水泥、砂石、商品车等货物集散地以及货运站等场所的经营人、管理人（以下统称货运源头单位），应当在货物装运场（站）安装合格的检测设备，对出场（站）货运车辆进行检测，确保出场（站）货运车辆合法装载。

第二十九条　货运源头单位、道路运输企业应当加强对货运车辆驾驶人的教育和管理，督促其合法运输。

道路运输企业是防止违法超限运输的责任主体，应当按照有关规定加强对车辆装载及运行全过程监控，防止驾驶人违法超限运输。

任何单位和个人不得指使、强令货运车辆驾驶人违法超限运输。

第三十条　货运车辆驾驶人不得驾驶违法超限运输车辆。

第三十一条　道路运输管理机构应当加强对政府公布的重点货运源头单位的监督检查。通过巡查、技术监控等方式督促其落实监督车辆合法装载的责任，制止违法超限运输车辆出场（站）。

第三十二条　公路管理机构、道路运输管理机构应当建立执法联动工作机制，将违法超限运输行为纳入道路运输企业质量信誉考核和驾驶人诚信考核，实行违法超限运输"黑名单"管理制度，依法追究违法超限运输的货运车辆、车辆驾驶人、道路运输企业、货运源头单位的责任。

第三十三条　公路管理机构应当对货运车辆进行超限检测。超限检测可以采取固定站点检测、流动检测、技术监控等方式。

第三十四条　采取固定站点检测的，应当在经省级人民政府批准设置的公路超限检测站进行。

第三十五条　公路管理机构可以利用移动检测设备，开展流动检测。经流动检测认定的违法超限运输车辆，应当就近引导至公路超限检测站进行处理。

流动检测点远离公路超限检测站的，应当就近引导至县级以上地方交通运输主管部门指定并公布的执法站所、停车场、卸载场等具有停放车辆及卸载条件的地点或者场所进行处理。

第三十六条　经检测认定违法超限运输的，公路管理机构应当责令当事人自行采取卸载等措施，消除违法状态；当事人自行消除违法状态确有困难的，可以委托第三人或者公路管理机构协助消除违法状态。

属于载运不可解体物品，在接受调查处理完毕后，需要继续行驶公路的，应当依法申请公路超限运输许可。

第三十七条 公路管理机构对车辆进行超限检测，不得收取检测费用。对依法扣留或者停放接受调查处理的超限运输车辆，不得收取停车保管费用。由公路管理机构协助卸载、分装或者保管卸载货物的，超过保管期限经通知当事人仍不领取的，可以按照有关规定予以处理。

第三十八条 公路管理机构应当使用经国家有关部门检定合格的检测设备对车辆进行超限检测；未定期检定或者检定不合格的，其检测数据不得作为执法依据。

第三十九条 收费高速公路入口应当按照规定设置检测设备，对货运车辆进行检测，不得放行违法超限运输车辆驶入高速公路。其他收费公路实行计重收费的，利用检测设备发现违法超限运输车辆时，有权拒绝其通行。收费公路经营管理者应当将违法超限运输车辆及时报告公路管理机构或者公安机关交通管理部门依法处理。

公路管理机构有权查阅和调取公路收费站车辆称重数据、照片、视频监控等有关资料。

第四十条 公路管理机构应当根据保护公路的需要，在货物运输主通道、重要桥梁入口处等普通公路以及开放式高速公路的重要路段和节点，设置车辆检测等技术监控设备，依法查处违法超限运输行为。

第四十一条 新建、改建公路时，应当按照规划，将超限检测站点、车辆检测等技术监控设备作为公路附属设施一并列入工程预算，与公路主体工程同步设计、同步建设、同步验收运行。

第四章 法律责任

第四十二条 违反本规定，依照《公路法》《公路安全保护条例》《道路运输条例》和本规定予以处理。

第四十三条 车辆违法超限运输的，由公路管理机构根据违法行为的性质、情节和危害程度，按下列规定给予处罚：

（一）车货总高度从地面算起未超过 4.2 米、总宽度未超过 3 米且总长度未超过 20 米的，可以处 200 元以下罚款；车货总高度从地面算起未超过 4.5 米、总宽度未超过 3.75 米且总长度未超过 28 米的，处 200 元以上 1000 元以下罚款；车货总高度从地面算起超过 4.5 米、总宽度超过 3.75 米或者总长度超过 28 米的，处 1000 元以上 3000 元以下的罚款；

（二）车货总质量超过本规定第三条第一款第四项至第八项规定的限定标准，但未超过 1000 千克的，予以警告；超过 1000 千克的，每超 1000 千克罚款 500 元，最高不得超过 30000 元。

有前款所列多项违法行为的，相应违法行为的罚款数额应当累计，但累计罚款数额最高不得超过 30000 元。

第四十四条 公路管理机构在违法超限运输案件处理完毕后 7 个工作日内，应当将与案件相关的下列信息通过车辆超限管理信息系统抄告车籍所在地道路运输管理机构：

（一）车辆的号牌号码、车型、车辆所属企业、道路运输证号信息；

（二）驾驶人的姓名、驾驶人从业资格证编号、驾驶人所属企业信息；

（三）货运源头单位、货物装载单信息；

（四）行政处罚决定书信息；

（五）与案件相关的其他资料信息。

第四十五条 公路管理机构在监督检查中发现违法超限运输车辆不符合《汽车、挂车及汽车列车外廓尺寸、轴荷及质量限值》（GB1589），或者与行驶证记载的登记内容不符的，应当予以记录，定期抄告车籍所在地的公安机关交通管理部门等单位。

第四十六条 对 1 年内违法超限运输超过 3 次的货运车辆和驾驶人，以及违法超限运输的货运车辆超过本单位货运车辆总数 10% 的道路运输企业，由道路运输管理机构依照《公路安全保护条例》第六十六条予以处理。

前款规定的违法超限运输记录累计计算周期，从初次领取《道路运输证》、道路运输从业人员从业资格证、道路运输经营许可证之日算起，可跨自然年度。

第四十七条 大件运输车辆有下列情形之一的，视为违法超限运输：

（一）未经许可擅自行驶公路的；

（二）车辆及装载物品的有关情况与《超限运

输车辆通行证》记载的内容不一致的；

（三）未按许可的时间、路线、速度行驶公路的；

（四）未按许可的护送方案采取护送措施的。

第四十八条 承运人隐瞒有关情况或者提供虚假材料申请公路超限运输许可的，除依法给予处理外，并在 1 年内不准申请公路超限运输许可。

第四十九条 违反本规定，指使、强令车辆驾驶人超限运输货物的，由道路运输管理机构责令改正，处 30000 元以下罚款。

第五十条 违法行为地或者车籍所在地公路管理机构可以依照相关法律行政法规的规定利用技术监控设备记录资料，对违法超限运输车辆依法给予处罚，并提供适当方式，供社会公众查询违法超限运输记录。

第五十一条 公路管理机构、道路运输管理机构工作人员有玩忽职守、徇私舞弊、滥用职权的，依法给予行政处分；涉嫌犯罪的，移送司法机关依法查处。

第五十二条 对违法超限运输车辆行驶公路现象严重，造成公路桥梁垮塌等重大安全事故，或者公路受损严重、通行能力明显下降的，交通运输部、省级交通运输主管部门可以按照职责权限，在 1 年内停止审批该地区申报的地方性公路工程建设项目。

第五十三条 相关单位和个人拒绝、阻碍公路管理机构、道路运输管理机构工作人员依法执行职务，构成违反治安管理行为的，由公安机关依法给予治安管理处罚；构成犯罪的，依法追究刑事责任。

第五章 附 则

第五十四条 因军事和国防科研需要，载运保密物品的大件运输车辆确需行驶公路的，参照本规定执行；国家另有规定的，从其规定。

第五十五条 本规定自 2016 年 9 月 21 日起施行。原交通部发布的《超限运输车辆行驶公路管理规定》（交通部令 2000 年第 2 号）同时废止。

交通运输部关于进一步深化
交通运输法治政府部门建设的意见

各省、自治区、直辖市、新疆生产建设兵团交通运输厅（局、委），部属各单位，部内各司局：

为深入贯彻落实《法治政府建设实施纲要（2021-2025 年）》，服务和保障加快建设交通强国，结合行业实际，就进一步深化交通运输法治政府部门建设提出如下意见。

一、总体要求

（一）指导思想。

高举中国特色社会主义伟大旗帜，坚持以马克思列宁主义、毛泽东思想、邓小平理论、"三个代表"重要思想、科学发展观、习近平新时代中国特色社会主义思想为指导，全面贯彻党的十九大和十九届二中、三中、四中、五中、六中全会精神，全面贯彻习近平法治思想，增强"四个意识"、坚定"四个自信"、做到"两个维护"，坚持把法治建设放在交通运输改革发展大局中去谋划和推进，进一步深化实化交通运输法治政府部门建设，加快构建职责明确、依法行政的政府治理体系，促进形成

统一开放交通运输市场，为加快建设交通强国提供有力法治保障。

（二）主要原则。

坚持党的全面领导，确保法治政府部门建设的政治方向；坚持以人民为中心，建设人民满意交通；坚持问题导向，切实解决制约法治政府部门建设的突出问题；坚持法治引领，服务和保障加快建设交通强国；坚持统筹推进，把法治思维和法治方式贯穿到行业治理各方面全过程。

（三）总体目标。

到 2025 年，交通运输部门行政行为全面纳入法治轨道，职责明确、依法行政的政府治理体系日益健全，交通运输政府职能进一步转变，综合交通法规体系进一步健全，严格规范公正文明执法全面落实，依法行政能力切实提高，交通运输法治政府部门建设的短板、弱项得到明显改善，法治建设取得新突破。到 2035 年，基本建成职能科学、权责法定、执法严明、公开公正、智能高效、廉洁诚信、

人民满意的交通运输法治政府部门，促进建设现代化综合交通运输体系，满足基本建成交通强国的需要。

二、加快政府职能转变，推动更好发挥作用

（四）正确处理政府与市场、社会、企业的关系。充分发挥市场在资源配置中的决定性作用，更好发挥政府作用，推动有效市场和有为政府更好结合。强化制定实施发展战略、规划、政策、标准等职能，更加注重运用法律制度遏制不当干预微观经济活动的行为。优化部门组织结构，理顺职责关系，促进职能转变。推动行业社会组织依法自治、发挥作用，落实构建亲清新型政商关系要求。全面实行权责清单制度，按要求编制完成、调整完善各级交通运输部门权责清单。严格执行市场准入负面清单，普遍落实"非禁即入"。

（五）持续深入推进简政放权。编制公布交通运输领域中央层面设定的行政许可事项清单，逐项明确设定依据、实施机关、许可条件、办理程序、办理时限、申请材料、有效期限等要素。制定交通运输行政许可实施规范，提升行政许可标准化水平，基本实现同一事项在不同地区和层级同要素管理、同标准办理。清理整治变相许可，坚决防止以备案、登记、行政确认、征求意见等方式变相设置行政许可事项。在更大范围内推动照后减证，降低交通运输市场准入门槛，更进一步激发市场主体活力。实行交通运输所有涉企经营许可事项全覆盖清单管理，分类推进"证照分离"改革，建立简约高效、公正透明、宽进严管的行业准营规则，大幅提高交通运输市场主体办事的便利度和可预期性。推进交通运输领域证明事项实行告知承诺制。积极支持开展"一业一证"改革试点，探索实现"一证准营"、跨地互认通用，进一步降低制度性交易成本，降低企业和群众负担。

（六）加强和规范事中事后监管。实施加强和规范交通运输事中事后监管行动方案，聚焦监管重点、难点和薄弱环节，对旅客运输、危险品运输、工程建设质量安全、统一市场体系构建、交通运输新业态等重点领域重点事项实行重点监管，加强部门协同监管和审管衔接，实现从"严进宽管"向"宽进严管"转变，基本形成市场自律、政府监管、社会监督互为支撑的交通运输协同监管格局。完善监管规则，分领域梳理制定具体事项的监管规则并向社会公开，统一监管标准、规范操作规程、细化监

管措施、明确监管责任。推进实施"双随机、一公开"监管，动态调整完善双随机抽查事项清单，明确抽查频次，制定实施细则，形成抽查台账，及时将检查结果向社会公示。建立健全安全生产重大风险防控机制，注重源头预防和风险可视化、精准化、动态化管理，有效防范化解安全生产重大风险。加强新业态监管，加快实现全链条监管，重点查处网约车不合规经营等违法行为，推进交通运输新业态规范健康持续发展。健全部门联合随机抽查事项清单，将更多事项纳入跨部门联合抽查范围，切实避免多头多层重复检查，减轻企业负担。建立完善以"双随机、一公开"监管为基本手段、以重点监管为补充、以信息化监管为支撑、以信用监管为基础的交通运输新型监管体系。组织开展加快建设交通强国事中事后监管试点，着力破解交通运输事中事后监管和"双随机、一公开"监管难题，为全国提供可复制可推广的成功经验。

（七）持续优化法治化营商环境。紧紧围绕贯彻新发展理念、构建新发展格局，打造稳定公平透明、可预期的法治化营商环境，确保优化营商环境法律法规在交通运输领域得到有效落实。依托全国一体化政务服务平台等渠道，全面推行审批服务"马上办、网上办、就近办、一次办、自助办"。大力推进交通运输高频政务服务事项"跨省通办"，在更大范围内提升政务服务便捷度和企业群众获得感。健全常态化政企沟通机制，在制定修改法律法规、规章、行政规范性文件过程中充分听取企业和行业协会商会意见。进一步畅通交通运输市场主体对隐形壁垒的投诉渠道和处理回应机制，及时回应企业关切，对企业诉求"接诉即办"。依法平等保护各类市场主体合法权益，强化交通运输新业态等方面反垄断和公平竞争审查，防止滥用行政权力排除、限制竞争，推动形成统一开放、竞争有序、制度完备、治理完善的交通运输市场体系。支持北京、上海等营商环境试点创新城市对标国际先进，加强系统数据互联互通和数据共享，加快构建与国际通行规则相衔接的营商环境制度体系。

三、完善依法行政制度体系，加快推进政府治理规范化程序化法治化

（八）完善立法工作机制。加强党对交通运输立法工作的领导，确保党的路线方针政策和国家重大战略决策部署在交通运输立法中切实得到全面贯彻实施。健全立法规划计划编制制度，充分发挥

立法规划计划的统筹引领作用。深入推进科学立法、民主立法、依法立法，不断增强交通运输法规的前瞻性、及时性、系统性、针对性、有效性。坚持问题导向，瞄准行业需求，精简法规数量内容，突出条文严谨实用，实现立法与改革决策相衔接，着力提高立法精细化精准化水平。完善立法评估制度，立项前充分评估立法项目的必要性、可行性，立法后适时评估实施效果，注重评估结果的应用。建立健全立法风险防范机制，将风险评估贯穿立法全过程。加强与地方在立法草案起草过程中的沟通协调。不断拓宽公众参与立法渠道。加强立法项目的基础性、前瞻性、储备性研究。

（九）完善综合交通法规体系。立足新发展阶段，贯彻新发展理念，服务构建新发展格局，紧紧围绕交通运输发展中心工作，继续发挥好立法的引领和推动作用，以高质量立法保障和促进交通运输高质量发展。围绕加快建设交通强国目标，配合全国人大构建适应现代综合交通运输体系的交通法规体系，科学编制中长期交通运输立法工作计划并精心组织实施。"十四五"时期要协调推动公路法（修订）、收费公路管理条例（修订）、农村公路条例、铁路法（修订）、民用航空法（修订）、城市公共交通条例、道路运输条例（修订）、铁路交通事故应急救援和调查处理条例（修订）、无人驾驶航空器飞行管理暂行条例、民用航空器事故调查条例等法律法规颁布实施；积极推进交通运输法立法进程，完成起草并上报；加快海商法（修订）、港口法（修订）、船舶和海上设施检验条例（修订）、水上交通事故调查处理条例立法进程。加强水上人命搜寻救助条例等法规研究制定工作。到2035年，跨运输方式、铁路、公路、水路、民航、邮政等各领域"龙头法"和重点配套行政法规制修订工作基本完成，覆盖交通运输各领域的法规体系主骨架基本建立，形成系统完备、架构科学、布局合理、分工明确、相互衔接的综合交通法规体系。

（十）加强涉外交通运输法律交流合作。坚持"引进来""走出去"，加强与世界有关国家和国际组织的交流合作。研究完善交通运输国际条约的国内法转化机制，有效借鉴国外交通运输行业治理和法治建设经验。深度参与交通运输领域国际条约和国际规则制修订，推动加入交通运输领域相关国际公约，切实增强在国际交通运输法律事务中的影响力。加强交通运输法规域外适用研究，引进、培养和选用涉外交通运输法律人才，为行业发展提供高质量涉外法律保障。

（十一）加强行政规范性文件制定监督管理。依法依规制定行政规范性文件，严禁越权发文、严控发文数量、严格制发程序。全面落实行政规范性文件合法性审查制度和备案审查制度。加强对行政规范性文件制定和管理工作的指导监督。建立健全行政规范性文件制定协调机制和动态清理机制。

（十二）完善普法工作机制。把学习宣传习近平法治思想作为行业普法的首要政治任务，深入学习宣传习近平法治思想的重大意义、丰富内涵、精神实质和实践要求。深入学习宣传宪法、民法典、应知应会的国家基本法律、交通运输行业法律法规和党内法规。分阶段制定和实施行业法治宣传教育规划，健全普法责任清单制度，细化普法内容、措施标准和责任。加强新媒体新技术在普法中的运用，增强普法的针对性和实效性。落实"谁执法谁普法"普法责任制，强化行政执法人员、行政复议人员以案释法。加强交通运输行业法治文化阵地建设，推动法治文化与交通运输行业文化融合发展。

四、健全行政决策程序体系，不断提升行政决策公信力和执行力

（十三）强化民主决策、依法决策意识。各级交通运输部门负责人应当牢固树立民主决策、依法决策意识，充分听取各方面意见，保障人民群众通过多种途径和形式参与决策，严格遵循法定权限和法定程序作出决策，确保决策内容符合法律法规规定。交通运输部门主要负责人作出重大决策前，应当听取合法性审查机构的意见，注重听取法律顾问、公职律师或者有关专家的意见。

（十四）严格落实重大行政决策程序。严格执行《重大行政决策程序暂行条例》《交通运输部重大行政决策程序规定》，增强公众参与实效，提高专家论证质量，充分发挥风险评估功能，确保所有重大行政决策都严格履行合法性审查和集体讨论决定程序。推行重大行政决策事项年度目录公开制度。涉及社会公众切身利益的重要规划、重大公共政策和措施、重大公共建设项目等，应当通过举办听证会等形式加大公众参与度。深入开展风险评估。建立健全决策过程记录和材料归档制度。

（十五）加强行政决策执行和评估。完善行政决策执行机制，决策应当明确执行主体、执行期限、执行反馈等内容。建立健全重大行政决策跟踪反馈制度，推进决策后评估工作。重大行政决策一经作出，未经法定程序不得随意变更或者停止执行。严格落实重大行政决策终身责任追究制度和责任倒查机制。

五、完善行政执法体系，全面推进严格规范公正文明执法

（十六）深化交通运输综合行政执法改革。继续深化推进执法队伍和职责整合，全面完成省市县三级交通运输综合行政执法改革工作，加快形成权责统一、权威高效、监管有力、服务优质的交通运输综合行政执法体制。建立完善综合行政执法运行机制，理顺职责分工，避免监管职责缺位、越位、错位，切实形成监管合力。建立与公安、应急管理、市场监管等部门的执法协作配合机制，加强信息共享、联合执法、应急联动。加强跨区域执法协作，建立线索通报、案件移送、案件协办等工作制度。完善与司法机关的案件移送标准和移送程序，实现行政执法与刑事司法的有效衔接。

（十七）深入践行执法为民理念。巩固和深化交通运输执法领域突出问题专项整治行动成果，建立改进优化交通运输行政执法工作长效机制，切实维护交通运输从业人员和人民群众合法权益。建立突出问题查纠整改长效机制，综合采取投诉举报、明查暗访、调查研究等方式，定期梳理排查整改突出问题。落实执法为民理念，推广说理式执法，广泛运用说服教育、劝导示范、警示告诫、指导约谈等方式，把服务群众贯穿执法办案全过程，切实提升群众工作能力和水平。聚焦解决人民群众急难愁盼问题，制定为群众办实事解难题年度计划和项目清单，建立基层执法站所长接待日制度，定期接待群众来访，面对面解决实际困难问题。完善群众监督评价机制，开展常态化执法大走访、大调研，深入企业、工地、站场、社区，与企业、群众互访交流，了解实际诉求，宣传法规政策，收集改进执法工作的意见和建议。

（十八）加强执法队伍建设。落实"推进法治专门队伍革命化、正规化、专业化、职业化"要求，做到忠于党、忠于国家、忠于人民、忠于法律。实施交通运输行政执法队伍素质能力提升行动方案，加快建设一支政治坚定、素质过硬、纪律严明、作风优良、廉洁高效的交通运输综合行政执法队伍。把思想政治建设摆在首位，深入开展社会主义核心价值观和社会主义法治理念教育。严格落实《交通运输行政执法人员职业道德规范》《交通运输行政执法禁令》《交通运输行政执法风纪规范》，严守执法纪律、严肃执法风纪，着力锤炼过硬执法作风。加强执法队伍专业化职业化建设，在完成政治理论教育和党性教育学时的基础上，确保每名执法人员每年接受不少于60学时的业务知识和法律法规培训。深入推进以"基层执法队伍职业化、基层执法站所标准化、基础管理制度规范化、基层执法工作信息化"为内容的"四基四化"建设，加快制定"四基四化"建设相关标准、制度，持续优化基层执法队伍结构，夯实基层基础基本功，切实发挥好基层执法作为行业管理"最后一公里"的重要作用。

（十九）确保严格规范公正文明执法。坚持过罚相当，确保行政处罚与违法行为的事实、性质、情节以及社会危害程度相当。杜绝过度执法，减少行政执法对市场主体正常经营活动的影响。依法加大对严重危害人民生命安全和健康的违法行为的执法力度。推行轻微违法行为依法免予处罚清单。坚持处罚与教育相结合，推广说理式执法，及时纠正违法行为并对当事人加强教育，杜绝以罚代管、一罚了之。严格落实《中华人民共和国行政处罚法》《交通运输行政执法程序规定》和行政执法三项制度，结合实际制定、修改相关配套制度，更新行政处罚文书。全面落实行政裁量权基准制度，各省级交通运输部门结合地方实际和综合执法事项目录细化、量化本地区行政执法行为的裁量范围、种类、幅度等并对外公布。

六、健全矛盾纠纷化解机制，依法依规妥善解决群众合理诉求

（二十）依法扎实做好信访工作。坚持和发展新时代"枫桥经验"，深入细致做好信访矛盾纠纷排查化解工作，注重从源头解决信访问题。加强宣传教育，引导群众正确履行权利和义务，以理性合法形式表达利益诉求。引导涉法涉诉信访问题纳入法治轨道解决，维护良好信访秩序。

（二十一）切实保障从业人员合法权益。深入贯彻落实党中央、国务院决策部署，切实维护依托互联网平台从业的网约车司机、货车司机、快递员的合法权益。充分发挥交通运输新业态协同监管部际联席会议等工作机制作用，持续提升监管能力，妥善解决从业人员合理诉求，营造良好从业环境。加快推进道路运输行业转型升级，规范市场竞争秩序，加大对司机群体关爱力度，研究推进保障司机合法权益的政策措施，持续推进司机之家建设，改善司机停宿环境。

（二十二）发挥行政复议化解行政争议主渠道作用。加强和改进行政复议工作，全面推进行政复议规范化、专业化、信息化建设，不断提高办案质量和效率。落实行政复议体制改革要求，依据上位法修订《交通运输行政复议规定》。建立行政复议决定书及行政复议意见书、建议书执行监督机制，实现个案监督与倒逼依法行政的有机结合。全面落实行政复议决定书网上公开制度。

（二十三）加强和规范行政应诉工作。高度重视行政应诉工作，健全完善行政应诉工作规则，依法履行出庭应诉职责，认真执行行政机关负责人出庭应诉制度，切实履行生效裁判。支持配合检察院开展行政诉讼监督和行政公益诉讼，积极主动履行职责或纠正违法行为。

（二十四）依法预防处置重大突发事件。提高突发事件依法处置能力，依法妥善处置突发事件中出现的矛盾纠纷。增强风险防范意识，强化突发事件依法分级分类施策，增强应急处置的针对性实效性。健全完善交通运输领域突发事件应急预案体系，定期开展应急演练，完善公共舆情应对机制。

七、完善行政权力制约和监督机制，促进行政权力规范透明运行

（二十五）全面推进政务公开。全面主动落实政务公开。坚持以公开为常态、不公开为例外，用政府更加公开透明赢得人民群众更多理解、信任和支持。大力推进决策、执行、管理、服务和结果公开，做到法定主动公开内容全部公开到位。加强公开制度化、标准化、信息化建设，提高政务公开能力和水平。全面提升政府信息公开申请办理工作质量，依法保障人民群众合理信息需求。鼓励开展网络问政等主题活动，增进与公众的互动交流。加快构建公共交通企事业单位信息公开制度。

（二十六）形成监督合力。突出党内监督主导地位，自觉接受人大监督、民主监督、行政监督、司法监督、群众监督、舆论监督等监督。坚持严管和厚爱结合、激励和约束并重，建立健全担当作为的激励和保护机制，充分支持从实际出发担当作为、干事创业。

（二十七）加强对行政执法制约和监督。全面落实行政执法责任，严格按照权责事项清单分解执法职权、确定执法责任。加强和完善行政执法案卷管理和评查、处理投诉举报、行政执法考核评议等制度建设。围绕交通运输中心工作部署开展行政执法监督专项行动，建立实施行政执法监督员制度。落实行政执法责任追究制度，加大对执法不作为、乱作为、选择性执法、逐利执法等的追责力度。严禁下达或者变相下达罚没指标，严禁将罚没收入同作出行政处罚的行政机关及其工作人员的考核、考评直接或者变相挂钩。

（二十八）畅通投诉处理渠道。充分运用"12328"交通运输服务监督电话，更好发挥其发现查找问题、排查矛盾纠纷、化解问题隐患、掌握行业动态的作用。优化投诉举报处理流程，切实做好工单办理，及时反馈办理结果，有效化解矛盾纠纷，坚决避免矛盾积累，不断提升交通运输服务监督水平。

八、健全法治政府部门建设科技保障，推进建设数字法治政府部门

（二十九）加快政务信息系统整合和数据共享。加快推进政务服务向移动端延伸，实现更多政务服务事项"掌上办"。加大公路水路业务管理系统、综合行政执法信息管理系统、政务服务"好差评"系统、治超联网管理信息系统、信用交通等信息系统建设力度。加强政务信息系统优化整合，推动政务数据有序共享。在实现现行有效交通运输法规统一公开查询的基础上，2022年底前实现现行有效部门行政规范性文件统一公开查询。

（三十）深入推进"互联网＋监管"。充分利用互联网、大数据、云计算等新技术，推动对运输企业、车辆、船舶及各类经营行为进行精准监管。加强智能化执法终端配备运用，深入推进非现场执法，强化大数据关联分析，推动实现监管对象的自动查验和在线监管。推动部省联动开展"互联网＋监管"系统建设和对接。围绕重点监管需求，形成若干"互联网＋监管"风险预警大数据模型。

九、加强党的领导，完善法治政府部门建设推进机制

（三十一）加强党对法治政府部门建设的领导。坚持在党组（党委）的统一领导下，谋划和落实好法治政府部门建设各项任务。各级交通运输部门要深入学习领会习近平法治思想，将其作为理论学习中心组重要学习内容，贯彻落实到法治政府部门建设全过程和各方面。各级交通运输部门主要负责人要切实履行推进法治建设第一责任人职责，把法治政府部门建设作为重要工作部署推进、抓实抓好，按要求列入年终述职内容。

（三十二）强化法治政府部门建设推进统筹。坚持统筹推进法治工作与交通运输中心工作，把法治要求贯穿到交通运输规划、建设、管理、运营服务和安全生产等各领域。加强法治政府部门建设考核评价工作，健全完善考评指标体系和考评办法，强化指标引领，加强督办督查，强化考评结果运用。探索开展法治政府部门建设示范创建活动，以创建促提升、以示范带发展。严格执行法治政府部门建设年度报告制度，按时向社会公开。加强资金保障，将法治政府部门建设所需各项经费纳入部门财政预算统筹安排。

（三十三）全面提升法治意识和法治能力。落实国家工作人员宪法宣誓制度，各级交通运输部门负责人带头遵守执行宪法法律，建立行政机关工作人员应知应会法律法规清单。坚持把民法典作为行政决策、行政管理、行政监督的重要标尺，不得违背法律法规随意作出减损公民、法人和其他组织合法权益或增加其义务的决定。加强法律顾问和公职律师队伍建设，积极发挥职能作用，完善公职律师使用管理机制。交通运输部按照培训计划举办领导干部法治专题培训班，市县交通运输执法机构负责人任期内至少接受一次法治专题脱产培训。把法治教育纳入各级交通运输部门工作人员入职培训、晋职培训的必训内容。

（三十四）加强理论研究和宣传报道。加强交通运输法治政府部门建设理论研究，强化学理支撑。推动有关高等院校和科研机构成立交通运输法治政府部门建设高端智库和研究教育基地。建立交通运输法治政府部门建设评估专家库，提升评估专业化水平。加大建设成就经验宣传力度，讲好交通运输法治政府部门建设故事。

国家铁路局、中国民用航空局、国家邮政局参照本意见，对各自法治政府建设相关工作做好部署安排。

交通运输部

2021 年 11 月 22 日

（此件公开发布）

江西省第十三届人民代表大会常务委员会
公 告
第 116 号

《江西省水路交通条例》已由江西省第十三届人民代表大会常务委员会第三十四次会议于 2021 年 11 月 19 日通过，现予公布，自 2022 年 3 月 1 日起施行。

江西省人民代表大会常务委员会

2021 年 11 月 19 日

江西省水路交通条例

（2021 年 11 月 19 日江西省第十三届人民代表大会常务委员会第三十四次会议通过）

目 录

第一章 总 则

第一条 为了有效保护和合理利用水运资源，维护水路交通秩序，保障水路交通安全畅通，促进水路交通事业发展，根据《中华人民共和国航道法》《中华人民共和国港口法》《中华人民共和国内河交通安全管理条例》等法律、行政法规，结合本省实际，制定本条例。

第二条 本省行政区域内航道和港口的规划、建设、养护、保护，港口和水路运输经营，水上交通安全及其监督管理，适用本条例。

本省行政区域内长江干线航道的规划、建设、养护、保护和管理，长江干线的交通安全管理，渔业港口、军事港口的建设和管理，军事船舶、体育船舶、渔业船舶的监督管理依照有关法律、行政法规的规定执行。

第三条 水路交通发展应当遵循科学规划、合理利用、安全畅通、绿色生态、智慧高效的原则。

第四条 县级以上人民政府应当加强对水路交通工作的领导，将水路交通事业纳入国民经济和社会发展规划，加强水路交通基础设施建设和信息化建设，保障水路交通安全，发挥水路交通绿色低碳优势，促进水路交通事业高质量发展。

县级以上人民政府应当建立制定水路交通发展规划等行政决策合法性审查机制。上级人民政府应当加强对下级人民政府制定的水路交通发展规划等行政决策的监督和指导，提高行政决策的公信力和执行力。

第五条 省人民政府交通运输主管部门主管全省水路交通管理工作，其所属的港航事务性机构具体承担权限内航道的规划研究、设施维护和通航保障等事务性管理工作，并按照权限承担和指导全省港口、水路运输、水上搜救等事务性工作；其所属的交通运输综合执法机构具体承担权限内水路交通运输行政执法工作。

设区的市、县级人民政府交通运输主管部门主管本行政区域权限内水路交通管理工作，其所属的交通运输综合执法机构具体承担本行政区域权限内水路交通运输行政执法工作。

县级以上人民政府交通运输综合执法机构应当提高执法人员综合素质和执法能力，规范执法行为，严格执行行政执法公示制度、执法全过程记录制度、重大执法决定法制审核制度，全面落实执法责任制。

县级以上人民政府其他有关部门和乡镇人民政府应当按照各自职责，依法做好水路交通管理相关工作。

第二章 规划与建设

第六条 县级以上人民政府交通运输主管部门应当会同有关部门，将航道、港口、水路运输发展和水路交通安全管理等内容，统筹纳入本行政区域综合交通运输体系发展规划。

第七条 省航道规划由省人民政府交通运输主管部门会同同级发展改革、水行政等部门依法编制。

主要港口的总体规划由港口所在地设区的市以上人民政府交通运输主管部门依法编制；主要港口以外港口的总体规划，由港口所在地设区的市、县级人民政府交通运输主管部门依法编制。

任何单位和个人不得违反航道、港口规划建设航道、港口设施和其他设施。

第八条 依法纳入国土空间规划的航道、港口建设用地，应当依照土地管理和城乡规划等有关法律、法规办理有关审批手续，并按照规划的用途使用。任何单位和个人不得非法侵占、挪作他用。

第九条 航道和港口公用基础设施是公益性基础设施，其建设、养护坚持政府投入为主，鼓励多种方式筹集建设、养护资金。

有关县级以上人民政府应当根据经济社会发展水平和财力状况，以及航道和港口公用基础设施建设、养护的需要，在本级财政预算中合理安排航道和港口公用基础设施建设、养护资金。

县级以上人民政府应当加强对航道和港口公用基础设施、水利工程、市政工程、环保设施等建设计划和项目的协调，具备联合建设条件的，应当统筹利用建设资金，兼顾航道、港口、水利、市政、渔业、文化和旅游等功能，提高投资的综合效益。

第十条 县级以上人民政府应当按照深水深用、节约使用和集约利用的原则，保护和合理开发利用港口岸线资源。港口岸线资源应当优先用于公用码头建设。

第十一条 在港口总体规划区内建设港口设施需要使用港口岸线的，应当在报送项目申请报告或者可行性研究报告前按照项目管理权限向有关人民政府交通运输主管部门提出书面申请，说明港口岸线的使用期限、范围、功能等事项，并按照下列规定报经批准：

（一）申请使用港口深水岸线的，由设区的市人民政府交通运输主管部门受理，经省人民政府交通运输主管部门审查并征求省发展改革部门意见后，报国家有关部门审批；

（二）申请使用五级以上内河航道内港口非深水岸线的，由设区的市人民政府交通运输主管部门受理，报省人民政府交通运输主管部门审批，省人民政府交通运输主管部门在审批前应当征求省发展改革部门意见；

（三）申请使用六级以下内河航道内港口非深水岸线的，由设区的市人民政府交通运输主管部门征求同级发展改革部门意见后进行审批。

临时使用港口岸线的期限不超过一年；期满需要续期使用的，可申请续期一次且期限不超过一年。因国家和省重大工程建设项目需要临时使用港口岸线的，可以根据工程立项批复的工期确定使用期限。

第十二条　港口岸线使用人应当自取得港口岸线使用批准文件之日起二年内开工建设，需要延期的应当在有效期届满六十日前申请延期，可以申请延期一次且期限不超过二年。逾期未开工建设的，港口岸线使用批准文件自动失效。

临时使用港口岸线，不得建设永久性设施；建设的非永久性设施，港口岸线使用人应当自使用期满后三个月内自行拆除，恢复岸线原貌。港口岸线使用人不得利用临时使用的港口岸线从事港口经营活动。

第十三条　长江干线航道以外的其他内河高等级航道由省、设区的市人民政府共同负责组织建设，其他等级航道由沿线设区的市、县级人民政府负责组织建设。航道中新建航运（电）枢纽工程库区的建设、运行及其管理由设区的市、县级人民政府负责。

第三章　养护与保护

第十四条　省人民政府交通运输主管部门所属的港航事务性机构应当根据航道养护工作的需要，按照航道里程、等级、维护类别、维护标准、通航能力合理配备航道养护人员、装备、设施。

第十五条　省人民政府交通运输主管部门应当组织制定航道应急预案，组建航道应急专业队伍，配备应急装备和应急物资，建立和完善航道应急保障体系。

第十六条　省人民政府应当组织发展改革、应急管理、农业农村、水行政、交通运输、林业等部门建立高等级航道船闸通航调度机制，并确定牵头部门负责统筹协调、统一调度，保障上下游航道通航水位衔接，符合国家规定的通航标准和技术要求。

航道上相邻拦河闸坝之间的通航水位应当与航道规划建设的航道等级标准和水工程度汛方案相互衔接。闸坝管理单位应当按照闸坝设计方案运行，优先满足城乡居民生活用水，统筹保障防汛抗旱、生态及生产用水以及航道通航等需要。

计划大幅度减流或者大流量泄水的，闸坝管理单位应当提前至少二十四小时通报所在地设区的市人民政府交通运输主管部门；应急情况下，应当在作出决定时立即通报所在地设区的市人民政府交通运输主管部门。

第十七条　在通航河流上建设永久性拦河闸坝，建设单位应当按照航道发展规划技术等级建设通航建筑物。通航建筑物的运行应当适应船舶通行需要，运行方案应当经省人民政府交通运输主管部门审查同意并公布，运行单位不得擅自变更。

通航河流上具有发电功能枢纽的建设单位，应当按照规定维护保养通航建筑物，保持其正常运行。

第十八条　禁止下列危害航道通航安全的行为：

（一）在航道内设置渔具或者水产养殖设施的；

（二）在航道内擅自设置拦河设施的；

（三）在航道和航道保护范围内倾倒砂石、泥土、垃圾以及其他废弃物的；

（四）在航标周围二十米范围内设置非交通、水利标志标牌的；

（五）在通航建筑物及其引航道和船舶调度区内从事货物装卸、水上加油（气）、船舶维修、捕鱼等，影响通航建筑物正常运行的；

（六）在引航道内设置码头、装卸设施、加油（气）站和履行公共管理事务以外的趸船的；

（七）危害航道设施安全的；

（八）其他危害航道通航安全的行为。

第十九条　港口经营人应当按照科学管理、合理使用、定期检测、适时维修的原则和国家有关标准，加强对港口设施的检查、检测、评估和维修，保持港口设施处于良好技术状态，提高港口设施的安全性、适用性和耐久性。

第二十条 不得在港口进行可能危及港口安全的采掘、爆破等活动；因工程建设等确需进行的，应当经有管辖权的县级以上人民政府交通运输主管部门批准。

经批准在港口进行采掘、爆破等活动，应当具有完备的施工组织方案和采取相应安全保障措施。

第二十一条 沿航道设置砂场以及砂石装卸点的经营人应当按照法律、法规的规定和国家有关标准，建设和配置安全生产和环保设施、设备，建立健全安全生产和污染防治管理制度，保障安全生产和保护生态环境。

经营人在规划港区内设置砂场以及砂石装卸点，应当符合所在地港口总体规划，并按照港口工程技术标准设计、建设，所在地设区的市、县级人民政府交通运输主管部门应当按港口经营管理规定进行管理。

经营人在规划港区外沿航道设置的砂场以及砂石装卸点，由批准设立该砂场以及砂石装卸点的行政管理部门对其日常经营活动进行监管，督促经营人落实安全生产和污染防治主体责任，并督促经营人自采砂期满后三个月内自行拆除临时设施设备，恢复岸线原貌。

第二十二条 港口所在地设区的市、县级人民政府应当组织交通运输、环境卫生、生态环境、住房和城乡建设等部门，建立健全船舶污染物接收、转运和处置监管工作机制，推动船舶污染物收集、接收设施建设，并将船舶污染物处置纳入相应的公共转运、处置系统，保障船舶污染物的正常接收、转运和处置。

船舶污染物接收、转运单位应当加强对船舶污染物接收、转运设施的日常管理和维护，保证其处于正常使用的状态，并按照规定处理船舶污染物。

第四章　港口与水路运输经营

第二十三条 从事港口经营、水路运输经营活动，应当依法取得经营许可，在核准的许可事项范围内依法经营。水路运输经营者的营运船舶应当依法取得与其经营范围相适应的船舶营业运输证。

第二十四条 港口经营人应当公开岸电设施主要技术参数、收费标准等信息。

船舶在靠泊前，应当向港口经营人提供船舶受电设施的配备情况以及主要技术参数等信息。

具备岸电使用条件的船舶靠港应当按照国家有关规定使用岸电，但使用清洁能源的除外。

第二十五条 船舶不得超载运输。港口经营人不得装载超过最大营运总质量的集装箱，不得超出船舶和车辆载货定额装载货物。

第二十六条 港口经营人应当在有较大危险因素的作业场所和有关设施、设备上设置明显的安全警示标志；危险货物港口经营人还应当在其作业场所设置通信、报警装置，并保证其处于适用状态。

第二十七条 危险货物港口经营人应当按照设区的市人民政府交通运输主管部门核定的范围和作业方式从事危险货物港口作业。

危险货物港口经营人应当按照国家有关规定委托有资质的安全评价机构，对本企业的安全生产条件每三年进行一次安全评价，提出安全评价报告，安全评价报告应当包括合理可行的安全对策措施等；对所经营港口的重大危险源进行安全评估，建立港口重大危险源档案，根据危险货物种类、数量、储存工艺或者相关设备、设施等实际情况，建立健全港口重大危险源安全监测监控体系。

危险货物港口经营人应当将安全评价报告报所在地有管辖权的人民政府交通运输主管部门备案，将港口重大危险源档案报所在地有管辖权的人民政府交通运输主管部门和相关部门备案。

第二十八条 从事水路散装危险化学品运输的经营人应当符合相关经营资质条件，遵守危险化学品运输相关规定，落实安全生产责任，按照国家有关船舶安全营运与防污染管理规则，建立安全管理体系，取得安全与防污染证书。

从事水路散装危险化学品运输的经营人应当强化安全风险管控，严格按照标准建设视频监控系统，并建立健全系统维护保养制度、监控值班值守管理制度，保证系统正常运行。

第二十九条 申请经营省内水路旅客运输业务的，应当经设区的市人民政府交通运输主管部门批准。

申请经营省内载客十二人以下的客运船舶运输的，按照国家有关申请经营省内客运船舶运输的条件执行。

第五章　水上交通安全

第三十条 县级以上人民政府应当将水上交通安全管理工作纳入社会公共安全治理体系，完善水上交通安全公共设施，建立健全水上交通安全管理责任制，督促有关部门加强监督管理，及时解决水上交通安全管理中的重大问题。

乡镇人民政府对本行政区域内的水上交通安全管理履行下列职责：

（一）建立健全行政村和船主的船舶安全责任制；

（二）落实渡口船舶、船员、旅客定额的安全管理责任制；

（三）落实船舶水上交通安全管理的专门人员；

（四）按照国家规定负责乡镇自用船舶的登记造册、标识船名等工作，督促船舶所有人、经营人和船员遵守有关水上交通安全的法律、法规和规章。

第三十一条　渡口所在地的县级人民政府应当保障渡口渡运的正常运转，统筹安排渡口渡船的维修、渡运保险、渡工保障等工作，建立健全渡口安全管理责任制，指定有关部门负责对渡口和渡运安全实施监督检查。

县级人民政府应当将设置、迁移、撤销渡口的情况及时向社会公告，对停渡一年以上或者已完成渡改桥的渡口应当予以撤销。

禁止以渡口渡运名义从事水上旅游活动。

第三十二条　渡口渡船所有人、经营人应当为渡船投保承运人责任保险或者取得相应的财务担保。

第三十三条　遇有恶劣天气和防汛需求、自然灾害、突发事件应急处置、水上水下作业和活动、演习、军事活动以及其他影响通航安全的情况，管辖水域所在地设区的市交通运输综合执法机构可以依法采取以下管制措施，实施水上交通管制，并按规定发布航行通告：

（一）划定水上交通管制区；

（二）封航，禁止锚（停）泊；

（三）单向通航；

（四）限制航行，限制通过船舶的时间、种类、尺度、航速；

（五）其他水上交通管制措施。

第三十四条　县级以上人民政府应当组织交通运输、农业农村、水行政、公安、生态环境等部门综合治理无船名船号、无船舶证书、无船籍港的船舶。

无人使用或者管理的船舶，造成安全障碍或者污染需要清除的，由县级以上人民政府组织交通

运输、农业农村、水行政、公安、生态环境等部门依法处置。

第三十五条　船舶经营人或者管理人应当使用按照有关规定配备自动识别系统等通信、导助航设备的船舶，提高船舶防碰撞能力，并按照船舶安全配员有关规定配备合格船员，加强船舶船员值班管理。船员在船上临水作业时应当规范穿着救生衣。

县级以上人民政府交通运输等主管部门应当加强水上交通安全的监督管理，采取有效措施，防范船舶碰撞事故的发生。

第三十六条　乡镇自用船舶的安全管理按照国家和省有关规定，实行县级人民政府负责，乡镇人民政府直接管理。

乡镇自用船舶不得占用航道停泊或者作业，作业期间不得妨碍其他船舶正常航行，横越航道时，应当主动避让其他船舶，防止碰撞。

县级人民政府应当组织交通运输、农业农村、应急管理、公安、生态环境等部门，依法查处乡镇自用船舶违法行为。

第三十七条　新建、改建、扩建桥梁竣工验收后，桥梁建设单位应当及时向所在地设区的市人民政府交通运输主管部门提供相关通航安全数据：

（一）桥梁名称、位置；

（二）通航桥孔、通航净空尺度；

（三）设计通航水位；

（四）通航桥孔梁底标高；

（五）防撞设施及防撞能力；

（六）导助航标志及设施。

省、设区的市人民政府交通运输主管部门按有关规定及时发布航道、航行通告。

第三十八条　限制性桥梁建设单位或者管理单位应当采取下列桥梁防撞措施：

（一）通航孔桥墩应当按设计标准设置防撞装置，并设置警示标志；

（二）配备桥区水域监控设备，并进行有效监控；

（三）配备应急设施设备，建立健全防碰撞应急预案，并定期组织应急演练；

（四）建立值班制度，发现异常情况时，应当及时处置；需启动应急预案的，应当立即按应急预案采取措施，并依法报告。

第三十九条　船舶通过桥区水域，应当按照

国家有关规定采取相应措施确保安全通过。船舶航经桥区水域时，驾驶人员应当掌握通航桥孔净空尺度等参数，从限定的通航桥孔通过。

　　船舶不得在桥区水域内从事国家有关规定禁止的航行、作业等活动。除应急救援等紧急情况或者航道疏浚、维护外，船舶不得在桥区水域内停泊；因紧急情况在桥区水域内停泊的，应当采取防撞等有效措施，并立即向所在地设区的市交通运输综合执法机构报告，尽快驶离桥区水域。

　　第四十条　在内河通航水域从事施工作业、体育竞赛、水上漂流、游乐活动以及其他可能影响通航安全的作业、活动的，建设单位、主办单位或者施工单位应当按规定设置交通安全警示标志，不得超越边界标志影响通航安全。

　　第四十一条　旅游区、库区以及城市园林等区域内水上旅游项目和游览设施设备，按照谁开发、谁负责的原则，落实安全生产主体责任。其经营人应当建立健全安全管理责任制以及各项规章制度，配备相应的操作、维修、管理人员以及现场安全管理人员，建立紧急救护制度，保证安全运营。

　　负责许可的部门应当加强水上旅游项目和游览设施设备的安全监督管理。法律、法规未明确规定安全监督管理部门的，旅游项目和游览设施设备所在地设区的市、县级人民政府应当按照业务相近的原则确定安全监督管理部门。

　　第四十二条　船舶、浮动设施、航空器及其人员在水上遇险，以及从事水上水下作业或者其他活动，造成或者可能造成人员伤亡等突发事件时，各级人民政府应当组织水上搜救工作。水上搜救工作实行统一领导、综合协调、分级负责、属地管理为主的体制，遵循人民至上、生命至上、防救结合、专群结合、统一指挥、就近快速的原则。

　　第四十三条　省人民政府应当建立政府有关部门和单位组成的水上搜救指挥机制，统一组织、协调、指挥全省水上搜救工作；设区的市、县级人民政府根据水域实际情况建立有关部门和单位组成的水上搜救指挥机制。相关人民政府应当加强与长江江西段水上搜救协作，建立联动机制。

　　省、设区的市、县级人民政府应当根据水域实际情况整合应急资源，加强水上搜救力量建设，组建专业或者兼职水上搜救队伍，配备水上搜救的设施、设备；鼓励生产经营单位、社会组织和其他社会力量建立水上搜救应急救援队伍，参与水上应急救援；对各类社会水上搜救力量给予必要的扶持。

　　第四十四条　船舶、浮动设施发生水上交通事故，其所有人或者经营人应当及时向所在地设区的市交通运输综合执法机构及其他负有安全监督管理职责的部门报告；可能造成水体污染的，还应当向所在地生态环境主管部门报告。

　　水上交通事故调查处理按照有关法律法规执行。

第六章　发展与保障

　　第四十五条　县级以上人民政府应当加大对水路交通事业的资金投入，协调解决水路交通设施规划建设、水路交通运营、水上交通安全、水上搜救等重大问题。

　　第四十六条　县级以上人民政府及其有关部门应当采取有效措施，调整运输结构，推动大宗货物及中长距离货物运输向水运有序转移，推进公水、铁水、水水等多式联运，提高全省水路货运量占比；促进港航企业转型升级，推进企业规模化、集约化、专业化发展，鼓励水运企业联合重组、做优做强。

　　第四十七条　县级以上人民政府及其交通运输等部门应当加强物联网、大数据、云计算、人工智能等信息技术的推广应用，发展水路智慧交通，提高航道网运行监测以及调度指挥和水路交通安全管理信息化水平，逐步实现高等级航道智能感知、船闸智能联合调度，提升航道、港口智能化服务水平。

　　鼓励发展航运交易、金融保险、物流信息等现代化、绿色航运服务业，支持区域性航运中心的发展。

　　第四十八条　省人民政府应当推进港口资源集约高效利用，促进港口布局、运营、管理、服务一体化发展。

　　鼓励省内港口与发达地区港口合作，进一步提升港口综合竞争力和服务水平。

　　第四十九条　设区的市以上人民政府交通运输主管部门应当会同自然资源、水行政等部门，在长江干线航道以外的其他内河高等级航道上统筹规划、合理设置公共锚地和水上服务区，拓展服务船舶功能。

　　水上服务区应当按照设计功能和规范要求，提供船舶加油、加气、加水、岸电、维修、污染物接收和船员休息、购物、通讯等服务。水上服务区应当加强日常管理，保证服务设施正常运行，保持服务区秩序良好和环境整洁。

第五十条　航道法实施前已建闸坝、桥梁和其他建筑物，造成断航、碍航和航道淤积，需要恢复通航且具备条件的，由所在地设区的市、县级人民政府发展改革部门会同本级人民政府交通运输、水行政部门提出恢复通航方案，报本级人民政府决定。有关单位需要补建过船设施，改建或者拆除碍航建筑物，清除航道淤积，恢复通航条件的，有关人民政府应当予以政策支持。

第五十一条　船闸运行单位应当采取有效措施，缩短过闸时间，提高过闸效率，为船舶提供安全、便捷的过闸服务。

船舶过闸应当按到闸先后次序安排，抢险救灾船舶、军事运输船舶、客运班轮、重点急运物资船舶、标准化船舶、安全诚信船舶、清洁能源或者新能源动力船舶等优先过闸。对装载危险货物的船舶，应当安排单独过闸。

第五十二条　县级以上人民政府应当制定促进本行政区域内船舶运力发展的相关政策，扶持本行政区域内水路运输企业的发展。

第五十三条　县级以上人民政府应当根据水路交通运输发展需要和国家有关规定，推进内河船型标准化，推广应用符合环保和节能要求的船舶。鼓励船舶建设和改造受电设施，在港口、锚地停泊期间优先使用岸电。

县级以上人民政府及其有关部门应当采取有效措施，推动船舶液化天然气加注站、港口岸电、船舶受电等清洁能源设施建设，促进航道、港口绿色发展。

新建、改建、扩建码头工程和水上服务区，应当同时规划、设计和建设岸电设施。已建成的码头和水上服务区应当逐步设置岸电设施。

第五十四条　发展水路交通应当统筹兼顾水生生物资源、水生态环境的保护，重点保护饮用水水源地、水生生物保护区和鸟类栖息地等重要、敏感生态功能区。

第七章　法律责任

第五十五条　各级人民政府、县级以上人民政府交通运输主管部门、交通运输综合执法机构和其他有关部门及其工作人员有下列行为之一的，对直接负责的主管人员和其他直接责任人员依法给予处分：

（一）无批准使用港口岸线权限非法批准使用港口岸线的，超越批准权限非法批准使用港口岸线的，或者违反法律、法规规定的程序非法批准使用港口岸线的；

（二）未依法履行水路交通安全监督管理职责，造成安全事故的；

（三）对水路交通安全事故隐瞒不报、谎报或者阻挠、干涉安全事故调查处理的；

（四）其他滥用职权、玩忽职守、徇私舞弊的行为。

第五十六条　违反本条例规定，临时使用港口岸线期满后三个月内未恢复岸线原貌的，责令其恢复岸线原貌；逾期未恢复的，申请人民法院强制执行。

违反本条例规定，港口岸线使用人利用临时使用的港口岸线从事港口经营活动的，责令停止违法经营，没收违法所得；违法所得十万元以上的，并处违法所得二倍以上五倍以下罚款；违法所得不足十万元的，处五万元以上二十万元以下罚款。

第五十七条　违反本条例规定，有下列危害航道通航安全行为之一的，责令改正，对单位处五千元以上五万元以下罚款，对个人处五百元以上二千元以下罚款；造成损失的，依法承担赔偿责任：

（一）在航道内擅自设置拦河设施的；

（二）在航标周围二十米范围内设置非交通、水利标志标牌的；

（三）在引航道内设置码头、装卸设施、加油（气）站和履行公共管理事务以外的趸船的。

第五十八条　违反本条例规定，港口经营人装载超过最大营运总质量的集装箱，或者超出船舶和车辆载货定额装载货物的，责令改正，并处一万元以上三万元以下罚款。

第五十九条　违反本条例规定，船员在船上临水作业时未规范穿着救生衣的，责令改正，可以处五百元以下罚款。

第六十条　本条例规定的行政处罚、行政强制，由省、设区的市、县级交通运输综合执法机构以本级人民政府交通运输主管部门的名义实施。

第六十一条　违反本条例规定的其他违法行为，有关法律、法规已有规定的，从其规定。

第八章　附　则

第六十二条　本条例下列用语的含义是：

（一）高等级航道，主要是指现有的和规划建设为可通航千吨级船舶的三级以上航道，个别地区的航道受条件限制为可通航五百吨级船舶的四级航道。

（二）乡镇自用船舶，是指用于农业生产、日常生活等用途的非营业性船舶。

（三）载客十二人以下的客运船舶，是指十二客位以下从事营业性运输的客运船舶，但不包括帆船、摩托艇等体育运动船艇以及电瓶船、脚踏船、手划船、排筏等非机动船。

（四）桥区水域，是指为保障桥梁上下水域通航安全，明确的桥梁轴线两侧各一定范围内的水域。其中，等级以上航道桥梁桥区水域为桥梁轴线上游四百米和下游二百米范围水域，等外航道桥梁桥区水域由桥梁所在地设区的市人民政府交通运输主管部门会同港航事务性机构、交通运输综合执法机构以及桥梁建设或者管理单位确定并公布。

第六十三条　县级以上人民政府根据本地实际情况确定的负责水路交通工作的部门，行使本条例规定的交通运输主管部门水路交通管理工作的职责。

第六十四条　本条例自 2022 年 3 月 1 日起施行。

江西省人民政府办公厅关于加快农村寄递物流体系建设的实施意见

各市、县（区）人民政府，省政府各部门：

农村寄递物流是农产品进城、消费品下乡的重要渠道之一，对满足农民生产生活需要、释放农村消费潜力、促进乡村振兴具有重要意义。为深入贯彻落实《国务院办公厅关于加快农村寄递物流体系建设的意见》（国办发〔2021〕29 号），加快我省农村寄递物流体系建设，经省政府同意，现提出如下实施意见。

一、总体要求

（一）指导思想。

以习近平新时代中国特色社会主义思想为指导，深入贯彻落实习近平总书记"七一"重要讲话和视察江西重要讲话精神，聚焦"作示范、勇争先"目标定位，坚持以人民为中心的发展思想，健全县、乡、村寄递物流体系，补齐农村寄递物流基础设施短板，推动农村产业发展，促进农村群众增收创业，更好满足农村生产生活和消费升级需求，持续提升人民群众的获得感，为打造乡村振兴江西样板、畅通国内大循环提供有力支撑。

（二）基本原则。

坚持以人民为中心、惠及民生。提升农村寄递物流服务能力，聚焦农产品进城和消费品下乡，推动农村寄递物流融合发展，促进农村消费升级。

坚持市场主导、政府引导。有效市场和有为政府紧密结合，以市场化方式为主，主动打通政策堵点，发挥寄递物流体系优势，进一步畅通农村生产、消费循环。

坚持资源共享、协同推进。支持邮政、快递、物流等企业共建共享基础设施和配送渠道，与现代农业、电子商务等深度融合，打造一批协同发展示范项目，引领带动农村地区寄递物流水平提升。

（三）工作目标。

到 2022 年底，我省基本实现快递服务覆盖建制村。到 2025 年底，我省基本形成开放惠民、集约共享、安全高效、双向畅通的农村寄递物流体系，实现乡乡有网点、村村有服务，农产品运得出、消费品进得去，农村寄递物流供给能力和服务质量显著提高，便民惠民寄递服务基本实现全覆盖。

二、重点任务

（一）加强寄递物流体系建设。

1. 加快推进"快递进村"工程。引导企业通过驻村设点、企业合作等方式，提高"快递进村"服务水平。对脱贫县和寄递物流短板较突出的农村地区，要发挥好政府的推动作用，引导、鼓励企业利用邮政和交通基础设施网络优势，整合利用现有村级党群服务中心、邮政与快递、交通、商贸流通、供销等资源，多方合作建设村级寄递物流综合服务站。鼓励快递企业加大对农村寄递物流网络投入，规范管理农村寄递物流网点，依法维护农村寄递物流从业人员权益，保障网点稳定运行。（省邮政管理局牵头，省发展改革委、省财政厅、省人力资源社会保障厅、省交通运输厅、省商务厅、省农业农村厅、省供销社联合社、中国邮政江西省分公司等相关单位及各市、县〔区〕政府按职责分工负责）

2. 强化邮政体系基础作用。在保证邮政普遍服务和特殊服务质量的前提下，加强农村邮政基础设施和服务网络共享，发挥邮政网络节点的重要作用。创新乡镇邮政网点运营模式，承接代收代办代缴等各类农村公共服务，实现"一点多能"，提升农村邮政基本公共服务能力。发挥邮政网络在边远地区的基础支撑作用，鼓励邮政快递企业整合末端投递资源，满足边远地区群众基本寄递需求。支持邮政企业公平参与农村寄递服务市场竞争，以市场化方式为农村电商提供寄递、仓储、金融一体化服务。（省邮政管理局牵头，省发展改革委、省财政厅、省商务厅、省乡村振兴局、中国邮政江西省分公司等相关单位及各市、县〔区〕政府按职责分工负责）

3. 集约建设公共基础设施。推动农村寄递物流体系共建共享，引导县级物流园区（配送中心）标准化建设，推广共同配送等新模式，加快健全县乡村三级物流配送体系。各地要鼓励企业资源集约利用，依托县域邮件快件处理场地、客运站、货运站、电商仓储场地、供销合作社仓储物流设施等建设县级寄递公共配送中心，实行统一仓储、集中分拣、共同配送。全面开展"互联网＋第四方物流"供销集配体系建设，实现寄递物流和供销两个网络的资源互补及最大化利用。加强与农村商业网点合作，鼓励支持村级便民商店开展快递代收代发业务。鼓励有条件的县、乡、村布设智能快件（信包）箱，加快农村投递邮路汽车化改造。（省发展改革委、省交通运输厅、省农业农村厅、省商务厅、省邮政管理局、省乡村振兴局、省供销社联合社、中国邮政江西省分公司等相关单位及各市、县〔区〕政府按职责分工负责）

4. 推动关联产业协同发展。强化农村寄递物流与农村电商、交通运输等融合发展。鼓励各地深入推进"四好农村路"建设和城乡交通运输一体化建设，完善农村客运班车代运邮件快件合作机制，宣传推广农村物流服务品牌。推进不同主体之间标准互认和服务互补，在设施建设、运营维护、安全责任等方面实现有效衔接，探索相应的投资方式、

服务规范和收益分配机制。鼓励企业之间通过数据共享、信息互联互通，提升农村寄递物流体系信息化服务能力。（省交通运输厅、省商务厅、省邮政管理局、中国邮政江西省分公司等相关单位及各市、县〔区〕政府按职责分工负责）

（二）完善农产品上行发展机制。

1. 打造农村电商快递协同发展示范区。支持家庭农场、农民合作社、农业产业化龙头企业对接寄递物流企业，推动运输集约化、设备标准化和流程信息化，推动"互联网＋"农产品出村进城。鼓励涉农主体联合寄递物流企业开发针对农村电商的定制化寄递物流服务产品，提升寄递物流对农村电商的定制化服务能力，2022年6月底前建设5个农村电商快递协同发展示范区。（省农业农村厅、省商务厅、省邮政管理局、省供销社联合社、中国邮政江西省分公司等相关单位及各市、县〔区〕政府按职责分工负责）

2. 实施"一地一品"示范工程。鼓励快递企业参与农产品品牌创建，助推"农字号"特色小镇建设，促进形成"一乡一业、一村一品"的发展格局。扩大农村电商覆盖面，实施"数商兴农"，完善农村寄递物流体系，推动"互联网＋"农产品出村进城。加强农商互联，推广"农产品＋大同城寄递"业务模式，开展农超、农社、农企、农校等产销直接对接，就近销售寄递本地农产品。发挥农村邮政快递网络辐射带动作用，2022年6月底前建设15个快递服务现代农业示范项目，重点支持脱贫地区乡村特色产业发展壮大，助力当地农产品外销，巩固脱贫攻坚成果。（省农业农村厅、省商务厅、省邮政管理局牵头，省乡村振兴局、省供销社联合社、中国邮政江西省分公司等相关单位及各市、县〔区〕政府按职责分工负责）

3. 加快发展冷链寄递物流。鼓励邮政快递企业、供销合作社和其他社会资本在农产品田头市场合作建设预冷保鲜、低温分拣、冷藏仓储等设施，缩短流通时间，减少产品损耗，提升农产品流通效率和效益。引导支持邮政快递企业参与全省城乡冷链物流骨干网建设，依托快递物流园区建设冷链仓储设施，增加冷链运输车辆，提升末端冷链配送能力，逐步建立覆盖生产流通各环节的冷链寄递物流体系。支持行业协会推广应用电商快递冷链服务标准规范，提升冷链寄递安全监管水平。邮政快递企业参与冷链物流基地建设，可按规定享受相关支持

政策。（省发展改革委、省财政厅、省交通运输厅、省农业农村厅、省商务厅、省乡村振兴局、省邮政管理局、省供销社联合社、中国邮政江西省分公司等相关单位及各市、县〔区〕政府按职责分工负责）

（三）保障农村地区寄递渠道畅通稳定。

1. 优化农村寄递物流监管环境。持续深化"放管服"改革，鼓励发展农村快递末端服务。鼓励电商企业、寄递物流企业和社会资本参与村级寄递物流综合服务站建设，吸纳农村劳动力就业创业。支持有条件的地区健全县级邮政快递监管工作机制和电商、快递协会组织，加强行业监管和自律。推行"审慎包容"监管，农村地区寄递物流经营主体初次违反行业管理相关规定且危害后果轻微并及时改正的，可以不予行政处罚。（省邮政管理局及各市、县〔区〕政府按职责分工负责）

2. 规范农村寄递市场经营秩序。引导电商企业商品销售费用与快递服务费用分离，由农村用户按需自主选择商品承运快递服务品牌。鼓励快递品牌持有企业根据成本合理制定网点利益分配制度，依法维护农村快递经营者合法权益。完善消费者消费申诉机制，依法维护农村快递消费者的合法权益，查处未按约定地址投递、违规收费等行为。各级邮政企业要严格执行邮政普遍服务有关标准，在农村地区提供服务。（省邮政管理局、中国邮政江西省分公司等相关单位及各市、县〔区〕政府按职责分工负责）

3. 强化农村寄递物流安全管控。农村寄递网络点多线长面广，邮政管理部门要落实行业监管责任，地方政府要强化属地管理责任，相关部门要加强联合监管，督促寄递物流企业严格落实企业安全主体责任，严格遵守收寄验视、实名收寄、过机安检等安全规定。加强对村级快递从业人员安全教育培训，严防不法分子利用寄递渠道实施违法犯罪行为，严防发生重大寄递安全事件。（省邮政管理局及各市、县〔区〕政府按职责分工负责）

三、保障措施

（一）强化组织落实。各地、各相关部门和单位要强化责任意识，充分认识加快农村寄递物流体系建设的重要意义，加强协调配合，按照本意见提出的要求，结合实际研究制定配套措施，及时部署落实。各地要将农村寄递物流体系建设纳入公共基础设施建设范畴，落实财政支出责任，支持村级寄递物流综合服务站建设，认真抓好任务落实。各相关部门要建立工作协调机制，研究出台相应支持政策，及时总结推广典型经验做法。省邮政管理局要加强工作指导和督促检查，重大情况及时报告省政府。（各相关单位及各市、县〔区〕政府按职责分工负责）

（二）做好用地保障。县级以上人民政府要将快递业发展纳入本级国民经济和社会发展规划，并与国土空间、综合交通运输体系规划相衔接，统筹考虑农村寄递物流基础设施用地需求。对农村寄递物流建设项目符合法定划拨范围的，可以划拨供地；对符合现代物流业发展规划的物流园区、物流配送中心、电商园区等快递企业的仓储物流项目用地，以及为生产配套的快递仓储物流用地，可按规定享受工业用地政策。（省发展改革委、省自然资源厅、省商务厅、省邮政管理局等相关单位及各市、县〔区〕政府按职责分工负责）

（三）统筹各项资金政策。充分利用现有政策和资金，支持农村寄递物流基础设施改造提升。"十四五"期间，统筹整合现有省级商务和供销发展专项资金，开展县乡物流集配体系建设。各地要统筹资金支持农村寄递物流体系末端设施建设、设备购置、运营保障，推动寄递物流企业参与农产品及其深加工产品规模化在线销售等。受益财政可按照项目规模，综合考虑带动就业、促进农业产业化等综合效益，对寄递物流企业给予奖励。（省商务厅、省供销社联合社、省农业农村厅、省邮政管理局、省财政厅等相关单位及各市、县〔区〕政府按职责分工负责）

2021 年 11 月 19 日

（此件主动公开）

江西省人民政府办公厅关于
深化高速公路、水运项目投融资改革的若干意见

各市、县（区）人民政府，省政府各部门：

为加快推进交通强省建设，充分发挥交通运输支撑和引领作用，助推我省经济社会高质量跨越式发展，经省政府同意，现就深化全省高速公路和水运项目投融资改革提出如下意见。

一、总体要求

以习近平新时代中国特色社会主义思想为指导，深入贯彻习近平总书记视察江西重要讲话精神，以交通强省建设为统领，坚持政府主导和社会参与、依法依规和改革创新、盘活存量和用好增量、适度超前和量力而行相结合的原则，建立完善财务可行、资金可融、风险可控的可持续发展机制，着力构建分类分级、权责清晰、主体多元、渠道多样的交通投融资新格局。

二、主要举措

（一）强化规划引领。

1. 统筹规划编制。编制《江西省综合立体交通网规划》和《江西省"十四五"综合交通运输体系发展规划》（以下称交通五年规划），加强与国土空间规划的有效衔接，优先建设"十纵十横"高速公路网、"两横一纵十支"高等级航道网和现代化港口体系，统筹规划建设高速公路、水运项目。

2. 严格规划控制。建立全省高速公路、水运规划建设项目库，明确项目功能。线性工程宜按照 1：2000 固化线位，属地政府应做好线位保护工作；维护航道和港口总体规划严肃性，严格港口岸线资源和规划用地管控，加强跨、拦、临河新建建筑物通航论证管理工作。

3. 强化规划实施。综合轻重缓急、筹融资能力等因素，合理安排交通五年规划项目的建设时序，严格基本建设程序，各级交通运输主管部门要落实专门机构，加快推进高速公路、水运项目前期工作。

（二）完善省地责任划分。

4. 项目建设实行分级负责。高速公路项目：高速公路改扩建项目原则上由原产权单位负责投资建设；新建国家高速公路项目由省级负责投资建设；通道功能显著的跨设区市地方高速公路及设区

市绕城高速公路项目原则上由省级主导、省地共建；其他地方高速公路项目由地方政府负责投资建设。

水运建设项目：新建Ⅲ级及以上高等级航道（含航电、航运枢纽工程）由省级主导、省地共建；其他航道由地方政府负责建设。公用货运码头项目按照统一规划、统一建设、统一运营、统一管理的原则由省地共建。

5. 明确省级负责、主导项目出资责任。

（1）新建国家高速公路项目由省交通投资集团作为项目单位。

（2）新建通道功能显著的跨设区市高速公路项目原则上由省交通投资集团作为项目单位，省交通投资集团按照有利于项目推进的原则提出合理投融资方案，地方政府承担项目资本金的40% 或承担征地拆迁费用（由项目沿线设区市政府负责筹措），若地方出资以入股方式参与项目建设，则按所占股比享受项目权益和承担亏损。

设区市新建绕城高速公路项目除采用上述建设模式外，地方政府也可采用投资人招标模式实施。

（3）新建Ⅲ级及以上高等级航道项目原则上由省港口集团作为项目单位，其中项目主体工程建设（含码航桥梁的拆改）由省港口集团负责，项目库区建设及运营管理、征地拆迁、移民安置工作及费用由设区市政府负责。

（4）新建公用货运码头项目由省港口集团与地方政府共同商定合理的投融资方案；码头配套的疏港公路、铁路等集疏运体系项目原则上由地方负责建设。

6. 落实地方政府负责项目出资责任。地方政府负责投资建设的高速公路、水运项目，由相关设区市政府依法依规确定投融资模式，有关省直部门要加强指导和服务，强化项目监管。

7. 高速公路改扩建项目应按照"安全、便捷、高效、绿色、经济"原则科学确定路线方案，地方政府另行提出的新增复线方案及互通等，原则上由

地方政府承担相应增加的建设费用。

（三）鼓励社会资本参与。

8. 积极吸引社会资本。全面清理高速公路、水运建设领域投资人引入的资质资格限制性规定，破除社会资本进入壁垒。在不新增政府隐性债务的前提下，依法依规利用政府和社会资本合作（PPP）、特许经营等模式，通过市场化方式积极吸引中央企业、民营企业、外资企业等参与我省高速公路、水运项目建设。

9. 加强社会资本引入管理。建立滚动推进的高速公路、水运政府和社会资本合作（PPP）项目库，各地要加强高速公路、水运PPP项目实施机构建设，在政府授权范围内，负责与社会资本合作实施高速公路、水运PPP项目。

10. 支持与社会资本合作。支持省交通投资集团、省港口集团与社会资本合作，选择资金实力强、社会信誉好、履约信用强的社会资本组成联合体，采取股权合作、股权流动等模式开展项目建设，撬动社会资金共同参与我省高速公路、水运项目建设。

（四）强化多元融资。

11. 用好专项债券政策支持。在风险可控的前提下，加大对有稳定收益来源的高速公路、水运项目地方政府专项债券支持力度。充分挖掘运营效益，依法依规用好"专项债券＋市场化融资"政策，缓解资本金出资压力。

12. 推进存量资产证券化。积极推进资产证券化融资模式和交通基础设施领域不动产投资信托基金试点，盘活存量资产，腾出融资空间，募集资金用于交通基础设施建设。

13. 优化直接融资结构。充分运用各类金融工具，用好中长期、低成本资金；强化对中短期存量债务进行融资再安排，拉长负债期限，降低融资风险。定期开展重点项目与银行间对接工作，建立多部门协同机制，为重大项目提供融资便利。

14. 探索"交通＋"投融资模式。鼓励高速公路、水运项目与沿线土地、旅游、矿产资源等综合开发，充分挖掘交通外溢效应反哺交通，提高交通项目经济效益可行性，增强项目融资能力。

（五）强化要素保障。

15. 加大省级财政支持力度。省级财政要采取综合措施，充分利用各种渠道资金，研究设立交通强省发展基金，重点用于高速公路、水运项目建设。

省级财政在"十四五"期间延续"十三五"水运建设支持政策，并支持地方政府债券用于符合条件的高等级航道建设项目。对航电枢上网电价实行优惠、优先上网。

16. 创新用地政策。支持将符合国土空间规划的高速公路、水运项目附属经营设施用地、项目沿线闲散土地依法依规转为出让用地。支持新建高速公路、水运项目开展土地资源综合整治试点，由项目建设单位依法依规对沿线临时用地和闲散土地进行复垦，新增耕地报自然资源部门备案后专项用于高速公路、水运项目建设耕地占补平衡。

17. 强化征迁工作保障。省级负责和主导的高速公路、水运项目征地拆迁工作由地方政府负责，征迁补偿及规费缴交标准（含道路、电力设施、管线等建筑物、构筑物拆迁）按省有关规定执行。

18. 强化地材保障。航道整治项目的疏浚砂石，直接用于本工程的无需办理河道采砂许可证，但应当按照有关河道管理法律、法规的规定办理相关手续；未用于本工程需对外销售的砂石，应按照相关法律法规的规定，编制疏浚砂石综合利用方案报水行政主管部门批准后实施。疏浚砂石优先保证国家和省重点交通及水利项目，所产生的收益分配由航道整治项目建设单位与当地政府协商确定，并由当地政府统一组织对外销售。

高速公路工程建设项目在批准的征地范围内及施工期间按工程施工方案采挖的普通建筑材料的砂石土，仅供本工程建设自用，无需办理采矿许可证。支持新建改扩建高速公路项目原则上每50公里左右设置1个专用石料场（高速公路用地红线外3公里内）用于项目建设、养护。砂石开采要注重对生态环境的保护，做到绿色开采。

三、工作要求

（一）完善工作体系。发挥省推进交通强省建设领导小组对交通投融资改革的领导协调作用，研究投融资改革重大问题。领导小组办公室要加强综合协调和督促落实，牵头推进交通投融资改革创新试点。省发展改革委、省财政厅、省自然资源厅、省水利厅、省国资委、省金融监管局等要强化工作协同，抓好投融资专项改革工作，形成叠加效应，释放改革红利。各市、县（区）要结合实际，积极探索，落实改革举措，以更大力度推进交通基础设施投融资创新。

（二）完善政策体系。强化顶层设计，坚持"要素跟着项目走"，对重大项目实行项目优先审批、用地优先供给、资金优先统筹、问题优先解决，制定实施土地和资金要素保障、土地综合开发收益分配、经营亏损弥补、项目后评价等相关配套政策，加快形成具有江西特色、政府和市场作用充分发挥、省与市县积极性充分调动的交通基础设施投融资政策环境。

（三）完善评价体系。健全监督考评机制，加强对高速公路、水运投融资改革落实情况的评价，考评结果与交通重点项目立项、资金安排等挂钩。

2021 年 12 月 6 日

（此件主动公开）

江西省人民政府办公厅关于印发
江西省"十四五"综合交通运输体系发展规划的通知

各市、县（区）人民政府，省政府各部门：

《江西省"十四五"综合交通运输体系发展规划》已经省政府同意，现印发给你们，请认真贯彻执行。

2021 年 12 月 11 日

（此件主动公开）

江西省"十四五"综合交通运输体系发展规划

"十四五"时期是我国全面建成小康社会之后，乘势而上开启全面建设社会主义现代化国家新征程的第一个五年，也是我省推进交通强省建设的第一个五年。为加快构建我省现代化综合交通运输体系，大力提升我省在全国的交通枢纽地位，充分发挥交通运输先行引领作用，特编制《江西省"十四五"综合交通运输体系发展规划》（以下简称《规划》）。《规划》依据《江西省国民经济和社会发展第十四个五年规划和二〇三五年远景目标纲要》的总体要求，落实省委、省政府《关于推进交通强省建设的意见》，并与《"十四五"长江经济带综合交通运输体系规划》和《"十四五"综合交通运输体系发展规划》相衔接，是指导"十四五"时期全省各种运输方式规划和建设的重要依据。

一、发展环境

（一）发展基础。

"十三五"时期，在省委、省政府坚强领导下，我省牢牢抓住发展的战略机遇期，综合交通运输体系不断完善，人民群众获得感和满意度明显提升，为全面开启交通强省建设打下了坚实基础，有力支撑了我省决战决胜脱贫攻坚和与全国同步全面建成小康社会。

综合交通网络建设加快，交通先行作用持续提升。目前，我省基本形成了"五纵五横"干线铁路网、"四纵六横八射十七联"高速公路网、"一主一次五支"机场格局和"两横一纵"内河高等级航道网。截至 2020 年底，全省综合交通网络里程达到 22.1 万公里，位居全国第 9 位。其中：铁路运营里程 4941 公里，时速 200 公里及以上高速铁路 1933 公里，实现设区市全覆盖；高速公路通车里程 6234 公里，在县县通高速的基础上，实现 76% 的县通双高速；普通国省道 1.86 万公里，覆盖 100% 县城和 86% 的乡镇；内河高等级航道 871 公里，赣江、信江基本具备三级通航条件。

运输大通道和综合交通枢纽体系建设取得新进展，战略支撑作用显著增强。"四纵三横"①综合运输通道基本形成，"一核三极多中心"②综合交通枢纽体系建设稳步推进，我省在中部乃至全国的交通枢纽地位明显提升，对建设内陆开放型经济试验区和主动融入"一带一路"、长江经济带发展以及对接长三角一体化发展、粤港澳大湾区建设的战略支撑作用显著增强。（①"四纵"指京九通道、银福通道、合福通道、蒙吉泉通道，"三横"指沿江通道、沪昆通道、韶赣厦通道。②"一核"指南昌－九江国际性门户枢纽，"三极"指赣州、上饶、赣西组团全国性综合枢纽，"多中心"指一批区域性以及县级综合枢纽。）

运输服务能力和质量明显提高，人民群众获得感不断增强。南昌昌北国际机场跻身千万级枢纽机场行列，2018年、2019年连续两年航空货邮吞吐量增速位居全国千万级机场第1位，铁路动车组覆盖全部设区市，港口通过能力达到1.76亿吨。在全国率先实现二级及以上公路客运站联网售票、12328服务热线部省市三级联网运行、道路客运"线长制"。国家公交都市或省级公交城市创建覆盖全省，"交通一卡通"实现省内设区市互联互通，并与全国303个地级以上城市联通，南昌地铁进入线网时代，网约车、共享单车和共享汽车等新业态快速发展。城乡交通一体化稳步推进，建制村通客车和通邮率均达100%。

交通扶贫和绿色低碳建设成效显著，有力支持打好"三大攻坚战"。交通运输扶贫目标任务全面完成，在全国率先实现25户以上自然村"村村通"和"组组通"硬化路，赣南等原中央苏区及集中连片贫困区交通运输条件明显改善。交通领域污染治理成效明显，完成全省非法码头整治，公交车辆清洁能源率大幅提升，在全面完成400总吨以上船舶加装生活污水收集处理装置基础上，在全国率先完成100至400总吨船舶加装生活污水收集处理装置，淘汰营运黄标车和老旧车辆8.86万辆。交通投融资机制进一步创新，"十三五"时期综合交通完成固定资产投资4484亿元，是"十二五"期的1.33倍。

交通改革创新发展实现新突破，行业现代化治理能力不断提高。大力推进交通智慧化管理平台建设，基本建成"一中心、三平台"智慧交通管理体系。交通科技创新活力不断释放，获得国家科技进步二等奖1项，获省部级科技奖励42项，获批组建省部级科技平台5个，全省交通运输行业省部级科技平台总数达17个。深入推进交通运输体制机制改革，理顺全省综合交通运输规划、运输综合协调、渔船检验和监管等职能。组建江西省港口集团有限公司，完成全省港口资源整合。加强交通法制建设，修订或颁布《江西省道路运输条例》等3部地方性法规。持续深化"放管服"改革，压减行

政权力清单38项，取消行政许可证明15项，实现事项"网上办"68项。

虽然"十三五"时期我省交通运输发展取得明显成效，但对照交通强省建设目标和全省经济社会高质量跨越式发展要求，仍然存在诸多短板弱项，不平衡不充分问题依然突出：一是综合交通运输大通道能力有待加强。规划的"六纵六横"综合运输大通道还有"两纵三横"未完全形成，南北向高速铁路还未贯通，国际航空航线航班偏少，对接长三角、粤港澳大湾区高速公路通道繁忙亟需扩容。二是省内网络衔接不够顺畅。都市圈城际和市域（郊）铁路短板明显，赣东南、赣西北等地区铁路覆盖不足，干线公路与城市道路衔接不畅，县乡村与外部快速网络联系还不够便捷。三是运输服务仍需优化。综合交通枢纽布局不完善，换乘换装效率有待提高。铁路、水运的比较优势尚未充分发挥，多式联运发展滞后，运输结构不合理，铁路、水路货运量占比偏低，城乡交通一体化发展不足。

（二）形势需求。

1. 发展形势。

我国已开启全面建设社会主义现代化国家新征程，迈向以高质量发展为特征的新发展阶段，将加快构建以国内大循环为主体、国内国际双循环相互促进的新发展格局。当前和今后一个时期，我省仍处于大有可为但充满挑战的重要战略机遇期，全省交通运输发展面临新机遇和新要求。

构建新发展格局要求加快打造现代化综合交通运输体系。构建新发展格局为我省发展提供了历史机遇，省委、省政府提出打造全国构建新发展格局的重要战略支点，要求我省加快综合交通网络和现代物流体系建设，加快构建现代综合交通运输体系，高效联动国际国内市场，进一步扩大循环规模、提高循环效率、增强循环动能、保障循环安畅、降低循环成本，畅通经济循环体系。

国家重大战略实施要求加强交通运输支撑能力。深度融入"一带一路"建设，全面参与长江经济带建设，积极对接京津冀、长三角、粤港澳大湾区等国家重大区域战略，促进新时代中部地区崛起和加快革命老区振兴发展，推进江西内陆开放型经济试验区建设，要求进一步发挥我省"四面逢源"的区位优势，着力构建高品质大能力综合运输大通道、大枢纽，增强水陆空国际战略通道能力，形成面向全球、畅达全国、畅通全省的综合交通运输

格局。

推动经济社会高质量跨越式发展要求交通运输更好发挥先行引领作用。围绕"一圈引领、两轴驱动、三区协同"区域发展战略，加快建设具有江西特色的现代经济体系，要求更好地发挥交通运输先行引领作用。推进新型城镇化和乡村振兴战略实施，要求增强中心城市的对外集聚辐射能力，优化交通基础设施布局，推动城乡交通运输一体化发展。

建设人民满意交通要求交通运输扩大优质服务供给。进入新时代，人民群众出行呈现出多层次、多样化、个性化、智慧化、数字化需求，货物运输的小批量、高价值、分散性、快速化特征更加明显，要求交通运输服务多元化、多样化发展。未来新一轮科技革命和产业变革加速演进，要求交通运输加快转型升级，推动交通运输新业态、新模式创新发展。

综合判断，"十四五"时期，我省交通运输发展总体上仍处于重要战略机遇期，进入精准补短板、强弱项、促融合的攻坚期，开启交通强省建设，推动交通运输高质量发展，落实"三个转变""四个一流"要求的关键期。虽然存在各种风险挑战，但交通运输发展仍然大有可为。积极抢抓机遇、高质量发展将是"十四五"时期我省交通运输事业的主旋律。

2.需求预测。

预计到2025年，全省客运总量约20亿人次（含小客车客运量），营运性客运方面，铁路、民航将快速增长，公路客运量持续下降，其中，铁路客运量约2亿人次，机场旅客吞吐量约3400万人次，营运性公路客运量约4亿人次。全省货运总量约19亿吨，水路货运量和港口吞吐量大幅提高，水运货运量约3亿吨，集装箱吞吐量约150万标箱。

二、总体要求

（一）发展思路。

以习近平新时代中国特色社会主义思想为指导，深入贯彻党的十九大和十九届二中、三中、四中、五中、六中全会精神，坚决贯彻习近平总书记视察江西重要讲话精神，聚焦"作示范、勇争先"目标定位和"五个推进"重要要求，立足新发展阶段，贯彻新发展理念，构建新发展格局，以交通强省建设为统领，着力构建"大通道＋大枢纽＋大融合"的综合交通运输发展格局，以畅通道、强枢纽、促协调、提品质、推创新、精治理为重点，稳步推进交通运输全方位转型发展，加快构建安全、便捷、高效、经济、绿色的现代化综合交通运输体系。

（二）基本原则。

坚持对标对表、统筹谋划。紧紧围绕到2035年基本建成"人民满意、保障有力、全国前列"的交通强省这一总目标，积极对接国家重大区域发展战略，全面落实省委、省政府决策部署，统筹各种交通运输网络规划建设，充分发挥各种运输方式组合优势，加快构建具有江西特色的现代化综合交通运输体系。

坚持适度超前、重点突破。坚持交通先行、支撑引领，合理把握发展节奏，突出交通与经济社会协调发展。着力补短板、优结构、提品质，适度超前谋划一批重大交通工程，重点在"两大两高一智能"①"上取得突破。

坚持创新驱动、一体融合。加快推进交通运输技术、制度、模式和组织创新，为高水平建设现代化综合交通运输体系供给动力、注入活力。强化交通枢纽衔接、服务一体，注重交通与关联产业融合发展，促进交通运输跨方式、跨区域、跨产业协同融合发展。

坚持生态优先、绿色发展。突出生态资源优势，坚持将绿色发展理念贯穿交通运输发展各环节，提高资源集约节约能力。落实碳达峰碳中和目标要求，探索绿色交通发展道路，深入推动交通运输领域节能低碳转型，进一步优化运输结构，优先发展绿色交通方式，引导居民绿色低碳出行，助力打造美丽中国"江西样板"。

坚持普惠多元、服务人民。坚持以人民为中心发展思想，不断提高交通运输基本公共服务均等化水平，关注多层次、多样化、个性化、智慧化、数字化的出行需求和小批量、高价值、分散性、快速化的货运需求，重视城乡交通融合发展，增强人民群众的获得感和满意度。牢固树立安全第一理念，全面提升交通运输安全保障能力和系统韧性。

（三）发展目标。

到2025年，交通强省建设取得明显成效，现代化综合交通运输体系建设实现新跨越，我省在中部乃至全国的交通枢纽地位显著提升。

---

① "两大"指大通道和大枢纽，"两高"指南昌"米字型"高铁网和"大十字"八车道高速公路，"一智能"指内河智能航运。

——综合立体交通网络更加完善开放。以京九、沪昆为主轴的"六纵六横"综合运输大通道基本形成，"陆水空"三大国际战略通道不断完善。铁路方面，重点推进以南昌"米"字型高铁为核心的"一核四纵四横"[①]高速铁路网建设，南北向高速铁路全面贯通，到2025年，铁路通车总里程达到5500公里以上，力争200公里/小时及以上高速铁路通车里程达到2400公里，实现350公里/小时高速铁路设区市全覆盖。公路方面，高速公路重点推进京九、沪昆"大十字"八车道和设区市绕城高速公路建设，到2025年通车里程达到7500公里以上；普通公路路网结构不断优化，普通国道二级及以上比例力争达到95%（同口径），县道三级及以上比例达到70%，乡镇基本实现通三级及以上公路，建制村通双车道公路比例达到60%。机场方面，南昌昌北国际机场枢纽功能全面增强，"一主一次六支"民用运输机场网络全面形成，通用机场达到20个以上，到2025年航空旅客吞吐量和货邮吞吐量分别达到3400万人次、40万吨。港航方面，内河高等级航道里程突破1200公里，基本形成"两横一纵四支"内河高等级航道网和"两主五重"[②]现代化港口体系，港口年通过能力达到3.8亿吨，集装箱年通过能力达到200万标箱以上。

——综合交通枢纽更加一体高效。"一核三极多中心"综合交通枢纽体系加快构建，建设国家物流枢纽城市"国家物流枢纽城市"[③]4个，特大、大型综合客运枢纽"特大型综合客运枢纽"指南昌昌北国际机场、南昌西站、南昌东站，"大型综合客运枢纽"[④]数量达到10个，客运"零距离换乘"和货运"无缝化衔接"水平进一步提高。

——运输服务更加普惠优质。客运"一站式"服务基本实现，货运"一单制"加快推进。运输服务水平稳步提升，定制化、个性化、专业化运输服务产品更加丰富。巩固"双通"成果，城乡交通运输一体化建设成效显著。运输结构大幅优化，水路和铁路货运量占比达到15%。加快推进货邮融合发展，快递业务量突破20亿件。

——创新绿色步伐更加强劲有力。第五代移动通信（5G）、大数据、云计算、人工智能、区块链等技术与交通运输深度融合，交通运输领域新基建取得重要进展，数据开放共享和平台整合优化取得实质性突破，北斗系统对重点领域覆盖率达到100%。绿色交通生产生活方式逐步形成，城市公共交通出行比例不断提高，资源要素集约节约利用水平持续提高，碳排放强度持续下降。

——行业治理和应急保障体系更加完善。综合交通现代治理稳步推进，交通治理智慧化能力显著增强，营商环境明显改善，港口资源整合和事业单位改革成果进一步巩固。突发事件交通应急保障能力大幅提升，服务国家安全能力进一步增强，现代交通信用体系基本建成，文明交通和安全交通建设取得显著成效。

展望2035年，全面建成"六纵六横"综合运输大通道，全面形成"一核三极多中心"的综合交通枢纽体系，各种交通运输方式一体融合，旅客出行更加便捷舒适，货物运输效率明显提升。安全、便捷、高效、绿色、经济的现代化综合交通运输体系基本形成，"江西123出行交通圈"[⑤]基本形成，全面融入"全球123快货物流圈"[⑥]，实现"人享其行、物优其流"，基本建成交通强省。

---

① "一核"指南昌，"四纵"指合福通道、银福通道、京九通道、武咸宜吉通道，"四横"指沿江通道、杭渝通道、沪昆通道、渝长厦通道。
② "两主"指南昌港、九江港，"五重"指赣州港、宜春港、吉安港、上饶港、鹰潭港。
③ 指我省纳入《国家物流枢纽布局和建设规划》的设区市，包括南昌陆港型、生产服务型、商贸服务型、九江港口型，赣州商贸服务型，鹰潭陆港型。
④ 指高铁南昌站、吉安西站、高铁上饶站、高铁宜春站、九江庐山站、赣州西站、萍乡北站。

---

⑤ 江西123出行交通圈"指大南昌都市圈、赣州都市区及其他城镇群1小时通勤，南昌至设区市、设区市至辖内县城1小时通达，南昌至周边省会城市及省内各设区市之间2小时通达，南昌至全国主要城市3小时覆盖。
⑥ "全球123快货物流圈"指国内1天送达、周边国家2天送达、全球主要城市3天送达。

"十四五"期间综合交通运输主要发展目标指标表

领域	类型	指标名称	2020 年	2025 年
基础设施	线网规模	综合交通线网总规模（万公里）	22.1	22.8
		铁路营运里程（公里）	4941	5500
		规模城市轨道交通营运里程（公里）	88.8	150
		公路里程（万公里）	21.06	21.6
	快速网	时速 200 公里以上高速铁路里程（公里）	1933	2400
		高速公路总里程（公里）	6234	7500
	干线网	普速铁路营运里程（公里）	3008	3100
		干线网普通国省道里程（万公里）	1.86	1.9
		内河高等级航道里程（公里）	871	1200
	基础网	基础网丨农村公路里程（万公里）	18.6	19
	枢纽	内河港口年通过能力（亿吨）	1.76	3.8
		内河港口集装箱年通过能力（万标箱）	129	200
		运输机场个数（个）	7	8
		通用机场个数（个）	6	20
		特大、大型综合客运枢纽数量（个）	5	10
		建设国家物流枢纽城市数量（个）	1	4
	通达覆盖	铁路县（市）覆盖率（%）	79	85
		通达机场服务人口覆盖率（%）	77	83
		乡镇通三级及以上公路比例（%）	95.5	99
		建制村通双车道公路比例（%）	51.3	60
运输服务	客运	机场旅客吞吐量（万人次）	1273	3400
		新建综合客运枢纽平均换乘时间（分钟）	15	10
	货运	港口吞吐量（亿吨）	1.88	3.6
		机场货邮吞吐量（万吨）	18.7	40
		快递业务量（亿件）	11.2	20
		跨国班列通达国外城市数量（个）	58	75
高质量发展	智慧	重点区域智能交通基础设施覆盖率[①]（%）	86	95
	绿色	水路和铁路货运量占比（%）	9.7	15
		交通运输二氧化碳排放强度下降率（%）	5	
	安全	道路运输较大及以上等级行车事故万车死亡人数下降率（%）	12	

三、加快构建立体互联的综合交通网络

紧密衔接国家综合运输通道布局，加快建设全省"六纵六横"综合运输大通道，完善区际通道布局，进一步提升骨干通道能力。加快构建功能明晰、分工合理的快速网、干线网和基础网，精准补齐网络覆盖的短板，加快推进存量网络的提质增效。

---

① "重点区域智能交通基础设施覆盖率"指在高速公路、普通公路、客运枢纽、水运航道、道路运输五个领域智能交通基础设施覆盖率的平均值。）

（一）打造内畅外联的"六纵六横"大通道。

强化京九、沪昆"双轴"通道能力。构建国家级主轴和走廊通道，加强与京津冀、长三角、粤港澳大湾区等高效互联。扩容京九通道和沪昆通道，建成昌九客专、昌景黄铁路、京九和沪昆"大十字"主通道高速公路八车道，提升赣江、信江航道通行能力。加快赣粤运河前期工作，力争"十四五"开工建设。

完善银福、合福、蒙吉泉、沿江、岳九衢、韶赣厦通道。强化与长江中游、粤闽浙沿海城市群、成渝地区双城经济圈、关中平原等片区的联系，建成兴泉铁路和赣皖界至婺源、上饶至浦城、信丰至南雄、通城（赣鄂界）至铜鼓等高速公路，开工建设阳新至武宁至樟树至兴国等高速公路，积极推进昌厦（福）、九池、赣郴铁路和赣州至安远、南昌至南丰等高速公路前期工作。

提升渝长厦、咸井韶、阜鹰汕、衡吉温通道。连通成渝地区双城经济圈、中部腹地、粤闽浙沿海区域，建成萍乡至莲花、武宁至通山（江西段）、宜春至遂川至大余、寻乌至龙川（江西段）等高速公路，开工建设长赣、瑞梅、温武吉、安景铁路和贵溪至资溪至南丰、彭泽至东乡等高速公路，推进鹰瑞、咸修吉铁路和景德镇至上饶等高速公路前期工作。

（二）加快建设结构优化的多层次综合交通网。

建设高品质快速网。高速铁路方面，围绕打造南昌"米"字型高铁网，重点加快推进南昌至南京、合肥、武汉、岳阳、厦门（福州）等方向高铁建设，建成安九客专、昌景黄铁路、昌九客专，研究建设常岳昌铁路，推进昌厦（福）等项目前期工作；建成赣深客专、开工建设长赣铁路，加快构建"一核四纵四横"高速铁路网布局。高速公路方面，重点推进沪昆、大广、樟吉等高速公路繁忙路段扩容升级，加快赣西大通道建设，加快推进设区市绕城高速建设，加强省际通道建设，高速出省通道达到35个。民航运输机场方面，重点推进航空主枢纽南昌昌北国际机场三期扩建，推动航空次枢纽赣州机场扩建，建成瑞金机场，开工建设抚州机场以及上饶、吉安、宜春等支线机场改扩建。

专栏 1　快速交通网建设重点

高速铁路。建成赣深客专、安九客专、昌景黄铁路、昌九客专，开工建设长赣铁路，研究建设常岳昌铁路，推进昌厦（福）、咸修吉、九池等铁路项目前期工作，做好赣广、赣龙厦等铁路项目规划研究工作。

高速公路。建成萍乡至莲花、赣皖界至婺源、上饶至浦城（江西段）、宜春至遂川、信丰至南雄（江西段）、寻乌至龙川（江西段）、武宁至通山（江西段）、万宜高速三阳至新田、南昌绕城西二环、大广高速南康至龙南和吉安至南康扩建工程。开工建设抚州东临环城、遂川至大余、昌樟高速二期枫生段改扩建、沪昆高速梨园至东乡和昌傅至金石鱼改扩建、樟树至吉安改扩建、贵溪至资溪至南丰、通城（赣鄂界）至铜鼓、南昌北二环、福银高速南昌东站至南昌东环、鹰潭绕城、景德镇绕城、萍乡绕城、宜春绕城东北环线、上饶（浙赣界）至金溪（含上饶绕城）、阳新（赣鄂界）至武宁至樟树至兴国、开化至德兴、瑞昌至武宁、彭泽至东乡、德安至武宁、会昌联络线工程。重点推进景德镇至上饶、德兴至婺源、赣州至安远、兴国至遂川至桂东、福银高速江西段二通道黄梅（赣鄂界）至南昌、南昌至南丰、寻全高速西延、鄱阳至万年、南丰至宁都、宿松（赣皖界）至彭泽、南康至大余扩容、龙河高速扩容、湖口至九江跨湖二通道前期工作。推进南昌至修水、信丰至南雄东延至龙岩（江西段）、崇仁至莲花等高速公路项目规划研究。

运输机场。建成南昌昌北国际机场三期扩建和T2航站楼C指廊延伸及飞行区配套工程、瑞金机场项目，开工建设抚州机场、赣州黄金机场三期扩建、吉安井冈山机场三期扩建、宜春明月山机场二期扩建、上饶三清山机场扩建、景德镇罗家机场改造项目，研究建设景德镇罗家机场迁建项目。

完善高效率普通干线网。普速铁路方面，重点优化普速铁路网络布局，补齐赣东南地区铁路短板，进一步扩大出省干线铁路通道。普通国省道，重点提升普通国道三级及以下路段等级，有序推进普通省道建设，优化普通省道网布局，提升路况和服务水平，提高路网通行效率。内河水运方面，继续推进赣江、信江高等级航道提升，重点推进袁河、昌江等支线航道提升，加快赣粤运河重点问题研究，力争开工建设；优化港口功能布局，提升港口专业化、规模化水平，形成以九江港、南昌港为核心的内河港口群。管道方面，依托国家管道尽快形成全省"三纵四横五环"的输气管网和"十字型"输油管网骨架，油气管道里程达到5000公里以上。

专栏2　普通干线网建设重点

普速铁路。建成兴泉铁路，开工建设瑞梅、温武吉（西延至井冈山）、安景铁路，推进赣郴、鹰瑞等铁路项目前期工作，推动衡茶吉、赣韶、皖赣铁路扩能改造。

普通国省道。重点推进国道105、国道220、国道319、国道320、省道223、省道207、省道428等国省道改造升级，建设完成普通国省道改造1700公里。

航道。建成赣江井冈山航电枢纽工程、万安枢纽二线船闸工程和信江八字嘴航电枢纽工程、双港航运枢纽工程、界牌枢纽船闸改建工程、界牌至双港渠化航道配套整治工程、双港至褚溪河口湖区三级航道整治工程。开工建设袁河航道提升工程、昌江航道提升工程、乐安河航道整治工程、赣江龙头山枢纽二线船闸、赣江赣县五云至万安枢纽库尾航道整治工程、赣江新干枢纽至南昌航道整治工程、赣江下游尾闾整治工程主支象山枢纽船闸和南支吉里枢纽船闸。力争开工抚河复航工程，启动赣粤运河先导性工程建设。

建立广覆盖基础服务网。农村公路方面，重点推进以县道三级、建制村通双车道为主的农村公路建设，高标准打造"畅安舒美绿"农村公路。通用航空方面，重点加快共青城等一批通用机场建设，完善直升机起降点布局。邮政快递方面，重点吸引龙头电商物流企业在赣布局全国性及区域性分拨中心，优化邮政快递营业网点布局，加密智能快递自提终端设施网络，实现快递物流中心覆盖90%县级、"快递超市"覆盖80%乡镇、邮件快件转接点覆盖85%建制村。

专栏3　基础服务网建设重点

农村公路。新改建农村公路1.5万公里，高标准打造4000公里美丽生态文明农村公路。

通用机场。新开工20个通用机场，建成共青城、瑞昌、修水、德兴、浮梁、定南等一批通用机场。

邮政快递。建成昌北机场空侧南昌邮件处理中心，开工建设中国邮政鹰潭邮件处理及物流仓储中心、南昌顺丰智慧产业基地、京东亚洲一号南昌向塘物流园二期、苏宁易购江西电商物流中心、韵达江西快递电商总部基地二期供应链中心和圆通上饶、赣州、南昌智创园。

强化网络有效衔接。优化高速公路出入口布局，强化干线公路与城市道路、农村公路便捷衔接，推动进出城瓶颈路段改造升级。进一步完善赣州、南昌、九江、鹰潭、上饶等各大物流枢纽集疏运体系，加快推进一批集疏运铁路、公路建设，增强物流枢纽与外部通道的衔接，为公铁、铁水、空陆等多式联运提供基础支撑，打通公铁水联运衔接"最后一公里"。积极推进重点港区、重要物流基地集疏运铁路、公路建设，加快建设九江港城西港区、彭泽港区、抚州中物宝特物流有限公司、萍乡市湘东区工业园、南昌铁路口岸等铁路专用线。

专栏4　铁路专用线建设重点

港口、工矿及物流园区铁路专用线。加快建设九江港城西港区、抚州中物宝特物流有限公司、萍乡市湘东区工业园、南昌铁路口岸等铁路专用线，建设九江红光港区、新余赣西物流中心、德兴宏泰石公司、赣西（宜丰）国际综合物流园等铁路专用线，开展南昌港市汊港区、姚湾港区等主要港口铁路专用线项目前期研究，鼓励大宗货物年运量150万吨以上的大型工矿企业、新建物流园区投资建设铁路专用线。

四、着力打造一体高效的综合交通枢纽

结合全国综合交通枢纽及国家物流枢纽承载城市布局，加快构建"一核三极多中心"综合交通枢纽体系。

（一）全面提升南昌－九江国际性门户枢纽地位。

完善对外通道布局，加快昌景黄、昌九、常岳昌、昌厦（福）等高速铁路建设，补齐"两环十一射线"高速公路网络；提升国际航空门户功能，加快南昌昌北国际机场三期扩建，同步引入昌九客专和南昌城市轨道，建设南昌西二环、北二环高速公路，完善机场周边快速路网，优化通关环境、客货运组织和服务流程，逐步加密和拓展至新加坡、越南等东南亚国家和日韩等东北亚国家的航线，打造综合一体的现代客运枢纽和智慧空港物流中心，增强国际服务功能，提升枢纽地位；提升九江江海直达区域性航运中心功能，加快重点港区现代化码头、疏港铁路公路建设，推进九江港和南昌港一体联动发展，提升现代航运服务水平，进一步强化九江港与沿海港口联系，发挥在集装箱、滚装等高附加值货类运输优势，培育对长江中上游地区中转分拨，大力发展江海联运、内河水水中转、铁水联运；提升南昌向塘铁路口岸功能，加快补齐南昌向塘铁路枢纽联运转运衔接设施，推进陆港物流功能区建设，建成向塘铁路口岸二期，强化国际货运班列（南

昌）集结功能，加强陆港海港合作。

（二）加快打造赣州、上饶、赣西组团全国性枢纽。

围绕构建赣州四通八达高速铁路网，建成赣深客专，建设长赣铁路，积极推进赣郴永兴铁路前期工作和赣广铁路规划研究。加快推进赣州黄金机场实现对外开放，建成赣州黄金机场T1航站楼二期，积极推进赣州黄金机场三期扩建，完善航空口岸配套设施，大力拓展航空货运功能，积极发展临空产业。做大做强赣州国际陆港，加快完善货运物流配套设施，积极开拓跨国班列新空间，加强与沿海港口合作，加快打造对接融入粤港澳大湾区桥头堡。

按照国家综合交通枢纽建设要求，加快建设上饶国际陆港，推进上饶三清山机场的改扩建，提升上饶枢纽对周边地区的辐射影响能力。充分发挥新宜萍组团优势，加快推进赣西组团综合交通枢纽建设，推动长赣高铁引入萍乡北站，加快建设新余港、宜春港、赣西（新余）综合货运枢纽和赣西（宜丰）国际物流园，提升赣西组团在全国的枢纽地位。

（三）着力建设一批区域性综合交通枢纽。

围绕景德镇、鹰潭、抚州和吉安等区域中心城市，优化整合重要客货运枢纽资源，着力提升区域辐射能力，打造一批区域性综合交通枢纽。加快建设景德镇、鹰潭北、抚州东等一批综合客运枢纽，打造鹰潭中童综合货运枢纽、抚州海西综合物流园等货运枢纽。

专栏5　综合交通枢纽建设重点

综合客运枢纽。开工建设南昌昌北国际机场、高铁南昌东站、九江庐山站、南昌横岗站、赣州西站、鹰潭北站、抚州东站、景德镇、萍乡等综合客运枢纽，推进丰城东、峡江、南城、鄱阳南、定南西等一批县级综合客运枢纽建设。

货运物流枢纽。加快建设南昌昌北国际机场智慧空港物流中心、南昌向塘国际陆港、赣州国际陆港、上饶国际陆港、九江彭泽港区红光综合货运枢纽物流园一期工程、抚州海西综合物流园，建成鹰潭中童综合货运枢纽、赣县港区五云作业区综合枢纽物流园一期工程、赣州黄金机场、赣西（新余）综合货运枢纽和赣西（宜丰）国际物流园。

五、大力夯实区域协调发展基础支撑

增强交通运输对区域重大战略、区域协调发展、乡村振兴战略实施的支撑服务能力，统筹推进区域交通基础设施建设。

（一）服务区域重大战略。

围绕"一带一路"和内陆开放型经济试验区建设，支持南昌向塘国际陆港、九江港、赣州国际陆港、上饶港、宜春港、吉安港等加强与东南沿海港口的合作，畅通水上开放通道。加强与中西部省份基础设施互联互通，依托区域性综合交通枢纽，畅通陆路开放通道。加密南昌昌北国际机场至东南亚、港台地区航线，加快开拓欧美洲际航线，推动航空物流发展，畅通空中开放通道。加快沪昆、京港澳"双轴"为支撑的"六纵六横"综合运输大通道建设，构建对接京津冀、长三角、粤港澳大湾区、长三角和成渝地区双城经济圈等国家战略的通道体系。

（二）服务区域协调发展。

加强南昌中心城区和赣江新区、九江、抚州及周边地区的联动对接，统筹交通基础设施互联互通，完善大南昌都市圈3个"1小时出行交通圈"①"。加快推进沪昆、京九通道高速铁路和高速公路建设，助力全省"十字型"生产力布局主骨架建设，推动沪昆、京九"双轴"沿线产业集群聚集、区域开放合作、城乡融合发展。加快推进赣南等原中央苏区交通基础设施建设，促进赣南等原中央苏区与闽粤交界地区、湘赣边区域协同发展，支持赣州建设省域副中心城市，打造成为对接融入粤港澳大湾区桥头堡。加强与长三角交通对接，提升赣东北开放合作水平。推进新宜萍三市区域交通一体化建设，加快赣西转型升级步伐。（①大南昌都市圈3个'1小时出行交通圈'"指以南昌市中心城区和赣江新区为核心区的城市交通1小时通勤，核心区至毗邻市县城乡交通1小时通达，核心区至边远县（市）和边远县（市）之间城际交通1小时通达。）

（三）支撑实施乡村振兴战略。

深入推进"四好农村路"建设，提高农村公路服务水平，促进农村公路与乡村产业深度融合发展。加快农村公路养护管理升级，完善沿线安全和应急设施，改善农村公路区域环境，打造美丽宜人并具有文化氛围的农村交通出行环境。加快城乡交通运输一体化发展，发展便民多元的农村客运服务体系，构建县乡村三级农村物流节点体系。积极争创"四好农村路"示范省。

六、推进城市群都市圈交通现代化

分层分类完善交通网络，加强互联互通和一

体衔接，推动大南昌都市圈和城市交通运输协同运行，率先推进都市圈交通运输现代化。

（一）加快长江中游城市群交通互联互通。

加强南昌至武汉、南昌至岳阳高速铁路通道建设，加快推进通山至武宁、阳新至武宁、通城至铜鼓、九江至黄梅等省际高速公路建设，完善赣鄂湘省际国省道网络，实现南昌与武汉、长沙等城市群内中心城市之间1–2小时通达。围绕长江黄金水道，统筹协调赣鄂湘三省长江航运运营组织，提升多式联运效率和货运服务水平。

（二）加快构建大南昌都市圈一体化交通网。

规划建设大南昌都市圈市域（郊）铁路，适时启动南昌至抚州、南昌至德安、南昌至安义市域（郊）铁路建设，建成南昌轨道交通4号线及1、2号线延伸线，推进南昌轨道交通第三期建设规划的申报及开工建设，加快形成大南昌都市圈多层次轨道交通网络。建成南昌绕城西二环、抚州东临环城等高速公路建设，开工建设瑞昌至武宁、阳新至武宁至樟树、彭泽至东乡等高速公路，推进景德镇至鄱阳至南昌等高速公路规划研究，加强都市圈城际公路建设，积极推进三清山大道南延对接丰厚一级公路工程、赣新大道等项目建设，加快形成大南昌都市圈连接东西、贯通南北、内畅外联的"两环九射线"综合运输通道，基本建成以南昌市中心城区和赣江新区为核心的多层次、放射状、强联通的综合交通网。

（三）完善城市交通基础设施。

优化城市道路快速、主干、次干、支路比例，加强道路微循环和支路建设。稳步推进城市老旧小区、医院、学校、商业聚集区等区域公共停车设施建设，提高停车资源利用效率和精细化服务水平，加强资源共享和错时开放。提高城市绿色出行水平，提升公共交通服务品质。完善城市慢行交通系统，提高非机动车道和步道的连续性和通畅性，改善行人过街设施条件，营造安全、连续、舒适的城市慢行交通体系。

七、推进便捷高效的运输服务体系建设

深刻把握新形势对交通运输服务供给的新要求，加快形成便捷舒适的客运服务体系和经济高效的货运体系，更好满足人民美好生活需要。

（一）提高交通出行服务品质。

加快旅客联程运输发展。以南昌昌北国际机场以及高铁南昌西、赣州西、上饶、宜春等综合客运枢纽为重点，积极发展公铁、空铁、公空等旅客联程运输服务。加快高铁无轨站、城市候机楼建设，推行行李直挂等服务。优化跨方式安检流程，推动南昌火车站换乘地铁安检互认。加强干线运输方式间、城市交通与干线运输方式间运营信息、班次时刻、运力安排等协同衔接，加强首末班车"兜底"保障服务。

发展高品质客运服务。推进"公共交通＋定制出行＋共享交通"多元出行服务。支持高速铁路运输组织优化，提高普速铁路服务质量。促进航空服务网络干支有效衔接，优化航班时刻资源配置，提高航班正常率，丰富航空运输产品。鼓励和规范发展道路客运定制服务，鼓励网约车、汽车分时租赁等持续优化服务供给，积极发展定制服务新业态。大力发展自驾车和房车营地，开发水上旅游，推进通用航空与旅游融合发展。

提高客运服务普惠水平。提升城乡交通运输一体化服务水平，推动城市公共交通线路向周边延伸，支持有条件的地区实施农村客运公交化改造。加强客运服务人文关怀，推进客运场站无障碍设施改造，强化老弱病残孕等群体服务保障，推广应用低地板公交车。

（二）打造高效货运物流服务系统。

建设高效物流运输网络。建设与产业布局、消费格局相适应的大宗物资、集装箱物流运输网络。积极发展高铁快运，加快南昌高铁快运物流基地等货运设施建设，推进上饶、赣州高铁站适货改造。推进道路货运规模化、集约化发展。加强航空货运能力建设，培育壮大专业货运机队，优化航线和时刻配置，推动南昌昌北国际机场开辟国际全货机航线。完善以物流园区、配送中心、末端配送网点为支撑的城市三级物流配送网络，加强与铁路、公路运输及区域分拨有效衔接。

加快货物多式联运发展。大力推进水水联运，依托九江港区域航运中心建设，深化南昌港、九江港与武汉港、南京港等内陆港口和深圳、宁波、上海、福州、厦门和莆田等沿海港口合作，积极推进江海联运。加强九江港与赣江、信江及支线航道沿线港口间的水水中转，推动矿石、煤炭、集装箱等大宗货物中适宜水路集散的货物更多地转向水路运输。积极推动铁水联运，鼓励开行集装箱铁水联运班列，在赣州、上饶、鹰潭、樟树等内陆港打造"长途重点货类精品班列＋短途城际小运转班列"

铁水联运产品体系，满足多样化运输需求，进一步提升集装箱、商品汽车等大宗物资铁水联运比重。强化机制创新，推进多式联运"一单制"，推广应用集装箱多式联运运单和电子运单。加快多式联运信息共享，推进不同运输方式标准规则衔接。鼓励铁路企业、航运企业培育成为多式联运经营人。深入推广甩挂运输，创新货车租赁、挂车共享、定制化等发展模式。

发展专业化物流服务。加快建设城乡冷链物流骨干网，支持鹰潭建设陆港型国家物流枢纽及国家骨干物流冷链基地。加快冷链物流体系建设，鼓励冷链运输企业实行规模化、集约化、专业化经营，使用标准化运载单元以及轻量化、新能源等节能环保冷藏保温车型。推进陶瓷、医药、绿色食品等专业物流中心建设。推动大宗货物储运一体化，推广大客户定制服务。加快危险品物流和应急物流等专业物流发展，强化物流操作、货物包装及运输工具标准化建设，推广智能化储运监控、风险监测与预警系统应用。

（三）加快发展先进邮政快递服务。

提升寄递服务品质。实施邮政快递枢纽能力提升工程，加强邮政普遍服务和快递处理中心等设施建设，强化与铁路、公路、民航等枢纽统筹。完善县乡村寄递物流体系，深入实施"快递进村"工程，强化资源共享，推动共同分拣、共同运输、共同收投，实现建制村直接收投邮件快件。推进快递"进厂"，拓展快递服务制造业规模。推进快递"出海"，加强航空、班列、海运等国际寄递通道建设和利用，提升寄递企业跨境一体化服务能力。

完善寄递末端服务。加快城乡快递服务站、智能收投终端和末端服务平台等布局建设和资源共享。推动城市居住区和社区生活圈配建邮政快递服务场所和设施。建设集邮政、快递、电商等功能于一体的寄递物流综合服务站。推广农村交通、邮政、快递、商务、供销"多站合一"场站运营模式。支持推广无人车、无人机、智运快线等多方式运输投递，发展无接触递送服务。

八、加快推进交通运输智慧发展

坚持创新驱动，强化科技创新赋能交通发展，着力推进新技术在交通运输领域的应用，全面促进交通运输提质增效。

（一）增强科技创新能力。

加强公路智慧化施工、绿色建造技术、枢纽协同运行、重大设施联网监测与预警、高性能航空、智能网联汽车等领域技术研发。强化重点科研平台建设，推进重点实验室、研发中心等建设，力争建成地下工程探（监）测技术设备工程研究中心国家级创新平台。突出企业在交通科技创新中主体地位，促进政产学研在交通运输领域深度融合，培育科技创新生态圈。推动先进交通装备应用，加强交通与装备制造融合，深度开展高速公路车路协同自动驾驶测试。

（二）加快基础设施智能化。

大力推进交通新型基础设施建设，加强公路、内河高等级航道、铁路、民航等交通基础设施数字化建设。着力推进综合交通枢纽、高速公路服务区、港口码头、民航机场、城市停车场、物流园区等智能化升级。应用智能视频分析等技术，在全省范围内开展监测、调度、管控、应急、服务智慧应用。推动公路建设、施工及养护智能化。加快构建江西智能航运体系。研究部署面向区域物流的大型无人机起降点。优化交通运输信息平台，完善全省智慧交通大数据中心建设，加强与国家综合交通运输信息平台互联互通。

（三）提高智慧发展水平。

强化5G、大数据、互联网、北斗、物联网等技术在交通运输领域的应用，推广智能公交、智慧安检等应用，提供"一码通行"智慧出行服务，构建顺畅衔接的出行服务链条。推进城市智能交通系统建设，实施南昌、赣州"智慧杆塔"和南昌智慧停车示范工程，开展鹰潭智慧绿色共享交通城市试点，打造20个左右智慧交通应用试点示范。引导建设智慧货运枢纽设施，发展"互联网＋"物流模式，提高货物运输服务智慧化水平。

九、全面促进交通运输绿色低碳转型

按照"生态优先、绿色发展"总体要求，推动交通运输政策、规划、设计、建设、营运、养护等方面绿色低碳转型，协同推进减污降碳，落实碳达峰碳中和目标，提升交通运输绿色发展水平。

（一）推动交通基础设施绿色化。

推进交通生态选线选址，最大限度避让各类环境敏感区和永久基本农田，推动交通运输设施与生态空间相协调。打造绿色交通廊道，基本完成铁路沿线环境整治。大力建设绿色公路，探索建设绿色港口、生态航道，加强生态修复和保护工作，减少人工痕迹，积极引导交通基础设施绿色发展。

（二）推广高效的运输组织方式和清洁的运输装备。

落实碳达峰碳中和战略，构建生态化交通网络。优化调整运输结构，创新运输组织模式，积极发展多式联运，发挥内河航运的节能优势，推进大宗货物和中长途货物运输"公转铁""公转水"。发展以轨道交通为主的公共交通，开展绿色出行创建行动，提升城市绿色出行水平。推广新能源和清洁能源车辆在城市公交、出租汽车等领域的应用，推动新能源充电桩广泛应用于交通枢纽、公路服务区、城市停车位等场景。加强重点领域污染防治，持续深化船舶港口污染防治、柴油货车污染防治工作。

（三）促进资源节约集约利用。

全面提高资源利用效率，加强土地、岸线、空域等资源节约集约利用，实施综合交通枢纽与周边用地的一体化开发，提升交通用地效率。推动废旧材料再生利用和老旧设施更新利用，开展交通资源循环利用相关专项研究与应用示范。加快推进快递包装绿色化、减量化、可循环。

十、推进交通运输安全发展

将安全发展贯穿于综合交通运输全领域全过程，提升交通安全保障能力，提高交通基础设施安全水平，完善交通运输应急保障体系。

（一）提升交通安全保障能力。

完善安全责任体系，强化企业主体责任，明确部门监管责任。加强交通安全执法检查，严厉打击违法行为，及时消除安全隐患。进一步强化交通运输安全生产的教育培训，提高从业人员安全意识和技能。加强载运工具质量治理，强化设备安全监测和维护，完善升级载运工具安全技术及配备标准。完善网络安全保障体系，增强科技兴安能力。

（二）提高交通基础设施安全水平。

对接国家交通基础设施安全技术标准规范，健全交通基础设施安全保障地方标准体系。强化交通基础设施安全风险评估和分级分类管控，加强重大风险源的识别和全过程动态监测分析、预测预警。加强设施运行监测和管理养护，加强老旧枢纽场站、重要通航建筑物、航运枢纽、大长桥梁及隧道等设施的安全检测及公路、航道运行监测。推进精品建造和精细管理，积极打造平安百年品质工程。加强公路、桥梁隐患排查和安全设施建设，及时修复灾毁水毁路段。开展改渡便民工程，基本消除渡口安全隐患。

（三）完善交通运输应急保障体系。

加快推进重点区域多通道、多方式、多路径建设，完善紧急交通疏散、救援和避难通道系统。健全应急保障体系和自然灾害交通防治体系，完善省市县三级交通应急保障基地。强化应急救援社会协同能力，完善征用补偿机制。健全城市交通基础设施突发灾害应急管理体系，加快建设国家区域性应急物资保障基地。

十一、提高交通运输现代化治理能力

深刻把握制约交通运输高质量发展的深层次重点难点问题，加快完善管理体制、运行机制、制度体系，加快交通领域人才队伍建设，推进治理能力现代化。

（一）深化重点领域改革。

深化交通运输领域"放管服"改革，持续优化营商环境，形成统一开放、竞争有序的交通运输市场，积极引进交通运输龙头企业，推动本土企业做大做强。持续推进行政权力管理清单化、"双随机、一公开"监管常态化。扎实推进低空空域管理改革试点，积极打造全国低空空域管理改革示范工程。推进公路养护机制改革，精准实施高速公路差异化收费。深化高速公路、水运建设项目投融资改革和交通运输综合行政执法改革。

（二）完善地方性法规。

加快出台《江西省水路交通条例》，统筹推进《江西省公路条例》《江西省交通建设工程质量与安全生产监督管理条例》《江西省货物运输车辆超限超载治理办法》《江西省邮政条例》等地方性法规、规章的修订，初步建立与交通强省建设相适应的综合交通法规体系。深化创建"信用交通省"，建立健全行业信用体系。

（三）强化人才队伍建设。

优化人才队伍结构，创新人才队伍培育机制，加强专业化人才引进，建设交通高端智库，完善人才培养、使用、评价、激励机制，加快建立与交通强省建设相适应的人才队伍。依托省内交通领域高校及科研机构，培育一批高水平交通科技人才，加大对航空、水运、轨道交通等领域急需紧缺人才的引进和培养力度。加强交通运输软实力建设，践行社会主义核心价值观，提高交通参与者文明素养，提升交通运输新闻舆论传播力、引导力、影响力、公信力。提升交通运输执法队伍能力和水平，严格规范公正文明执法。

十二、保障措施

坚持党对交通运输工作的全面领导，加强组织协调、要素保障，发挥试点示范带动作用，强化评估和督促指导，确保规划有力有效实施。

（一）加强组织协调。强化省级协调推进机制，充分发挥省推进交通强省建设领导小组统筹谋划和综合协调作用。各有关部门要提高思想认识，按照职能分工，完善配套政策措施，做好本规划与国民经济社会发展规划、国土空间规划等衔接，做好铁路、公路、水运、民航、邮政等专项规划对本规划的衔接落实。地方各级人民政府要紧密结合发展实际，细化落实本规划确定的主要目标和重点任务，做好地方综合交通运输发展规划与本规划的衔接落实。

（二）加强要素保障。强化资金政策保障，加大政府投资对交通建设、设施养护的支持力度，充分引导多元化资本参与交通运输发展，研究设立交通强省发展基金，形成政府引导、分级负责、多方筹资、风险可控的交通投融资机制。强化用地保障，积极争取重大项目列入国家和省级重大平台，强化重点项目用地等资源要素保障，做好资源要素预留和及时供给。

（三）推进试点示范。扎实做好赣州革命老区交通运输高质量发展、普通国省道与城市道路衔接协调发展等交通强国建设试点工作。积极开展交通强省建设试点，探索交通运输高质量发展新途径，建立健全试点成果总结和系统推广工作。

（四）做好评估落实。健全《规划》实施情况监督评估机制，加强《规划》实施的跟踪，及时发现和解决规划实施中的问题。适时开展中期评估，根据发展需求进行动态调整。将实施情况纳入省级对地方政府相关评价体系，确保《规划》落地见效。

十三、环境影响评价

（一）影响分析和评价。

《规划》与国家"十四五"综合交通运输体系发展规划和《江西省国民经济和社会发展第十四个五年规划和二〇三五年远景目标纲要》及省国土空间规划、"十四五"生态环境保护规划等相一致，《规划》目标与江西省国土空间、城镇体系、产业体系、生态安全等领域的发展目标和空间布局相协调，主要任务和规划项目满足江西省"生态保护红线、环境质量底线、资源利用上线和环境准入清单"的管控要求。《规划》涉及的铁路、公路、机场、港航、城市轨道和枢纽场站等交通建设项目以及相关运输生产活动对资源环境的影响，总体上控制在有限的资源承载能力、生态环境容量的范围之内。此外，根据生态环境部《中国生物多样性保护优先区域范围》的规定，《规划》不会对区域生态安全格局和江西省的生态多样性产生明显影响。

（二）预防和减缓影响的措施。

牢固树立生态优先、绿色发展理念。严格执行"三线一单"管控制度，建立项目环评审批与规划环评、现有项目环境管理、区域环境质量联动机制"三挂钩"机制。统筹保护好水陆域自然生态空间，利用生态工程技术减少交通项目对自然保护区、风景名胜区、珍稀濒危野生动植物天然集中分布区等生态敏感区域的影响。统筹规划布局交通线路和枢纽设施，集约利用土地、线位、桥位、岸线等资源，采取有效措施减少耕地和基本农田占用，提高资源利用效率。循环利用交通运输生产生活污水，减少交通项目建设对区域地表水环境的影响。加强交通工程建设减振措施，确保交通沿线声环境保护目标满足噪声控制要求。加强水土流失保护，施工过程中做好临时取弃土场的水土保持防护工程，施工结束后尽快对开挖的沟渠进行覆土回填，并进行复耕和造林，恢复植被。提高项目施工应急保障能力，防止突发环境事件发生。

附件：1. 江西省"六纵六横"综合运输通道布局规划示意图（略）

2. 江西省"十四五"铁路规划建设示意图（略）

3. 江西省"十四五"高速公路规划建设示意图（略）

4. 江西省"十四五"水运规划建设示意图（略）

5. 江西省"十四五"机场规划建设示意图（略）

6. 江西省"十四五"客运枢纽建设示意图（略）

7. 江西省"十四五"物流枢纽建设示意图（略）

8. "十四五"江西省铁路重点建设项目表（略）

9. "十四五"江西省城市轨道交通重点建设项目表（略）

10. "十四五"江西省公路重点建设项目表（略）

11. "十四五"江西省水运重点建设项目表（略）

12. "十四五"江西省机场重点建设项目表（略）

13. "十四五"江西省枢纽场站重点建设项目表（略）

2021年度交通运输部分文件、文献名称辑录

1. 邮件快件包装管理办法（中华人民共和国交通运输部令2021年第1号）

2. 民用航空导航设备开放与运行管理规定（中华人民共和国交通运输部令2021年第2号）

3. 公共航空运输旅客服务管理规定（中华人民共和国交通运输部令2021年第3号）

4. 仿印邮票图案监督管理办法（中华人民共和国交通运输部令2021年第4号）

5. 交通运输部关于修改《大型飞机公共航空运输承运人运行合格审定规则》的决定（中华人民共和国交通运输部令2021年第5号）

6. 交通运输部关于修改《交通运输行政执法程序规定》的决定（中华人民共和国交通运输部令2021年第6号）

7. 民用航空通信导航监视设备飞行校验管理规则(中华人民共和国交通运输部令2021年第7号)

8. 交通运输部关于修改《邮政行政执法监督办法》的决定（中华人民共和国交通运输部令2021年第8号）

9. 交通运输部关于废止《中华人民共和国交通部拆解船舶监督管理规则》的决定（中华人民共和国交通运输部令2021年第9号）

10. 交通运输部关于修改《公路、水路交通实施〈中华人民共和国节约能源法〉办法》的决定（中华人民共和国交通运输部令2021年第10号）

11. 交通运输部关于修改《公路建设监督管理办法》的决定（中华人民共和国交通运输部令2021年第11号）

12. 交通运输部关于修改《超限运输车辆行驶公路管理规定》的决定（中华人民共和国交通运输部令2021年第12号）

13. 交通运输部关于修改《老旧运输船舶管理规定》的决定（中华人民共和国交通运输部令2021年第13号）

14. 交通运输部关于修改《水运工程建设项目招标投标管理办法》的决定（中华人民共和国交通运输部令2021年第14号）

15. 交通运输部关于修改《出租汽车驾驶员从业资格管理规定》的决定（中华人民共和国交通运输部令2021年第15号）

16. 交通运输部关于修改《巡游出租汽车经营服务管理规定》的决定（中华人民共和国交通运输部令2021年第16号）

17. 交通运输部关于修改《小微型客车租赁经营服务管理办法》的决定（中华人民共和国交通运输部令2021年第17号）

18. 交通运输部关于修改《机动车维修管理规定》的决定（中华人民共和国交通运输部令2021年第18号）

19. 交通运输部关于修改《中华人民共和国海员外派管理规定》的决定（中华人民共和国交通运输部令2021年第19号）

20. 交通运输部关于修改《中华人民共和国内河海事行政处罚规定》的决定（中华人民共和国交通运输部令2021年第20号）

21. 交通运输部关于废止3件交通运输规章的决定(中华人民共和国交通运输部令2021年第21号)

22. 公路养护作业单位资质管理办法（中华人民共和国交通运输部令2021年第22号）

23. 交通运输部关于修改《水上交通事故统计办法》的决定（中华人民共和国交通运输部令2021年第23号）

24. 中华人民共和国水上水下作业和活动通航安全管理规定（中华人民共和国交通运输部令2021年第24号）

25. 交通运输部关于修改《船舶引航管理规定》的决定（中华人民共和国交通运输部令2021年第25号）

26. 交通运输部关于修改《中华人民共和国海事行政许可条件规定》的决定（中华人民共和国交通运输部令2021年第26号）

27. 中华人民共和国海上海事行政处罚规定(中华人民共和国交通运输部令2021年第27号)

28. 交通运输部关于修改《中华人民共和国海上船舶污染事故调查处理规定》的决定（中华人民共和国交通运输部令2021年第28号）

29. 交通运输部关于修改《危险货物水路运输从业人员考核和从业资格管理规定》的决定（中华人民共和国交通运输部令 2021 年第 29 号）

30. 交通运输部关于修改《民用航空行政处罚实施办法》的决定（中华人民共和国交通运输部令 2021 年第 30 号）

31. 交通运输部关于修改《港口和船舶岸电管理办法》的决定（中华人民共和国交通运输部令 2021 年第 31 号）

32. 交通运输部关于修改《铁路运输基础设备生产企业审批办法》的决定（中华人民共和国交通运输部令 2021 年第 32 号）

33. 交通运输部关于修改《违反〈铁路安全管理条例〉行政处罚实施办法》的决定（中华人民共和国交通运输部令 2021 年第 33 号）

34. 交通运输部 国家发展改革委关于修改《港口岸线使用审批管理办法》的决定（中华人民共和国交通运输部 中华人民共和国国家发展和改革委员会令 2021 年第 34 号）

35. 交通运输部关于修改《铁路建设工程质量监督管理规定》的决定（中华人民共和国交通运输部令 2021 年第 35 号）

36. 交通运输部关于进一步深化交通运输法治政府部门建设的意见（交法发〔2021〕125 号）

37. 交通运输部关于印发《全国交通运输系统法治宣传教育第八个五年规划（2021—2025 年）》的通知（交法发〔2021〕74 号）

38. 江西省水路交通条例（2021 年 11 月 19 日江西省第十三届人民代表大会常务委员会第三十四次会议通过）

39. 江西省人民政府办公厅关于加快农村寄递物流体系建设的实施意见（赣府厅发〔2021〕40 号）

40. 江西省人民政府办公厅关于深化高速公路、水运项目投融资改革的若干意见（赣府厅发〔2021〕42 号）

41. 江西省人民政府办公厅关于印发江西省"十四五"综合交通运输体系发展规划的通知（赣府厅发〔2021〕44 号）

42. 江西省交通运输厅关于印发江西省交通运输系统统一行政权力清单的通知（赣交法规字〔2021〕1 号）

43. 江西省交通运输厅关于成立《江西省水路交通条例》立法工作领导小组及工作机构的通知（赣交法规字〔2021〕2 号）

44. 江西省交通运输厅关于印发 2021 年"双随机、一公开"行政执法检查计划的通知（赣交法规字〔2021〕3 号）

45. 江西省交通运输厅关于加强和规范事中事后监管的实施意见（赣交法规字〔2021〕6 号）

46. 江西省交通运输厅关于印发 2021 年全省法治交通建设工作要点的通知（赣交法规字〔2021〕10 号）

47. 江西省交通运输厅关于印发《江西省交通运输执法领域突出问题专项整治行动方案》的通知（赣交法规字〔2021〕11 号）

48. 江西省交通运输厅关于印发 2021 年全省交通运输信用体系建设工作要点的通知（赣交法规字〔2021〕13 号）

49. 江西省交通运输厅关于印发《江西省交通运输综合行政执法队伍素质能力提升三年行动工作实施方案（2021—2023 年）》的通知（赣交法规字〔2021〕16 号）

50. 江西省交通运输厅关于印发《开展"践行习近平法治思想 法治交通利民 e 路行"主题实践活动工作方案》的通知（赣交法规字〔2021〕17 号）

51. 江西省交通运输厅关于印发《〈关于推进交通强省建设的意见〉宣贯工作方案》的通知（赣交宣传字〔2021〕1 号）

52. 江西省交通运输厅关于印发《江西省交通运输系统法治宣传教育第八个五年规划（2021—2025 年）》的通知（赣交宣传字〔2021〕4 号）

附　录

航空运输

【概况】 2021 年，省机场集团起降架次、旅客吞吐量、货邮吞吐量分别完成 13.5 万架次、1376 万人次、17.8 万吨，分别同比增长 9.9%、增长 7.8%、下降 4.8%。其中，南昌机场起降架次、旅客吞吐量、货邮吞吐量分别完成 8.8 万架次、970 万人次、17.3 万吨，分别同比增长 3.7%、增长 2.8%、下降 5%。

2021 年，东航江西分公司共安全飞行 41368 小时、19126 架次，较 2020 年同比分别增长 23% 和 16%，恢复到 2019 年九成水平。QAR 三级事件发生率为 1.34%，同比下降 57%，未发生着陆载荷偏大事件。客舱、空保安全飞行 24683 小时，较 2020 年同比增长 2.9%，恢复到 2019 年七成水平。各类车辆安全运行 552559 千米、20744 台次，未发生人为原因责任事故。分公司四个核心网络共安全运行 8759.47 小时，正常性为 99.994%，未发生

网络安全事件。分公司连续 5 年被评为江西省综治先进单位，连续 16 年保持"全国文明单位"荣誉称号。

（王若羊　徐婷）

【疫情防控守住"三个零"目标】 2021 年，省机场集团全面贯彻落实"外防输入、内防反弹、人物同防"总要求，始终坚持"思想不松、标准不降、力度不减"，在国内疫情形势仍然多点散发的复杂形势下，经受住了多轮疫情考验，守住了"三个零"目标。围绕客货防控、员工防控和紧急运输三条主线，严格落实验码、测温、佩戴口罩等要求，加大航站楼消毒频次。严格做好旅客转运工作，2021 年省机场集团共登记转运境外旅居史旅客 8073 人次。严格落实国际货运防控"四指定""四固定""两

集中"要求，设置专用保障区域、通道，强化国际货物消杀，不断压实"7+7+7"闭环管理举措，共计实施 22 批次集中居住管理。严格落实核酸检测要求，全年累计开展员工核酸检测 186388 人次。大力推进疫苗接种，省机场集团员工及合约商共接种 6304 人，接种率 98.89%，完成加强针接种 4759 人，应接尽接率达到 98.63%。

（王若羊）

【生产运输持续恢复】　南昌机场加密首都、大兴等 11 条干线，新开 9 个支线航点。协调 4 家基地公司和国航、南航等加大对南昌机场主干航线的运力投入。支线机场共新开 8 个空白航点，上饶机场实现通达北京两场，九江机场实现复航。南昌至列日、洛杉矶货运航线稳定运行，新增南昌至纽约货运航班。南昌机场推出"飞昌快"广深快线服务和"经昌飞"中转服务品牌，有效提升旅客出行效率和中转服务体验。推出"最强登机牌"产品，增强"引客入赣"吸引力。新开南昌至修水、高安等 5 条机场直通车，新增安义城市候机楼。精准投放补贴政策至萍乡、三明、南平等高铁沿线客源市场，有效拉动"空铁联运"旅客增长。开展票价直减、主题营销，南昌空空中转旅客同比翻番。

（王若羊）

【货运发展】　2021 年南昌昌北国际机场年货邮吞吐量 17.3 万吨，同比下降 5%。全国机场货运量排名 20 位，较去年下降 2 位。其中，国内货邮 6.1 万吨，同比下降 42%；国际货邮 11.2 万吨，同比增长 46.2%。在货运航线网络方面，在原有南昌至列日、洛杉矶货运航线稳定运行基础上，新增了南昌至纽约货运航班。

（王若羊）

【航线网络持续拓宽】　2021 年，省机场集团积极争取民航华东地区管理局对江西机场航班增量支持。冬季航班换季后，南昌机场日均计划航班量近 390 架次（不含国际及地区航班），加密了首都、大兴、虹桥、浦东、成都、昆明、青岛、重庆、南宁、海口、兰州等航线，新开了西宁、福州 2 个省会城市航线，实现适宜通航的省会城市全覆盖，同时新增了忻州等 9 个支线航点，航线网络覆盖面持续拓宽。

（王若羊）

【服务质量稳中有升】　持续践行"真情服务"，航班正常性保持较好水平。2021 年，南昌机场放行正常率为 91.10%，在全国旅客吞吐量占 0.2% 的机场排名第 19 位。南昌机场 ACI 旅客满意度达到 4.95 分，高于年度目标值，所有支线机场 ACI 满意度全部达到年度目标。圆满完成两会、"全国脱贫攻坚表彰大会"、"建党 100 周年"等重大运输保障任务。

（王若羊）

【基本建设稳步推进】　2021 年，省机场集团狠抓重点项目建设管理，各重点建设项目稳步推进。南昌机场三期扩建工程，T2 航站楼 C 指廊房建工程、场道工程西站坪施工已基本完成。全面启动南昌机场三期扩建前期工作，项目建议书已获国家发改委正式批复；先行项目主进场路跨线桥已正式开工建设，"两站一池"迁改工程可研已获批。

（王若羊）

【打通感染性物质运输"快"通道】　2 月 8 日 13 时 43 分，东航江西分公司 MU5187 南昌至北京大兴航班装载着"流感病毒毒株"标本腾空而起，标志着江西省菌毒种（标本）本地运输正式启航。13 时 15 分，完成装机及货舱固定；13 时 43 分，飞机正常起飞；15 时 35 分，MU5187 航班平安降落北京大兴国际机场，圆满完成运输保障任务。此次标本运输，在各单位的通力协作下安全、通畅，为之后的标本常态化运输奠定了坚实的基础。

（东航江西分公司）

【启动红色主题航班】　6 月 26 日，东航江西分公司在南昌昌北国际机场 T2 航站楼举行"绿色江西，红土情深"红色主题航班启动仪式，以红歌快闪的独特方式，庆祝中国共产党成立 100 周年。为庆祝建党百年，东航江西分公司精选西安、昆明、北京大兴三个到达航线作为"红色主题航班"，在满足安全服务规定、机上防疫要求的基础上，开展"传承红色基因，推广红色文化"机上活动。当天分公司蓝天党小组也在 MU5470 昆明到南昌航班上为红色江西宣传助力。

（东航江西分公司）

【东航旗下一二三航空国产 ARJ 飞机首航南昌浦东航线】　7 月 20 日，东航江西南昌上海航线迎来一名新成员——国产客机 ARJ。8 时 7 分，由中国东方航空公司全资子公司一二三航空全新引进的新型涡扇支线客机 ARJ21-700 飞机执飞的 MU9065 浦东至南昌航班安全降落南昌昌北国际机场，返程航班 MU9066 于 9 时 21 分从南昌起飞，顺利完成首航任务。东航每天往返上海航班达 5—6 班，其中由 ARJ21 执行的南昌至上海浦东每天往返 1 班。南昌至浦东航线是东航江西第一条由 ARJ21 执飞的航线。

（东航江西分公司）

【冬春换季　东航 39 个航点服务江西旅客出行】
10 月 31 日起，东航开始执行冬春季航班计划，在江西共投放 39 个航点，其中南昌 26 个、赣州 3 个、井冈山 8 个、上饶 2 个。新增南昌至珠海、济南、长春、汕头、西宁、佛山航班，加密南昌至北京大兴、成都航班。换季后，东航大型枢纽航线南昌飞上海每天 6 班，飞北京每天 4 班，飞昆明每天 4 班，飞西安每天 3 班。其中往返南昌—上海浦东的 MU9066/5 航班、南昌—汕头 MU9079/80 航班由东航旗下一二三航空执飞，机型为新型国产民机 ARJ（免机场建设费）。新增往返南昌—佛山 KN2996/5 航班，由东航旗下中国联合航空执飞，为广大旅客出行带来更多的选择。

（东航江西分公司）

铁　路

【概况】　2021 年，中国铁路南昌局集团有限公司管辖赣闽两省全部和湘鄂浙皖四省部分铁路。部分铁路分界站（点）：京九线北端（蔡山站）K1277+000 处与武汉局集团公司分界，京九线南端（定南站）K2008+200 处与广州局集团公司分界；沪昆线东端（新塘边站）K502+200 处与上海局集团公司分界，沪昆线西端（灯芯桥站）上行线 K1043+446 处、下行线 K1043+445 与广州局集团公司分界；皖赣线（倒湖站）K342+500 处与上海局集团公司分界；武九线（西河村站）K185+809 处与武汉局集团公司分界；合九线（孔垄站）K278+871 处与上海局集团公司分界；铜九线（香隅站）K164+000 处与上海局集团公司分界；吉衡线（睦村站）K127+508 处与广州局集团公司分界；赣韶线（珠玑巷站）K66+819 处与广州局集团公司分界；沪昆高速线东端（江山站）K429+202 处与上海局集团公司分界；沪昆高速线西端（醴陵东站）K1006+798 处与广州局集团公司分界；合福高速线（黄山北站）K1307+230 处与上海局集团公司分界；武九客专（枫林站）K153+696 处与武汉局集团公司分界；衢九线（德兴东站）K96+416 处与上海局集团公司分界；分茶线（茶陵站）K206+349 处与广州局集团公司分界；浩吉线（吉安站）K1813+460 处与武汉局集团公司分界；河下联络线（河下站）上行线 K0+058 处、下行线 K0+055 与武汉局集团公司分界；京港高速线（黄梅东站）K1347+973 处与上海局集团公司分界；京港高速线（定南南站）K2058+881 处与广州局集团公司分界。

（曾进）

【营业里程】　2021 年末，中国铁路南昌局集团有限公司管辖营业里程 8990.6 千米（江西境内 4822.0 千米）。其中，国家铁路营业里程 3738.8 千米（江西境内 2485.0 千米），合资铁路营业里程 5251.8 千米（江西境内 2337.0 千米）。线路总延展里程 18370.2 千米。复线里程 5504.6 千米，复线率 61.2%；电气化里程 7482.9 千米，电化率 83.2%。

（曾进）

【客货运输】　全年，旅客发送 1.71 亿人，完成计划的 91.6%，同比增长 10.5%（江西铁路旅客发送 8942.8 万人，同比增长 12.3%）；货物发送 8900.1 万吨，完成计划的 100.6%，同比增长 8.0%（江西铁路货物发送 4770.4 万吨，同比增长 6.3%）。换算周转量为 1528.20 亿吨千米，完成计划的 99.0%，同比增长 12.3%。其中，旅客周转量为 750.57 亿人千米，完成计划的 94.3%，同比增长 10.5%；货物周转量为 777.63 亿吨千米，完成计划的 104.0%，同比增长 14.1%。

（曾进）

【重点物资运输】 全年，发送煤炭 2416.3 万吨，同比增长 13.9%；发送粮食 7.2 万吨，同比下降 13.9%；发送化肥 5.5 万吨，同比下降 51.7%；发送石油 177.8 万吨，同比下降 16.6%；发送金属矿石 1751.6 万吨，同比增长 1.1%；发送钢铁 889.2 万吨，同比增长 8.0%。

（曾进）

【南昌车站做好疫情防控】 南昌车站落实常态化疫情防控"外防输入、内防反弹"工作，实施"重点人群闭环管理"。在进（出）站口配置测温仪 15 台、手持测温枪 43 支、自动口罩发售机 4 台，处置发热旅客 252 人次，转运入境旅客 1222 人次。为职工发放一次性医用口罩 261195 个、N95 口罩 25772 个、医用一次性橡胶手套 17240 副、护目镜 1055 副、防护服 275 套、防护面罩 619 个。根据疫情变化，对人员出行限制进行动态调整，实现"职工零感染、铁路零传播"目标。做好职工疫苗接种组织工作，完成疫苗第二针接种 862 人，应接人员接种率达 97.5%；完成疫苗第三针接种 588 人，到期接种率达 81.7%。

（曾进）

【"红领巾号"首发列车开行】 2021 年 10 月 12 日，由共青团中央、全国少工委、国铁集团共同命名的 T147 次"红领巾号"首发列车从南昌站驶出，经由中国少年儿童运动发源地——萍乡，向北京行进。"红领巾号"列车的开行，是铁路共青团探索服务青年发展的创新举措，通过选拔优秀团员青年担任乘务班组、强化铁路青马讲师宣讲能力、创建青年文明号优质团队等形式，助力铁路青年在岗位成长。

（曾进）

【九江开行首趟中欧（亚）班列】 2021 年 8 月 28 日，一列满载纺织品、布料、服装、家具等日用生活物资的中欧（亚）班列从"江西北大门"九江驶出，经霍尔果斯口岸出境，驶向哈萨克斯坦，通过阿腾科里站将货物分拨转运至中亚各地。该班列是赣北地区开行的首趟中欧（亚）班列，为中国长江中下游地区与"一带一路"沿线国家贸易往来新增一条国际通道，有利于加快推进长江经济带一体化建设和九江区位优势发挥。

（曾进）

【赣深高铁开通运营】 2021 年 12 月 10 日，赣（州）深（圳）高铁开通运营。赣州至深圳的最快铁路旅行时间由 5 小时 32 分压缩至 1 小时 49 分，南昌经赣州至深圳的最快铁路旅行时间由 9 小时 31 分压缩至 3 小时 30 分。当天 9 时，G2197 次列车从赣州西站发车，驶向深圳北站。江西省委副书记、赣州市委书记吴忠琼，省委常委、副省长任珠峰，中国铁路南昌局集团公司党委书记、董事长王培等领导出席首发仪式。

赣深高铁即京港高铁赣深段，是国家"八纵八横"高速铁路京港通道的重要组成部分，北起江西省赣州市，南至广东省深圳市，设计时速 350 千米，线路全长 434 千米，共设车站 13 座。赣深高铁开通运营后，北接昌赣高铁，南连广深港高铁和杭深高铁，形成华中地区连通粤港澳大湾区的快速客运通道，为推动赣州建设成为省域副中心城市、"一带一路"重要节点城市和对接粤港澳大湾区的桥头堡发挥作用；结束江西省信丰县、龙南县、定南县不通高铁的历史。赣深高铁成为赣南地区首次开行直达广东的高铁列车。至此，江西出省铁路通道达到 20 条。

（曾进）

【江西首家中欧班列进口商品保税店营业】 2021 年 2 月 20 日，江西首家中欧班列进口商品保税店"南铁易购"正式营业，销售产品涵盖美妆个护、母婴用品、糖果酒水、居家用品等 400 余种。"南铁易购"中欧班列进口商品保税店采用"全球直采"加"1210 保税跨境电商合作"方式运作，采用全球先进 RFID 防伪技术对所售商品实现全程追踪、溯源，从试点门店至后期规划建设门店，实施同城同质同价供货；融合多种促销方案和营销渠道，配备赣闽两省农特产品售卖专区，为消费者提供"一键购买＋门店自提＋物流送达"购物服务。

（曾进）

【安九高铁开通运营】　2021年12月30日,安（庆）九（江）高铁开通运营。至此,京港高铁商丘至深圳段全部贯通。南昌经九江至合肥最快铁路旅行时间由4小时压缩至2小时。安九高铁即京港高铁安九段,是国家"八纵八横"高速铁路京港通道的重要组成部分,北接合安、合蚌、京沪高铁,南连武九高铁,与武九铁路、武九高铁、昌九城际铁路、京九铁路在庐山站交会,和九景衢铁路共同形成九江地区"十字"形高速铁路网。安九高铁线路全长176千米,设计时速350千米,起于安徽省安庆市,经湖北省黄梅县,终到江西省九江市。全线设安庆西站、潜山站、太湖南站、宿松东站、黄梅东站、黄梅南站、庐山站7个车站。安九高铁连通安徽省西南部的安庆地区、湖北省东南部的黄梅县和江西省北部的九江地区,对完善长江经济带区域铁路网布局、服务长江经济带高质量发展、促进沿江城市间人文经贸交流具有重要意义。

鳊鱼洲长江大桥是安九高铁的控制性工程,北侧位于湖北黄梅县,南侧位于江西九江市,是京港高铁过江通道。大桥按照两线高铁及两线预留客货共线标准建设,高铁线时速350千米,预留客货线时速200千米,是世界上跨度最大、运营速度最快的四线铁路混合箱梁斜拉桥,也是国内首座交叉索斜拉桥。

（曾进）

【井冈山至韶山红色专列开行】　2021年6月18日7时49分,首趟井冈山至韶山红色专列从井冈山站开出,沿途经过江西吉安,湖南湘潭、株洲等县市,串连起赣湘边区红色文化区域。当日,红色专列首发仪式在井冈山站举行,江西省省长易炼红宣布发车,省委副书记叶建春讲话,省领导吴忠琼、胡强出席,中国铁路南昌局集团有限公司总经理汤立新致辞。该专列经由吉衡线、醴茶线、沪昆线、韶山支线运行,沿途停靠炎陵、茶陵南、醴陵、湘潭等站,于当日13时40分抵达终点站——韶山站。井冈山中学约200名学生乘坐该专列,开展回访伟人故里"红色走读"研学活动。

（曾进）

【赣州国际陆港开行第1000列中欧班列】　2021年9月24日,一列满载小家电、日用品、电子产品等50车货物的X8098次中欧班列,从赣州国际陆港驶出,经阿拉山口口岸出境,于17天后抵达匈牙利布达佩斯。该班列是赣南地区自2017年4月23日开行首趟中欧班列以来的第1000列中欧班列。

（曾进）

邮政快递

【概况】　2021年,全省邮政行业业务总量和业务收入分别完成210.69亿元和200.93亿元,同比增长30.51%和15.69%,业务量增速位居全国第3名。其中,快递业务量和业务收入分别完成16.09亿件和144.31亿元,同比增长42.93%和25.86%,业务量增速位居全国第5名。全省人均年使用快递服务86次,支撑网络零售额1600亿元以上。邮政普遍服务和快递服务满意度稳中有升,消费者申诉处理满意率达到98%,为消费者挽回经济损失194.1万元。深化"放管服"改革,营商环境持续优化,"两进一出"工程扎实推进,行业治理效能不断提升,邮政快递业在服务经济社会发展中作用凸显,为畅通经济循环、助力乡村振兴和促进民生改善作出了积极贡献。

（江西省邮政管理局　范志奇）

【营商环境持续优化】　省邮政管理局参与综合交通运输、商贸物流等规划编制工作,与省发改委、省交通运输厅联合发布《"十四五"江西省邮政业发展规划》,推动行业规划与地方综合规划、交通运输规划有效衔接，完善行业发展规划保障体系。依法开展行业统计工作，强化数据质量常态化管控，为行业发展决策提供科学依据。深化"放管服"改革，优化许可流程，缩短办理时限，实现许可全流程"一网通办"。开通快递业务经营许可证寄递服务，实现"不见面"审批，为企业提供优质、便捷、高效政务服务。包容审慎推进新业态监管，全省累计发放智能快件箱、公共服务站许可共 17 件。开展"服务怎样我体验，发现问题我整改"专项活动，强化许可规范化管理工作，受理许可申请 225 起，许可延续 63 起，许可变更 107 起，依法注销企业 199 家。

（江西省邮政管理局　范志奇）

【基础设施网络日益完善】 2021 年，全省共有省级邮政企业 1 家、市级邮政企业 11 家、县（区）级邮政企业 100 家，邮政支局所 1923 个，邮路 3433 条，邮路里程 402446 千米，实现了"乡乡设所""村村通邮"和县级以上城市党报 100% 当日见报。全省共有各种所有制快递法人企业 627 家，分支机构 911 个，备案末端网点 9250 个，实现了快递网点乡镇全覆盖、快递服务建制村达到 100%。全省现有较大投资项目 24 个，投资额约 190 亿元，市县两级快递园区数量 77 个，快递服务乡镇覆盖率 100%，建制村实现 100% 邮件直投。京东亚洲一号、南昌昌北邮件综合处理中心和鹰潭邮件处理中心等重大项目加快推进，赣州市顺丰丰泰产业园、抚州市快递电商产业园等入选全省重点建设项目。邮快件自动化分拣设施、X 光安检机和信息化系统普遍应用，货机专线、高铁运邮、智能快件箱和末端配送网络建设等工作有序推进，全省已建成智能快件箱超 1 万组，村级寄递物流服务站 14802 个，城乡寄递物流配送体系加速完善。

（江西省邮政管理局　范志奇）

【"两进一出"工程初显成效】 扎实开展"快递进村"百日攻坚行动，上下协同，政企联动，通过召开座谈会、调度会、推进会等形式督促邮政快递企业履行主体责任。统筹各方资源，邮快、交邮、邮供、快快等多模式并进，省市县实现邮快合作全覆盖，基本实现三个以上品牌快递服务进村全覆盖。新余市率先实现"快递进村"攻坚目标。吉安安福县"交邮商农供融合发展"、泰和县"电子商务 + 农村物流"、赣州安远县"智运快线 + 数字平台"等获评交通运输部第二批农村物流服务品牌。培育快递服务现代农业"一地一品"项目 30 个，支撑农业产值 27.6 亿元。赣州脐橙、宜春竹木产品、萍乡豆制品被国家局授予"2021 年快递服务现代农业金牌项目"。加快推进"快递进厂"，与省工信厅联合印发《关于促进邮政快递业与制造业深度融合发展的实施意见》，培育快递服务先进制造业项目 90 个，支撑工业产值 136.7 亿元。持续推动省产汽车产业发展，鼓励引导邮政快递企业采购江铃汽车 2927 台。积极推动"快递出海"，充分发挥南昌国际邮件互换局和国际快件监管中心的核心作用和辐射效应，南昌跨境电商实现国际邮件、快件、跨境电商监管"三关合一"。加强国际寄递服务网络建设，寄递通达地新增全球 11 个国家或地区，累计完成跨境邮快件业务量 962.5 万件。

（江西省邮政管理局　范志奇）

【从业人员权益保障有力】 江西省邮政管理局贯彻落实习近平总书记关于关心关爱快递小哥的重要指示精神，经省政府同意，与省交通运输厅等 7 部门联合印发《关于做好快递员群体合法权益保障工作的实施意见》。联合团委、工会等部门开展快递青年服务月和形式多样的关爱快递员"暖蜂行动"，走访慰问快递小哥 1.55 万人次，发放慰问品、慰问金累计近 108 万元，开展法律援助和心理疏导 1300 人次，为快递员争取公（廉）租房 312 套。各级快递企业内部罚款项目压减 30%，罚款金额同比减少 1620 万元。深入落实职业技能培训"246"工程要求，累计培训 5447 人次，获得财政补贴资金 255.6 万元。继续开展快递工程技术人员职称评审工作，通过初级认定 52 人。积极推荐人员申报邮政行业科技英才和技术能手。联合省人社厅成功举办 2021 年江西省"振兴杯"职业技能大赛邮政行业职业技能竞赛，以赛促训，提升行业从业人员技能水平。积极培树先进典型，江西圆通客服部、江西顺丰营销部和南昌百世获评全国青年文明号。

（江西省邮政管理局　范志奇）

【寄递渠道安全畅通】 组织开展安全生产专项整治三年行动"集中攻坚年"活动，压实企业安全生产主体责任，严格落实寄递安全"三项制度"。开展邮件快件处理场所安全管理规范化提升行动，全面排查安全隐患,督促企业完成"传送带堵缝""人车分流"等治理工作。强化"绿盾"工程信息化运用,提升信息化监管水平,运用视频联网、安检机联网、实名监管等系统,建立"一周一通报"机制,为全省寄递渠道安全保障提供有力支撑。圆满完成庆祝建党100周年等重大活动和重要时期寄递安保任务,获得国家邮政局及时奖励。联合禁毒部门开展寄递渠道禁毒百日攻坚行动,开展禁毒知识培训141场次,协助公安禁毒部门甄别异常信息2000余条,发现线索、破获案件44起。邮政机要通信连续26年实现质量全红。创新行业意识形态工作,向基层网点发放"扫黄打非"工作培训手册8000册,工作成效明显,推荐上饶市局获评全国"扫黄打非"先进单位。持续做好涉枪涉爆、反恐、打击跨境走私以及濒危野生动植物保护等工作,全省行业安全平稳有序。

（江西省邮政管理局　范志奇）

【绿色邮政建设稳步推进】 深入实施"2582"工程,开展重金属和特定物质超标包装袋、邮件快件过度包装两个专项治理,推进末端网点绿色化标准化提升工程,全行业可循环快递箱（盒）使用量达7.47万个,电商快件不再二次包装率为85%,新增设置标准包装废弃物回收装置的邮政快递网点3160个,新能源汽车保有量1031辆,全面完成年度目标任务。制定行业生态环保工作要点,组织开展专题培训,大力开展以"践行绿色发展·弘扬绿色文化"为主题的生态文明宣传月活动,加大《固废法》《邮件快件包装管理办法》宣贯力度,行业贯彻实施《固废法》情况得到全国人大执法检查组肯定。积极推动省政府办公厅转发省发改委等8部门制定的《关于加快推进快递包装绿色转型的若干措施》,参与全省塑料污染治理联合专项行动,将行业生态环保内容纳入双随机执法和日常执法检查内容,查处生态环保违法行为27起,加速快递包装绿色转型。

（江西省邮政管理局　范志奇）

【行业治理体系日益完善】 紧紧抓住全省事业单位改革契机,以落实省政府办《关于支持邮政业高质量发展的若干措施》为抓手,实现了省、市邮政业安全中心全覆盖,累计新增事业编制81名,行业监管力量得到有力补充。坚持以党建带群建、群建促党建,成立非公党组织21个,行业工会26个,团组织13个,行业妇联1个,基本实现省级快递企业党组织建设全覆盖。坚持问题为导向,省市两级定期召开政企联系会,针对性解决邮政普遍服务问题,打造普遍服务工作精品示范县10个,基本实现全省普遍服务代办局所清零。开展乡镇邮政普遍服务局所的监督检查"回头看",推动全省邮政普遍服务单人局所数量减半,邮政普遍服务质量和水平稳步提升。积极开展《辛丑年》《中国共产党成立100周年》等重点题材纪特邮票销售监督检查。全力保障巡视巡察专用邮箱和高考录取通知书寄递服务。建成邮政综合服务平台1000余处,警邮、税邮和政邮均实现设区市和县区全覆盖。

开展快递市场秩序整顿专项行动,维护市场公平竞争环境,保护消费者合法权益。依法做好集邮市场和邮政用品用具市场监管。常态化抓细抓实疫情防控,从业人员疫苗接种做到应接尽接,有效应对上饶铅山的突发疫情,引导企业积极参与防疫物资和民生物资运输,妥善处置涉疫邮件。加强快递市场信用监管。完成12305与12345热线归并工作,完善申诉与市场监管联动机制。

（江西省邮政管理局　范志奇）

索　引

【说　明】

1. 本索引内容为条目主题词及相关人名、地名、单位名、文件与事务名称。

2. 词条按汉语拼音首字母顺序排列。

3. 词条后的数字表示所在页码，a 代表左栏，b 代表右栏。重复出现的词以多个页码表示。

4. 年鉴的特载、专文、文献文件与附录未编入索引。

H

K

Z